Metzler Lexikon Fremdsprachendidaktik

Ansätze – Methoden –
Grundbegriffe

Herausgegeben von
Carola Surkamp

Mit 15 Grafiken
und Tabellen

Verlag J.B. Metzler
Stuttgart · Weimar

Die Herausgeberin

Carola Surkamp ist Professorin für Englische Fachdidaktik an der Universität Göttingen.

Inhalt

Bibliografische Information der Deutschen Nationalbibliothek
Die Deutsche Nationalbibliothek verzeichnet diese Publikation in der Deutschen Nationalbibliografie; detaillierte bibliografische Daten sind im Internet über http://dnb.d-nb.de abrufbar.

Gedruckt auf säure- und chlorfreiem, alterungsbeständigem Papier

ISBN 978-3-476-02301-8

© 2010 J.B. Metzler'sche Verlagsbuchhandlung und Carl Ernst Poeschel Verlag GmbH in Stuttgart
www.metzlerverlag.de
info@metzlerverlag.de

Einbandgestaltung: Willy Löffelhardt/Melanie Frasch
Satz: Typomedia GmbH, Ostfildern
Druck und Bindung: CPI, Ebner & Spiegel, Ulm
Printed in Germany
September 2010

Verlag J.B. Metzler Stuttgart · Weimar

Vorwort

Ziel dieses *Lexikons Fremdsprachendidaktik* ist es, einen Überblick über eine Disziplin zu geben, die sich durch vielfältige interdisziplinäre Bezüge auszeichnet und die in den letzten Jahrzehnten einschneidende Entwicklungen durchlaufen hat. Die Fremdsprachendidaktik erforscht die Prozesse des Lehrens und Lernens fremder Sprachen in inner- und außerschulischen institutionalisierten Kontexten. Sie sieht es als ihre Aufgabe an, die Vermittlung und Aneignung von Fremdsprachen zu beschreiben sowie inhaltliche, methodische und organisatorische Vorschläge zur Verbesserung fremdsprachlicher Lehr-/Lernprozesse zu entwickeln.

Während die Fremdsprachendidaktik in Deutschland ihre Gegenstände bis in die 1970er Jahre hinein vornehmlich aus der Unterrichtspraxis generierte, haben seit der zweiten Hälfte des 20. Jahrhunderts verschiedene Einflüsse zu ihrer Ausdifferenzierung als eigenständiger wissenschaftlicher Disziplin beigetragen. Zu den ausschlaggebenden Faktoren zählen u. a.:

- die Einrichtung von fremdsprachendidaktischen Professuren an Pädagogischen Hochschulen und Universitäten,
- die damit einhergehende stärkere Berücksichtigung verschiedener Bezugsdisziplinen bei der Theoriebildung (z. B. der Linguistik, der Literatur-, Kultur- und Medienwissenschaft, der Allgemeinen Didaktik, der Pädagogik bzw. Erziehungswissenschaft und der Psychologie),
- die Etablierung der Sprachlehr- und -lernforschung,
- fremdsprachendidaktische Konzepte aus dem Ausland,
- die allgemeine Zunahme des Angebots an fremdsprachlichem Unterricht sowie
- bildungspolitische Vorgaben für den Fremdsprachenunterricht und die Lehrerbildung auf europäischer und nationaler Ebene.

Im Laufe der letzten fünf Jahrzehnte ist so eine Vielzahl unterschiedlicher fremdsprachendidaktischer Ansätze, Konzepte und Methoden entwickelt worden. Zu Beginn des 21. Jahrhunderts wendet sich die Fremdsprachendidaktik, einem in den Bildungswissenschaften allgemein beobachtbaren Trend folgend, in Richtung einer stärker empirisch ausgerichteten Fremdsprachenforschung.

Das vorliegende *Lexikon Fremdsprachendidaktik* trägt diesen verschiedenen Entwicklungen Rechnung, indem es die wichtigsten Forschungsgebiete der Fremdsprachendidaktik für den deutschsprachigen Raum erstmals lexikalisch erfasst. Auf diese Weise soll eine Orientierungshilfe für ein Feld bereitgestellt werden, das selbst für Fachleute nur noch schwer überschaubar ist. In 210 Artikeln von 89 Autor/innen liefert das Lexikon eine kompakte Zusammenschau der zentralen Begriffe des Lehrens und Lernens fremder Sprachen. Es umfasst die Bereiche der Sprach-, Literatur-, Kultur- und Mediendidaktik und trägt dem dialogischen und multiperspektivischen Charakter der Disziplin durch seine Machart Rechnung: Die einzelnen Artikel

- führen anschaulich und zuverlässig in die wichtigsten fremdsprachendidaktischen Ansätze ein,
- berücksichtigen sowohl die Lehr- als auch die Lernperspektive,
- verorten die Ansätze in der Geschichte der Disziplin,
- stellen den gegenwärtigen Diskussionsstand dar,
- formulieren noch zu bearbeitende Forschungsfragen und
- nehmen erläuternd Bezug auf die konkrete Unterrichtspraxis.

Da das Lexikon interdisziplinär angelegt ist, wird der Stand der Forschung aus der Sicht verschiedener Fremdsprachendidaktiken reflektiert – wo notwendig auch unter Nennung von Unterschieden zwischen den Einzeldisziplinen. Insgesamt werden die folgenden Aspekte abgedeckt: Bezugsdisziplinen und Forschungsfelder der Fremdsprachendidaktik, Ansätze und Konzepte, Kompetenzen, Unterrichtsformen und Methoden, Materialien und Medien sowie bildungspolitische und institutionelle Rahmenbedingungen. Die Einträge sind alphabetisch geordnet. Ein detailliertes Verweissystem erlaubt die Einordnung der einzelnen Begriffe in übergeordnete systematische und wissenschaftsgeschichtliche Zusammenhänge.

Das Lexikon wendet sich an Studierende und Referendar/innen für das Lehramt einer fremden Sprache in verschiedenen Schulformen, an Fremdsprachenforschende, an Beschäftigte in der Lehrerbildung sowie an Fremdsprachenlehrende in Schulen, Universitäten und in der Erwachsenenbildung. Es ersetzt nicht die eingehende Auseinandersetzung mit einem Ansatz, sondern dient vielmehr als Leitfaden für die bessere Orientierung im Fach. Das schnelle Nachschlagen einzelner Begriffe soll ermöglicht werden; für die vertiefte Beschäftigung mit einem Forschungsfeld enthalten alle Artikel Hinweise auf ein- und weiterführende Literatur. Insgesamt sollen so die verschiedenen Akteur/innen des Fremdsprachenunterrichts Einblicke in die vielfältigen Dimensionen ihrer Disziplin erhalten können.

* * *

Zum Gelingen dieses Lexikons hat eine Vielzahl von Personen beigetragen. Bedanken möchte ich mich zu allererst ganz herzlich bei den Autorinnen und Autoren der einzelnen Beiträge, die mit ihrer Expertise, ihrem Engagement und ihrer Bereitschaft zur konstruktiven Zusammenarbeit bei Rückfragen und Änderungsvorschlägen dazu beigetragen haben, dass sich die Einzelartikel zu einem erfreulich einheitlichen Gesamtwerk zusammenführen ließen. Vielmals danken möchte ich auch Frau Ute Hechtfischer vom Verlag J. B. Metzler, die sich von Anfang an für dieses Projekt begeistert hat, für die ebenso kompetente wie kooperative verlegerische Betreuung.

Ein besonderes Dankeschön geht an mein unermüdliches Göttinger Team – namentlich an Dana Brandt, Dario Brickart, Johanna Bruck, Editha Ernst, Helga Güther, Adrian Haack, Carola Hecke, Johanna Löber, Leonie Tuitjer und vor allem Lotta König – für anregende Diskussionen im Vorfeld und während der Entstehung des Lexikons, für kritische Lesedurchgänge und für sorgfältige Korrekturen.

Meiner Familie danke ich für liebevolle Unterstützung und Ablenkung. Widmen möchte ich dieses Buch meinem Vater – im stillen Gedenken.

Göttingen, im Juni 2010
Carola Surkamp

A

Abschlusszertifikate ↗ Zertifikate

Abstufung ↗ Differenzierung

Accuracy ↗ Sprechen

Adaption ↗ Kinder- und Jugendliteratur

Akkulturation. Im Prozess der Sozialisation und dem damit einhergehenden Erwerb einer Erstsprache eignen sich Individuen kulturelle Schemata, Werte und Normen an, die eine bestimmte Wahrnehmung und Kategorisierung der erlebten Wirklichkeit begründen und die von den Individuen in der Regel nicht bewusst wahrgenommen oder gar hinterfragt werden. Der FU konfrontiert die Lernenden mit Kategorisierungen der Welt und mit Werten und Normen, die sich von den im Prozess der Sozialisation in der eigenen Kultur erworbenen mehr oder minder deutlich unterscheiden können, und fördert damit einen Lernprozess auf kognitiver und affektiver Ebene. In der Auseinandersetzung mit einer fremden Kultur wird A. in Abgrenzung von Assimilation (d.h. der völligen Anpassung an eine neue Kultur) einerseits und der Ablehnung einer fremden Kultur andererseits als Prozess aufgefasst, der ein Individuum zunehmend befähigt, sich in einem ursprünglich fremden kulturellen Kontext mit zunehmender Sicherheit zu bewegen, ohne dabei die eigene ↗ Identität aufzugeben. A. erfolgt ebenso wie die Sozialisation im Kindesalter zu einem maßgeblichen Teil über Sprache, verweisen doch sowohl sprachliche Zeichensysteme (Wörter) als auch pragmatische Aspekte, d.h. kulturspezifische Kommunikationsstrategien (Konventionen des Sprecherwechsels, kommunikative Tabus, Höflichkeitsformeln usw.) auf kulturabhängige Vorstellungen, Werte und Normen (These der sprachlichen Relativität). Für interkulturelle Kommunikation bedeutet dieser Zusammenhang eine Quelle von Missverständnissen. Ein zentrales Ziel des FUs besteht darin, das Bewusstsein der Lernenden für die Kulturabhängigkeit der eigenen Sichtweisen der Welt und kommunikativen Strategien (z.B. unterschiedliche Formen, Höflichkeit zum Ausdruck zu bringen) zu schärfen, Voraussetzungen für einen Umgang mit interkulturellen Missverständnissen zu schaffen und damit zur Entwicklung von ↗ interkultureller kommunikativer Kompetenz beizutragen. Der Erwerb einer Fremdsprache geht so mit dem durch ↗ Kontextualisierung im FU zu fördernden Erwerb interkultureller Kompetenz einher und bewirkt im Idealfall zumindest eine partielle A. in einer fremden Kultur.

Lit.: A. DeCapua/A.C. Wintergerst: Crossing Cultures in the Language Classroom. Ann Arbor 2004. – C. Kramsch: Language and Culture. Oxford 1998.   MG

Aktivierung. Die A. der Lernenden wird insbesondere im Rahmen handlungsorientierter Zugänge im FU betont (↗ Handlungsorientierung). Einerseits verknüpft sich mit dieser Zielsetzung der Aspekt der ↗ Lernerorientierung, bei der die aktive Teilhabe am Unterrichtsgeschehen sowohl aus motivationalen als auch aus lernpsychologischen Gründen als wünschenswert erscheint. Andererseits verweist der Begriff der A. auf die Interaktion von Lehren und Lernen (vgl. Doff/Klippel 2007, 270), eine Perspektive, die die Interdependenz beider Bereiche betont. Mit der veränderten Lehrerrolle eines *language learning facilitator* (↗ Lehrer und Lehrerrolle) kommt den Lernenden mehr Eigenständigkeit im Rahmen ihres Sprachlernprozesses zu, den sie nicht passiv erleben oder gar konsumieren sollten. A. im FU kann dabei auf verschiedenen Stufen umgesetzt werden, z.B. mit Blick auf die einzelnen ↗ Fertigkeiten oder aber im größeren Rahmen mit dem Ziel des ↗ autonomen Lernens. Die A. der Lernenden zum ↗ Sprechen wird im Nachgang der ↗ DESI-Studie dezidiert gefordert und stellt eine Grundvoraussetzung für fremdsprachliche Interaktionen aller Art dar. Der Zusammenhang von Lernen, Sprache und Bewegung wird auch von der Hirn- und Lernforschung betont und kann sich im FU in unterschiedlichen methodischen Maßnahmen manifestieren, die im Klassenzimmer zu mehr Aktivität führen können (z.B. Laufdiktate, *acting games*; ↗ Bewegter Unterricht). In diesem Sinne ist A. »intentional, situativ und an ein handelndes Subjekt gebunden« (Rampillon/ Reisener 2005, 3), dem sich durch das Wahrnehmen mit allen Sinnen (↗Ganzheitliches Lernen) Prozesse der Reflexion und des Lernens anschließen. Das Arbeiten in Szenarien (↗Inszenierung) eröffnet einen Weg, um die Lernenden stärker aktiv und eigenverantwortlich an Prozessen des Unterrichtsgeschehens zu beteiligen. Der Ansatz der *performance*-Orientierung im Kontext der ↗Dramapädagogik und Methoden des ↗kooperativen Lernens stellen weitere Möglichkeiten dar, der A. der Lernenden im FU einen größeren Raum zu geben, um sie durch Eigeninitiative und Interaktion sprachhandelnd aktiv werden zu lassen.

Lit.: S. Doff/F. Klippel: Englischdidaktik. Praxishandbuch für die Sekundarstufe I und II. Bln 2007. – U. Rampillon/H. Reisener: Lernen, Sprache und Bewegung. In: Der fremdsprachliche Unterricht Englisch 39/74 (2005), 2–5. ChL

Alternative Lehr-/Lernformen. Unter dem Begriff a. L. lassen sich eine Reihe von sehr unterschiedlichen Sprachvermittlungsverfahren zusammenfassen. Bezeichnungen wie unkonventionelle, ganzheitliche oder holistische Methoden sind in der Fachliteratur ebenfalls zu finden, haben sich aber nicht durchgesetzt. Während diese Methoden mit mehr oder weniger Erfolg in der Erwachsenenbildung eingesetzt werden, haben sie für den schulischen FU nur geringe Bedeutung, auch wenn sie einige gute Anregungen bieten (können). Alternativ sind diese Methoden in dem Sinne, dass sie andere Schwerpunkte setzen als die zum Zeitpunkt der Entstehung etablierten Fremdsprachenvermittlungsmethoden. Charakteristisch ist für alle, dass sie einzelne lerntheoretische, pädagogische oder psychische Aspekte isolieren und zur Grundlage des Konzeptes machen. Für die Begründung a. L. werden durchgängig mangelnde Effektivität des traditionellen schulischen FUs und Vernachlässigung der affektiven Komponenten (↗Emotion) gegenüber den kognitiven Faktoren genannt (vgl. Henrici/Zöffgen 1995, 5). ↗*Community Language Learning* (CLL), ↗*Silent Way*, ↗*Natural Approach*, ↗Suggestopädie, Psychodramaturgie und ↗*Total Physical Response* (TPR) verbindet der Gedanke, Lernen zu einem möglichst angenehmen Vorgang zu machen und die unterschiedlichen ↗Lernertypen auf unterschiedlichen ›Kanälen‹ möglichst ganzheitlich anzusprechen (↗Ganzheitliches Lernen). Viele Vorschläge für konkrete Vorgehensweisen im Unterricht sind aus der traditionellen Fremdsprachendidaktik bekannt, z. B. rigides Lehrerverhalten (Suggestopädie, TPR), Lehrende als Helfer (CLL, Silent Way), strenge Phasierungen (Suggestopädie, TPR, Natural Approach, Silent Way), bekannte traditionelle Übungsformen und Materialien (Suggestopädie, Natural Approach) sowie Selbständigkeit und Autonomie der Lernenden (CLL, Silent Way) (vgl. Henrici/Zöfgen 1995, 5 f.).

Lit.: G. Henrici/E. Zöfgen (Hg.): Themenheft »Innovativ-alternative Methoden« von Fremdsprachen Lehren und Lernen (FLuL) 25 (1996). – B. Ortner: Alternative Methoden im FU. Lerntheoretischer Hintergrund und praktische Umsetzung. Ismaning 1998. AG

Andragogik. Komplementär zur Pädagogik beschäftigt sich A. mit der Bildung von Erwachsenen. Für die Fremdsprachendidaktik übernimmt die A. die Funktion einer ↗Bezugswissenschaft, da das Alter eine grundlegende endogene Lernervariable ist. Die häufig propagierte negative Korrelation von Alter und erfolgreichem Fremdsprachenlernen sollte allerdings differenziert betrachtet werden. Eric Lennebergs *Critical Period Hypothesis* koppelt erfolgreichen ↗Spracherwerb an das Gehirnwachstum, welches mit Ende der Pubertät abschließt. Erwachsenen Fremdsprachenlernern sollte es demnach nicht möglich sein, muttersprachenähnliche ↗Kompetenzen erwerben zu können, was in der Fremdsprachenforschung mangels umfassender empirischer Absicherung und vielfältiger widersprechender Beispiele jedoch heftig diskutiert wird. Wenn es eine Korrelation zwischen Alter und erfolgreichem Fremdsprachenlernen gibt, so ist diese nicht als linear zu begreifen, sondern wird von vielen weiteren Faktoren beeinflusst (z. B. Bildungsstand, Lebenssituation, ↗Motivation, ↗Lernziele usw.). Bei erwachsenen Lernenden sind deshalb immer die allgemein kognitiven und personalen, aber auch die soziokulturellen und sozioökonomischen Einflussfaktoren in Betracht zu ziehen. Des Weiteren sind Begrifflichkeiten, Welt- und Handlungswissen beim erwachsenen Lernenden viel ausgeprägter und differenzierter als beim jungen Lernenden und dienen als wichtige Grundlage für den Fremdsprachenerwerb, weshalb in der Sprach-A. auch häufig auf kontrastive Sprachbetrachtung (↗Inferenz) zurückgegriffen wird. Die explizite Analyse sprachlicher Phänomene dient der Befriedigung des für erwachsene Lernende aufgrund ihrer kognitiven Reife typischen Bedürfnisses, Zusammenhänge zu verstehen (↗Verstehen). Bei der Vermittlung von ↗Wortschatz ist deshalb das bereits bestehende ↗mentale Lexikon bei der konzeptuellen Übertragung in eine andere Sprache die Basis, und bei der Grammatikvermittlung (↗Grammatik und Grammatikvermittlung) stehen Maßnahmen der ↗Kognitivierung im Vordergrund. Der Lernvorsprung erwachsener Lernender kann den Zugang zu neuen Inhalten aber auch erschweren, da ggf. verfestigte Routinen aufgebrochen werden müssen. Das fest verankerte Lautinventar der bereits erworbenen Sprachen gehört z. B. zu den motorischen Routinen, die ggf. den akkuraten Erwerb des Lautinventars einer neuen Sprache erschweren. Aufgrund der meist fehlenden Sensibilisierung für Lautkombinationen anderer Sprachen in jungen Jahren können etwaige Unterschiede zur Muttersprache vom Lernenden teilweise gar nicht wahrgenommen bzw. gehört werden. Die Perfektionierung der ↗Aussprache, die elementar von differenzierter Wahrnehmung beim ↗Hörverstehen sowie den motorischen Fähigkeit bei der Lautproduktion abhängt, wird aufgrund irreversibler biologischer Voraussetzungen am häufigsten vom Alter beeinflusst. Aber auch der Erwerb allgemeiner muttersprachenähnlicher Sprachkompetenz gilt grundsätzlich für jüngere Lernende als einfacher zu erreichen. Bei erwachsenen Lernenden ist die Hemmschwelle, ↗Fehler zu machen oder mittels Fragen ggf. Schwächen einzugestehen, und damit die Angst vor Identitätsverlust viel höher, so dass Kinder und Jugendliche viel eher authentische fremdsprachliche Kommunikation riskieren und damit ihre Sprachfertigkeit austesten und entsprechend verbessern können.

Die längeren individuellen Lernbiographien und die daraus resultierenden Vorstellungen, ↗Lernstrategien und Erwartungen erwachsener Lernender sowie deren unterschiedliche Lebenssituationen erfordern eine Reduzierung des typischen schulartigen Lernens im Gleichschritt. Während im Jugendalter schulisches Lernen und damit auch curricular vorgesehener FU noch verpflichtende Schwerpunktaktivität des täglichen Lebens ist, organisieren erwachsene Lernende ihr Fremdsprachenlernen meist als Nebentätigkeit. Sie setzen ihre Lernziele oft selbst und übernehmen so Mitverantwortung für die Inhalte ihres Lernens. Diese Selbststeuerung des Lernprozesses (↗Autonomes Lernen) prägt das grundlegende Rollenverständnis von Lerner und Lehrkraft (↗Lehrer und Lehrerrolle), welches sich weitestgehend durch Gleichberechtigung auszeichnet. Ähnlich wie in der Schule, die als systemische Rahmenbedingung des FUs in jungen Jahren fungiert, wird das Fremdsprachenlernen auch im Erwachsenenalter durch die gewählte Institution bzw. Lernform (z. B. ↗Fernunterricht, ↗*Blended Learning*, ↗Tandemlernen) stark mitgeprägt.

Insgesamt sind vier wichtige Institutionstypen zu unterscheiden, die FU in der Erwachsenenbildung gestalten: Volkshochschulen (↗Volkshochschulunterricht) und Hochschulen für die Gruppe der öffentlichen Einrichtungen und private Sprachschulen sowie betriebliche Einrichtungen in der Gruppe der privatwirtschaftlichen Institutionen. In Deutschland übernehmen bei den öffentlichen Einrichtungen die Volkshochschulen eine flächendeckende Versorgung mit Sprachunterricht und erreichen damit auch gerade die älteren Fremdspracheninteressierten (↗Geragogik). Hinzu kommen eine Vielzahl privater Sprachschulen, in denen neben den gängigen (auch staatlich anerkannten) Berufsabschlüssen zum Fremdsprachensekretär, -korrespondent, Übersetzer oder Wirtschaftsdolmetscher vorwiegend FU in Kleinstgruppen (↗Sozialformen) meist zur Vorbereitung auf standardisierte Sprachtestungen (z. B. Cambridge-Prüfungen, TOEFL, TFI, DELF, DELE usw.) oder individuell zugeschnittener Einzelunterricht angeboten wird. Als dritte große Gruppe ist die meist fachspezifische Sprachenaus- und -weiterbildung in betrieblichen Einrichtungen zu nennen, welche von Angeboten der Industrie- und Handelskammern bis hin zu einzelnen maßgeschneiderten, firmeninternen Angeboten reicht. An den Hochschulen – der vierten Gruppe – gilt es, den Sprachunterricht in den philologischen Fächern, der integraler, prüfungsrelevanter Bestandteil des Studienfachs (z. B. Anglistik, Romanistik, Sinologie) ist, den curricular vorgesehen, aber als Wahlpflichtfach definierten Fachsprachunterricht (↗Fachsprache) in den nicht-philologischen Fächern (z. B. Technisches Englisch, Wirtschaftsspanisch) und den meist im Rahmen des Studium Generale zusätzlich angebotenen Sprachunterricht zu unterscheiden. Alle diese Institutionen führen systemisches Lernen bei jungen Erwachsenen bis ins Alter weiter, bedingen dabei aber große Unterschiede, was die zielgruppenspezifische und fachorientierte Didaktisierung der Unterrichtsinhalte anbetrifft.

Individuelle Lernerbiographien und Lebenssituationen evozieren divergierende Erwartungen an FU, was in unterschiedlichen Lernzielen resultiert, die vom Lernenden durch Rückgriff auf bekannte Lernstrategien erreicht werden wollen. FU für Erwachsene zeichnet sich daher durch sehr heterogene Gruppen aus (↗Differenzierung). Je nach institutioneller Rahmung eint die Teilnehmer/innen jedoch meist die intrinsische oder extrinsische, wenn auch ggf. inhaltlich ganz unterschiedliche Motivation. Zunächst bestimmt durch das in diesem Kontext aufgrund subjektiv oder objektiv empfundener Zwänge umstrittene Prinzip der Freiwilligkeit (z.B. wenn das Beherrschen einer Fremdsprache als Voraussetzung für bestimmte Tätigkeiten angenommen wird, obwohl es objektiv nur begrenzt notwendig ist, oder wenn es bei freier Studienfachwahl curriculare Festschreibungen gibt usw.) sind Lerngruppen von Erwachsenen meist durch eine gewisse Anfangsmotivation mit ausgeprägtem Interesse an der Sprache gekennzeichnet. Die Art der Motivation kann dabei je nach Institution von reiner Pflichtausübung, über vermeintlich berufliche Weiterbildung, über das Erlangen allgemeiner gesellschaftlicher Anerkennung bis hin zur bloßen, anfangs eventuell unterbewussten, Kontaktsuche mit Gleichgesinnten variieren. Entsprechend tragen auch die Lernenden die Verantwortung für den ihnen individuell wichtigen ↗Transfer des Gelernten selbst. Da Leistungsfortschrittsmessungen, außer ggf. in prüfungsvorbereitenden Sprachkursen und auch dort meist nur in Form von Selbstkontrollen, eine nachgeordnete Rolle spielen, ist der Arbeitsrahmen, welcher der Lehrkraft in der Erwachsenenbildung zur Verfügung steht, weitaus freier und nicht vorwiegend durch kontinuierliche Verfolgung der ↗Progression mittels ↗Leistungsbewertung geprägt. Entsprechend ist zwar auch die Wahl der Arbeitsformen und ↗Medien zunächst flexibler, sollte aber stets zielgruppenorientiert sein.

Lit.: G. Burger (Hg.): FU in der Erwachsenenbildung. Ismaning 1995. – D. Eggers (Hg.): Sprach-A. FfM 1997. – J. Quetz/S. Bolton/G. Lauerbach: Fremdsprachen für Erwachsene. Eine Einführung in die Didaktik und Methodik des FUs in der Erwachsenenbildung. Bln 1981. – D.M. Singleton/Z. Lengyel (Hg.): The Age Factor in Second Language Acquisition. A Critical Look at the Critical Period Hypothesis. Clevedon 1995.   CJG

Anfangsunterricht ↗Früher Fremdsprachenunterricht

Arbeitsblätter gehören zu den Hilfsmitteln im FU, die entweder von Schulbuchverlagen als Kopiervorlage angeboten oder von Lehrkräften selbst erstellt werden. Auch im Internet findet man nach Schularten und Jahrgangsstufen geordnete Sammlungen. A. ermöglichen eine große Aufgabenvielfalt. Die SuS füllen z.B. Lücken aus, ordnen Textbausteine, beenden unvollständige Sätze, heben gesuchte Informationen hervor, kreuzen die richtigen Lösungen bei Multiple-Choice-Aufgaben an, verbinden Frage- und Antwortangebote, suchen nach ausgelassenen Wörtern, korrigieren inhaltliche Fehler, füllen Sprechblasen aus oder zeichnen die Routen entsprechend einer Wegebeschreibung in eine Skizze ein (non-verbales Lösen von Hörverstehensaufträgen). Auch zum Ausmalen von Bildern, zum Verändern von Bildinhalten nach entsprechenden Anweisungen, zum Ausschneiden von Bastelangeboten (z.B. Fingerpuppen) und zur Erhöhung der individuellen Sprechzeit mittels entsprechender Dialogtechniken (z.B. *flow charts, surveys*) sind A. bestens geeignet. Im weitesten Sinne sind A. auch für ad hoc Lernstandsdiagnosen, für die ↗Leistungsermittlung und für die individuelle Lernfortschrittsdokumentation vorgesehen (*self-assessment sheets*). Um den Lernenden eine echte Textarbeit zu ermöglichen, bieten die Lehrkräfte Texte oftmals auf A.n an: Somit dürfen die Lernenden etwas unterstreichen oder farbig markieren, etwas zwischen die Zeilen oder an den Rand schreiben und Pfeile ziehen. Die didaktischen Einsatzmöglichkeiten sind ebenfalls vielfältig: A. dienen der Vorbereitung von Lerninhalten (Reaktivierung des domänenbezogenen Weltwissens und des sprachlichen Wissens), bieten Visualisierungshilfen (↗Visualisierung) an (z. B. Grammatikkarteikarten, *mindmaps*) oder erweitern das Übungsangebot (↗Übung) der ↗Lehrwerke. Auch für das Lernen an Stationen, für den gezielten ↗Förderunterricht (adaptives Lernen), für Differenzierungsaufgaben in Stillarbeitsphasen (↗Differenzierung) und für die Feststellung der individuellen Lernstände leisten sie Erhebliches. Folgende Evaluierungskriterien sind zu beachten: A. zeigen ein gefälliges Layout (Verhältnis von Freiräumen, Abbildungen, Schrift und Leerzeilen) und alle Anweisungen sind verständlich und fehlerfrei formuliert. Auch humorvolles bildliches Begleitmaterial, eindeutige Kennungen, Anregungen für ↗Sozialformen (Partner- oder Gruppenarbeit) und die Möglichkeit für SuS zur Beurteilung (Gefallen, Arbeitsaufwand, Machbarkeit) und alternative Aufgabenformate für unterschiedliche ↗Lernertypen sollten auf einem Arbeitsblatt zu finden sein. Damit die Lernenden die A. problemlos verwalten können, bietet es sich an, sie während eines Schuljahres durchzunummerieren und bereits gelocht anzubieten.

Lit.: Themenheft »Worksheets« von Der fremdsprachliche Unterricht Englisch 44 (2000). – D. Seymour/ M. Popova: 700 Classroom Activities. Ismaning 2003.

WK

Arbeitsformen ↗Sozialformen

Audio-linguale Methode. Die in sprachwissenschaftlicher Hinsicht auf dem amerikanischen Strukturalismus und in lerntheoretischer Hinsicht auf dem Behaviorismus aufbauende a.M. stellt eine Weiterentwicklung der sog. *Army-Method* dar. Mit Ausbruch des Zweiten Weltkrieges wurde deutlich, dass es an Fremdsprachenkenntnissen mangelte. Insbesondere Sprachen wie Japanisch, Chinesisch usw. konnten nur von wenigen Armeeangehörigen gesprochen und verstanden werden. Im Auftrag des Militärs wurden deshalb zwischen 1941 und 1943 zahlreiche Sprachprogramme entwickelt, die später großen Einfluss auf die Konzeption der a.M. hatten. In Deutschland hielt diese Methode erst nach dem Erscheinen der deutschen Übersetzung von Robert Lados Buch *Language Teaching. A Scientific Approach* (1964, dt. 1967) Einzug. Im Gegensatz zu allen bis dahin existierenden Methoden ist dieser Ansatz nach

rein wissenschaftlichen Prinzipien organisiert (Strukturalismus und Behaviorismus). Die Grundlage war eine strukturalistische Analyse der gesprochenen Sprache mit dem Ziel, die Sprechfähigkeit durch das Einüben und Nachahmen von Satzmustern zu entwickeln. Die am Alltagsgebrauch orientierte Sprache wird in didaktisch konstruierten (Mini-)Dialogen präsentiert. Grammatische Regeln werden nicht explizit vermittelt, induktive Grammatikarbeit wird hingegen nicht ausgeschlossen (↗Induktives Lernen). Die in möglichst alltäglichen Situationen eingebetteten Sprachmuster werden in Sprechübungen im Sprachlabor unter Benutzung von Tonbandübungen eingeschliffen (*pattern drill*). In diesem Kontext wurde ab den 1960er Jahren in Deutschland das Sprachlabor bevorzugter Übungsort (↗Lehr- und Lernort). Darauf wird auch heute noch in der Werbung mit Slogans wie »in 30 Tagen Spanisch, Französisch usw. lernen« Bezug genommen. Die älteren Medien wie Kassetten sind mittlerweile durch neuere ↗Medien wie CD-ROMs und Internet ersetzt worden. Das Lernschema dieser Programme bleibt aber das gleiche (vgl. Roche 2005, 16).

Die Unterrichtsprinzipien der a.M. lassen sich wie folgt zusammenfassen: (1) Vorrang des Mündlichen vor dem Schriftlichen: Daraus ergibt sich die Folge der Schulung der Teilkompetenzen ↗Hörverstehen, dann (Nach-)sprechen, dann ↗Leseverstehen und zum Schluss ↗Schreiben. (2) Situativität des Unterrichts: Die Sprachmuster der ↗Grammatik werden in Alltagssituationen eingebettet und dialogisch präsentiert. (3) ↗Authentizität der Sprachvorbilder: Möglichst Unterricht durch einen Muttersprachler, dadurch Nachahmung der ↗Aussprache. (4) Einübung von Sprachmustern durch Imitation und häufiges Wiederholen: Einschleifen von Sprachgewohnheiten, begründet mit der behavioristischen ↗Lerntheorie. (5) ↗Einsprachigkeit des Unterrichts: Ausschluss der Erstsprache aus dem Unterrichtsgeschehen. (6) Charakteristische Übungsformen sind Lückentexte, Auswendiglernen von Modelldialogen und Satzmusterübungen (Satzschalttafeln): Der Hauptzweck dieser stark gesteuerten ↗Übungen bestand darin, dass die Lernenden angeleitet wurden, korrekte Sätze zu produzieren, wenngleich auf deren Inhalt kein Einfluss genommen werden konnte. Seit den 1960er Jah-

ren wurde diese Methode in Frankreich zur
↗ audio-visuellen Methode weiterentwickelt.

Lit.: R. Lado: Moderner FU. Mü. 1967. – J. Roche:
Fremdsprachenerwerb und Fremdsprachendidaktik.
Tüb. 2005. AG

Audio Literacy. Kompetente Fremdsprachenlerner/innen sind die umfänglich Bedeutung aushandelnden, kulturellen Aktanten, auch im akustisch-auditiven Bereich. Hören ist grundlegend für das Erlernen von Mutter- und Fremdsprache. Akustische Wahrnehmung und -verarbeitung beziehen sich im FU sowohl auf (fremd-) sprachliche Hörimpulse (einschließlich Intonation, Prosodie und Rhythmus) als auch auf musikalische und klangliche Höranlässe (z.B. Lieder, Instrumentalmusik, Filmmusik bzw. Geräusche und Klangbilder). Hören ist aktives konzentriertes Zu-Hören, Lauschen und Horchen.

Die Entwicklung von ↗ Hörverstehen wird heute nicht mehr nur aus wahrnehmungs- und kognitionspsychologischer Perspektive betrachtet. Hören ist ebenso zentral für unser Verständnis von kultureller Differenz und erfordert die Ausbildung vielschichtiger Prozesse der Sinnbildung und des ↗ Verstehens. Obwohl einige grundlegende (z.B. sprachliche) Hörkomponenten kulturübergreifende Aspekte tragen (z.B. Stimmhaftigkeit und Stimmlosigkeit, Tonhöhen- und Lautstärke-Veränderungen), gibt es genauso viele akustische kulturelle Besonderheiten (z.B. das englische [th] für den deutschen Hörer), auch allgemein klanglich-musikalischer Art (z.B. chinesische 5-Tonmusik, fremde urbane oder ländliche Klangräume). Ausgehend von einem weiten Höransatz ist es angebracht, von der Entwicklung von *a.l.* zu sprechen. Der *literacy*-Ansatz, der im Konzept der ↗ *multiple literacy*-Didaktik verortet ist, berührt sowohl den Begriff der Literalität (hier eher bezogen auf elementare Hörereignisse und -wahrnehmungen) als auch den der ↗ Kompetenz (hier eher bezogen auf die kompetente Verknüpfung von Hörereignissen mit individuellem Weltwissen und Erfahrungen) und ist in seiner Ausrichtung medial und auch kulturwissenschaftlich dimensioniert. Damit schafft er für die Ausbildung von *a.l.* die wichtige sprachliche, materiell-mediale und kulturelle Verankerung: gestützt zum einen durch die Zunahme insbesondere elektronisch vermittelter multimodaler Formen weltweit verbindender Kommunikation (Sprache, Musik, Bewegung oder Tanz) und zum anderen durch migrationsbedingte Prozesse (sub-)kultureller und sozialer Diversifizierung. Teilkompetenzen von *a.l.* sind (vgl. Blell 2006): Sensibilität für Hörkontexte aller Art (Sprache, ↗ Musik, Klang); Bereitschaft und Fähigkeit, genau hinzuhören, zu verstehen und über den eigenen Hörprozess zu reflektieren; Fähigkeit, Nichtverstehen von Gehörtem auszuhalten und in erhöhte Aufmerksamkeit umzuwandeln; Fähigkeit, andere Hörweisen und Interpretationen auszuhalten und eigene Wertungen hinauszuzögern oder gar auszusetzen; Fähigkeit zur ›Lücke‹ bzw. kontextuell angepasster Einsatz von sprachlichen, para- und nichtsprachlichen Mitteln zum Ausgleich von ›Hörlücken‹ (↗ Nonverbale Kommunikation); Fähigkeit, Gehörtes in kulturellen Bedeutungsstrukturen kritisch zu interpretieren und anzuwenden.

Lit.: G. Blell: Musik im FU und die Entwicklung von *a.l.* In: U.H. Jung (Hg.): Praktische Handreichung für Fremdsprachenlehrer. FfM 2006, 112–119. GB

Audio-visuelle Methode. Die a.M. entstand in den 1950er Jahren in Frankreich und stellt ähnlich wie die ↗ audio-linguale Methode die ↗ kommunikative Kompetenz in den Mittelpunkt. In Frankreich wurde die aus den USA stammende audio-linguale Methode zur audio-visuellen, strukturell-globalen Methode weiterentwickelt (vgl. Guberina 1964, 1 ff.). Zu den Charakteristika der audio-lingualen Methode treten die visuelle Unterstützung des Sprachlernprozesses durch ↗ Bilder, Dias und Filme, der Einbezug von Kommunikationssituationen und eine strenge Phasierung des Unterrichts: Einführung in Dialogform – Erörterung von Einzelaspekten – Wiederholung und ↗ Übung – Auswertung – Anwendung und ↗ Transfer (vgl. Neuner 2003, 230). Obwohl die Wurzeln der audio-lingualen Methode und der a.M. dieselben sind, lassen sich Unterschiede feststellen: Das Unterrichtsprinzip der a.M. besteht darin, Sprache, wo immer möglich, mit optischem Anschauungsmaterial zu verbinden. Das heißt, in einer Dialogsituation wird den Lernenden zunächst der Inhalt der Situation durch visuelle Mittel verdeutlicht (↗ Visualisierung), dann erst folgen die entsprechenden sprachlichen Ausdrucksformen (vgl. Abbildungen im ↗ Lehrwerk). Die Reihenfolge der Darbietung verläuft also anders als in der audio-lingualen Methode. Dort wird zunächst die sprachliche Form vorgegeben (erst Hören, dann Nachsprechen) und dann in ihrer Bedeutung erklärt. Eine Unterrichtseinheit beginnt bei der a.M. also mit der Präsentation eines Bildes bzw. einer Bilderfolge und eines auf Tonband aufgenommenen Dialogs. In der zweiten Unterrichtsphase werden die Bedeutungen einzelner Gesprächseinheiten erklärt (durch Deuten, wiederholtes Anhören einzelner Passagen, Fragen und Antworten). Durch mehrfaches Wiederholen von Bild und Text müssen die Dialoge in der dritten Phase auswendig gelernt werden. Der Aufbau einer solchen Unterrichtseinheit orientiert sich an der behavioristischen ⟋Lerntheorie. Der Lernvorgang wird als Verbindung von Reiz (Bild) und Reaktion (sprachliche Äußerung) gesehen. Die Verwendung technischer Unterrichtsmedien unterstützt diesen Prozess.

Viele der Prinzipien, die im Rahmen der a.M. formuliert wurden, haben langfristige Auswirkungen auf den FU gehabt. In ihrer ›Reinkultur‹ wurde die Methode aber – außer in Frankreich als *méthode structuro-globale audio-visuelle* – kaum praktiziert. Dazu trugen sicherlich die rigide Unterrichtsphasierung und die einseitige Steuerung durch visuelle Medien bei. Dadurch bestand kaum die Möglichkeit methodischer Variation. Auch die fehlende Ausgewogenheit im Hinblick auf die sprachlichen Kompetenzen mag in dieser Hinsicht eine Rolle gespielt haben, z.B. geringe Bewusstmachung (⟋Bewusstheit/Bewusstmachung) von grammatischen Regeln oder geringe Berücksichtigung des Schriftbildes. Trotzdem kommt der a.M. ebenso wie der audio-lingualen Methode der Verdienst zu, dem Leitziel der kommunikativen Kompetenz im FU den Weg geebnet zu haben, denn beide methodischen Ansätze haben für die gesprochene Sprache sensibilisiert. Außerdem haben beide Ansätze entscheidend zum Einzug akustischer und visueller ⟋Medien (Dialoge, Kassetten, Bilder, Bildfolgen usw.) in Lehrwerke und FU allgemein beigetragen.

Lit.: P. Guberina: Die audio-visuelle, global-strukturelle Methode. In: B. Libbish (Hg.): Neue Wege im Sprachunterricht. FfM 1964, 1–15. – G. Neuner: Vermittlungsmethoden. Historischer Überblick. In: K.-R. Bausch et al. (Hg.): Handbuch FU. Tüb. ⁴2003 [1989], 225–234.   AG

Aufgaben ⟋Aufgabenorientiertes Lernen

Aufgabenorientiertes Lernen (engl. *task-based learning*, frz. *approche par tâches*) geht u.a. auf David Nunan (1989) und Jane Willis (1996) zurück, die dem Konzept der Aufgabe im Unterricht eine zentrale Stellung einräumen. Unter ›Aufgabe‹ ist ein mehr oder weniger umfangreiches Lernarrangement zu verstehen, das die Lernenden mit realitätsnahen, alltagsbezogenen Handlungssituationen konfrontiert, innerhalb derer Themen bearbeitet, Problemsituationen bewältigt und Ergebnisse erzielt werden sollen. A.L. hat vor allem durch seine zentrale Stellung im ⟋Gemeinsamen europäischen Referenzrahmen für Sprachen (2001) inzwischen europaweit Eingang in Bildungs- und Rahmenpläne gefunden und wird zunehmend auch in Lehrmaterialien berücksichtigt.

Für die Beschreibung einer Aufgabe werden u.a. folgende Kriterien genannt: Eine (ideale) Aufgabe (1) fördert den Gebrauch der Zielsprache als kommunikative Tätigkeit; (2) stellt den Inhaltscharakter der Mitteilung in den Mittelpunkt (⟋Inhaltsorientierung); (3) ermöglicht einen hohen Grad an ⟋Authentizität des Sprachhandelns; (4) ist realitätsbezogen; (5) fördert ⟋kooperatives Lernen und Arbeiten; (6) unterstützt die integrative Verwendung mehrerer ⟋Fertigkeiten; (7) regt die Verwendung und Weiterentwicklung kognitiver ⟋Lernstrategien an; (8) führt zu einem konkreten Endprodukt. A.L. ist ein Versuch, die Trennung des Lernens und Anwendens der Fremdsprache zu überwinden. Dafür wird der Klassenraum zugleich als Aktions- und Lernraum gesehen (⟋Lehr- und Lernort). Im Sinne des a.L.s konzipiertes Fremdsprachenlernen fördere, so die Annahme, durch die Vorwegnahme von Anwendungssituationen im Klassenraum die spätere Bewältigung von Realsituationen außerhalb des Klassen- und Lernkontextes.

Damit setzt a.L. eine starke Variante des kommunikativen Ansatzes um (⟋Kommunikativer FU), bei dem der Bedeutungsaspekt von Sprache fokussiert wird und Lernende als sie selbst zielsprachlich kommunizieren und agieren sollen. Zentrale Aspekte dieses Ansatzes sind (1) der zugrunde liegende Sprachbegriff: Sprache wird in ihrer sich im Verwendungsakt manifestierenden Werkzeugfunktion gesehen, sie lässt die Sprechenden zu Sprachbenutzenden werden, wodurch das Sprachereignis dem Kriterium der authentischen Sprachverwendung nahekommen soll; (2) die Sinnhaftigkeit der Aufgabe: Es wird als positiv für den Spracherwerbsprozess angenommen, dass er sich im Rahmen für die SuS bedeutungsvoller Aufgaben vollzieht, und dass die Lernenden sich an Aufgaben orientieren, die Tätigkeiten widerspiegeln, denen sie in ihrem Umfeld begegnen oder deren Umsetzung für sie von Bedeutung ist; (3) die Outputorientierung: Im Gegensatz zu nativistisch geprägten Vorstellungen von Sprachenlernen setzt das a.L. darauf, dass sich der ↗Spracherwerb im Zuge der Umsetzung von Aufgaben einstellt, die den Einsatz von Sprache bedingt, d.h. die in Form eines konkreten Ergebnisses erfolgt, das als solches sprachlicher Natur sein kann oder aber dessen Realisierung von sprachlichen Aktivitäten begleitet sein muss.

Im Hinblick auf die Umsetzung des a.L.s wird eine Sequenzierung in drei Phasen vorgeschlagen (vgl. Skehan 1996, Willis 1996), die mit *pre-task activity* (Vorbereitungsphase), *during-task activity* (Durchführungsphase) und *post-task activity* (Nachbereitungsphase) bezeichnet werden. Die zentrale Phase der *during-task activity* ist als einzige obligatorisch, so dass im Grunde a.L. aus der Bearbeitung der den Lernenden gestellten Aufgabe bestehen kann. Vielfach ist die Ausweitung des Konzepts auf die vor- und nachbereitenden Phasen im Hinblick auf einen effektiven Spracherwerbsprozess sinnvoll. Es wird gegenwärtig davon ausgegangen, dass vor allem eine vorgeschaltete Phase die eigentliche Aufgabenlösungsphase fördert und unterstützt. Als förderlich wird erachtet, die SuS in dieser Phase über den Zweck (»Was soll getan werden?«), den Nutzen (»Was bringt es?«) sowie das erwartete Ergebnis (»Was ist das Endprodukt?«) der Aufgabe zu informieren. Eine vorbereitende Phase ist somit im Hinblick auf die ↗Motivation der Lernenden für die Aufgabe, auf die inhaltliche wie auch sprachliche Heranführung an die Aufgabe, die Erarbeitung von ↗Lerntechniken und die zeitliche Planung der Vorgehensweise zu betrachten. Die Nachbereitung erstreckt sich in der Regel auf die Vorstellung, Aus- und Bewertung der Ergebnisse sowie auf die Diskussion der Vorgehensweise. Zum Teil wird sie auch für

fertigkeitsbezogene Sprachübungen genutzt (↗Übung), deren Notwendigkeit sich aus der Meta-Diskussion ergeben hat. Es gilt hier der Gefahr entgegenzuwirken, auf Kosten der Sprachkorrektheit die Sprachflüssigkeit zu stark zu betonen.

Bei der Diskussion um das a.L. wird meist die Unterscheidung zwischen *task-as-workplan* und *task-as-process* getroffen. Dabei wird bei *task-as-workplan* unter *task/tâche* eine Abfolge von Aktivitäten verstanden, die sich aus der Aufgabe selbst ergeben können oder sich aus ihr ableiten lassen oder etwa in ihr *expressis verbis* formuliert sind. Während bei dieser Lesart von *task/tâche* der Aspekt der Planung im Vordergrund steht, fokussiert *task-as-progress* die Phase der eigentlichen Umsetzung der Aufgabe bis zu deren Realisierung. Im Zentrum der Betrachtung stehen dabei vorrangig das erwünschte und als begleitendes ↗Lernziel verfolgte autonome Arbeiten der Lernenden (↗Autonomes Lernen) wie auch die Interaktionen der Lerngruppe untereinander.

In sprachlicher Hinsicht sind diejenigen Aufgaben als besonders förderlich für den Spracherwerbsprozess anzusehen, die Prozesse anregen, bei denen das dialogische Sprechen angeregt wird, explizite Redebeiträge eingefordert werden und die Risikobereitschaft der SuS gefördert wird. Zudem sollte es Phasen geben, in denen einzelne Sprachmittel gezielt formal betrachtet werden (z.B. Einführung einer Grammatikstruktur, die für die Umsetzung der Aufgabe relevant ist). Weitere wesentliche Aspekte liegen darin, dass die Aufgabe kooperatives Arbeiten unterstützt und den Lernenden Unterstützung für ihre kommunikativen Anstrengungen zuteil wird – z.B. Bereitstellung von Redemitteln oder förderliches kommunikatives Agieren der Lehrperson (↗*Scaffolding*). Der Lehrkraft fällt innerhalb des a.L.s die Rolle zu, ihre Sprache so zu wählen, dass das Kriterium der Authentizität erfüllt und dem Inhaltsbezug des sprachlichen Austausches Vorrang eingeräumt wird (durch die Art der ↗Fragen, des ↗Feedbacks, der Sprachunterstützung, der Zuweisung des Rederechts usw.).

Während die Befürworter des a.L.s große Chancen für den Spracherwerbsprozess in diesem Ansatz sehen, ist u.a. noch ungeklärt, wie sich der Ansatz in ein Curriculum (↗Lehrplan) einfügt, welche Rolle die Frage der Sprachkor-

rektheit spielt und wie mit verschiedenen Lern-
begabungen umgegangen werden soll (vgl.
Swan 2005). Auch scheint sich das Kriterium
der Authentizität in einer institutionellen Lernumgebung nur ansatzweise umsetzen zu lassen.

Lit.: K.-R. Bausch et al. (Hg.): Aufgabenorientierung als Aufgabe. Tüb. 2006. – R. Ellis: Task-based
Language Learning and Teaching. Oxford 2003. –
A. Müller-Hartmann/M. Schocker-von Ditfurth (Hg.):
Aufgabenorientierung im FU. Task-Based Language
Learning and Teaching. Tüb. 2005. – D. Nunan: Design-
ing Tasks for the Communicative Classroom. Cam-
bridge 1989. – E. Rosen (Hg.): La perspective action-
nelle et l'approche par les tâches en classe de langue.
Sonderausgabe von Le français dans le monde 45. Pa-
ris 2009. – P. Skehan: A Framework for the Implemen-
tation of Task-based Instruction. In: Applied Linguis-
tics 17/1 (1996), 38–62. – M. Swan: Legislation by
Hypothesis. The Case of Task-based Instruction. In:
Applied Linguistics 26/3 (2005), 376–401. – J. Willis:
A Framework for Task-based Learning. Ldn 1996.
                                                                                    JM

Aufmerksamkeit ist ein Schlüsselbegriff in
Psychologie, Neurowissenschaften und Lern-
theorie, aber auch z.B. in der Ökonomie und
den Kulturwissenschaften. Aus einer generellen
A.shaltung wählt der Mensch einen Fokus auf
der Basis von Interesse und Intention. Dieser
Fokus wird mit Gedächtnisinhalten abgeglichen
und als nützlich oder unterhaltsam bewertet.
Von solchen Bewertungen hängt der wichtige
Aspekt der A.sspanne ab. Die bildgebenden
Verfahren der Neurologie können A.sformen
abbilden, somit auch ihre Verstärkung oder
Abschwächung. A. ist zu einem zentralen Konzept der Psychologie, Pädagogik und Soziologie
geworden, nicht zuletzt über die Abwesenheit
von A. beim als ADS (*attention deficit syn-
drome*) bezeichneten psychischen Krankheits-
bild der Unfähigkeit zur Konzentration bei
Kindern und Jugendlichen.

In Lehr- und Lernkontexten wird das Konzept der A. besonders im Rahmen der Kommunikationsmöglichkeiten alter und neuer Medien
diskutiert, die um A. konkurrieren. Die Folge ist
eine Konzentrationsweise, die als *hyper attention* (vgl. Hayles 2007) beschreibbar ist. In den
Anforderungen eines *multi-tasking* muss der
Fokus schnell gewechselt werden, so dass letztlich mehrere Informationsquellen nebeneinander bestehen können. Die gegenläufige Form
der A. kann man als *deep attention* charakterisieren. Hier werden über einen längeren Zeit-

raum Fokus und Konzentration auf ein Objekt,
z.B. einen längeren Text, gelegt. *Deep attention*
wird mit *print literacy* korreliert, *hyper attention* mit *digital literacy*. In Lehr- und Lernkontexten mit Texten findet sich traditionell eine
Bevorzugung der *print literacy*, die analytisch-
logisches, lineares Denken favorisiert. Es spricht
vieles dafür, dass diese Konzentrationsweise
ihre zentrale gesellschaftliche Stellung verliert
zugunsten eines stärker assoziativen, empathi-
schen und sinnlichen Impressionen zugewandten Denkens (vgl. Lanham 2006).

Im engeren Kontext des Fremdsprachenlernens konkurrieren Theorien und Methoden
nicht zuletzt im Hinblick auf die jeweils notwendigen Formen von A. (vgl. Schmidt 1995).
Es wird unterschieden zwischen einer generellen
Form von A. unter der Bezeichnung *noticing*
und einer stärker gerichteten Form als *focal attention*. Konsens besteht zumindest darüber,
dass jedes Sprachlernen eines grundlegenden
Levels an A. in Form von Beachtung (*noticing*)
bedarf. Eine Art ›gerichtete A.‹ (*focal attention*),
die auf bewusstes Verstehen zielt, führt zu besseren Lernergebnissen bei der Herausbildung systematischer Sprachstrukturen, z.B. im Bereich
der Syntax und Morphologie. Demgegenüber
kann das Lernen von Wörtern und Wortkombi-
nationen bereits über *noticing* erreicht werden.

Lit.: K. Hayles: Hyper and Deep Attention. The Gene-
rational Divide in Cognitive Modes. In: Profession
(2007), 187–199. – R. Lanham: The Economics of
Attention. Style and Substance in the Age of Information. Chicago 2006. – R. Schmidt (Hg.): Attention and
Awareness in Foreign Language Learning. Honolulu
1995.   JD

Auslandsaufenthalt ↗Begegnung und Begegnungssituationen

Aussprache gilt als zentraler Bestandteil ↗kom-
munikativer Kompetenz. Darunter verstanden
werden einzelne Laute sowie deren Kombination und Repräsentation in Lautschrift, Wort-
sowie Satzakzent, Intonation und die Verbindung mehrerer Wörter in zusammenhängender
Rede. Sprecher/innen mit einer guten, d.h. einer
im weiteren Sinne (vgl. Jenkins 2001) standardisierten, A. kommunizieren in der Fremdsprache leicht verständlich mit anderen. Die A.

wirkt bewusst oder unbewusst enorm auf Kommunikationspartner und dient häufig als Indikator für die allgemeine Sprachkompetenz. Als fehlerhaft wahrgenommene A. kann sozial stigmatisierend wirken und zu Irritationen in der Kommunikation führen. Diesen Argumenten kommt im Kontext eines ↗kommunikativen FUs, in dem gesprochene Sprache eine wichtige Bedeutung hat, besonderes Gewicht zu. Im Gegensatz dazu steht die heute eher vernachlässigte Rolle des A.trainings: War bis Mitte der 1970er Jahre häufig im Sprachlabor anhand von *pattern drills* durchgeführte A.schulung ein ausgewiesenes ↗Lernziel, so flaute danach das Interesse daran deutlich ab. Seit Mitte der 1990er Jahre wird einer guten A. im Zuge der Stärkung der Mündlichkeit (↗Mündlichkeit und Schriftlichkeit) erhöhtes Interesse entgegengebracht, doch ist der Stellenwert der A. im kommunikativen FU bisher nicht hinreichend erforscht, und die umfassende Implementierung entsprechender zeitgemäßer Präsentations- und Übungsmöglichkeiten steht bis dato noch aus. Eine Ursache hierfür liegt in der für die A. und deren Training entscheidenden, allerdings bisher ungelösten Standardfrage. Galt beispielsweise im Hinblick auf das Englische, dessen Bedeutung als ↗*lingua franca* beständig anwächst, lange an deutschen Schulen *Received Pronunciation* als der allgemein anerkannte Standard, so sind heute das amerikanische Standardenglisch sowie andere Standardvarianten akzeptiert. Mögliche Reaktionen auf diese und vergleichbare Entwicklungen auch in anderen Sprachen reichen von einer restriktiven Orientierung am L1-Sprecher als Modell bis zu einer Demokratisierung der A. in Form einer Konzentration auf einen eher überschaubaren Korpus von für die verständliche Kommunikation unverzichtbaren Kernlauten. Für den FU und die ↗Lehrerbildung ergeben sich aus der Aufweichung der A.standards entscheidende Konsequenzen. So ist es bedeutend schwieriger geworden, festzulegen, welcher A.standard im schulischen FU als Modell dienen soll. Ferner ist es für Fremdsprachenlehrkräfte problematisch, im Zuge einer mündlichen Interaktion spontan zu entscheiden, ob es sich auf Lernerseite um einen A.fehler oder eher um eine ungewöhnliche A.variante handelt. Im Sinne eines kommunikativen FUs dient Verständlichkeit als Entscheidungsgrundlage in Zweifelsfällen.

Gute A. wird nur zum Teil durch Lernen am Modell erworben. Dies bedeutet im Hinblick auf die Lehrersprache, dass die A. der Lehrkraft modellhaft, das heißt korrekt und konsequent an einer Standardvariante der Fremdsprache ausgerichtet sein soll. Es impliziert auch, dass A. im FU gezielt geübt werden muss. Für die rezeptive A.kompetenz der Lernenden ist ein vielfältiger Input im Hinblick auf diverse A.varianten wichtig, der über authentische Materialien mit Hilfe der digitalen Medien (z.B. Blogs) heute oft einfacher als früher gewährleistet werden kann. Wirksames produktives A.training in gezielten Übungsphasen (↗Übung) gerade in der Anfangsphase des FUs hat jedoch ebenfalls einen hohen Stellenwert. In solchen Phasen kann die A. neu eingeführter Wörter erlernt, für die Lernenden (häufig aufgrund des Einflusses ihrer Muttersprache) kritische Laute, Lautkombinationen und Intonationsmuster können geübt und A.fehler gezielt korrigiert werden. A.übungen dienen im Einzelnen u.a. dazu, das Hördiskriminierungsvermögen der Lernenden zu trainieren. Drillübungen können sich zur gezielten, zeitlich beschränkten Einübung neuer A.phänomene bzw. zur punktuellen Korrektur von A.fehlern (formbezogene Phase) anbieten. Im Anschluss daran folgt in der Regel die Einbettung des Geübten in einen kommunikativen Kontext (mitteilungsbezogene Phase). A. und A.training im FU sind also Mittel zum Zweck einer verständlichen, möglichst reibungslosen Kommunikation in der Fremdsprache.

Lit.: J. Jenkins: The Phonology of English as an International Language. New Models, New Norms, New Goals. Oxford 2000.   SD

Authentizität wird als Konzept fremdsprachlichen Lehrens und Lernens in unterschiedlicher Weise verstanden, wobei sich eine zielkulturell orientierte und eine lernkontextbezogene A. unterscheiden lassen. In der ersten Lesart dient der Begriff der A. am häufigsten zur Bezeichnung eines unveränderten Originaltexts aus der Zielkultur (z.B. Speisekarte, Roman in Originalausgabe). Dabei verkörpert der Text einen Teil einer Kommunikationssituation mit den daran beteiligten Aktant/innen (Sprecher/in, Adressat/in), die ebenfalls unter dem Aspekt der A. zu beurteilen sind. In der zweiten Auslegung wird der Begriff der A. auf den jeweiligen Lernkontext bezogen, d. h. auf die Bedürfnisse und Kompetenzen der Lernenden in einem bestimmten Stadium des institutionellen Fremdsprachenerwerbs. Im Spannungsfeld zwischen zielkultureller und lernkontextbezogener A. ist die Debatte um die sog. didaktisierten Texte anzusiedeln, die von adaptierten Originaltexten (↗Lektüren) bis zu spezifisch für den Unterricht erstellten Texten reichen; damit verknüpft ist die Diskussion um die grundsätzliche Eignung zielkulturell authentischer Texte für den Unterricht und den geeigneten Zeitpunkt ihrer Einbeziehung.

A. kann aber nicht nur als Eigenschaft von Texten, sondern auch als Ergebnis eines Prozesses der Authentisierung verstanden werden. Diese erfolgt im Fall der zielkulturellen A. durch den Muttersprachler meist unbewusst im Kommunikationsakt. Die lernkontextbezogene Authentisierung, d. h. die Anpassung von Texten und Materialien an die angenommene Lernerkompetenz, wird dagegen von Lehrkräften und insbesondere von Lehrwerkautor/innen bewusst angestrebt. Von besonderem Interesse ist die Authentisierung jedoch, wenn man sie mit Henry G. Widdowson (1978) auf den Lerner bezieht, der Texte, auch Originaltexte, selbständig an den ihm gemäßen Lernkontext anpasst. Dabei kann ein zielkulturell authentischer Text wie z. B. eine Speisekarte von dem bzw. der Lernenden je nach Lernkontext (z. B. Simulation einer Restaurantsituation oder Grammatikübung zu Mengenangaben) und Zielen (↗kommunikative Kompetenz oder sprachliche Korrektheit) unterschiedlich authentisiert werden. Voraussetzung hierfür ist allerdings ein in hohem Maß autonom und sprachbewusst (↗Bewusstheit/Bewusstmachung) handelnder Lerner (↗Autonomes Lernen).

Lit.: A. Gilmore: Authentic Materials and Authenticity in Foreign Language Teaching. In: Language Teaching 40 (2007), 97–118. – M. Frings/E. Leitzke-Ungerer (Hg.): A. im Unterricht romanischer Sprachen. Stgt 2010. – H.G. Widdowson: Teaching Language as Communication. Oxford 1978.   ELU

schnell und problemlos gefunden und eingesetzt werden kann. Der Begriff kommt aus der kognitiven Psychologie und bezieht sich auf die Verfügbarkeit schon vorhandenen Wissens und nicht direkt auf den Erwerb neuer Sprachkenntnisse. A. ist dennoch ein bedeutsamer Teil des Spracherwerbsprozesses (↗Spracherwerb und Spracherwerbstheorien; vgl. Edmondson 1999, 229–257). Zwei Arten sind zu unterscheiden: (1) Erstens können lexikalische, kolloquiale oder idiomatische Ausdrücke durch ↗Aufmerksamkeit, Nutzungsbedarf, Auswendiglernen und/oder didaktische Maßnahmen wie Drills automatisiert werden. Eine Erweiterung dieser ersten Form der A. ist die Möglichkeit, dass bestimmte, zuerst getrennte internalisierte sprachliche Elemente zusammengesetzt und später ohne kontrollierte Suchstrategien abgerufen werden können. Hiermit geht die sprachliche Bearbeitung – aktiv oder passiv, schriftlich oder mündlich – noch schneller. Es ist jedoch durchaus möglich, dass erwachsene Lernende, die in ein fremdes Land ziehen und dort eine neue Sprache lernen, nach diesem Muster eine Art ›syntaktische A.‹ als allgemeine ↗Lernstrategie benutzen. Somit werden einige Realisierungen eines grammatischen Phänomens richtig verwendet, andere jedoch nicht. (2) Zweitens kann der Begriff auch benutzt werden, um den Prozess zu beschreiben, durch den prozedurelles Wissen aus deklarativem Wissen gewonnen wird, d. h., Kenntnisse von Merkmalen der Zielsprache können durch Einsichten, ↗Übungen und weitere Verwendungen automatisiert werden. So wird z. B. explizites Wissen darüber, wie deutsche Artikel ihre sprachliche Formen nach ihren syntaktischen Funktionen verändern, so automatisiert, dass diese Flexionen in der Sprachproduktion ›automatisch‹ vorkommen. Ob und unter welchen Bedingungen implizites Wissen aus explizitem Wissen gewonnen werden kann – d. h. A. in diesem zweiten Sinne überhaupt möglich ist – bleibt jedoch kontrovers.

Lit.: W. Edmondson: Twelve Lectures on Second Language Acquisition. Tüb. 1999.   WE

Automatisierung ist ein kognitiver Prozess, durch den vorhandenes sprachliches ↗Wissen expliziter, impliziter oder prozeduraler Art intern bearbeitet wird, so dass dieses Wissen

Autonomes Lernen. In der Fremdsprachendidaktik versteht man unter a.L. das möglichst eigenständige Fremdsprachenlernen ohne Lehrperson. Oft wird a.L. auch als Synonym zum

Selbstlernen und zum selbstgesteuerten Lernen verstanden. Seit der flächendeckenden Einrichtung von Sprachlaboren und später Selbstlernzentren gilt das a.L. als wichtiges Element in der europäischen Sprachenpolitik und Fremdsprachendidaktik vor allem im Hinblick auf das Lernen von Erwachsenen (↗Andragogik, ↗Geragogik).

Wichtigste Voraussetzung für das a.L. ist die sog. Lernkompetenz, d.h. Lernende müssen in der Lage sein, selbständig zu lernen. Die Förderung des ›Lernen Lernens‹ und der Bereitschaft zum lebenslangen Lernen ist somit eine zentrale Aufgabe des FUs. Der Unterricht in modernen Fremdsprachen sollte Lernende deshalb befähigen, selbst auch nach oder außerhalb des formalen schulischen Unterrichts Sprachen (weiter) zu lernen. Das schließt die Kenntnis der eigenen Lernvorlieben sowie geeigneter ↗Lernstrategien mit ein. Lernende sollten über ein Repertoire von Strategien verfügen, die sie gezielt und reflektiert einsetzen können, um möglichst effizient zu lernen. Weiterhin ist erfolgreiches Selbstlernen auch von geeigneten Lernmaterialien und ↗Medien abhängig. Im Zeitalter des Computers und des Internets sind seit den 1990er Jahren zahlreiche Selbstlernmaterialien speziell für *self-access centres* und die Arbeit am eigenen Rechner entwickelt worden (↗E-Learning, ↗Lernsoftware).

In Anlehnung an Henri Holecs (1979) Definition lässt sich das a.L. in fünf Bereiche gliedern: (1) Lernende müssen die eigenen ↗Lernziele festlegen; (2) sie müssen die Inhalte und die ↗Progression festlegen sowie (3) entscheiden, wie sie beim Lernen vorgehen möchten. Zudem erfordert selbstgesteuertes Lernen (4) die Überwachung des eigenen Lernprozesses (*monitoring*) und schließlich (5) die Bewertung des eigenen Lernerfolgs. A.L. ist dieser Auffassung nach im schulischen FU nicht realisierbar; dieser kann jedoch wichtige Grundsteine für das Selbstlernen legen. Wichtig ist, den pädagogisch-erzieherischen Begriff der Autonomie (der als Synonym zu Emanzipation und Mündigkeit verstanden wird) vom a.L. oder Selbstlernen zu unterscheiden (vgl. Schmenk 2008). Das pädagogische Ziel, SuS zu mündigen Individuen in demokratischen Gesellschaften zu erziehen, ist ein tradiertes europäisches Ideal von Schule, dem auch der FU verpflichtet ist. Das a.L. kann in diesem Zusammenhang zwar eine Möglich-

keit darstellen, Lernende institutionell zu ›emanzipieren‹ und ihre persönliche Autonomie zu fördern; dies ist jedoch nicht das primäre Ziel des a.l.s im engeren Sinn.

Für die Praxis des FUs sind deshalb mindestens zwei Dimensionen bzw. Interpretationen des a.l.s zu unterscheiden: technisch-situative Interpretationen (die Aufgabe des Unterrichts, das a.L. zu fördern, meint die Ausbildung der Fähigkeit zum selbstgesteuerten Lernen. Lehrende, die mit dieser Auffassung vom a.L. arbeiten, versuchen hauptsächlich, ihre SuS möglichst durch Angebote zur ↗Individualisierung zu fördern); und pädagogisch-erzieherische Interpretationen (pädagogische Bildungsideale erfordern über die Förderung eigenständigen Lernens hinaus weitere Dimensionen, z.B. soziales Lernen (↗Sozialkompetenz), ↗interkulturelles Lernen sowie kritische Reflexion des Lernens und des Gelernten). Gerade im FU ist es möglich, beide Dimensionen von Autonomie zu berücksichtigen, bietet dieser doch neben Wegen zur Förderung selbständigen Lernens auch die Möglichkeit für SuS, in interkulturellen Räumen die eigenen sprachlichen und kulturellen Grenzen zu überschreiten. Das wiederum stellt einen zentralen Aspekt jeglicher Erziehung zur Emanzipation oder Mündigkeit dar und kann in einem FU, der die individuelle Autonomie von Lernenden fördern möchte, in besonderer Weise realisiert werden.

Lit.: H. Holec: Autonomy and Foreign Language Learning. Strasburg 1980. – B. Schmenk: Lernerautonomie. Karriere und Sloganisierung des Autonomiebegriffs. Tüb. 2008.   BaSch

B

Balanced Teaching ↗Lehrer und Lehrerrolle, ↗Lehrerzentrierung, ↗Offener Unterricht

Bedingungsfeldanalyse ↗Unterrichtsplanung

Begegnung und Begegnungssituationen umfassen direkte B.en wie den Schüleraustausch mit

Familienunterbringung; B.en an einem dritten Ort, bei denen SuS verschiedener Länder in der Regel in einem Land der zu erlernenden Sprache aufeinandertreffen; internationale Projektwochen; Betriebspraktika im Ausland; multinationale Workcamps; Kontakte zu Muttersprachler/innen im eigenen Land sowie medial vermittelte B.en, z.B. per E-Mail, Internettelefon oder Videokonferenz (↗ *E-Learning*). Verschiedene B.ssituationen (BS.) können kombiniert werden, indem z.b. einem Austauschbesuch eine E-Mail-Phase vorgeschaltet wird, die ein erstes Kennenlernen der Partner ermöglicht, oder indem nach dem Treffen eine weitere Zusammenarbeit über die Distanz erfolgt. Dabei können Elemente von ↗ Tandemlernen und ↗ Projektunterricht integriert werden. Typisch für BS. ist das Überschreiten von Kultur- und Landesgrenzen, die Gegenseitigkeit und ein erfahrungsorientiertes (↗ Erfahrungsorientierung), ↗ entdeckendes, kontrastives Lernen, das den Blick auf die eigene Kultur mit einbezieht und auf ↗ Kommunikation ausgerichtet ist.

Von internationalen B.en erhofft man sich einen Motivationsschub (↗ Motivation) für das Erlernen der Fremdsprachen, da die SuS im intensiven Kontakt mit authentischen Sprecher/innen und Muttersprachler/innen die Möglichkeit haben, Sprache als echtes Kommunikationsmittel zu erleben. Schüler- und Jugend-B.en sollen zum gegenseitigen Verständnis, zum Abbau von Ängsten und Vorurteilen unter jungen Menschen und zur Bereicherung des individuellen Erfahrungsschatzes beitragen. Ergebnisse der Austauschforschung und zahlreiche Erfahrungsberichte zeigen jedoch, dass internationale B.en nicht automatisch zu ↗ interkulturellem Lernen führen, da Interaktion immer zwischen Menschen mit ihren individuellen Persönlichkeiten, Erfahrungen und Rollen und nicht zwischen modellhaften Vertreter/innen einer bestimmten Kultur stattfindet, so dass B.en dynamisch und unvorhersehbar sind und nie einen gewissen Risiko-Charakter verlieren (vgl. Biechele 2003, 8).

Finanziell und oft auch konzeptionell gefördert werden können BS. durch bilaterale Programme wie das Deutsch-Französische Jugendwerk (DFJW), die Stiftung Deutsch-Russischer Jugendaustausch (DRJA), das Deutsch-Polnische Jugendwerk (DPJW), das Koordinierungszentrum für deutsch-tschechischen Jugend-

austausch Tandem, die EU (z.b. Comenius-Projekte), durch nationale Mittel, z.b. des Bundesministeriums für Familie, Senioren, Frauen und Jugend in Deutschland, die Stiftung West-Östliche B. (WÖB) sowie durch Institutionen und Vereine vor Ort. Empirische Arbeiten zu B.en liegen z.b. von Maike Grau (2001) und Astrid Ertelt-Vieth (2005) vor, Materialien zur Aus- und Fortbildung von Fremdsprachenlehrkräften in Bezug auf sprachliches und interkulturelles Lernen von den ILTIS-Projektpartnern (2002). Andreas Thimmel et al. (2007) untersuchen Langzeitwirkungen der Teilnahme an internationalen Jugendaustauschprogrammen auf die Persönlichkeitsentwicklung der Teilnehmer/innen und finden die stärksten Wirkungen in den Kategorien selbstbezogene Eigenschaften und Kompetenzen; Offenheit, Flexibilität, Gelassenheit; soziale Kompetenz; interkulturelles Lernen; Beziehungen zum Gastland; Förderung der Fremdsprachenkompetenz sowie des Interesses und der Bereitschaft, eine Fremdsprache zu sprechen, zu erlernen und zu vertiefen. Dabei schneiden Schüleraustauschprogramme in Bezug auf die Förderung der Fremdsprachenkompetenz und der ↗ interkulturellen kommunikativen Kompetenz besser ab als andere Programmformate. Spezifisch für den trilateralen Austausch ist die Möglichkeit, das Eigen- und Fremdbild durch die Konfrontation mit gleich je zwei anderen ↗ Perspektiven leichter zu reflektieren und stereotype Vorstellungen von den Anderen (↗ Stereotyp) leichter zu erkennen, in Frage zu stellen und zu überwinden. Gefahren von multilateralen Programmen bestehen in der Ausgrenzung einer Ländergruppe und dem einseitigen Sprechen einer Sprache.

Die Ausgabe »Schüler-B.en über Grenzen« der Zeitschrift *Fremdsprache Deutsch* (2003) bietet eine fundierte Bedingungsanalyse erfolgreicher Schüler-B.en und Erfahrungsberichte mit Ideen, wie Schüler-B.en gestaltet werden können. Ertelt-Vieth (2003) beschreibt anschaulich, wie der Besuch einer Partnerklasse in Deutschland vorbereitet und gestaltet werden kann, und gibt zahlreiche nützliche Hinweise organisatorischer, sprachlicher und interkultureller Art. »Eurobridge« (Hauff 2007) ist eine umfassende, viersprachige Arbeitshilfe für internationale Jugend-B.en (auf Deutsch, Polnisch, Tschechisch, Russisch) mit Informationen über Fördermöglichkeiten, erste Schritte,

Planung, Durchführung, Nachbereitung sowie ausführlichen Länderinformationen und Checklisten. Weitere praxisorientierte Beiträge, konkrete Planungs- und Handlungsempfehlungen zu allen Phasen der Jugend-B. für bi- und multilaterale Treffen bieten z. B. die Veröffentlichungen des DPJW, DRJA und DFJW.

Die Organisation von Schülerkontakten erfordert langfristige Planung, Beharrlichkeit, Empathie, Verhandlungsgeschick und viel organisatorischen Aufwand, der von einer einzigen Lehrkraft allein fast nicht zu bewältigen ist. Notwendig ist die Unterstützung der Schulleitung, die Einbeziehung der SuS und ihrer Eltern in die Vorbereitung und klare Absprachen mit der Partnerinstitution. Dafür sollte ein festes Leitungsteam gebildet werden, an dem sich jede Nation und Organisation mit mindestens einer Person beteiligt. Über dieses Team erfolgt die Verständigung über die Rahmenbedingungen (Termin, Ort, Dauer, Zielgruppe), die thematische Ausrichtung, Aufgabenverteilung und Programmgestaltung der B. Hilfreich für den Aufbau erster Kontakte und die Suche nach Jugendlichen mit gemeinsamen Interessen sind Regional- und Schulpartnerschaftsbörsen (z. B. www.schulweb.de); wichtig für die inhaltliche Arbeit ist ein Thema, das sich für internationale Jugend-B.en eignet. Als nächste Schritte erfolgen Teilnehmersuche und Werbung, Öffentlichkeitsarbeit, Beantragung von Fördermitteln und *fund-raising*. Zu den administrativen Vorarbeiten gehört auch die Zuordnung der Austauschschüler/innen entsprechend gemeinsamer Interessen und Lebensgewohnheiten, die man am besten gemeinsam mit dem Partner im Gastland vornimmt. Im Vorfeld bedacht werden sollte auch das Wohlstands- und Interessengefälle zwischen Ost und West, unterschiedliche Vorstellungen von Gastfreundschaft, die Konfliktfähigkeit der Teilnehmer/innen sowie die verschiedenen Interessen von jüngeren und älteren SuS, von Mädchen und Jungen.

Im FU wird die B. inhaltlich vorbereitet, wobei man sich an den Interessen der SuS orientieren sollte, die im Gastland sprachlich und kulturell zurechtkommen müssen. Im Rahmen von Projekten recherchieren die SuS eigenverantwortlich Informationen zum Gastland, planen gemeinsame Aktivitäten mit den Partnern, Informationsveranstaltungen über den eigenen Wohnort und die Schule und erarbeiten Mög-

lichkeiten der Dokumentation und Aufbereitung der B. Über das Internet können erste authentische Kontakte mit Gleichaltrigen im Zielsprachenland geknüpft und Schülerarbeiten (z. B. Vorstellungsbriefe per E-Mail, selbstgedrehte Videos über die eigene Schule) ausgetauscht werden. Wenn den Jugendlichen zusätzliche Verantwortung für die B. übertragen wird, besteht eine größere Chance, dass sie das Programm auch als ihres ansehen. Bei der Aufgabenverteilung sollten Kolleg/innen, Eltern und Schüler eingebunden werden, wobei die musischen, sportlichen und künstlerischen Interessen und Kompetenzen der SuS für gemeinsame Aktivitäten mit den Partnern genutzt werden sollten. Ein permanenter Kontakt und Informationsfluss der Ansprechpartner und Schulen ist unabdingbar, so dass alle Seiten über den Stand der Vorbereitungen informiert sind.

Damit B.en tatsächlich zu einem Ort des interkulturellen Lernens werden, empfiehlt sich die Zusammenstellung gemischtnationaler Kleingruppen nach gemeinsamen Interessen, z. B. in Bezug auf Hobbys, musikalische Stilrichtungen oder Sportarten. In diesen Konstellationen sollten gemeinsame Aktivitäten wie eine Stadtrallye (eine mit bestimmten Aufgaben verbundene Erkundung des B.sortes) oder gemeinsame Recherche- oder Beobachtungsaufgaben durchgeführt werden, die sich die SuS gegenseitig stellen. Statt eines übervollen touristischen Programms während der B. sollten gemeinsame Projekte der SuS im Vordergrund stehen, z. B. künstlerische und musische Aktivitäten, ein Theaterprojekt, die Organisation einer Ausstellung, sprachliches Arbeiten an relevanten Texten, gemeinsames Kochen. Besichtigungen können so gestaltet werden, dass sich einige SuS gemeinsam mit ihren Partnern in der Zielsprache darauf vorbereiten und ihre Informationen dann an die Mitschüler/innen weitergeben. Die Aktivitäten am Zielort sollten die Chance geben, sich auf individueller Ebene kennenzulernen. Bei gemeinsamen Schulbesuchen können die Partner im Unterricht gemeinsam an bestimmten Themen und Inhalten arbeiten. Da das Sprachniveau der Teilnehmer/innen oft sehr unterschiedlich ist, muss versucht werden, Sprachbarrieren durch die Programmgestaltung möglichst gut zu überbrücken. So kann Sprachanimation (vgl. Bojanowska 2008) ein wichtiger Bestandteil der Aktivitäten zum

Kennenlernen, aber auch zum Aufbau und der Vertiefung des Dialogs werden. Wichtig ist eine Kommunikation der Jugendlichen in der Fremdsprache ohne Angst vor Bewertung. Dabei steigt die Lust am Sprechen, wenn die SuS ihre Themen selbst wählen können. Von den Lehrenden ist hier eher die Rolle der Moderatoren und Berater gefragt (↗ Lehrer und Lehrerrolle), die einerseits den Rahmen für die Kommunikation, mögliche Themen und Formulierungshilfen anbieten und Gespräche anstoßen, andererseits genügend Freiraum bei der Ausgestaltung lassen, die ablaufenden Prozesse beobachten und sich nur bei Bedarf bzw. auf Anfrage einschalten. In täglichen Teamsitzungen während der B. sollten Gelungenes und Probleme reflektiert und die Verantwortlichkeiten für den nächsten Tag durchgegangen werden. Interkulturelle Missverständnisse und auftretende Konflikte sollten nach Möglichkeit vor Ort besprochen und in der Gruppe geklärt werden. Zu jeder B. und BS. gehört auch eine Nachbereitung. Das kann z.B. durch von den SuS erstellte Dokumentationen (z.B. einen Film, eine Website oder einen Artikel in der lokalen Presse) geschehen, aber auch durch die weitere Kontaktpflege mit den Partnern. Der FU sollte den SuS die Gelegenheit geben, von ihren Erfahrungen zu berichten, erlebte Gemeinsamkeiten und Unterschiede sowie ihr eigenes sprachliches und interkulturelles Verhalten während der BS. im Nachhinein zu reflektieren.

Unabdingbare Voraussetzung für gelungene B.en sind gute sprachliche, organisatorische und interkulturelle Kompetenzen der beteiligten Lehrenden, Flexibilität, Offenheit und Ambiguitätstoleranz. Das alleinige Wissen über erfolgreiche B.projekte bedeutet nicht, dass automatisch ein Transfer in die eigene Unterrichtspraxis stattfindet und Lehrende als kompetente kulturelle Mittler auftreten. Notwendig ist die Fähigkeit zu lernen, die eigenen Überzeugungen von außen zu sehen, anders wahrzunehmen, sich in die Partnerlehrer/innen und -schüler/innen hineinzuversetzen und in Konfliktsituationen zu vermitteln. Die ↗ Lehrerbildung sollte Möglichkeiten bieten, das interkulturelle Lernen in Projektform selbst auszuprobieren und diese Erfahrungen sowie das eigene Projektmanagement, Kulturwissen und -handeln didaktisch gestützt (selbst)kritisch zu reflektieren.

Lit.: M. Biechele (Hg.): Schüler-B.en über Grenzen. Stgt 2003. – J. Bojanowska: Praxisbuch zur Sprachanimation. Animacja jezykowa. Potsdam/Warschau 2008. – A. Ertelt-Vieth: Privetstvie russkich druzej [Begrüßung der russischen Freunde]. Schüleraustausch gut vorbereitet. In: Dies. (Hg.): Russisch in Projekten lernen. Bln 2003, 77–102. – A. Ertelt-Vieth: Interkulturelle Kommunikation und kultureller Wandel. Eine empirische Studie zum russisch-deutschen Schüleraustausch. Tüb. 2005. – M. Grau: Arbeitsfeld B. Eine Studie zur grenzüberschreitenden Lehrertätigkeit in europäischen Schulprojekten. Tüb. 2001. – S. Hauff: Eurobridge. Arbeitshilfe für internationale Jugend-B.en. Düsseldorf 2007. – ILTIS-Projektpartner (Hg.): Sprachen lernen. Interkulturelles Lernen in Schüler-B.en. Module zur Aus- und Fortbildung von Fremdsprachenlehrkräften. Mü./Ismaning 2002. – Themenheft »Schüler-B.en über Grenzen« von Fremdsprache Deutsch 29 (2003). – A. Thimmel/H. Abt/C. Chang: Internationale Jugend-B.en als Lern- und Entwicklungschance. Erkenntnisse und Empfehlungen aus der Studie »Langzeitwirkungen der Teilnahme an internationalen Jugendaustauschprogrammen auf die Persönlichkeitsentwicklung«. Bensberg 2007. GM

Behaviorismus ↗ Geschichte des Fremdsprachenunterrichts, ↗ Lerntheorien, ↗ Nativistische Ansätze, ↗ Spracherwerb und Spracherwerbstheorien

Benotung ↗ Leistungsbewertung

Bewegter Unterricht ist eine Form des Fachunterrichts und damit auch des FUs, in der die körperliche Bewegung als ein zentrales Element schulischen Lehrens und Lernens betrachtet wird. Ansätze finden sich bereits im 18. und 19. Jh. in der Pädagogik von Pestalozzi (↗ ganzheitliches Lernen mit Kopf, Herz und Hand), im Erziehungsmodell seines Schülers Séguin, in der ↗ Reformpädagogik des 19. und 20. Jh.s (taktil-kinästhetisches Lernen bei Montessori, Freinet, Petersen u.a.), im 20. Jh. in Fremdsprachenlehr- und -lernmethoden wie Ashers ↗ *Total Physical Response* (Reaktion auf sprachlichen Input durch Bewegung und einfache Handlungen), Lozanovs ↗ Suggestopädie und dem darauf basierenden Superlearning von Ostrander/ Schroeder (Kombination visueller, auditiver und kinästhetischer Reize). B.U. wird heute im umfassenden Konzept der ›Bewegten Schule‹ verortet (vgl. Regensburger Projektgruppe 2001, 29 f.). Dieses Konzept wurde in den

1980er Jahren auf Initiative des Schweizer Sportpädagogen Urs Illi als Reaktion auf die bewegungsfeindliche, zu gesundheitlichen Beeinträchtigungen (Haltungsschäden, Konzentrationsstörungen) führende ›Sitzschule‹ entwickelt. Seitdem wird es in zahlreichen, von den Kultusministerien der Bundesländer geförderten Projekten und Modellversuchen für den Primar- und Sekundarbereich umgesetzt (vgl. www.bewegteschule.de). Neben dem B.U. und einem verstärkten Sportunterricht umfasst die Bewegte Schule die ›Bewegte Pause‹ (reguläre Pausenzeiten mit Spiel- und Bewegungsangeboten), das ›Bewegte Schulleben‹ (Spiel- und Sporttage/-feste, bewegungsorientierte Klassenfahrten) sowie die von schulischen Bewegungsangeboten unterstützte ›Bewegte Freizeit‹ und reagiert damit auch auf das von zunehmender Bewegungsarmut gekennzeichnete außerschulische Leben der SuS. Abgesehen vom Aspekt der Gesundheitserziehung werden die Bewegte Schule und der B.U. vor allem anthropologisch (Bewegung als menschliches Grundbedürfnis), lerntheoretisch (Bewegung als Mittel der Informationsverarbeitung, als eine »wesentliche Form der Auseinandersetzung mit und Aneignung von Welt«, Rampillon/Reisener 2005, 3), neurophysiologisch (Aktivierung miteinander vernetzter Hirnareale durch Bewegung) und motivational (Bewegung als innovatives Element des Fachunterrichts) begründet.

Für sich betrachtet umfasst der B.U. drei Komponenten: Bewegungsanlässe (die vom Unterrichtsgegenstand unabhängige Integration von Bewegung in das Sitz- und Arbeitsverhalten, unterstützt durch ergonomisches Mobiliar); Bewegungspausen zum Ausgleich zwischen Aktivität und Ruhe (kurze Unterbrechungen zur körperlichen und geistigen Regeneration durch Gymnastik, mentales Training, Entspannungsübungen); schließlich das aus fachdidaktischer Sicht zentrale Bewegte Lernen (hier dient die Bewegung dazu, den Lernprozess zu begleiten, zu unterstützen und somit zu optimieren). Funktional ist zwischen zwei Varianten zu unterscheiden: der eher indirekten Unterstützung, die die Bewegung als begleitende Aktivität zur Steigerung der geistigen Leistungsfähigkeit und der ↗ Motivation beinhaltet (Beispiel: Laufdiktat), sowie der direkten Unterstützung des Lernprozesses durch Bewegung, die mit dem Lerngegenstand inhaltlich verknüpft ist. Diese für den Fachunterricht viel bedeutendere Form kann in allen Phasen des Lernprozesses (Aufnahme, Verarbeitung, Speicherung von Informationen) zum Tragen kommen. So gibt z.B. die pantomimische Darstellung von Verben wie engl. *jump*, frz. *sauter*, span. *saltar* die Bedeutung als den zentralen Lerninhalt durch die Bewegung des Hüpfens wieder; dies ist in der Aufnahme- und Verarbeitungsphase (Semantisierung bei Erstbegegnung) und/oder in der Speicherungsphase (Memorierung) möglich. Weitere Anwendungsmöglichkeiten im FU ergeben sich durch die bewegte Rhythmisierung von ↗ Wortschatz, ↗ Grammatik, Sach- und literarischen Texten, Bewegungslieder, bewegte ↗ Sprachlernspiele, szenisches Spiel (↗ Dramapädagogik), Tanzen von Tänzen aus den Zielkulturen, wobei häufig die natürliche Verbindung von Sprechen/Hören und Bewegung (↗ Nonverbale Kommunikation) sowie von Bewegung, Sprache, Rhythmus und ↗ Musik genutzt wird.

Lit.: U. Rampillon/H. Reisener: Lernen, Sprache und Bewegung. In: Der fremdsprachliche Unterricht Englisch 74 (2005), 2–6. – Regensburger Projektgruppe: Bewegte Schule. Anspruch und Wirklichkeit. Schorndorf 2001. ELU

Bewusstheit/Bewusstmachung. Der Gegensatz zwischen bewusstem bzw. kognitivem und unbewusstem, mechanischem und imitativem, Lernen durchzieht die Geschichte des FUs. Sprachliche Bewusstheit ist das ›Sich-im-Klaren-Sein‹ über die Struktur(en) einer oder mehrerer Sprachen sowie über die Verwendung von Sprache in verschiedenen Kommunikationskontexten, um bestimmte kommunikative Absichten zu erreichen. B. beruht auf der Wahrnehmung und geistigen Verarbeitung von Sprache und ist das Resultat eines Erkenntnisprozesses, der an sprachliche Interaktion gebunden ist. Die Bewusstmachung sprachlicher Erscheinungen dient als Lernhilfe und tritt in unterschiedlichen Sprachlehrmethoden auf, ist aber selbst keine Sprachlehrmethode. Sprachlehr- und -lernkonzepte, die einen Schwerpunkt auf das ↗ Leseverstehen und ↗ Schreiben legen und eine eher bildungsorientierte Zielsetzung verfolgen, tendieren dazu, den Lernenden sprachliche Inhalte und Strukturen so zu vermitteln, dass sie ihnen durch Einsicht zugänglich werden. Dies geschieht häufig durch den Rückgriff auf metasprachliche Beschreibungen wie den Gebrauch von grammatischer Terminologie, beispielsweise der Verwendung von Wortarten oder Satzgliedern wie Subjekt, Prädikat, Objekt oder Adverbialbestimmungen. An Lehr- und Lernverfahren, die stark kognitiv ausgerichtet sind, ist kritisiert worden, dass sie die Spontaneität des Sprechens und den Redefluss beeinträchtigen. Methoden der Sprachvermittlung, die vor allem auf mündliche Kommunikationsfähigkeit abheben und sich in ihrer Zielsetzung als eher anwendungsorientiert verstehen, messen Verfahren der Bewusstmachung nur wenig Bedeutung zu. Als idealtypischen Vertreter kann man hier die ↗audio-linguale Methode anführen, die lerntheoretisch auf dem Behaviorismus basiert und somit von einem auf Stimulus-Response-Verstärkung beruhenden mechanischem Lernbegriff zum Aufbau von Sprachgewohnheiten ausgeht. Sowohl in der Theorie der Fremdsprachenforschung wie auch in der Praxis des FUs ist jedoch festzustellen, dass es zu Vermischungen von bewusstem und unbewusstem Lernen kommt, wobei die jeweiligen Anteile entsprechend den Sprachlehrmethoden erheblich variieren können. Die Spracherwerbsforschung (↗Spracherwerb und Spracherwerbstheorien) hat gezeigt, dass es sich bei dem Wortpaar bewusst/unbewusst nicht um einen kontradiktorischen, Entweder-oder-Gegensatz handelt, sondern dass es zutreffender ist, auf einer Skala mit den Endpolen ›bewusst‹ und ›nicht-bewusst‹ unterschiedliche Gradierungen von Bewusstheit anzunehmen. Für die Entwicklung fremdsprachlicher Kommunikationsfähigkeit und des dazugehörigen sprachlichen Regelapparates wird die kognitive Aneignung phonetischer, lexikalischer und grammatischer Elemente und Strukturen häufig als wichtige Voraussetzung für die Rezeption und Produktion von Sprache angesehen, wobei die Frage der Schnittstelle von Kennen und Können, des Übergangs von deklarativem zu prozeduralem ↗Wissen, weiterhin strittig ist. Die kognitive Wende hat in der Fremdsprachendidaktik zu einer Betonung der individuellen, bewussten Sprachverarbeitung geführt und Bewusstmachung sprachlicher Phänomene stärker in den Vordergrund gerückt, nicht selten mit der Konsequenz, dass andere Dimensionen des Fremdsprachenlernens dadurch nicht gebührend berücksichtigt wurden. Es ist das Verdienst des aus Großbritannien stammenden Konzepts der *language awareness*, das als Vorlage für den Begriff ›Sprachbewusstheit‹ in seiner jüngeren didaktischen Verwendung diente, die Komplexität des Sprachenlernens aufgeschlüsselt und in eine didaktische Konzeption integriert zu haben. So werden unter *language awareness* nicht nur die (kognitive) menschliche Sprachfähigkeit und deren Bedeutung für das Denken, Lernen und Handeln verstanden, sondern auch die affektiven, politischen und sozialen Zusammenhänge von sprachlicher Kommunikation wie auch von mutter- und fremdsprachlichem Lernen subsumiert. Der Vorteil eines solchen eklektischen Konzepts ist darin zu sehen, dass es unterschiedliche Standpunkte integrieren und somit ein hohes Anwendungspotenzial erzielen kann, wenn auch auf Kosten einer nicht ganz zufriedenstellenden theoretischen Grundlage.

Lit.: C. Gnutzmann: Language Awareness, Sprachbewusstheit, Sprachbewusstsein: In: K.-R. Bausch et al. (Hg.): Handbuch FU. Tüb./Basel ⁴2003 [1989], 335–339. – W. Tönshoff: Kognitivierende Verfahren im FU. Formen und Funktion. Hbg 1992.   CG

Bezugswissenschaften. Die Fremdsprachendidaktik weist etliche interdisziplinäre Bezüge auf: Sie ist zwischen Fachwissenschaften und Vermittlungswissenschaften angesiedelt. Dazu werden u.a. die deskriptive und angewandte Linguistik, die Lernpsychologie und Hirnforschung, die Erziehungswissenschaft (Pädagogik), die Literaturwissenschaft, die Kultur- und Landeswissenschaften sowie die Soziologie, Politologie, Geschichte, Übersetzungs- und Medienwissenschaft gerechnet (vgl. Nieweler 2006, 15 ff.). Fachwissenschaftliche Bezüge bestehen zu Literatur- und Sprachwissenschaft sowie zu Kultur- und Landeswissenschaften, vermittlungswissenschaftliche Bezüge u.a. zu Erziehungswissenschaft und Lernpsychologie (vgl. Fäcke 2007).

Aus der ↗Literaturwissenschaft lassen sich zahlreiche Diskurse für die Fremdsprachendidaktik fruchtbar machen (↗Literaturdidaktik). Hierzu gehören Fragen zu den Besonderheiten literarischer Texte, zu ihrer Fiktionalität oder zum Verhältnis zwischen Autor/in, Text und Textrezipient/innen. So sind gerade in der jüngeren Geschichte etliche literaturwissenschaftliche Ansätze für den FU relevant geworden. Sichtweisen des *New Criticism*, die den Text in den Mittelpunkt stellen und Überlegungen zu möglichen Intentionen des Autors oder zu Reaktionen der Rezipienten ablehnen, haben in Gestalt der textimmanenten Interpretation Eingang in den FU gefunden. Positionen der ideologiekritischen Literaturwissenschaft finden sich z. B. in der unterrichtlichen Einbettung von Texten in ihre historischen, politischen und gesellschaftlichen Kontexte wieder. Den größten Einfluss auf die Literaturdidaktik hat die Rezeptionsästhetik ausgeübt. Ihr geht es insbesondere um die Interaktion zwischen Text und Rezipienten als Bedeutung konstituierendes Moment.

Auch die ↗Sprachwissenschaft ist für die Fremdsprachendidaktik wichtig. Ein grundlegender Unterschied zwischen Linguistik und Fachdidaktik besteht darin, dass die Linguistik Kenntnisse über die Fremdsprache zum Gegenstand hat, während die Fachdidaktik auf Kenntnisse in der Fremdsprache, d. h. primär auf die Anwendung der jeweiligen Fremdsprache und auf Kommunikation in der Fremdsprache, zielt (↗Sprachdidaktik). Dabei erweisen sich Diskussionen innerhalb der verschiedenen linguistischen Teildisziplinen als für die Fremdsprachendidaktik relevant. Dazu gehören Soziolinguistik, Ethnolinguistik, Pragmalinguistik oder auch Psycholinguistik. Die Linguistik hat in den letzten Jahren zahlreiche unterrichtsrelevante Forschungsbereiche bearbeitet, so z. B. die Erforschung des gesprochenen Französisch, die Varietätenlinguistik (Galloromania), die Lexikographie und Metalexikographie, die Sprachenpolitik und Sprachpflege oder die Kontrastive Linguistik (vgl. Meißner 1997, 199).

Gegenstand der ↗Kultur- und Landeswissenschaften sind die Kultur(en) der jeweiligen Zielsprachenländer, die die Fremdsprachendidaktik auf Möglichkeiten zur Behandlung im Unterricht reflektiert (↗Kulturdidaktik). Die Vermittlung einer Fremdsprache wird stets mit der Auseinandersetzung mit den Kulturen der Zielländer verknüpft. Aus den Landeswissenschaften mit einem Fokus auf geografische, historische oder politische Zusammenhänge hat sich die ↗Landeskunde in der Fremdsprachendidaktik entwickelt, die zunächst Wissen über das jeweilige Land vermitteln will. Dabei

können kulturkundliche Perspektiven in philologisch-hermeneutischer Tradition verfolgt werden oder auch eher alltagskulturelle Perspektiven in der Tradition der *Cultural Studies*. Die Kulturwissenschaften vertreten insgesamt einen weiten Begriff von ↗Kultur, der jegliche Form von Kultur als materielle und symbolische Praktiken umfasst.

Die Fremdsprachendidaktik ist auch durch vermittlungswissenschaftliche Bezüge geprägt. So thematisiert z. B. die Erziehungswissenschaft Erziehung in jeglichen Zusammenhängen und Formen. Dazu gehören der Sozialisations- und der Erziehungsprozess ebenso wie Institutionen und Organisationsformen im Erziehungswesen oder didaktische Fragestellungen und die Reflexion des Zusammenhangs von Lehren und Lernen (vgl. Kron 2009). Die Schulpädagogik konzentriert sich auf Erziehungszusammenhänge in der Schule, ohne jedoch primär inhaltliche Zusammenhänge des Lehrens und Lernens zu reflektieren. Die Allgemeine Didaktik thematisiert didaktische Fragen in Hinsicht auf alle Schulfächer. In der Erziehungswissenschaft werden gerade vor dem Hintergrund von Bildungsstudien wie ↗PISA und ↗DESI veränderte Lernbedingungen diskutiert, was auch ein verändertes Verständnis des FUs nach sich zieht. So mehren sich Stimmen, die den lehrer-, lernziel- und leistungsorientierten FU (↗Lehrerzentrierung, ↗Lernziel) zunehmend durch selbst entdeckendes Lernen und selbst gesteuertes, also ↗autonomes Lernen ersetzen und stärker die Vermittlung von ↗Lernstrategien und *language awareness* (↗Bewusstheit/Bewusstmachung) berücksichtigen wollen. Darüber hinaus ist auch die Diskussion um die Einführung von Bildungsstandards (↗Standards), um Evaluation und Outputorientierung von Bedeutung. Sie impliziert ein verändertes Verständnis von FU, das sich sowohl am ↗Gemeinsamen europäischen Referenzrahmen für Sprachen als auch am Konzept des ↗aufgabenorientierten Lernens orientiert.

Die Lernpsychologie analysiert in psychologischer und neurowissenschaftlicher Perspektive Mechanismen des Lernens, des Behaltens und Vergessens. Sie wird zu Beginn des 21. Jh.s »einerseits als Teil der Allgemeinen Psychologie betrieben und liefert durch die Analyse von Lernprozessen Aufschlüsse über Erwerb und Veränderungen von psychischen Vorgängen;

andererseits bildet sie als Psychologie der Lern- bzw. Lehrmethoden die Grundlage für die Pädagogische Psychologie« (Schönpflug 1995, 52). Verschiedene ↗Lerntheorien versuchen die Fragen, was Lernen ist und wie es funktioniert, jeweils neu zu beantworten (behavioristisch, kognitiv, konstruktivistisch). Fragen nach den Funktionsweisen des Gehirns und nach der Aufnahme von Informationen werden empirisch untersucht und im Blick auf Gedächtnismodelle reflektiert. Dabei wird ein Zusammenhang zwischen der Intensität und Dauer der Aufnahme von Informationen und der Behaltensleistung des Gehirns gesehen. Diese Gedächtnismodelle sind von unmittelbarer Relevanz für die Fremdsprachendidaktik, der es ebenfalls um die Aufnahme und das Behalten z.B. von ↗Wortschatz geht. Hier werden Fragen zur Unterstützung und Erleichterung von Lernen reflektiert und auf mögliche methodische Umsetzungen bezogen.

Lit.: C. Fäcke: Fachdidaktik und Unterrichtsqualität. Spezifische Aspekte im Bereich Französische Sprache. In: K.-H. Arnold (Hg.): Unterrichtsqualität und Fachdidaktik. Bad Heilbrunn 2007, 155–176. – F.W. Kron: Grundwissen Pädagogik. Mü./Basel ⁷2009 [1988]. – F.-J. Meißner: Zur Ausbildung von Französischlehrerinnen und -lehrern in der Ersten Phase. Zwischen Überkommenem und Notwendigem. In: Französisch Heute 3 (1997), 196–205. – A. Nieweler (Hg.): Fachdidaktik Französisch. Tradition, Innovation, Praxis. Stgt 2006. – U. Schönpflug: Lerntheorie und Lernpsychologie. In: K.-R. Bausch et al. (Hg.): Handbuch FU. Tüb./Basel ³1995 [1989], 52–58.   ChF

Bilder sind visuelle Medien (↗Visualisierung). Die Idee, B. in der deutschen Fremdsprachenlehre einzusetzen, ist keineswegs neu: Bereits 1658 veröffentlichte der böhmische Didaktiker Johann A. Comenius (1592–1670) ein bebildertes Lateinlehrbuch, das *Orbis sensualium pictus*. Mit den Textillustrationen setzte Comenius seine eigene Forderung in die Tat um, den SuS das nachhaltige Lernen durch die Aktivierung aller Sinne zu ermöglichen. Comenius' Buch und seine Methode waren zwar ein Erfolg, doch B. wurden noch nicht zum festen Bestandteil des FUs. Im 18. Jh. befürworteten die Vertreter des anschaulichen Unterrichts wie die Dessauer Philanthropen um Johann B. Basedow (1724–1790) den Bildeinsatz in der Fremdsprachenlehre. B. galten ihnen nicht als vulgäre Belustigung, sondern als Lehr- und Lernhilfe. Im reformierten Unterricht des 19. Jh.s (↗Reformpädagogik) sollten Veranschaulichungen die verbale Belehrung ersetzen, und B. wurden landeskundliche, motivierende, semantisierende und sprachinduzierende Funktionen attestiert. Bedingt durch technische Entwicklungen (z.B. die Erfindung der Lithografie als kostengünstiges Druckverfahren) hatte der Bildeinsatz im FU ab 1800 stetig zunehmen können. Ab 1830 hielten Wand-B. Einzug in Schulen. Für den FU wurden dazu Handreichungen veröffentlicht, die fremdsprachige Texte und Vokabellisten enthielten. Ende des 19. Jh.s wurden Wand-B. speziell für den FU geschaffen. Bis 1930 kamen die Wand-B. langsam aus der Mode. Im FU nach der ↗audiolingualen Methode seit den 1940er Jahren spielten B. keine Rolle. Sie kehrten erst in den 1960er Jahren in den FU zurück als fester Bestandteil der ↗audio-visuellen Methode. Darin wurden B. zusammen mit Tonmedien zum Erlernen der Fremdsprache präsentiert. Sie sollten Texte kontextualisieren (↗Kontextualisierung) und Anlässe für die Sprachproduktion schaffen. Im ↗kommunikativen FU der 1970er und 1980er Jahre wurden B. verstärkt als Auslöser von Sprachhandlungen instrumentalisiert. Vorreiterin war hier die DaF-Didaktik. Ende der 1980er Jahre setzte die Diskussion um das Sehverstehen in der Fremdsprachendidaktik ein, und es wurde die Instrumentalisierung von B.n für die Fremdsprachenlehre ohne die Ausbildung einer ↗visuellen Kompetenz in Frage gestellt. Es entwickelte sich in den Fremdsprachendidaktiken (allen voran in der DaF-Didaktik) langsam ein Bewusstsein für die Notwendigkeit, visuelle Kompetenz im FU auszubilden, denn viele der für den FU wichtigen Bildfunktionen beruhen darauf, dass die SuS in der Lage sind, einen Bildsinn zu konstituieren. Beim ↗interkulturellen Lernen wurden und werden B. dazu eingesetzt, den SuS Einsichten in die Zielkulturen zu verschaffen. Der Fokus liegt dabei primär auf dem Bildinhalt, während Prozesse des Bildverstehens und Strategien der Bilddeutung eher außen vor bleiben. Parallel dazu diskutiert die Fremdsprachendidaktik weiterhin, jedoch in kleinerem Kreis, wie sich visuelle Kompetenz im interkulturellen FU ausbilden lässt, d.h. wie sich die ↗Lernziele ↗interkulturelle kommunikative Kompetenz und visuelle Kompetenz verbinden lassen (vgl.

Badstübner-Kizik 2006). Dabei wird mit dem verbreiteten Irrglauben aufgeräumt, dass der bloße Bildkontakt die Entwicklung von visueller Kompetenz bewirkt. Deutschlandweit gültige Curricula für den FU tragen dieser Entwicklung weg von der reinen Bildinstrumentalisierung hin zu einem Modus der Bildarbeit, bei der visuelle Kompetenz ausgebildet werden soll, bislang keine Rechnung. Mit dem instrumentalisierenden Bildeinsatz verfolgt die Fremdsprachendidaktik die Ziele der Grammatisierung (Bilder veranschaulichen grammatische Strukturen und Funktionen), des interkulturellen Lernens (Bilder geben Einblick in fremde Lebenswelten und simulieren interkulturelle Begegnungssituationen), der Verbalisierung (Bilder dienen als Sprechanlass), der Mnemonisierung (Bilder unterstützen die Erinnerung an Unterrichtsinhalte), der ↗ Motivation (Bilder steigern die Bereitschaft zur Unterrichtsbeteiligung und zum Lernen), der Organisation (Bilder strukturieren Informationen) und der Semantisierung (Bilder veranschaulichen die Bedeutung einer Sache). Für einen solchen instrumentalisierenden Modus der Bildarbeit ist der Bildbegriff zu differenzieren, denn die Wirkung eines Bildes wird durch seine Eigenschaften bedingt (Formen, Farben, Komposition usw.) und entsteht in Abhängigkeit vom Unterrichtskontext (Unterrichtsthema, Dauer/Zeitpunkt der Betrachtung usw.) sowie von den Eigenschaften der SuS (Sehgewohnheiten, Grad der Ausbildung von visueller Kompetenz).

Durch die Vielzahl der Funktionen, die B. erfüllen können, sind diese ein nützliches und flexibel einsetzbares Medium im FU. Erstens können B. in allen Phasen des Unterrichts verwendet werden: In der Einstiegsphase können sie die ↗ Aufmerksamkeit der SuS für den Unterrichtsinhalt wecken (dazu sollte es sich um eine ungewöhnliche Darstellung des Unterrichtsthemas im Bild handeln) sowie ↗ Vorwissen aktivieren oder schaffen (dazu muss der Unterrichtsinhalt im Bild erkennbar sein). In der Erarbeitungsphase können vorgefertigte, unterrichtsbezogene B. neue Informationen konkretisieren, semantisieren und die Erinnerung an sie unterstützen sowie den SuS über eigene bildbezogene Assoziationen einen weiteren Zugang zum Unterrichtsstoff ermöglichen. Ebenso können die SuS selbst B. anfertigen. In der Transfer- sowie Sicherungsphase können

die SuS aufgefordert werden, Unterrichtsinhalte in der Form von Abbildungen, logischen B.n oder visuellen Analogien (z.B. als ↗ Poster) bildlich darzustellen und Unterrichtsergebnisse einprägsam zu dokumentieren. Durch die Bildproduktion lässt sich der FU abwechslungsreich und handlungsorientiert gestalten (↗ Handlungsorientierung). Die SuS können z.B. als Reaktion auf einen Text und zu seiner Interpretation eine Collage anfertigen, filmen, fotografieren, malen, darstellend spielen oder zeichnen. Damit verlängert sich die Zeit, die sie mit dem Unterrichtsthema verbringen, so dass die Auseinandersetzung mit diesem intensiviert wird. Der Einsatz von B.n sowie die Bildproduktion in der Erarbeitungs- und Sicherungsphase fördern zudem das ↗ autonome Lernen: Visuelle Lernstrategien (z.B. das Unterstreichen bei der Textarbeit, das Anlegen visueller Figurenkonstellationen usw.) erweitern das Strategierepertoire der Lernenden (↗ Lernstrategien).

Zweitens können B. in allen Bereichen des FUs eingesetzt werden: Im Kulturunterricht (↗ Kulturdidaktik) können an Bildquellen Informationen über die Zielkulturen erarbeitet werden (z.B. an Karikaturen), und Abbildungen tragen dazu bei, den SuS eine Vorstellung der zielkulturellen Wirklichkeit zu vermitteln. Beim interkulturellen Lernen können B. zur Weckung von Emotionen, zur Simulation von interkulturellen Interaktionssituation (Aufeinandertreffen von SuS mit fremdkulturellen B.n) und zur Anregung von Perspektivenwechseln Verwendung finden (↗ Perspektive und Perspektivenwechsel). Im Literaturunterricht (↗ Literaturdidaktik) können B. die Textreflexion initiieren und bieten zusätzliche Textzugänge sowie Identifikationsmöglichkeiten. Im Sprachunterricht (↗ Sprachdidaktik) schaffen sie Sprech- und Schreibanlässe zur Anwendung der Fremdsprache (z.B. bestimmter Vokabeln, Grammatikphänomene) und führen durch die visuelle Konkretisierung von Sprachstrukturen (logische Bilder) oder Kommunikationskontexten (Abbildungen) zu einem besseren Verständnis von Sprache und deren Funktionen.

Drittens kann mit B.n abwechslungsreich gearbeitet werden, nämlich sowohl analytisch als auch kreativ: Für eine Bilddeutung – z.B. bei der Arbeit mit Bildkunst – müssen die SuS die formalen Eigenschaften eines Bildes feststellen, um ihre Interpretation darauf zu begründen.

Das gleiche Analyseergebnis kann erzielt werden, wenn die SuS zunächst kreativ zu einem Bild arbeiten (z. B. einen Dialog zwischen zwei abgebildeten Personen verfassen), und dann unter Bezugnahme auf das Bild ihr Produkt begründen. Hierbei müssen unweigerlich die formalen Bildeigenschaften miteinbezogen werden.

Bildkunst spielt seit der Phase des kommunikativen FUs eine wichtige Rolle in der Fremdsprachenlehre. Zu den Kunstgattungen, die heute im FU zum Einsatz kommen, zählen die Collage, der Film, das Foto, das Gemälde, die Grafik und die Skulptur. Bedingt durch ihre Eigenschaften eignen sie sich zu verschiedenen Zwecken: Mit der Collage lassen sich leicht Diskussionsanlässe schaffen, da sie fragmentiert und offen ist, d. h. verschiedene Deutungsmöglichkeiten zulässt. Der Film bietet Identifikations- sowie Empathiepotenzial, weil er simultan mehr Informationen über die beiden Zeichensysteme von Text und Bild vermitteln kann als ein reiner Schrifttext. Darüber hinaus ist das Medium ›Film‹ beliebt, so dass die Unterrichtsmotivation durch den Filmeinsatz steigen kann (↗ Filmdidaktik). Da die Fotografie ein Abbildungsverfahren ist, eignet sie sich einerseits zum Zeigen von Dingen, die sich außerhalb des Klassenzimmers befinden, andererseits fordert sie zum Hinterfragen von Bildaussagen auf, und es lässt sich an ihr das kritische Sehen trainieren, weil Fotos bedingt durch die subjektive Wahl von Motiv, Perspektive usw. nie objektive Wiedergaben sind und sogar inszeniert oder nachträglich bearbeitet sein können. Das gleiche gilt für gegenständliche Gemälde, die scheinbar Abbildcharakter besitzen, obwohl es sich bei ihnen in der Regel um mit Hilfe kulturspezifischer Darstellungskonventionen gezielt gestaltete Kunstprodukte handelt. Durch die Möglichkeit, Bezüge zwischen einem Bild und seinem historischen Kontext herzustellen, können Gemälde als historische Quellen eingesetzt werden, dürfen jedoch niemals unkritisch als Abbilder Verwendung finden. Die Grafik als didaktisiertes Bild eignet sich zur Fokussierung auf wesentliche Unterrichtsinhalte, da sie als Abbildung in der Regel nicht so komplex ist wie ein Foto und durch die Reduzierung der Darstellung auf das Wesentliche weniger ablenkende Details enthält. Als logisches Bild (z. B. Tabelle, Diagramm) erlaubt sie die (übersichtli-che) Visualisierung von abstrakten Mustern und Zusammenhängen. Die Skulptur schließlich kann den SuS bewusst machen, dass ihnen ein Perspektivenwechsel hilft, jemanden oder etwas besser zu verstehen, denn durch die Dreidimensionalität der Skulptur bietet diese eine Vielzahl verschiedener Ansichten, d. h. sie sieht von unterschiedlichen Standpunkten aus betrachtet immer anders aus, und die SuS verstehen sie immer besser, aus je mehr Perspektiven sie sie betrachtet haben.

Neben Kunst-B.n kommen im FU auch Medien zum Einsatz, die Bild und Text verbinden (können). Dazu zählen der Comic, das Computerbild, die Karikatur, die Karte, das Poster und die Werbeanzeige sowie der schon oben genannte Film. Wenn diese Medien textuelle Elemente besitzen, müssen Rezipient/innen für ihr Verständnis Bild- und Textaussage zusammenfügen, da sich Bild und Text gegenseitig bedingen. Daraus resultiert die Forderung, bei SuS im FU nicht nur ein Leseverstehen auszubilden, sondern eine ↗ multiple literacy, d. h. die Fähigkeit, nicht nur reine Texte in der Fremdsprache zu verstehen, sondern z. B. auch Bild/Text-Kombinationen (vgl. Blell in Hecke/Surkamp 2010). Die didaktischen Vorteile der Arbeit mit Bild/Text-Kombinationen im FU gegenüber reinen Texten bestehen darin, dass der Textanteil in der Regel eher gering ist, so dass die SuS weniger Textmasse zu verarbeiten haben, und dass die B. Textinhalte konkretisieren und Kontextinformationen liefern können, die den SuS das Textverstehen erleichtern. So können Schwierigkeiten der SuS bei der Behandlung komplexer Themen mittels Bild/Text-Kombinationen reduziert werden. Zudem scheinen die B. als interaktive und/oder dekorative Elemente die Aufmerksamkeit und Motivation des SuS zu fördern, was sich wiederum positiv auf die Textrezeption auswirken kann. Es wird daher in der Fremdsprachendidaktik empfohlen, im Literaturunterricht auch mit Comic-Romanen zu arbeiten. Gerade männliche Jugendliche scheinen sich durch den Bildeinsatz zum Lesen animieren zu lassen.

Neu entdeckt von der Fremdsprachendidaktik wurde die Funktion der Vorstellung bzw. des Bildens von mentalen Modellen für das interkulturelle Lernen und den fremdsprachigen Literaturunterricht (vgl. Hallet 2008). Mentale Modelle entstehen im Geist der SuS und resultieren aus der Integration von neuen Informationen in bestehende Wissenskonzepte. Sie sind essenzieller Bestandteil des Perspektivenwechsels, denn Vorstellungen ermöglichen es den SuS, fremde Szenarien – etwa die in literarischen Texten evozierten – zu konkretisieren, neue Situationen im Kopf durchzuspielen und auf der Basis individueller Erfahrungen und eigenen Weltwissens zu bewältigen. Bei all den das Lernen unterstützenden Effekten von B.n darf jedoch nicht übersehen werden, dass B. das Lernen auch hemmen können: B. oder Bilddetails ohne Unterrichtsbezug können SuS vom eigentlichen Unterrichtsinhalt ablenken.

Lit.: C. Badstübner-Kizik: Fremde Sprachen, fremde Künste? Bild- und Musikkunst im interkulturellen FU. Gdańsk 2006. – H. Bartels: B. im FU. In: Der fremdsprachliche Unterricht Französisch 25 (1997), 4–9. – K. Dirscherl/A. Polletti: Bildtexte im Französischunterricht. In: Der fremdsprachliche Unterricht Französisch 46 (2000), 4–12. – W. Hallet: Literarisches Verstehen und Kognition. Mentale Modelle und Visualisierungsaufgaben im Literaturunterricht. In: P. Bosenius et al. (Hg.): Verstehen und Verständigung. Interkulturelles Lehren und Lernen. Trier 2008, 137–170. – C. Hecke/C. Surkamp (Hg.): B. im FU: Neue Ansätze, Kompetenzen und Methoden. Tüb. 2010. – S. Hilger: Lernen mit B.n. In: Der fremdsprachliche Unterricht Englisch 38 (1999), 4–9. – D. Macaire/W. Hosch: B. in der Landeskunde. Bln 1996. – M. Reinfried: Das Bild im Französischunterricht. Eine Geschichte der visuellen Medien am Beispiel des Französischunterrichts. Tüb. 1992. – M. Reinfried: Vom ›Stellvertreter‹ zum ›Türöffner‹. B. in Fremdsprachenlehrwerken. In: G. Lieber (Hg.): Lehren und Lernen mit B.n. Ein Handbuch zur Bilddidaktik. Baltmannsweiler 2008, 198–211. – A. Rössler: Im Bilde sein. In: Der fremdsprachliche Unterricht Spanisch 9 (2005), 4–9. – T. Scherling/H.-F. Schuckall: Mit B.n lernen. Handbuch für den FU. Bln 1992. – M. Seidl: Visual Culture. B. lesen lernen, Medienkompetenz erwerben. In: Der fremdsprachliche Unterricht Englisch 87 (2007), 2–7. CaH

Bilderbuch ↗ Kinder- und Jugendliteratur

Bildung. Der B.sbegriff entstammt einer rein deutschsprachigen Tradition, in deren Verlauf er sich als äußerst vielschichtig erwiesen hat. Noch heute gibt er vielfach Anlass zu wissenschaftlichen Kontroversen. Ähnlich wie ›Entwicklung‹ ist ›B.‹ sowohl im transitiven als auch im intransitiven Sinn zu verstehen: Jemand/etwas wird gebildet (tr.) und jemand/etwas bildet

sich (intr.). Dieser Gegensatz weist Verbindungen zu dem Gegensatz zwischen materialer und formaler B. auf. Während erstere von gesellschaftlichen Anforderungen und von einer Kanonisierung bestimmter zu vermittelnder B.sinhalte ausgeht, ist letztere vor allem auf die autonome Entfaltung prozessualer Fähigkeiten des Denkens, Urteilens und Wertens gerichtet. Sie macht den emanzipatorischen Gehalt des B.sbegriffs aus, der vor allem von Wilhelm von Humboldt entwickelt wurde. Im Geiste der Aufklärung und eines zu politischer Mündigkeit drängenden Bürgertums vertraut Humboldt auf den Einzelnen und dessen Bildsamkeit. Über eine möglichst umfassende, gleichmäßig-gleichberechtigte Entfaltung aller in ihm angelegten Kräfte, zugleich aber auch in einer handelnden Auseinandersetzung mit der auf ihn wirkenden Welt vermag dieser zu einem selbständigen und zugleich sozial verantwortungsvollen Wesen zu reifen. Humboldts Vorstellung ist daher von einem Harmonie-Ideal bestimmt. Individualität und Sozialität fügen sich ebenso zu einer Einheit wie transitive und intransitive, formale und materiale Aspekte von B. Medium der B. ist für Humboldt – in Fortführung der Gedanken Gottfried Herders – die Sprache. Über sie gewinnt der Mensch eine fragende Fremdheit gegenüber der Welt, welche erst Erfahrung ermöglicht (vgl. Benner 1995).

Heute diskutierte B.stheorien umfassen ein weites Spektrum. Während Wolfgang Klafki am aufklärerisch-rationalistischen Erbe der Moderne festhält, betonen phänomenologische Positionen (z. B. Käte Meyer-Drawe) die Bedeutung sinnlicher Wahrnehmung für eine als ganzheitlich gedachte B. Systemtheoretische Ansätze (vor allem der von Niklas Luhmann) wiederum verzichten auf jegliche anthropologische Spekulationen, beschränken sich auf eine Analyse des Gegebenen und decken bestehende Dilemmastrukturen und Paradoxien auf. Den gegenwärtig nachhaltigsten Einfluss üben Theorien der Postmoderne aus. Die auf sie sich berufenden Strömungen konvergieren vor dem Hintergrund des soziokulturellen Wandels in postindustriellen Gesellschaften (Pluralisierung der Lebenswelten im Gefolge von Migration und Globalisierung), des Scheiterns aller Ideologien (aller »Meta-Erzählungen« in der Diktion Jean-François Lyotards) sowie der Erosion von Vorstellungen des Menschen als einem autonomen Subjekt (*linguistic turn*) in einem Abschied von traditionellen Einheits- und Totalitätsvorstellungen und somit in der Anerkennung von Differenz und Pluralität. Letzteres bildet zugleich den Grundpfeiler einer »Minimalethik« (vgl. Koller 1999), die als B.sziel allein intersubjektive Gültigkeit beanspruchen kann. B.sprozesse sind nur dann als geglückt zu betrachten, wenn der Einzelne die Relativität eigener Weltsichten erfährt, bereit ist, die Prämissen des eigenen Denkens und Handelns stets in Konfrontation mit den Deutungen anderer in Frage zu stellen und sich für die Erhaltung von Ausdrucks- und Meinungsfreiheit und somit für eine plurale Gesellschaft einzusetzen.

Das Erlernen von Fremdsprachen kann hierzu einen wesentlichen Beitrag leisten, indem es das ›Eigene‹ fremd werden lässt und zugleich – ganz im Sinne Humboldts – den Horizont öffnet für anderskulturelle Weltdeutungen (↗ Interkulturelles Lernen). Dies geschieht jedoch nicht automatisch, sondern bedarf der Bereitschaft bzw. der Anleitung zur Reflexivität. Erst wenn der Einzelne seine Konstruktionen von Welt-, Selbst- und Fremdbildern hinterfragt und für Veränderungen offenhält, ist von B.sprozessen zu sprechen (↗ Identität und Identitätsbildung). B. ist daher notwendigerweise stets unabgeschlossen. Neben diesen Aspekten einer formalen B. erfüllt Fremdsprachenlernen auch die Funktion materialer B., indem es zur Teilhabe an einer mehrsprachigen Welt befähigt (↗ Mehrsprachigkeit).

Lit.: D. Benner: Wilhelm von Humboldts B.stheorie. Eine problemgeschichtliche Studie zum Begründungszusammenhang neuzeitlicher B.sreform. Weinheim/ Mü. ³2003 [1990]. – H.C. Koller: B. und Widerstreit. Zur Struktur biographischer B.sprozesse in der (Post-) Moderne. Mü. 1999.   LuK

Bildungsstandards ↗ Standards

Bilingual Triangle ↗ Bilingualer Unterricht

Bilingualer Unterricht. Unter b.U. wird eine Form des Sachfachunterrichts verstanden, in dem Inhalte und ↗ Kompetenzen in einer fremden Sprache vermittelt und erworben werden. Der etwas unpräzise Begriff ›bilingual‹ geht zum einen darauf zurück, dass man sich von

dieser Art des fremdsprachigen Lernens einerseits bilingual ausgebildete, also (beinahe) zweisprachige Absolvent/innen der weiterführenden Schulen erwartete. Zum anderen sehen wichtige curriculare Modelle dieser Unterrichtsform neben den fremdsprachigen auch weiterhin deutschsprachige Unterrichtsanteile, also einen zweisprachigen Unterricht vor. In Deutschland und Frankreich ist die erste Phase der Einrichtung bilingualer Unterrichtsangebote mit dem deutsch-französischen Vertrag von 1963 und dem dort niedergelegten Ziel der partnerschaftlichen Verständigung verbunden (vgl. Thürmann 2005; Breidbach 2007, 50 ff.). Trotz dieses historischen Ursprungs ist Englisch gegenüber Französisch die bei weitem dominierende Sprache in bilingualen Angeboten (vgl. Werner 2009, 26). Wenngleich zuverlässige Zahlen wegen der zunehmenden Diversifizierung bilingualer Modelle schwer zu ermitteln sind, kann man gegenwärtig von ca. 700 allgemeinbildenden bilingualen Schulen deutschlandweit ausgehen, davon ca. 630 mit einem bilingualen Zug, die übrigen mit modularen Angeboten. Im berufsbildenden Bereich überwiegt bei Weitem die Zahl der modularen Angebote (ca. 60), nur fünf Schulen unterhalten einen bilingualen Zug (Zahlen für das Schuljahr 2004/05; KMK 2006, 15). Zwar überwiegt das Gymnasium als Schulart, aber immerhin sind auch ca. 200 Real- und Gesamtschulen mit bilingualem Zug zu finden. Bilinguale Unterrichtsversuche an Grundschulen (vgl. Werner 2008, 26 f.) sind noch wenig beschrieben und erforscht, deuten aber darauf hin, dass fremdsprachiges Sachfachlernen von Beginn des Fremdsprachenlernens an erfolgreich sein kann.

Eine zweite Phase verstärkter bilingualer Initiativen und vor allem didaktischer Theoriebildung ist mit der im sog. *Weißbuch* der Europäischen Union niedergelegten Mehrsprachigkeitsinitiative der EU (1995) verbunden (vgl. Thürmann 2000; Breidbach 2007, 53 ff.). In deren Gefolge entwickelte sich das europäische Konzept des *Content and Language Integrated Learning* (*CLIL* bzw. *EMILE*, frz. für *Enseignement d'une Matière par l'Intégration d'une Langue Étrangère*). Diese Europäisierung der bilingualen Sachfachdidaktik brachte mehrere Öffnungsprozesse mit sich. Diese betreffen erstens die Zielbestimmungen, die nun nicht mehr bzw. weniger als zuvor auf bikulturelle Bildung zielten, sondern auf eine europäische ⟋Mehrsprachigkeit. Zweitens betrifft die Öffnung den Fächerkanon, der sich nun von den gesellschaftswissenschaftlichen auf so gut wie alle Schulfächer ausdehnt. Drittens lässt sich eine Diversifizierung der Formen und Modelle bilingualen Lehrens und Lernens beobachten. Diese Entwicklungen gehen auf ein europäisches Netzwerk von *CLIL/EMILE*-Experten zurück, die durch eine offene Definition möglichst alle Formen der schulischen Integration von inhaltlichem und sprachlichem Lernen in Europa zu erfassen versuchen. Gemäß dieser Definition ist *CLIL* »a generic umbrella term which would encompass any activity in which a foreign language is used as a tool in the learning of a non-language subject in which both language and the subject have a joint curricular role« (Marsh 2002, 58). Hinsichtlich der ⟋Lehrerbildung schlägt sich die Professionalisierung des b.U.s in einer zunehmenden Zahl von Lehramts- oder Masterstudiengängen an den Universitäten mit ›bilingualen‹ Elementen sowie in ›bilingualen‹ Qualifizierungsangeboten in der zweiten Ausbildungsphase und in der Lehrerfort- und -weiterbildung nieder.

Trotz aller Öffnungsbestrebungen ist die Dominanz der gesellschaftswissenschaftlichen Fächer ungebrochen. Sie erklärt sich aus dem historischen Ursprung des b.U.s, denn Erdkunde, Geschichte oder Sozialkunde scheinen für die Möglichkeit des tieferen Eindringens in die fremde Kultur besonders geeignet. Die auf diese Weise im b.U. durch intensives ⟋(inter-)kulturelles Lernen erzeugte ›Bikulturalität‹ gilt deshalb bis heute als besonders kompatibel mit dem Leitziel der ⟋interkulturellen kommunikativen Kompetenz. Dieses wurde daher auch in den bilingualen Sachfachdidaktiken zu einem wirksamen Begründungsparadigma. Naturwissenschaftlicher Unterricht wird hingegen vermutlich in nur ca. 14 % der deutsch-englischen Züge fremdsprachig angeboten (vgl. Thürmann 2005, 484; Bonnet 2004, 37), obwohl der naturwissenschaftliche Unterricht aufgrund der gleichzeitigen Verfügbarkeit formaler Symbolsprachen mindestens ebenso gut für den b.U. geeignet ist wie die verbalsprachlich geprägten gemeinschaftskundlichen Fächer. Auch kann angenommen werden, dass die auf Problemlösung orientierten Unterrichtsverfahren in den Naturwissenschaften und die damit verbundenen Aushandlungsprozesse zu einem gleichermaßen hohen sprachlichen wie inhaltlichen Ertrag führen. Mittlerweile vorliegende Unterrichtsmodelle und empirische Studien für Bildende Kunst, ⟋Musik, Religion oder Sport zeigen, dass das bilinguale Modell prinzipiell keiner fächerbedingten oder thematischen Beschränkung unterliegt. Im berufsbildenden Schulwesen spielen technische und wirtschaftswissenschaftliche Fächer eine zunehmend wichtige Rolle im Hinblick auf zukunftsfähige Qualifikationen im Bereich der Dienstleistungs-, der technischen und der Wirtschaftsberufe.

Mit der Erfassung des Fächerkanons in seiner gesamten Breite geht auch eine Diversifizierung der schulischen Modelle bilingualen Unterrichtens einher. Bestimmten zu Beginn unter der Maßgabe einer bilingualen oder bikulturellen Bildung vollständige curriculare Durchgänge (meist ab der 7. Klasse) das Bild, so traten in den 1990er Jahren modulare Modelle hinzu, die das bilinguale Lehren und Lernen auf einen bestimmten Zeitraum im Schuljahr, Unterrichtseinheiten oder Projekte beschränken (vgl. Krechel 2003). Damit können auch Schulen das *CLIL*-Prinzip übernehmen, die aus verschiedenen Gründen, z.B. wegen des Wahlverhaltens der SuS oder wegen der Lehrerversorgung, kein vollständiges curriculares Angebot vorhalten können. Eine andere Ausprägung von b.U./ *CLIL* ist die zeit- oder teilweise Verwendung einer Fremdsprache als Arbeitssprache in beliebigen Sachfächern, die neben den Modulen vor allem für berufsbildende Schulen und für Schulen mit einem eingeschränkten Fremdsprachenangebot interessant zu sein scheint (KMK 2006, 15).

Bildungstheoretische Begründungen für den b.U. haben sich nur langsam und lange nach dessen schulischer Etablierung herausgebildet und sind nach wie vor sehr uneinheitlich. Systematisch lassen sich vorläufig und recht grob folgende Ansätze unterscheiden: Aus den historischen Anfängen des b.U.s erklärt sich eine starke Dominanz des interkulturellen Lernens als Begründungsparadigma. In der Tat haben zahlreiche Unterrichtsmodelle und -versuche gezeigt, dass sich unter dem Gesichtspunkt der interkulturellen Differenz aufschlussreiche Perspektivierungen von fachlichen Inhalten und

Weisen des Weltverstehens, etwa im Hinblick auf historische Ereignisse, auf geographische Modelle oder politische Konzepte wie ›Demokratie‹, ›Partei‹ oder ›Imperialismus‹, ergeben. Allerdings ist zu Beginn des 21. Jh.s betont worden, dass die kulturellen Prägungen von unterrichtswirksamen fachlichen Konzepten häufig um ein Vielfaches komplexer sind als im herkömmlichen Begriff der Interkulturalität unterstellt. Denn die jeweiligen Modelle und Modi der Welterklärung sind auch durch fachwissenschaftliche Kulturen, Diskurs- und Denktraditionen (vgl. Breidbach 2007, 212 ff.; Bonnet et al. 2009) sowie durch ebensolche Traditionen fremdsprachiger didaktischer Denkweisen und Konzepte in verschiedenen Bildungssystemen geprägt. Daher rückt eine sich bereits früher andeutende Tendenz zu einem transkulturellen Konzept bilingualen Lernens (vgl. Hallet 1998) zunehmend in den Vordergrund, das auch andere Differenz- und Fremdheitserfahrungen erfasst (vgl. Breidbach 2007, 234 ff.; Bonnet et al. 2009; ↗ transkulturelles Lernen).

Besonders auf europäischer Ebene stand die Etablierung von *CLIL* von Beginn an in Zusammenhang mit dem Ziel der Mehrsprachigkeit aller europäischer Bürger/innen und deren Qualifikationen für berufliche europäische Mobilität. Mit der Mehrsprachigkeit ist auch das sprachenpolitische Ziel der Erhaltung und Förderung der sprachlichen Diversität in Europa verbunden; dadurch gerieten auch besonders in früheren Grenzregionen ↗ Minderheiten- und Nachbarsprachen in den Fokus, ein Augenmerk, das sich schulisch in der Etablierung binationaler und bilingualer Schulen niederschlug. In der Tradition des eher angloamerikanisch geprägten *literacy*-Konzepts (↗ *multiple literacy*) hat sich zuletzt vor allem das Leitziel der fremdsprachigen Diskursfähigkeit durchgesetzt, das sich bildungstheoretisch auf gesellschaftliche Teilhabe und schulisch auf die Erziehung einer fremdsprachigen Sachfachliteralität richtet. Ziel des b.U.s ist es demzufolge, die SuS mit fremdsprachigen diskursiven Kompetenzen auszustatten, die ihnen »Zugänge zu einem fachlich verankerten Verständnis von Lebenswirklichkeit« und zu dem »in den verschiedenen Wissenschaften produzierten Wissen« erlauben (Zydatiß 2007, 44 f.). Hiermit ist unmittelbar ein reflexiver Begriff von ↗ Bildung

verbunden, dessen Kern die Herstellung solcher Lernkontexte ist, in denen die Konstruktivität und die Historizität fachlichen Wissens erfahrbar werden (vgl. Zydatiß 2007, 44 ff.; Breidbach 2007, 212 ff.; Bonnet et al. 2009).

Seit den späten 1990er Jahren gibt es Bemühungen um eine eigenständige bilinguale Sachfachdidaktik. Eine solche wurde als erforderlich betrachtet, da weder die monolingualen Sachfachdidaktiken noch die Fremdsprachendidaktiken befriedigende Modelle einer Integration von Sprach- und Sachfachlernen bereitstellen können. Daher schälte sich die Suche nach integrativen Planungs- und Prozessmodellen als Kern einer bilingualen Sachfachdidaktik heraus (vgl. Vollmer 2005). In seinem Entwurf einer eigenständigen Methodik hob Eike Thürmann (2005) auf die sprachliche Unterstützung und Durchformung des Sachlernens durch die Bereitstellung von grundlegenden Sprachfunktionen ab. Neben dem (fachspezifischen) methodischen Lernen wurden zwei weitere zentrale Felder für das integrierte sprachliche und inhaltliche Lernen identifiziert: zum einen das Konzeptlernen, also der Erwerb fremdsprachiger Begriffe, da es sich bei diesen fachspezifischen Konzepten um die sprachliche Repräsentation kognitiver Strukturen und zugleich um den Kern fachlicher Systematiken handelt (vgl. Vollmer 2005; Zydatiß 2002; Hallet 2002); zum anderen der Erwerb fachspezifischer Diskursfunktionen wie z. B. ›Beschreibung‹, ›Hypothesenbildung‹ oder ›chronologische Sequenzierung‹ (vgl. Zydatiß 2007, 447 ff.), mit deren Hilfe sich systematische fachliche Zusammenhänge sowohl kognitiv als auch generisch und diskursiv erfassen lassen. Durch die didaktische Fokussierung des Erwerbs von Konzepten und Diskursfunktionen wird es möglich, Maßnahmen zur Unterstützung des sprachlichen Lernens im Sachfachunterricht (↗ *Scaffolding*) zu operationalisieren, ohne herkömmliche fremdsprachendidaktische Instrumente zu bemühen. Der Erforschung der Begriffsbildung, der fachlich-diskursiven Sprachverwendung (vgl. Dalton-Puffer 2007; Zydatiß 2007) und der mit dem fachlichen Lernen verbundenen Aushandlungsprozesse sind auch die wichtigsten empirischen Forschungen gewidmet.

Die Entwicklung einer eigenständigen Sachfachdidaktik schlägt sich seit der Jahrtausendwende in zunehmend komplexeren didaktischen

Modellierungen nieder: Edgar Otten und Manfred Wildhage (2003) integrierten die Felder ›interkulturelles Lernen‹, ›fachliche Konzepte‹, ›fachlicher Diskurs‹ und ›fachliche Methoden‹ in ein Planungsmodell; im gleichen Jahr schlugen Andreas Bonnet et al. (2009) ein Kompetenzmodell mit einer kognitiv-konzeptualen, einer diskursiven, einer methodischen und einer reflexiven Dimension vor. Do Coyle (2006) modellierte die Integration von *content, communication, cognition* und *culture* in einem griffigen ›4 Cs‹-Modell, und Wolfgang Zydatiß (2007, 450 ff.) entwarf ein Planungs- und Prozessmodell, in dessen Mittelpunkt der aufgabenbasierte Umgang mit und die problemlösende Erschließung von fachspezifischen Genres (Material- und Textsorten) stehen. Eine integrative eigenständige Didaktik des b.U.s steht jedoch weiterhin aus; sie hat vor allem auch eine breitere empirische Forschung (↗Empirie) zur Voraussetzung, welche die mit den fremdsprachigen Sachfachlehren und -lernen verbundenen kognitiv-konzeptualen, sprachlich-diskursiven und interaktionalen Prozesse besser verstehbar macht.

Lit.: G. Bach/S. Niemeier: Bilingualer Unterricht. Grundlagen, Methoden, Praxis, Perspektiven. FfM ³2005 [2000]. – A. Bonnet: Chemie im bilingualen Sachfachunterricht. Kompetenzerwerb durch Interaktion. Opladen 2004. – A. Bonnet/S. Breidbach/ W. Hallet: Fremdsprachlich handeln im Sachfach. Bilinguale Lernkontexte. In: G. Bach/J.-P. Timm (Hg.): Englischunterricht. Grundlagen und Methoden einer handlungsorientierten Unterrichtspraxis. Tüb./Basel ⁴2009 [1989], 172–198. – S. Breidbach: Bildung, Kultur, Wissenschaft. Reflexive Didaktik für den bilingualen Sachfachunterricht. Münster 2007. – S. Breidbach/G. Bach/D. Wolff (Hg.): Bilingualer Sachfachunterricht. Didaktik, Lehrer-/Lernerforschung und Bildungspolitik zwischen Theorie und Empirie. FfM 2002. – D. Coyle: The CLIL Quality Challenge. In: J. Marsh/D. Wolff (Hg.): Diverse Contexts, Converging Goals. CLIL in Europe. FfM 2006, 47–58. – C. Dalton-Puffer: Discourse in Content and Language Integrated Learning (CLIL) Classrooms. Amsterdam 2007. – W. Hallet: The Bilingual Triangle. Überlegungen zu einer Didaktik des bilingualen Sachfachunterrichts. In: Praxis des neusprachlichen Unterrichts 45/2 (1998), 115–126. – W. Hallet: Auf dem Weg zu einer bilingualen Sachfachdidaktik. Bilinguales Lernen als fremdsprachige Konstruktion wissenschaftlicher Begriffe. In: Praxis des neusprachlichen Unterrichts 49/2 (2002), 115–125. – Sekretariat der Ständigen Konferenz der Kultusminister der Länder und der Bundesrepublik Deutschland (KMK): Konzepte für den bilingualen Unterricht. Erfahrungsbericht und Vorschläge zur Weiterentwicklung. 2006. – H.-L. Krechel: Bilingual Modules. In: Wildhage/Otten 2003, 194–

216. – D. Marsh (Hg.): CLIL/EMILE. The European Dimension. Actions, Trends, and Foresight Potential. Jyväskylä 2002. – E. Otten/M. Wildhage: Content and Language Integrated Learning. Eckpunkte einer ›kleinen‹ Didaktik des bilingualen Sachfachunterrichts. In: Wildhage/Otten 2003, 12–45. – Rat der Europäischen Union (EU): Lehren und Lernen auf dem Weg zur kognitiven Wissensgesellschaft. Weißbuch der Europäischen Union. Straßburg 1995. – E. Thürmann: Eine eigenständige Methodik für den bilingualen Sachfachunterricht? In: Bach/Niemeier 2005, 75–93. – E. Thürmann: Zwischenbilanz zur Entwicklung der bilingualen Bildungsangebote in Deutschland. In: B. Helbig et al. (Hg.): Sprachlehrforschung im Wandel. Beiträge zur Erforschung des Lehrens und Lernens von Fremdsprachen. Tüb. 2000, 473–497. – J. Vollmer: Bilingualer Sachfachunterricht als Inhalts- und Sprachlernen. In: Bach/Niemeier 2005, 51–73. – B. Werner: Entwicklungen und aktuelle Zahlen bilingualen Unterrichts in Deutschland und Berlin. In: D. Caspari et al. (Hg.): Bilingualer Unterricht macht Schule. Beiträge aus der Praxisforschung. FfM ²2009 [2007], 19–28. – M. Wildhage/ E. Otten (Hg.): Praxis des bilingualen Unterrichts. Bln ³2009 [2003]. – W. Zydatiß: Konzeptuelle Grundlagen einer eigenständigen Didaktik des bilingualen Sachfachunterrichts. Forschungsstand und Forschungsprogramm. In: Breidbach et al. 2002, 31–62. – W. Zydatiß: Deutsch-Englische Züge in Berlin (DEZIBEL). Eine Evaluation des bilingualen Sachfachunterrichts an Gymnasien. Kontext, Kompetenzen, Konsequenzen. FfM 2007. WH

Bilingualität ↗Zweisprachigkeit

Binnendifferenzierung ↗Differenzierung

Blended Learning. Allein die Nutzung digitaler ↗Medien garantiert noch nicht ein erfolgreicheres Lehren und Lernen. Mit diesem Ergebnis wurde nach dem Hype des ↗E-Learning in den 1990er Jahren Bilanz gezogen, mit dem Ergebnis, dass es nötig sei, sich weiterhin auf die Vorteile, die digitale Medien mit sich bringen, zu besinnen und gleichzeitig auf altbewährte Lehrformen zurückzugreifen. Seither gelten Lernarrangements in Form von *b.l.* als Hoffnungsträger. Es handelt sich dabei um eine didaktisch sinnvolle Verknüpfung von Präsenzlernen und elektronischen Lehr-/Lernkonzepten im Rahmen einer organisierten und durchgängig betreuten Aus-, Fort- und Weiterbildung. Beim *b.l.* werden die unterschiedlichen Lernformen so miteinander verbunden, dass die Vorteile der einen Lernform verstärkt und die Nachteile der jeweils anderen Lernform kompensiert werden sollen. Durch das Zusammenwirken dieser Aspekte soll das Ganze mehr als die Summe seiner Teile werden und einen gesteigerten Lernerfolg ermöglichen. Aufgrund der Mischung von Präsenz- und virtuellem Lernen verwendet man auch den Begriff ›hybrides Lernen‹. *B.l.* spielt beim Fremdsprachenlernen in der Schule sicher eine untergeordnete Rolle. In der Erwachsenenbildung (↗Andragogik, ↗Geragogik) wird es aufgrund der dadurch zu erzielenden zeitlichen Flexibilität vermehrt nachgefragt; auch in der ↗Lehrerbildung sind *b.l.*-Seminarkonzepte vermehrt anzutreffen (vgl. Grünewald 2008). Neben spezifischen Angeboten in regulären Studiengängen werden mittlerweile auch ganze Studienprogramme in Form des *b.l.* angeboten, z.B. der Fern-/Kontaktstudiengang Didaktik des frühen Fremdsprachenlernens ›E-Lingo‹ (www.e-lingo.de/; ↗Fernunterricht).

Michael Kerres kritisiert die bereits seit den 1970er Jahren bezweifelte Hypothese »dass bestimmte Medien oder Vermittlungsformen an sich im Vergleich zu anderen irgendwie vorteilhaft seien« (Kerres/Petschenka 2002, 242), und stellt dem gegenüber, dass die optimale Zusammensetzung eines hybriden Lernarrangements von dem jeweiligen didaktischen Problem abhängig ist. Die qualitative Bereicherung beruht seiner Meinung nach auf der Kombination der unterschiedlichen Medien und Methoden, die in dem Lernangebot integriert sind. Im Vorfeld der Planung eines *b.l.*-Lehrarrangements stellt sich die entscheidende Frage nach dem didaktischen Mehrwert. Denn dieser ist die Grundprämisse, um ein aufwändiges Handeln zu rechtfertigen. Unabhängig davon darf jedoch nicht der hohe Gewinn von räumlicher und zeitlicher Flexibilität vergessen werden, den digitale Medien insbesondere bei virtueller Arbeit zweifellos bieten. Insbesondere in Zeiten von Teilzeitstudiengängen und unflexiblen Studienstrukturen, die durch das Bachelor- und Mastersystem entstanden sind, beinhaltet dieser Gesichtspunkt ein enormes Potenzial für die Fremdsprachenlehrerausbildung.

Lit.: A. Grünewald: *B.l.*-Seminar in der Lehrerbildung. In: R. Arntz/B. Kühn (Hg.): Autonomes Fremdsprachenlernen in Hochschule und Erwachsenenbildung. Bochum 2008, 74–86. – M. Kerres/A. Petschenka: Didaktische Konzeption des Online-Lernens in der Weiterbildung. In: B. Lehmann/E. Bloh (Hg.): Online-Pädagogik. Hohengehren 2002, 240–256.   AG

Blog ↗*E-Learning*

Bottom-up Processing ↗Leseverstehen, ↗Hörverstehen, ↗Verstehen

Brief ↗Korrespondenz

C

CALL ↗*Computer-Assisted Language Learning*

CBI ↗*Content-Based Instruction*

Chanson ↗Musik

Chat ↗*E-Learning*

Chunk Learning ↗Wortschatz und Wortschatzvermittlung

CLIL (*Content and Language Integrated Learning*) ↗Bilingualer Unterricht

CLL ↗*Community Language Learning*

Cloze-Verfahren ↗Tests

Code-Switching ↗Zweisprachigkeit

Comic ↗Bilder, ↗Medien, ↗Populärkultur

Community Language Learning (CLL, auch *Counseling Language Learning*) wurde von Charles A. Curran in den 1970er Jahren begründet. Die Methode verfolgt einen humanistischen Ansatz und stellt die Lerngruppe (*community*) und deren kommunikative Bedürfnisse in den Mittelpunkt. Die Lehrkraft übernimmt die Rolle eines Moderators (*counselor* oder *knower*), der reflektiert und unterstützt. Der bzw. die Lernende wendet sich mit seinen bzw. ihren Lernbedürfnissen zunächst an die Gruppe. Im Mittelpunkt steht die Aufhebung des klassischen Lehrer-Schüler-Verhältnisses mit dem Ziel, negative ↗Emotionen im Lernprozess abzubauen. Die Lehrkraft moderiert und ist diejenige, die den Lerngegenstand bereits beherrscht (*knower*). Die Lerngruppe bestimmt Themen und Inhalte des Lernprozesses. Eine typische Unterrichtssequenz, die sich an dem Ansatz des CLL anlehnt, verläuft in folgenden Phasen: (1) *investment*: Maximal 8–12 Lernende sitzen im Kreis, in der Mitte befindet sich ein Audiorecorder. Der Moderator befindet sich außerhalb des Kreises. Der erste Lerner, der etwas sagen möchte, flüstert dem Moderator in seiner Erstsprache einen Satz ins Ohr. Der Moderator wiederholt diese Aussage in der Fremdsprache. Der Lerner hat nun die Gelegenheit, diese Aussage zu wiederholen, bei Bedarf mit Hilfe des Moderators. Schließlich wird diese Aussage mit dem Audiorecorder aufgenommen. Alle weiteren Lernenden, die diese Aussage einüben möchten, wiederholen diese. Weitere Aussagen von Lernenden entstehen in gleicher Weise, bis ein ganzes Gespräch aufgenommen wurde. (2) *analysis*: Der Moderator transkribiert die gesamte Unterhaltung der Lernenden, die das Transkript lesen, während sie die gesamte Unterhaltung erneut anhören. Daraufhin haben sie die Gelegenheit, auf Nachfrage Erklärungen vom Moderator zu erhalten. Wenn sie möchten, können Sprachübungen zu spezifischen Strukturen erfolgen (↗Übung). (3) *reflection*: Die Lernenden und der Moderator tauschen sich über den Lernprozess aus. Der Moderator berät die Lernenden hinsichtlich ihres Lernprozesses.

Curran (1976) definiert fünf Stadien des Lernprozesses:
- *birth*: Der Lerner hat kein Wissen über die Fremdsprache und ist in vollem Umfang abhängig vom Moderator.
- *self*: Der Lerner entwickelt eigene Hypothesen darüber, wie die Fremdsprache funktioniert, benötigt aber noch immer die Hilfe des Moderators. In diesem Stadium ist er schon in der Lage, selbst zielsprachliche Äußerungen zu verfassen, und wird nur bei Bedarf durch den Moderator bestätigt oder korrigiert.
- *separate existence*: In dieser Phase sind die Lernenden in der Lage, die Zielsprache unabhängig vom Moderator zu verwenden. Die Hilfe des Moderators wird immer häufiger nicht in Anspruch genommen.
- *adolescence*: Die Lernenden erweitern ihre Kenntnisse und sind zunehmend in der Lage, sich selbständig in der Zielsprache auszudrücken. Nur noch auf Nachfrage wird die Hilfe des Moderators in Anspruch genommen.
- *independence*: Die Lernenden können die Zielsprache unabhängig vom Moderator verwenden. Sie können ihrerseits selbst die Rolle eines Moderators in weniger fortgeschrittenen Lerngruppen übernehmen.

CLL stellt hohe Ansprüche an die Lehrkraft. Im institutionalisierten FU mit jugendlichen SuS spielt dieser Ansatz keine Rolle. Er wird jedoch bis heute in den USA vereinzelt im Erwachsenenunterricht (↗Andragogik, ↗Geragogik) angewendet.

Lit.: Ch. Curran: Counseling-Learning in Second Languages. Apple River, Ill. 1976. – E.W. Stevick: Teaching Languages. A Way and Ways. Boston 1980. – E. Stevick: Humanism in Language Teaching. A Critical Perspective. Oxford 1990. *AG*

Computer ↗*Computer-Assisted Language Learning* (CALL), ↗*E-Learning*, ↗*Lernsoftware*, ↗*Medien*

Computer-Assisted Language Learning (CALL). Die Entwicklung des computergestützten Sprachlernens, das im anglo-amerikanischen Sprachraum als CALL bezeichnet wird, ist eng verknüpft mit der hohen Geschwindigkeit des technischen Fortschritts im Bereich der Hard- und Software. Noch in den 1960er Jahren gab es nur einzelne Großrechner, später dann erste Desktop Computer, die schnell immer leistungsfähiger wurden. Der Preisverfall bei Hard- und Software hat dazu beigetragen, dass der PC zu einem Massenkonsumgut wurde. Die rasante Entwicklung der Kommunikations- und Informationstechnologien lässt sich gut an der Entwicklung des Internet nachvollziehen: Der Vorläufer des Internet wurde zu militärischen und zu Forschungszwecken entwickelt. Das sog. *Arpanet* bestand 1972 aus lediglich 40 und 1981 aus 281 miteinander verbundenen Computern. Das Internet, in der Form wie wir es heute kennen, existiert erst seit ca. 20 Jahren, zu Beginn gab es nur wenige interessierte private Nutzer in Deutschland. Durch immer schnellere Datennetze gehört heute Online-Banking, Webtelefonie, TV via Internet usw. zum gesellschaftlichen Alltag. Die Entwicklung dieses Mediums ist also als bahnbrechend zu bezeichnen, aber hat diese Entwicklung auch den FU verändert? Die Notwendigkeit, sich Computerkenntnisse anzueignen, wird zwar allgemein anerkannt, doch eine systematische Integration in das fremdsprachliche Curriculum hat noch immer nicht stattgefunden. Eine entscheidende Herausforderung für Lehrer/innen liegt sicherlich darin, pädagogisch sinnvolle Unterrichtsszenarien unter Nutzung der Kommunikations- und Informationstechnologien zu entwickeln und dieses Medium als Bereicherung und Erweiterung des bisherigen Medienrepertoires (↗Medien) im FU einzusetzen.

Unter *CALL* versteht man keine Sprachlernmethode, sondern vielmehr ein computergestütztes Lernarrangement, in dessen Mittelpunkt das interaktive und individualisierte Fremdsprachenlernen (↗Individualisierung) steht. Wesentliche Bereiche des computergestützten Sprachenlernens sind der Einsatz von Fremdsprachenlernsoftware, die Integration von Multimedia durch CD-ROM und DVD, die Nutzung des Internet und die Nutzung von ↗E-Learning-Angeboten. Um sich einen Überblick über mögliche Anwendungsszenarien von *CALL* zu verschaffen, bietet es sich an, zunächst zwischen internetbasierten (online) und softwaregestützten (offline) Lernszenarien zu unterscheiden. Die folgende Abbildung gibt eine Übersicht über die verschiedenen Realisierungsformen computergestützten Fremdsprachenlernens:

Unter *Computer-Based Training* wird softwaregebundenes Fremdsprachenlernen verstanden, bei dem der Computer bzw. die Software als Tutor eingesetzt wird (↗Lernsoftware). Der Computer bzw. die Software präsentiert Informationen, stellt Aufgaben, gibt dem Lerner bzw. der Lernerin Rückmeldungen zur Lösung und bestimmt den nächsten Lernschritt. Aufgrund von programmtechnischen Restriktionen und wirtschaftlichen Überlegungen der Verlage ist die Software oft nur eingeschränkt interaktiv und bietet nur wenige Möglichkeiten, den Lernprozess selbst zu steuern. Eine didaktisch-methodische Aufbereitung für die schulische Nutzung ist meist notwendig, denn Computer sind weder im Stande, adäquat auf unerwartete Eingaben zu reagieren, noch mit halbfertigen Aussagen oder verschwommenen Andeutungen umzugehen, und sie können nicht die Darstellung eines Sachverhaltes auf das Sprachniveau eines individuellen Lerners bzw. einer individuellen Lernerin transferieren. Ferner können sie nicht angemessen auf Begeisterung, Ungeduld und Enttäuschung der mit ihnen Arbeitenden reagieren, und außerdem können sie nicht ›von selbst‹ diskursiv und kooperativ Wissen mit dem bzw. der Lernenden erarbeiten.

Web-Based Training (*WBT*) ist eine spezielle Form des *CALL*. Die Informationen und Übungsmodule werden dabei über das Internet oder ein Intranet zur Verfügung gestellt. Neben herkömmlichen Webseiten und den webbasierten Kommunikationstools stehen durch die Entwicklung des Web 2.0 Podcasts, Videopods und eine Menge an Plattformen zur unterrichtlichen Nutzung zur Verfügung. Zu den netzbasierten Kommunikationswerkzeugen zählen Webforen, E-Mail und Mailinglisten, Chat, Newsgroups und Diskussionsforen, Groupware, Videokonferenzen, Wikis usw. Dabei unterscheidet man synchrone von asynchronen Kommunikationsformen. Bei synchroner ↗Kommunikation sind zwei oder mehrere Personen gleichzeitig an der Kommunikation beteiligt (z.B. Chat), während die asynchrone zeitlich versetzt stattfindet (z.B. E-Mail). Der Einsatz von webbasierten Unterrichtssequenzen ist vor allem im Wechsel mit anderen Lernformen sinnvoll. Beispielsweise können sich Lernende im Rahmen einer Lernplattform auf anstehende Präsenzschulungen vorbereiten, in denen sich die Teilnehmer/innen dann mit der Thematik eingehender beschäftigen und Übungsformen durchführen, bei denen eine di-

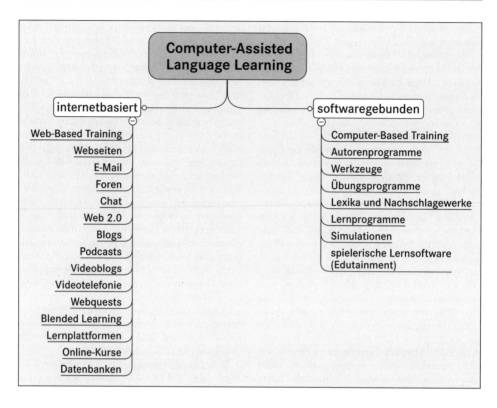

rekte Kommunikation zwischen Teilnehmenden und Lehrenden notwendig ist.

CALL kann Vorteile gegenüber herkömmlichen Medien bieten: Die Sprachbarriere sinkt, obwohl es sich in der Regel um authentische Materialien (↗Authentizität) in der Fremdsprache handelt. Webseiten beschränken sich zumeist nicht nur auf verbalen Text bzw. Hypertext, sondern umfassen auch Bilder, Grafiken, Videosequenzen oder Tondokumente. Die multimediale Darbietung erleichtert das Verständnis und die Semantisierung unbekannter Lexik. Zudem kommt diese Art der Präsentation von Inhalten unterschiedlichen ↗Lernertypen entgegen. Die digitalen Medien bieten gute Werkzeuge und Hilfsmittel an, die es den SuS erleichtern, beim Erlernen der Fremdsprache zunehmend selbständig zu sein und einen individuellen Lernweg zu beschreiten. Entscheidend für die ↗Motivation der SuS sind allerdings die Lerninhalte und die Frage, ob die Lernenden selbst ein Lernmotiv in dem zu lernenden Gegenstand erkennen (vgl. Grünewald 2006). Der Computer kann unter bestimmten Umständen lediglich die Einstiegsmotivation bieten, wohingegen die Motivationspersistenz in der Regel von den Lerninhalten abhängt. Als besonders wichtig hat sich dabei herausgestellt, dass SuS vor allem die Kommunikation in der Zielsprache während des Computereinsatzes vermissen. Daher sollten computerbasierte Unterrichtsphasen immer wieder mit kommunikativen Phasen alternieren.

Lit.: A. Grünewald: Multimedia im FU. Motivationsverlauf und Selbsteinschätzung des Lernfortschritts von Schülern der Sek. II im computergestützten Spanischunterricht. FfM 2006. – M. Legutke/D. Rösler (Hg.): Fremdsprachenlernen mit digitalen Medien. Tüb. 2003. – T. Schmidt: Gemeinsames Lernen mit Selbstlernsoftware im Englischunterricht. Eine empirische Analyse lernprogrammgestützter Partnerarbeitsphasen. Tüb. 2007.   AG

Content-Based Instruction (CBI) versteht sich als eigenständige Lehr- und Lernmethode für schulisches Fremdsprachenlernen. Es folgt der Grundidee, ↗Spracherwerb über die Beschäftigung mit fachlichen Inhalten zu vermitteln. *CBI* verbindet Elemente aus dem kommunikativen Ansatz und der Methode der ↗Immersion, die je nach Praxiskontext unterschiedlich gewichtet sind. Im anglo-amerikanisch-kanadischen Raum wird *CBI* eher als Immersionsansatz für Lernende mit einer anderen Erstsprache als der ortsüblichen Schul- und Unterrichtssprache gesehen und damit in die Zielsetzung allgemeiner Grundbildung (*literacy education*) eingebunden. Im kontinentaleuropäischen Raum wird *CBI* meist als Variante des ↗kommunikativen FUs aufgefasst und entsprechend mit strukturell ähnlichen Ansätzen wie dem ↗aufgabenorientierten Lernen, dem ↗bilingualen Unterricht (*CLIL*) sowie dem Prinzip des ↗*Language Across the Curriculum* (*LAC*) in Verbindung gebracht. Wie diesen liegt *CBI* ein funktionales Verständnis von Sprache zugrunde, wobei sich das sprachliche Curriculum (Strukturen, Funktionen, Formen, Vokabular) von den Erfordernissen der fachlichen Gegenstände, stärker aber noch vom aktuellen Unterrichtsprozess her bestimmt. Dieses situationsbezogene Element unterscheidet *CBI* grundsätzlich von behavioristischen und strukturalistischen Sprachlehrgängen sowie graduell von solchen kommunikativen Ansätzen, denen ein strukturierter Katalog kommunikativer Funktionen unterliegt.

CBI fußt auf der sozialkonstruktivistischen Überzeugung, dass Wissensstrukturen das Ergebnis sozialer Interaktion darstellen. Als wichtige Gelingensbedingung gilt daher eine Interaktionsstruktur, die eine freie, prozessual bestimmte Bedeutungsaushandlung aller Beteiligter auf gleicher Augenhöhe ermöglicht. Dabei ist die sprachliche, fachliche bzw. interaktionale Ebene des Unterrichts durch entsprechende sprachlich-symbolische und/oder kognitive bzw. soziale Stützmaßnahmen (↗*Scaffolding*) so zu gestalten, dass die Gesamtkomplexität des Unterrichtsgeschehens für die Lernenden zu bewältigen bleibt (vgl. Bonnet 2007, Mohan 1986). Methodisch umfasst *CBI* die Bandbreite vom isoliert-exemplarischen Umgang mit Fachtexten über Aufgaben zum Erlernen fachmethodischer Arbeits- und Kommunikationsweisen (z. B. Herstellung eines Präparats zum Mikroskopieren) bis zu offenen Verfahren wie Simulationen, Planspielen oder außerschulischen Projekten (↗Offener Unterricht).

Kontrovers diskutiert wird die explizite Thematisierung von Sprache in *CBI*. Patsy Light-bown und Nina Spada (2006) verweisen auf positive Effekte bei der expliziten Bewusstmachung (↗Bewusstheit/Bewusstmachung) von Formen und Strukturen auch in kommunikativen Lernumgebungen bei Jugendlichen und älteren Lernenden. Folglich wirbt Roy Lyster (2007) für einen *counterbalanced approach*, der die fachbezogene Interaktion durch gezielte sprachformbezogene Interventionen durchbricht. Dagegen ist die Debatte gerade erst angestoßen, inwiefern FU und damit auch *CBI* die subjektiven kommunikativen und fachlichen Lern- und Bildungsbedürfnisse von Lernenden sinnvoll berücksichtigen kann. Ein *CBI*-Programm, das einer fachlichen Abbilddidaktik folgte, wäre hier ebenso ungenügend wie ein strikter Sprachlehrgang. Als zentrale Frage für die Konzeptualisierung von *CBI* bleibt folglich das für jeden Kontext zu klärende und in Curricula zu übersetzende Verhältnis von fachspezifischen und sprachlichen Kompetenzmodellen. Hierzu sind zwei Denkrichtungen zu finden: zum einen die semiotisch-sprachliche Interpretation der verschiedenen Dimensionen fachlicher Kompetenz, wie sie im Bereich von *CLIL* vorliegt (z. B. Bonnet et al. 2009), und zum anderen die von Jim Cummins (2000) vertretene, dem *empowerment*-Gedanken verpflichtete Konzeption eines Bildungsgangs, der die sprachlich-kognitiven Entwicklungsbedingungen und -bedürfnisse mehrsprachiger Lernender (↗Mehrsprachigkeit) beim Übergang von der außerschulischen zur rationalisierenden Sprache der Schule im Blick hat.

Lit.: A. Bonnet: Fach, Sprache, Interaktion. Eine Drei-Säulen-Methodik für CLIL. In: Fremdsprachen Lehren und Lernen 36 (2007), 126–141. – A. Bonnet/ S. Breidbach/W. Hallet: Fremdsprachlich Handeln im bilingualen Sachfachunterricht. In: G. Bach/J.-P. Timm (Hg.): Englischunterricht. Tüb. ⁴2009 [1989], 172–198. – J. Cummins: Language, Power, and Pedagogy. Bilingual Children in the Crossfire. Clevedon 2000. – P. Lightbown/N. Spada: How Languages are Learned. Oxford ³2006 [1993]. – R. Lyster: Learning and Teaching Languages Through Content. A Counterbalanced Approach. Amsterdam/Philadelphia 2007. – B. Mohan: Language and Content. Reading, MA 1986.
StB

Cultural Awareness ↗Bewusstheit/Bewusstmachung, ↗Interkulturelles Lernen

Curriculum ↗Lehrplan

D

Darstellendes Spiel ↗ Dramapädagogik

Deduktives Lernen. Das Konzept des d.L.s bezeichnet im Gegensatz zum ↗ induktiven Lernen ein wissenschaftliches und lerntechnisches Vorgehen, welches auf Grundlage logischer und kognitivierender Erschließungstechniken von allgemeinen (eher abstrakten) Gesetzmäßigkeiten und Paradigmen zum Besonderen und Speziellen hinführt. In der schulischen Praxis bedeutet d.L. das Voranschreiten »von einer grundsätzlichen Klärung des Unterrichtsthemas [inhaltlich und/oder sprachlich] zu vielfältigen Beispielen und Anwendungen« (Meyer 2007, 110). Im Rahmen neuerer fremdsprachendidaktischer Erkenntnisse und Theorien zeichnet sich zunehmend eine deutliche Verschiebung vom d.L. hin zu induktiven und damit entdeckenden sowie handlungs- und schülerorientierten Lernprozessen ab (↗ Entdeckendes Lernen, ↗ Handlungsorientierung, ↗ Lernerorientierung). Grund hierfür ist das gesteigerte Lernpotenzial und – damit verbunden – langzeitiger Sprach- und Wissenserwerb durch die emotionale Involvierung (↗ Emotion) der Lernenden in den Unterrichts- und Lernprozess (vgl. Segermann 2001, 199). Dennoch kommt dem d.L. im FU weiterhin eine nicht zu vernachlässigende Rolle zu – zum einen hinsichtlich pragmatischer Erfordernisse, zum anderen auf Grundlage lerntheoretischer Überlegungen (↗ Lerntheorien). So gilt lehrergesteuertes d.L. als effektives Unterrichtsverfahren, welches »einen einheitlichen Orientierungsrahmen für alle schafft« (Doff/Klippel 2007, 63) und damit auch die Lernenden involviert, die die Vorgabe eindeutiger Regel- und Gesetzmäßigkeiten bevorzugen (↗ Lernertypen).

Lit.: S. Doff/F. Klippel: Englischdidaktik. Praxishandbuch für die Sekundarstufe I und II. Bln 2007. – M. Meyer. Unterrichtsmethoden. Praxisband. Bln [12]2007 [1987]. – K. Segermann. Wie kann ›Grammatik‹ gelernt werden? In: W. Börner/K. Vogel (Hg.): Grammatik lehren und lernen. Didaktisch-methodische und unterrichtspraktische Aspekte. Bochum 2001, 193–207.   NG

DESI-Studie (Abkürzung für Deutsch-Englisch-Schülerleistungen-International). Die im Auftrag der Kultusministerkonferenz (KMK) 2003/04 durchgeführte D. galt der Deutsch- und Englisch-Kompetenz von Lernenden der 9. Jahrgangsstufe in allen Schulformen. Erfasst wurden die vier ↗ Fertigkeiten des ↗ Hör- und ↗ Leseverstehens, des ↗ Sprechens und ↗ Schreibens sowie Sozio-Pragmatik, Sprachbewusstheit (↗ Bewusstheit/ Bewusstmachung) und (ansatzweise) ↗ interkulturelle kommunikative Kompetenz. Die D. ist als Ergänzung zur ersten ↗ PISA-Studie zu sehen. Wie bei PISA wurden Rahmenbedingungen über umfangreiche Befragungen (Lehrerschaft, Schulleitungen, Eltern) erhoben. Es wurden gängige Testformate (↗ Tests) benutzt, wobei kommunikativ ausgerichteten Formaten der Vorzug gegeben wurde. Einzelne Formate wurden im Rahmen des Projekts weiterentwickelt (C-Test, semi-kreatives Schreiben, Sozio-Pragmatik, interkulturelle Kompetenz). Untersucht wurde eine repräsentative Stichprobe von 11.000 Lernenden (alle Bundesländer). Eine Sonderstichprobe (Nordrhein-Westfalen) galt SuS mit Sachfachunterricht Englisch. Einzelne Teilkompetenzen (Hörverstehen, C-Test) wurden zu Beginn und am Ende des Schuljahrs erhoben, um mögliche Lernfortschritte sichtbar zu machen. Die Studie wurde ergänzt durch eine Video-Studie (Videographie, Transkription und Auswertung von 105 Doppelstunden Englischunterricht). Das DESI-Gesamtbudget lag bei rund 4 Mio. Euro. Der Englisch-Teil wurde von Günter Nold (Uni Dortmund) und Konrad Schröder (Uni Augsburg) betreut; die Video-Studie von Andreas Helmke (Uni Koblenz-Landau). Die Federführung innerhalb des Konsortiums hatte Eckhard Klieme (DIPF, Frankfurt).

Die D. ergab folgende zentralen Befunde: Hauptschule, Realschule, Gymnasium und Gesamtschule zeigen deutliche Leistungsprofile. Das Gymnasium liegt an der Spitze, dicht gefolgt von der Realschule. Das Leistungsprofil der Gesamtschule ist zwischen Haupt- und Realschule angesiedelt, mit geringerem Abstand zur Hauptschule. Die Ergebnisse der Hauptschule liegen deutlich unterhalb der Erwartungen der KMK (Niveau A1+ / A2 des ↗ Gemeinsamen europäischen Referenzrahmens). Alle Schulformen, auch das Gymnasium, weisen eine erhebliche Leistungs-Heterogenität auf; die Profile überlappen deutlich.

Die ganzheitliche Sicht auf die Schülerkompetenzen (C-Test, hohe Korrelation mit den sprachpraktischen Einzelbefunden) ergab fünf empirisch validierte Kompetenzniveaus (A – B – C – D – E), die auf der Skala des Referenzrahmens etwa zwischen A1- und B2 anzusiedeln sind. Lediglich 64 % der Lernenden sind oberhalb des DESI-Niveaus A angesiedelt. Diese SuS sind mindestens in der Lage, kurze Texte zu rezipieren, sie zu rekonstruieren und dabei fremdsprachliches Wissen und Texterschließungsstrategien in unterschiedlichem Maße anzuwenden. 20 % der Lernenden insgesamt erreichen das DESI-Niveau B. Sie können leichte, konkrete Texte, die sich auf alltägliche Themen beziehen, rekonstruieren. Ihr dabei eingesetztes sprachliches Können bezieht sich auf hochfrequenten Wortschatz der Alltagssprache und gebräuchliche grammatische Strukturen. Das DESI-Niveau C erreichen 30 % der Lernenden. Sie beherrschen über Grundwortschatz und -grammatik hinaus auch weniger frequente Phänomene. Sie können unkomplizierte Texte auch jenseits des eigenen Interessengebietes rezipieren und rekonstruieren. Immerhin 12 % der Lernenden (DESI-Niveau D) verfügen über ausgeprägte Lese- und Interpolationstechniken; sie können ihr sprachliches Wissen teilautomatisiert und so effizient einsetzen, dass sie auch komplexe Texte jenseits der eigenen Lebenswelt erschließen und, einmal rekonstruiert, auf ihren Sinn überprüfen können. Auf dem obersten Niveau E, für das eine weitgehend automatisierte Sprachverarbeitung (↗ Automatisierung) und die gekonnte Nutzung verschiedenster Lese- und Sinnerschließungstechniken angesetzt wird, sind 3 % der Lernenden zu finden: Sie können praktisch alle Arten von Texten erschließen und rekonstruieren. Vermehrte pädagogische Aufmerksamkeit sollte den 36 % Lernenden zukommen, die auf Kompetenzniveau A oder darunter angesiedelt sind: Während die 24 % auf Niveau A zumindest basale Sprachverarbeitungskapazitäten nutzen können und in der Lage sind, hochfrequente Phänomene aus einem teils auswendig gelernten Repertoire sprachlich darzustellen, verfügen die 12 % unterhalb dieses Niveaus nach fünf bis sieben Jahren Englischunterricht nicht einmal über einfachste Anfangskenntnisse.

90 % der Gymnasiast/innen befinden sich, holistisch betrachtet, auf oder über dem DESI-

Niveau C, knapp 44 % auf oder über Niveau D. An der Realschule sind 44 % der Lernenden auf oder über dem Niveau C angesiedelt, 28 % auf Niveau B, aber auch 28 % darunter. Die Mehrheit der Realschüler/innen verfügt demnach über solide Englisch-Grundkenntnisse: Alltägliche Kommunikation bezogen auf bekannte Sachverhalte ist möglich. An Haupt- und Gesamtschule zeichnet sich ein anderes Bild ab: An der Hauptschule befinden sich 70 % (Gesamtschule: 61 %) der Lernenden auf Niveau A oder darunter; 21 % (Gesamtschule: 23 %) erreichen das Niveau B; auf Niveau C und darüber befinden sich lediglich 8 % (Gesamtschule 16 %) der Lernenden. Dabei sind beachtliche Überschneidungen vorhanden: Die besten Haupt- und Gesamtschüler/innen schneiden besser ab als die schwächsten Schüler/innen am Gymnasium. Die Leistungsstreuung ist in der Gesamtschule am größten. Hauptschule und Realschule weisen in etwa dieselbe Streubreite auf, wohingegen sich am Gymnasium die geringste Streuung zeigt. Doch ist auch das Gymnasium weit von einer leistungshomogenen Schülerschaft entfernt: Alle Niveaus von A bis E sind vorhanden, wobei Niveau C den breitesten Raum einnimmt.

Schulformunabhängig ergeben sich im Verlauf der 9. Jahrgangsstufe deutliche Lernzuwächse. So sinkt etwa die Zahl der unter Niveau A angesiedelten Hauptschüler/innen ebenso wie die der Gesamtschüler/innen um annähernd 10 %; deutlicher noch sinkt die Zahl der auf Niveau C angesiedelten Gymnasiast/innen. Lag am Gymnasium der Mittelwert zu Beginn der 9. Jahrgangsstufe noch im mittleren Kompetenzniveau C, so verschiebt er sich bis zum Ende des Jahres in dessen oberen Bereich. Am Gymnasium nimmt die Zahl der SuS auf den Kompetenzniveaus D und E um mehr als 15 % zu.

Erschreckend sind die Befunde im Bereich Hörverstehen. Zu Beginn der 9. Jahrgangsstufe befindet sich rund ein Drittel der SuS unterhalb des untersten von drei für diese Fertigkeit empirisch ermittelten Kompetenzniveaus: Sie können noch nicht einmal konkrete Einzelinformationen im Rahmen alltäglicher Kommunikation verstehen, wenn diese explizit an der Textoberfläche liegen und in einfacher Sprache deutlich präsentiert werden, und sie sind allenfalls partiell in der Lage, eine begrenzte Anzahl von Informationen beim Hören zu verknüpfen, um übergreifende Hauptaussagen zu verstehen. In der Hauptschule liegt die Zahl der Lernenden in dieser Kategorie bei 80 %, in der Gesamtschule bei 70 %. Bis zum Ende der 9. Klasse sinken diese Werte um etwa 10 %.

Ähnlich problematisch sind die Befunde für das Leseverstehen (vier empirisch ermittelte DESI-Niveaus A – D): 44 % der Lernenden insgesamt können die Aufgaben des Niveaus A nicht hinreichend lösen. Noch für das Ende der 9. Klasse gilt, dass 70 % der Haupt- und Gesamtschüler/innen, 40 % der Realschüler/innen, aber auch 10 % der Gymnasiast/innen unterhalb des Niveaus A angesiedelt sind. Auch und gerade hier zeigt sich erneut die völlige Heterogenität der Schulformen: An allen Schulformen – selbst an der Hauptschule – finden sich alle vier Kompetenzniveaus, wobei die Niveaus C und D an Haupt- und Gesamtschule nur mit wenigen Prozenten vorkommen, während sie am Gymnasium 50 %, an der Realschule 20 % der Schülerschaft betreffen.

Positiver fallen die (an den GeR angebundenen und daher international vergleichbaren) Ergebnisse für die mündliche Produktion aus. Dies ist ein Zeichen dafür, dass dieser Bereich im Unterricht weit im Vordergrund steht: Gymnasium und Realschule reichen bis in das Abiturniveau B2 hinein, Hauptschule und Gesamtschule erreichen zumindest B1. An Haupt- und Gesamtschule liegt die Zahl der SuS unterhalb von A1 bei 15 % bzw. 10 %, an der Realschule bei weniger als 5 % (Gymnasium: 0 %). Rechnet man die SuS auf A1-Niveau hinzu, so verdüstert sich allerdings das Bild: Fast zwei Drittel der Hauptschüler/innen und gut die Hälfte der Gesamtschüler/innen befinden sich auf A1 und darunter, für die Realschule liegt diese Zahl der A1-Lerner bei etwa 30 % (Gymnasium immerhin noch 5 %). Damit entsprechen nur etwa 30 % der Hauptschüler/innen in ihrer mündlichen Leistung dem von der KMK für diesen Bildungsgang als Abschluss-Niveau genannten Niveau A2 (Gesamtschule: rund 40 %). Ein Viertel der Gymnasiast/innen erreicht bereits in der 9. Klasse das Niveau B2, 2 % sind sogar auf Niveau C1 (oberes Niveau Abitur) angesiedelt.

Die Befunde für semi-kreatives Schreiben (fünf empirisch gewonnene DESI-Kompetenzniveaus A – E) spiegeln die Ergebnisse für die übrigen Fertigkeiten: 62 % der Lernenden liegen auf oder über Niveau B und sind damit in der Lage, einen persönlichen Brief oder einen Schülerzeitungsbericht mehr oder weniger kommunikativ wirksam zu verfassen. Etwa die Hälfte dieser Lernenden schafft es allerdings nur, einen kurzen und einfachen Text zu erstellen und darin in meist linearer Reihung persönlich Erlebtes oder Alltägliches darzustellen, wobei die gewünschte kommunikative Wirkung nur grobmaschig erreicht wird. Ein Viertel der Proband/innen (Niveau C) kann unkomplizierte Texte in hinreichend korrekter und meist angemessener Sprache verfassen und die kommunikative Botschaft insgesamt wirksam vermitteln. 4 % der Lernenden (Niveau D) verfügen über ein recht ausgeprägtes Sprachvermögen, das sie befähigt, klare und detaillierte Texte zu verschiedenen Themen zu verfassen, wobei Formalia eingehalten werden und ein breit ausgefächertes und angemessenes Sprachvermögen gezeigt wird. 0,1 % der Lernenden (Niveau E) zeichnen sich durch angemessene, gut strukturierte, flüssige Texte zu komplexen Themen in lesergerechtem Stil aus. Aufmerken lässt auch hier wieder der auf Kompetenzniveau A und darunter angesiedelte Teil der Schülerschaft (38 %). Ein Viertel der Lernenden insgesamt (unter Niveau A) kann zwar einfache Wendungen und Sätze zu bekannten Themen schreiben, doch eine kommunikativ wirksame Botschaft oder gar eine Adressatenorientierung kommen nicht zustande.

Die D. hat eine Fülle weiterer wichtiger Ergebnisse erbracht. So besteht im gesamten Bereich der Englisch-Kompetenzen ein zumeist signifikanter Vorsprung der Mädchen. Am geringsten ausgeprägt ist er im Hörverstehen, am deutlichsten in der Textproduktion (dicht gefolgt vom C-Test). SuS mit nicht-deutscher Muttersprache (mehrheitlich in Haupt- oder Gesamtschule angesiedelt) schneiden aufgrund ihrer ↗ Mehrsprachigkeit tendenziell besser ab als vergleichbare monolingual deutsch aufgewachsene SuS. Wie bei PISA 1 deuten auch die DESI-Befragungen darauf hin, dass die soziale Indikation Leistungsverhalten hochgradig beeinflusst.

Die Video-Studie zeigt, dass der Englischunterricht weit von seinem didaktisch und auch methodisch wünschbaren Niveau entfernt ist: Der Sprechanteil der Lehrerschaft ist mit 70 % der Unterrichtszeit viel zu hoch und dabei keineswegs immer sprachlich vorbildlich; die Lehrerschaft verfügt nicht durchgängig über adäquate ↗ Kompetenzen im Bereich der kommunikativen Mündlichkeit, sie ist daher nicht in der Lage, einen *classroom discourse* zu pflegen, der, kommunikativ anspruchsvoll, deutlich über ein schmales Korpus von stereotypen *classroom phrases* hinausgeht.

Lit.: B. Beck/E. Klieme (Hg.): Sprachliche Kompetenzen. Konzepte und Messung. D. Weinheim/Basel 2007. – DESI-Konsortium (Hg.): Unterricht und Kompetenzerwerb in Deutsch und Englisch. Ergebnisse der D. Weinheim/Basel 2008. – K. Schröder/ C. Harsch/G. Nold: DESI. Die sprachpraktischen Kompetenzen unserer Schülerinnen und Schüler im Bereich Englisch. Zentrale Befunde. In: Neusprachliche Mitteilungen aus Wissenschaft und Praxis 59 (2006), 11–32.   KoSch

Diagnose ↗ Leistungsermittlung

Didaktik ↗ Methodik

Didaktische Analyse ↗ Unterrichtsplanung

Differenzierung. In pluralistischen Gesellschaften mit divergierenden Lebensstilen und Wertvorstellungen werden auch Schülerpopulationen immer heterogener. SuS einer Lerngruppe können sich beträchtlich in ihren Persönlichkeitsmerkmalen unterscheiden. Dies betrifft (sich bedingend) sowohl anthropogen-psychologische wie auch soziokulturelle Variablen wie Alter und individueller Entwicklungsstand, genetisches Potenzial, intellektuelles Leistungsvermögen (Fähigkeiten/Begabungen, Lerntempo, Lernmodi), differentielle Lebensumwelten und damit unterschiedliche Erfahrungen und Vorkenntnisse, soziale und kulturelle Hintergründe, (mutter)sprachliche Fertigkeiten, Interessen und Bedürfnisse, Arbeitshaltung und Selbstkonzept (Motivation, Ausdauer, Konzentrationsfähigkeit, Belastbarkeit), Disziplin (Bereitschaft sich anzustrengen und einzuordnen), soziale Fähigkeiten im Umgang mit Lehrenden und Mitschüler/innen und vieles andere mehr.

Aus lernpsychologisch-konstruktivistischer Sicht (↗ Konstruktivismus/Konstruktion) ist Heterogenität bei Lernprozessen der Normalfall. Lernen wird als ein hochgradig individueller und subjektiver Prozess gesehen. Lernprozesse laufen in Abhängigkeit von der kognitiven, emotionalen und motivationalen Struktur des Einzelnen bei jedem Menschen unterschiedlich ab. Eine Implikation für die Gestaltung fremdsprachenunterrichtlicher Lehr-Lern-Prozesse ist die Notwendigkeit der stärkeren ↗ Individualisierung des Lernens. Individualisierung in diesem Sinne heißt »jeder Schülerin und jedem Schüler die Chance zu geben, ihr bzw. sein motorisches, intellektuelles, emotionales und soziales Potenzial umfassend zu entwickeln und sie bzw. ihn durch geeignete Maßnahmen zu unterstützen« (Meyer 2004, 97). Ein pragmatisches Mittel zur Individualisierung des Lernens im schulischen Kontext stellen Maßnahmen differenzierten Unterrichtens dar. Die Kriterien, nach denen D. in Schule und Unterricht stattfinden kann, sind vielfältig. SuS könnten prinzipiell nach allen eingangs genannten Lernervariablen wie Alter, Geschlecht, Religion, ethnischem Hintergrund usw. gruppiert werden. Praktisch bedeutsam ist in Deutschland allerdings in den meisten Fällen die D. nach Leistungsfähigkeit oder seltener nach Interessen (wahlobligatorische bzw. wahlfreie Lehr- und Lernangebote).

Um Unterricht durchführen zu können, der Individualisierung von Lernprozessen möglich macht, müssen einige Voraussetzungen erfüllt sein: (1) Die neurobiologische Forschung hat unter anderem zu einem neuen Verständnis des Zusammenwirkens von kognitiven und emotiven Prozessen geführt (vgl. z. B. Caspary 2009). Es wurde z. B. nachgewiesen, dass sich emotionale Erregungszustände stark förderlich oder hinderlich auf Lernprozesse auswirken (↗ Emotion). Die Gestaltung einer angenehmen, entspannten und anregenden Lernumgebung hat auf den Erfolg von Lernprozessen großen Einfluss. Positive oder negative Gefühle richten sich auch auf die Lernpartner; besonders in heterogenen Lerngruppen ist daher ein von gegenseitiger Achtung, Anerkennung und Wertschätzung getragenes Klima Grundvoraussetzung erfolgreichen Arbeitens. (2) Die zentrale Rolle der Lehrperson für den Lernprozess der SuS wird nach Jahren starker Methodenorientierung wieder deutlicher artikuliert. Lehrende, die über ein psychogenes Gleichgewicht und hohe Berufszufriedenheit verfügen, übertragen dieses positive Befinden in hohem Maße auf ihre SuS. (3) Wenn Lernende zunehmend selbständig an interindividuell unterschiedlichen Lerngegenständen arbeiten sollen (↗ Autonomes Lernen), dann setzt das eine ausgeprägte ↗ Methodenkompetenz voraus. SuS müssen lernen, das eigene Lernen zunehmend selbständig zu planen und zu gestalten, zu reflektieren, zu regulieren und zu bewerten. Dafür sind sowohl indirekte (fachunabhängig bzw. fächerübergreifend auf das Lernverhalten im Allgemeinen gerichtete) als auch direkte (konkret auf den Lerngegenstand Sprache bezogene) ↗ Lernstrategien zu entwickeln.

Um jedem und jeder Lernenden Möglichkeiten der optimalen Entwicklung bieten zu können und Unter- bzw. Überforderungen zu vermeiden, ist es nötig, den jeweiligen aktuellen Entwicklungs- und Leistungsstand, Lernpotenziale und eventuelle Lernhindernisse im Hinblick auf das fachspezifische Vorwissen, das bereichsspezifische Vorwissen und das vorhandene relevante Weltwissen zu ermitteln und zu überprüfen (↗ Vorwissen). Deshalb ist es unumgänglich, im Unterricht den nötigen Freiraum für diagnostische Verfahren wie z.B. gezielte Beobachtung (Beobachtungsbögen), diagnostische Gespräche und Befragungen einzelner SuS oder von Schülergruppen, Fehleranalyse schriftlicher Texte (↗ Fehler), gezielte Auswertung von Arbeitsprodukten (Inhaltsanalyse komplexer Leistungen, ↗ Portfolios, Lerntagebücher usw.) bis hin zu Tests (standardisiert oder nichtstandardisiert) zu schaffen (↗ Leistungsermittlung, ↗ Tests). Auf der Basis der diagnostizierten Lernausgangslage lassen sich unter Beachtung der schulischen Rahmenbedingungen dann unterschiedliche Verfahren differenzierten Unterrichts einsetzen. Wenn Individualisierung im FU wirklich ernst genommen werden soll, dann ist es eine logische Konsequenz, basierend auf der Diagnose des aktuellen individuellen Entwicklungsstandes für den einzelnen Lerner auch realistische, differenzierte ↗ Lernziele festzuschreiben und deren Erreichung durch differenzierte Lernzielkontrollen zu überprüfen. An die Stelle interindividueller Leistungsvergleiche (Orientierung am angenommenen Durchschnitt der Klasse) müssen häufiger intraindividuelle Leistungsvergleiche (Kompetenzentwicklung des oder der einzelnen Lernenden) treten. Die individuelle Bezugsnorm (tatsächlich erreichter

Lernfortschritt in Bezug auf die Lernausgangslage) ist dann die legitime Grundlage der Leistungsbeurteilung. Für Lehrende und Lernende bedeutet das, individuelle Fortschritte der Einzelnen in ihrer persönlichen Spezifik stärker zu akzeptieren und in ihrer Individualität zu respektieren.

Die vermeintlich einfachste Form der D. ist die Vorgabe unterschiedlicher Komplexitätsgrade der Lerninhalte (Themen, Texte, Aufgaben). Schule und Lehrenden wird immer wieder vorgeworfen, Interessen und natürliche Neugier der SuS durch das Vorschreiben von Unterrichtsinhalten nicht genügend zu berücksichtigen. Dabei ist gerade ein Lernen, das die Fragen und Neigungen der Lernenden zum Ausgangspunkt nimmt (Interessen-D.), geeignet, individualisiertes Lernen zu ermöglichen. Die meisten moderneren ↗ Lehrwerke für den FU bieten bereits differenzierte Aufgaben und ↗ Übungen, seltener Texte unterschiedlichen Niveaus an. Zuverlässige, empirisch ermittelte Befunde darüber, was für einen konkreten Lerner in einer konkreten Lernsituation einen konkreten Lerngegenstand schwieriger oder leichter macht, fehlen jedoch bislang. Erkenntnisse der ↗ Bezugswissenschaften, wie der ↗ Sprachwissenschaft oder der Spracherwerbsforschung (↗ Spracherwerb und Spracherwerbstheorien), sind auf den Spezialfall schulischen Fremdsprachenlernens sicher nur bedingt unreflektiert zu übertragen. Eine pragmatische Vorgehensweise wäre, die SuS selbst das für sie vermeintlich richtige Niveau auswählen und im Nachgang über Schwierigkeiten im Lernprozess reflektieren zu lassen. D. in den Aufgaben kommt häufig als erstes in den Sinn, wenn von D. im Unterricht die Rede ist. Allerdings ist auch hier bisher noch unzureichend untersucht worden, was genau den Schwierigkeitsgrad einer Aufgabe ausmacht. Unterrichtspraktische Erfahrungen zeigen, dass textinterne, linguistische Faktoren z.B. die Komplexität des Textes, die Menge und Dichte (vermeintlich) unbekannter Lexik, die Dichte grammatischer Strukturen usw. allein nicht die Kriterien für das angenommene oder tatsächliche Anforderungsniveau sind. Gerade textexterne Faktoren, wie z.B. das Interesse und Vorwissen der Lernenden spielen eine erhebliche Rolle bei der subjektiven Einschätzung des Schwierigkeitsgrades. Weitere differenzierende Merkmale können die für die

Bearbeitung einer Aufgabe zur Verfügung gestellte Zeit und der Grad der gewährten Hilfe bei der Bewältigung der Aufgaben sein. Da ↗Hausaufgaben in der Regel in häuslicher Einzelarbeit erledigt werden, sind gerade sie geeignet, auf ganz spezielle Neigungen und die individuelle Leistungsfähigkeit einzelner Lernender oder von Lernergruppen zugeschnitten zu werden. Die D. kann dabei sowohl quantitativ (Anzahl und/oder Umfang der Aufgaben) als auch qualitativ (Schwierigkeitsgrad) erfolgen.

Um möglichst viele SuS über ihre bevorzugten Wahrnehmungskanäle und Lernstile zu erreichen (↗Lernertypen), ist es nötig, Arbeitsweisen und Methoden des Unterrichtes vielfältig zu variieren. Dies betrifft sowohl die methodischen Großformen (↗Methodik) als auch unterschiedliche ↗Sozialformen und Handlungsmuster (Lehrervortrag, Schülervortrag, Diskussion, gelenktes ↗Unterrichtsgespräch, Rollenspiel usw.). Lehrmethodische D. lässt sich sowohl in geschlossenen als auch in offenen Unterrichtsformen durchführen (↗Offener Unterricht). Wichtigstes Kriterium für erfolgreiches Lernen ist der situationsangemessene und intentionale Einsatz der jeweiligen Methode.

Eine weitere Möglichkeit der Individualisierung des Lernens eröffnet sich durch den Einsatz vielfältiger Arbeitsmittel und Unterrichtsmedien. Die Bandbreite der ↗Medien reicht dabei vom differenzierenden ↗Arbeitsblatt bis zu moderner ↗Lernsoftware. D. kann dabei sowohl in den Unterrichtsmedien als auch durch die Unterrichtsmedien initiiert werden (vgl. Stadtfeld 2005, 262). Bei der D. in den Medien, erhalten die Lernenden die Möglichkeit, mit dem gleichen Ziel an den gleichen Inhalten aber mit unterschiedlichen Medien zu arbeiten. Im zweiten Fall, der D. durch die Medien, werden Ziele, Inhalte und Methoden differenziert. Dies lässt sich natürlich besonders gut durch den Einsatz der sog. Neuen Medien, also elektronischer Medien erreichen (↗E-Learning).

Zusammenfassend lässt sich feststellen, dass es keine Hinweise darauf gibt, dass Lernende in homogenen Lerngruppen grundsätzlich bessere Lernfortschritte erreichen als in heterogenen Gruppen. Allerdings bedeutet die Akzeptanz von Heterogenität der Lerngruppen konsequenterweise auch die Akzeptanz eines veränderten Unterrichts. Die stärkere Kopplung von

kognitivem und sozialem Lernen ist dabei ein wesentliches Merkmal solch veränderten Unterrichts. Ein stärker differenzierender und individualisierender Unterricht verlangt also auch ein verändertes Rollenverständnis seitens der Unterrichtenden (↗Lehrer und Lehrerrolle), das sich je nach Situation und intendierter Zielstellung im Spannungsfeld zwischen Initiator und Stimulator, Informant und Experte, Regulator und Katalysator und Berater und Beurteiler bewegt.

Lit.: R. Caspary (Hg.): Lernen und Gehirn. Der Weg zu einer neuen Pädagogik. Freiburg i.Br. [6]2009 [2006]. – Friedrich Jahresheft XXII: Heterogenität. Unterschiede nutzen, Gemeinsamkeiten stärken. Seelze 2004. – H. Gardner: Intelligenzen. Die Vielfalt des menschlichen Geistes. Stgt [3]2008 [2002]. – F. Haß: Keiner wie der andere. Im differenzierenden Unterricht Lernprozesse individualisieren. In: Der Fremdsprachliche Unterricht Englisch 94 (2008), 2–9. – H. Meyer: Was ist guter Unterricht? Bln [6]2009 [2004]. – P. Stadtfeld: Heterogenität als Chance. Einsatzmöglichkeiten Neuer Medien in heterogenen Lerngruppen. In: Ders./B. Dieckmann (Hg.): Allgemeine Didaktik im Wandel. Bad Heilbrunn 2005, 252–268.   FH

Diktat ↗Schreiben

Direkte Methode. Am Ausgang des 19. Jh.s existierten Reformbestrebungen gegen die im alt- und neusprachlichen Gymnasialunterricht vorherrschende ↗Grammatik-Übersetzungs-Methode. Die neuen Ansätze wurden u.a. als die natürliche, imitative, induktive und d.M. gekennzeichnet. In Deutschland wurde zunächst die Bezeichnung ›Reformmethode‹ bevorzugt, die keine der Neuerungen aus dem Bündel von Phonetik, Lautschrift, Mündlichkeit, Einsprachigkeit, zentraler Rolle des Textes und induktiver Grammatik speziell hervorhebt. Die Bezeichnung d.M. setzte sich durch, weil sie eine radikale Neuerung markant benennt, nämlich das Prinzip des (angeblich) direkten, nicht durch die Muttersprache vermittelten Zugangs zur Fremdsprache. Der Ausschluss der Muttersprache bezog sich auf drei Aspekte: Die Bedeutung neuer Wörter und Wendungen sollte ohne Zuhilfenahme der Muttersprache erfolgen, die Übersetzung als Übungsform wegfallen und der Unterricht in der Fremdsprache selbst durchgeführt werden. Ersteres setzte sich in der Schulpraxis nicht durch, zumal die Klassiker der Reform wie Henry Sweet und Wilhelm Viëtor keine grundsätzlichen Einwände gegen die muttersprachliche Bedeutungsvermittlung hatten. Für die neuen Lehrverfahren kamen deshalb Bezeichnungen wie ›vermittelnde Methode‹ und ›eklektische Methode‹ (engl. *compromise method, oral method*) auf. In Frankreich gelang es einer Handvoll Pariser Aktivisten, die *méthode directe* in einem schulpolitischen »Staatsstreich« (vgl. Puren 1988) zu inthronisieren, die aber nach einem Jahrzehnt der Proteste von einer *méthode active* abgelöst wurde. Der Name d.M. verbindet sich aber vor allem mit dem kaufmännisch versierten Deutschamerikaner Maximilian D. Berlitz, der eine Reihe von Sprachschulen gründete und Lehrmaterialien herausgab. Hier wird das direkte Prinzip in Reinkultur gepflegt: Das ganze Lehrmaterial und seine ↗Progression werden kompromisslos der Einsprachigkeit untergeordnet. So wird in den ersten Stunden ein reiner Anschauungsunterricht (*object lessons*) in einem Frage-und-Antwort-Spiel betrieben: »Das ist ein Buch. Was ist das? Das Buch ist gelb. Wie ist das Buch? Das Buch ist auf dem Tisch. Wo ist das Buch?« usw. Heute weiß man, dass die ›Zeigedefinition‹ nicht ›direkter‹ ist als die muttersprachliche Bedeutungsangabe. Das Kernprinzip der d.M. lebt terminologisch verjüngt im Prinzip der ↗Einsprachigkeit fort.

Lit.: C. Puren: Histoire des méthodologies de l'enseignement des langues. Paris 1988. – A.P.R. Howatt/H.Widdowson: A History of English Language Teaching. Oxford ²2004 [1984]. – W. Butzkamm/J.A.W. Caldwell: The Bilingual Reform. A Paradigm Shift in Foreign Language Teaching. Tüb. 2009. **WB**

Diskurskompetenz ↗Kommunikative Kompetenz, ↗Kommunikativer Fremdsprachenunterricht, ↗Literarische Kompetenz

Dolmetschen ↗Sprachmittlung

Dramapädagogik. Seit den 1990er Jahren wird in der deutschen fremdsprachendidaktischen Fachdiskussion in Anlehnung an das engl. *Drama in Education* (vgl. z.B. Bolton 1979) der Begriff D. verwendet. Er bezieht sich auf die Theorie und Praxis eines ästhetisch-ganzheitlich orientierten FUs (↗Ganzheitliches Lernen), in dem die dramatische Kunst (insbesondere als Theaterkunst, aber durchaus im Zusammenspiel mit anderen Kunstformen wie z.B. Film, Performance Art, Storytelling, Oper) zur Inspirationsquelle und zur Orientierung für das pädagogische Handeln wird. Zugrunde liegt ein Menschenbild, welches den Lernenden als ganzen Menschen ernst nimmt. Dieser Anspruch spiegelt sich etwa in dem Leitsatz: »Im dramapädagogischen Fremdsprachenunterricht wird mit Kopf, Herz, Hand und Fuß gelernt und gelehrt!« (Schewe 1993, 8). Das im Adjektiv ›dramapädagogisch‹ enthaltene Wort ›drama‹ geht etymologisch auf griechisch *dran* in der Bedeutung ›tun, handeln‹ zurück und hebt damit den Aspekt der ↗Handlungsorientierung besonders hervor. Lehrpersonen, die ihren FU dramapädagogisch gestalten, haben nicht nur einen wissenschaftlichen, sondern auch einen explizit künstlerischen Anspruch an ihr pädagogisches Handeln und erwerben in Aus- und/oder Fortbildungsmaßnahmen entsprechende theoretische und praktische Grundlagen, z.B. in den Kernbereichen Schauspiel, Spielleitung und Szenisches Schreiben. Allerdings fehlt es dabei noch an einer adäquaten Infrastruktur in den fremdsprachlichen Fächern bzw. in der Allgemeinen Pädagogik. Aus Großbritannien, wo das eigenständige Schulfach Drama bereits seit den 1950er Jahren etabliert ist und an bestimmten Universitäten im Rahmen der Lehrerbildung eine entsprechende fachwissenschaftliche Ausbildung angeboten wird, kamen Ende der 1970er/Anfang der 80er Jahre erste Impulse für eine dramapädagogische Gestaltung von FU.

Mit Manfred Schewes Veröffentlichung *Fremdsprache inszenieren. Zur Fundierung einer dramapädagogischen Lehr- und Lernpraxis* (1993) wurde erstmalig der Versuch unternommen, das Forschungsfeld D. im Fremd- und Zweitsprachenlehren und -lernen zu markieren. Dieses wurde in einer Folgeveröffentlichung (Schewe/Shaw 1993) aus internationaler Perspektive weiter beleuchtet. Seither hat eine intensivere wissenschaftliche Auseinandersetzung stattgefunden (vgl. den Forschungsüberblick von Schewe 2007), und es ist zu beobachten, dass an diesem fachlichen Austausch verschiedene Fachdidaktiken intensiv beteiligt sind. Es gibt eine Fülle von zielgruppenspezifischen Praxisvorschlägen für verschiedene Teilbereiche des fremdsprachlichen Unterrichts (Sprache, Literatur, Kultur) wie auch etliche theoretisch detailliert ausgearbeitete Konzepte. Die einander ergänzenden theoretischen Fundierungen dieser Konzepte umfassen u.a. Erkenntnisse aus der britischen Drama- und deutschen Theaterpädagogik, den Sprach-, Literatur-, Landeskundewissenschaften und -didaktiken sowie Forschungsperspektiven aus weiteren Bezugsfeldern, etwa der Lernpsychologie, Neuropsychologie, Sozial- und Individualpsychologie, Psycholinguistik, Soziologie, Sozialpsychologie, Anthropologie, Intelligenz- und Kreativitätsforschung. Für den Bereich Deutsch als Fremdsprache sei beispielhaft die *Drama Grammatik* von Susanne Even (2003) genannt, in der es um eine dramatische Effektivierung des Grammatikunterrichts geht, speziell um die Aufhebung der Diskrepanz zwischen Regelwissen und Sprachkönnen, sowie Ruth Hubers (2003) Konzept eines »aisthetisch-ästhetisch orientierten FUs«. In diesem ist die Freisetzung von ↗Kreativität durch gezielte Wahrnehmungsschulung und Aktivierung aller Sinne der fruchtbare Boden, auf dem Persönlichkeiten wachsen und ihre fremdsprachlichen Kompetenzen entwickeln. Aus dem Blickwinkel der Fachdidaktik Englisch veranschaulicht Benedikt Kessler (2008) durch sein Konzept einer »interkulturellen D.«, wie durch die Nutzung des Potenzials der D. speziell das ↗interkulturelle Lernen effektiv gefördert werden kann und in fiktiven Handlungskontexten ›dritte Orte‹ geschaffen werden als Orte der Vermittlung zwischen Eigenem und Fremdem. Darüber hinaus seien Beispiele aus anderen Fachdidaktiken erwähnt: Im Fach Spanisch haben sich Ariza et al. (2007) intensiv mit der Beziehung zwischen Theaterarbeit, Übersetzungstätigkeit (↗Sprachmittlung) und interkulturellem Lernen auseinandergesetzt und aus übersetzungstheoretischer Perspektive beleuchtet, wie während der Inszenierungsarbeit (↗Inszenierung) bereits im Spanisch-Anfängerunterricht die Grundlagen für ein tieferes Verstehen von Fremdkultur gelegt werden können. Im Fach Französisch entstand der auf Grundlagen des Psychodramas und der Dramaturgie aufbauende Ansatz der »Psychodramaturgie Linguistique« bzw. »Sprachdramaturgie« (Dufeu 2003), der einen teilnehmer- und gruppenorientierten FU favorisiert, in dem sorgfältig aufeinander abgestimmte Projektions-, Assoziations- und Identifikationsübungen den Ausdruckswunsch der Teilnehmer/innen stimulieren und in dem die Entwicklung der Lernerpersönlichkeit und systematischer Spracherwerb Hand in Hand gehen. In dem verwandten Konzept von Daniel Feldhendlers (2009) »Relationeller Dramaturgie« wird ein besonderer Schwerpunkt auf die Form des Playback-Theaters gelegt, bei dessen Anwendung im FU z.B. der Aufbau einer kommunikativen Atmosphäre, der Abbau von Lern- und Sprechhemmungen sowie ein aktives Lernen angestrebt wird, das auf die Mitteilung biografischer, persönlicher Erlebnisse gerichtet ist. Im Fach Italienisch haben Marini/Ryan-Scheutz (2010) aufgearbeitet, inwiefern speziell ein aufführungsbezogener FU zu curricularer Innovation führen und SuS das Tor zur fremden Sprache, Literatur und Kultur öffnen kann.

Anhand der genannten Beispiele wird deutlich, dass Fremdsprachendidaktiker in Bezug auf die Theorie und Praxis eines dramapädagogischen FUs unterschiedliche Akzente setzen, doch ist das dramapädagogische Lehren und Lernen auf dem folgenden allgemeinen Hintergrund zu sehen: Spielen ist ein menschliches Grundbedürfnis. Auf die dem Spiel innewohnenden besonderen Möglichkeiten für eine ganzheitliche Entwicklung bezieht sich Friedrich Schiller in seinen *Briefen zur Ästhetischen Erziehung*, wenn es dort heißt: »Der Mensch spielt nur, wo er in voller Bedeutung des Wortes Mensch ist, und er ist nur da ganz Mensch, wo er spielt.« Seit der Antike reagiert die Kunstform Theater auf dieses Grundbedürfnis, indem sie Menschen die Möglichkeit gibt, aus verschiedenen Blickwinkeln ihrem eigenen Handeln zuzuschauen, um die Ursachen und Wirkungen vergangenen und gegenwärtigen Handelns besser zu verstehen und (zur Vorbereitung auf die Zukunft) im Schutzraum der Fiktion alternative Handlungsentwürfe zu erproben bzw. ›durchzuspielen‹. Dieses enorme Potenzial des Theaters kann in vielfältiger Weise für pädagogische Zwecke fruchtbar genutzt werden, gerade auch im FU, indem vergangene und gegenwärtige fremdkulturelle Realität (in der Wechselbeziehung zur eigenen) ›szenisch erforscht‹ bzw. auch Zukünftiges, beispielsweise das bevorstehende Auslandsjahr, vorerkundet wird. Ein FU mit solchem Anspruch kann, je nach Ansatz, stärker prozess- oder produktorientiert sein (↗Prozessorientierung, ↗Produktorientierung), wobei eine explizit produktorientierte Ausrichtung, etwa im Sinne der Vorbereitung einer Aufführung vor einem Publikum, entsprechende institutionelle Rahmenbedingungen erfordert (vgl. Marini/Ryan-Scheutz 2010; speziell in Bezug auf die kreative Erarbeitung von eigenen Szenencollagen und Theaterstücken vgl. Huber 2003). In den Unterrichtsalltag leichter zu integrieren ist die dramapädagogische Gestaltung von kurzen Unterrichtssequenzen, Unterrichtsstunden bzw. evtl. auch mehrstündigen Unterrichtseinheiten (über die genannten Konzepte hinaus finden sich entsprechende Praxisbeispiele für verschiedene Zielgruppen z.B. in Tselikas 1999). Zum Zweck einer inhaltlich anspruchsvollen Unterrichtsarbeit können im Sinne von »process drama« (Kao/O'Neill 1998) diverse Materialien, z.B. Zeichnungen, Fotos, Texte, Gegenstände bzw. auch Geräusche, Bewegungen oder Gesten den Anstoß geben für ineinandergreifende (performative) Unterrichtsaktivitäten, die auf die Schaffung eines fiktiven Rahmens zielen, innerhalb dessen eine dramatische Handlung vorangetrieben wird. Mittels entsprechender methodischer Mittel bzw. »dramatischer Konventionen« (vgl. Neelands/Goode 2000) wird dabei immer wieder Überraschung und Spannung erzeugt, wodurch das Lernerinteresse wachgehalten wird. An diesem ›kreativen Improvisationsprozess‹ (↗Improvisation) sind die Lehrperson und die Lernenden in wechselnden Funktionen als Akteure, Regisseure, Dramatiker bzw. auch Zuschauer beteiligt. Im Laufe des Unterrichts entstehen immer wieder Handlungsprodukte in Form ›sinnlich erfahrbarer Gestaltungen‹ (z.B. pantomimische Darstellung, Standbild, akustische Collage), bei deren Vorbereitung, Präsentation und Reflexion verbal und nonverbal intensiv gehandelt wird (↗nonverbale Kommunikation) und Lernende in vielfältiger Weise ihr fremdsprachenbezogenes Wissen und Können einbringen bzw. auch systematisch erweitern können (vgl. z.B. die Praxisbeispiele und Forschungsergebnisse in Even 2003).

Entwicklungstendenzen in verschiedenen Fachzusammenhängen lassen erwarten, dass die D. sich verstärkt mit einer neuen, die Körperlichkeit stark akzentuierenden Lehr-/Lernkultur assoziiert. Dass das Interesse an ihr stetig zunimmt, lässt sich z.B. daran erkennen, dass auf Konferenzen häufiger ein Schwerpunkt D. vertreten ist, entsprechende Berufsverbände entstehen und seit der Gründung der bilingualen (Englisch-Deutsch) Online-Zeitschrift *Scenario* im Jahre 2007 ein Forum für fachlichen Austausch existiert (http://scenario.ucc.ie). In den ↗Kulturwissenschaften allgemein wird die Veränderung der Forschungsperspektive von einem ›Text-Modell‹ hin zu einem ›Performance Modell‹ immer deutlicher. In der fremdsprachenbezogenen Fachdiskussion ist diesbezüglich noch Zögerlichkeit zu registrieren, zumal das Verständnis von ›performativ‹ (im Rückgriff auf Chomsky) zumeist auf eine linguistische Sicht verengt wird (z.B. Helbig 2007). Performativität aber geht über die Zeichentheorie hinaus, konzentriert sich auf Materialität und Körperlichkeit und betont das besondere Kommunikationsverhältnis von Darsteller und Zuschauer. Eine derartige Sichtweise, die sich vor allem auch auf Erkenntnisse aus den theaterbezogenen Wissenschaften und damit auch auf die D. stützt, könnte auch der Diskussion um eine ›performative Wende‹ in den fremdsprachlichen Fächern neue Impulse geben (↗Performative Kompetenz).

Lit.: M. Ariza et al.: The Madness of Imagining New Worlds. In: Scenario 1/2 (2007). – G. Bolton: Towards Drama as a Theory of Drama in Education. Harlow 1979. – B. Dufeu: Wege zu einer Pädagogik des Seins. Mainz 2003. – S. Even: Drama Grammatik. Dramapädagogische Ansätze für den Grammatikunterricht Deutsch als Fremdsprache. Mü. 2003. – D. Feldhendler: Das Leben in Szene setzen. Wege zu einer relationellen Sprachdramaturgie. In: Scenario 3/1 (2009). – G. Helbig: Gibt es eine ›performative Wende‹ in der Linguistik? Anspruch, Möglichkeiten und Grenzen. In: Deutsch als Fremdsprache 44/1 (2007), 6–10. – R. Huber: Im Haus der Sprache wohnen. Wahrnehmung und Theater im FU. Tüb. 2003. – S. Kao/C. O'Neill: Words Into Worlds. Learning a Second Language Through Process Drama. Stamford, Connecticut/Ldn. 1998. – B. Kessler: Interkulturelle D. Dramatische Arbeit als Vehikel des interkulturellen Lernens im FU. FfM 2008. – N. Marini-Maio/C. Ryan-Scheutz (Hg.): Set the Stage. Teaching Italian Through Theater. New Haven 2010. – J. Neelands/T. Goode: Structuring Drama Work. A Handbook of Available Forms in Theatre and Drama. Cambridge 2000. – M. Schewe: Fremdsprache inszenieren. Zur Fundierung einer dramapädagogischen Lehr- und Lernpraxis. Oldenburg 1993. – M. Schewe: Drama und Theater in der Fremd- und Zweitsprachenlehre. Blick zurück nach vorn. In: Scenario 1 (2007). – M. Schewe/P. Shaw (Hg.): Towards Drama as a Method in the Foreign Language Classroom. FfM 1993. – E. Tselikas: D. im Sprachunterricht. Zürich 1999. MSch

Dramendidaktik ↗ Literaturdidaktik

Drill ↗ Lerntheorien

Dritter Ort ↗ Identität und Identitätsbildung, ↗ Kulturdidaktik, ↗ Transkulturelles Lernen

E

Einsprachigkeit ist das Kernprinzip der ↗ direkten Methode und bedeutet, dass der Unterricht so weit wie möglich (bis hin zur absoluten E.) in der Fremdsprache selbst verbleibt. Es soll am Ausschluss der Muttersprache festgehalten werden, ohne sich dabei an eine bestimmte Methode zu binden, vor allem nicht an den Anschauungsunterricht nach Berlitz: »This is a pen. That is a table. Is this a pen?« usw. Mit dem Aufkommen der ↗ audiovisuellen Methode ausgehend von Frankreich in den 1960er Jahren wurde die E. erneut stark propagiert. Mit Text begleitenden Bildstreifen, Illustrationen und Grafiken aller Art (↗ Bilder, ↗ Visualisierung), modernem Layout, ausgeklügelter lexikalischer Stufung und unter Inkaufnahme inhaltlicher Ausdünnung der Texte sollte vor allem den Lehrenden die einsprachige Bedeutungsvermittlung leicht gemacht werden. Der Weg wurde zum Ziel und vorschnell wurde das Ende der zweisprachigen Vokabelgleichung angekündigt. Spätere empirische Studien belegen jedoch die Überlegenheit sowohl des zweisprachigen Vokabellernens wie muttersprachlicher Glossare bei der Lektüre. Während international ohnehin rein englischsprachige ↗ Lehrwerke, die sich in alle Länder verkaufen ließen, den Markt dominierten, wurden auch in Deutschland von führenden Verlagen Lehrwerke angeboten, die kein deutsches Wort mehr enthielten – weder im Grammatik- noch im Vokabelteil –, die aber bald wieder vom Markt genommen wurden. Zu Beginn des 21. Jh.s ist der Durchbruch zur Neubewertung der Muttersprache als größter Aktivposten des Fremdsprachenlerners vollzogen. Das Wertvollste, das ein Kind mit in die Schule bringt, ist seine Muttersprache. In ihr und durch sie hat es Erfahrungen gemacht, Kenntnisse erworben und ein Netz von Begriffen geknüpft, in das jederzeit neue Begriffe hineingeknüpft werden können. So trifft jede neue Sprache auf die schon vorhandene Muttersprache, in der das Kind artikulieren und sprechen, kommunizieren und denken, schreiben und lesen gelernt hat. In diesem Prozess hat es auch – noch unbewusst – grammatische Kategorien gebildet, mit deren Hilfe das Tor zu fremdsprachigen Grammatiken aufgestoßen werden kann (↗ Interkomprehension). Damit wird ein Grundirrtum korrigiert, der Jahrzehnte lang zur *didactical correctness* gehörte. Mit der E. wurde eine Rücksichtslosigkeit zum methodischen Prinzip erhoben, denn sie enthält den SuS wirksame Lernhilfen vor. Auch die Übersetzung in die Muttersprache als separate Übungsform (↗ Sprachmittlung) findet wieder ihre Fürsprecher, einmal wegen ihres unmittelbaren Gebrauchswerts und weil sie darüber hinaus mit kommunikativen Aufgaben verbunden werden kann. Geblieben ist vom Prinzip der E. die Forderung nach fremdsprachlicher Unterrichtsführung. Nach wie vor ist allgemeiner Konsens, dass die Fremdsprache als Arbeitssprache des Unterrichts durchzusetzen ist. Als bleibender Ertrag muss auch die Fülle einsprachiger ↗ Übungen und Aufgaben gewertet werden, die entwickelt wurden. Heute muss die Lehrperson je nach Unterrichtssituation zwischen einsprachigen und zweisprachigen Arbeitsformen wählen.

Lit.: W. Butzkamm: Lust zum Lehren, Lust zum Lernen. Eine neue Methodik für den FU. Tüb. ²2007 [2004]. – N. Schmitt: Instructed Second Language Vocabulary Learning. In: Language Teaching Research 12/3 (2008), 329–363. WB

Einzelarbeit ↗ Sozialformen

E-Learning ist ein weit verbreiteter, jedoch problematischer und nicht klar eingegrenzter Begriff: »In einem ganz umfassenden Sinne könnte man von E-Learning schon sprechen, wenn in den Lernprozess überhaupt irgendeine Art von digitalem Material oder eine Verwendung von digitalen Kommunikationskanälen eingebracht wird« (Rösler 2007, 8). Diese Definition bezieht sich dementsprechend im weitesten Sinne auf die eigentliche Wortbedeutung, also auf das elektronisch gestützte Lernen von Fremdsprachen. Dietmar Rösler präzisiert, dass im Kontext des Fremdsprachenlernens von *E-L.* nur die Rede sein kann, wenn tatsächlich die kommunikations- und informationstechnologischen Medien in den Lernprozess eingebunden werden und auf diese Weise sowohl Phasen des Online- als auch des Offline-Lernens, synchrone und asynchrone Kommunikation sowie die Beschaffung von Lernmaterialien und Informationen verstanden wird. Für fremdsprachliche Lernprozesse reichen *E-L.*-Szenarien also von einem Sprachkurs an einer Schule oder Universität, bei dem Online-Komponenten oder ↗Lernsoftware eine über die das ↗Lehrwerk begleitende Funktion hinausgehende Rolle spielen, über Formen des ↗*blended learning* bis hin zu ausschließlich virtuellen Kursen. In diesem Kontext versteht man unter *blended learning* ein hybrides Lernarrangement, in dem Präsenzlernen und virtuelles Lernangebot miteinander vermischt werden.

Mit elektronischen Lehr- und Lernhilfen werden im Allgemeinen folgende Charakteristika verbunden: auf die Inhalte kann überall und jederzeit zugegriffen werden (Unabhängigkeit von Ort und Zeit); die Inhalte sind leicht und schnell veränderbar (Flexibilität); die Inhalte können in andere Lernumgebungen übernommen werden (Wiederverwertbarkeit); die Inhalte können leicht verteilt werden (Distribuierbarkeit); die Inhalte können gespeichert und katalogisiert werden (Archivierbarkeit); die Teilnehmer/innen können selbständig Parameter verändern und auf das Lerngeschehen Einfluss nehmen (Interaktivität); Informationen können vernetzt werden (Hypertextualität). Bei der Realisierung von *E-L.* kann zunächst zwischen dem Fremdsprachenlernen selbst (im institutionalisierten Kontext oder als Selbstlernen) und der fremdsprachendidaktischen Ausbildung für angehende Fremdsprachenlehrende unterschieden werden. In der ↗Lehrerbildung existieren mittlerweile *E-L.*-Angebote, die von einzelnen Online-Modulen über *blended lear-*

ning-Seminare bis hin zu ganzen Onlinestudiengängen reichen. Hier ist insbesondere auf den Masterstudiengang »E-Lingo – Didaktik des frühen Fremdsprachenlernens« der pädagogischen Hochschule Freiburg hinzuweisen (Landesstiftung Baden-Württemberg 2008).

Im Zusammenhang mit *E-L.* wird häufig auf die Individualität des Lernens (↗Individualisierung), die Selbststeuerung des Lernprozesses, auf die Möglichkeit der virtuellen Kooperation (↗Kooperatives Lernen) und die Förderung von Lernerautonomie hingewiesen (↗Autonomes Lernen). Diese Prinzipien sind jedoch keinesfalls an *E-L.*-Szenarien gebunden und lassen sich ebenso in Präsenzlernphasen fördern und realisieren. Rösler (2007, 26–49) gibt eine Übersicht zu den Begriffspaaren ›Alleinlernen und Selbstlernen‹, ›Selbstgesteuertes Lernen und Lernerautonomie‹ und ›Individualisierung und kooperative Arbeitsformen‹ im Kontext des *E-L.* Die Abgrenzung des Begriffes *E-L.* von dem Begriff/Akronym *CALL* (↗*Computer-Assisted Language Learning*) ist schwierig, weil beide einen ähnlichen Bereich beschreiben, aber zu unterschiedlichen Zeiten entstanden. Ausführliche Beschreibungen des historischen Entwicklung des computergestützten Fremdsprachenlernens finden sich bei Carol A. Chapelle (2001, 1–26). Für die vorliegende Unterscheidung werden unter *CALL* die möglichen internetbasierten und softwaregestützten Realisierungsformen verstanden und unter *E-L.* auch deren didaktisch-methodische Einbindung in fremdsprachliche Lernprozesse sowie die Inhalte und der Lernprozess selbst. Daher werden im Folgenden internetbasierte und softwaregestützte Realisierungsformen in konkreten fremdsprachlichen Lernszenarien beschrieben.

Die Durchführung von E-Mail-Projekten im FU ist mittlerweile relativ weit verbreitet. E-Mail-Projekte verbinden die ↗Kommunikation mit Sprecher/innen der Zielsprache und das Erlernen neuer Formen der elektronischen Kommunikation miteinander. Neben dem Verfassen von schriftlichen E-Mail-Nachrichten können beispielsweise Podcasts oder Videopods ausgetauscht werden. Dadurch tragen derartige Projekte auch zur Erweiterung von ↗Medienkompetenz bei. Ein Brief aus London, Rom oder Venezuela kann mehrere Tage unterwegs sein, ein über E-Mail versandter Brief benötigt normalerweise nur einige Sekunden oder Minuten. Grundsätzlich gibt es zwei Varianten von E-Mail-Projekten: Kommunikation mit Muttersprachler/innen oder Nutzung der Fremdsprache als Arbeitssprache. Bei der Kommunikation mit Muttersprachler/innen ist darauf zu achten, dass beide Seiten von der Zusammenarbeit profitieren – jedenfalls dann, wenn es sich auf beiden Seiten um Lernende handelt. Eine realistische Kommunikationssituation, in der die Zielsprache als Arbeitssprache genutzt wird, stellt der Austausch mit Lernenden ein und derselben Sprache dar (etwa Englischlernende in Dänemark). Neben den interkulturellen und interdisziplinären Kontakten erfahren die SuS, dass sie die erlernte Sprache außerhalb des Klassenzimmers zu realen Kommunikationssituationen einsetzen können (↗ Lehr- und Lernort).

Eine weitere Möglichkeit zur authentischen Kommunikation (↗ Authentizität) bieten Foren. Es handelt sich dabei um thematisch gegliederte elektronische Diskussionsplattformen, deren Beiträge auf öffentlichen Servern allen Internetnutzer/innen zugänglich sind. Es existieren mehr als 15.000 unterschiedliche Foren zu allen vorstellbaren Themen. Jede Tageszeitung oder Zeitschrift bietet ein Forum an. Die verwendete Sprache weicht mitunter sehr von dem ab, was als ↗ Standardsprache im Unterricht verwendet wird. Gleichwohl kann die Aufgabe, sich im FU mit dem soziolinguistischen Phänomen der netzspezifischen Kommunikation auseinanderzusetzen, durchaus reizvoll sein. »Hierfür ist natürlich ein entwickeltes Sprach- und Lernbewusstsein Voraussetzung: Wie funktioniert Sprache auf den verschiedenen Ebenen (Syntax/Morphologie, Anwendungsbezug, sozio-/interkulturelle Dimension) und wie funktioniert Sprachenlernen«? (Handt 2002, 5).

Ein Chat ist eine textbasierte synchrone Kommunikationsform, bei der nicht nur zwei Gesprächspartner, sondern gleichzeitig sehr viele Nutzer/innen interagieren können. Für Ungeübte wirken Chats im ersten Moment verwirrend, da sich die Nutzer/innen Spitznamen geben und die Sprache mit Akronymen und Emoticons (z. B. ☺) durchsetzt ist. Der Einsatz des Chats im FU muss daher sprachlich vorbereitet werden, ist aber ein lohnendes Szenario, z. B. als Begleitung zu einem E-Mail-Projekt mit einer Partnergruppe in England, Spanien oder Frankreich. Die SuS chatten in ihrer Freizeit, sind also in der Regel mit den technischen Abläufen vertraut. Arbeitet man beispielsweise mit einer Partnergruppe an einem gemeinsamen Projekt, besteht die Möglichkeit, sich darüber im Chat auszutauschen, Termine abzusprechen, Vereinbarungen zu treffen usw. Die Lerngruppe lernt auf diese Weise, die spezifischen Merkmale der Chatsprache zu benennen und den Zusammenhang zwischen den netzspezifischen Kommunikationsbedingungen und der Chatsprache zu erkennen.

Neuere Entwicklungen, die zunehmend für den FU genutzt werden, sind Web 2.0, Podcasts und Videopods. Am Ende des Jahres 2001 zogen sich zahlreiche Kapitalgeber aus internetbasierten Angeboten zurück. Im Zuge einer Umorientierung wurden neue Wege gesucht, die Nutzer/innen möglichst interaktiv an der Gestaltung des Internet zu beteiligen. Die Begriffe *community* und Web 2.0 umschreiben das neue Gestaltungsprinzip, in dem die Nutzer/innen auch die Inhalte mitbestimmen oder selbst erstellen.

Typische Beispiele hierfür sind Wikis, Weblogs sowie Bild- und Videoportale. Ein Wiki, auch WikiWiki genannt, ist ein asynchrones webbasiertes Kommunikationsinstrument, vergleichbar mit *Content Management*-Systemen (CMS). Der Begriff WikiWiki (Kurzform ›Wiki‹) ist ein hawaiianisches Wort und steht für ›schnell‹ oder ›sich beeilen‹. Es bildet eine Sammlung verlinkter Seiten, die über das Internet nicht nur gelesen, sondern auch verändert bzw. bearbeitet werden können. Der Name bezeichnet die Programmatik der Wiki-Software, schnell und unkompliziert Inhalte zur Verfügung zu stellen. Das bekannteste Wiki ist sicherlich Wikipedia. Wikis eigenen sich besonders gut zur virtuellen Kooperation im FU oder in der Fremdsprachenlehrerausbildung, da man an einem gemeinsamen Dokument arbeitet und die Änderungen der einzelnen Nutzer/innen jederzeit nachvollziehbar sind. Auf diese Weise lässt sich z. B. ein gemeinsames Wiki zu einem Spielfilm oder einer Lektüre verfassen, in dem die Personenkonstellation dargelegt wird, Informationen zum Autor bzw. Regisseur gegeben werden oder Texte zum Inhalt und zur zeitlichen Einbettung des Plots entstehen.

Für den FU bergen diese Entwicklung neue Möglichkeiten. Es lassen sich viele Audio- und Videomaterialien finden, die sehr gut im Unterricht einzusetzen sind, z. B. Podcasts. Podcasts sind Tondateien (in der Regel im MP3-Format), die Zeitungen, Radiosender, private Nutzer/innen usw. auf einen Internetserver laden und dadurch verbreiten. Internetnutzer/innen können diese Quellen abonnieren; auch dazu gibt es spezielle Software (iTunes, ipodder, jpodder). Im Regelfall kann der aus dem Netz empfangene Podcast automatisch auf den MP3-Player geladen werden, um ihn dann z. B. auf dem Weg in die Schule zu hören. Natürlich können die Audiodateien auch auf dem heimischen Computer gehört werden. Wie bei anderen Internetmaterialien lassen sich auch bei Podcasts sehr große Qualitätsunterschiede beobachten. Neben inhaltsreichen Dateien finden sich weitgehend sinnentleerte Selbstdarstellungen oder werbeorientierte Angebote. Etablierte Medienanbieter nutzen Podcasts in steigendem Maße zur Verbreitung ihrer Inhalte und als Alternative zur herkömmlichen Rundfunkausstrahlung. Für den FU sind verschiedene Ansätze der Nutzung denkbar. Podcasts können als authentische Hörtexte den FU bereichern. Hier ist besonders auf Angebote großer Zeitungen sowie Radio- und Fernsehsender zu achten oder auf bereits für den Unterricht aufbereitete Podcasts zurückzugreifen. Der technische Einsatz im Unterricht ist denkbar einfach: Im günstigsten Fall lädt man sich den betreffenden Podcast auf den MP3-Player und schließt in der Schule geeignete Aktivboxen (PC-Zubehör) an den Kopfhörer-Ausgang an. Eine andere Möglichkeit besteht darin, die Audiodatei auf dem PC zu speichern und dann auf eine CD-ROM zu brennen. Auf diese Weise ist die Audiodatei auf allen CD-Abspielgeräten einsetzbar. Eine interessante Variante ist die Eigenproduktion von Podcasts mit den Lernenden. Der technische Aufwand ist relativ gering, die nötige Software ist frei verfügbar und für die Veröffentlichung im Internet gibt es eine Reihe von Plattformen. Man kann auf diese Weise auch ein E-Mail-Projekt bereichern, bei dem zunächst nur das ↗ Leseverstehen und die Schreibkompetenz (↗ Schreiben) gefördert wurden. Ein selbst erstelltes Porträt der eigenen Region als Audiodatei kann per E-Mail an eine Partnergruppe geschickt werden, welche dann mit diesem Hörmaterial weiterarbeitet. Neben Podcasts als Hörmaterialien bieten sich mittlerweile auch online verfügbare Videos für den Einsatz

im FU an. Es handelt sich dabei um sog. Video-Blogs. Ein Weblog, häufig abgekürzt als Blog (Wortkreuzung aus engl. *web* und *log*), ist ein auf einer Webseite geführtes und damit öffentlich einsehbares Tagebuch oder Journal. Wird dieser Blog statt durch textbasierte Einträge durch periodisch neu eingestellte Videoaufzeichnungen gestaltet, spricht man von einem Video-Blog. Weitere Quellen für den FU sind Videobörsen wie z. B. *YouTube, Clipfish, My Video* usw. Es lohnt sich, dort nach Stichworten wie *inmigración/immigration* oder nach Namen von Musikbands zu suchen. Auf diese Weise erhält man zahlreiche Videos, die teilweise gut für den Unterricht geeignet sind, jedoch noch didaktisch aufbereitet werden müssen, d. h., dass entsprechende Arbeitsblätter und je nach Lernziel entsprechende Aufgaben erstellt werden müssen. Auch die großen Fernsehsender bieten mittlerweile die neuesten Nachrichtensendungen als *videostream* an.

Forschungsergebnisse zeigen, dass schwache Lernende besser in einer gut strukturierten Lernsituation lernen, während starke Lerner/innen von einer weniger strukturierten Lernsituation profitieren (vgl. Grünewald 2006). Dies gilt besonders für hypertextuelle Anwendungen wie das Internet, die den Lernenden zwar die Möglichkeit geben, sich selbst einen Lernweg zu wählen, die aber schwache Lerner/innen vor die schwierige Aufgabe der Strukturierung des Angebots stellen. Nach ihrem Grad der Gelenktheit unterscheidet man daher z. B. im Hinblick auf die Internetrecherche vier Aufgabentypen: die gelenkte Suche, die Internetrallye, die freie Suche und das *WebQuest*. Bei der gelenkten bzw. angeleiteten Recherche beschränkt sich die Sichtung und Bearbeitung der durch den Lehrenden ausgewählten URL-Adressen bewusst darauf, dass die SuS möglichst schnell zu einem Erfolgserlebnis gelangen. Die gelenkte Recherche hat sich vor allem deshalb durchgesetzt, weil sie eine gute Heranführung der Lernenden an den Umgang mit zielsprachigen Webseiten darstellt. In der Regel erhalten die SuS einige eindeutige Fragen oder eine Aufforderung zur Informationsrecherche auf vorgegebenen Webseiten. Die fremdsprachlichen Seiten müssen dann auf die zu suchenden Informationen hin gelesen und ausgewertet werden (unter Einsatz von Lesestrategien wie z. B. *scanning* und *skimming*). Beispielsweise kann man den

Lernenden die Adresse des aktuellen Kinoprogramms in London vorgeben und konkrete Suchaufträge erteilen. Das kann sich auf Anfangszeiten, Filmtitel und Schauspieler o.Ä. beziehen. Die nächste Stufe, die Internetrallye, formuliert eine Problemstellung, welche die ↗Kreativität der Lernenden anspricht. Den SuS wird auch hier ein konkreter und überschaubarer Arbeitsauftrag gestellt, doch wird von ihnen mehr erwartet als das bloße Herausfiltern einer bestimmten Information. Dies lässt ihnen die Möglichkeit, eigene Lösungswege einzuschlagen, diese ggf. wieder zu verwerfen und letztlich zu einer individuellen Lösung zu gelangen. Beispielsweise könnten die SuS die Aufgabe erhalten, einen Kurzaufenthalt in Madrid zu organisieren oder aber einen virtuellen Einkauf durchzuführen. Bei der freien Suche recherchieren die Lernenden Informationen ohne einen vorgegebenen Lösungsweg und ohne jegliche Hinweise auf Quellen. Voraussetzung hierfür sind selbstverständlich gute Kenntnisse in der Bedienung eines Browsers und in der Benutzung von Suchmaschinen. Anfänglich führt dieser Aufgabentyp häufig nicht zu den gewünschten Ergebnissen. Erst mit viel Erfahrung und mit einem guten Sprachniveau bewältigen die SuS die freie Suche erfolgreich. Dabei ist es von Vorteil, wenn die SuS bereits das kritische Bewerten von Informationen und Materialien aus dem Internet beherrschen. Der Aufgabentyp des *WebQuest* umfasst schließlich auf Fragen basierende Rechercheprojekte, bei denen Teile oder alle Informationen aus Internetangeboten stammen. Bernie Dodge (1997) definiert *WebQuest* als »inquiry-oriented activity«. Es ist eine von der Lerngruppe eigenverantwortlich gesteuerte Recherche, bei der die Lernenden von der Sichtung und Auswahl der Materialien über deren Bewertung hinsichtlich der Lernzielrelevanz (↗Lernziel) bis hin zur Planung und ↗Präsentation eines eigenen Produkts eine Vielzahl von eigenständigen Entscheidungen treffen. Im Kern geht es um das Lösen einer Aufgabe (↗Aufgabenorientiertes Lernen) oder das Planen eines komplexen Ereignisses über ein klar definiertes methodisches Gerüst, das auf einer von den Lehrenden erstellten Webseite oder einem ↗Arbeitsblatt seinen Ausgangspunkt hat. Eigenverantwortung und Selbststeuerung des Lernprozesses sind dabei wichtige Elemente, welche die Lerngruppe anzuwenden lernt.

Lit.: K.-B. Boeckmann/A. Rieder-Bünemann/E. Vetter (Hg.): eLernen, eLearning, apprentissage en ligne in der sprachbezogenen Lehre. Prinzipien, Praxiserfahrungen und Unterrichtskonzepte. FfM u.a. 2008. – C.A. Chapelle: Computer Applications in Second Language Acquisition. Cambridge 2001. – B. Dodge: Some Thoughts About WebQuests. In: The Distance Educator 1/3 (1997), 12–15 (webquest.sdsu.edu/about_webquests.html). – A. Grünewald: Multimedia im FU. Motivationsverlauf und Selbsteinschätzung des Lernfortschritts von Schülern der Sek. II im computergestützten Spanischunterricht. FfM 2006. – A. Grünewald: Entwicklung berufsbezogener mediendidaktischer Kompetenzen in der Lehrerausbildung. In: U. Eberhardt (Hg.): Neue Impulse in der Hochschuldidaktik. Sprach- und Literaturwissenschaften. Wiesbaden 2010, 229–240. – Landesstiftung Baden-Württemberg (Hg.): E-Lingo. Didaktik des frühen Fremdsprachenlernens. Erfahrungen und Ergebnisse mit *Blended Learning* in einem Masterstudiengang. Tüb. 2008. – D. Rösler: E-L. Fremdsprachen. Eine kritische Einführung. Tüb. 2007. – G. v. d. Handt: Neue Medien für das Sprachenlernen. Kurzes Plädoyer für eine differenzierte Bewertung. In: FMF-Mitteilungen 14 (2002; www.die-bonn.de/esprid/dokumente/doc-2002/handt02_01.pdf). AG

E-Mail-Projekt ↗ *E-Learning*

Emotion. Im europäischen Denken gibt es eine lange Tradition, Rationalität im Gegensatz zur E. zu verstehen und gleichzeitig die E. zugunsten des rationalen Denkens abzuwerten. Nur in bestimmten Epochen wie etwa in der Romantik gewann die E. ein Übergewicht. Vor allem die im 19. Jh. aufsteigenden Naturwissenschaften begünstigten eine rationale Grundhaltung. Erst seit den 1990er Jahren erforschten Psychologie, Neurologie und Evolutionsbiologie die menschlichen Denkprozesse als ein Zusammenspiel von E. und Kognition, in Teilen sogar mit einer Dominanz emotionaler Prozesse. Zwar sind beide Seiten des Denkens in unterschiedlichen Gehirnarealen verankert, aber sie wirken vielfach auch ohne die bewusste Intention des Menschen zusammen (vgl. Roth 2008).

Die Psychologie unterscheidet in der Regel zwischen Emotionen, Stimmungen und Dispositionen. Das Kriterium der Unterscheidung liegt in der zeitlichen Dauer der jeweiligen Zustände. Eine E. tritt plötzlich auf, ist von begrenzter Dauer und hat eine deutliche Ursache (Trauer, Freude); eine Stimmung ist demgegenüber von längerer Dauer (Traurigkeit, Angst,

Glück); eine Disposition ist ein Persönlichkeitsmerkmal und somit eine langfristige emotionale Prägung. Die Klassifizierung von E.en wirft die Frage nach der kulturellen Bedingtheit von E. auf. Vieles spricht für emotionale Universalien, die nur in ihrer Ausdrucksweise kulturellen Regelungen unterliegen.

Die für die E. verantwortlichen limbischen Bereiche des Gehirns bilden auf der Grundlage unseres Erfahrungsgedächtnisses das zentrale Bewertungsinstrument für alle Bereiche der Wirklichkeit, mit denen wir in Berührung kommen. Von besonderem Interesse ist die Frage, wie Inhalte des Arbeitsgedächtnisses mittels der E. in das Langzeitgedächtnis übertragen werden. Die erlebende Person bewertet jede Lebenssituation nach Bezugsnähe und Interesse, Wirklichkeitsgehalt und situationsbedingter Schwierigkeit. Eine derartige Bewertung ist Grundlage von Handeln und auch Lernen. Ein großer Teil des emotionalen Musters (vgl. Roth 2008, 90 ff.) ist genetisch und frühkindlich festgelegt worden und kann im späteren Leben kaum beeinflusst werden. Es wirkt sich als Bedingungsfaktor auf die Lernbereitschaft und Lernfähigkeit aus.

Da viele SuS den Unterricht als getrennt von ihrer privaten Wirklichkeit erleben, fehlt der Schule oftmals die sonst mit Wirklichkeit verbundene und für das Lernen wichtige emotionale Komponente (vgl. Willingham 2009). Um diese Distanz zu überwinden, hat die Fremdsprachendidaktik methodisch und thematisch Gegenstrategien entworfen. Methodisch kann man auf ein Repertoire von Möglichkeiten verweisen, die fremde Sprache in einen realen Lebensbezug zu bringen (↗Authentizität, ↗Erfahrungsorientierung). Stellvertretend seien etwa Interview-Projekte, E-Mail-Korrespondenzen, Skype-Telefonie, Chat-Rooms (↗E-Learning) sowie die in der ↗Dramapädagogik entwickelten lerner- und handlungsorientierten Methoden genannt. Diese Methoden eignen sich insbesondere deshalb für die Einbeziehung emotionaler Aspekte in den FU, weil das sprachliche Handeln deutlich nach einer emotionalen Ausdruckskomponente verlangt. In der Diskussion um die Berücksichtung von E.en im FU haben in thematischer Hinsicht außerdem literarische Texte verstärkt Beachtung gefunden. Sie sind in besonderer Weise mit emotionalem Handeln in der Welt befasst und rufen gerade unter dem

wichtigen Aspekt des ↗interkulturellen Lernens engagierte Stellungnahmen hervor (↗Literaturdidaktik). Damit diese Funktion von Literatur im Unterricht entfaltet und eine emotionale Komponente eingebracht werden kann, müssen Sympathie und Empathie mit den literarischen Figuren Beachtung finden (vgl. Zunshine 2006). Der Literaturunterricht darf sich also nicht auf kognitiv-analysierende Beschreibungen von Textstrukturen beschränken.

Lit.: W. Börner/K. Vogel (Hg.): E. und Kognition im FU. Tüb. 2004. – G. Roth: Persönlichkeit, Entscheidung und Verhalten. Warum es so schwierig ist, sich und andere zu ändern. Stgt 2008. – D.T. Willingham: Why don't Students like School? A Cognitive Scientist Answers Questions About How the Mind Works and What It Means in the Classroom. San Francisco 2009. – L. Zunshine: Why We Read Fiction. Theory of Mind and the Novel. Columbus 2006.   JD

Empathie ↗Begegnung und Begegnungssituationen, ↗Emotion, ↗*Global Education*, ↗Lernstrategien, ↗Literaturdidaktik

Empirie heißt wörtlich ›Erfahrung‹ und bezeichnet wissenschaftstheoretisch Strömungen, die diese Erfahrung als Quelle der Erkenntnis gegenüber anderen Verfahren favorisieren. Man geht davon aus, dass nur über die Erzeugung von Daten geklärt werden kann, welche Theorien gegenüber anderen erklärungsmächtiger und dem Gegenstand angemessener sind. Am Beginn des 21. Jh.s befindet sich die Fremdsprachendidaktik auf dem Weg von einer normativen und stark geisteswissenschaftlich-philologisch geprägten Disziplin zu einem interdisziplinären empirischen Forschungsfeld. Sie trägt dieser Entwicklung Rechnung, indem der Begriff ›Fremdsprachenforschung‹ immer weitere Verbreitung findet. Auf diesem Weg spielt die E. eine zentrale Rolle, ist aber keinesfalls alternativlos (↗Forschungsmethoden und Forschungsinstrumente).

Das übergeordnete Ziel der Fremdsprachendidaktik ist das Verstehen von Prozessen fremdsprachlicher ↗Bildung in institutionellen und nicht-institutionellen Kontexten. Was das heißen kann, wird unterschiedlich gefasst. Im deutschsprachigen Raum ist eine Dreiteilung kanonisch. Im sprachlichen Bereich geht es um »die Fähigkeit, in konkreten Situationen Kom munikationsabsichten durchzusetzen« (Krumm 2003, 118), sowie die dabei notwendigen Kompetenzen, im interkulturellen Bereich um prozedurales Wissen als »interkulturelle Handlungsfähigkeit« (ebd., 119) und im interdisziplinären Bereich um ↗ Schlüsselqualifikationen wie ↗ Medien- oder ↗ Sozialkompetenz. Unabhängig vom Modell wird seit der sog. ›kommunikativen Wende‹ Wert auf anwendbares und damit prozedurales ↗ Wissen gelegt. Mit zunehmender Globalisierung rückt in den letzten Jahren die interkulturelle Kompetenz zunehmend ins Zentrum, wie dies z. B. im Modell der ↗ interkulturellen kommunikativen Kompetenz von Michael Byram abgebildet wird. Um dieses Ziel zu erreichen, verwendet die Fremdsprachendidaktik theoretische und empirische Erkenntnisse zahlreicher ↗ Bezugswissenschaften wie z. B. der Psychologie, Soziologie, Erziehungswissenschaft, ↗ Sprachwissenschaft, ↗ Literaturwissenschaft und ↗ Kulturwissenschaft. Sie entwickelt daraus eigene Forschungsansätze und Forschungsmethoden, um damit die für das Forschungsfeld zentralen Begriffe wie z. B. Fremdsprachenkompetenz zu konstruieren. Im Sinne der Selbstaufklärung gehört es schließlich ebenfalls zu den Aufgaben der Fremdsprachendidaktik, für Reflexivität zu sorgen. Die systematische Rekonstruktion der eigenen konzeptualen und historischen Grundlagen ist daher unverzichtbar.

In der Fremdsprachendidaktik kommt der E. vor allem die Aufgabe zu, die bei Prozessen fremdsprachlicher Bildung wirksamen Bedingungsfaktoren und Resultate zu erfassen und daraus Modelle zu entwickeln. Diese Modelle machen Aussagen über die drei Stufen Input,

Prozess und Output. Dies kann sich jeweils auf einen der drei Bereiche konzentrieren (z. B. Output bei Großstudien wie der ↗ DESI-Studie oder Prozess bei biographisch orientierter Professionsforschung), oder man kann versuchen, verschiedene Bereiche in Verbindung zu bringen. Inhaltlich hat sich ein Katalog von Faktoren entwickelt, die man auf verschiedenen Stufen der beforschten Prozesse für wirksam hält (vgl. Vollmer et al. 2001). Zur Modellierung dieser Faktoren sind Konzepte aus verschiedenen Disziplinen erforderlich, durch deren Verwendung wiederum unterschiedliche methodische Traditionen in die Fremdsprachendidaktik eingeführt werden.

Diese enorme methodologisch-methodische Breite ist Fluch und Segen zugleich. Zum einen ermöglicht erst dieser Horizont der Fremdsprachendidaktik, ihren komplexen Gegenstandsbereich zu erfassen. Mit dieser inter- und sogar transdisziplinären Ausrichtung ist sie Vorreiterin eines Trends, der am Beginn des 21. Jh.s selbst scheinbar fest gefügte Disziplinen wie die Naturwissenschaften erfasst. Der Erkenntnis in die Komplexität der zu lösenden Probleme folgend, bilden sich immer komplexere Forschungsfelder, die im Verbund mehrerer Disziplinen bearbeitet werden. Da die Fremdsprachendidaktik dies schon immer getan hat, kann sie wertvolle Expertise beisteuern und sich zu recht als strukturell innovatives Forschungsfeld betrachten. Dies allerdings setzt voraus, dass die Disziplin selbst diese Komplexität reflektiert, die Vielfalt der Ansätze als Potenzial begreift und deren Integration vorantreibt, denn die Breite des Horizonts muss durch die Kooperation der aktiven Forscher/innen aufrecht erhal-

Gegenstand	Bezugsdisziplin	Empirische Tradition in diesem Bereich
Kompetenz	Psychologie	hypothesenprüfend-quantitativ
	Linguistik	hypothesenprüfend-quantitativ
Emotion, Einstellung, Selbstkonzept	Psychologie	hypothesenprüfend-quantitativ
Akteursperspektive	Psychologie	hypothesenprüfend-quantitativ und rekonstruktiv-qualitativ
	Soziologie	rekonstruktiv-qualitativ
Bildung	Erziehungswissenschaft	rekonstruktiv-qualitativ
Institutionelle Effekte	Erziehungswissenschaft	rekonstruktiv-qualitativ
	Soziologie	rekonstruktiv-qualitativ

ten werden. Die dazu notwendige Selbstaufklärung entsteht durch die intensive Beschäftigung mit der eigenen Forschungspraxis, die mit Hilfe der beiden Begriffe ›Methodologie‹ und ›Methode‹ reflektiert werden kann. Während sich die Methodologie mit dem theoretischen Fundament der E. beschäftigt, beschreibt die Methodik die eingesetzten Erhebungsinstrumente und Analyseverfahren. Gespeist aus vor allem Wissenschafts- und Erkenntnistheorie klärt die Methodologie, unter welchen Bedingungen welche Art von Erkenntnis zu erzielen ist. Räumt man ihr einen präskriptiven Status ein, so werden die Methoden aus der Methodologie deduziert. Versteht man sie praxeologisch wie z. B. Ralf Bohnsack, so wird die Methodologie aus dem im Forschungsprozess entstandenen Methodenrepertoire rekonstruiert. In beiden Fällen macht sie Aussagen zu Qualität und Reichweite der entstandenen Modelle und Theorien.

Zur Kennzeichnung der beiden hauptsächlichen und lange als sich ausschließende Paradigmen betrachteten methodologischen Grundpositionen wird häufig des Gegensatzpaar qualitativ vs. quantitativ verwendet. Man findet auch alternative Paare wie z. B. erklärend vs. verstehend, analytisch vs. ganzheitlich oder Kausalerklärung vs. Handlungserklärung. In der Sozialwissenschaft wird auch die Gegenüberstellung Hypothesenprüfung vs. Rekonstruktion verwendet. Die Problematik all dieser Begriffspaare ist, dass sie je verschiedene Facetten der beiden Vorgehensweisen beschreiben. Am griffigsten wird der Unterschied auf der Ebene der Forschungsstrategie. Bei der Hypothesenprüfung wird vor dem Eintritt in das Feld aus den zur Verfügung stehenden formalen Theorien ein Modell für die Zusammenhänge der erwarteten Phänomene konstruiert. Dieses aus den Theorien deduzierte Modell wird auf Hypothesen reduziert (daher auch der Name hypothetiko-deduktives Vorgehen), in denen die zu testenden Variablen miteinander in Beziehung gesetzt sind. Weitere Variablen, die ebenfalls für das Phänomen relevant sind, müssen kontrolliert oder eliminiert werden. Dadurch ergibt sich ein *setting*, das nur noch einen kleinen Ausschnitt aus dem relevanten Forschungsfeld repräsentiert. Im Feld werden quantifizierte Daten erhoben. Dazu dienen entweder feste Kategoriensysteme zur Kodierung von komplexen Ereignissen (z. B. zur Unterrichtsbeobachtung) oder geschlossene Fragen und Skalen in Fragebögen. Ziel der empirischen Arbeit ist es, das deduzierte Modell zu falsifizieren. Insgesamt geht es bei diesem Ansatz darum, gültige Theorien über die Kausalzusammenhänge im Feld abzuleiten.

Bei der Rekonstruktion verläuft der Forschungsprozess anders. Je nach Ansatz wird auch hier mehr oder weniger offen Vorwissen an das Feld herangetragen. Dieses Vorwissen wird aber nicht deduktiv und vor Eintritt in das Feld in reduktionistische Modelle und Hypothesen umgesetzt, sondern die empirische Arbeit zielt darauf ab, die Komplexität der Phänomene möglichst weitgehend einzufangen. Entsprechend werden offene Interviews, Tagebücher oder Videoaufnahmen als Datenquellen herangezogen. Erst in der Analyse der Daten zeigt sich, welche Kategorien für die beobachteten Phänomene tatsächlich relevant sind, eine Tatsache, die dazu geführt hat, diesen Ansatz auch ›entdeckend‹ (Gerhard Kleining) zu nennen. Außerdem liegt der Fokus darauf, die Perspektive der Beforschten zu rekonstruieren (daher auch der Name dieses Vorgehens). Mit Alfred Schütz spricht Bohnsack auch von »Konstruktionen zweiter Ordnung«: Rekonstruktiv arbeiten bedeutet, dass die Forschenden Konstruktionen der Sinnkonstruktionen und Relevanzsysteme der Beforschten methodisch kontrolliert hervorbringen.

Der folgende historische Überblick ist keine umfassende Darstellung der Geschichte der empirischen Fremdsprachenforschung, sondern stellt einschneidende Paradigmenwechsel dar, um zu zeigen, dass methodologische Positionen nicht linear fortentwickelt werden, sondern wellenartig wiederkehren. Die ersten Versuche, FU wissenschaftlich zu untersuchen, wurden Ende des 19. Jh.s gemacht; erst unter dem Einfluss der vom Behaviourismus in der Psychologie etablierten experimentellen Methode wurden diese Versuche jedoch systematisiert. Mit dem Anspruch, die effektivste Lehrmethode für den FU zu finden, wurden das individuelle Unterrichtsgeschehen als *black box* ausgeklammert und lediglich Input und Output erfasst. Eine der bedeutendsten derartigen Untersuchungen war das vierjährige *Pennsylvania Project*, das in der zweiten Hälfte der 1960er Jahre die ↗ audiolinguale Methode mit der kognitiven Methode verglich. Aufgrund der Uneindeutigkeit der Ergebnisse wurde der Fokus von der Ebene der Methoden immer mehr verengt, bis man zu den Lehr-Lern-Techniken als unabhängigen Variablen gelangte. Auch dies blieb erfolglos. Als Konsequenz wurde die *black box* in zweierlei Richtungen geöffnet. Einerseits begann man, sich den tatsächlichen Geschehnissen im Klassenraum zuzuwenden. Unter der Annahme, dass FU ein von seinen Teilnehmer/innen in sozialer Interaktion konstruiertes Geschehen ist, stand zunächst die Erforschung der ↗Kommunikation im Vordergrund, die einen ersten Höhepunkt Mitte der 1970er Jahre mit der Diskursanalyse erreichte. Durch Aufzeichnung, Transkription und nachträgliche Analyse wurde eine zuvor nicht erreichbare Auflösung erzielt, so dass Fragen im Hinblick auf z.B. die ↗Korrektur von ↗Fehlern oder die Partizipation in neuartiger Komplexität betrachtet werden konnten. Andererseits wurden diese Aufzeichnungen genutzt, um die tatsächlich gesprochene Sprache der Lehrenden und der Lernenden zu analysieren. Dieser dezidiert linguistische und zunächst normativ orientierte Ansatz förderte insbesondere unter longitudinaler Perspektive eine beeindruckende Vielfalt der nebeneinander existierenden und sich über die Zeit entwickelnden Sprache(n) zu Tage. Das anhand dieses Datenmaterials empirisch gegründete Konzept der Lerner- bzw. Interimssprache (↗*Interlanguage*) ist bis heute gültig und einflussreich. Das umfangreiche Datenmaterial öffnete den Blick dafür, dass die von institutionellen und sozialen Rahmen sowie von individuellen Lebenswelten geprägte Kommunikation ein hohes Maß an Unterschiedlichkeit erzeugt. Scheinbar Vertrautes erscheint unter dem Brennglas zeitlupenartiger Analyse plötzlich fremd, faszinierend oder gar beängstigend, und die Wirkmacht sozialer Regeln wird greifbar. Unter der Prämisse, dass ↗Spracherwerb auch stets ein Prozess der Sozialisation ist, wurde schließlich die Ethnographie im engeren Sinne importiert, die sich mit dem Einfluss der herrschenden Verhältnisse auf Lehrende und Lernende beschäftigt (vgl. Watson-Gegeo 1988).

In den 1980er und 90er Jahren entwickelten sich qualitative und quantitative Ansätze nebeneinander weiter. Die qualitativ orientierten Forscher/innen argumentierten mit der Gegenstandsangemessenheit ihres Ansatzes, während die quantitative Forschung darauf verwies, dass ihre Möglichkeiten der statistischen Analyse komplexer Szenarien noch lange nicht ausgereizt seien. Die *Third International Mathematics and Science Study* läutete 1993 auch in Deutschland das Zeitalter des *large-scale-assessment*, also der quer- und längsschnittsartig angelegten, international vergleichenden Großstudien ein. Insbesondere die Diskussion der Ergebnisse der Studien ↗PISA, IGLU und DESI mit ihrer hohen medialen Präsenz und der angekoppelten Debatte über die Bildungsstandards (↗Standards) haben die öffentliche Diskussion der letzten Jahre geprägt und den Methodendiskurs in der Fremdsprachendidaktik überschattet. Zu Beginn des 21. Jh.s gewinnt diese Diskussion glücklicherweise ihre Eigenständigkeit zurück. Es setzt sich die Erkenntnis durch, dass die Output-orientierten Großstudien zwar Aufgaben des Bildungsmonitoring erfüllen, aber wenig zur fremdsprachendidaktischen Theoriebildung beitragen. Dazu werden aktuell zwei Wege favorisiert. Zum einen geht man davon aus, dass keiner der beiden (früher als sich ausschließende Paradigmen betrachteten) Ansätze universell überlegen ist. Vielmehr handelt es sich dabei um unterschiedliche Vorgehensweisen, die je nach Fragestellung, Gegenstand und zugrunde liegendem Menschenbild gewählt werden (vgl. Schmelter 2007). Aufgrund dabei entstehender methodologischer Probleme ist eine nachträgliche Vermischung der Ansätze nicht sinnvoll (vgl. Riemer 2006). Umso wichtiger ist es, die methodologischen und methodischen Prämissen der gewählten Konzepte zu rekonstruieren und zum Maßstab des eigenen Vorgehens zu machen (vgl. Dirks 2007). Es liegt also nahe, beide Ansätze von vornherein als komplementär zu betrachten, denn die sich daraus ergebende polymethodologische Vorgehensweise, bei der Triangulation auf mehreren Ebenen stattfindet, scheint dem komplexen Forschungsgegenstand der Fremdsprachendidaktik in besonderer Weise angemessen zu sein (vgl. Grotjahn 2003). Die Ausarbeitung dieses Ansatzes dürfte inhaltlich und für die strategische Positionierung der Fremdsprachendidaktik als Fremdsprachenforschung in Zukunft eine wichtige Rolle spielen. Innovatives Potenzial liegt darüber hinaus darin, die aktuell einflussreich gewordene Strömung des Szenarioansatzes durch Herstellung von Bezügen zu Dramapädagogik und Theaterwissenschaft forschungsmethodologisch und -methodisch zu reflektieren, sowie die informationstechnischen Möglichkeiten (u.a. Web 2.0) auch in der Forschung auszuschöpfen.

Lit.: U. Dirks: Fremdsprachenforschung als ›Entdeckungsreise‹. Im Spannungsfeld von Abduktion, Deduktion und Induktion. In: Vollmer 2007, 43–58. – R. Grotjahn: Konzepte für die Erforschung des Lehrens und Lernens fremder Sprachen. Forschungsmethodologischer Überblick. In: K.-R. Bausch et al. (Hg.): Handbuch FU. Tüb. ⁴2003 [1989], 493–499. – H.-J. Krumm: Lehr- und Lernziele. In: K.-R. Bausch et al. (Hg.): Handbuch FU. Tüb. ⁴2003 [1989], 116–121. – C. Riemer: Entwicklungen in der qualitativen Fremdsprachenforschung. Quantifizierung als Chance oder Problem? In: J.-P. Timm (Hg.): Fremdsprachenlernen und Fremdsprachenforschung. Kompetenzen, Standards, Lernformen, Evaluation. Tüb. 2006, 451–464. – L. Schmelter: ›Nach Vorschrift sammle Lebenselemente // Und füge sie mit Vorsicht eins ans andre‹ (Goethe – Faust). Konsequenzen anthropologischer Kernannahmen an der Fremdsprachenforschung. In: Vollmer 2007, 59–72. – H.J. Vollmer (Hg.): Synergieeffekte in der Fremdsprachenforschung. Empirische Zugänge, Probleme, Ergebnisse. FfM 2007. – H.J. Vollmer et al.: Lernen und Lehren von Fremdsprachen. Kognition, Affektion, Interaktion. Ein Forschungsüberblick. In: Zeitschrift für Fremdsprachenforschung (ZFF) 12/2 (2001), 1–145. – K. Watson-Gegeo: Ethnography in ESL. Defining the Essentials. In: TESOL Quarterly 22/4 (1988), 575–592.   AB

Entdeckendes Lernen (auch forschendes Lernen) ist ein lerner- und handlungsorientiertes methodisches Vorgehen (↗Lernerorientierung, ↗Handlungsorientierung), das einen Forschungsprozess simuliert. Es basiert auf Neugierde und Eigenaktivität der SuS und nimmt in der Variante des forschenden Lernens Prinzipien wissenschaftlicher Forschung auf. Maßgeblich für das e.L. ist die Grundannahme, dass eine rein darbietende Vermittlung vorstrukturierter Wissensinhalte durch die Lehrperson häufig nur ›träges ↗Wissen‹ (*inert knowledge*) ausbildet, das für die Lösung unbekannter Probleme irrelevant bleibt. Im Gegensatz dazu wird in kognitionspsychologischen Theorien (David Ausubel, Jerome Bruner) Lernen als kreativer, konstruktiver Prozess handelnder Problemlösung verstanden: E.L. wird über die Formulierung von Hypothesen zu einer Fragestellung und den Einsatz selbstgewählter Methoden zu deren Überprüfung realisiert. Der Wissenserwerb ist somit in einen situativen Kontext eingebettet, und das neue Wissen wird in bereits vorhandene Strukturen verankert (*anchored instruction*). Auf diese Weise Gelerntes ist besser memorisierbar und transferierbar, weil es in einem Kontext erworben wird, der von den Lernenden selbst als bedeutsam wahrgenommen wird.

E.L. wird verstärkt in den naturwissenschaftlichen Fächern rezipiert, deren experimenteller Charakter in entdeckende und forschende Unterrichtsverfahren übertragen wird. Im FU ist das e.L. insbesondere im Verfahren der induktiven Grammatikvermittlung zu finden (↗Grammatik und Grammatikvermittlung, ↗Induktives Lernen): Eine Grammatikregel wird nicht von der Lehrkraft dargeboten, sondern von den SuS selbst aus dem kommunikativen Kontext hergeleitet, abstrahiert und in neue Anwendungsfälle transferiert. E.L. ist jedoch auch in anderen Bereichen des schulischen FUs anwendbar, und kognitionspsychologisch bzw. konstruktivistisch ausgerichtete Fremdsprachendidaktiken (↗Konstruktivismus/Konstruktion) nehmen verstärkt Prinzipien des e.L.s auf: die Arbeit mit authentischem, nicht didaktisiertem Material (z.B. mit ↗Kinder- und Jugendliteratur, historischer Literatur, Pressetexten, Filmen, ↗Musik); die Formulierung komplexer Aufgaben, für die es mehrere Lösungswege und Darstellungsformen gibt (z.B. die Erstellung eines ↗Posters oder der Aufbau eines Internetforums); die Betonung kooperativer Lernformen (z.B. Gruppen- oder ↗Projektarbeit); das Lernen über verschiedene Sinneskanäle (z.B. ↗Visualisierungen bei der Wortschatzarbeit); oder motorisch orientierte Ansätze (z.B. ↗Inszenierungen und ↗Dramapädagogik). ↗Aufgabenorientiertes Lernen mit entdeckenden bzw. forschenden Anteilen eignet sich bei der Arbeit mit literarischen Texten besonders zur Sensibilisierung für interpretatorische Vielfalt. Entscheidend beim e.L. ist die bewusste Reflexion des eigenen Lernprozesses (z.B. über Lernprotokolle oder -tagebücher) und der konstruktive Umgang mit ↗Fehlern (Förderung von ↗Methodenkompetenz und ↗Metakognition). Die aktuelle Diskussion um die Ausrichtung des FUs an kompetenzbasierten Curricula (↗Kompetenz) und eine stärkere Akzentuierung der Aufgabenorientierung als Unterrichtsprinzip tragen zu einem erhöhten Interesse am e.L. bei.

Eine Herausforderung für die Unterrichtspraxis bleibt beim e.L. dessen hoher Autonomieanspruch: Es erfordert auf der Seite der Lernenden ein hohes Maß an Ausdauer, intrinsischer ↗Motivation und Ungewissheitstoleranz, was nicht bei allen ↗Lernertypen gleichermaßen vorausgesetzt werden kann. Auf der Seite der Lehrperson erfordert die Begleitung der Lernenden die Fähigkeit, binnendifferenzierte, individualisierte Aufgaben zu formulieren (↗Differenzierung, ↗Individualisierung) und die subjektiven Ideen der Lernenden an die objektiven Ziele des FUs anzubinden. In Zusammenhängen der ↗Lehrerbildung ist das e.L. zu einem maßgeblichen Ansatz für eine stärker empirische Ausrichtung der Ausbildung geworden (↗Empirie). Ziel ist hierbei die theoriegeleitete Reflexion der unterrichtlichen Praxis, die Bewusstmachung subjektiver Theorien zum Lehren und Lernen von Fremdsprachen und die Entwicklung begründeter Handlungsalternativen für die Praxis.

Lit.: U. Hameyer: E.L. In: J. Wiechmann (Hg.): Zwölf Unterrichtsmethoden. Vielfalt für die Praxis. Weinheim/Basel ⁴2008 [1999], 114–129. – M. Schocker-v. Ditfurth: Forschendes Lernen in der fremdsprachlichen Lehrerbildung. Grundlagen, Erfahrungen, Perspektiven. Tüb. 2001.   BSch

Erfahrungsorientierung bezeichnet das Prinzip unterrichtlichen Handelns, nach dem zum einen an der Lebenswelt der Lernenden, ihren Fähigkeiten und ihrem ↗Vorwissen angeknüpft wird und zum anderen der Lehr-/Lernprozess derart gestaltet wird, dass er Raum für neue Erfahrungen bietet. Der Ansatz von E., beim Erschließen neuer Inhalte auf bereits vorhandene Strukturen aufzubauen, wird durch lernpsychologische Befunde, vor allem durch konstruktivistische ↗Lerntheorien (↗Konstruktivismus/Konstruktion), gestützt: Durch die Vernetzung von Neuem mit Bekanntem werden Sachverhalte nachhaltig im Gedächtnis verankert. Die bessere Behaltensleistung steht in engem Zusammenhang mit der ↗Motivation, die durch den Bezug auf die Erfahrung der Lernenden gefördert wird. E. beinhaltet also sowohl eine kognitive als auch eine affektive Komponente.

Neben der Bedeutung, die E. daher für den sprachlichen Lernzuwachs zukommt, ist E. auch an anderer Stelle im FU von hoher Relevanz: ↗Interkulturelles Lernen besteht maßgeblich darin, eigene Erfahrungen kritisch zu reflektieren und andere Perspektiven darauf einzunehmen. Gleichzeitig bedeutet E., dass neue Erfahrungen gemacht werden sollen. Hierfür bieten sich für den FU das Aufsuchen außerschulischer Lernorte (↗Lehr- und Lernort) und jede Form (interkulturellen) Austauschs an sowie allgemein handlungs- und produktionsorientierte Zugangsformen (↗Handlungsorientierung), die ein ↗ganzheitliches Lernen ermöglichen. E. kann sich darüber hinaus auch auf ästhetische Erfahrungen beziehen, wie sie z.B. in einem rezeptionsästhetisch angelegten Literaturunterricht gemacht werden können (vgl. Delanoy 2002).

E. ist eng verknüpft mit ↗Lernerorientierung und bedeutet eine Vielfalt an Herangehensweisen im Klassenzimmer. Dies wird dem Anspruch von ↗Differenzierung gerecht, verlangt aber viel Flexibilität von Seiten der Lehrperson und bedeutet eine Aufweichung genau planbarer Inhalte und klar definierter Bewertungskriterien. Diese letztgenannten Aspekte verweisen auf die starren Grenzen, die E. in der Schule gesetzt sind. Wie viel E. kann in einem System erfolgen, dass zeitlich, örtlich, inhaltlich und in Bezug auf das soziale Miteinander so stark vorstrukturiert ist und zugleich eine starke Selektionsfunktion inne hat? An diesem Punkt setz(t)en verschiedene reformpädagogische Bemühungen an (↗Reformpädagogik). Dass sich eine Auseinandersetzung mit den strukturellen Bedingungen von E. lohnen könnte, zeigt die Diskussion um den Stellenwert von E. für aktuelle gesellschaftliche Entwicklungen. Wenn es das Ziel von E. ist »den Menschen, das Bildungssubjekt, in einen fruchtbaren Austausch mit seiner Mit- und Umwelt zu bringen« (Pongratz 1994, 438), mag dies aus Sicht postmoderner Theorie unmöglich sein, denn diese stellt ein einheitliches, Erfahrungen machendes Subjekt ebenso in Frage wie den Bezug zu einer vermeintlichen Lebenswirklichkeit. Doch wenn Subjekt und Umwelt als konzeptuelle Größen beibehalten werden, zeigt sich das Potenzial von E. im Umgang mit einem fragmentiert erscheinenden, orientierungsarmen und isolierendem Alltagserleben. Ludwig Pongratz (1994, 441 ff.) verweist auf die »verhinderten Erfahrungen«, die in Form von ↗Stereotypen, Alltagsmythen und Routine-Handlungen häufig als Reaktion auf eine solche Wahrnehmung entstehen. Die Aufgabe eines erfahrungsorientierten Unterrichts sei es, diese ›verhinderten

Erfahungen‹ durch Brechung zunächst bewusst zu machen, um dann E. erst richtig zu erlernen. Eine solche Dynamik von E. wird auch von Werner Delanoy (2002, 25 f.) als eine Antwort auf gesellschaftliche Herausforderungen gesehen, da bei immer komplexeren Identitätskonstruktionen (↗ Identität und Identitätsbildung) und wegfallenden übergreifenden Deutungsmustern ein an Bekanntem anknüpfendes Lernen und Weiterentwickeln zu Neuem eine Bewältigungsmöglichkeit bietet.

Lit.: W. Delanoy: Fremdsprachlicher Literaturunterricht. Theorie und Praxis als Dialog. Tüb. 2002. – L.A. Pongratz: E. Überlegungen zum Verhältnis von Bildung und Erfahrung. In: Pädagogik und Schulalltag 49/4 (1994), 438–445. LK

Erstsprache und Erstspracherwerb ↗ Spracherwerb und Spracherwerbstheorien

Erwachsenenbildung ↗ Andragogik, ↗ Geragogik

Europäisches Sprachenportfolio ↗ Portfolio

Evaluation ↗ Leistungsermittlung, ↗ Leistungsbewertung

Exkursion ↗ Lehr- und Lernort

Extensives Lesen ↗ Leseverstehen

F

Fachsprache. Während F. in einem allgemeinen Verständnis häufig mit ›Terminologie‹ oder ›Fachwortschatz‹ gleichgesetzt wird, ist unter F. tatsächlich die Gesamtheit aller sprachlichen Mittel zu verstehen, die in fachlichen Kommunikationskontexten verwendet werden, um die Verständigung zwischen den in diesen Berei-

chen tätigen Menschen zu ermöglichen. Gegenstand einer von ihrem Wesen her interdisziplinär ausgerichteten F.nforschung ist die Erforschung von Fachtexten in ihren sprachlichen und fachlichen Zusammenhängen. F.n verfügen nicht über spezifische morpho-syntaktische Charakteristika, ihre Besonderheiten ergeben sich vielmehr aus der Häufigkeit und der spezifischen Verwendung von Formen und Strukturen der Gemeinsprache. In diesem Sinne können Nominalisierung und Passivierung als typische Merkmale fachsprachlicher Syntax angesehen werden. Bei der F.nforschung haben wir es mit einem Fach(-disziplin) und Sprache integrierenden Teilgebiet der Angewandten Linguistik zu tun, dessen Forschungsergebnisse für die Terminologienormung, die Fachübersetzung, die Verständlichkeitsforschung und Sprachkritik sowie den fachbezogenen FU relevant sind. Im Gegensatz zum herkömmlichen FU geht der F.nunterricht noch mehr von den Bedürfnissen der Lernenden aus, die maßgeblich die Zielsetzungen und Inhalte des Unterrichts bestimmen. Gemäß dem interdisziplinären Charakter der F.ndidaktik ergibt sich ein komplexes und anspruchsvolles Qualifikationsprofil für F.nlehrende mit den folgenden Merkmalen: sehr gute Beherrschung der Fremdsprache und ihrer fachbezogenen Verwendungen; Fachkompetenz in einer wissenschaftlichen Disziplin bzw. einer Fächergruppe und entsprechende F.nkompetenzen; Kenntnisse der F.nlinguistik (Lexik, Grammatik, Textkonstitution und -pragmatik); Fähigkeit zur didaktischen Aufbereitung fachsprachenlinguistischer Erscheinungen im Hinblick auf kommunikative ↗ Fertigkeiten und ›passende‹ Inhalte; pädagogische Kompetenz zur Sprachvermittlung.

Da diese Anforderungen insbesondere im Bereich der Fachkompetenzen kaum zu erfüllen sind, sollte das Verhältnis zwischen Unterrichtenden und Lernenden von Partnerschaft und Kooperation bestimmt sein, denn nur so geprägte Lernende sind letztlich bereit, eventuelle fachliche Lücken des bzw. der Lehrenden auszugleichen und ihn bzw. sie ohne Gesichtsverlust aufzufangen. Die Annahme, dass Terminologievermittlung einschließlich des damit verbundenen Fachwissens nicht zum Aufgabenbereich der F.nlehre im engeren Sinne, sondern zur fachwissenschaftlichen Ausbildung gehören, würde eine realistische Erwartungshaltung zur F.nlehre zum Ausdruck bringen. Als eine besondere Form des fachbezogenen FUs an allgemeinbildenden Schulen kann der ↗ bilinguale Unterricht angesehen werden. Es erscheint absehbar, dass diese Fach und Sprache verbindende Form des Lernens sich stimulierend auf den F.nunterricht im Hochschulbereich auswirken und ebenso die Einrichtung fremdsprachiger, mehrheitlich englischsprachiger Studiengänge begünstigen wird.

Lit.: T. Dudley-Evans/M.J. St John: Developments in English for Specific Purposes. Cambridge 1998. – C. Gnutzmann: F.n und fachbezogener FU. In: U.O.H. Jung (Hg.): Praktische Handreichung für Fremdsprachenlehrer. FfM ⁴2006 [1992], 196–204.   CG

Fächerübergreifender Unterricht bezeichnet Lehr-/Lernsituationen, die die Grenzen traditioneller Schulfächer überschreiten und die Kooperation mehrerer Fächer als konstitutiv erachten. Dies erfordert eine umfangreiche Kooperation aller an diesem Unterricht Beteiligten, vor allem der Lehrer/innen und Schüler/innen. Inhalte und Methoden des f.U.s sind nicht an der Systematik der Schulfächer orientiert, sondern an komplexen lebensweltlichen Fragestellungen sowie an Fragen und Interessen der Lernenden, die gemeinsam erarbeitet werden. F.U. geht häufig einher mit Lernerautonomie (↗ Autonomes Lernen), ↗ Handlungsorientierung, ↗ Projektunterricht und ↗ ganzheitlichem Lernen. F.U. ist damit charakterisiert durch Situationsbezug, Orientierung an den Interessen der Beteiligten, Selbstorganisation und Selbstverantwortung, gesellschaftliche Praxisrelevanz, zielgerichtete Planung, ↗ Produktorientierung, die Einbeziehung vieler Sinne, soziales Lernen und Interdisziplinarität (vgl. Gudjons 1994). Damit steht dieses Konzept in der Tradition der ↗ Reformpädagogik. Lehrkräfte werden als Lernbegleiter und Lernberater verstanden. Die Vernetzung der genannten Charakteristika führt auch zu neuen Formen der ↗ Leistungsbewertung, die Lernprozesse vorrangig vor Lernprodukten bzw. Lernergebnissen betrachten sowie selbstevaluative Elemente mit aufnehmen. Neben f.U. finden sich weitere Bezeichnungen für ähnliche Konzepte und Organisationsformen, so u.a. vorfachlicher Unterricht, Fächer verbindender Unterricht, überfachlicher Unterricht, Fächer überschreitender Unterricht oder auch interdisziplinärer Unterricht. F.U.

wird vorwiegend in den Sekundarstufen I und II praktiziert und bezeichnet eine phasenweise Aufbrechung des Fachunterrichtsprinzips.

Begründungen und Zielsetzungen des fächerübergreifenden Prinzips im FU visieren eine Überwindung der Begrenzungen durch Schulfächer an, um komplexeren Themen in einer komplexeren Wirklichkeit gerecht werden zu können und den Interessen der Lernenden mehr zu entsprechen (↗ Global Education). Gesellschaftliche Veränderungen ziehen veränderte Anforderungen an ↗ Bildung nach sich. Darüber hinaus ist die Entwicklung des Fächerkanons gesellschaftlichen Setzungen unterworfen und weist zunehmend mehr Spezialisierungen auf. Schulfächer nehmen somit kaum interdisziplinäre Aspekte auf, reduzieren komplexe Fragestellungen auf die Dimensionen des eigenen Fachs und decken nicht alle relevanten gesellschaftlichen Probleme oder querschnittsorientierte Fragen ab. Dementsprechend sind Lernende kaum in der Lage, fächerübergreifende Problemstellungen zu analysieren und zu lösen. Somit zielt f.U. auf problemorientiertes Lernen, auf eine Vertiefung und Ergänzung fachlichen Lernens, auf Perspektivenwechsel und wissenschaftspropädeutisches Arbeiten sowie auf den Erwerb von ↗ Schlüsselqualifikationen (vgl. Forsbach 2008, 17–23). F.U. geht von Alltagsproblemen und deren Bewältigung sowie von den Erfahrungen der Lernenden aus. Probleme des F.U.s liegen in der fachlichen Ausbildung der Lehrenden, die für f.U. kaum ausgebildet sind, oder auch in organisatorischen Schwierigkeiten in einer von Schulfächern geprägten Institution Schule.

F.U. realisiert sich im Blick auf den FU häufig als konzeptionelle Ausweitung seiner landes- und kulturkundlichen Elemente, d.h. in Projekten, die die Fremdsprache mit Geschichte, Sozialkunde oder Erdkunde kombinieren. Eine besondere Ausprägung stellt der ↗ bilinguale Unterricht dar. Darüber hinaus ist f.U. als Verbindung von FU mit zahlreichen anderen Fächern vorstellbar, so u.a. mit dem Deutschunterricht, mit Sport, Musik, Biologie oder Religion. Den Ausgangspunkt bildet die gemeinsame Bearbeitung eines Themenfelds aus der Perspektive unterschiedlicher Fächer. So könnte f.U. beispielsweise zum Thema ›Rassismus‹ die parallele Lektüre verschiedener Texte zu diesem Thema in verschiedenen Sprachen ebenso beinhalten (vgl. Fäcke/Rösch 2002) wie die Analyse rassistischer Strukturen im Geschichtsunterricht oder die Auseinandersetzung mit dem Themengebiet aus der Sicht der Biologie.

Es lassen sich zahlreiche Argumente für fächerverbindendes Lernen auf didaktischer und bildungspolitischer Ebene benennen. Bereits seit Jahren wird von Seiten verschiedener Bildungspolitiker aller Bundesländer auf eine zu enge Abgrenzung zwischen einzelnen Unterrichtsfächern hingewiesen und die Umsetzung interdisziplinären und fächerübergreifenden Lernens in der Schule durch curriculare Vorgaben unterstützt. So wird in Curricula (↗Lehrplan) für die gymnasiale Oberstufe die Durchführung fächerübergreifender Unterrichtseinheiten empfohlen und die Bedeutung von fächerverbindendem und fachübergreifendem Lernen für moderne Fremdsprachen unterstrichen (vgl. z.B. Hessisches Kultusministerium 1999, 6 und 10f.). Begründungen für f.U. verweisen darauf, dass Schule und Unterricht auf die Komplexität des Lebens vorbereiten wollen, das in seiner Vielschichtigkeit kaum durch einzelne, klar voneinander abgegrenzte Schulfächer mit ihren strikt definierten Inhalten umfassend erahnt werden könne. Die Betonung fächerverbindender Aspekte (vgl. Klafki 1998) ermöglicht, bestimmte Themen aus verschiedenen Perspektiven unterschiedlicher Fächer zu betrachten und sich durch jeweils andere Zugänge und Schwerpunktsetzungen der Diversität und Vielfalt dieser Themen anzunähern.

Lit.: L. Duncker/W. Popp (Hg.): Über Fachgrenzen hinaus. Chancen und Schwierigkeiten des fächerübergreifenden Lehrens und Lernens. Bd. 1: Grundlagen und Begründungen. Heinsberg 1997. – C. Fäcke/H. Rösch: Le racisme expliqué à ma fille. Papa, was ist ein Fremder? Tahar ben Jelloun im fächerübergreifenden Deutsch- und Französischunterricht. In: Praxis des neusprachlichen Unterrichts 49/2 (2002), 186–195. – B. Forsbach: Fächerübergreifender Musikunterricht. Konzeption und Modelle für die Unterrichtspraxis. Augsburg 2008. – H. Gudjons: Was ist Projektunterricht? In: J. Bastian/H. Gudjons (Hg.): Das Projektbuch. Theorie, Praxisbeispiele, Erfahrungen. Hamburg ⁴1994 [1986], 14–27. – W. Klafki: F.U. Begründungsargumente und Verwirklichungsstufen. In: S. Popp (Hg.): Grundrisse einer humanen Schule. Innsbruck/Wien 1998, 41–57. – W.H. Peterßen: Fächerverbindender Unterricht. Begriff, Konzept, Planung, Beispiele. Ein Lehrbuch. Mü. 2000.   ChF

Feedback ist ursprünglich ein Begriff aus der Kybernetik und bedeutet ›Rückkopplung‹. Im Kontext von Lehren und Lernen bezeichnet F. eine Information an eine Person oder Gruppe darüber, wie deren Verhalten von einer anderen Person oder Gruppe wahrgenommen wird. In der Fremdsprachendidaktik ist der Begriff mit den Bereichen ↗Übung und Fehlerkorrektur (↗Fehler) verbunden. Im allgemeindidaktischen Kontext gilt F. als Verfahren der Unterrichts- und Schulentwicklung.

In behavioristischen Theorien des Fremdsprachenlernens wird F. als Impuls zur Verhaltensänderung (Konditionierung) verstanden. Im Programmierten Unterricht der 1960er Jahre wird es als Verstärkung einer sprachlich korrekten Äußerung eingesetzt (Schüleräußerungen werden mit programmierten Rückmeldungen wie »Die Lösung ist richtig!« oder »Bravo!« bedacht), wodurch die jeweilige sprachliche Struktur memorisiert und automatisiert werden soll. Während behavioristische *Drill&Practice*-Verfahren mittlerweile als sprachlehr-/lerntheoretisch überholt gelten dürfen, überlebt das Prinzip des programmierten F.s in zahlreichen multimedialen (Selbst-)Lernprogrammen (↗Lernsoftware) als maßgebliches Gestaltungsinstrument, vor allem beim Einüben von Vokabeln und grammatischen Strukturen. Neu ist hingegen der Ansatz, Übungen mit automatisiertem F. von SuS selbst entwickeln zu lassen, wobei sie auf Autorensoftware zu interaktiven Übungen zurückgreifen können, die Kreuzworträtsel, Multiple-Choice-Aufgaben oder Lückentexte generieren.

In der Lehrer-Schüler-Interaktion wird F. im Sinne von Fehlerkorrektur verstanden. Fehler – als Verstöße gegen diejenige standardsprachliche Norm, die dem FU zugrunde liegt – sind unumgänglicher Bestandteil der Lernersprache (↗Interlanguage) und stellen Lerngelegenheiten dar: Der Begriff der ↗Korrektur bezeichnet hier das F. zu einer fehlerhaften Äußerung in der Zielsprache. Es ermöglicht, die ↗Aufmerksamkeit auf bestimmte Aspekte der Äußerung zu lenken und auf diese Weise einen Lernfortschritt zu initiieren. Ziel ist vor allem die Verhinderung der ↗Fossilisierung, also des ›Einschleifens‹ von Fehlern. Die Bewusstmachung (↗Bewusstheit/Bewusstmachung) von Fehlern durch F. trägt zum Aufbau fachlicher Heuristiken (»Wie kann ich etwas Neues über den Gegenstand herausfinden?«), metakognitiver Strategien (»Wie gehe ich methodisch dabei vor?«; ↗ Metakognition) und *language awareness* bei. Die Wirksamkeit einzelner Verfahren des Korrekturverhaltens ist jedoch empirisch kaum belegt. F. zu Fehlern kann in verschiedener Form geschehen: Die Lehrperson kann die fehlerhafte Äußerung als ›Lehrerecho‹ wieder aufnehmen und dabei korrigieren (S: »*Il a allé«/L: »Il est allé«), der Schüler bzw. die Schülerin kann die Möglichkeit zur Selbstkorrektur erhalten (L: »Il …?«) und/oder explizit auf die Kategorie des Fehlers aufmerksam gemacht werden (L: »Tu t'es trompé de l'auxiliaire du verbe ›aller‹«). Bei der Korrektur schriftsprachlicher Äußerungen wird entweder die Fehlerkategorie markiert (z. B. ›T‹ für ›Tempusfehler‹) oder ein verbessernder Lösungsvorschlag neben die fehlerhafte Äußerung notiert. Es lässt sich mittlerweile eine generelle Abkehr von der Defizitorientierung (es wird nur auf Fehler fokussiert) im FU beobachten und eine stärkere Betonung dessen, was bereits gekonnt ist und sprachlich gelungen ausgedrückt wurde (Positivkorrektur). Auch besonders mutige Formulierungen können mit einem positiven F. bedacht werden, um die Tendenz zur Fehlervermeidung durch den Gebrauch allzu einfacher Strukturen zu durchbrechen. Dieser Ansatz entspricht dem kompetenzorientierten Verständnis von Evaluation, wie es im ↗ Gemeinsamen europäischen Referenzrahmen entworfen wird. Die genaue Beschreibung von ↗ Kompetenzen in Form von Kann-Beschreibungen (z. B. »kann Wortgruppen durch einfache Konnektoren wie ›und‹, ›aber‹ und ›weil‹ verknüpfen«) ermöglicht die Ableitung konkreter Bewertungskriterien: Evaluiert wird in erster Linie das, was ein Schüler bzw. eine Schülerin bereits kann, noch nicht erreichte Kompetenzen werden im F. nicht als Fehler, sondern als Entwicklungsperspektive aufgezeigt. SuS nehmen korrigierendes F. in offenen Unterrichtssituationen als Lernchance wahr, während es in Leistungssituationen eher als persönlicher Misserfolg gewertet wird. Es sollte daher darauf geachtet werden, Fehlerkorrekturen nicht mit negativen Sanktionen (Noten, Tadel) zu verbinden, sondern sie als natürlichen Anteil der Unterrichtskommunikation konstruktiv zu behandeln.

Seit ca. den 1990er Jahren bildet sich eine allgemeindidaktische F.kultur heraus, die sich auf sämtliche Aspekte des Unterrichts und des Schullebens bezieht. F. bedeutet hier wechselseitige Rückmeldungen von SuS, Lehrkräften, Eltern und Schulleitung. Ziel ist die Evaluation (und Steigerung) von Unterrichtsqualität (↗ Qualität) und die Schaffung eines positiven Lernklimas, wobei davon auszugehen ist, dass eine angstfreie Atmosphäre als Voraussetzung für erfolgreiche Lernprozesse fungiert. Als gruppendynamisches Verfahren zur Verbesserung der Selbst- und Fremdwahrnehmung werden F.methoden vor allem im Unterricht selbst eingesetzt. Das Geben und Nehmen von F. orientiert sich an verbindlichen Regeln: Der Gebende formuliert konstruktiv (z. B. »Ich würde mir in Zukunft mehr Übungen wünschen« statt »Du hättest mehr Übungen einbeziehen sollen«), beschreibend, subjektiv und möglichst konkret (»Ich habe mich bei der Wortschatzübung gelangweilt« statt »Der Unterricht ist langweilig«). F. sollte nur gegeben werden, wenn es ausdrücklich erwünscht ist. Der Nehmende lässt den Gebenden ausreden, ohne zu unterbrechen oder sich zu verteidigen. Er stellt vergewissernde Nachfragen und formuliert seinerseits die Reaktion auf das F. Etablierte Methoden des F.s sind z. B. die 3×3-F., die F.-Zielscheibe, das Aquarium (*fish-bowl*) und das Blitzlicht. Als Evaluationsinstrument zielt F. auf die Messung und Bewertung der Wirkung unterrichtlicher Verfahren. Lehrkräften kann es helfen, das eigene unterrichtliche Handeln zu reflektieren und Handlungsalternativen zu entwickeln (Prinzip des *reflective practitioner*). Typische Szenarien sind hier Schüler-F. (z. B. Fragebögen, Bewertungsskalen), kollegiale Rückmeldungen (z. B. über gegenseitige Unterrichtsbesuche) oder Supervisionen. In der Forschung unbestritten ist mittlerweile, dass F. zur Verbesserung der Unterrichtsatmosphäre beitragen kann. Offen bleibt häufig die Frage, in welcher Form Ergebnisse von F. in den Unterricht zurückfließen sollten.

Lit.: J. Bastian/A. Combe/R. Langer: F.-Methoden. Erprobte Konzepte, evaluierte Erfahrungen. Weinheim/Basel ²2005 [2003]. – K. Kleppin: Fehler und Fehlerkorrektur. Bln 72008 [1998].   BSch

Fehler. Der Begriff F. gehört seit der Antike zu den zentralen Begriffen im Bereich von Erziehung und Bildung. F. werden ›geahndet‹, ›angekreidet‹, ›ausgetrieben‹, ja ›ausgemerzt‹; auf der Basis der F.zahl werden Leistungen bewertet. Der traditionelle Sprachgebrauch zeigt eine gewisse Nähe zur Inquisition: F. sind offenbar vom Teufel, und Gnade kann es folglich nicht geben. Die aber, die die F. nachweisen und zählen, haben die Macht; allerdings ist Machtausübung kein Instrument der Pädagogik.

Erst relativ spät, in Hermann Weimers *Kleinen fehlerkundlichen Schriften* (1920–1942), wurden Versuche unternommen, F. nach psychologischen Gesichtspunkten zu klassifizieren. Dies geschah auch, um eine didaktisch begründete F.prophylaxe (Entwicklung von Strategien zur F.vermeidung) und F.therapie entwickeln zu können. Die Ansätze des Englischlehrers und Pädagogen Weimer wurden aber im Gefolge von Nationalsozialismus und Zweitem Weltkrieg nicht weiterverfolgt. Erst die frühen 1970er Jahre brachten eine allgemein akzeptierte Klassifikation, die F. nach ihrem Zustandekommen in vier Kategorien einteilte: *slip* (*of the tongue/the pen*), *mistake*, *error* und *attempt*. *Slip* und *mistake* wurden als Performanz-F. klassifiziert (Versprecher/Verschreiber bzw. Nicht-Beachten einer bereits erworbenen/gelernten, aber noch nicht automatisierten Regelhaftigkeit), *error* und *attempt* als Kompetenz-F. (systematischer Regelverstoß, bezogen auf bereits erworbene/erlernte Regelhaftigkeiten bzw. Regelverstoß angesichts noch nicht erworbener/gelernter Regelhaftigkeit). Die Klassifikation enthielt eine implizite Aussage hinsichtlich der Schwere der F.typen: *Slip* und *mistake* waren nicht der sprachlichen Tiefenstruktur im Chomskyschen Sinne zuzuordnen; sie waren von der Tagesform abhängig und daher weniger gravierend als *errors*, die ein Umlernen im Bereich der Tiefenstruktur implizierten. Die aus heutiger Sicht interessanteste Kategorie, der *attempt*, fristete zunächst, zumindest in schulischer Perspektive, ein Schattendasein, was der durchaus revolutionären Natur des Konzepts nicht gerecht wurde: Da sollte ein System-F., potenziell also ein ›schwerer‹ F., nicht mehr ›gezählt‹ werden, da er im Rahmen eines mutigen Versuchs zustande gekommen war, eine vom Lerner bzw. von der Lernerin kommunikativ noch nicht zu bewältigende Aufgabe dennoch zu lösen. Tatsächlich ist die Kategorie *attempt* der erste Schritt zu einer Abkehr von den oben skizzierten traditionellen Prinzipien,

ein Meilenstein auf dem Weg zu einer positiveren Sicht der – notwendigerweise fehlerhaften – Lernersprache (↗ *Interlanguage*). Der nach 1980 entwickelte ↗ kommunikative FU bzw. die kommunikative Didaktik hat den Ansatz übernommen; der ↗ Gemeinsame europäische Referenzrahmen und das Europäische ↗ Portfolio der Sprachen als Evaluationsinstrumente des Europarates erheben den positiven Umgang mit Lernersprache auf allen Kompetenzstufen (↗ Kompetenz) zum Grundprinzip.

Traditionell gilt im FU der Grammatik-F. als schwerer F. Dies hängt mit dem Lateinunterricht des 19. Jh.s zusammen, der in nach-neuhumanistischer Zeit für die neueren Sprachen zum Bezugspunkt wird. Im Lateinischen gilt Grammatikunterricht als zentrale Aufgabe der Sprachpraxis; er gibt dem Fach seine angeblich vorhandene denkschulende Kraft und damit seinen (im Urteil der Zeitgenossen) überdurchschnittlichen Bildungswert. Grammatikbeherrschung suggeriert fachliches Können und zeugt von Bildung. Kommunikative Gesichtspunkte sind im post-neuhumanistischen Lateinunterricht ohne Belang, denn Latein hat seine Rolle als internationale Sprache wissenschaftlicher und politischer Kommunikation längst eingebüßt. Der hier skizzierte Zusammenhang wird im Verlauf des 20. Jh.s nicht mehr durchschaut, das Phänomen Grammatik-F. nur noch entstehungsdiagnostisch reflektiert. Die kommunikative Wende der 1980er und 1990er Jahre führt vor dem Hintergrund veränderter Anforderungen an das Sprachkönnen der Schulabsolvent/innen (*plurilinguisme, compétence transfrontalière*, Globalisierung) zu dem oben angedeuteten Umdenken im Bereich der F.kategorien und der F.gewichtung. Die Schwere eines F.s hängt nun nicht mehr von sprachlichen Kategorien ab, aber eben auch nicht von der (vermeintlichen) Art seines Zustandekommens, sondern von seiner potenziellen Wirkung auf das Gegenüber. Ist ein F. geeignet, eine affektiv negative Reaktion hervorzurufen, so handelt es sich um einen gravierenden F. Ist die abzusehende Reaktion hingegen lediglich kognitiver Natur (Motto: »no negative feelings!«), so handelt es sich um einen leichten F. Aus der kommunikativen Perspektive sind weitaus die meisten Grammatik-F. leichte F., denn sie werden im Kopf des Gegenübers richtiggestellt, ohne dass Affekte ausgelöst werden. Manche Grammatik-F. werden vom Gegenüber ohnehin gar nicht oder allenfalls halb bewusst wahrgenommen (Beispiele aus dem Englischen: Futur oder Konditional im *if*-Satz, Verwechslung von *past* und *present perfect*). Und wenn der F., gemessen an der Sprachkompetenz dessen, der ihn produziert, außergewöhnlich ist, so sucht das Gegenüber nach einer entschuldigenden Erklärung. Schwerwiegend sind hingegen F., wie sie im klassischen FU kaum eine Rolle gespielt haben: Verstöße im pragmatischen oder kulturellen Bereich (›Kultur-F.‹). Diese F. führen zu affektiven Reaktionen, die das Miteinander der in unmittelbarem oder mittelbarem Kontakt stehenden Partner untergraben. Freilich benötigt die Lehrkraft, die ja in der Regel Nicht-Muttersprachler/in ist, adäquate Fremdsprachenkenntnisse, um solche F. überhaupt zu entdecken. Die in Deutschland produzierten ↗Lehrwerke noch der 1980er Jahre sind reich an Pragmatik- und Kultur-F.n, und das Videomaterial der ↗DESI-Studie legt nahe, dass die meisten Nicht-Muttersprachler in der Fremdsprachenlehrerschaft mehr oder minder gehäuft selbst entsprechende F. produzieren: Ihre pragmatisch-stilistischen und kulturellen Fertigkeiten im Bereich der zu vermittelnden Fremdsprache reichen nicht aus. Dies ist ein Problem der Lehrerausbildung und -fortbildung. Deutsche Firmen, deren Prosperität vom Export und Import von Waren und Dienstleistungen abhängt, geben nachweislich sehr viel Geld dafür aus, um ihre im Auslandseinsatz tätigen Mitarbeiter/innen in situationsadäquater Höflichkeit, aber beispielsweise auch in der Äußerung vorsichtiger, wohldosierter Kritik zu schulen, ihnen die deutsche Direktheit im Diskurs abzugewöhnen und ihre interkulturellen Fähigkeiten wie auch ihr diesbezügliches Problembewusstsein zu entwickeln – freilich im Kontakt mit entsprechend ausgebildeten, hochdotierten Muttersprachler/innen, zumeist an ausgesuchten ausländischen Sprachenschulen. In der globalisierten Welt sind pragmatische Adäquatheit und kulturelle Angemessenheit zentrale Bereiche ↗kommunikativer Kompetenz.

Der FU in Deutschland steht am Ausgang einer 200 Jahre währenden Epoche, in der er die leichten F. zu schweren deklarierte, die wirklich schweren dafür aber weitgehend unbeachtet ließ. Der Umdenkungsprozess seit Ende der 1990er Jahre geht allerdings noch weiter: Der Gemeinsame europäische Referenzrahmen und das Portfolio-Format verzichten auf jedes Auszählen von F.n. Stattdessen werden empirisch gewonnene Kompetenzniveaus (sechs Niveaus, von A1 bis C2) beschrieben, wobei positive Deskriptoren zur Anwendung kommen (*can do-statements*). Dabei wird die Möglichkeit fehlerhafter Äußerungen passend zu den unterschiedlichen Kompetenzniveaus der Lernenden durchaus eingeräumt: Kommunikationsprozesse und erst recht kommunikative Lernprozesse sind fehlerfrei nicht möglich. Auch Muttersprachler/innen produzieren F. In der Regel sind dies Performanz-F., doch es kommen auch Kompetenz-F. vor (im Englischen beispielsweise: falscher Gebrauch von Latinismen und Gräzismen). Sogenannte Interims-F. begleiten als integrativer Bestandteil jedes sprachlich-kulturellen Lernprozesses die Annäherung der Lernenden an Zielsprache und Zielsprachenkultur. Sie verschwinden von selbst wieder, wenn die Lernenden erst genügend sprachlichen Input bekommen haben, der es ihnen gestattet, weiter in das System vorzudringen und zu komplexeren Hypothesenbildungen, die Zielsprache und die Zielsprachenkultur betreffend, zu gelangen. Dabei wird Lernen als ein komplexer Konstruktionsprozess begriffen (↗Konstruktivismus/Konstruktion), den die oder der Lernende weitgehend selbständig und auf individuelle Weise durchläuft.

Lernende der Anfangsstadien einer Sprache neigen zu ↗Übergeneralisierungen. Die Zahl dieser falschen Verallgemeinerungen (»*I goed« parallel zu »I walked«) nimmt mit fortschreitendem Lernprozess ab. Lernende transferieren auch aus ihrer Muttersprache (negativer ↗Transfer: »I become« für »ich bekomme«) oder aus einer anderen vorher gelernten Sprache. Dabei können auch Dialekte eine Rolle spielen. Ein pfälzisches »isch han gebrung« kann im Englischen zu einem »*I've brung« (statt »brought«) führen. F. haben mitunter auch nicht-sprachliche Ursachen, etwa Traumata, Ängste, negativen Stress: Ein Schüler hat Angst, dass er einen ganz bestimmten F. machen könnte; er ›verheddert‹ sich und macht den F. Ist der Schüler gelöst, steigt seine kommunikative Leistung, auch die Flüssigkeit, mit der er die Fremdsprache produziert, und gleichzeitig sinkt die Zahl der vom Gegenüber bemerkten F.

Auch innerhalb eines FUs, der kommunikative und ↗interkulturelle kommunikative Kompetenz als oberste ↗Lernziele verfolgt, sind F.-prophylaxe (als Strategie, die das gehäufte Auftreten bestimmter F. vermeidet), F.analyse und F.therapie (bei ›hartnäckigen‹ F.n) wichtige didaktische Maßnahmen. Allerdings ist der Ansatz des traditionellen FUs, dass nämlich Regel-Lernen das probateste Mittel der F.vermeidung sei, heute umstritten: Praktisch alle SuS kennen die Vers gewordene Regel »he, she, it, das ›s‹ muss mit«. Dennoch gibt es genug Lernende, die zwischen der 5. und 10. Klasse das ›s‹ in der 3. Person Präsens vergessen. Man kann dies als Systemzwang, als eine Form der Übergeneralisierung, deuten (Englisch hat wenige Endungen, also lässt man auch die weg, die noch vorhanden sind), oder auch als Einfluss populärer Soziolekte des angelsächsischen Sprachraums, in denen diese Endung ebenfalls fehlt, oder schließlich als Interims-F. Wichtig ist, dass Lernende dazu gebracht werden, über die Ursache ihrer F., aber auch über ihre Wirkung, nachzudenken. Dazu bedarf es Hilfestellungen in Gestalt von Hypothesen, schon weil die gleiche F. bei unterschiedlichen Lernenden unterschiedliche Gründe haben kann und nur der oder die individuelle Lernende selbst zu einer plausiblen Erklärung zu finden vermag. Eine solche Erklärung ist dann auch ein Stück F.prophylaxe und wesentlich wirksamer als das gleichgerichtete Auswendiglernen von Regeln, die dann doch nicht angewandt werden, weil der Transfer von der Regel zur Anwendung nicht gegeben ist. Zu bedenken ist, dass die Konsequenzen von F.n für Nicht-Muttersprachler nicht immer einsichtig sind. So wissen deutschsprachige Lernende des Englischen beispielsweise nur selten, dass eine fehlerhafte Intonation gravierende kommunikative Folgen haben kann und insofern viel problematischer ist als eine falsche grammatische Form oder eine fehlende Vokabel. Im Zusammenhang mit der Thematisierung der kommunikativen Konsequenzen von F.n ist die Vermittlung von Reparaturtechniken bedeutsam.

F. müssen korrigiert werden, die kommunikativ gravierenden zuerst, schon um ↗Fossilisierungen zu vermeiden – aber stets im Rahmen eines Ansatzes, der selbst wieder das Adjektiv ›kommunikativ‹ verdient. Ein F. sollte freundlich, aber bestimmt, ohne Ironie oder gar Sarkasmus, aber doch anschaulich, vielleicht theatralisch überzeichnet, vor allem aber stets wohlwollend gekennzeichnet und korrigiert

werden. F.korrektur bedarf auf Lehrerseite also der kommunikativen Übung (*conversational approach*), gerade auch dann, wenn die Lehrkraft die Lernenden bei der ↗Korrektur einschaltet (*peer correction*). Starre Handlungsanweisungen, wie sie mitunter in der Lehrerausbildung gegeben werden, sind unter kommunikativen Gesichtspunkten eher kontraproduktiv. Quantitativ gesehen ist eine zu häufige, unterbrechende F.korrektur ebenso problematisch wie eine zu seltene, von der dann das Signal ausgeht, Anstrengung im Prozess der Sprachproduktion sei nicht vonnöten. Die Korrekturhäufigkeit hängt dabei ebenso von den Zielsetzungen der Unterrichtsphase ab (etwa: Flüssigkeitstraining vs. ↗Übung von Strukturen), wie vom Naturell der oder des zu korrigierenden Lernenden und von der Problematik des F.s. Insgesamt sollte die Lehrerschaft, wo immer didaktisch vertretbar, mehr Gelassenheit im Umgang mit F.n entwickeln. Sie sollte sich klar darüber sein, dass – menschlich verständlich – F. im Kontext von Schule und Unterricht nicht nur als sprachliche Verstöße aufscheinen, sondern oft auch als Affront gesehen werden, zeigt der oder die Lernende (angeblich) doch, dass er bzw. sie mal wieder nicht zugehört oder nichts gelernt hat. Das löst dann die oben beschriebenen ›Rachemechanismen‹ (Motto: »Dir wird ich's zeigen!«) aus, womit die Lehrkraft ihre neutrale Rolle als Lernberater/in verlässt. Kaum ein Schüler will F. machen, möglichst noch, um die Lehrkraft zu ärgern. Was SuS und Lehrkräfte unterscheidet, ist die (vielleicht ja gespielte) Lässigkeit, mit der SuS F.n begegnen, eine *nonchalance*, die der oder die Lehrende klassischerweise nicht hat und vielleicht auch nicht haben sollte. Mit dem neuen Blick auf die Lehrerrolle (↗Lehrer und Lehrerrolle) jedoch, die ihren Grund in einer gewandelten Perspektive auf den Lernprozess selbst hat, ändert sich auch der Umgang mit dem Phänomen F. Sicher führt das in Einzelfällen dazu, dass mehr F. gemacht werden als früher, dafür aber steigt die Flüssigkeit und mit ihr nicht zuletzt die kommunikative Leistungsfähigkeit insgesamt.

Lit.: P. Corder: The Significance of Learners' Errors. In: International Review of Applied Linguistics 5 (1967), 161–170. – K. Hecht/P. Green: Zur kommunikativen Wirksamkeit von fehlerhaften Schüleräußerungen. In: Praxis des neusprachlichen Unterrichts 36 (1989), 3–9. – K. Kleppin: F. und F.korrektur. ⁷2008

[1998]. – H. J. Krumm: Ein Glück, dass Schüler F. machen! In: E. Leupold/Y. Petter (Hg.): Interdisziplinäre Sprachforschung und Sprachlehre. Tüb. 1990, 99–105. – H. Raabe: Der F. beim Fremdsprachenerwerb und im Fremdsprachengebrauch. In: D. Cherubim (Hg.): F.linguistik. Tüb. 1980, 61–93. – L. Selinker: Interlanguage. In: International Review of Applied Linguistics 10 (1972), 209–231. – J.-P. Timm: F.korrektur zwischen Handlungsorientierung und didaktischer Steuerung. In: G. Bach/Ders. (Hg.): Englischunterricht. Grundlagen und Methoden einer handlungsorientierten Unterrichtspraxis. Tüb. ⁴2009 [1989], 161–186.   KoSch

Fernsehen ↗ TV-Didaktik

Fernsehkompetenz ↗ TV-Didaktik

Fernunterricht ist als Gegenteil zur Präsenzlehre eine spezifische Form der »Vermittlung von Kenntnissen und Fähigkeiten, bei der der Lehrende und der Lernende ausschließlich oder überwiegend räumlich getrennt sind, und der Lehrende oder sein Beauftragter den Lernerfolg überwachen« (FernUSG §1 Abs. 1; vgl. www.zfu.de). Zur Überbrückung der charakteristischen Distanz zwischen Lernenden und Lehrenden werden ↗ Medien eingesetzt, die zum Hauptmerkmal von F. avancieren. Klassisch zeichnet sich F. durch die Bereitstellung von Druckerzeugnissen (sog. Lehr- oder Studienbriefe) aus, mit denen der bzw. die Lernende sich Wissen zunächst selbst aneignen kann. Zur Förderung der Distanzbewältigung ist dieses F.-Material häufig in Form eines didaktischen Gesprächs (Brief) aufbereitet und enthält erkenntnisleitende Fragen und Aufgabenstellungen, die bearbeitet und zur Kontrolle zurückgeschickt werden müssen (sog. Einsendeaufgaben). In regelmäßigen Abständen finden meist zusätzlich Präsenztermine statt, die einerseits die Möglichkeit bieten, Inhalte zu vertiefen und Fragen zu klären, andererseits aber auch die soziale Interaktion zwischen den Lernenden sowie mit den Lehrenden fördern. Diese ↗ Blended Learning-Szenarien sind zwar eine Mischform aus F. und Präsenzunterricht, entsprechen aber dem Großteil der heute unter F. subsumierten Angebote.

1856 führte Gustav Langenscheidt in Berlin Korrespondenzbriefe für Französisch ein, die

als Ursprung des F.s in Deutschland überhaupt gelten. Traditionell konzentrierte sich der F. für Fremdsprachen auf die ↗ Fertigkeiten ↗ Lesen und ↗ Schreiben, die problemlos mittels Lehrbriefen und Einsendeaufgaben geschult werden können. Mit der technischen Entwicklung, welche die Einbindung auditiver (Radio, Tonkassette) und dann auch visueller Medien (Fernseher; vgl. Telekolleg) ermöglichte, konnten die rezeptiven Fertigkeiten um das ↗ Hörverstehen erweitert werden. Neuste Medien (Videokonferenz, Skype) erlauben auch das für das Fremdsprachenlernen essentielle Training des ↗ Sprechens und der ↗ Aussprache. F. ist zwar immer noch grundsätzlich von Schriftlichkeit geprägt, die Technik ermöglicht aber neue Formen der Interaktion und allgemeinen Organisation des Lernprozesses. Auch heute bestimmen Fremdsprachen noch einen Großteil des angebotenen F.s. Die Zentralstelle für F. (ZFU) verzeichnet derzeit 140 Sprachkurse für die gängigen Fremdsprachen Englisch, Französisch, Spanisch, Russisch und Italienisch; zusätzlich 41 DaF-Kurse, 5 Lateinkurse und 1 Kurs für Chinesisch. Neben der Fernuniversität Hagen bieten auch immer mehr Präsenzhochschulen zusätzlichen F. an (z.B. LMU München: DUO für DaF; TU Dresden: Scioviam für Latein; Universität Koblenz: TingoLingo für Englisch).

Struktur, ↗ Lernziele, Lernabschnitte sowie die zeitliche Reglementierung (Kursdauer, Termine der Präsenzen und Prüfungen) sind im F. zwar festgeschrieben, darüber hinaus entscheidet der bzw. die Lernende jedoch selbst über Lernzeit, -ort und -tempo, was den F. als ideale berufsbegleitende Weiterbildung auszeichnet. F. erfordert jedoch ein großes Maß an Selbstdisziplin und Durchhaltevermögen, kann je nach ↗ Lernertyp aber auch zur Überforderung oder Vereinsamung im Lernprozess führen. In Abgrenzung zum Selbststudium zeichnet sich F. jedoch durch pädagogische Begleitung durch Lehrende oder Tutor/innen aus: Einsendeaufgaben werden korrigiert und kommentiert, individuelle Beratung findet per Telefon oder auch mittels neuerer Medien (z.B. per E-Mail, Chat, Skype) statt und Präsenzphasen bieten Beratungs- und Austauschmöglichkeiten. Die Bildung lokaler Lerngruppen und fester persönlicher oder virtueller Kontaktzeiten sowie die Sicherstellung technischen Supports können dabei Problemen vorbeugen. Neben der klassischen Bereitstellung von Printmedien geht der Trend im F. zum CBT (*computer-based training*), wobei die Distribution der Lerninhalte über CD-ROM oder DVD erfolgt, oder gar zum WBT (*web-based teaching*), bei dem der Lerner einen Zugangscode erhält und virtuell auf einer Plattform auf die Inhalte zugreifen kann. So können Inhalte vernetzt dargestellt und direkt mit aktuellen externen Wissensbeständen im Netz verknüpft werden. Beim Fremdsprachenlernen ist dies insbesondere interessant für die Einbindung verschiedener Onlineressourcen (z.B. ↗Wörterbücher) oder authentischer tagesaktueller Medien (z.B. Zeitungsartikel).

Lit.: B. Holmberg: Distance Teaching of Modern Languages. Hagen 1989. – P. Sharma/B. Barrett: Blended Learning. Using Technology In and Beyond the Language Classroom. Oxford 2007. CJG

Fertigkeiten (*skills*) sind Handlungsabläufe, die zunächst erlernt und durch ↗Übung automatisiert werden (↗Automatisierung), um schließlich unbewusst zu erfolgen. Die Abgrenzung von F. zu Fähigkeiten erfolgt je nach Disziplin unterschiedlich; für die Fremdsprachendidaktik lässt sie sich am ehesten folgendermaßen veranschaulichen: F. sind Bestandteile der Fähigkeit zum Sprachhandeln, welche jedoch darüber hinaus viele von der Kommunikationssituation abhängige Faktoren beinhaltet (vgl. Krumm 2001b). Als die vier Grund-F., die für das Sprachenlernen seit langem als zentral erachtet werden und dadurch gewissermaßen zu eigenständigen ↗Lernzielen des FUs geworden sind, gelten das ↗Sprechen, das ↗Hörverstehen, das ↗Leseverstehen und das ↗Schreiben. In jüngerer Zeit werden auch das nonverbale Sehverstehen (↗Visuelle Kompetenz), vor allem aber die ↗Sprachmittlung als grundlegende F. des FUs diskutiert.

Es gilt jedoch, ein Verständnis von klar trennbaren (und damit unabhängig voneinander einzuübenden) F. zu überdenken. Ursprünglich beruhte die Aufschlüsselung verschiedener F. auf psycholinguistischen Vorstellungen von jeweils spezifisch aktivierten Hirnarealen – ein Ansatz, der inzwischen durch den neurowissenschaftlichen Nachweis einer weitläufiger vernetzten Aktivierung ebenso abgelöst wurde wie durch die Erkenntnis, dass es sich bei Sprachhandlun-

gen um komplexe Abläufe handelt, die sich kaum trennscharf in einzelne Bereiche aufteilen lassen (vgl. Krumm 2001a). So beinhaltet z.B. das Halten einer Rede auch Elemente des Hörens, indem auf Signale der Zuhörenden reagiert wird; jegliche Form der mündlichen oder schriftlichen ↗Kommunikation bedeutet ohnehin ein eng verzahntes Zusammenspiel verschiedener F. Hier zeigt sich auch, dass sich die Einteilung in rezeptive und produktive F. durch die Bedeutung von Interaktion auflöst bzw. durch letztere Komponente ergänzt werden sollte (die zuvor übliche Dichotomie ›passive/aktive F.‹ wurde aus diesem Grund bereits aufgegeben; vgl. Nieweler 2006). Während ein Verständnis von klar isolierbaren F. zu einem FU führt, der diese systematisch und getrennt einzuüben sucht, bevor es zu einer kommunikativen Anwendung kommt, legt ein ganzheitliches Konzept von Sprachhandlungen ein von vornherein stärker integratives bzw. die F. kombinierendes Sprachenlehren und -lernen nahe (vgl. ebd.). Dem wird teilweise auch im ↗Gemeinsamen europäischen Referenzrahmen (GeR) Rechnung getragen, indem die F. in konkrete Sprachhandlungszusammenhänge eingeordnet werden. Andererseits spielt auch im GeR das Konstrukt eindeutig unterscheidbarer F. weiterhin eine Rolle, allerdings nicht länger aus sprachpsychologischen, sondern vielmehr aus funktionalen Gründen im Sinne einer Leistungsmessung und -abstufung (vgl. Krumm 2001a). Die Interdependenz der verschiedenen F. sollte jedoch nicht aus den Augen verloren werden, zumal eine isolierende Betrachtung im Zuge einer starken Output-Orientierung die Gefahr birgt, Komponenten des Sprachhandelns jenseits der gemessenen F. zu vernachlässigen.

Lit.: H.-J. Krumm: Die sprachlichen F., isoliert, kombiniert, integriert. In: Fremdsprache Deutsch 24 (2001a), 5–13. – H.-J. Krumm: Fähigkeiten, F. In: Fremdsprache Deutsch 24 (2001b), 61–62. – A. Nieweler. Schulung der Grund-F. In: Ders. (Hg.): Fachdidaktik Französisch. Stgt 2006, 106–125. LK

Film ↗Filmdidaktik, ↗Filmkompetenz

Filmdidaktik. Die F. ist eine vergleichsweise junge Teildisziplin der Fremdsprachendidaktik. Sie untersucht, welche ↗Lernziele durch die Beschäftigung mit Filmen in institutionell orga-

nisierten fremdsprachlichen Lehr- und Lernprozessen verfolgt und welche ↗Kompetenzen
ausgebildet werden können, welche audiovisuellen Genres bzw. Formate sich für den FU besonders anbieten und welche Methoden der
Arbeit mit Filmen sinnvoll sind. Auch wenn
Filme seit dem Aufkommen der ↗audio-visuel-
len Methode in den 1950er Jahren schon über
einen relativ langen Zeitraum (mehr oder weniger häufig) im FU eingesetzt werden, hat sich
die F. als eigenständige fremdsprachendidaktische Disziplin nach ersten Anfängen in den
1980er Jahren (vgl. z.B. Buchloh 1983) erst seit
Beginn der 1990er Jahre etabliert. Dazu hat vor
allem Inge Schwerdtfeger mit ihrer Forderung
beigetragen, dass im FU neben dem ↗Hörver-
stehen, dem ↗Sprechen, dem ↗Leseverstehen
und dem ↗Schreiben als fünfte ↗Fertigkeit das
Sehverstehen (↗Visuelle Kompetenz) gefördert
werden sollte, eine Fertigkeit, die laut Schwerdtfeger (1989, 24) nicht nur für das Sprachverstehen wichtig sei, sondern die auch eine zentrale
Bedeutung für die Ausbildung der individuellen
Sprechfähigkeit und Sprechlust habe. Des Weiteren haben Einsichten aus der Kulturwissenschaft – wie die Skepsis gegenüber einem traditionellen Text- bzw. Literaturbegriff und gegenüber der Trennung zwischen Hochliteratur und
↗Populärkultur – dazu geführt, dass Filme verstärkt im FU eingesetzt und zunehmend Fragen
nach ihrer Vermittlung bearbeitet wurden. Zusätzlich hat das neue Trägermedium DVD Lehrenden neue Möglichkeiten für die Beschäftigung mit Filmen im FU eröffnet. Die DVD liefert nicht nur eine ausgezeichnete Bild- und
Tonqualität, sondern erleichtert auch den genauen Zugriff auf ausgewählte Filmsequenzen
und ermöglicht die freie Sprachwahl sowie das
zusätzliche Einblenden von fremdsprachigen
Untertiteln, was das Verstehen erleichtert und
das Lernen neuer Wörter fördert. Außerdem
bieten DVDs viel Zusatzmaterial wie z.B. den
Trailer eines Films, Dokumentationen zu technischen und künstlerischen Details, ausgelas-
sene Szenen, alternative Enden, das *making of*
oder Interviews mit Produzent/in, Regisseur/in
und einzelnen Schauspieler/innen. Dieses Zusatzmaterial lässt sich gerade im Kontext eines
handlungs- und produktionsorientierten FUs
gewinnbringend einsetzen.

Die fremdsprachliche F. diskutiert den Nutzen von Filmen für die Bereiche des Sprach-,
Literatur- und Kulturunterrichts bzw. der
↗Landeskunde. So wird z.B. für den ↗kommu-
nikativen FU das Potenzial von Filmen als
Auslöser für Sprechhandlungen hervorgehoben.
Dies wird u.a. dadurch begründet, dass Lernende durch die Visualisierung von Geschе-
hensabläufen im Film häufig stärker als bei
schriftsprachlichen Texten zu emotionalen Reaktionen und persönlichen Stellungnahmen in
Bezug auf das dargestellte Geschehen herausgefordert werden (vgl. ebd., 23). Neben der Förderung des ↗Sprechens dienen Filme in der
Sprachausbildung als ↗Medien für die Entwicklung des Hör-/Sehverstehens (vgl. Thaler
2007). Fremdsprachige Filme sind authentische
Kulturprodukte (↗Authentizität), in denen die
Zielsprache durch ↗Bilder, konkrete Situationen und menschliche Begegnungen sowie durch
Geräusche und ↗Musik kontextualisiert ist
(↗Kontextualisierung). Da bei ihrer Rezeption
zudem unterschiedliche Sinne gleichzeitig angesprochen werden, erleichtern Filme den Zugang
zur und das Verständnis der fremden Sprache.
In Filmdialogen kommen außerdem neben verbalen auch nonverbale und paralinguistische
Aspekte von Kommunikation wie Mimik,
Gestik und Körpersprache bzw. Intonation,
Sprechtempo, Sprechpausen usw. zur Geltung
(↗Nonverbale Kommunikation), die Bestandteil jeder mündlichen ↗Kommunikation und
für das Verstehen einer fremden Sprache hilfreich sind.

Um das Potenzial von Filmen für die visuelle
Unterstützung des Sprachlernprozesses nutzen
zu können, wurde innerhalb der F. eine Reihe
von methodischen Zugangsweisen entwickelt.
Im Unterricht bewährt hat sich die Aufteilung
der Filmarbeit in die unterschiedlichen Phasen
vor, während und nach dem Sehen. In der sog.
pre-viewing phase wird bei den Lernenden
durch Einstimmungsübungen im Vorfeld des
Filmsehens (z.B. Assoziationsübungen anhand
des Filmtitels, des Filmplakats oder des Trailers)
eine thematische Erwartungshaltung geschaffen
und auf den ↗Wortschatz des Films vorbereitet.
Aufgaben, die während des Sehens eines Films
bearbeitet werden (*while-viewing activities*),
dienen sowohl der Verständnissicherung als
auch der Erfassung filmspezifischer Darstellungsformen. Neben Fragen zum Inhalt, zu den
Figuren und den verwendeten ästhetischen
Mitteln sind dabei ganz unterschiedliche

Übungsformen denkbar, wie das Zeigen eines Filmausschnittes ohne Ton (*silent viewing*) oder das Verfolgen der Tonspur ohne Bild (für weitere Aufgabenbeispiele vgl. Stempleski/Tomalin 2001, Nünning/Surkamp 2008). Dabei ist es sinnvoll, arbeitsteilige Sehaufträge (sog. *split viewing tasks*) zu vergeben, bei denen die SuS während des Filmesehens auf unterschiedliche Aspekte achten und daher insgesamt weniger Informationen verarbeiten müssen. Nach dem Filmesehen (*post-viewing phase*) wird im kommunikativ ausgerichteten FU besonders darauf geachtet, dass die Lernenden zunächst mit ihren persönlichen Reaktionen und Stellungnahmen zu Wort kommen – z.B. in einer Art Rezeptionsgespräch (↗Unterrichtsgespräch), das mit offenen Fragen wie »Was hat dir an dem Film (nicht) gefallen?« oder »Was hat dich besonders beeindruckt?« beginnt. Für die Zielsetzungen eines lerner- und handlungsorientierten FUs (↗Lernerorientierung, ↗Handlungsorientierung) wurden zudem kreative Methoden (↗Kreativität) im Umgang mit Filmen entwickelt: So können SuS durch das Nachspielen von Schlüsselszenen oder die Gestaltung eines eigenen Filmposters ästhetisch-künstlerisch tätig werden oder sich schriftsprachlich produktiv betätigen und fremdsprachliche Texte wie innere Monologe zu den Gedanken der Figuren oder eine Rezension zum Film entwerfen.

Über den wichtigen Beitrag hinaus, den Filme für die Entwicklung ↗kommunikativer Kompetenzen leisten können, hat die F. weitere Verwendungszusammenhänge von audiovisuellen Texten im FU aufgezeigt. Nicht zuletzt durch die Initiative der Bundeszentrale für politische Bildung, die im Jahr 2003 mit ihrer Filmkompetenzerklärung die Diskussion um ein filmschulisches Kerncurriculum entfachte, wird zu Beginn des 21. Jh.s auch in der fremdsprachlichen F. gefordert, bei den Lernenden ↗Filmkompetenz (*film literacy*) auszubilden, d.h. die Fähigkeit, bewegte Bilder zu lesen und bewusst mit dem Medium Film umzugehen. Außerdem soll dem Kunstcharakter von Filmen mehr Rechnung getragen werden, »indem die Beschäftigung mit den dargestellten Inhalten und mit den Mitteln der filmischen Gestaltung ins Zentrum des Unterrichts rückt« (Wilts 2001, 211 f.). Es gilt, der ästhetischen Besonderheit von Film als plurimedialer Textsorte gerecht zu werden. Das Lernziel ist es daher, dass die SuS

Filme sehen und auch hören lernen, um das Zusammenspiel von visuellen und akustischen, sprachlichen und außersprachlichen Zeichen in seiner Komplexität für das Wirkungs- und Funktionspotenzial eines Films deuten zu können.

Das Methodenspektrum zur Erreichung dieses Lernziels reicht von analytischen Filmbetrachtungen (u. a. mit Hilfe von Sequenzprotokollen und durch den Erwerb filmspezifischen Wissens bzw. Vokabulars) bis hin zur produktiven, kreativen Filmarbeit. Für Filmanalysen im FU liefern Alan Teasley und Ann Wilder (1997, Kap. 2) einen hilfreichen, dreigeteilten Bezugsrahmen, der literarische von dramatischen und cineastischen Aspekten unterscheidet und Lehrenden wie Lernenden ermöglicht, bei der Interpretation audiovisueller Texte auch auf vertrautes literar-ästhetisches Wissen zurückzugreifen. Bei der Analyse der literarischen Aspekte eines Films geht es um Fragen nach dem Plot, nach den Figuren, nach wiederkehrenden Themen, nach der Raum- und Zeitdarstellung sowie nach der Erzählweise. Unter die dramatischen Aspekte eines Films fallen die Rollenbesetzung, Gestik und Körpersprache der Figuren, Maske und Kostüme sowie die Ausstattung des Schauplatzes und die Requisiten. Mit den filmspezifischen Aspekten sind die Bild- und Tongestaltung gemeint, es wird also u.a. nach Kameraeinstellungen und -bewegungen, nach dem Einsatz von Musik sowie nach Schnitttechniken gefragt.

Ein weiterer wichtiger Verwendungszusammenhang von Filmen im FU ist die Beschäftigung mit Literaturverfilmungen. Neuere Entwicklungen innerhalb der F. versuchen, der vielerorts gängigen Praxis entgegenzuwirken, nach der Behandlung eines Dramas oder Romans quasi als Belohnung am Ende einer Unterrichtseinheit die Verfilmung des Textes ohne weitere Einbindung in den Unterrichtsverlauf zu zeigen. Mit dem Ziel, eine integrative ↗Mediendidaktik zu verfolgen und die besondere Ästhetik literarischer und filmischer Texte einander gegenüberzustellen, soll nicht das Kriterium der Werktreue, sondern der Medienwechsel selbst im Vordergrund stehen (vgl. Surkamp 2009). Bei einem Vergleich von Buch und Film, bei dem in der Regel abwechselnd mit Filmsegmenten und Auszügen aus der literarischen Vorlage gearbeitet wird (sog. ›Sandwichverfahren‹), wird also gefragt, wie unterschiedlich die Medien vorgehen, um eine Geschichte zu erzählen, um Informationen zu vergeben, Spannung zu erzeugen oder die Sympathien der Leser/innen bzw. Zuschauer/innen zu lenken. Durch ein solches Vorgehen kann auch die ↗narrative Kompetenz der Lernenden gefördert werden.

Methodisch lassen sich die Charakteristika der beiden Medien auch durch kreative und prozessorientierte Herangehensweisen erarbeiten. Eine für SuS motivierende Aufgabe besteht darin, sie in die Rolle von Filmemachern schlüpfen zu lassen, indem sie Überlegungen zur Verfilmung der literarischen Vorlage, z.B. einer Kurzgeschichte, anstellen, um dann am Ende ihren eigenen kleinen Film zu drehen (vgl. Güldner 1996). Das Drehen eines Films bietet sich aufgrund des damit verbundenen Aufwandes insbesondere für den ↗Projektunterricht an. Ein wesentlicher Vorteil des filmproduktiven Arbeitens besteht darin, dass die Lernenden *aktiv* Filmkompetenz erwerben. Sie müssen sich z.B. überlegen, wie der literarische Text in die Sprache des Films übersetzt werden kann, was als Text erhalten bleiben und welche Informationen über Bilder und Geräusche vermittelt werden sollen (vgl. ebd., 62).

Im Kontext Landeskunde bzw. Kulturunterricht (↗Kulturdidaktik) werden Filme vor allem deshalb eingesetzt, weil sie Einblicke in andere Länder und Kulturen, deren Wirklichkeitsvorstellungen und Denkweisen gewähren. Dadurch ermöglichen sie die Erweiterung des kulturellen Horizonts der Lernenden, die Reflexion über eigen- und fremdkulturelle Aspekte und die Förderung von ↗Fremdverstehen. Weder Spiel- noch Dokumentarfilme sollten im FU jedoch für die bloße Entnahme von Informationen über ein anderes Land oder eine andere Kultur instrumentalisiert werden. Filme sind kein Spiegel von Wirklichkeit. Sie bilden nicht *die* Wirklichkeit ab, sondern liefern durch die Selektion dessen, was dargestellt wird, sowie die Art und Weise, wie das Geschehen dargestellt wird, einen bestimmten Blick auf die Wirklichkeit. Diese kulturwissenschaftliche Einsicht erfordert, dass ein fremdsprachlicher Filmunterricht mit landeskundlichen Zielen bzw. mit dem Fokus auf ↗(inter)kulturellem Lernen auch die Machart der Filme, also ihre besondere Ästhetik, näher in den Blick nimmt und nach der medialen Konstruiertheit und Inszeniertheit der dargestellten Wirklichkeit fragt (vgl. Surkamp 2004). Darüber hinaus hat die F. gezeigt, wie fruchtbar die Einbeziehung des Produktions- und Rezeptionskontexts eines Films im Unterricht ist. Die Auseinandersetzung mit dem Medienbetrieb und der Einblick in die Realisierung eines Filmprojekts sind insbesondere deshalb wichtig, weil sich z.B. Spannungsverhältnisse zwischen ökonomischen Vorgaben und künstlerischen Vorstellungen auf die Ästhetik audiovisueller Texte auswirken (vgl. ebd.). Auch der Rezeptionskontext hat Auswirkungen auf die Gestaltung von Filmen: Die durch Einschaltquoten im Fernsehen und Besucherzahlen in Kinos ermittelten Vorlieben der Zuschauer/innen werden bei der Filmproduktion vielfach aufgegriffen, reproduziert und bisweilen sogar verstärkt.

Zusammenfassend kann festgehalten werden, dass die F. sowohl filmanalytische als auch verschiedene handlungs- und produktionsorientierte Aufgaben für die Arbeit mit Filmen entwickelt hat, um nicht nur rezeptive und kognitive, sondern auch imaginative, affektive und (inter)kulturelle Fähigkeiten auf Seiten der Lernenden zu fördern (für eine Zusammenfassung der verschiedenen Lernziele des fremdsprachlichen Filmunterrichts vgl. Blell/Lütge 2004, 404 und Nünning/Surkamp 2008, 275). Die verschiedenen Zugangsweisen sollten dabei nicht als Alternativen verstanden, sondern je nach verfolgtem Lernziel individuell ausgewählt werden.

Trotz aller Vorteile des Filmeinsatzes im FU und trotz aller bisher schon entwickelten Konzepte und Methoden gibt es innerhalb der F. noch einige Fragen zu klären. So werden bislang die Aktivität des Zuschauers bzw. der Zuschauerin bei der Filmrezeption und das subjektive Film*erleben* im FU nicht genügend berücksichtigt (vgl. Decke-Cornill/Luca 2007), bzw. Filmanalyse und Filmerleben werden als zwei einander entgegengesetzte Pole angesehen, an denen sich die Diskussion um analytische und kreative Filmarbeit entspinnt. Dabei hat das Filmerleben erheblichen Einfluss auf die Interpretation filmästhetischer Elemente. Die persönlichen und kulturellen Voraussetzungen der Rezipient/innen spielen beim ↗Verstehen des dargestellten Geschehens eine große Rolle. Die Erkenntnisse der Rezeptionsästhetik, wie sie in die Diskussion um den Einsatz schriftsprachlicher Texte im FU innerhalb der ↗Literaturdidaktik inzwischen selbstverständlich einbezogen werden, sind in Bezug auf Filme – im Sinne einer aktiven Mitarbeit der Zuschauer/-innen bei der Sinnfindung – noch nicht genügend ins Bewusstsein gedrungen. Zukünftig sollten daher Konzepte wie ↗Erfahrungs- und ↗Lernerorientierung im Filmunterricht einen höheren Stellenwert erlangen und das Filmerleben mehr in den Mittelpunkt gestellt werden, z.B. über die Einbeziehung des Kinos als außerschulischem Lernort (vgl. Lütge 2010).

Eine weitere Herausforderung für die F. ist die Entwicklung eines (idealerweise fächerübergreifenden) Filmcurriculums (vgl. z.B. Möller 2010). Detaillierte Filmanalysen und die kulturwissenschaftliche Untersuchung von audiovisuellen Medien sind eher für den FU der Sekundarstufe II geeignet. Damit die Analyse eines Films für Lernende aber ebenso selbstverständlich wird wie die Analyse anderer ästhetischer Texte, sollte mit der Förderung des Seh-Hör-Verstehens und der Ausprägung filmanalytischer Fertigkeiten viel früher begonnen werden, als dies bisher in der Regel der Fall ist. So könnte es durch die Heranführung an die Filmarbeit durch vereinfachte, sich an ein bis zwei Leitfragen orientierende Aufgaben anhand klar strukturierter, kurzer Filme im Laufe der Schulzeit zu komplexeren Analysen auch längerer Spiel- und Dokumentarfilme kommen. Auf diese Weise würde auf die stetige Entwicklung von *film literacy* als Teil einer allgemeinen ↗Medienkompetenz hingewirkt, die nicht zuletzt der Allgegenwärtigkeit des Mediums ›Film‹ in der Lebenswelt der SuS im 21. Jh. angemessen wäre.

Lit.: P.G. Buchloh: Englischsprachige Literatur im Film. Philologische Methoden der Filmanalyse. In: H. Groene et al. (Hg.): Medienpraxis für den Englischunterricht. Paderborn 1983, 256–281. – G. Blell/C. Lütge: Sehen, Hören, Verstehen und Handeln. Filme im FU. In: Praxis FU 1/6 (2004), 402–405. – H. Decke-Cornill/R. Luca: Filmanalyse und/oder Filmerleben? Zum Dualismus von Filmobjekt und Zuschauersubjekt. In: Dies. (Hg.): Jugendliche im Film, Filme für Jugendliche. Medienpädagogische, bildungstheoretische und didaktische Perspektiven. Mü. 2007, 11–30. – G. Güldner: Vom Text zum Film. Schüler drehen Videofilme nach literarischen Vorlagen. In: Praxis Deutsch 23/140 (1996), 62–64, 67. – C. Lütge: Kinowelten erkunden. Fremdsprachliche Begegnungen im audiovisuellen Lernraum. In: W. Gehring/E. Stinshoff (Hg.): Außerschulische Lernorte des FUs. Braunschweig 2010, 113–124. – S. Möller: Hör-/Seh-kompetenz entwickeln. In: Englisch 5–10 10 (2010), 38–39. – A. Nünning/C. Surkamp: Grundlagen der Arbeit mit Literatur in anderen Medien I. Beispiel Film. In: Dies.: Englische Literatur unterrichten. Grundlagen und Methoden. Seelze ²2008 [2006], 245–275. – I. Schwerdtfeger: Sehen und Verstehen. Arbeit mit Filmen im Unterricht Deutsch als Fremdsprache. Bln ⁵1993 [1989]. – S. Stempleski/B. Tomalin: Film. Oxford 2001. – C. Surkamp: Spielfilme im fremdsprachlichen Literaturunterricht. Beitrag zu einer kulturwissenschaftlichen Filmdidaktik. In: L. Bredella et al. (Hg.): Literaturdidaktik im Dialog. Tüb. 2004, 239–267. – C. Surkamp: Literaturverfilmungen im Unterricht. Die Perspektive der Fremdsprachendidaktik. In: E. Leitzke-Ungerer (Hg.): Film im FU. Literarische Stoffe, interkulturelle Ziele, mediale Wirkung. Stgt 2009, 61–80. – A.B. Teasley/A. Wilder: Reel Conversations. Reading Films with Young Adults. Portsmouth 1997. – E. Thaler: Film-based Language Learning. In: Praxis FU 1 (2007), 9–14. – J. Wilts: Grundzüge einer Spielfilmdidaktik für den Französischunterricht. In: Neusprachliche Mitteilungen aus Wissenschaft und Praxis 54/4 (2001), 210–221. **CS**

Filmkompetenz (auch *film literacy*) bezeichnet die Fähigkeit, bewegte Bilder lesen, die akustischen Signale von audio-visuellen Formaten deuten sowie das Medium ›Film‹ (kritisch) nutzen und gestalten zu können. Unter Rückgriff auf die von Norbert Groeben (2004) konturierten Dimensionen von Medienkompetenz lässt sich der Begriff der F. weiter ausdifferenzieren (vgl. Surkamp 2010): (1) Eine wichtige Teilkompetenz von F. ist Medialitätsbewusstsein. Lernenden sollte bewusst werden, dass es sich bei Filmen um konstruierte Bilder von Wirklichkeit aus einer bestimmten Perspektive handelt. Diese Differenzierung ist wichtig für den FU, weil Filme im Kontext ↗Landeskunde dazu eingesetzt werden, SuS einen Einblick in die gesellschaftliche Wirklichkeit anderer Länder und Kulturen zu vermitteln (↗Filmdidaktik). (2) Zur F. gehört des Weiteren Filmwissen, d.h. Kenntnisse über die Strukturen, Bedingungen sowie Wirkungsmechanismen filmischer Verfahren. Da es sich beim Film um ein Verbundmedium handelt, das Bilder, Sprache, Musik und Geräusche miteinander verknüpft, versetzt Filmwissen Lernende in die Lage, die optischen und akustischen Codes eines Films in ihrer (auch simultanen) Informationsvielfalt zu lesen. Filmwissen schließt außerdem Kenntnisse über die Rahmenbedingungen des Mediums ein, z.B. die Sensibilisierung für den Einfluss von Pro-

duktions- und Rezeptionsbedingungen auf ästhetische Formate (↗TV-Didaktik) sowie für
das Produkt Film als wirtschaftsbestimmenden
Faktor (Productplacement, Werbeaktionen von
Filmstars). (3) Mit filmspezifischen Reaktions-
mustern wird drittens die Fähigkeit bezeichnet,
unterschiedliche Verarbeitungsstrategien bei
der Filmrezeption entsprechend dem jeweiligen
Genre anzuwenden. Das Wissen um die typischen Merkmale eines Westerns, Kriminalfilms
oder einer romantischen Komödie ist hilfreich
für einen adäquaten Erwartungsaufbau, da die
Lernenden dadurch gezielt bestimmte Rezep-
tionsmuster aktivieren können, die das Film-
verständnis (gerade auch in der Fremdsprache)
erleichtern können. (4) Aus motivationaler Perspektive (↗Motivation) kommt der filmbezogenen Genussfähigkeit ein wichtiger Stellenwert
zu. Groeben (2004, 170) zufolge ist der Genuss
ein entscheidender Faktor für den Zugang zur
Medienrezeption. Zwei Dimensionen spielen
dabei eine wichtige Rolle (vgl. ebd.): zum einen
eine kognitive Dimension – in diesem Fall handelt es sich um den Genuss, der durch das Wissen über das Medium und eine intensive Analyse zustande kommt; und zum anderen eine
affektive Dimension – hier geht es um Genuss-
möglichkeiten, die durch die Identifikation mit
den Filmcharakteren entstehen. (5) Sowohl das
Filmwissen als auch die filmspezifischen Reak-
tionsmuster sollten schließlich praktische Anwendung in einer filmbezogenen Kritikfähigkeit
finden. (6) Neben diesen rezeptiven Kompetenzen ist eine sechste Teilfertigkeit im Erwerb einer produktiven F. zu sehen, d.h. Lernende
sollten Filmformate auch selbst gestalten können, um zu erfahren, wie Filme entstehen und
inwiefern mit filmspezifischen Strategien bestimmte Wirkungseffekte erzielt werden können. (7) Eine letzte Teilkompetenz von F. ist die
Fähigkeit der Lernenden zur Anschlusskommunikation. Nach Groeben (ebd., 178) ermöglicht
erst die Kommunikation der Lernenden über
die eigenen Rezeptionserfahrungen sowohl eine
filmbezogene Kritik- als auch Genussfähigkeit
sowie die Entwicklung von Medialitätsbewusstsein. Erst über Anschlusskommunikationen
spüren Lernende Ähnlichkeiten und Unterschieden zwischen der medialen Wirklichkeit und
ihrer eigenen Lebenswelt nach und entwickeln
Strategien zur Verarbeitung und Bewertung des
Dargestellten.

Da es an deutschen Schulen kein eigenes
Fach zur Film- bzw. Medienerziehung gibt,
wird die Schulung von F. als fächerübergreifende Aufgabe angesehen. Vor allem in den Fächern Deutsch, Kunst, Geschichte, Politik und
Ethik sowie in den Fremdsprachen soll F. ausgebildet werden. Dies zieht nach sich, dass
weitere, fachspezifische Teilkompetenzen zu
den schon genannten Aspekten von F. hinzukommen (vgl. Blell/Lütge 2004, 404). Für den
FU mit seinem obersten ↗Lernziel der Entwicklung ↗interkultureller kommunikativer Kompetenz ist dies vor allem eine fremdsprachliche
↗Handlungs- und Kommunikationskompetenz
im Hinblick auf audio-visuelle Formate: Es gilt,
das Seh-/Hörverstehen in der Fremdsprache zu
schulen (↗Hörverstehen, ↗Visuelle Kompetenz)
und die sprachproduktive Selbständigkeit bei
der Filmarbeit zu fördern. Zudem sollen Lernende im Sinne des ↗interkulturellen Lernens
Reflexionsfähigkeit über eigen- und zielkulturelle Aspekte bei der Interpretation fremdsprachiger Filme erlangen. Eine der zukünftigen
Herausforderungen der fremdsprachlichen
Filmdidaktik besteht in der Beantwortung der
Frage, wie F. auf unterschiedlichen Niveaus ge-
stuft und beschrieben sowie ab dem Anfangsunterricht bis in die Sekundarstufe II hinein
kontinuierlich entwickelt werden kann.

Lit.: G. Blell/C. Lütge: Sehen, Hören, Verstehen und
Handeln. Filme im FU. In: Praxis FU 1/6 (2004),
402–405. – N. Groeben: Dimensionen der Medienkompetenz. Deskriptive und normative Aspekte. In:
Ders./B. Hurrelmann: Medienkompetenz. Voraussetzungen, Dimensionen, Funktionen. Weinheim/Mü.
2004, 160–197. – C. Surkamp: Zur Bedeutung der
Schulung filmästhetischer Kompetenz aus der Sicht
unterschiedlicher Fächer. In: M. Kepser (Hg.): Fächer
der schulischen Filmbildung. Deutsch, Englisch,
Kunsterziehung und Geschichte. Mü. 2010.   CS

Förderunterricht wird im allgemeinen Sprachgebrauch als Nachhilfeunterricht verstanden,
der Unterrichtsinhalte erneut aufbereitet und
den Abbau von Lernschwierigkeiten unterstützt. Schulentwicklungen seit Beginn des
21. Jh.s definieren (auch hervorgerufen durch
die ↗PISA-Studie) F. neu: SuS werden in ihrer
Einzigartigkeit fokussiert, ihre Heterogenität
wird bejaht und ihre individuellen Stärken und
Schwächen werden aufgedeckt. Diese gezielte
und individuelle Förderung (und Forderung)
gewinnt auch deshalb zunehmend an Bedeu-

tung, da »alle internationalen Schulvergleichsstudien eindeutig gezeigt haben, dass integrative Schulsysteme, in denen differenziert diagnostiziert und – darauf aufbauend – individuell gefördert und gefordert wird, unserem deutschen Schulsystem in vielen Beziehungen überlegen sind« (Paradies/Linser/Greving 2007, 9).

Das Recht auf individuelle Förderung ist in vielen Schulgesetzen der einzelnen Bundesländer bereits festgeschrieben. Die Grundsatzerlasse der einzelnen Schulformen konkretisieren diesen Auftrag. Lernbiographien (Dokumentationen der individuellen Lernentwicklung) sollen die gezielte Lernentwicklung und bruchlose Förderung der SuS während ihrer gesamten Schullaufbahn, vor allem beim ↗ Übergang zwischen Schulformen, ermöglichen. Vor Ort entwickeln die Schulen in den Fachbereichen speziell auf ihre Rahmenbedingungen abgestimmte Förderkonzepte. Ein so eingeleiteter ›Förderkreislauf‹ gestaltet sich wie folgt: Während einer Diagnosephase werden die SuS zunächst genau beobachtet und ihre individuelle Lernausgangslage wird ermittelt (↗ Leistungsermittlung). Die detaillierten Informationen geben Auskunft über die Bereiche, in denen Leistungsdefizite, besondere Begabungen oder Interessen vorhanden sind, und enthalten Hinweise, die ein Leistungsversagen erklärbar machen. Die betroffenen SuS und, wenn möglich, auch deren Eltern, werden in diesen Prozess mit einbezogen. F. impliziert Kooperation, Transparenz und Kontinuität und setzt die Bereitschaft der SuS voraus, die festgestellten Defizite beheben und/oder die Stärken ausbauen zu wollen. Der von der Lehrkraft in Zusammenarbeit mit den Kolleg/innen in Förderkonferenzen erstellte Förderplan enthält einen Katalog der besonderen Fördermaßnahmen, die benötigt werden. Hierbei darf es für die Lehrkraft kein Widerspruch sein, die staatlichen curricularen Vorgaben (↗ Lehrplan) mit dem persönlichen Lernstil der SuS (↗ Lernertypen) in Einklang zu bringen. Am Ende einer Fördereinheit wird in einer Evaluationsphase überprüft, ob sich die Wissenslücken geschlossen haben, wie groß der Lernzuwachs ist und ob das Arbeits- und Sozialverhalten (↗ Sozialkompetenz) sich verbessert haben. Wichtig ist auch hier der Dialog aller Beteiligten. Je nach Ergebnis wird der Förderplan beendet oder die Fördermaßnahmen entsprechend korrigiert

und fortgeführt. Zensierte Lernkontrollen werden im F. nicht durchgeführt.

Gezielte Förderplanung und deren konsequente Umsetzung erfordert von den Lehrkräften einen hohen Grad an pädagogischer Professionalität. Diagnostische Kenntnisse standardisierter ↗ Tests sowie methodische Kenntnisse zur Schaffung differenzierter Lernangebote (↗ Differenzierung) verändern auch hier das Aufgabengebiet der Lehrkraft hin zum Lernberater (↗ Lehrer und Lehrerrolle), der durch sein pädagogisches Handeln das ↗ autonome Lernen seiner Schülerschaft unterstützt. Schulrechtliche Entwicklungen berücksichtigen dies, indem sowohl die KMK als auch die Kultusministerien der einzelnen Bundesländer daran arbeiten, Kompetenzbereiche, Fähigkeiten und neue Aufgaben für alle deutschen Lehrkräfte im Bereich des pädagogischen Diagnostizierens sowie des individuellen Förderns/Forderns festzuschreiben (vgl. Paradies/Linser/Greving 2007, 22). Für die praktische Umsetzung bieten Schulbuchverlage in zunehmendem Maße Diagnoseverfahren (auch online) und darauf abgestimmte Fördermaterialien an, Fachliteratur liefert anhand vielfältiger Kopiervorlagen (z.B. Förderpläne) ebenfalls diagnostische Hilfeleistungen.

Im FU muss vor allem Binnendifferenzierung den heterogenen Voraussetzungen und dem individuellen ↗ Vorwissen der Schülerschaft, z.B. den SuS aus bilingualen Kindergärten, gerecht werden. ↗ Einsprachigkeit und ↗ alternative Lehr- und Lernformen stärken die zu vermittelnden ↗ Kompetenzen. Angestrebtes selbständiges Lernen wird besonders durch Formen des ↗ offenen Unterrichts (Lernen an Stationen, Freiarbeit, Wochenpläne) unterstützt. Effektiver F. setzt somit sprachlich und methodisch qualifizierte Fachlehrkräfte auch und besonders im ↗ frühen FU voraus, die neben Sprachbewusstheit (↗ Bewusstheit/Bewusstmachung) auch ↗ interkulturelle kommunikative Kompetenz als Anspruch und Ziel des Unterrichts anstreben. Die Arbeit mit einem ↗ Portfolio (Grundportfolio für das 3./4. Schuljahr) führt die Grundschulkinder an selbständiges Erkennen und Überprüfen der eigenen, individuellen Fortschritte heran. Im Aufbauportfolio wird dieses Instrument zur Selbsteinschätzung bis ins Erwachsenenalter fortgeführt. In der Sekundarstufe I erfolgt eine erneute Lernstandsdiagnose in Zusammenarbeit mit den abgebenden Grundschulen. Eine gelungene Fortführung des FUs setzt zum einen ausreichende Kenntnisse über die Unterrichtsmethoden und -inhalte der jeweils anderen Schulform voraus. Außerdem müssen Lernfreude und ↗Motivation für das Erlernen von Fremdsprachen über die Grundschulzeit hinaus erhalten bleiben. Nach dem Durchlaufen erneuter Diagnoseverfahren wird der Förderkreislauf wie oben skizziert wieder aufgenommen, neue Fördermaßnahmen werden eingeleitet.

Weitere Aspekte fallen unter den Begriff von F.: Im Bereich der Begabten- und Hochbegabtenförderung greifen Möglichkeiten der Akzeleration (vorzeitiges Einschulen, Überspringen, ›Drehtürmodell‹), Zusatzangebote durch *enrichment* (zusätzliche Kurse, Teilnahme an Wettbewerben, Kooperation mit Universitäten) sowie der Erwerb internationaler Fremdsprachenzertifikate (↗Zertifikate). Zudem zeigt die integrative Beschulung behinderter und nicht behinderter SuS in Modellversuchen erstaunliche Ergebnisse für beide Seiten. F. in der hier skizzierten Form konkret in den Schulalltag einzugliedern und mit der Realität vor Ort (Klassenfrequenzen, Lehrerversorgung, Vertretungsunterricht, zentrale Prüfungen, verbindliche ↗Standards) erfolgreich zu verbinden, bedeutet jedoch zunächst einen Kraftakt für alle Beteiligten.

Lit.: L. Paradies/H.J. Linser/J. Greving: Diagnostizieren, Fordern und Fördern. Bln ³2009 [2007]. – K. Rebel (unter Mitarb. von W. Saßnick-Lotsch): Lernkompetenz entwickeln, modular und selbstgesteuert. Braunschweig 2008.   MHW

Fluency ↗Sprechen

Forschendes Lernen ↗Entdeckendes Lernen

Forschungsmethoden und Forschungsinstrumente. Eine Fremdsprachendidaktik, die sich als Fremdsprachen*forschung* versteht, ist durch Methodenpluralität und interdisziplinäre Vielfalt geprägt. Dadurch entsteht eine große Breite und Tiefe des Fachs, die sich nicht zuletzt in ihren FM. und FI.n offenbart. Um ihr übergeordnetes Ziel, das Verstehen von Prozessen fremdsprachlicher ↗Bildung in institutionellen und nicht-institutionellen Kontexten zu erreichen, greift die Fremdsprachenforschung auf die the-

oretischen und empirischen Erkenntnisse zahlreicher ↗Bezugswissenschaften zurück. Zur Beantwortung ihrer Forschungsfragen verwendet sie in diesen Bezugsdisziplinen etablierte Werkzeuge, entwickelt aber auch eigene Forschungsansätze und FM., um damit die für das Forschungsfeld zentralen Begriffe zu konstruieren. Die enorme methodische Spannweite kommt nicht einfach dadurch zustande, dass ganz verschiedene Objekte in den Blick genommen werden. Vielmehr ergibt sie sich aus der Komplexität jedes einzelnen Gegenstands: So reicht die Spanne allein der ↗Literaturdidaktik von geisteswissenschaftlichen Ansätzen wie der Texthermeneutik über sozialwissenschaftlich empirische Verfahren wie der Rezeptionsforschung bis zu neurowissenschaftlichen Methoden in der Leseprozessforschung. Dies verdeutlicht, warum das zu Beginn des 21. Jh.s starke Übergewicht der ↗Empirie im Wissenschaftsbetrieb nicht einfach auf die Fremdsprachenforschung übertragen werden kann. Texte und ihre Sprache lassen sich nicht vollständig durch die empirische Erforschung ihrer Produktion oder Rezeption erfassen. Sie erfordern gleichermaßen hermeneutische Verfahren, um ihre möglichen Bedeutungen durch semiotische Analyse und historische ↗Kontextualisierung zu re- und dekonstruieren. Dementsprechend enthält der Werkzeugkasten der Fremdsprachenforschung sowohl empirische und als auch nicht-empirische FM. und FI., die im Folgenden nacheinander dargestellt werden.

Das Begriffspaar ›Methoden und Instrumente‹ ist deshalb günstig, weil es jene Polarität der Bedeutung aufschlüsselt, die im zurzeit sehr oft verwendeten Modebegriff *tool* zusammenfällt. Am einen Ende des Spektrums verweist das Wort ›Instrument‹ darauf, dass Forschungswerkzeuge vielseitig verwendbar sind und damit für ganz verschiedene Fragestellungen und im Rahmen unterschiedlicher empirischer oder nicht-empirischer Forschungsdesigns verwendet werden können – dass sie somit für ganz verschiedene Zwecke ›instrumentalisiert‹ werden können. Der Begriff ›Methode‹ hingegen macht deutlich, dass diese Vielseitigkeit keinesfalls Universalität und Zweckfreiheit bedeutet. Seine ursprüngliche griechische Bedeutung (*methodos*: Weg auf ein Ziel hin) betont, dass Werkzeuge eben nicht beliebig verwendbar sind, sondern ihre Verwendung bestimmte Entscheidungen auf höheren Ebenen des Forschungsprozesses voraussetzt. Ihre Auswahl rückt somit einzelne Aspekte eines Gegenstands in den Vordergrund und blendet andere aus. Dies bedeutet wiederum, dass eine überzeugende Begründung für den Einsatz bestimmter Forschungswerkzeuge nicht auf der Ebene der Methoden und Instrumente selbst verbleiben kann. Sie muss vielmehr die Ebene der Methodologie einschließen, wobei für jedes Projekt neu entschieden werden muss, ob vor Untersuchungsbeginn Methoden aus Methodologien deduziert oder im Laufe des Forschungsprozesses aus den verwendeten FM. und FI.n die Methodologie praxeologisch rekonstruiert wird.

Als übergeordnetes Gütekriterium empirischer Forschung ist die Gegenstandsangemessenheit zu nennen, also Passung von Gegenstand und Forschungswerkzeug, die wiederum stark vom zugrundeliegenden Menschenbild abhängt (vgl. Grotjahn 2005). Die Unterscheidung zwischen quantitativen und qualitativen Ansätzen ermöglicht eine erste Orientierung. Für die Methodenwahl ist aber eine genauere Differenzierung sinnvoll, bei der man den empirischen Forschungsprozess in Schritte aufteilt und für jeden Abschnitt die methodologische und methodische Ebene getrennt betrachtet.

Unabhängig vom gewählten Gegenstand müssen bei empirischer Forschung drei Schritte gemacht werden. Auf der methodischen Ebene, also der Ebene der konkreten Arbeit, sind dies (1) die Erstellung des Untersuchungsdesigns, (2) die Konstruktion der empirischen Daten und (3) die Analyse des erhobenen Datenmaterials. Auf

methodologischer Ebene werden die bei diesen Schritten erforderlichen Auswahlentscheidungen ebenfalls durch drei Kategorien geleitet.

(a) Das Untersuchungsdesign wird vor allem durch die zugrundeliegende Forschungsstrategie bestimmt, für die zwei Extrempole existieren. Folgt man dem hypothesenprüfenden Ansatz, so sind Experimentaldesign und Vergleichsgruppen sowie die Kontrolle oder Eliminierung intervenierender Variablen einschlägig. Entscheidet man sich hingegen für den Ansatz der Rekonstruktion, so ist die Fallstudie das meist verwendete Design.

(b) Die Auswahl der Instrumente zur Konstruktion der verschiedenen Daten wird durch die methodologische Kategorie des Datentyps geleitet. Möchte man quantitative Daten erheben, so bieten sich geschlossene Fragebögen oder entsprechende Testformate wie z. B. der C-Test an (↗ Tests). Bevorzugt man qualitative Daten, so sind offene Fragebögen, Interviewformate oder Videographie realer Interaktion sinnvoll.

(c) Die Entscheidung für oder gegen konkrete Methoden zur Analyse der Daten schließlich wird auf methodologischer Ebene wesentlich von der anzuwendenden Schlusslogik beeinflusst. Entscheidet man sich für die deduktive Subsumtionslogik, so greift man bei der Kodierung der Daten auf vor der Analyse erzeugte Kategorienraster zurück und unterwirft die Daten statistischen Verfahren wie z. B. Korrelationsberechnungen. Folgt man einer abduktiven Schlusslogik mit ihren *ex-post-facto* Hypothesen (vgl.

Methodologie	Schritt 1				Methode
	Forschungsstrategie	Hypothesenprüfung	Experimentalstudie	Untersuchungsdesign	
		Rekonstruktion	Fallstudie		
	Schritt 2				
	Datentyp	Quantitativ	z. B. C-Test	Erhebungsinstrument	
		Qualitativ	z. B. narratives Interview		
	Schritt 3				
	Schluss-logik	Deduktion/ Subsumtion	Kodierung mit Kategoriensystem	Analysemethode	
		Abduktion	Interpretation / Typenbildung		

Kelle 2008), so werden die Daten durch interpretative Verfahren wie z. B. die objektive Hermeneutik oder die dokumentarische Methode aufgeschlossen.

Nachdem lange Zeit die beiden methodologischen Pole als einander ausschließende Paradigmen betrachtet wurden, sieht man sie aktuell mindestens komplementär und hält Methodenpluralität dem komplexen Gegenstand der Fremdsprachenforschung für besonders angemessen. Unter der Bedingung sorgsamer methodologischer Reflexion des eigenen Vorgehens ist es dabei möglich, Designs, Datenformate und Analysemethoden so zu kombinieren, dass die Grenzen zwischen Rekonstruktion und Hypothesenprüfung überwunden werden (vgl. Kelle 2008). So liefern beispielsweise die subsumtionslogischen Output-Daten der ↗ DESI-Studie einen umfassenden Überblick, erhellen aber keine Zusammenhänge zwischen Wirkungen und Prozessen des Unterrichts. Die subsumtionslogische Videostudie ermöglicht hier erste Einsichten, kann aber nicht zu den Relevanzsetzungen der Akteure vordringen. Dazu wären eine rekonstruktive Re-Analyse der Videodaten sowie deren Interpretation durch die betreffenden Lehrenden und Lernenden notwendig. Die folgende exemplarische Betrachtung der wichtigsten Methodentypen bietet eine erste Orientierung und deutet die Vielzahl der Verknüpfungsmöglichkeiten an (vgl. z. B. Vollmer 2007; Aguado et al. 2010). Kognitive Prozesse sind nur indirekt zugänglich, indem Proband/innen die von ihnen produzierten Bedeutungen im Prozess oder nachträglich verbalisieren. Derartige Laut-Denk-Verfahren beruhen darauf, dass ihre Prozesshaftigkeit eine Eigendynamik entwickelt, durch die die Mitteilungen der Proband/innen unwillkürlich werden. Dadurch reduziert sich deren Autonomie, aber gleichzeitig erhöht sich die Validität der Daten, da Lerneräußerungen nur so überhaupt als Korrelat kognitiver Prozesse interpretiert werden können. Emotiv-motivationale Faktoren können quantitativ-hypothesenprüfend sehr gut über Fragebögen mit geschlossenen Fragen zugänglich gemacht werden, indem man die in der pädagogischen Psychologie verwendeten Konstrukte und deren Operationalisierungen verwendet. Sollen von den Proband/innen auch Erläuterungen abgegeben werden, kommen Leitfadeninter-

views in Frage. Bei rekonstruktivem Vorgehen kommen zum einen Fragebögen mit offenen Fragen in Betracht. Sollen dabei auch biographische Zusammenhänge und die Relevanzsetzungen der Akteure erhellt werden, bieten offene Interviewformen eine größere Tiefe. Während narrative Interviews die biographische Seite betonen und erfahrungsgemäß mit Kindern, Jugendlichen und jungen Erwachsenen nur kurze Erzählungen erzeugen, bietet das episodische Interview die Möglichkeit, Erzählungen und eigentheoretische Äußerungen gleichermaßen anzuregen. Diese offenen Interviewformate eignen sich auch, um Berufsbiographien und Unterrichtsbilder von Lehrenden zu beforschen. Sollen die Relevanzsetzungen der Forschenden dabei noch stärker betont werden, ist ein problemzentriertes Interview möglich, das sich im Bereich der Aufklärung subjektiver Theorien bewährt hat. Sollen schließlich konjunktive Erfahrungen und deren Sinngebung durch Kollektive erfasst werden, eignet sich die Gruppendiskussion. Sie ist eine Interaktionsform eigenen Rechts und darf keinesfalls als zeitökonomischer Ersatz für Einzelbefragungen verwendet werden. Für ihre Analyse sind Verfahren, die die kollektiven Orientierungen rekonstruieren (wie z. B. die dokumentarische Methode), geboten.

Für die Erfassung nicht-reflexiver Teilkompetenzen sind vor allem hypothesenprüfend-subsumtionslogische Verfahren angemessen. Besonders zeitökonomisch sind quantitative Methoden, die zuverlässige Aussagen über globale (C-Test) oder bereichsspezifische (Batterie mit Subtests zu den vier ↗ Fertigkeiten) Sprachkompetenz ermöglichen. Für Analysen mündlicher Sprachproduktion, ↗ kommunikativer Kompetenz und zum Zwecke morpho-syntaktischer Analysen gesprochener Sprache eignen sich Interviews. Kommunikations- und Interaktionsverhalten der Proband/innen werden allerdings wesentlich besser in Partner- oder Kleingruppengesprächen erfasst. Diese Gespräche können über *prompt cards* oder vorgegebene Dilemmasituationen angeregt und gesteuert werden. Für reale Interaktionsprozesse oder die Rekonstruktion institutioneller Strukturen dient die Beobachtung.

Der Grad der Beeinflussung des Feldes ist abhängig vom Grad der Teilnahme der Beobachtenden. Aufgrund des großen Einflusses bei

Methode	Untertyp	Instrument (Bsp.)	Mögl. Gegenstand
Introspektion	Lautes Denken	Audio-/Videographie/Transkript	Problemlöseprozesse
	Selbstbeobachtung	Probanden-, Forschungstagebuch	Lernbewusstheit
Schriftliche Befragung	Subsumtionslogisch	Fragebogen: geschlossene Fragen	Emotiv-motivationale Faktoren
	Rekonstruktiv	Fragebogen: offene Fragen	
Test	Informell	Offene Fragen	Deklaratives Wissen, Fachkompetenz
	Multiple Choice	Auswahlantworten	
	Sprachfragmente	C-Test	Sprachkompetenz
	Interview	*Prompt cards*	Sprachkompetenz
	Gruppendiskussion	Dilemmaaufgabe	Sprachkompetenz
Mündliche Befragung	Standardisiertes I.	Befragungsbogen	Soziale Daten
	Problemzentriertes I.	Audio-/Videographie/Transkript	Subjektive Theorien
	Episodisches I.		Unterrichtsbilder
	Narratives I.		Berufsbiographie
	Gruppendiskussion		Bildungsprozesse
Beobachtung	Teilnehmend	Forschungstagebuch, Beobachtungsbogen	Interaktionsprozesse, Unterrichtsstruktur, Lernkultur
	Nicht-teilnehmend	Videographie/Transkript	

der teilnehmenden Beobachtung müssen die dabei entstehenden Daten (Tagebuch, Video-aufzeichnungen, Audioaufzeichnungen) ethno-graphisch analysiert werden, indem die Per-spektive des Beobachtenden systematisch re- und dekonstruiert wird. Durch die weniger beeinflussende Videographie mittels fester Ka-meras gewonnene Daten können transkribiert und dann mit strukturanalytischen Verfahren wie z.B. der objektiven Hermeneutik analysiert werden.

Grundsätzlich gilt, dass die Wahl der Me-thode Einfluss auf die Gültigkeit und Relevanz der Daten hat. Während qualitativ-rekonstruk-tiv orientierte Methoden Relevanzsetzungen der Beteiligten ermöglichen, sind deren Partizipati-onsmöglichkeiten bei quantitativ-hypothesen-prüfenden Verfahren sehr eingeschränkt. Durch Letzteres wird daher eine statistische Auswert-barkeit der Daten erreicht. Sie führt aber zu ei-ner potenziell reduzierten Relevanz für die Be-teiligten und damit zu einer reduzierten ökolo-gischen Validität der Daten. Dieser scheinbare Gegensatz kann durch verschiedene Formen der Triangulation produktiv gewendet werden.

Auch in der nicht-empirischen Forschung gilt, dass Erkenntnisinteresse, Fragestellung und gewählte FM. zueinander passen müssen. Noch

mehr als in der empirischen Forschung findet sich in diesem Bereich allerdings eine Vielfalt von Bezugsdisziplinen (Geschichtswissenschaft, ↗Literaturwissenschaft, ↗Kulturwissenschaft oder Erziehungswissenschaft) und entsprechend eine beinahe unüberschaubare Methodenplura-lität. Diese Vielfalt lässt sich auf engem Raum nicht kartieren. Wohl aber kann man die Frage stellen, ob es nicht quer zu den Disziplinen wie-derkehrende Begriffe und Konzepte gibt, die exemplarisch verdeutlichen, worum es in die-sem Bereich geht. Mehr als jeder andere dürfte dabei der Begriff ›Text‹ im Mittelpunkt stehen. Welcher Gegenstand auch immer betrachtet wird, stets spielen Texte die zentrale Rolle: schriftliche, mündliche oder (audio)visuelle; kontinuierliche oder diskontinuierliche; doku-mentarische oder fiktionale. All diese Varietäten dienen als Unterrichtsgegenstände. In Form des ↗Lehrwerks sind sie Leitmedium, und als Web-site, Selbstlern-DVD oder Web 2.0 bilden sie die dazu komplementären Neuen ↗Medien. Insbe-sondere als kontinuierliche oder diskontinuier-liche Sachtexte sind sie aber nicht nur als Un-terrichtsgegenstände interessant, sondern bilden nach wie vor das bei weitem überwiegende Medium der Wissenschaft selbst. Sie sind damit Produkt und Objekt der Forschung zugleich.

Gleichgültig ob das Forschungsobjekt Unterrichtsgegenstand oder wissenschaftliche Publikation ist, die Forschungsaufgabe besteht stets darin, die Bedeutung von Texten zu erschließen, Querbeziehungen u.a. zu anderen Texten herzustellen und diese schließlich erneut als Text darzustellen. Die dazu zur Verfügung stehenden Methoden lassen sich in zwei Kategorien einteilen. Zum einen versuchen aus der Linguistik entlehnte Verfahren wie z.B. die generative Grammatik oder Sprechakttheorie, Texte subsumtionslogisch bestehenden Kategoriensystemen unterzuordnen. Zum anderen können Texte aber auch als dynamische, offene und nicht letztgültig bestimmbare Phänomene betrachtet werden. Offene und mit den Mitteln der Montage vorgehende Techniken wie Foucaults Diskursanalyse oder Derridas Dekonstruktion versuchen daher nicht, Texte auf eine Bedeutung festzulegen, sondern durch Erzeugung neuer Lesarten auch konkurrierende Bedeutungen herauszuarbeiten.

Unabhängig von dieser analytischen Differenzierung spielt der Begriff der Geschichte eine zentrale Rolle. Er ist zum einen als Erzählung im Sinne einer Form der thematischen Entfaltung eines Textes bzw. als literarischer Gattung präsent. Zum anderen hat ›Geschichte‹ Bedeutung als tatsächliche historische Entwicklung von Denkweisen oder materiellen Strukturen, die mit Methoden der Geschichtswissenschaft zugänglich wird. Diese Grenze wird in der Postmoderne gezielt aufgelöst, indem mit dem Begriff des *grand récit* Ideengeschichte als kontingente Erzählung aufgefasst und mit diesem Konzept das Verschwinden universaler Deutungssysteme rekonstruiert wird.

Insgesamt lässt sich daher sagen, dass Texte im Zentrum nicht-empirischer Forschung in der Fremdsprachendidaktik stehen. Betrachtet man den Text somit als zentralen Gegenstand, dann kommen Werkzeuge und Instrumente zum Verstehen von Texten als Methoden in Frage. Die Größe der dazu in den Geisteswissenschaften vorhandenen Bandbreite ist nahezu unüberschaubar. Auch aufgrund ihrer historischen Bedeutung und wegen ihres Ranges als geisteswissenschaftliche Methode par excellence erscheint es aber berechtigt, den Begriff der Hermeneutik in einem generischen Sinne als Oberbegriff der Bemühung, den Sinn von Texten zu erschließen, zu betrachten. In diesem

Bemühen bedient sich der oder die Interpretierende je nach Schwerpunktsetzung real kontextualisierender (z.B. sozialgeschichtlicher), textlich kontextualisierender (z.B. intertextuell komparatistischer), textimmanenter (z.B. strukturalistischer) oder supplementierender (z.B. dekonstruktivistischer) Instrumente. Immer geht es dabei um die Entschlüsselung der Symbolik des Texts, verstanden als der Erschließung des Latenten hinter dem konkreten Text durch (De-) oder (Re-)Konstruktion. Dabei spielt das Verhältnis von Teil und Ganzem eine zentrale Rolle, denn die an Teilen erzeugten Bedeutungshypothesen für das Ganze werden durch immer weitere Betrachtung weiterer Teile geprüft und verändert.

Um dies zu verdeutlichen, sollen drei Bereiche näher betrachtet werden. (1) Die Analyse von Einzeltexten versucht, den einzelnen Text durch das Erzeugen immer neuer Lesarten und Prüfung von deren Plausibilität zum Sprechen zu bringen. Diese werden durch eine sich verändernde Haltung der oder des Interpretierenden zum Teil radikal verändert. Dies ist aber keinesfalls ein Makel, sondern notwendiger Bestandteil der Analyse (vgl. z.B. Geier 1983). Diese Arbeit gerät sowohl als Vorbereitung auf als auch im Prozess des Unterrichts selbst (vgl. z.B. Bredella/Burwitz-Melzer 2004) in den Blick der Forschung. Neben der Interpretation literarischer Texte kommt diese Vorgehensweise besonders bei der ↗Lehrwerkanalyse zum Einsatz. Auch hier geht es darum, die latenten Ideen hinter den konkreten Texten zu erschließen, um zu ermitteln, welche Sinnkonstruktionen überhaupt möglich sind. Betrachtet man das Lehrwerk als Vehikel kultureller Muster, ist diese Analyse insbesondere für den Aspekt des ↗interkulturellen Lernens bedeutend. Hier zeigt sich auch die Komplementarität empirischer und hermeneutischer Verfahren, denn mit rezeptionsästhetischen Mitteln kann nun empirisch geprüft werden, welche der latenten Texte und damit welche der möglichen Sinnkonstruktionen von welchen Lernenden in welchem Kontext bevorzugt erzeugt werden. In Bezug auf beide Gegenstände ist selbstverständlich die Betrachtung intertextueller Bezüge eine Notwendigkeit (↗Intertextualität und Intermedialität).

(2) Bei der historischen Analyse verschiebt sich der Bezugspunkt dieser Kontextualisierung in die Vergangenheit. Diese Methode bildet in

Form der begriffsgeschichtlichen Analyse den Kern disziplinrekonstruktiver Studien (vgl. z.B. Doff 2008), ist aber als diachroner Bestandteil des Literaturberichts routinemäßig in beinahe jeder wissenschaftlichen Arbeit zu finden. Dabei stehen nicht Texte in ihrer Ganzheit, sondern vielmehr die von ihnen entfalteten Begriffe im Zentrum der Analyse. Die Textanalyse wird also genau dann beendet, wenn die darin entwickelten Begriffe ausreichend expliziert erscheinen. Umso wichtiger ist es, diese Bedeutung des Textes in seiner Zeit und die Betrachtung seiner aktuellen Relevanz sauber zu trennen (vgl. ebd., 53 ff.): Dabei soll der oder die Interpretierende gerade zurücktreten, um abgeschlossene Phasen der disziplinären Begriffsbildung festzuhalten. Das hermeneutische Moment der Ruhepunkte (Jacques Lacan) steht hier im Vordergrund, indem aus dem historischen und intertextuellen Bedeutungskontinuum eine in einer bestimmten Phase vorherrschende Bedeutung fokussiert wird. Die Begriffsgeschichte wird also angehalten, um – strukturalistisch gesprochen – das Signifikat dingfest zu machen und eine Bedeutung einzufrieren.

(3) Die Bedeutung dieses Vorgehens zeigt sich schließlich bei der geltungskritischen Rekonstruktion (vgl. z.B. Breidbach 2007, 45 f.), die nicht nur die Entwicklung von Begriffen beschreibt, sondern auch die Legitimität damit konstruierter theoretischer Positionen prüft. Insbesondere Konzepte, die sich seit längerer Zeit als Leitideen halten und damit im Sinne von Thomas S. Kuhn in die Nähe von Paradigmen gelangen, werden mittels historischer Begriffsanalyse nicht nur auf ihre Erklärungsmacht, sondern auch auf ihre Begründungszusammenhänge befragt. Daraus kann folgen, dass bestimmte Begriffe aus Theorien deduziert werden, die zwar zu ihrer Zeit Bestand hatten, im Lichte aktueller Erkenntnis aber nicht mehr tragbar sind. Dies enthält dann zugleich die Aufforderung, neue Begründungszusammenhänge aufzubauen.

Als Ausblick lassen sich abschließend Berührungspunkte und Synergien verschiedener Methoden und Instrumente feststellen. Am augenfälligsten ergeben sich diese zwischen den empirisch-rekonstruktiven und nicht-empirischen Verfahren, da beide sich mit der Interpretation von Texten beschäftigen. Der wesentliche Unterschied liegt in der Herkunft der Texte. Im Zentrum der Analyse steht in beiden Fällen die interpretative Entwicklung von Bedeutungshypothesen an Teilen eines Textes, die dann systematisch – bei empirischen Methoden wie der objektiven Hermeneutik und der dokumentarischen Methode dient dazu die Sequenzanalyse – an anderen Textteilen falsifiziert werden. Damit wird deutlich, dass die im empirischen Bereich mittlerweile etablierte Auffassung von der Komplementarität der Methoden sich auch auf den nicht-empirischen Bereich ausdehnen lässt. Lehrwerkanalyse und Rezeptionsgespräch sind nur zwei Beispiele, die zeigen, dass der Vergleich textanalytisch erzeugter und empirisch erhobener Lesarten eines Textes ein vertieftes Verständnis des Gegenstands ermöglicht. Drittens ist deutlich geworden, dass diachrone Begriffsanalysen keinesfalls eine Spezialmethode disziplinrekonstruktiver Arbeiten, sondern in Form des Literaturberichts konstitutiver Teil nahezu jeder wissenschaftlichen Arbeit sind. Um den Anspruch der Relevanz der jeweiligen Arbeit einzulösen, wird dabei auch regelmäßig eine Geltungskritik vorgenommen, ohne dass dabei explizit reflektiert würde, dass dafür methodische Kriterien existieren. Wollte man dazu einen Mindeststandard formulieren, käme sicherlich die saubere Trennung der diachronen und synchronen Betrachtung in Frage.

Lit.: K. Aguado/K. Schramm/H.J. Vollmer (Hg.): Fremdsprachliches Handeln beobachten, messen und evaluieren. FfM 2010. – L. Bredella/E. Burwitz-Melzer: Rezeptionsästhetische Literaturdidaktik mit Beispielen aus dem FU Englisch. Tüb. 2004. – S. Breidbach: Bildung, Kultur, Wissenschaft. Reflexive Didaktik für den bilingualen Sachfachunterricht. Münster 2007. – S. Doff: Englischdidaktik in der BRD 1949–1989. Mü. 2008. – M. Geier: Methoden der Sprach- und Literaturwissenschaft. Mü. 1983. – R. Grotjahn: Subjektmodelle. Implikationen für die Theoriebildung und Forschungsmethodologie der Sprachlehr- und Sprachlernforschung. In: Zeitschrift für Fremdsprachenforschung 16/1 (2005), 23–56. – U. Kelle: Die Integration qualitativer und quantitativer Methoden in der empirischen Sozialforschung. Wiesbaden 2008. – H.J. Vollmer (Hg.): Synergieeffekte in der Fremdsprachenforschung. FfM 2007.   AB

Fortbildung ↗ Lehrerbildung

Fossilisierung. Larry Selinker (1972) hat den Begriff F. als einen Ausdruck für den Mechanismus eingeführt, der dafür sorgt, dass sich die

Merkmale der Lernersprache (↗ *Interlanguage*) unabhängig vom Alter der Zweitsprachenerwerber/innen, der Länge des Kontakts mit der Zielsprache und der Quantität zusätzlicher Lehre nicht verändern. Es geht nicht darum, dass Fremdsprachenlernende relativ selten eine Zielsprache wie Muttersprachler beherrschen (eine Zielsetzung, die sowieso kaum noch gültig ist – vor allem im Bereich Englisch als ↗ *lingua franca*), sondern darum, dass zu einem nicht vorhersehbaren Zeitpunkt keine Fortschritte mehr stattfinden. Der Begriff bezieht sich hauptsächlich auf syntaktische Aspekte der Zielsprache und nicht auf kommunikative und strategische Fähigkeiten. Das Konzept betrifft auch phonologische Aspekte der sprachlichen Performanz, die jedoch in der fachlichen Diskussion kaum berücksichtigt werden.

Die Idee scheint zunächst kompatibel mit den bekannten Fällen von Erwachsenen, die nach Erreichen eines ›kritischen‹ Alters in ein fremdes Land ziehen und dort zwar eine begrenzte, aber effektive kommunikative Fähigkeit in der neuen Sprache erreichen, danach jedoch keine weitere sprachliche Entwicklung durchmachen. Das Konzept ist intensiv kritisiert worden (vgl. Long 2003). So liegt eine empirische Bestätigung der Theorie nicht vor, auch wenn Einzelfälle dokumentiert werden, die mit der Hypothese kompatibel sind. Variationen in der Performanz beim Zweitsprachenerwerb kommen vor, d.h., auch nach mehreren Jahren alltäglicher Verwendung der Zielsprache werden bestimmte grammatische Phänomene manchmal konsistent mit und manchmal abweichend von zielsprachlichen Normen verwendet (z.B. die Wortstellung im Deutschen als Zielsprache). Hier kann man jedoch nicht von einer F. sprechen.

Die F.shypothese erklärt individuelle Unterschiede zwischen Lernenden nicht. Andere Erklärungen für die empirischen Zustände machen den Begriff überflüssig: (1) Individuen erreichen eine kommunikative Effektivität in der Zielsprache, die sie als ausreichend für die eigenen kommunikativen Bedürfnisse betrachten. Dies führt zu dem Paradox, dass kommunikativer Erfolg der Entwicklung des zugrundeliegenden Sprachproduktionssystems entgegenwirkt. (2) Faktoren wie ↗ Motivation, berufliche Zwänge, Vorkommen, Zeitpunkt und Art eventueller Sprachlehre, Intelligenz sowie weitere

interne, soziale und externe Faktoren können dafür mitverantwortlich sein, dass eine Art F. stattfindet. Es ist aber durchaus plausibel, anzunehmen, dass bei einigen Individuen eine Art kognitive Barriere existiert, die mitverantwortlich dafür ist, dass Input nicht so verarbeitet werden kann, dass daraus ein Zuwachs an ↗ Kompetenz stattfindet. Es ist auch möglich, dass Lernende bewusst oder unbewusst ihre eigene kulturelle Identität behalten wollen und dass dies die Einstellung zum und Offenheit für Fremdsprachenerwerb beeinflusst. Für die Fremdsprachendidaktik scheint das Konzept daher irrelevant zu sein.

Lit.: M.H. Long: Stabilization and Fossilization. In: C.J. Doughty/M.H. Long (Hg.): The Handbook of Second Language Acquisition. Malden 2003, 487–535. – L. Selinker: Interlanguage. In: International Review of Applied Linguistics in Language Teaching (IRAL) 10/3 (1972), 209–231.   WE

Fragen müssen im FU aus zweifacher Perspektive betrachtet werden: Zum ersten erfüllen Lehrer-F. wie in jedem Fachunterricht bestimmte didaktische und pädagogische Funktionen; zum zweiten sind F. ein wesentlicher Bestandteil menschlicher ↗ Kommunikation und müssen daher in ihren fremdsprachigen Formen und Funktionen (Lern-) Gegenstand eines auf Kommunikationsfähigkeit ausgerichteten FUs sein. Lehrer-F. sind der Motor des Unterrichtsgeschehens. Sie sollten u.a. vorhandenes Wissen aktivieren, Interesse an Themen wecken, die ↗ Aufmerksamkeit der Lernenden lenken, eine aktive Auseinandersetzung mit dem Lerngegenstand fördern, ↗ Verstehen sichern, Lernergebnisse festigen, Schüler-F. stimulieren, Lernaufgaben strukturieren, Lernprobleme diagnostizieren helfen, Lernhilfen geben, zur Reflexion von Zusammenhängen einladen, kognitive Prozesse anregen, Schüler/innen zur Mitarbeit aktivieren, Schülermeinungen als wichtig anerkennen und Interesse an Schülerreaktionen bekunden. Angesichts dieser Fülle von unterrichtlichen Verwendungssituationen für F. und deren bedeutsamer Rolle für den Unterrichtsverlauf erstaunt es, dass F. im FU bisher zum einen selten Gegenstand der Forschung gewesen sind, zum anderen in der ↗ Lehrerbildung kaum eine Rolle spielen.

Unterschiedliche Arten von F. führen zu jeweils anderen mentalen Prozessen auf Seiten der Befragten. Eine einfache Klassifizierung unterteilt F. in Wissens-F. und Denk-F.; erstere dienen dazu, vorhandene Kenntnisse abzufragen (*recall*), Text- und Sprachverstehen zu überprüfen (*comprehension*) und Lernenden Gelegenheit zu verschaffen, Sprachkönnen zu demonstrieren (*application*). Aufbauend auf Benjamin Bloom (1956) bezeichnet man die beiden Kategorien auch als *lower-order cognitive questions* (Wissens-F.) und *higher-order cognitive questions* (Denk-F.). Die komplexen mentalen Tätigkeiten, die durch Denk-F. ausgelöst werden, umfassen etwa Analyse, Synthese und Evaluation. Darüber hinaus werden im FU auch F. nach Einstellungen, Vorlieben, Motiven und Ablehnungen gestellt, wenn es um Schülerreaktionen auf Texte oder Informationen geht. Lehrer-F., die darauf abzielen, vorhandenes Wissen oder Textverstehen zu überprüfen oder die korrekte Verwendung einer Struktur oder eines Wortes auszulösen, sind in der Regel solche, für die der Fragesteller die Antwort bereits kennt; man nennt sie daher didaktische F. Diese Art von F. umfasst die Mehrheit aller F. auch im Sprachunterricht (vgl. Long/Sato 1983). Demgegenüber sind echte F. solche, deren Antwort der Fragesteller nicht kennt. Bei Wissens-F. im Unterricht handelt es sich fast ausschließlich um didaktische F., während Denk-F. durchaus neue, der Lehrkraft unbekannte Antworten hervorrufen können. Affektive F. sind in der Regel echte F., es sei denn, sie dienen nur der Reproduktion relevanter, zuvor eingeübter Sprechakte. Da echte F. in der sprachlichen Kommunikation außerhalb des Unterrichts überwiegen, folgt daraus für den ↗kommunikativen FU, dass man diese Art der F. ausreichend berücksichtigen sollte, damit die Lernenden sie später in der Realsituation beherrschen. Eine letzte Unterscheidung trifft man im Hinblick auf die Offenheit: Offene F. erlauben eine Vielzahl von Antworten; demgegenüber gibt es für geschlossene F. meist nur eine richtige Antwort. Es liegt nahe, dass didaktische F. oft geschlossen sind.

Die Tatsache, dass die Lehrkraft die Antwort zu einer gestellten F. oftmals bereits im Kopf hat, führt dazu, dass den Lernenden dann zu wenig Zeit für die Beantwortung gelassen wird (z.T. weniger als zwei Sekunden; vgl. White/Lightbown 1984). Eine um wenige Sekunden längere Wartezeit führt beispielsweise zu längeren und komplexeren Antworten, zu mehr differenzierten Unterrichtsbeiträgen der Lernenden und zu einer stärkeren Beteiligung der Schüler/innen (vgl. Nunan 1991, 193). Die Beantwortungszeit sollte daher der Art der F. und deren Komplexität angepasst werden. Wenn F. sinnvoll eingesetzt werden sollen, müssen Lehrkräfte sich zunächst bewusst sein, welche Erinnerungs- oder Denkprozesse bestimmte Typen von F. auslösen. Mit Hilfe von guten, aufeinander aufbauenden F. ist es möglich, das übliche Schema des fragend-entwickelnden Unterrichts (Lehrerfrage – Schülerantwort – Lehrer-Feedback) zu erweitern und miteinander in ein echtes Gespräch zu kommen, was gerade für den kommunikativen Sprachunterricht zielführend ist. Allgemein gelten die pädagogischen Prinzipien ›vom Leichten zum Schweren‹, ›abwechslungsreich in Inhalt und Methode‹ und ›Lernende fordern und fördern‹ auch für den Umgang mit F. Dabei kann abhängig vom Inhalt und von der Art der F. eine gewisse ↗Progression der F. auf mehrfachem Wege erreicht werden: vom Allgemeinen zum Speziellen (↗Deduktives Lernen) oder auch vom individuellen Beispiel zur Verallgemeinerung (↗Induktives Lernen). Die Lehrperson kann dann, wenn eine F. nicht verstanden wird, durch Umformulierung oder Denkanstöße Hilfestellung leisten. Wichtig ist es, Monotonie durch stets gleich formulierte F. und Verwirrung durch Mehrfach-F. bzw. Frageketten zu vermeiden.

Da ein Lernerfolg nur dann gegeben ist, wenn sich die Lernenden intensiv mit einer F. auseinandersetzen, sollten Techniken gewählt werden, die bei anspruchsvollen F. möglichst viele Lernende aktiv werden lassen. Dazu zählen *buzz groups*, in denen eine F. zunächst in Kleingruppen erörtert wird, ehe die Antworten gesammelt werden. Bei einer Pyramiden-Diskussion beginnt man mit der Bearbeitung einer F. in Partnerarbeit, ehe die Lösungen in schrittweise wachsenden Lerner-Gruppen diskutiert und abgeglichen werden. Auch bei weniger komplexen F. sollten Lehrkräfte das Aufrufen variieren, indem sie entweder diejenigen drannehmen, die sich freiwillig melden, oder namentlich aufrufen oder Lernende bitten, jemand zu benennen, der antwortet. Wenn als Regel gilt, dass jeweils mehrere Lernerantworten gehört werden und Lernende die Antworten der anderen kommentieren, erreicht man gerade bei offenen F. eine größere Beteiligung am ↗Unterrichtsgespräch.

Im FU dient zudem die Fragestellung durch den Lehrenden als sprachliches Modell, so dass neben der didaktischen Funktion der Frage auch ihre sprachliche Form bedacht sein sollte. Ziele des Unterrichts sollten darin liegen, dass F. bewusst eingesetzt werden, dass deren Beantwortung durch ausreichend Zeit und eventuelle Hilfen unterstützt und dass vor allem das Formulieren von F. in der Fremdsprache mit den Lernenden regelmäßig geübt wird. Das zwanghafte Antworten im ganzen Satz sollte in einem an Kommunikation orientierten Unterricht obsolet sein (Wulf 2001, 92 ff.).

Lit.: B. Bloom: Taxonomy of Educational Objectives. Bd. 1, Cognitive Domain. N.Y. 1956. – M.H. Long/ C.J. Sato: Classroom Foreigner Talk Discourse. Forms and Functions of Teacher's Questions. In: H.W. Seliger/M.H. Long (Hg.): Classroom Oriented Research in Second Language Acquisition. Rowley 1983, 268– 286. – T. Lynch: Questioning Roles in the Classroom. In: ELT Journal 45 (1991), 201–210. – D. Nunan: Language Teaching Methodology. N.Y. 1991. – J. White/P. Lightbown: Asking and Answering in ESL Classes. In: Canadian Modern Language Review 40 (1984), 228–244. – H. Wulf: Communicative Teacher Talk. Ismaning 2001.   FK

Fragend-entwickelnder Unterricht ↗Fragen, ↗Unterrichtsgespräch

Freiarbeit ↗Offener Unterricht

Friedenserziehung ↗*Global Education*

Fremdsprachenerwerb ↗Spracherwerb und Spracherwerbstheorien

Fremdsprachenzertifikate ↗Zertifikate

Fremdverstehen unterscheidet sich vom ↗Verstehen im Allgemeinen dadurch, dass es sich auf eine fremde Kultur und Sprache bezieht und somit den eigenen Kontext überschreitet. Im Gießener Graduiertenkolleg »Didaktik des F.s« (1991 bis 2001) wurde aus sehr unterschiedlichen Perspektiven untersucht, was fremdsprachliches und fremdkulturelles Verstehen kennzeichnet und wie es gefördert werden

kann. Das Konzept gewann in den 1990er Jahren an Bedeutung, weil es sich gegen Rassismus und Fremdenfeindlichkeit wendet und die Anerkennung des Anderen in den Mittelpunkt stellt, weil es die Bedeutung des F.s in einer globalisierten Welt hervorhebt und weil es aufzeigt, dass fremdsprachliches Lernen auch ↗interkulturelles Lernen ist.

Wenn es bei der Komplexität des Begriffs ›F.‹ ein einheitliches Moment gibt, so besteht es darin, dass F. sich im Wechselspiel zwischen dem Einnehmen einer Innen- und einer Außenperspektive vollzieht (↗Perspektive und Perspektivenwechsel). Das Einnehmen von Innenperspektiven ist für das F. konstitutiv, weil es ermöglicht, die Dinge von innen, d.h. mit den Augen der Fremden zu sehen; die Innenperspektive verhindert, dass fremde Äußerungen und Handlungen nach eigenen Deutungsmustern interpretiert und dadurch evtl. missverstanden werden. Zum F. gehört jedoch auch das Einnehmen einer Außenperspektive, d.h., man muss die Fremden auch mit den eigenen Augen sehen. Dies ist schon deshalb notwendig, weil Verstehen ein dialogischer Prozess ist (vgl. Bredella et al. 2000, XIX–XXVI). Zudem können die Fremden sich über sich selbst täuschen, so dass deren Selbstverständnis kritisch beurteilt werden sollte. Und nicht zuletzt geht es beim F. auch um kritische Betrachtung des eigenen Selbstverständnisses: Verstehen geschieht nie voraussetzungslos; der Blick muss daher auch auf die Voraus- und Zielsetzungen des Verstehens gelenkt werden. Es handelt sich beim Wechsel von Innen- und Außenperspektive also nicht um ein Nacheinander, sondern beide Perspektiven greifen ineinander und korrigieren sich gegenseitig. Diese Einsicht kann bei der Rezeption literarischer Texte besonders anschaulich erfahren werden (vgl. Nünning 2000 sowie die Beiträge in Bredella et al. 2000 und Bredella/Christ 2007).

Zum F. gehört auch, seine Grenzen und Gefahren zu erkennen. Diese können darin bestehen: (1) dass wir Missverständnisse und Konflikte bei interkulturellen Begegnungen auf kulturelle Unterschiede zurückführen, obwohl sie ganz andere Ursachen haben; (2) dass das F. selbst die kulturellen Unterschiede produziert, die es überwinden will; (3) dass das F. den Fremden auf einen Vertreter seiner Kultur reduziert und damit seine Individualität ignoriert (deshalb ist es notwendig, den Fremden im Wechsel von kollektiven und individuellen Identitäten zu sehen) und (4) dass das F. das Fremde essentialisiert. Das Fremde erscheint dann als das prinzipiell Unverständliche. Dabei wird jedoch verkannt, dass das Fremde und das Eigene relationale Begriffe sind: Sie sind für das Verstehen unverzichtbar, »nichts ist von Natur aus fremd oder gehört ein für allemal zum Eigenen« (Figal 1996, 102). F. geht zunächst davon aus, dass der Fremde vom Eigenen unterschieden ist und dass es deshalb notwendig ist, eine Innenperspektive einzunehmen. Damit wird eine Distanzierung vom Eigenen erreicht. Erst vor dem Hintergrund dieser Differenzierung wird es möglich, im Fremden das Eigene und das Eigene im Fremden zu erkennen. F. respektiert damit die Grenze zwischen Fremdem und Eigenem und ermöglicht das Überschreiten dieser Grenzen, so dass es zur Verständigung führen kann. Aus dem Wechselspiel der beiden Perspektiven ergibt sich die Bildungsrelevanz des F.s, die darin besteht, dass wir lernen, Gemeinsamkeiten mit den Fremden zu erkennen, sie in ihrer Verschiedenheit anzuerkennen, unseren Erfahrungshorizont zu erweitern und differenziert und reflektiert mit dem eigenen Vorverständnis umzugehen.

Lit.: L. Bredella et al. (Hg.): Wie ist F. lehr- und lernbar? Tüb. 2000. – L. Bredella/H. Christ (Hg.): F. und interkulturelle Kompetenz. Tüb. 2007. – G. Figal: Der Sinn des Verstehens. Stgt 1996. – A. Nünning: ›Intermisunderstanding‹. Prolegomena zu einer literaturdidaktischen Theorie des F.s: Erzählerische Vermittlung, Perspektivenwechsel und Perspektivenübernahme. In: Bredella et al. 2000, 84–132.   LB

Frontalunterricht ↗ Sozialformen

Früher Fremdsprachenunterricht ist seit Beginn des Schuljahres 2003/2004 für die gesamte Bundesrepublik Deutschland in der Primarstufe Normalität. Diese bildungspolitische Innovation hat inhaltlich wie zeitlich Vorläufer und stellt somit keine radikale Neuerung dar. Historisch ist die Entwicklung des Frühbeginns seit Comenius in einer neueren Ideengeschichte detailreich belegt (vgl. Kubanek-German 2001, 41 ff.). Zu Beginn des 20. Jh.s waren es die Freien Waldorfschulen, deren Frühbeginn mit Englisch/Französisch vom 1. bzw. 2. Schuljahr

an seit 1920 kontinuierlich zum Programm gehört. In den USA erlebten erste Versuche mit dem f.F. in den 1960er Jahren eine intensive Wiederbelebung, als der sog. ›Sputnikschock‹ vielfältige Reformen im Bildungswesen auslöste. Etwa zeitgleich kam es in England zu einem groß angelegten Versuch zu *French in the Primary School*. Für die Bundesrepublik Deutschland gaben zwei UNESCO-Konferenzen in den 1960er Jahren wesentliche Impulse. Durch solche Anstöße entstanden in den 1970er Jahren an deutschen Hochschulen einige Forschungsgruppen, welche die Anfänge des frühen Fremdsprachenlernens wissenschaftlich begleiteten, insbesondere in Niedersachsen und Hessen. In dieser ersten Hochphase des Frühbeginns war jedoch nicht die Besonderheit der notwendigen Einbettung in die Grundschulpädagogik ausschlaggebend. Es sollten eher die Möglichkeiten geprüft werden, durch die Nutzung der Fähigkeiten des Kindesalters fremdsprachliche Leistungen zu verbessern und zu steigern. Ende der 1990er Jahre hingegen sah man die Intensivierung und Diversifizierung des Fremdsprachenerwerbs als notwendigen Weg zur Erhaltung der kulturellen Vielfalt in Europa; als Konsequenz wurde eine Erziehung zur ↗ Mehrsprachigkeit gefordert. So gehört seit den 1990er Jahren die gesamteuropäische Ausbreitung des f.F.s zu den bemerkenswerten Veränderungen im Bildungssystem aller betroffenen Länder.

Für das frühe 21. Jh. legten Edelenbos et al. (2006) einen repräsentativen Forschungsbericht im Auftrag der Europäischen Kommission mit Ergebnissen aus 30 Ländern vor. In ihrer Recherche stellten die Autoren sowohl die pädagogischen Prinzipien im europäischen Frühbeginn wie auch die wichtigsten Erkenntnisse zusammen. Dazu gehört u.a., dass f.F. dem späteren Beginn des FUs vorzuziehen ist, dass er eine lernunterstützende Umgebung und Anschluss an das Gelernte von Jahr zu Jahr erfordert; dass er beim ↗ Übergang auf weiterführende Schulen entsprechend honoriert wird; dass Kinder über das Produzieren vorgefertigter Sprachäußerungen hinaus gefördert und an das Schreiben und Lesen herangeführt werden müssen, anstatt den Unterricht nur auf Sprechen und Hören zu beschränken. Ein Training von ↗ Lernstrategien müsse angeboten werden, und es sei von großer Wichtigkeit, Wege zu finden, negativen Faktoren eines niedrigen sozioökonomischen Status entgegen zu treten. Im Jahr 2010 stellt sich die Situation in den Bundesländern folgendermaßen dar: 12 Bundesländer unterrichten flächendeckend das Lernen einer Fremdsprache in der Grundschule ab Klasse 3, Baden-Württemberg, Brandenburg, Rheinland-Pfalz und Nordrhein-Westfalen erteilen f.F. ab Klasse 1. Zehn Bundesländer bieten ausschließlich Englisch an. Aufgrund seiner geographischen Nähe zu Frankreich unterrichtet das Saarland in der Grundschule nur Französisch, das wahlweise auch in einer Reihe von Bundesländern neben Englisch angeboten wird. An Unterrichtsstunden erreichen 13 Bundesländer eine mittlere Unterrichtszeit von 120 Zeitstunden in Klasse 3 und 4 zusammen. Die gesetzlichen Vorgaben haben inzwischen einen hohen Grad an Verbindlichkeit erreicht, denn in allen 16 Bundesländern liegen verbindliche ⌐Lehrpläne beziehungsweise Rahmenlehrpläne für den f.F. an Grundschulen vor. Gegen eine Benotung der Leistungen in der Fremdsprache haben sich von den 16 Bundesländern nur Bayern, Mecklenburg-Vorpommern, das Saarland (im Fach Französisch) und Thüringen entschieden. Sie sehen stattdessen einen verbalen Kommentar im Zeugnis vor. Zusammenfassend lässt sich für alle Bundesländer der Konsens feststellen, dass das Lernen einer fremden Sprache mit deren kultureller Einbindung im Grundschulalter begonnen werden soll, mit angemessenen sprachlichen und interkulturellen ⌐Lernzielen, ergebnisorientiert sowie altersgerecht und grundschulspezifisch.

Auch in der gesamten Europäischen Union hat sich seit Beginn der 1990er Jahre der FU auf der Primarstufe auf vielfältige Weise etabliert. Dabei variiert das Alter der Grundschüler/innen zu Beginn des FUs, die Grundlagen und Methoden des Unterrichts unterscheiden sich und auch die Lehreraus- und Fortbildung findet von Staat zu Staat in unterschiedlichen Formen statt. So ist die Frage berechtigt, was diese diversifizierte Situation inzwischen an gesicherten Erkenntnissen zum Frühbeginn erbracht habe. Helmut Sauer, einer der erfahrensten Wegbegleiter der Entwicklung seit den 1970er Jahren, fasst das Ergebnis empirischer Forschung der frühen Hochphase der 1970er Jahre zusammen: »Die Schulversuche führten eindeutig zu dem Ergebnis, dass es für das schulische Fremdsprachenlernen keine allgemeine Überlegenheit des frühen Kindesalters gibt. Der auch heute noch immer wiederholte Satz ›Je früher desto besser‹ kann so allgemein nur für das natürliche Fremdsprachenlernen mit hohen Kontaktzeiten zur Zielsprache gelten« (Sauer 2000a, 3). Sauer belegt diese Aussage zusätzlich durch das Ergebnis einer 10-jährigen schwedischen Untersuchung zum Thema, in der sich zeigte, dass die Summe der Lernzeiten für den Erfolg von größerer Bedeutung ist als die Nutzung einer angenommenen optimalen frühen Altersphase (Sauer 2000b, 72). Im Weiteren stellt Sauer fest, dass f.F. sehr wohl eine Überlegenheit der Frühbeginnenden bis in das 7. Schuljahr hineinbringt, wenn drei Lernvoraussetzungen erfüllt sind: Es muss grundschulgemäßes Lernen gesichert sein; es müssen sprachlich und methodisch qualifizierte Lehrkräfte unterrichten; es muss eine bruchlose Kontinuität des Lernens in den Sekundarschulen erfolgen. Selbst unter diesen Voraussetzungen, meint Sauer, sind die erreichbaren sprachlichen Leistungen jedoch ›bescheiden‹, was angesichts der 120 Zeitstunden Unterricht in Klasse 3 und 4 nicht verwunderlich ist. Die Tendenz, den Input zu erhöhen und bereits in der Jahrgangsstufe 1 zu beginnen, wie in vier Bundesländern schon etabliert, wird sich daher voraussichtlich ausweiten.

Im Gegensatz zum FU in den anderen Schultypen des Bildungssystems in der BRD ist die Heterogenität der Klassenzusammensetzung ein konstituierendes Merkmal des f.F.s in der Grundschule. Der Unterricht profitiert zwar häufig vom lebhaften Enthusiasmus und der ungebrochenen ⌐Motivation der Kinder sowie von geringeren Hemmungen gegenüber einer neuen Sprache und möglichen ⌐Fehlern. Besonders Letzteres sowie die Bereitschaft zu hoher Identifikation mit der Lehrkraft scheinen den Erwerb einer guten ⌐Aussprache zu fördern. Schon darin liegt die Anforderung an einen hohen Standard der sprachlichen Qualifikation der Lehrkraft begründet. Sie muss jedoch auch reagieren können auf die Normalität der Unterschiede (vgl. Schmid-Schönbein 2008, 24 ff.) in individuellen Persönlichkeitsstrukturen, Lernstilen und Lernstrategien, kulturellen Hintergründen, Entwicklung in der Muttersprache und Sozialverhalten der Kinder. Angesichts dieser Herausforderungen sind Studiengänge erforderlich, die die vielfältigen Übergangsformen der Weiterbildung ablösen (BIG 2007) und der Spezifik des f.F.s in der Grundschule gerecht werden.

Die Sprache zu erlernen, verlangt angesichts des knappen Zeitbudgets an Unterrichtsstunden methodisch grundlegend den Einsatz der Fremdsprache, in Lehrplänen meistens das ›Prinzip der ↗Einsprachigkeit‹ oder auch ›die authentische Verwendung der Zielsprache‹ genannt (↗Authentizität). Damit sind hohe Ansprüche an die Lehrkräfte gestellt. Der einsprachige Unterricht stößt aber auch, gerade wenn er sehr ernst genommen wird, an Grenzen, die den Einsatz der Muttersprache sinnvoll machen. Mit Rücksicht auf die Kinder muss ein Freiraum existieren, wenn etwas Unverstandenes das einzelne Kind belastet, wenn ein Kind etwas dringend Mitteilenswertes sagen will, es in der Fremdsprache aber noch nicht sagen kann, wenn es zu Missverständnissen in der Unterrichtsorganisation kommt oder wenn über kulturelle Andersartigkeit, über ›das Fremde‹ reflektiert werden soll. In solchen Situationen kann die Muttersprache kurzzeitig eingesetzt werden. In allen diesen Fällen handelt es sich im weitesten Sinne um Unterrichtsorganisation, wobei mit Blick auf die Muttersprache gelten sollte: so wenig wie möglich, so viel wie nötig. Damit ist aber noch nicht die Kernsituation des FUs in den Blick genommen: die Semantisierung. Oft lernen Kinder im f.F. sog. *chunks of language*, die sie als Ganzheit aufnehmen, weil sie ihre Funktion verstehen. Beim Sprachenlernen müssen Routineformeln aber aufgebrochen werden, damit Wörter oder auch Wortgruppen wie sprachliche Versatzstücke immer wieder neu kombiniert werden können: das ↗ ›generative Prinzip‹ der Sprache muss wirksam werden können (vgl. Butzkamm/Schmid-Schönbein 2008, 6 ff.). Ein Globalverständnis reicht dann nicht aus, Gesprochenes muss auch in seiner Bauform verstanden werden. Dieter Mindt und Gudrun Wagner (2009) legen für diesen Ansatz im Englischunterricht in der Grundschule eine akribisch vorgeführte linguistische Analyse des zu erlernenden elementaren Sprachbestandes nach Wortschatz, Grammatik, Redemitteln für Sprachfunktionen, Aussprache, Intonation und Schriftbild vor. Wie diese mit methodischen Verfahren und Prinzipien des f.F.s umgesetzt werden, ist von Gisela Schmid-Schönbein (2008, 63–121) dargestellt worden.

Besonders hohe Anforderungen werden an Lehrende in den erst wenigen bilingualen Grundschulen gestellt, in denen Sachfachinhalte in einer Fremdsprache unterrichtet werden, oft durch muttersprachige Lehrkräfte (↗Bilingualer Unterricht). Dabei ist nicht die Fremdsprache primär Gegenstand des Unterrichts, sprachliche Strukturen werden nicht explizit vermittelt, sondern der Sachinhalt, unterrichtet in der Fremdsprache, steht im Vordergrund. Neben deutsch-englischen Grundschulen gibt es inzwischen auch solche mit gemischten Klassen für deutsche und französische, italienische, russische, türkische, griechische, portugiesische und polnische Kinder. Alle Bundesländer zusammen zählen rund 100 bilinguale öffentliche oder private Grundschulen (eine detaillierte Übersicht findet sich unter www.fmks-online.de).

In allen Bundesländern liegen Lehrpläne oder Teile von Rahmenplänen für Englisch in der Grundschule vor. Alle erschienen seit dem Jahr 2000. Lediglich in Hessen gilt noch der Rahmenplan von 1995. Aufgrund der Kulturhoheit der Länder und der unterschiedlichen Traditionen im Frühbeginn weichen die Lehrpläne in Einzelheiten voneinander ab. So kann nur ein zusammenfassender Überblick jener Kompetenzbereiche gegeben werden, die mehrfach oder gar übereinstimmend in den Lehrplänen aufgeführt werden (die Texte der einzelnen Lehrpläne können eingesehen werden unter www.uni-koblenz.de/~ifaangl/links.htm). Einen guten Überblick der Intentionen gibt die KMK (2005), die für die Grundschule verbindliche, länderübergreifende ↗Standards für den f.F. noch nicht entwickelt hat, aber die Auffassung der Länder zu allgemein-pädagogischen und sprachlich-fachlichen Zielen wie folgt wiedergibt: Freude und Motivation für das Lernen fremder Sprachen sollen als Basis einer Erziehung zur Mehrsprachigkeit geweckt und damit eine aufgeschlossene Haltung gegenüber anderen Sprach- und Kulturgemeinschaften gefördert werden; Voraussetzungen für das weitere fachliche Lernen sollen gestärkt und eine grundlegende fremdsprachliche Kompetenz angestrebt werden, so dass am Ende der Klasse 4 ein verlässliches Abschlussprofil erreicht wird, auf dem der Unterricht in der Sekundarstufe I aufbauen kann (KMK 2005, 2 f.). Weitere Dokumente, die die Zielsetzung des f.F.s in jüngerer Zeit übergeordnet beeinflussen, sind der

↗ Gemeinsame europäische Referenzrahmen für Sprache (GeR) und das Europäische Sprachenportfolio (ESP; ↗ Portfolio). Beide Dokumente hatten und haben große Auswirkungen auf das Schulwesen. Arbeitsgruppen der Bundesländer und der Kultusministerkonferenz sind gehalten, sich bei der Erarbeitung länderübergreifender Standards strikt auf den GeR zu beziehen. Die Schulministerien der Bundesländer haben den GeR als Grundlage für Lehrpläne und die Überprüfung von Ergebnissen des Unterrichts genutzt. Das ESP diente als Vorlage für die Entwicklung länderspezifischer Sprachenportfolios für die Grundschule, wie sie inzwischen in einer Reihe von Bundesländern vorliegen, so in Brandenburg, Hessen, Mecklenburg-Vorpommern, Niedersachsen und Thüringen. Auch hat die Bund-Länder-Kommission mit dem ›Grundportfolio‹ für die Klassen 3 und 4 als Teil des ESP als Herausgeber und in Zusammenarbeit mit den Ländern Berlin, Bremen, Hessen und Nordrhein-Westfalen eine Vorlage für die Grundschularbeit erstellt (vgl. Bund-Länder-Kommission 2007). Diese Entwicklung ist nicht ohne Widerspruch geblieben. Mindt/Wagner (2007, 31) haben kritisiert: »Der GeR ist als Bezugsrahmen für das Lernen von Einzelsprachen sowie für die Ermittlung und Bewertung des Gelernten nur von eingeschränkter Bedeutung. Es fehlt der Bezug auf die Schulsysteme der einzelnen Länder Europas, und es fehlt die Berücksichtigung der Adressaten und Ziele der Primarstufe. Darüber hinaus bleiben die Bausteine der zu erlernenden Einzelsprache unberücksichtigt«.

Allen Lehrplänen der Bundesländer ist gemeinsam, dass sie am Übergang zur Sekundarstufe I verlässliche Kenntnisse und ↗ Kompetenzen zum übergeordneten Ziel der Kommunikation in der Fremdsprache erwarten. In der Vergangenheit wurden diese gesetzlichen Vorgaben in einer Weise realisiert, die den Lehrkräften großen Spielraum beim Einsatz selbst gewählter und aus unterschiedlichen Quellen beschaffter Materialien gewährte. Das bedeutete eine zeitraubende Unterrichtsvorbereitung, um sicherzustellen, dass ↗ Fertigkeiten gezielt aufgebaut wurden, und auch eine erhebliche Verantwortung für die sinnvoll abgestufte Abfolge einer auf lernzielgeleitete, ergebnisorientierte ↗ Progression bedachten systematischen Unterrichtsplanung (vgl. Schmid-Schönbein 2007, 53–59).

Da die innere Struktur der Lerninhalte eine progressive und sequentielle ist, also »neue Lernerfolge immer auch von vorangegangenen abhängig sind« (Sauer 2000b, 34), ist es ist speziell der Gedanke der Sequentialität allen Fremdsprachenlernens, der den Einsatz eines ↗ Lehrwerks als Leitmedium erforderlich macht. Dafür ist eine Reihe verschiedener Lehrwerke erschienen, für den Beginn in Jahrgangsstufe 3 und für den Beginn in der ersten Jahrgangsstufe. Auf der Internetseite des jeweils zuständigen Ministeriums werden die für den FU in Grundschulen zugelassenen Lehrwerke aufgeführt.

In der Vergangenheit begegneten Lehrkräfte der Sekundarstufen dem f.F. oft mit Skepsis und starken Vorbehalten. Es gab erhebliche Zweifel an der Effizienz des f.F.s, der ohne verbindliche Ziele nur spielerisch erfolge, so dass das ›richtige‹ Fremdsprachenlernen erst auf der Sekundarstufe beginnen würde. Mit dem durch die Diskussion um die ↗ PISA-Studie und den GeR erfolgten bildungspolitischen und pädagogischen Mentalitätswandel hat sich die Gesamtsituation verändert. In den neuen Lehrplänen und Richtlinien für den f.F. wurden verbindliche Lernziele gesetzt. Leistung und Lernzielorientierung wurden positive Begriffe. Zum Teil wurden auch die Lehrpläne und ansatzweise die Lehrwerke für die 5. Klassen an die neue Situation angepasst. Wegen des durchgängigen Bildungskontinuums, als das der gesamte Schulbesuch und Ausbildungsgang heute gesehen werden, befinden sich abgebende und aufnehmende Schule in einer gemeinsamen Verantwortung für jedes einzelne Kind und sind zur Kooperation verpflichtet.

Lit.: BIG Kreis der Stiftung Lernen: FU in der Grundschule. Standards für die Lehrerbildung. Mü. 2007. – Bund-Länder-Kommission (Hg.): Europäisches Portfolio der Sprachen. Grundportfolio. Bln u.a. 2007. – KMK (Sekretariat der ständigen Konferenz der Kultusminister der Länder in der Bundesrepublik Deutschland) (Hg.): Bericht Fremdsprachen in der Grundschule. Sachstand und Konzeptionen 2004. Beschluss der Kultusministerkonferenz vom 10.2.2005. o.O. – P. Edelenbos/R. Johnstone/A. Kubanek: Die wichtigsten pädagogischen Grundsätze für die fremdsprachliche Früherziehung. Sprachen für die Kinder Europas. Forschungsveröffentlichungen, gute Praxis und zentrale Prinzipien. Endbericht der Studie EAC 89/04 (Lot 1). In: http://ec.europa.eu/education/policies/lang/doc/young_de.pdf (12.4.2010). – A. Kubanek-German: Kindgemäßer FU. Teil 1 Ideengeschichte. Mü. 2001. – D. Mindt/G. Wagner: Lernstand im Englischunterricht. Ermittlung und Bewertung für die Klassen 3 und 4. Bln 2007. – D. Mindt/G. Wagner: Innovativer Englischunterricht für die Klassen 1 und 2. Braunschweig 2009. – H. Sauer: Frühes Fremdsprachenlernen in Grundschulen. Ein Irrweg? In: Neusprachliche Mitteilungen 53/1 (2000a), 2–7. – H. Sauer: Fremdsprachenlernen in Grundschulen. Der Weg ins 21. Jh. Eine annotierte Bibliographie. Lpz. u.a. 2000b. – G. Schmid-Schönbein: Das Lehrwerk im früh beginnenden Englischunterricht. Form und Funktion des Leitmediums. In: A. Kierepka et al. (Hg.): Fortschritte im frühen FU. Auf dem Weg zur Mehrsprachigkeit. Tüb. 2007. – G. Schmid-Schönbein: Didaktik und Methodik für den Englischunterricht. Bln 2008.   GSch

G

Ganzheitliches Lernen. Ganzheitlichkeit im pädagogischen Sinne ist heute nicht eindeutig definiert, und der Begriff wird teilweise inflationär verwendet. Es lassen sich jedoch eindeutige Charakteristika ausmachen: Im Vordergrund von g.L. steht das konkrete Erleben mit allen Sinnen, welches alle Facetten menschlichen Daseins ansprechen soll. Johann Heinrich Pestalozzi versteht unter g.L. das Lernen mit »Kopf, Herz und Hand«, also kognitives sowie emotional-affektives Lernen, verbunden mit körperlichem Erfahren in der Anwendung von ↗Wissen. Es handelt sich bei g.L. damit um einen konstruktivistischen Lernprozess (↗Konstruktivismus/Konstruktion), der stark lernerorientiert (↗Lernerorientierung) ausgerichtet ist. Ziel ist nach Renate Löffler die »Intensivierung, Entfaltung und Weiterentwicklung eigener Möglichkeiten« (in Timm 1995, 14). Zum vertiefenden Lernen ist dabei – anschließend an die individuelle oder kollektive Erfahrung – eine gemeinsame Reflexion nötig.

Ganzheitlichkeit legt ein Menschenbild zugrunde, das aus der humanistischen Pädagogik (u.a. Pestalozzi, Freinet und Goodman) und Psychologie (u.a. Rogers) hervorgeht. Das Praktizieren von g.L. stellt jedoch keine reine Ideologiefrage dar, denn auch nach neurobiologischen Erkenntnissen führen das Ansprechen mehrerer Sinne und des sensorischen Registers sowie die Anregung der Interaktion beider Gehirnhälften zu einer tiefgehenden und nachhaltigen Informationsverarbeitung. Die Kombination von visuellem und akustischem Input spricht Lernende mit verschiedenen Präferenzen (↗Lernertypen) zugleich an, und die Anregung von ↗Emotionen durch die situative Einbettung von Lernmaterial bezieht das episodische Gedächtnis ein und erhöht somit die Verstehens- und Erinnerungsleistung. Es bieten sich außerdem motivations- und konzentrationsfördernde Bewegungsspiele (↗Bewegter Unterricht) und regelmäßige Entspannungsphasen an. Eine sinnlich anregende (thematisch passende) Gestaltung des Klassenzimmers sowie der ergänzende Einsatz von Musik (↗Suggestopädie) wirken sich generell lernförderlich aus. Besonders bedeutend für das g.L. im FU ist das Verlassen des Klassenzimmers, das durch reale Projekte (z.B. die Begegnung mit Muttersprachler/innen an verschiedenen ↗Lehr- und Lernorten), aber auch virtuell (↗E-Learning) oder rein gedanklich – stimuliert durch ansprechende authentische Lese- und Hörtexte sowie die Erschaffung einer erlebnisreichen »L2-Welt« (Timm 1995, 69) im Rollenspiel – stattfinden kann. Eine besondere Bedeutung wird dem szenischen Spielen und Theaterprojekten in der Fremdsprache zugeschrieben, da durch Methoden der ↗Dramapädagogik der »Trennung von ›Sprech[-…] und Körpersprache‹« (Bludau 2000, 15) entgegengewirkt wird. Durch im Spiel entstehende ›echte Sprachnotsituationen‹, den Kommunikationsdrang beim ↗situierten Lernen sowie die Freude an Ästhetik und Klang von Sprache (z.B. beim Singen fremdsprachiger Lieder), kann die Angst vor ↗Fehlern überwunden werden. Die Sprache an sich wird ebenfalls als Ganzheit betrachtet, und beim Spracherwerb im Sinne von Ganzheitlichkeit steht zuerst das globale Verständnis und die Entwicklung von ↗Sprachgefühl im Vordergrund, erst dann folgt bedarfsabhängig die Auseinandersetzung mit bestimmten sprachlichen Formen.

Kritik am Konzept der Ganzheitlichkeit weist auf den unterschiedlichen Lernwillen und ablehnende Reaktionen schwächerer oder pubertierender SuS gegenüber offenen Lernsituationen hin (↗Offener Unterricht). Probleme der Realisierbarkeit im schulischen System (z.B. durch 45-Minuten-Intervalle und die Selektionsfunktion von Schule) werden aufgezeigt. Zudem wird bezweifelt, ob notwendige systematische Sprachkenntnisse durch einen rein am Prinzip der Ganzheitlichkeit orientierten FU vermittelt werden können. Ganzheitlichkeit wird jedoch auch von Kritiker/innen ein Platz als ›Insel‹ im Unterricht, besonders zur Vermittlung kulturellen Wissens und im spielerischen Anfangsunterricht eingeräumt. Angemerkt sei dazu, dass die Idee ganzheitlichen Sprachunterrichts weder systematische ↗ Übung noch kognitive Strukturierung ausschließt, der Fokus jedoch nicht auf dem Einstudieren und separierten Üben einzelner Sprachphänomene, sondern auf der Möglichkeit zur sinnvollen Anwendung und zum ›Leben‹, d. h. zum kreativen Einsatz der Sprache liegt (↗ Kreativität).

Lit.: M. Bludau: Szenisches Spielen. Ein Weg zu ganzheitlichem Sprachhandeln. In: FU 44/53 (2000), 15–21. – J.-P. Timm: Ganzheitlicher FU. Weinheim 1995.

AH

Gemeinsamer europäischer Referenzrahmen (GeR). Der GeR ist als das wichtigste bildungspolitische Dokument zu Beginn des 21. Jh.s zu bezeichnen; er setzt einen vorläufigen Schlusspunkt unter eine jahrzehntelange Entwicklung, die vom Europarat initiiert wurde. Der Auftrag zur Erstellung des GeR als Instrument, das Sprachkompetenz auf verschiedenen Niveaustufen beschreibt, sowie des Europäischen Sprachenportfolios (↗ Portfolio), das auf denselben Niveaustufen basiert, wurde 1991 auf einer von der Schweiz ausgerichteten Tagung in Rüschlikon erteilt. Einem Schweizer Forschungsprojekt entstammt die Entwicklung der Deskriptoren, also Beschreibungen der Sprachkompetenz. Die vorherigen Lernzielniveaus (↗ Lernziel) des Europarats fanden bei der Definition der Niveaustufen ebenso Eingang wie die vorhandenen Niveaus der Association of Language Testers in Europe (ALTE). Zum europäischen Jahr der Sprachen erschien die englische Version; die Übersetzung ins Deutsche lag im selben Jahr vor (Europarat/Rat für kulturelle Zusammenarbeit 2001).

Der GeR setzt mit seinen Skalen und Deskriptoren zum ersten Mal die Idee der stringenten Niveaustufung von Sprachkompetenz in der Praxis um. Ziel ist zum einen die Förderung von ↗ Mehrsprachigkeit in Europa, zum anderen die erhöhte Transparenz und internationale Anerkennung von Sprachqualifikationen bzw.

Abschlüssen (↗ Zertifikate) und die Förderung des lebenslangen Lernens. In diesem Zusammenhang spielt das Europäische Sprachenportfolio eine wichtige Rolle. Basierend auf einem handlungsorientierten Ansatz (↗ Handlungsorientierung) werden Sprachwendende als sozial Handelnde verstanden. Dabei werden kommunikative Funktionen systematisch klassifiziert. Die Sprachverwendung steht eindeutig im Mittelpunkt, wobei Deskriptoren beschreiben, wozu der bzw. die Lernende sprachlich fähig ist. Die Beschreibungen sind in der Regel positiv formuliert in Form von Kann-Beschreibungen. Ein Deskriptor für den Bereich ›Schriftliche Produktion allgemein‹ (GeR 2001, 67) würde beispielsweise heißen: »Kann einfache, isolierte Wendungen und Sätze schreiben.«

Das Dokument besteht aus neun Kapiteln und einem Anhang. Nach der Darstellung von Absichten, Zielen und Funktionen des GeRs sowie der Erklärung des Ansatzes folgen im dritten Kapitel die Niveaustufen als das Herzstück des Referenzrahmens. Die Skalen erscheinen auf den ersten Blick zweidimensional: in der vertikalen Dimension die sechs Niveaustufen oder Skalen, in der horizontalen Dimension kommt ein System der deskriptiven Kategorien hinzu, die jeweils auf die Skalen abgestimmt sind. Tatsächlich ist aber der zugrundeliegende Begriff der ↗ kommunikativen Kompetenz sehr viel komplexer. Das Skalensystem besteht aus sechs Stufen, den A-, B- und C-Niveaus, die jeweils noch einmal unterteilt und beliebig weiter teilbar sind. Bestehende Lernzielbeschreibungen des Europarates, z. B. der *Threshold Level*, wurden dabei übernommen:

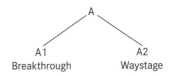

Elementare Sprachverwendung

A

A1   A2
Breakthrough   Waystage

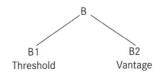

Selbständige Sprachverwendung

B

B1   B2
Threshold   Vantage

Kompetente Sprachverwendung

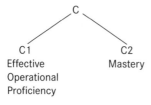

(GeR 2001, 34)

Im vierten Kapitel finden sich Kategorien kommunikativer Aktivitäten und Strategien in Form von Skalen, im fünften Kapitel sind allgemeine und sprachliche Kompetenzen beschrieben und teilweise in Skalen repräsentiert. Die darauf folgenden Kapitel geben einen Überblick über allgemeine Aspekte des Lernens und Lehrens von Sprachen. Kapitel 6 bezieht sich auf die Prozesse des Sprachenlernens und -lehrens, Kapitel 7 diskutiert die Rolle kommunikativer Aufgaben beim Sprachenlernen und -lehren, Kapitel 8 befasst sich mit Curriculumsentwicklung insbesondere im Hinblick auf Sprachenvielfalt, und in Kapitel 9 geht es um Funktionen und Verfahren des Prüfens und Beurteilens.

Der GeR hat die fremdsprachendidaktische Diskussion angestoßen, aber auch viel Kritik auf sich gezogen (vgl. Bausch et al. 2003). Durch seine Entstehungsweise ist der GeR produktorientiert (↗ Produktorientierung) und nicht prozessorientiert (↗ Prozessorientierung). Somit modelliert er keine fremdsprachlichen Rezeptions- oder Produktionsprozesse, sondern hat seinen Schwerpunkt de facto auf der ↗ Leistungsbewertung. Damit zusammenhängend ist ein fremdsprachenlerntheoretischer Ansatz nicht in dem Dokument zu finden, und die Aussagen zu ↗ Spracherwerb und -vermittlung sind wie die Verwendung zahlreicher Begriffe zu unpräzise und greifen teilweise zurück auf veraltete Erkenntnisse zur Erwerbs- und ↗ Lerntheorie. Durch seine eher instrumentalistische Sichtweise auf die Sprachverwendung, bedingt durch die Wurzeln der frühen Arbeiten des Europarats in der Erwachsenenbildung, werden andere bildungsrelevante Aspekte wie ästhetische Sprachverwendung mit Literatur oder interkulturelle Aspekte nicht ausreichend berücksichtigt.

Zwar ist das erklärte Ziel des Referenzrahmens die Förderung der Mehrsprachigkeit, jedoch wird der Mehrsprachigkeitsansatz nicht konsequent durchgehalten, weil de facto das Konzept der additiven Mehrsprachigkeit weiter verfolgt wird. Das Englische als ↗ *lingua franca* erfährt nicht die verdiente Aufmerksamkeit. Ansprüche, die die Autoren teilweise selbst an das Dokument stellen, werden nicht immer eingelöst. Hierzu gehören das Postulat der Transparenz, wenn erwähnte Theorien oder der zu Grunde liegende Kompetenzbegriff (↗ Kompetenz) sich erst mit weiterer Lektüre zum Schweizer Forschungsprojekt erschließen (vgl. z. B. Schneider/North 2000). Gleiches gilt für den Anspruch, undogmatisch zu sein, während mit der notional-funktionalen Methode ein vom Europarat favorisierter Ansatz des Fremdsprachenlernens weiter fortgeführt wird. Allgemein leidet die Kohärenz und Lesbarkeit des Dokuments, weil die Skalen und Deskriptoren zu einem anderen Zeitpunkt erstellt wurden als der Text des Dokuments, der mehrfach überarbeitet wurde.

Mit dem System der Skalen und Deskriptoren als Teil des Dokuments mit dem stärksten Einfluss wurde erstmals europaweit eine Diskussionsbasis geschaffen, die vergleichsweise solide empirisch fundiert ist, trotz Möglichkeiten zur Verbesserung. Schwächen sind in dem System zu finden bezüglich der fehlenden Linearität des Deskriptorensystems, der inkonsistenten Beschreibung eines Kriteriums in den Skalen und der fehlenden Systematik innerhalb der Deskriptoren. Auch die verwendete Terminologie stellt ein Problem dar, da unterschiedliche Termini benutzt werden (z. B. ›verstehen‹, ›erfassen‹), von denen nicht deutlich wird, ob sie unterschiedliche kognitive Operationen darstellen oder lediglich Stil und Lesbarkeit verbessern sollen. Die Formulierung von Deskriptoren eröffnet die Möglichkeit der kontextabhängigen Interpretation, weil Wendungen wie »einfache Feststellungen« subjektiv interpretierbar und somit weniger präzise sind. Ein weiteres Problem besteht in der Rezeption des Dokuments, das sich als Referenzsystem und somit als deskriptiv versteht. In der oftmals verkürzten Diskussion hat der GeR eine erhebliche normative Kraft entfaltet, die der eigentlichen Idee eines Referenzsystems abträglich ist. Trotz Kritik und Verbesserungsbedarf ist festzuhalten, dass der GeR wie kein anderes Dokument des Europarats eine fruchtbare Diskussion über das Fremdsprachenlernen angestoßen hat, die ultimativ die ↗ Qualität des Fremdsprachenlernens befördern könnte.

Lit.: Europarat/Rat für kulturelle Zusammenarbeit: GeR für Sprachen. Lernen, lehren, beurteilen. Mü. 2001. – K.-R. Bausch et al. (Hg.): Der GeR für Sprachen in der Diskussion. Tüb. 2003. – G. Schneider/ B. North: Fremdsprachen können, was heisst das? Skalen zur Beschreibung, Beurteilung und Selbsteinschätzung der fremdsprachlichen Kommunikationsfähigkeit. Chur/Zürich 2000.   KV

Genderorientierte Ansätze. Obwohl auffällt, dass moderne Fremdsprachen zu den bevorzugten Unterrichtsfächern von Mädchen gehören, dass das Fremdsprachenlehramt überproportional von Frauen angestrebt und ausgeübt wird und dass der Bereich Fremdsprachen in pädagogischen Institutionen – mit der allerdings wichtigen Ausnahme von universitären Lehrstühlen und Bildungsbehörden – weiblich dominiert ist, wendet sich die Fremdsprachendidaktik in Deutschland der Frage nach den Geschlechterverhältnissen in ihrer Disziplin erst zögerlich zu. Im internationalen Vergleich ist sie damit rückständig. Dennoch sind *Gender Studies* auch hierzulande inzwischen auf dem Weg, sich zu einem vielschichtigen Forschungsbereich in der Fremdsprachendidaktik zu entwickeln.

Der Zusammenhang zwischen Gender und FU weckte zuerst in den 1970er/80er Jahren Aufmerksamkeit, und zwar im Kontext der Frauenbewegung, die eine genderbezogene Erforschung der Bildungslandschaft anregte. Wissenschaftliche Grundlage der Forschung war die *sex/gender*-Theorie, die zwischen naturgegebenen (*sex*) und gesellschaftlichen Geschlechterverhältnissen (*gender*) unterschied. Die ›natürliche‹ Zweigeschlechtlichkeit der Menschheit werde, so dieser Theorieentwurf, dazu instrumentalisiert, die soziale Benachteiligung von Mädchen und Frauen zu legitimieren – sie ›naturalisiere‹ sie. Im Prozess der Theoriebildung wurde die vereinfachende These vom Machtverhältnis zwischen Männern und Frauen ausdifferenziert und z. T. revidiert. Es zeigte sich nämlich, dass Geschlechterverhältnisse immer wieder von anderen hegemonialen Ordnungen durchdrungen oder überlagert sind, etwa von ökonomischen Privilegien oder rassifizierenden Diskursen. In-

zwischen wird die *sex/gender*-Theorie insgesamt in Frage gestellt. Die Vorstellung von *sex* als einem natürlichen, vorgesellschaftlichen und deshalb nicht weiter theoriebedürftigen Substrat der binären Geschlechterordnung steht in der Kritik. Auch *sex*, so etwa Judith Butler (1995, 22), die den performativen Charakter von Gender nachgezeichnet hat, sei ein normatives kulturelles Konstrukt, das die Materialisierung von Körpern reguliere. Seine Abgrenzung von Gender perpetuiere nach wie vor Geschlechterdichotomien und liefere die Basis für eine heteronormative Geschlechterordnung, die Identitäten jenseits von Heterosexualität und Zweigeschlechtlichkeit die Legitimität abspreche.

In der einschlägigen fremdsprachendidaktischen Diskussion wird ›Gender‹ heute als kulturell-diskursiv hervorgebrachte und subjektiv ausgestaltete, performative Konstruktion verstanden, die als normativer gesellschaftlicher Ordnungsentwurf jede Identitätskonstitution beeinflusst und in komplexer Weise mit anderen gesellschaftlichen Verhältnissen interagiert (↗ Identität und Identitätsbildung). Unter der Perspektive ›Gender‹ sind bisher vor allem drei Bereiche in der Fremdsprachendidaktik bearbeitet worden: die Geschichte des Fremdsprachenlehrens und -lernens, die fremdsprachendidaktische Forschung und einige Aspekte des Sprachunterrichts, vor allem seine Medien und Texte.

In ihrer historischen Untersuchung des Sprachenlehrens und -lernens weist Renate Haas (2007) nach, dass diese Domäne bereits im Mittelalter an der Konstruktion von Gender mitwirkte. Während es Frauen waren, die ihre Kinder im heimischen Milieu oft mehrsprachig in den lebenden Sprachen unterrichteten, entwickelte sich das akademische Latein zum männlichen Gegenstück dieser häuslichen ›Mutter‹-Sprachen. Erst in der Neuzeit und im Zuge der Entwicklung der Nationalstaaten verschob sich diese Dichotomie in die heute gängige zwischen ›Mutter‹-Sprache (nun im Singular) und ›Fremd‹-Sprachen. Die feminisierende Tradition des neusprachlichen Unterrichts setzte sich im 19. Jh. an den privaten Höheren Mädchenschulen fort (vgl. Doff 2002). Fremdsprachliche Konversationskompetenz galt als Ausweis der Bildung sog. Höherer Töchter. Der Lehrplan umfasste die fremdsprachliche Lektüre und das Gespräch, und der Unterricht wurde von weiblichen *native speakers* erteilt. Der ›männliche‹ Gegenspieler des Französischen und Englischen blieben die alten Sprachen, deren Kenntnis die Voraussetzung für den Universitätszugang bildete, der damit den Frauen verschlossen war. Das Höhere Lehranstaltswesen konstruierte also im sprachlichen Bereich einen Geschlechterdualismus. Es tat dies nicht nur durch die Trennung zwischen alten und neuen Sprachen und die damit verbundene Geschlechtsspezifizierung der Bildungspartizipation, sondern auch in der Unterrichtsmethodik: Während in Mädchenschulen und -pensionaten Inhalts- und Konversationsorientierung herrschte, der Unterricht in der Fremdsprache verlief und mündliches Sprachkönnen relevant war, dominierte an den Knabenschulen die ↗Grammatik-Übersetzungs-Methode, bei der die Unterrichtssprache Deutsch war und Sprachform, Sprachwissen und Schriftlichkeit im Mittelpunkt standen. Der moderne FU schloss mit seiner Abwendung von Kognition und Sprachwissen und mit seinem Mündlichkeitsprimat und seiner Kommunikationsorientierung an die Tradition der Höheren-Töchter-Bildung an. Er tat dies im Verlauf der 1960er/70er Jahre, also zu einem Zeitpunkt, als er seine gymnasiale Exklusivität verlor und zum Lernfeld für alle wurde. Die Geschichte der Feminisierung des Kompetenzbereichs ›Fremdsprachen‹ hat dazu geführt, dass diesem Bereich die Aura des Semiprofessionellen anhaftet und mit fremdsprachlichen Berufen ein vergleichsweise geringes ökonomisches und symbolisches Kapital verbunden ist (vgl. Haas 2007, 39).

Die Feminisierung des Lernens neuerer Sprachen wurde nicht nur durch historisch-bildungspolitische Weichenstellungen betrieben, sondern auch in der Fremdsprachenforschung selbst, die sich beharrlich im Paradigma der Geschlechterdifferenz bewegt. Barbara Schmenk (2002) zeichnet in einer wissenschaftskritischen Untersuchung einen typischen Zirkelschluss nach: Indem Forschungsprojekte von dualistischen Alltagsvorstellungen von Weiblichkeit und Männlichkeit ausgehen und ihre Befunde auf diese zurückführen, verfestigen sie Vorstellungen vom weiblichen Geschlechtscharakter, reifizieren die binäre Geschlechterordnung und bekräftigen z. B.

Vorstellungen von einer – empirisch nicht nachweisbaren – besonderen weiblichen Sprachbegabung oder von geschlechtsspezifischen Lernstilen.

Der dritte Bereich genderorientierter Analyse bewegt sich in größerer Nähe zum Unterricht, dessen Praxis allerdings bisher noch nicht systematisch unter dieser Perspektive untersucht wurde. Stattdessen liegt der Schwerpunkt unterrichtsbezogener Gender-Forschung auf der Ebene der Unterrichtsmedien und -texte. Die Lehrwerkkritik (↗Lehrwerkanalyse) der 1970er und 80er Jahre (z. B. Stenzel 1981) ergab, dass in Sprache und ↗Bildern der Lehrbücher und Arbeitsmittel (↗Lehrwerk) stereotypisierende Darstellungsweisen (↗Stereotyp) vorherrschten. Die Lehrwerkautor/innen griffen bei ihren einsprachigen Erläuterungen neuer Begriffe auf traditionelle Vorstellungen zurück, viele von ihnen sexistisch. Uneindeutigkeiten, etwa in englischen Berufsbezeichnungen, wurden kaum für produktive Irritationen genutzt, sondern entgegen ihrer Offenheit stereotyp vereindeutigt (*busdriver – he, nurse – she*). Laufende Reformbemühungen gelten seither einer nicht-sexistischen Sprache, der Subversion stereotyper Konstellationen in Lehrbuchfamilien und der Reflexion genderrelevanter Bezeichnungspolitik (zum Begriff *lady* vgl. z. B. Linke 2007). Als fruchtbares Gebiet der Auseinandersetzung mit ›Gender‹ haben sich Literatur und Film erwiesen. Im Gegensatz zu den meist holzschnittartigen Lehrbuchtexten mit ihrem Bemühen um Eindeutigkeit konstruieren sie Geschlechterverhältnisse oft in ihrer Widersprüchlichkeit, diskursiven Komplexität und Undurchsichtigkeit. Ähnlich wie in der Lehrwerkkritik liegt auch in der ↗Literaturdidaktik ein genderorientierter Schwerpunkt auf der Analyse des ↗Kanons. Die Kritik richtet sich unter der Fragestellung der Geschlechtergerechtigkeit gegen die Privilegierung von Autoren und männlichen Erzählperspektiven, wie sie z. T. bis heute fortbesteht (vgl. Volkmann 2007). Aus der Literaturwissenschaft stammen Gegenstrategien, vor allem die Erweiterung des Kanons um Texte von Autorinnen und Texte mit weiblichen Erzählperspektiven. Über die Kanonrevision hinaus wurde für die Zusammenstellung von literarischen Texten zu einem Themenbereich ein Konzept entworfen, das Polyphonie und intertextuelle Dialogizität (↗Intertextualität/Intermedialität) als wichtiges Kriterium für eine Textkombination vertritt (vgl. Decke-Cornill 1994).

Ihrer Fundierung durch die *sex-gender*-Theorie entsprechend bewegte sich die literaturdidaktische Theoriebildung lange im Rahmen des zweigeschlechtlichen Denkens. Erst in jüngerer Zeit wurde dessen Normativität kritisch zur Kenntnis genommen und die Hybridität und Performativität von Geschlecht in die Theoriebildung einbezogen (vgl. z.B. Decke-Cornill 2004, Volkmann 2007). Elizabeth Shipleys Unterrichtsexperiment mit »Science Fiction of Other-Genderedness« (2007) zeigt, welche Möglichkeiten diese Gattung als *third domain* für die Auseinandersetzung mit Heteronormativität, d.h. der Normsetzung von Heterosexualität und Zweigeschlechtlichkeit, bietet.

Unterrichtsmethodisch legt genderreflexive Arbeit mit literarischen und anderen Texten ↗ Inszenierungen der Verfremdung und Veruneindeutigung nahe, die Aushandlungsbedarf und Streitgespräche provozieren. Die dadurch angeregten kreativen oder widerständigen Leseweisen und Verständigungsprozesse können eine offene, fragende, inklusive Haltung gegenüber Geschlechterverhältnissen befördern. Hier sind Anschlüsse an die Didaktik des ↗ Fremdverstehens und die *critical pedagogy* erkennbar.

Trotz der Offensichtlichkeit der Geschlechterrelevanz sind weite Bereiche der Fremdsprachendidaktik unter dieser Perspektive wenig erforscht. So liegen erst vereinzelt einschlägige Studien zu Bildungsgängen von Lehrer/innen und Schüler/innen und zu biographischen Erfahrungen und Schlüsselerlebnissen im fremdsprachlichen Unterricht vor. Es fehlt an Wissen über die Selbstbilder von Lerner/innen und über die Lerner/innenbilder der Lehrenden. Die Motive bei der Wahl oder Abwahl von fremdsprachlichen Kursen sind weitgehend unbekannt, und es gibt wenig Einblick in Entscheidungsprozesse bei der Berufswahl. Auch Sprache und Interaktionsformen des Unterrichts sind Forschungsdesiderata. ›Gender‹ ist ein prekäres Untersuchungsfeld: Einerseits fehlt es an Wissen darüber, andererseits ist das Wissen oft problematisch präfiguriert, dann nämlich, wenn die Forschung beim Blick auf Gender dessen Interaktion mit anderen Aspekten übersieht und damit die Heterogenität und Individualität der Akteur/innen verfehlt.

Lit.: J. Butler: Körper von Gewicht. FfM 1995. – H. Decke-Cornill: Intertextualität als literaturdidaktische Dimension. Zur Frage der Textzusammenstellung bei literarischen Lektürereihen. In: Die Neueren Sprachen 93 (1994), 272–287. – H. Decke-Cornill: ›Identities that cannot exist‹. Gender Studies und Literaturdidaktik. In: L. Bredella et al. (Hg.): Literaturdidaktik im Dialog. Tüb. 2004, 181–206. – H. Decke-Cornill/L. Volkmann (Hg.): Gender Studies and Foreign Language Teaching. Tüb. 2007. – S. Doff: Englischlernen zwischen Tradition und Innovation. Mü. 2002. – R. Haas: Language Teaching as a ›Woman's Job‹. Historical and Current Perspectives. In: Decke-Cornill/Volkmann 2007, 31–46. – G. Linke: Linguistic Aspects of Gender in the Foreign Language Classroom. In: Decke-Cornill/Volkmann 2007, 137–159. – B. Schmenk: Geschlechtsspezifisches Fremdsprachenlernen? Zur Konstruktion geschlechtsspezifischer Lerner- und Lernbilder in der Fremdsprachenforschung. Tüb. 2002. – E. Shipley: Science Fiction of Other-Genderedness in the EFL Classroom. In: Decke-Cornill/Volkmann 2007, 227–242. – E. Stenzel: Frauenthemen im Englischunterricht. In: I. Brehmer (Hg.): Sexismus in der Schule. Weinheim/Basel 1981, 78–84. – L. Volkmann: Gender Studies and Literature Didactics. Research and Teaching, Worlds Apart? In: Decke-Cornill/Ders. 2007, 161–184.   HDC

Generatives Prinzip. Sprache lernen erschöpft sich nicht im Nachahmen und Auswendiglernen, sondern heißt, ihre Regelhaftigkeit erfassen und in vielen verschiedenen Sätzen die Wiederkehr der gleichen Struktur erkennen, um so in Humboldts berühmter Formulierung »von endlichen Mitteln unendlichen Gebrauch« zu machen. Im g.P. wird diese Fähigkeit zur Analogiebildung angesprochen. Ein Satz oder eine Fügung wird zum Modell für andere, gleichgebaute Fügungen, generiert mithin neue Sätze gleichen Typs. Dieser für den ↗ Spracherwerb unverzichtbare Multiplikationseffekt wird von Johann H.E. Nachersberg wie folgt formuliert: »Diese Phrasen sind uns nun ganz mechanisch geworden; wir dürfen uns nicht mehr die Mühe geben, sie nach Anleitung der grammatischen Regeln zusammenzusetzen, und zugleich sind sie für uns so viele Analoga, nach welchen wir, ohne Anstrengung und Zeitaufwand, eine beträchtliche Summe ähnlicher Sätze bilden können, ohne uns bey den Lehrsätzen der theoretischen Grammatik zu verweilen« (1800, IV). Das g.P. ist somit auch eine Art Mitlernprinzip. Es stand – anders bezeichnet – im Zentrum der Überlegungen von Thomas Prendergast und Harold Palmer und bildet auch die Grundlage der von amerikanischen Autoren geprägten *pattern practice*. Deren übermäßige und allzu mechanische Anwendung führte jedoch zum Konflikt mit dem ↗ kommunikativen FU. Infolgedessen geriet auch das g.P. aus dem Blickfeld der Fremdsprachendidaktik, obwohl es die notwendige Ergänzung zum kommunikativen Prinzip darstellt.

Lit.: W. Butzkamm: Lust zum Lehren, Lust zum Lernen. Eine neue Methodik für den FU. Tüb. ²2007 [2004]. – J.H.E. Nachersberg: Englisches Formelbuch, oder praktische Anleitung, auf eine leichte Art Englisch sprechen und schreiben zu lernen. Breslau 1800.

WB

Geragogik, auch Alterspädagogik genannt, ist ein Teilgebiet der Gerontologie, die sich mit dem Altern von Menschen befasst und innerhalb der Sozialwissenschaften dem Teilgebiet ›Soziale Arbeit‹ zuzuordnen ist. G. befasst sich mit dem Lernen im Seniorenalter ab ca. dem 60. Lebensjahr und wird damit dem Konzept des *lifelong learning* gerecht. Ähnlich der ↗ Andragogik übernimmt die G. für die Fremdsprachendidaktik die Funktion einer ↗ Bezugswissenschaft: Theorien über das Alter(n) und damit die spezielle Zielgruppe fließen direkt in die didaktische Konzeption entsprechender Lernszenarien mit ein.

Senioren haben ihren beruflichen Alltag bereits hinter sich und suchen nach neuen Herausforderungen zur Erhaltung ihrer geistigen Beweglichkeit und kognitiven Leistungsfähigkeit. Spezifische Bildungsangebote, für die sie nun häufig erstmals die nötige Zeit aufbringen können, dienen dabei zusätzlich der Erhaltung von subjektivem Wohlbefinden und steigern die Lebensqualität, da Ressourcen aktiviert, Kompetenzen (z.B. sprachliche Mobilität auf Reisen) gesteigert und der soziale Kontakt zu Gleichgesinnten gefördert wird. Sprach-G. beruht dabei immer auf dem konsequenten Prinzip der Freiwilligkeit, weshalb einerseits von hoher ↗ Motivation und mehr potenzieller Beschäftigungszeit mit dem Lerngegenstand außerhalb des Unterrichts ausgegangen werden kann, andererseits aber auch evtl. aufgrund mangelnder extrinsischer Motivation und zeitlicher Überschneidung mit anderen Aktivitäten die Regelmäßigkeit der Kursteilnahme gefährdet ist. Dies führt dazu, dass manche Lernende das gleiche Angebot mehrere Male besuchen und z.B. auf Mitler-

nende treffen, die keinerlei Vorkenntnisse haben oder gar auf Wiedereinsteiger, deren fremdsprachliche Bildung zwar viele Jahre zurückliegt, aber je nach ursprünglichem Niveau ggf. schnell reaktiviert werden kann. Ähnlich den Angeboten der Andragogik zeichnen sich diese Lerngruppen durch Heterogenität aus, so dass eine kontinuierliche Kursprogression (↗ Progression) häufig nur schwer gewährleistet werden kann.

Weit fortschreitendes Alter bringt Einschränkungen der Hör- und/oder Sehfähigkeit sowie der Gedächtnisfunktionen, der Flexibilität und der Reaktionsgeschwindigkeit mit sich und reduziert damit ggf. die allgemeine Fähigkeit zum Sprachenlernen. Gleichzeitig stehen dem Lernenden aber gerade aufgrund seines Alters und damit seiner Lebenserfahrung vielfältiges ↗ Wissen und bereits erworbene kognitive Strukturen zur Verfügung, auf die beim weiteren Sprachenlernen aufgebaut werden kann. Mit dem Alter findet dann eine Umstrukturierung der intellektuellen Fähigkeiten statt: Die Lerngeschwindigkeit nimmt zwar meist ab, die Leistungsgenauigkeit kann dies jedoch ggf. ausgleichen (vgl. Quetz et al. 1981). Insbesondere das Langzeitgedächtnis übernimmt hierbei eine zentrale Rolle. Die explizite sinnvolle Verknüpfung neuer Inhalte mit den Beständen des Langzeitgedächtnisses sollte deshalb erklärtes Ziel der G. sein. Der biographische Ansatz (vgl. Berndt 2003), der Raum für die jeweiligen individuellen Lebens- und Lernerfahrungen gibt und diese explizit mit einbezieht, scheint hier am sinnvollsten als didaktisches Konzept. Um Frustration zu vermeiden sollte bei Übungen zum ↗ Hörverstehen auf die in Audiomaterialien für junge Lernende häufig bewusst eingefügten kontextualisierenden Hintergrundgeräusche verzichtet und bei visuellen Medien auf eine angemessen Größe und Kontraststärke geachtet werden. Das Training der einzelnen sprachlichen ↗ Fertigkeiten sollte entsprechend der ↗ Lernziele älterer Lernender gewichtet werden, was auch dazu führen kann, dass z.B. die Fertigkeit ↗ Schreiben, insbesondere das Schreiben längerer Texte, komplett in den Hintergrund tritt. In Deutschland konzipieren vor allem die Volkshochschulen (↗ Volkshochschulunterricht) sprachliche Bildungsangebote für ältere Lernende, aber auch öffentliche und private Hochschulen gründen zunehmend Seniorenakademien und bieten Seniorenstudien an.

Lit.: A. Berndt: Sprachenlernen im Alter. Eine empirische Studie zur Fremdsprachen-G. Mü. 2003. – J. Quetz/S. Bolton/G. Lauerbach: Fremdsprachen für Erwachsene. Eine Einführung in die Didaktik und Methodik des FUs in der Erwachsenenbildung. Bln 1981. – D.M. Singleton/Z. Lengyel (Hg.): The Age Factor in Second Language Acquisition. A Critical Look at the Critical Period Hypothesis. Clevedon 1995.   CJG

Gesamtsprachencurriculum   ↗Mehrsprachigkeitsdidaktik, ↗Sprachenpolitik

Geschichte des Fremdsprachenunterrichts. Der immersive Erwerb fremder Sprachen (↗Immersion) ist vermutlich so alt wie die Menschheit selbst: Sprachkontakte führen zur Übernahme verwertbarer Vokabeln und Phrasen. Planvoller FU, auch unter Einbeziehung von Bildungskonzepten (↗Bildung), beginnt in der Antike (etwa: gelehrte Sklaven als Vermittler griechischer Sprache und Kultur in römischen Familien). Bis zum Ausgang des Mittelalters sind in Europa Latein und (in geringerem Maße) Griechisch die im Kontext von Schule und Hochschule gelernten Fremdsprachen; im Mittelmeerraum und auch im Kontext der Mission spielt daneben klassisches Arabisch eine Rolle. Mit dem 13. Jh. treten zwei weitere Idiome als Fremdsprachen auf den Plan: Altfranzösisch als höfische Kultursprache und Alt-Russisch als Sprache des hansischen Russlandhandels. Daneben finden sich einzelne Nennungen für weitere Sprachen, zumal im Kontext adliger Erziehung, so etwa ein Hinweis auf (west)slawische Dialekte als Lerngegenstand der Prinzenerziehung in der Goldenen Bulle von 1356. Insgesamt aber bleibt das vorreformatorische West-, Mittel- und Nordeuropa ein Sprachraum mit nur einer Fremdsprache: der internationalen Sprache Latein. Im Übrigen existieren, mehr oder minder kodifiziert, autonome Dialekte als Volkssprachen, die aber allenfalls im Rahmen grenznaher Mehrsprachigkeit erworben werden. Mitunter dienen Sprachverschnitte als Kommunikationsmittel (↗*Lingua Franca*), so Mischformen aus niederdeutschen und skandinavischen Dialekten im Bereich der Hanse oder Sabir im Mittelmeerraum. Diese Sprachen werden immersiv erworben.

Renaissance und Reformation heben die Volkssprachen ins Bewusstsein und schaffen damit die Voraussetzungen für das heutige vielsprachige Europa. Fortschritte in Hygiene (Steinbauweise, Wasserqualität) und Medizin verlängern die Lebenserwartung zumindest der gehobenen Schichten. Die neue Planbarkeit des Lebens führt zu einem veränderten Lebensgefühl und im Gefolge zu verstärkten Anstrengungen politischer, gewerblicher und wissenschaftlicher Natur. Der entstehende Frühkapitalismus lässt den Fernhandel aufblühen; da die potenziell wirksamste Sprache des Handels die des Handelspartners ist, werden solche Sprachen als Lerngegenstand interessant. Das Entstehen von Nationalstaaten macht die Sprachen der neuen Hauptstädte und Hofhaltungen zu Nationalsprachen. Als Symbole nationalen Fortschritts erfahren sie systematische Pflege: im Umfeld der Prinzenerziehung, an neu gegründeten Akademien und bereits im 16. Jh. auch an den Lateinschulen. Einige Staaten, vor allem Frankreich, betreiben in der Folgezeit eine expansive Sprachenpolitik: Französisch wird Sprache des kulturellen und politischen Transfers, zumal in eroberten Gebieten, und es wird konsequent als Sprache der europäischen Diplomatie installiert.

Die Reformatoren lehren, dass Gott mit dem Christenmenschen durch das Medium der Bibel kommuniziere, ohne Vermittlung einer Amtskirche. Die Bibel ist in hebräischer und altgriechischer Sprache abgefasst, das Mittelalter bedient sich einer (schlechten) lateinischen Übersetzung, der Vulgata, als offizieller Version der römischen Kirche. Der unmittelbare Zugang zu Gottes Wort hat zwei Voraussetzungen: Der Mensch (auch der weiblichen Geschlechts) muss lesen lernen, und die Bibel muss in der Sprache der Benutzenden zugänglich sein. So werden die Reformatoren zu Bibelübersetzern; sie gehen als Humanisten von den Originaltexten aus. Damit werden die Volkssprachen zu Medien der göttlichen Botschaft, was sie weiter aufwertet. Bedeutende Bibelübersetzungen (etwa die Lutherbibel oder die *King James Version* von 1611) sind zugleich Sprachdenkmäler, deren ästhetische Qualitäten bis heute anerkannt werden.

Im 16. Jh. gewinnt Europa seine heutige multilinguale Gestalt. Seither streiten die Sprachen um Marktanteile, es entstehen die Berufe Fremdsprachenlehrer (›Sprachmeister‹) und Dolmetscher (ein osmanisch-türkisches

Lehnwort). Dennoch bleibt Latein bis ins 18. Jh. die Sprache der akademischen Bildung. Im Bereich der Prinzen- und Prinzessinnenerziehung aber werden zunehmend moderne Fremdsprachen erworben, zunächst immersiv (über Diener und Gouvernanten), spätestens seit den 1550er Jahren dann auch als Gegenstand eines von gelehrten Hofmeistern erteilten Privatunterrichts. Da die adligen Zöglinge meist ranghöher sind als ihre aus dem Bürgertum oder niederen Adel stammenden Lehrmeister, dürfen sie von diesen nicht körperlich gezüchtigt werden, ein Verbot, das den neusprachlichen Unterricht methodisch voranbringt und aus heutiger Sicht modern erscheinen lässt (einsichtgestützte, kommunikative Ausrichtung, *conversational approach*). Das Patriziat der Städte übernimmt den Ansatz, und das breitere Bürgertum kopiert ihn im 18. Jh. Die gelernten Sprachen der Zeit sind in erster Linie Französisch und Italienisch (beide als Kultur- und Handelssprachen), daneben Spanisch (als Sprache des kaiserlichen Hofes) und, in geringerem Maße, seit dem 17. Jh. Flämisch und Englisch (als Handelssprachen, Englisch auch als theologisch bedeutsames Idiom). Im habsburgischen Raum kommt, als Reaktion auf politisches Erfordernis, Türkisch hinzu.

Das 18. Jh. entwickelt mit der Ritterakademie eine Schulform, die eigens auf die Bedürfnisse des Höflings zugeschnitten ist. Der aus dem Mittelalter ererbte Kanon der *Septem Artes* der Lateinschulen und Universitäten wird ersetzt durch ›ritterliche Künste‹, wozu neben den Grundlagen der Humaniora auch Tanzen, Fechten und Reiten sowie die modernen Fremdsprachen gehören. Da die Ritterakademien den Universitäten zahlungskräftige adlige Studierende entziehen, stellen letztere Sprachmeister an, die in Einzel- oder Kleingruppenunterricht die Fremdsprachen der Zeit vermitteln. Locker mit den Artistenfakultäten verknüpft unterrichten sie Hörer aller Fachrichtungen; einige erreichen den Professoren-Status. Dabei spielen auch sprachenpolitische Gesichtspunkte eine Rolle: Die von Georg II. von England 1737 gegründete Universität Göttingen verfügt über ein persönliches Extraordinariat des Englischen, das dann zum Ordinariat aufgestockt wird. An der Dänemark zuzurechnenden Universität Kiel existiert ein Extraordinariat des Dänischen, und die zu Schweden gehörende Universität

Greifswald besitzt ein Extraordinariat des Schwedischen. Im Verlauf des 18. Jh.s gehen mehr und mehr Lateinschulen dazu über, den Lateinunterricht zugunsten von Französischunterricht zu reduzieren; in den dynastisch mit England verbundenen Landesteilen (Braunschweig-Lüneburg, Hannover) spielt daneben auch Englisch eine Rolle.

Die Zielsetzungen des FUs des 18. Jh.s sind pragmatisch bestimmt: Französisch lernt man mit dem Ziel gepflegter kommunikativer Mündlich- und stilistisch ausgereifter Schriftlichkeit, um sich bei Hof, im Beruf oder im bürgerlichen Privatleben der internationalen Sprache zu bedienen. Englisch wird weiterhin als Handels-, aber auch als Wissenschaftssprache erworben: Großbritannien ist führend in den Naturwissenschaften und der Medizin; publiziert wird auf Englisch. Wer zu den Quellen Zugang haben will, braucht Lesekompetenz. Auch das protestantische Pfarrhaus ist dem Englischen zugetan, verfügen die Briten doch über Predigtsammlungen, deren theologische und rhetorische Qualitäten weithin gerühmt werden. Sie dienen den eigenen Predigten (von barocker Länge) als Vorlage. Eine stärker belletristische Ausrichtung erhält der Englischunterricht mit der Vorromantik (beginnender Shakespeare-Kult, Ossian, Briefe der Lady Montagu, später: Lord Byron und Walter Scott). Was das Italienische angeht, so ist seine Bedeutung als Handelssprache im 18. Jh. rückläufig, doch Italienisch ist die Sprache der Oper und der Künste und daher begehrt.

Insgesamt herrscht im 18. Jh. ein ausgeglichenes Verhältnis zwischen den beiden Grundrichtungen des Spracherwerbs, dem Immersionslernen (*learning by rote*) und dem grammatikorientierten (↗Grammatik und Grammatikvermittlung), konstruierenden Lernen (*learning by rule*). Angesichts der lebenspraktischen Ausrichtung des Fremdsprachenlernens sind Bildungsideologien nicht bedeutsam. Selbst die herausragenden Bildungstheoretiker der Zeit leiten (in der Comenius-Nachfolge) Sprachenwahl, Sprachenfolge und methodische Ausflaggung des Unterrichts aus konkretem Lebensbedarf ab.

Die Französische Revolution und die napoleonische Zeit verändern die Sprachenlandschaft: Französisch, die Kultur- und Modesprache des 18. Jh.s, wird nun als Idiom einer überwundenen feudalen Epoche gebrandmarkt, später dann als Feindsprache. Mit dem Fall Napoleons fällt auch seine Sprache: Ernst Moritz Arndt fordert 1813 die Ausweisung der französischen Sprachmeister, Kammerzofen und Gouvernanten. Im Geiste der beginnenden Nationwerdung der Deutschen soll Deutschunterricht das ›welsche‹ Französisch ersetzen. Nach Waterloo wird Französisch als Schulfach in Preußen verboten; das Verbot gilt bis in die 1830er Jahre hinein. Da durch den Abbau des Französischen und anderer moderner Sprachen Stundenkontingente frei werden, kommt die Altphilologie quantitativ voran: 15 Wochenstunden Latein und 7 Wochenstunden Altgriechisch sind an den (stets altsprachlichen) Gymnasien der ersten Hälfte des 19. Jh.s keine Seltenheit; die anderen Fächer sind ein- bis zweistündig. Wie schon in der Renaissance ist das Lateinische nun sprachästhetische Richtschnur, die griechisch-römische Literatur gilt als Vermittlerin (säkularisierter) ›ewiger Werte‹. Die lateinisch-deutsche Übersetzung gerät in den Augen der Zeitgenossen zu einem Brennpunkt vaterländischer Erziehung (↗ Sprachmittlung). Gleichzeitig wird das Gymnasium zur Pflanzschule eines Bürgertums, das es sich leisten kann, seine (männlichen) Nachkommen neun Jahre lang ohne berufspropädeutische Zwänge ›formal‹ zu bilden. Die Bürgerinnen und die übrigen gesellschaftlichen Schichten haben die Möglichkeit zu solch ›zweckfreier‹ Bildung nicht. Während am Gymnasium konkrete Lebensbezüge des Gelernten allenfalls am Rande eine Rolle spielen, übernimmt die Mittelschule als Realschule die polytechnische Ausbildung, gerade auch in den modernen Fremdsprachen. Die Mädchen aus besserem Hause aber frequentieren höhere Töchterschulen und Pensionate, wo sie (im FU immersiv und durch Muttersprachlerinnen, durchaus in der Tradition des 18. Jh.s) auf das praktische Leben vorbereitet werden.

In den 1840er Jahren wird der Gegensatz zwischen idealistischer Bildung und polytechnischer Orientierung der zeitgenössischen Arbeitswelt zunehmend kontrovers diskutiert. Angesichts des Scheiterns der Revolution von 1848 aber bleibt die Antinomie trotz aller Brückenschläge der Zeit nach 1880 bis mindestens zum Ende des Ersten Weltkriegs erhalten, im engeren Bereich der sprachlichen Fächer auch länger. Die Polytechnische Oberschule der DDR

als marxistische Alternative zur idealistischen deutschen Gymnasialtradition ist eine späte Reaktion auf post-neuhumanistische Entwicklungen.

Das realistische Bildungsangebot wird im weiteren Verlauf des 19. Jh.s immer mehr ausgeweitet, gleichzeitig bleibt die Realschule als sechsjährige berufspropädeutische Schulform mit dem Ziel des mittleren Bildungsabschlusses bestehen. Die Entwicklung verläuft über die lateinfreie Oberrealschule, deren Abitur 1901 mit dem der Gymnasien und (griechischfreien) Realgymnasien gleichgestellt wird, hin zum mathematisch-naturwissenschaftlichen Gymnasium. Die Phalanx der Altphilologen setzt 1901 für Abiturienten ohne entsprechenden Lateinnachweis das Kleine bzw. Große Latinum als ergänzende Studienqualifikation durch.

Bis 1923 bleibt das Französische erste moderne Fremdsprache, doch es erholt sich nie vollständig von der nach 1813 erlittenen Schmach. Das Englische kommt seit den 1830er Jahren (besonders im Real-Bereich) weiter voran. Es gilt den Zeitgenossen als Sprache einer politisch verbündeten Macht, als Idiom des industriellen Fortschritts, des Handels, aber auch der Freiheit. Darüber hinaus macht der literarische Paradigmenwechsel der Romantik das Englische zu einer auch ästhetisch und kulturell bedeutsamen Sprache. Die Revolutionäre des Vormärz versuchen, den Einfluss der Altphilologie im Schulwesen zu brechen, sie votieren für moderne Fremdsprachen im Gesamtumfang von etwa einem Drittel der Stundentafel und für eine Ausweitung des Englischen. Trotz des Fehlschlags der Revolution von 1848 wächst das Gewicht der neueren Sprachen in den Curricula in den folgenden Jahrzehnten langsam aber stetig an.

1923 stellen fünf Länder der Weimarer Republik auf Englisch als erste Fremdsprache um. Preußen bleibt ambivalent; in den beginnenden 1930er Jahren findet hier eine Rückkehr zu grundständigem Französisch statt. Die ›reichseinheitliche‹ Regelung der Nationalsozialisten von 1937 macht Englisch als völkisch verwandte Herrensprache zur ersten Fremdsprache. Nach dem Zweiten Weltkrieg gelangt zunächst die Sprache der jeweiligen Besatzungsmacht in diese Rolle; mit dem Hamburger Abkommen von 1964 erfolgt in Westdeutschland eine erneute Umstellung auf Englisch. Das

Abkommen wird 1971 zugunsten einer Regelung novelliert, nach der unter gewissen Rahmenbedingungen jede zugelassene Fremdsprache erste Fremdsprache sein kann. Die Novellierung bleibt quantitativ bedeutungslos. Das gesamte 20. Jh. hindurch gelten für grundständiges Latein und altphilologisch orientierte ›Traditionsschulen‹ Sonderregelungen, unabhängig vom jeweiligen politischen System.

Die Schrift des Marburger Anglisten Wilhelm Viëtor »Der Sprachunterricht muss umkehren« (1882) markiert das Ende der lateinorientierten ⁊ Grammatik-Übersetzungs-Methode. Viëtor propagiert den direkten Ansatz; der Streit mit seinen Gegnern währt bis 1908. Danach ist die ›vermittelnde Methode‹ mit Grammatik- und Übersetzungsanteilen verbindlich bis in die Zeit nach dem Zweiten Weltkrieg. Seit den 1880er Jahren wird auch die Rolle der ⁊ Landeskunde offen diskutiert. Es entwickelt sich eine Realienkunde, deren positivistische Faktenorientierung schon in den 1890er Jahren Gegenstand der Kritik ist. Sie wird nach 1913 vor dem Hintergrund der inzwischen aufblühenden Gestaltpsychologie ersetzt durch die Kulturkunde (Wesensschau), die die 1920er Jahre beherrscht (Richertsche Richtlinien, 1925) und von den Nationalsozialisten später zur Rassenkunde pervertiert wird. Nach 1945 ziehen sich die Neuphilologien in den Elfenbeinturm sprachhistorischer, strukturalistischer und formalästhetischer Fragestellungen zurück, die ⁊ Lehrerbildung ist damit ohne kulturelle Mitte. Mit dem Umbruch von 1968 wird die Diskussion im Sinne sozioökonomischer Studien oder – in angelsächsischer Ausrichtung – als *English and American Studies, French Studies* usw. neu belebt; mit dem kommunikativen Ansatz schließlich (⁊ Kommunikativer FU) und der Einsicht, dass Fremdsprachenlernen immer auch Kulturlernen ist (⁊ Kulturdidaktik), geraten inter- bzw. transkulturelle Fragestellungen ins Zentrum des Interesses (⁊ Interkulturelles Lernen, ⁊ Transkulturelles Lernen).

In den späten 1940er Jahren halten behavioristische Strömungen (*pattern drill* und *substitution tables*) ihren Einzug in das deutsche Schulwesen. Sie beeinflussen besonders den nun einsetzenden FU an den Hauptschulen Westdeutschlands. Der grammatikfreie Ansatz, im Umfeld der amerikanischen Streitkräfte als *army learning method* bzw. ⁊ audio-linguale

Methode unter Nutzung des Sprachlabors entwickelt, fasst am deutschen Gymnasium nie völlig Fuß. Die Methode gerät nach 1968 als anti-emanzipatorischer Versuch der Schülerprogrammierung ins politische Abseits. Sie wird nach und nach durch den kommunikativen Ansatz abgelöst. In dem auf marxistische Parteilichkeit festgelegten FU an den Polytechnischen Oberschulen der DDR bleibt die ›vermittelnde Methode‹ bis zur Selbstauflösung des Staates 1990 im Wesentlichen erhalten.

Das 1974 von Hans-Eberhard Piepho veröffentlichte Buch *Kommunikative Kompetenz als übergeordnetes Lernziel im FU* wird zum Fanal für einen Ansatz, der zu kommunikativer ⁊ Authentizität und zu Lebensbezug zurückfinden will und für die Lernenden aller Schulformen die Herausforderung zu sprachlicher Leistung bieten soll. Im gymnasialen Bereich zögerlich umgesetzt, wird er zunächst an Gesamtschulen verwirklicht. Von dort aber strahlt er seit den 1990er Jahren auf das Gymnasium ab. Er wird flankiert von einer neuen Sicht auf Lernprozesse und das Übungsgeschehen (⁊ Aufgabenorientiertes Lernen, ⁊ Individualisierung). Gleichzeitig beeinflussen seit den 1990er Jahren kognitive Psychologie und ⁊ Konstruktivismus (⁊ Lerntheorien) sowie neue Formen der ⁊ Leistungsermittlung und ⁊ Leistungsbewertung die methodischen Verfahren und zugleich die Themen und Inhalte. Der in den Jahren nach 1980 schrittweise entwickelte fremdsprachliche Sachfachunterricht (⁊ Bilingualer Unterricht) wird als eine besonders erfolgreiche Spielart des Fremdsprachenlernens zunehmend ausgedehnt. Zu Beginn des 21. Jh.s wirken zudem bildungspolitische Einflüsse auf die Gestaltung des FUs, allen voran die mit der Einführung des ⁊ Gemeinsamen europäischen Referenzrahmens und der Formulierung der Bildungsstandards (⁊ Standards) einhergehende Kompetenz- und Output-Orientierung (⁊ Kompetenz).

Lit.: F. Blättner: Das Gymnasium. Aufgaben der höheren Schule in Geschichte und Gegenwart. Heidelberg 1960. – S. Doff: Englischlernen zwischen Tradition und Innovation. FU für Mädchen im 19. Jh. Mü. 2002. – A.P.R. Howatt: A History of English Language Teaching. Oxford ²2004 [1985]. – W. Hüllen/F. Klippel (Hg.): Heilige und profane Sprachen. Die Anfänge des FUs im westlichen Europa. Wiesbaden 2002. – W. Hüllen/F. Klippel (Hg.): Sprachen der Bildung, Bildung durch Sprachen im Deutschland des 18. und 19. Jh.s. Wiesbaden 2005. – L.G. Kelly: 25 Centuries of Language Teaching. Rowley, Mass. 1969. – F. Klippel: Englischlernen im 18. und 19. Jh. Die Geschichte der Lehrbücher und Unterrichtsmethoden. Münster 1994. – K. Schröder (Hg.): FU 1500–1800. Wiesbaden 1992.   KoSch

Gespräch ↗Unterrichtsgespräch

Global Education stellt eine pädagogische Antwort auf die Internationalisierung und Globalisierung in allen Bereichen unseres Lebens dar. Sie greift die Bemühungen der Friedenserziehung, der Umweltbildung, des ↗interkulturellen Lernens, der entwicklungspolitischen Bildung und die Tradition der Menschenrechtserziehung auf (vgl. Cates 2000, 241) und bemüht sich um die Wahrnehmung globaler Zusammenhänge (vgl. De Florio-Hansen 2002, 327). Kip A. Cates (2000, 241) nennt vier Zielbereiche von *g.e.*: (1) Wissen: über Länder und Kulturen, globale Probleme, ihre Ursachen und mögliche Lösungen; (2) Fertigkeiten: kritisches Denken, kooperatives Problemlösen, Konfliktbewältigung, Perspektivenwechsel (↗Perspektive und Perspektivenwechsel); (3) Einstellungen: *global awareness*, kulturelle Würdigung, Anerkennung von Diversität, Empathie; (4) (lokale) Handlungsfähigkeit: »The final aim of global learning is to have students think globally and act locally« (ebd.).

Die Verbindung zwischen *g.e.* und dem Lehren und Lernen von Fremd-/Zweitsprachen wird u.a. durch die Organisation LINGUAPAX unterstrichen, die sich seit Ende der 1980er Jahre im Rahmen der UNESCO für die Bekämpfung von Rassismus und Nationalismus durch (fremd-)sprachliche Bildung einsetzt. Vergleicht man die von Cates genannten Ziele mit den ↗Kompetenzen eines an interkultureller Kommunikationsfähigkeit orientierten FUs (↗Interkulturelle kommunikative Kompetenz), stellt man eine große Ähnlichkeit fest. Schon seit geraumer Zeit verfolgt der FU neben Sprachkompetenz im engeren Sinn auch allgemeinerzieherische Ziele, die mit denen von *g.e.* weitgehend identisch sind. Im FU geht es nicht nur um die Vermittlung von sprachlichen und kulturbezogenen Kenntnissen, die aus wirtschaftspolitischen Interessen als unverzichtbar gelten; der FU muss auch zur Identitätsentwicklung und Persönlichkeitsentfaltung beitragen

(↗Identität und Identitätsbildung). Inter- bzw. Transkulturalität (↗Transkulturelles Lernen) lässt sich besonders gut fördern, wenn in einem inhaltsorientierten FU (↗Inhaltsorientierung) globale Themen berücksichtigt werden. Dabei handelt es sich um Themen von allgemeinem humanitärem Interesse und/oder universeller Gültigkeit. Cates verknüpft die erweiterte Perspektive des Fremdsprachenlernens mit den *global issues* wie folgt: »foreign language as a window to the world and global education as a way to bring educational relevance to the classroom through meaningful content based on real-world topics« (ebd.).

Als Einstieg bietet sich z.B. das Thema Kleidung an. Es stellt den wichtigen Bezug zwischen der Lebensrealität der Lernenden und den weltweiten Zusammenhängen her. Globalisierte Produkte zeugen nicht nur vom ökologischen Aufwand bei ihrer Herstellung; sie machen auch die Ausbeutung von Menschen in Entwicklungsländern deutlich, vor allem die von Kindern. Weitere sinnvolle Unterrichtsgegenstände sind die von Amnesty International immer wieder angeprangerten Menschenrechtsverletzungen sowie Diskussionen über Auszeichnungen für humanitäres Engagement. Aktuelle Umweltkatastrophen und die Möglichkeiten der Entwicklungshilfe bieten sich ebenfalls an. Dabei besteht die Gefahr, dass ein Bild der sog. Entwicklungsländer gezeichnet wird, welches die durch die Medien verbreiteten ↗Stereotype verfestigt. *G.e.* bedeutet aber nicht das Hervorrufen von Mitleid, sondern die Aufforderung zu solidarischem Handeln, welches nur auf der Grundlage von Wertschätzung gedeiht. Deshalb sollten auch Biographien von Kindern und Jugendlichen in Lebensumständen einbezogen werden, die denjenigen der Fremdsprachenlernenden vergleichbar sind. In erster Linie aber bezieht sich *g.e.* auf das fremdsprachliche Klassenzimmer mit seiner mehrsprachigen und mehrkulturellen Zusammensetzung als Ort der Konfliktbewältigung und der Anbahnung wechselseitiger Akzeptanz.

Lit.: K.A. Cates: G.E. In: M. Byram (Hg.): Routledge Encyclopedia of Language Teaching and Learning. Ldn 2000, 241–243. – I. De Florio-Hansen: Von der Friedenserziehung zur g.e. FU in Zeiten der Internationalisierung und Globalisierung. In: Französisch Heute 33/3 (2002), 326–342.   IDFH

Global English beschreibt die Verbreitung und zunehmende Bedeutung der englischen Sprache als Weltsprache, die damit einhergehend als ↗ *lingua franca* verwendet wird. Die Tatsache, dass die Zahl derer, die Englisch als Zweit- oder Fremdsprache lernen, die Anzahl der Muttersprachler/innen übersteigt, findet seit den 1990er Jahren auch in der Gestaltung des Englischunterrichts sowie in der Ausrichtung von dessen ↗ Lernzielen Berücksichtigung (vgl. Grau 2004, 47 f.). Eine funktionierende und erfolgreiche Kommunikation ist ein essentieller Bestandteil der Globalisierung. Um diese zwischen Sprecher/innen unterschiedlicher Sprachen, die sich der globalen Kommunikatonsmöglichkeiten bedienen, zu ermöglichen, wird auf eine Sprache zurückgegriffen, die allen bekannt ist. In den meisten Fällen ist dies das Englische. So ist *g.E.* weder aus dem modernen wirtschaftlichen Bereich (internationaler Handel und Produktion, Tochterunternehmen usw.) noch aus dem politischen sowie alltäglichen privaten Leben (Reisen, Job-Mobilität innerhalb der EU, Medien, Kontaktaufnahme über das Internet in Form von Chats und E-Mailverkehr usw.) wegzudenken. Nicht-muttersprachliche Kommunikationssituationen zeichnen sich dabei durch Unterschiede beispielsweise in der Grammatik, der Aussprache oder dem verwendeten Vokabular aus (vgl. ebd., 52). Auch SuS kommen durch den Einzug des Englischen in deutsche Medien und Werbeformate sowie das Phänomen des ›Denglisch‹ (ebd., 50) bereits sehr früh und auch außerhalb des Klassenzimmers mit der englischen Sprache in Berührung (vgl. Gnutzmann/ Intemann 2005, 9). Im Rahmen des ↗ interkulturellen Lernens sollten die SuS daher auch auf Situationen vorbereitet werden, in denen sie mit Nicht-Muttersprachler/innen des Englischen kommunizieren und somit die Sprache in ihrer Funktion als *lingua franca* verwenden. Auf diese Weise wird mit dem Verständnis der Fremdsprache Englisch als *g.E.* das Prinzip des *native speaker* Standard in Frage gestellt (vgl. ebd., 12). Im Sinne der ↗ Lernerorientierung wird hinterfragt, was die Lernenden zum Erlangen ↗ interkultureller kommunikativer Kompetenz benötigen. Für den erfolgreichen kommunikativen Einsatz der Fremdsprache erscheint es nicht als wichtig, dass die SuS sprechen, als wären sie Muttersprachler/innen, sondern, dass es ihnen möglich ist, verständlich und erfolgreich über

Landes- und Kulturgrenzen hinweg zu kommunizieren (↗ *Intercultural Speaker*). Im Kontext des interkulturellen Lernens sollten dennoch Länder und Kulturen, in denen die englische Sprache als Muttersprache verwendet wird, ihren Stellenwert im Unterricht nicht verlieren (vgl. Grau 2004, 51). Vielmehr geht es darum, die Lehrpläne und eingesetzten Materialien im Unterricht um die zunehmende Bedeutung der zu unterrichtenden Fremdsprache als Weltsprache zu ergänzen (vgl. ebd., 51 ff.). Das Ziel eines FUs, der sich mit dem Phänomen des *g.E.* beschäftigt, sollte es sein, den »SuS das Verständnis für die Vielgestaltigkeit des internationalen Englisch zu vermitteln und gleichzeitig auf das asymmetrische Verhältnis der verschiedenen weltweit existierenden englischen Sprachsysteme hinzuweisen« (Drever/Viol 2006, 33) – beispielsweise durch die Integration von Kreolsprachen in den Unterricht (vgl. ebd.). Mögliche Methoden zur globalen Ausrichtung des Unterrichts beinhalten den Bezug zu aktuellen internationalen Themen (↗ *Global Education*), den Einsatz muttersprachlicher, multi- und transkultureller Literatur, die Beschäftigung mit nicht-standardisierten Varianten des Englischen (z. B. durch den Einsatz von Liedtexten oder Gedichten), E-Mail-Projekte sowie eine Öffnung des Unterrichts für nicht-muttersprachliche Texte.

Lit.: T. Drever/C.-U. Viol: Babylon ist überall. In: Der fremdsprachliche Unterricht Englisch 40/83 (2006), 32–42. – C. Gnutzmann/F. Intemann (Hg.): The Globalisation of English and the English Language Classroom. Tüb. ²2008 [2005]. – M. Grau: English as a Global Language. Fragen an die Unterrichtspraxis. In: G. Fehrmann/E. Klein (Hg.): Standards im FU. Theoretischer Anspruch und Schulische Wirklichkeit. Bonn 2004, 47–60. FE

Grammatik und Grammatikvermittlung. In den vergangenen 200 Jahren war grammatische Korrektheit die zentrale Zielsetzung des FUs. Das 19. Jh. unterrichtete nach der ↗ Grammatik-Übersetzungs-Methode, und auch nach Wilhelm Viëtor (1882) blieb der G.unterricht die tragende Säule. ↗ Lehrwerke folgen bis heute einer (der Sequenz im natürlichen Fremdsprachenerwerb nur teilweise angemessenen) grammatischen ↗ Progression, die in einigen Bundesländern (etwa Bayern) immer noch in den ↗ Lehrplänen selbst festgeschrieben und daher penibel einzuhalten ist. G.fehler galten und gelten als schwere Fehler; andere, unter kommunikativem Aspekt bedeutsame Bereiche wie pragmatische Adäquatheit, kulturelle Angemessenheit und auch Flüssigkeit werden demgegenüber bis in jüngste Zeit und trotz der kommunikativen Wende der 1980er Jahre nicht hinreichend berücksichtigt.

Damit wirkt im modernen FU die Tradition des neuhumanistisch inspirierten Lateinunterrichts des frühen 19. Jh.s fort, der nicht auf Kommunikationsfähigkeit, sondern auf Übersetzen (↗Sprachmittlung) ausgerichtet war. Angesichts des hohen gesellschaftlichen Prestiges der Altphilologie im 19. Jh. blieb dem neusprachlichen Unterricht nichts anderes übrig, als sich didaktisch anzupassen; zu bedenken ist auch, dass das 19. Jh. als Zeitalter nationaler Abschottung wenig Gelegenheit zu (mündlicher) Kommunikation mit Sprecher/innen fremder Sprachen bot (Tonträger und elektronische Nachrichtenübermittlung existieren in nennenswertem Umfang erst seit den 1920er Jahren). Daher waren Lese- und Übersetzungsfertigkeit auf dem Fundament grammatischer ↗Instruktion als Zielsetzungen plausibler als heute. Außerdem waren die (gymnasialen) Fremdsprachenlehrer des 19. Jh.s. fast ausschließlich Zöglinge des altsprachlichen Gymnasiums; sie verfügten in den modernen Fremdsprachen lediglich über die zeitbedingten reduzierten Kompetenzen, und sie waren daher auch gar nicht in der Lage, die komplexen pragmatischen und kulturellen Bezüge von Sprache und Kommunikation zu vermitteln oder auch in Schülerarbeiten zu korrigieren. Ihnen blieben als Bewertungsgrundlage nur die grammatischen, orthographischen (↗Orthographie) und lexikalischen Fehler. Dass die hier skizzierten Gegebenheiten, allen politischen Veränderungen zum Trotz, bis weit ins 20. Jh. hinein bestimmend bleiben, hängt in erster Linie mit der Wandlungsresistenz des Gymnasiums als der seit Humboldt ideologisch ausschlaggebenden Schulform zusammen.

Ein Grund für die Überbewertung der grammatischen Komponente des FUs im 19. und 20. Jh. ist der Glaube an die bildende bzw. das Denken schulende Kraft des G.lernens. Die Einsicht in Sprache als quasi philosophisches System, das logisches Denken ermöglicht und daher selbst auf weitgehend logischer Grundlage beruht, ist nach Humboldt eine kardinale Zielsetzung sprachlicher Bildungsarbeit. Nun hat sich aber die neusprachliche Grammatikographie von Humboldts Ansatz spätestens seit Viëtor entfernt. Dabei ist Schul-G., legt man Humboldtsche Kriterien an, mehr und mehr zu einer ›Kochbuch-G.‹ verkommen, die nach dem *Wenn-dann*-Prinzip funktioniert: Nicht die Einsicht in universalistische Grundkategorien menschlicher Sicht auf Welt (Beispiel: die Aspekte) und deren Ausformung in der zu lernenden Sprache sind von Bedeutung, sondern – im schlimmsten Falle – Signalwörter (Motto: Wenn *ago*, dann *past tense*), die für die Lernenden eine grammatische Weichenstellung für sprachliches Konstruieren enthalten. Schulgrammatische Regeln in den modernen Sprachen heute sind praktische Hilfestellungen, nur mit der von Humboldt geforderten Einsichtvermittlung haben sie kaum mehr etwas zu tun. Dieser Umstand mag eines der Ergebnisse der ↗DESI-Studie erklären, dass sich nämlich die SuS der unterschiedlichen Schulformen in einem einzigen Bereich nicht unterscheiden: Allen gleichermaßen fehlt die sprachliche ↗Bewusstheit. Das ist mit Sicherheit ein Bereich des FUs, der in den kommenden Jahren überdacht werden muss, etwa unter der europäischen Fragestellung, wie schulisches Fremdsprachenlernen am besten auf einen lebensbegleitenden Sprachenerwerb vorbereiten kann.

Ein geschichtlicher Rückblick zeigt, dass der FU der Frühen Neuzeit noch in deutlichem Gegensatz zu Sinngebung und Zielsetzungen der fremdsprachlichen Fächer in der post-neuhumanistischen Epoche steht: Er ist ohne bildungsideologischen ›Überbau‹, lebenspraktisch ausgerichtet und kommunikationsorientiert. Im 18. Jh. ist auch die Zahl der Sprecher/innen anderer Sprachen innerhalb des deutschsprachigen Raums, gemessen an der Gesamtzahl der akademisch gebildeten Sprecher/innen des Deutschen, weit größer als zwischen 1815 und dem Ersten Weltkrieg (Vielzahl der Residenzen und Höfe mit ausländischem Personal auf allen Ebenen und in allen Bereichen, fehlende nationale Abschottung, breiter Kulturaustausch, *Refuge*, Emigration im Gefolge der Französischen Revolution). Es ist daher nicht verwunderlich, dass die Mechanismen des Fremdsprachenerwerbs und besonders die Rolle der grammatischen Unterweisung in ihrem Verhältnis zu einem weitgehend grammatikfreien Immersionslernen (↗Immersion) von den Experten der Zeit (beispielsweise den Prinzenerziehern, den Lehrwerk-Autoren, den Volksbildnern wie Comenius) breit und durchaus kontrovers diskutiert wird.

Seit dem 16. Jh. sind grammatische Beschreibungen der wichtigsten europäischen Sprachen zu Lehr- und Lernzwecken verfügbar. Sie sind in ihrem Deskriptionsansatz bis ins 20. Jh. hinein am Lateinischen orientiert (6 Casus, Gerundium, Supinum). Dies gilt auch für eine Sprache wie das Englische, das in seiner Struktur weiter von der lateinischen Norm entfernt ist als die romanischen und slawischen Idiome: Auch die Englisch-Lehrwerke führen Ablativ (mit *of* oder *from* gebildet) und Vokativ an (*oh father*), sie geben der Sprache ein Supinum (*wonderful to see*), ein Gerundium (*we appreciated the president being with us*) und einen AcI (*accusativus cum infinitivo*; *I saw him do it*); die Kenntnis dieser Formen ist besonders in nach-neuhumanistischer Zeit und bis ins 20. Jh. hinein ein Ausweis gymnasialer Englischkenntnisse und ↗Bildung. Daneben gibt es im FU der Frühen Neuzeit aber auch Gesprächsbücher mit Musterdialogen für alle Lebenslagen, die memoriert bzw. im Lernprozess de- und rekonstruiert und dann transferiert werden sollen. Das 19. Jh. sieht in solchen Hilfsmitteln lediglich Vorlagen für geistloses ›Parlieren‹, die, da ohne Bildungswert, im schulischen FU nichts zu suchen haben.

Erst der Behaviorismus der 1950er und 1960er Jahre bricht mit der grammatisierenden Tradition des deutschen Schulwesens, nachdem bereits die in den Jahren vor dem Ersten Weltkrieg aus der ↗Reformpädagogik hervorgegangene vermittelnde Methode die im Neuhumanismus etablierten allzu engen Bezüge zum Lateinischen gekappt hatte, so etwa Ablativ, Vokativ und Supinum. Im Zeitalter des *pattern drill*, der aus dem Amerika des Zweiten Weltkriegs und des Koreakriegs in die deutsche Schule überführten Form soldatischen Immersionslernens (mit Hilfe von Tonbändern und Sprachlabor), wird grammatisches Regellernen als nutzlos angesehen: Lernen wird als Verhaltensänderung begriffen, die auf imitativ-reaktivem Wege durch Konditionierung (›Einschleifen‹) erfolgt. Während Haupt- und Realschule dem neuen Ansatz bereitwillig folgen, vollzieht das Gymnasium die Wandlung allenfalls parti-

ell, indem nun jede Sprache ihr eigenes grammatisch-deskriptives Kategoriensystem erhält: Im Englischen wird aus dem Genitiv der *s-case*, die lateinische Terminologie wird durch eine beschreibende englische Terminologie ersetzt (etwa: *expanded form*). Da der behavioristische Ansatz – zumal am Gymnasium – nicht zu den gewünschten Lernergebnissen führt (die ↗Motivationen und Lernwege deutscher Gymnasiast/innen beim Sprachenlernen entsprechen nicht denen amerikanischer Soldaten), und da vor dem Hintergrund einer Amerika-kritischeren Grundhaltung im Gefolge des Vietnam-Kriegs eine Besinnung auf mögliche Alternativen zum naiven Transfer amerikanischer Entwicklungen nach Deutschland stattfindet, orientieren sich die Jahrzehnte nach 1968 stärker wieder an europäischen Traditionen, so etwa am britischen Kontextualismus oder an Strömungen wie der kontrastiven Linguistik (↗Sprachwissenschaft). Die kommunikative Wende der 1980er und 1990er Jahre (↗Kommunikativer FU) führt dann zu einer erneuten Revision grammatischen Lernens, diesmal vor dem Hintergrund lernpsychologischer Gegebenheiten (↗Lerntheorien).

Unter dem Einfluss der kognitiven Psychologie und des ↗Konstruktivismus wird Lernen als ein hochgradig individuell ablaufender Prozess der Konstruktion von Welt gesehen. Keine zwei SuS einer Klasse lernen auf gleiche Weise und mit gleichen Akzentsetzungen. Jedes Individuum bringt individuelle Motivationen, aber auch die eigene Lernbiographie, eigenes Welt- und ↗Vorwissen, ein Wertesystem und schließlich die jeweilige Tagesform mit ein. Methodische Gleichrichtung der Lernprozesse, etwa im Glauben an die ›beste‹ Methode, ist ein Irrweg, und schon Schülertypologien, wie sie die allgemeine Pädagogik gerne entwickelt, sind gefährlich (↗Lernertypen). Damit ändert sich auch die Lehrerrolle (↗Lehrer und Lehrerrolle): Die Lehrperson kann in einem weitgehend individualisierenden Unterricht (↗Individualisierung) Lernprozesse initiieren, begleiten, fördern (*learning facilitation*), sie kann aber nicht ›eintrichtern‹, ›beibringen‹ usw.: Lernen müssen die Lernenden selbst. Der zuvor unkritisch als automatisch angesehene Transfer von der Regelkenntnis zur Sprachproduktion wird, auch angesichts empirischer Befunde, nun bestritten: SuS, die über ein grammatisches Regelwissen verfügen, sind keineswegs durchgängig in der Lage, diese Regeln auch kommunikativ anzuwenden. Nur wenn angesichts konkreter kommunikativer Schwierigkeiten die auf diese Schwierigkeiten bezogenen grammatischen Gegebenheiten als lösungsfördernd von der oder dem entsprechend motivierten Lernenden verinnerlicht werden, können sie auf Dauer kommunikativ wirksam werden.

Damit ist die klassische grammatische Progression nicht mehr vertretbar. An die Stelle eines linearen Fortschreitens von G.kapitel zu G.kapitel tritt das Spiralcurriculum, im Idealfall mit der Möglichkeit einer individuellen Anwendung, welche die oder der Lehrende gegebenenfalls den Lernenden nahelegt bzw. in die sie eingeführt werden. Dabei spielen auf Lernerseite ein annehmbarer Motivationsgrad und adäquate ↗Lernstrategien eine entscheidende Rolle; eine lernstrategische Progression (als eine Progression neben anderen) erscheint in den Lehrwerken als unabdingbar. Die konstruktivistische Sicht auf Lernprozesse legt nahe, dass sich Fremdsprachenlernende im Rahmen ihres stets (teil)autonomen Lernens ohnehin mit grammatischen Fragestellungen auseinandersetzen: Sie ziehen Vergleiche, suchen Regularitäten zu finden und testen entsprechende Hypothesen. Dabei machen sie notwendigerweise grammatische ↗Fehler. Da diese in außerschulischen Kommunikationssituationen aber seltener als angenommen zu Kommunikationsabbrüchen führen und im Übrigen beim Gegenüber in aller Regel kognitive Reaktionen hervorrufen (mentale Richtigstellung ohne Freisetzung von Affekten), dürfen sie als leichte Fehler gelten. Damit aber wird grammatisches Können als gewichtigster Gradmesser sprachlicher Kompetenz obsolet. Der kommunikative Ansatz zielt ebenso sehr auf grammatische Korrektheit ab wie auf pragmatische Adäquatheit, kulturelle Angemessenheit und flüssigen Sprachgebrauch, wobei die letztgenannten Bereiche angesichts ihrer Implikationen für die affektive Seite der Kommunikation bedeutsamer sind als das G.lernen.

Im Rahmen eines umfassenden Kommunikationstrainings setzt moderner FU, auch in den stärker flektierenden Sprachen, auf das motivierende und lernfördernde Potenzial von komplexen Lernaufgaben (↗Aufgabenorientiertes Lernen). Sie müssen, um für die Lernenden im oben dargestellten Sinne wirksam zu werden, drei Bedingungen erfüllen: Sie müssen authentisch sein (↗Authentizität), den Lernenden sinnvoll erscheinen (konkreter Lebensbezug) und eine Herausforderung für sie darstellen. Schematische G.übungen (↗Übung) sind nur sinnvoll zur Vorbereitung oder Unterstützung solcher Lernaufgaben, auch in hochflektierenden, endungsreichen und ›unregelmäßigen‹ Sprachen. Unter kommunikativen Gesichtspunkten sagt die Bearbeitung von schematischen G.übungen nichts aus über den tatsächlichen Grad der Sprachbeherrschung, sie sind daher auch als Bestandteil von Lernstandserhebungen nicht aussagekräftig. Ihr diagnostischer Wert in Lernerfolgskontrollen (↗Klassenarbeiten/Schulaufgaben), die sich auf einen kommunikativen FU richten, ist eher beschränkt.

Was die grammatischen Kategorien und deren Bezeichnung angeht, so sollte bei aller Berechtigung einzelsprachlicher Nomenklaturen nicht vergessen werden, dass unter europäischen Fremdsprachenlernenden ↗Mehrsprachigkeit (*plurilinguisme*) erworben werden soll. Lernende für jede Sprache eine eigene Terminologie erwerben zu lassen, die dann nur in engen Grenzen übertragbar ist, erscheint nicht sinnvoll. Hier sollten Kompromisse geschlossen werden. Die so gerne diskutierte Frage, ob G.-unterricht in der Fremdsprache stattfinden solle oder nicht, ist von nachgeordneter Bedeutung.

Lit.: H. Düwell/C. Gnutzmann/F.G. Königs (Hg.): Dimensionen der didaktischen G. Bochum 2000. – C. Gnutzmann: Language Awareness. Geschichte, Grundlagen, Anwendungen. In: Praxis des Neusprachlichen Unterrichts 44 (1997), 227–236. – J.-P. Timm: G.lernen: Die Entwicklung praktischer Sprachkenntnisse. In: Ders. (Hg.): Englisch lernen und lehren. Didaktik des Englischunterrichts. Bln 1998, 299–318. – A. Polleti: Sinnvoll G. üben. In: Der fremdsprachliche Unterricht Französisch 37 (2003), 4–13.   KoSch

Grammatik-Übersetzungs-Methode. Im gesamten 19. Jh. wurden an den höheren Jungenschulen neben den alten Sprachen Latein und Griechisch auch die lebenden Fremdsprachen, vor allem Französisch (dann Englisch und Spanisch), unterrichtet, wenn auch in wesentlich geringerem Umfang und meist erst an dritter Position nach Latein (vgl. Klippel 2008). Daraus lässt sich erklären, warum zunächst die im Latein- und Griechischunterricht angewandte G.

auch für den Unterricht in den neueren Fremdsprachen verwendet wurde. Die Strukturen der klassischen Sprache Latein wurden als der Schlüssel zu den Sprachen unseres Kulturkreises gesehen. Nach diesem klassischen Modell des FUs wurde zunächst auch der Unterricht der modernen Fremdsprachen im 19. Jh. abgehalten. Aufgrund des Einflusses des altsprachlichen Unterrichts war zunächst vor allem die Grammatikbeherrschung das Ziel (↗Grammatik und Grammatikvermittlung) und die Übersetzung (↗Sprachmittlung) die Methode des Unterrichts. Ausgangs- und ausschließliche Unterrichtssprache in der G. ist die Erstsprache. Die gesprochene Zielsprache spielt keine Rolle, es wird ausschließlich die Schriftsprache eingeübt. Am Anfang steht das Erlernen der gesamten Grammatik nach einem festgelegten Curriculum, die Kenntnis von Wörtern und Grammatikregeln wird als entscheidend angesehen. Dies geschieht durch Übersetzungen und besonders mit Hilfe von Übungssätzen (Lückensätzen), die auf die jeweilige grammatische Unterrichtseinheit zugeschnitten sind. Nach dem Erlernen der Grammatik werden die Lektüre und die Übersetzung zielsprachiger Texte betrieben. Dabei stehen literarische Texte und narrative Texte über wichtige Persönlichkeiten aus Kunst, Literatur und Politik im Mittelpunkt. Die G. ist stark an der kognitiven Durchdringung des Sprachsystems ausgerichtet (↗Kognitivierung). Die Sprechfertigkeit (↗Sprechen) hingegen wird vernachlässigt. In der Debatte Ende des 19. Jh.s um die Ausrichtung des FUs wurde insbesondere durch Wilhelm Viëtor (ausgelöst durch seine Schrift *Der Sprachunterricht muß umkehren!* von 1882) in Abgrenzung von der G. die Förderung der mündlichen Sprachkompetenz gefordert. Die nebenstehende Abbildung aus dem Lehrbuch der französischen Sprache von Karl Plötz (1848) verdeutlicht das methodische Vorgehen in der G. sehr anschaulich: Jede Lektion wird durch einige grammatische Formen eingeleitet, auf welche die entsprechenden Regeln folgen. Auf diese Darbietung eines eng begrenzten Sachverhalts folgen Übersetzungsübungen (↗Übung): zunächst die Übersetzung aus dem Französischen, dann die Übersetzung ins Französische. Dabei werden meist Einzelsätze als Ausgangspunkt genommen, die die zu lernende grammatische Struktur aus der jeweiligen Lektion enthalten (vgl. Reinfried 2006, 38).

Lektion 33.

(Vgl. Franz. Aussprache § 22.)

Qu wie k.

Pronom relatif.	Pronom interrogatif.
(Bezügliches Fürwort.)	(Frage-Fürwort.)
Nominativ. qui (ki) welcher, e, es.	Nom. u. Acc. qui (ki) wer? wen?
Accusativ. que (kö) welchen, e, es.	Nom. u. Acc. que (kö) was?

Als Pronom relatif (bezügliches Fürwort) ist qui das Sujet (Subjekt, Nominativ), que das Régime direct (näheres Objekt, Accusativ).

Als Pronom interrogatif (Frage-Fürwort) wird qui von Personen, que von Sachen gebraucht.

Beide Pronoms (Fürwörter) haben im Plural und im Singular gleiche Form. Que wird apostrophiert, wenn das folgende Wort mit einem Vokal oder stummen h anfängt: z. B. l'homme qu'il_a vu: der Mann, welchen er gesehen hat. Qu'avez-vous vu? Was habt ihr gesehen?

le vainqueur (wän-kör) der Sieger.
la question (kä-ftiõn) die Frage.
la querelle (kö-räll') der Streit.
quatre (kätr') vier.
quatorze (kä-törs') vierzehn.

quarante (kä-rant') vierzig.
chaque (schak') { jeder, jede. [vor Hauptwörtern.]
chacun (schä-kön) { jeder, { allein-
chacune (schä-kühn') { jede. { stehend.
l'Amérique (lä-me-rik'), f. Amerika.

In folgenden Wörtern wird qu wie cou (ku) gesprochen:
le quadrupède (ku-ä-brü-pähb') das vierfüßige Tier.
un_in-quarto (än-hr-är-to)ein Quartant (Buch in Quart-Format).
découvert (be-fu-währ) entdeckt.
assassiné (ä-ßä-ßi-ne) ermordet.
Cannes (kän') Cannä.
avant (ä-wan) vor (von Zeit und Rang).

quadruple (ku-ä-brüpl') vierfach.
l'équateur (e-hr-ä-tör), m. der Äquator.
l'an im Jahre. [tor.
le cheval (schwäl') das Pferd.
hier (i-ähr) gestern.
la femme (fam') die Frau.
un navire marchand ein Kauffahrteischiff.
utile (ü-till') nützlich.

1. Le Romain César, assassiné à Rome l'an quarante-quatre_avant Jésus-Christ, est le vainqueur de Pompée, son rival. 2. Chaque mois_a quatre semaines. 3. Le livre que nous_avons lu était_un_in-quarto. 4. Qui a découvert l'Amérique? — Christophe Colomb, qui était de Gênes. 5. Qui a inventé l'imprimerie? — Gutenberg, qui était_Allemand. 6. Qui avez-vous vu chez votre père? — J'ai vu Maurice_et Chrétien, qui sont vos_amis. 7. Qu'avez-vous vu à Berlin? — Nous_avons vu les musées_et les palais du roi. qui sont dans cette capitale. 8. Le frère du roi, que vous_avez vu hier_au palais de la reine, est_un_habile général. 9. Le port que nous_avons est très bon pour les navires marchands. 10. Qui fut le premier_homme? — Adam fut le premier_homme, et Ève fut la première femme. 11. Les quatorze_élèves qui sont dans ce pensionnat ont_une querelle_avec nos_élèves. 12. A Cannes les Carthaginois furent les vainqueurs des Romains; Annibal_était le nom. du général qu'ils_avaient.

13. Vierzehn Seeleute haben die Schiffe den Feinden abgenommen (genommen). 14. Wir waren vierzig Tage in Paris, der Hauptstadt Frankreichs. 15. Wir hatten einen Streit mit den Kindern des Kaufmanns, welcher in unserem Hause war (frz. w. war). 16. Das Pferd ist ein vierfüßiges Tier, welches dem Menschen sehr nützlich ist (frz. welches ist). 17. Wer hat den Blitzableiter erfunden? — Franklin, welcher ein Amerikaner war (war Amerikaner). 18. Das Haus, welches wir haben, ist groß. 19. Der Lehrer, welchen ihr haben werdet, ist aus London. 20. Der Franzose, welcher unser Lehrer war (welcher war), ist aus_Paris. 21. Was habt ihr in der Hauptstadt gesehen? 22. Wen habt ihr diesen Morgen gesehen?

K. Plötz, Franz. Elementarbuch. 37. Aufl. 8

Quelle: Karl Ploetz: *Elementarbuch der französischen Sprache.* Bln ³⁷1887 [1848].

Lit.: F. Klippel: FU (19./20. Jahrhundert). In: Historisches Lexikon Bayerns 2008 (www.historisches-lexikon-bayerns.de/artikel/artikel_44705). – M. Reinfried: Im Rückspiegel. Die ›großen‹ Methoden. Les poids de la tradition. In: A. Nieweler (Hg.): Fachdidaktik Französisch. Stgt 2006, 38–43.   AG

Graphic Organizer ↗ *Scaffolding*

Gruppenarbeit ↗ Sozialformen

H

Handlungskompetenz. Sprachliche H. kann als »die Fähigkeit des Menschen, mit anderen im Kontext der gemeinsamen Lebenswelt situations- und partneradäquat zu kommunizieren, um sich über bestimmte Inhalte zu verständigen und damit bestimmte Absichten zu verfolgen«, definiert werden (Bach/Timm 2003, 11). Der Begriff ›Handeln‹ verweist in diesem Kontext immer auch auf die Konsequenzen sprachlicher Äußerungen, auf ihre Eingebundenheit in eine realitätsnahe Kommunikationssituation (↗ Kommunikation). Sprachliches Handeln und H. stehen damit in engem Zusammenhang und sollen den Lernenden die Möglichkeit einräumen, ↗ Schlüsselqualifikationen auszubilden wie Autonomie, Kooperativität und Verantwortungsbewusstsein. Der Begriff ist nicht zu trennen von dem Prinzip der ↗ Handlungsorientierung und stellt dessen Zielerreichung als Fähigkeit der Lernenden dar, die Verknüpfung zur Entwicklung von Sozialverhalten mit dem Lernmedium und Lerngegenstand im FU zu gestalten. Eine umfassende Sprachhandlungsfähigkeit als Ziel des FUs umfasst sowohl den Inhalts- wie den Beziehungsaspekt, verweist also darauf, dass die fremdsprachlichen Ausdrucksmöglichkeiten immer auch von den Ausdrucksfähigkeiten abhängen. Die Arbeit an einer beide Bereiche umfassenden fremdsprachlichen ↗ kommunikativen Kompetenz stellt damit eine Voraussetzung dar für das Erreichen von sprachlicher H., die die Lernenden befä

higt, das ausdrücken zu können, was sie ausdrücken möchten (vgl. ebd.). Die Arbeit an Teilkompetenzen (↗ Wortschatz, ↗ Grammatik, ↗ Aussprache usw.) ist dafür genauso unerlässlich wie ihre Einbettung in kommunikativ-handelnde Situationen. Zur Unterstützung sprachlicher H. ist daher eine Phasierung des Unterrichts in systematische Übungsphasen (↗ Übung) und stärker inhaltsbezogene Kommunikationsphasen wichtig. Gleichwohl sollten beide nicht isoliert voneinander betrachtet werden, sondern als einander ergänzende Bereiche zur Anbahnung fremdsprachlicher H.

Bedenkt man, dass Sprachanwendungsbereiche im FU in der Regel fremdkulturell determiniert sind, muss H. immer auch Aspekte des kulturellen Kontextes berücksichtigen. Ein FU, der neben der kulturspezifischen Funktion auch die Funktion des Englischen als ↗ *lingua franca* akzentuiert, kann eine Reihe von Schnittpunkten internationaler Kommunikation für den Unterrichtskontext nutzbar machen. Europakompetenz als Kulturtechnik stellt in diesem Sinne eine Weiterentwicklung der H. dar (vgl. Bach 2003, 287). Ziel einer globalen Fremdsprachenkompetenz, die handlungsorientiert konzipiert ist, muss eine Überwindung der Dichotomie Schule vs. Leben sein, die außerschulische ↗ Lehr- und Lernorte und Erfahrungen mit ↗ entdeckendem Lernen ermöglicht. Die Einbeziehung von Flughäfen, Museen, Internet, Werbespots usw. in die Handlungsfelder des FUs bietet ein großes Potenzial für primäre Erfahrungen mit verschiedenen Sprecher/innen der Zielsprache (vgl. Legutke 1988). H. als Kulturgrenzen überschreitende Kategorie stellt sich in vielfältiger Weise den Erfordernissen des modernen FUs. Um die Eigenständigkeit der Lernenden zu unterstützen, können Formen der Frei- und ↗ Projektarbeit, aber auch ↗ Improvisationen und darstellendes Spiel eingesetzt werden, um einerseits die ↗ Motivation, aber auch die Kompetenz im Umgang mit möglichst unterschiedlichen Handlungsszenarien in der Fremdsprache zu erweitern (↗ Dramapädagogik, ↗ Inszenierung). H. umfasst dabei die Aktivität des bzw. der Lernenden und die Erprobung fremdsprachlicher Kommunikation in situativen Kontexten. Konsequenzen für die ↗ Leistungsermittlung skizziert Peter Doyé (2003) in seinen Vorschlägen zur Durchführung pragmatischer ↗ Tests, die das Globalziel H. integrativ in den Blick nehmen und in einem ganzheitlichen Kontext umsetzen.

Lit.: D. Abendroth-Timmer/S. Breidbach (Hg.): Handlungsorientierung und Mehrsprachigkeit. Fremd- und mehrsprachliches Handeln in interkulturellen Kontexten. FfM 2001. – G. Bach: Fremdsprachenkompetenz als europäische Kulturtechnik. In: Bach/Timm 2003, 269–287. – G. Bach/J. Timm (Hg.): Englischunterricht. Grundlagen und Methoden einer handlungsorientierten Praxis. Tüb. ³2003 [1989]. – P. Doyé: Prüfung der H. durch pragmatische Tests. In: Bach/Timm 2003, 193–207. – M. Legutke: Lebendiger Englischunterricht. Kommunikative Aufgaben und Projekte für schüleraktiven FU. Bochum 1988. ChL

Handlungsorientierung. Das Prinzip der H. hat sich seit Ende der 1980er Jahre zu einem der einflussreichsten Konzepte der Fremdsprachendidaktik entwickelt. Sowohl in der fachdidaktischen Grundlagenforschung als auch in der Methodenentwicklung und der Lehrwerkgestaltung hat sich die H. als vieldiskutiertes (fremdsprachen-)didaktisches Prinzip etabliert. Einerseits ist die H. eng verknüpft mit einer funktionalen und sozialen Sicht von Sprache; andererseits wird sie auch aus allgemein pädagogischer Sicht gestützt (vgl. Doff/Klippel 2007, 270). Gemäß dem Richtziel der »Befähigung der Schüler zu fremdsprachlichem Handeln« betonen Gerhard Bach und Johannes-Peter Timm (2009, 1) die Potenziale der Lebenswelt Schule für den Aufbau einer umfassenden fremdsprachlichen ⟋kommunikativen Kompetenz. Die Verknüpfung von unterrichtlichem Handeln und fremdsprachlichem Lernen kann als konstitutives Element bezeichnet werden. H. wird dabei gleichzeitig als Ziel und Methode des FUs diskutiert. Die methodenbezogene Definition von H. manifestiert sich im Sinne eines Lernens durch Interaktion auf das unterrichtliche Geschehen im Klassenzimmer. Die zielbezogene Ausrichtung des Begriffes orientiert sich vornehmlich an außerschulischen Lebenswelten und fokussiert auf die sprachliche ⟋Handlungskompetenz als der Fähigkeit des Menschen, mit anderen »im Kontext der gemeinsamen Lebenswelt situations- und partneradäquat zu kommunizieren« (ebd., 11). Handlungsorientierter FU ermöglicht es den SuS, im Rahmen authentischer, d. h. unmittelbar realer oder als lebensecht akzeptierbarer Situationen (⟋Authentizität) inhaltlich engagiert sowie ziel- und partnerorientiert zu kommunizieren, um auf diese

Weise fremdsprachliche Handlungskompetenz(en) zu entwickeln. Dabei kommt der Ausrichtung an den Interessen und Bedürfnissen der SuS eine besondere Bedeutung zu. Die H. erhält einen besonderen Wert allerdings erst dann, wenn der gesellschaftliche Verwertungszusammenhang schulisch vermittelten Wissens für die SuS erfahrbar gemacht werden kann. Es würde zu kurz greifen, H. lediglich auf die Formel *learning by doing* zu reduzieren. Vielmehr ist eine Akzentverschiebung hin zu dem über- und außerschulischen Prinzip des *doing what you have learned* zu konstatieren (vgl. Viebrock 2009).

Ganzheitlichkeit ist ein zentrales Element der H. (⟋Ganzheitliches Lernen). In diesem Sinne richtet sich H. auch gegen eine ›Verkopfung‹ des Unterrichts. Weitere Prinzipien der H. umfassen die Aspekte ⟋Erfahrungs-, ⟋Prozess- und ⟋Lernerorientierung sowie Interaktivität. Damit verbunden sind auch Veränderungen in den Unterrichtsformen. Dies betrifft die Strukturierung der Lernprozesse und der unterrichtlichen Interaktionen, aber auch Konzepte wie Unterrichtsziele und -inhalte, Lern- und ⟋Sozialformen oder die Rolle von ⟋Fehlern. Als Großkonzept ist der Begriff der H. in seiner inhaltlichen Ausdifferenzierung nicht eindeutig festgelegt. Während Bach/Timm (2003) H. als übergeordnetes Konzept begreifen, steht diese bei Frank Haß gleichberechtigt neben anderen Leitideen wie Schülerorientierung, Erfahrungsbasiertheit, Prozessorientierung und Lernerautonomie. Für Ralf Weskamp und Wolfgang Gehring stellt der handlungsorientierte Ansatz dagegen eher eine historische Phase dar, die bereits von anderen Entwicklungen abgelöst wird (vgl. Viebrock 2009).

Im literaturdidaktischen Kontext spielt der Doppelbegriff der ›Handlungs- und Produktionsorientierung‹ eine große Rolle und wird zur Abgrenzung gegenüber einer vorwiegend an rationalen Verfahren der Textanalyse ausgerichteten methodischen Grundlage für den Literaturunterricht gebraucht (⟋Literaturdidaktik). Wenn die H. hier um den Aspekt der Produktionsorientierung ergänzt wird, so wird damit der Fokus auf die eigene, häufig kreative Schöpfung von Texten oder Textteilen gelenkt. Dass das Begriffspaar der H. und Produktionsorientierung dennoch nicht synonym zu fassen ist, wird bei allen Schwierigkeiten exakter

Trennschärfe deutlich in einer Gegenüberstellung handlungs- und produktionsorientierter Aufgaben bei Carola Surkamp (2007). Dies manifestiert sich in einer Unterscheidung von zwei Grundformen von Schüleraktivitäten, denn mit dem Begriff der H. ist hier häufig eine ästhetisch-künstlerische Tätigkeit im handelnden Umgang mit Texten gemeint. Der Aspekt der Produktionsorientierung dagegen bezieht sich stärker auf das eigene Erzeugen von Texten, das allerdings durchaus auch mit kreativer Eigenleistung bewerkstelligt wird und in der schulpraktischen Umsetzung auch nicht strikt von handlungsorientierten Verfahren getrennt werden sollte.

H. wird begrifflich gelegentlich dem Ansatz des ↗aufgabenorientierten Lernens an die Seite gestellt (vgl. Doff/Klippel 2007, 270). Beide Konzepte ähneln sich in ihrer Betonung eines für die Lernenden erkennbaren sinnhaften Zusammenhangs. In gewisser Weise wird das aufgabenorientierte Lernen als Weiterentwicklung des Großkonzepts der H. verstanden und ist stärker als diese auf eine methodische Umsetzung in verschiedenen Phasen fokussiert. Aufgabenorientiertes Fremdsprachenlernen orientiert sich an einem dreiphasigen Aufbau (vgl. Willis 1996), bei dem zwischen einer Vorbereitungsphase zur ↗Vorentlastung und thematischen Sensibilisierung, dem eigentlichen *task cycle* und einer sprachorientierten Phase unterschieden wird. Im Gegensatz dazu ist der Ansatz der H. freier in der Unterrichtsgestaltung und stellt eher ein übergreifendes Unterrichtsprinzip dar, während *task-based learning* als Unterrichtsverfahren zu bezeichnen ist (vgl. Doff/Klippel 2007, 271). Als mehrdimensionales Unterrichtsprinzip, das die Lernenden mit ihren kommunikativen Bedürfnissen in den Mittelpunkt stellt, hat der Ansatz der H. in höchst unterschiedliche Bereiche der Fremdsprachendidaktik hineingewirkt und ist dazu angetan, als integratives Konzept Perspektiven für das Lehren und Lernen fremder Sprachen in spezifischen Kontexten beizusteuern (vgl. Abendroth-Timmer et al. 2009).

Lit.: D. Abendroth-Timmer et al. (Hg.): H. im Fokus. FfM 2009. – G.Bach /J.Timm: H. als Ziel und als Methode. In: Dies. (Hg.): Englischunterricht. Grundlagen und Methoden einer handlungsorientierten Praxis. Tüb. ⁴2009 [1989], 1–22. – S. Doff/F. Klippel: Englisch-Didaktik. Praxishandbuch für die Sekundarstufe

I und II. Bln 2007. – C. Surkamp: Handlungs- und Produktionsorientierung im fremdsprachlichen Literaturunterricht. In: W. Hallet/A. Nünning (Hg.): Neue Ansätze und Konzepte der Literatur- und Kulturdidaktik. Trier 2007, 89–106. – B. Viebrock: Unsere Besten. Handlungsorientierter Englischunterricht und was nach der Jahrtausendwende daraus geworden ist. In: Abendroth-Timmer et al. 2009, 41–54. – J. Willis: A Framework for Task-Based Learning. Ldn 1996.

ChL

Hausaufgaben. Über Sinn und Unsinn von H. wird diskutiert, seit es Schule gibt – mit pädagogischen, allgemeindidaktischen, psychologischen, sozialen und medizinischen Argumenten. Kritiker verweisen auf mentale Erschöpfung, Reduzierung der Freizeitaktivitäten, thematische Übersättigung, Verstärkung des Elterndrucks auf die Kinder, Verlockung zum Betrug und Privilegierung sozial stärkerer Schichten. Auf dem Gebiet der Fremdsprachendidaktik findet erst ab den 1970er Jahren eine verstärkte Auseinandersetzung mit Legitimation, Funktionen, Formen, Kontrolle und Korrektur von H. statt. Vor dem Hintergrund einer Neuorientierung des FUs gewinnen Konzepte wie ↗autonomes Lernen, ↗Prozessorientierung, ↗Kreativität und ↗offener Unterricht an Bedeutung und führen auch zu einer differenzierteren Reflexion von H.

H. können folgende Funktionen erfüllen (vgl. Heuer/Klippel 1987): ↗Übung (im Unterricht eingeführter Aspekte), Training (von Arbeits- und ↗Lerntechniken), Rückmeldung (für die SuS über ihren Leistungsstand), Entlastung (der Lehrkraft und Unterrichtszeit von Aufgaben), Förderung der ↗Kreativität, ↗Individualisierung des Unterrichts. Was die Formen von H. betrifft, kann man zwischen nacharbeitenden H. (z.B. Ausfüllen eines Lückentextes), weiterarbeitenden H. (z.B. Veränderung von im Unterricht behandelten Texten), wiederholenden H. (z.B. Vokabellernen) und vorarbeitenden H. (z.B. Anhören und Zusammenfassung eines *podcast*) unterscheiden (vgl. ebd.). Übend-einschleifende und festigend-wiederholende Formen sind unabdingbar für nachhaltiges Lernen. Neben diesen eher geschlossenen Typen sind aber auch offenere H. sinnvoll, welche zur Individualisierung, ↗Differenzierung und Selbständigkeit beitragen. Die Individualität erschöpft sich dabei nicht in der freien Wahl von Ort, Zeit und Tempo der H.erledigung, sondern beinhaltet auch, dass die H. auf den individuellen Leistungsstand der SuS bezogen sind, subjektive Relevanz für den Einzelnen entfalten, die jeweils unterschiedlichen Lernprozesse fördern, selbständiges Arbeiten einüben und auch zur späteren fremdsprachlichen Kommunikation mit den Mitschüler/innen und der Lehrkraft animieren. Ein breites Angebot unterschiedlicher H.typen ist dabei vonnöten: neben produkt- auch prozessorientierte Formen, neben kurzfristigen auch längerfristige H., neben form- auch inhaltsorientierte Varianten und solche, die verschiedene ↗Kompetenzen und Sprachsubsysteme ansprechen (vgl. Thaler 2008). Wenn eine Aufgabe nicht zu geschlossen ist, erlaubt sie dem bzw. der Lernenden, eigene Ideen, Interessen und Inhalte einzubringen. Ersetzt man ein und dieselbe Aufgabe für alle durch eine Auswahl an verschiedenen H., aus die der bzw. die Lernende die ihn bzw. sie interessierende auswählen kann, wird den Prinzipien von Differenzierung und Individualisierung Rechnung getragen. Inzwischen gibt es auch – neben den traditionell geschlossenen, übenden, einheitlichen H. – eine Reihe von Vorschlägen für offenere H. Um den unterschiedlichen Interessen der SuS gerecht zu werden, empfiehlt z.B. Tessa Woodward (2001) die Vorbereitung eines einminütigen Referats über ein frei gewähltes Thema, die semantisierende Präsentation von drei neuen Vokabeln, die Kurzzusammenfassung eines gelesenen Textes, die Beschreibung eines seltsamen Objektes, die Erstellung eines Wörtersuchrätsels oder das Selbstgespräch in der Zielsprache. Eine Ideenbank mit vielen handlungsorientierten H., die in den verschiedensten Lernsituationen eingesetzt werden können, liefert Wolfgang Pauels (1996). Dass es motivierendere Wege des Wortschatzerwerbs gibt als das monotone Abdecken der englischen oder deutschen Vokabeln, zeigt Johann Aßbeck (1996). Um eine schülerorientierte Rekapitulation des Stundengeschehens zu ermöglichen, können *action logs* eingesetzt werden: Die SuS schreiben nieder, was sie in der abgelaufenen Stunde (nicht) gelernt haben, was ihnen (nicht) gefallen hat und was sie sich für die nächste Stunde (nicht) wünschen. Ein weiteres kooperatives Verfahren ist das *dialogue journal*, bei dem die Konversation zwischen Lehrkraft und einzelnem Schüler bzw. einzelner Schülerin schriftlich in einem vertraulichen Notizbuch festgehalten und in regelmäßigen Abständen zwischen den zwei Personen ausgetauscht wird. Die Schülerin bzw. der Schüler kann sich alles vom Herzen schreiben und erhält regelmäßige Übung im natürlichen, bedeutungsvollen Schreiben (*meaning-centred writing*), während die Lehrkraft mit authentischen Kommentaren antwortet, auf formale Korrektur verzichtet, dafür den Jugendlichen bzw. die Jugendliche besser kennenlernt. Radikale Forderungen stellt Reinhold Freudenstein (1996), der sich gegen obligatorische H. im Primarbereich stellt, das Stellen einer einzigen H. für alle SuS einer Klasse ablehnt und H. in der Oberstufe ausschließlich als freiwilliges Angebot sehen möchte. Der Verzicht auf den Verpflichtungscharakter verführt allerdings in der Praxis zum Nichtstun und ist mit einem noch nicht genügend trainierten Verantwortungsbewusstsein allein nicht zu entschuldigen. Wer einen Kompromiss zwischen obligatorischer und fakultativer Erledigung anstrebt, kann die optionale Variante wählen, d.h. von einer Auswahl mehrerer H. muss (mindestens) eine gemacht werden.

Eine prozessorientierte Perspektive muss neben der eigentlichen Erledigung der H. durch die SuS am Nachmittag (oder in der Freistunde) auch die Phase davor (Ausstieg) und die Phase danach (↗Feedback) berücksichtigen. Der Ausstieg aus einer Stunde sollte bereits einige Minuten vor dem Gong beginnen, eine sich harmonisch aus dem Stundenthema ergebende H. stellen, diese präzise und für alle verständlich formulieren und am günstigsten immer an der gleichen Stelle (z.B. Seitentafel) schriftlich fixieren. Da der Abschluss einer Stunde gleichzeitig auf Neues verweist, kann dabei auch die Planung der Folgestunde thematisiert werden, wobei SuS in diese Planung integriert werden können, z.B. durch das Einbringen eigener Vorschläge oder vorbereitende H. In der Folgestunde (oder später bei längeren Arbeiten) muss eine (inhaltliche und/oder formal-sprachliche) Rückmeldung zur erledigten H. erfolgen. Wenn die Erledigung der H. nicht kontrolliert wird, ist die Verlockung groß, sie zu vergessen. Ihre Bedeutung für den weiteren Unterrichtsverlauf büßt sie damit ein. Alternativen zur zeitaufwändigen Durchsicht aller Hefte sind die gemeinsame Korrektur in der Klasse, die Partnerkorrektur oder das Einsammeln einer Auswahl von Heften.

Während an Vorschlägen für H.formen inzwischen kein Mangel mehr herrscht, erscheint die empirische Überprüfung im FU äußerst defizitär. Die Auswertung vorhandener Studien zeigt jedoch deutlich, dass es eine positive Relation zwischen den H. und der Leistung gibt: Je mehr H. gegeben wurden, desto bessere Schulleistungen wurden tendenziell erbracht (vgl. Thaler 2008).

Lit.: J. Aßbeck: Schaut euch dann bis zur nächsten Stunde die Wörter an. In: Der Fremdsprachliche Unterricht Englisch 22 (1996), 25–30. – R. Freudenstein: H.? Ja, aber … Grundsätze für eine neue Sprachlernpraxis. In: Der Fremdsprachliche Unterricht Englisch 22 (1996), 10–13. – H. Heuer/F. Klippel: Englischmethodik. Bln 1987. – W. Pauels: Veränderte Funktionen von (Haus-)Aufgaben in einem veränderten Englischunterricht. In: Der Fremdsprachliche Unterricht Englisch 22 (1996), 4–9. – E. Thaler: Offene Lernarrangements im Englischunterricht. Mü. 2008, 267–269. – T. Woodward: Planning Lessons and Courses. Cambridge 2001. ET

Heterogenität ↗ Differenzierung, ↗ Förderunterricht

Hören ↗ Hörverstehen

Hörspiele gibt es seit den 1920er Jahren; sie wurden zunächst im Radio übertragen und später auf Tonträgern wie Kassetten und CDs vertrieben. Seit Ende des 20. Jh.s wächst der H.-Markt mit Original-H.n sowie mit Tonbearbeitungen von Romanen, Kurzgeschichten und Dramen rasant und zeugt von der großen Beliebtheit auditiv vermittelter Literatur. Innerhalb der Fremdsprachendidaktik wird von einem engen und einem weiten H.begriff ausgegangen: Während der enge H.begriff ausschließlich auf literarische Original-H. bezogen ist, die sich im Wesentlichen für die Sekundarstufe II anbieten, umfasst der weite H.begriff alle Stücke, »in denen mit den Grundelementen Wort, Musik, Geräusch und Pause ein fiktives Geschehen im Spiel mehrerer Personen unter Verwendung von Dialogen und Monologen entfaltet wird und die Darbietung in rein akustischer Form über Tonträger erfolgt« (Groene 1998, 348). Der weite H.begriff eröffnet eine Vielzahl unterrichtlicher Möglichkeiten unter Verwendung unterschiedlichster

Materialien wie Trivial- und Serien-H., Tonaufnahmen moderner und klassischer Dramen, speziell für die Sekundarstufe I verfasste H. oder andere Dialogstücke, Schulfunkhörspiele, Dialogszenen der Lehrbücher sowie von den SuS selbst erstellte Skripte und Vertonungen (vgl. ebd.). Dennoch wurden und werden H. im FU nur vereinzelt eingesetzt. Unterrichtspraxis und Forschung bleiben weit hinter dem Boom von H.n auf dem Freizeitmarkt zurück (vgl. Kliewer 2002, 165). Abgesehen von den Arbeiten von Horst Groene aus den 1980er Jahren gibt es kaum Literatur über den Einsatz von H.n im FU – und das, obwohl in vielen fachdidaktischen Veröffentlichungen über kreative Zugangsformen zu literarischen Texten und in einer Vielzahl von ↗ Lehrplänen explizit auf die produktive H.arbeit (z. B. in Form der Umwandlung eines lyrischen, dramatischen oder narrativen Textes in ein H.) verwiesen wird.

Der Einsatz von H.n bietet sich aus mehreren Gründen für den FU an (vgl. Groene 1980, 11–34): (1) Die Verwendung unterschiedlicher ↗ Medien bringt Abwechslung ins Unterrichtsgeschehen und kann dadurch motivierend wirken (↗ Motivation). (2) Als auditiv vermittelte Texte können H. zur intensiven Schulung des für die ↗ kommunikative Kompetenz der Lernenden wichtigen ↗ Hörverstehens (Global- wie Detailverstehen) beitragen. (3) H. präsentieren die fremde Sprache als Alltagssprache, die vor allem bei zeitgenössischen Werken der spontan gesprochenen Sprache nahekommt. (4) Die Rezeption eines H.s kann das aufmerksame Zuhören trainieren (vgl. Kliewer 2002), denn die Lernenden können sich den Sinn des Textes nur durch die Worte und Stimmen der Sprecher/innen erschließen und müssen auf die Unterstützung von Mimik und Gestik verzichten. (5) Neben dem Hörverstehen kann die produktive Beschäftigung mit H.n auch andere ↗ Fertigkeiten fördern: das ↗ Leseverstehen bei der Arbeit mit dem gedruckten Text (z. B. der in einen Hörtext umzuformenden literarischen Vorlage), das ↗ Schreiben bei der Skripterstellung, das ↗ Sprechen und die ↗ Aussprache bei der H.produktion. (6) Die Phase des Hörverstehens kann zu eigenen (mündlichen und schriftlichen) sprachlichen Aktivitäten führen, z. B. zu Nacherzählungen, Zusammenfassungen oder Umformungen (vgl. Hermes 1983,

94). (7) Das Medium des H.s kann im Literaturunterricht (↗Literaturdidaktik) als Interpretationsmittel verwendet werden (vgl. ebd.; Kappe 1991, 112): Wenn die SuS ihre Rollen akustisch gestalten, so ist dies eine interpretatorische Leistung, da sie die Handlungsmotive und Redeabsichten der Figuren nachvollziehen müssen. (8) Durch die H.arbeit werden affektive und imaginative (↗Imagination) ↗Lernziele gefördert: »Wenn die Stimmen der Sprecher das Wort zu vollem Leben erwecken und Musik und Geräusche eine bedeutungsträchtige Atmosphäre evozieren, entfaltet sich das Geschehen auf der ›Inneren Bühne‹ des Hörers in einer Abfolge individueller imaginativer Bildvorstellungen« (Groene 1980, 20). (9) Als dialogische Textsorte ermöglichen H. Einblicke in kommunikative Vorgänge, was sich positiv auf die Sprechfähigkeit auswirken kann: »die Reziprozität der Partnerbeziehungen und die Bedeutung der Antizipation; der Unterschied zwischen dem Beziehungs- und dem Inhaltsaspekt zwischenmenschlicher ↗Kommunikation; die Auswirkungen unterschiedlicher Rollenbeziehungen; die Intentionen der Gesprächspartner, die Strategien, die sie verfolgen, und die Mittel, die sie zur Erreichung ihrer Ziele einsetzen; Kommunikationsstörungen und -schwierigkeiten, ihre Ursachen und Mittel und Wege zu ihrer Überwindung« (Groene 1980, 20).

Beim Einsatz von H.n wird zwischen zwei Arbeitsformen unterschieden: der rezeptiven und der produktiven H.arbeit. Bei der rezeptiven H.arbeit geht es um die Behandlung fertig abgeschlossener H. Im Mittelpunkt stehen die intensive Hörverstehensschulung sowie insbesondere in der Sekundarstufe II die analytische Erschließung von Inhalt, Form und Sinnpotenzial des Stückes von der Tonaufnahme her. Bei der produktiven H.arbeit erstellen die Lernenden selbst die Tonaufnahme nach vorheriger Texterarbeitung und Skriptabfassung. Die wesentlichen Lernziele sind in diesem Fall das kreative Schreiben (↗Kreativität), die Ausspracheschulung und die selbständige Erarbeitung der wichtigsten Ausdrucksformen und Wirkungsweisen auditiver Literatur.

Innerhalb eines prozessorientierten Ansatzes (↗Prozessorientierung) wird die Arbeit mit H.n in unterschiedliche Phasen gegliedert: in eine Phase vor dem Hören des Textes (*pre-listening phase*), eine das Abhören der Tonaufnahme begleitende Phase (*while-listening phase*) und eine Phase nach der eigentlichen Hörverstehensarbeit (*post-listening phase*). Die *pre-listening phase* dient dazu, den Lernenden mittels entsprechender Übungen das ↗Verstehen zu erleichtern. Durch die Eingabe unbekannter Vokabeln, die Besprechung der möglichen Bedeutung des Titels, die Einführung von Figuren, Ort und Zeit des Geschehens sowie die Erläuterung der Ausgangssituation kann auf den Wortschatz des H.s vorbereitet und eine Erwartungshaltung im Hinblick auf das akustisch dargestellte Geschehen geschaffen werden. Beides ist für die danach zu erbringende Hörverstehensleistung förderlich. In der *while-listening phase* unterstützen konkrete Höraufträge die Konzentrationsleistung, da sie die ↗Aufmerksamkeit auf bestimmte Aspekte des H.s lenken. Für die Überprüfung des Hörverstehens bietet sich eine Reihe von Aufgaben an (vgl. Groene 1998, 351): Beantwortung von Alternativ- (richtig oder falsch?), Multiple-Choice- oder Verständnisfragen; Korrektur von fehlerhaften Aussagen; Lückentext mit fehlenden Wörtern und Wendungen oder unvollständigen Dialogen; Zuordnung von Dialogteilen zum jeweiligen Sprecher bzw. zur jeweiligen Sprecherin; Banddiktate einzelner Passagen; Inhaltsangaben; Szenenprotokolle mit Informationen über die Ereignisse, die Dialoge, die Figuren sowie über Geräusche und ↗Musik.

Nach dem Hören steht in der Regel die Interpretation des Stückes im Vordergrund (vgl. Nünning/Surkamp 2008, 284ff.). Die besonderen formalen Merkmale von H.n bestimmen sich im Wesentlichen durch die Reduktion auf akustische Bedeutungsträger. Daher sind Laute die wesentlichen Ausdrucksträger des H.s. Zur Gattungsspezifik gehören außerdem auf der Ebene der Mikrostruktur die Elemente Wort und Stimme, Geräusch und Musik, Pause und Stille, Raumklang und radiophonischer Effekt, die alle wesentlich zur Vermittlung des Geschehens beitragen (für eine Übersicht über die wichtigsten Bauformen von H.n und deren Funktionen vgl. ebd., 284f.). Im Bereich der Makrostruktur sind besondere Merkmale auf der Handlungsebene, der Ebene der Dialogführung, der Wahl der Darstellungsperspektive und im Gebrauch eines Erzählers bzw. Kom-

mentators zu verzeichnen (vgl. ebd., 286 ff.).
Zu ihrer Erarbeitung im Unterricht kann auch
der gedruckte Text herangezogen werden.

H. bieten sich auch für den kreativen, handlungsorientierten FU an (↗Handlungsorientie-
rung). So können die SuS das Geschehen aus
der ↗Perspektive einer der Figuren darstellen,
den Inhalt des H.s in eine andere Textsorte
übertragen oder einzelne Dialoge szenisch umsetzen.

Eine besondere Form der kreativen H.arbeit
ist die eigenständige Produktion von H.n entweder durch Umformung oder durch einen
Eigenentwurf (vgl. Groene 1980). Bei der Umformung schreiben die Lernenden einen Text
(z. B. einen Lehrbuchtext, ein Kurzdrama oder
eine Kurzgeschichte) zu einem H. um; beim
Eigenentwurf verfassen die Lernenden ein H.
ohne sprachliche Vorlage. Als Hilfestellung
dient ihnen lediglich ein struktureller oder
stofflicher Rahmen, z. B. in Form eines Hand-
lungsgerüsts, einer Situationsvorgabe oder der
bloßen Nennung eines Themas. Die durch Eigenentwurf entstehenden H. umfassen in der
Regel anfangs nur eine Spieldauer von etwa
einer bis drei Minuten, während bei Umformungen schon nach wenigen Jahren FU Kurz-
H. von etwa zehn Minuten Dauer möglich
sind. Im Sinne der Prozessorientierung ist es
auch bei der produktiven H.arbeit sinnvoll, in
Phasen zu arbeiten (vgl. Groene 1980, 109–
123; Nünning/Surkamp 2008, 291 ff.): Texterarbeitung, Skriptanfertigung, Erstellung der
Tonaufnahme und Abhören der Endaufnahme
mit Abschlussbesprechung. Die Erstellung des
Skripts kann in verschiedenen Arbeitsformen
erfolgen (vgl. Groene 1998, 349): Im Anfangsunterricht bietet es sich an, die Skriptanfertigung im Klassenverband unter Leitung der
Lehrkraft vorzunehmen; im fortgeschrittenen
FU besteht die Möglichkeit zur selbständigen
Gruppenarbeit. In der letzten Phase der H.-
produktion ist das gemeinsame Abhören der
Aufnahmen wichtig. Dies dient sowohl der
Erörterung der erstellten Vertonungen als auch
der Bewertung der Schülerleistungen in inhaltlicher, sprachlicher und technischer Hinsicht.
Besonders motivierend für die Lernenden ist
es, wenn eigenständig erstellte Aufnahmen einem größeren Hörerkreis zur Verfügung gestellt werden, z. B. in Form eines Tonträgers für
die Mediothek der Schule. Die Arbeit mit H.n

ist auf allen Klassenstufen durchführbar – teilweise sogar mit geringem Zeitaufwand, wenn
es z. B. um die Fortsetzung der Arbeit mit einem Dialog aus dem Lehrbuch geht. Die selbständige Erstellung eines eigenen H.s erfordert
hingegen mehr Zeit und bietet sich daher eher
für den ↗Projektunterricht an.

Lit.: H. Groene (Hg.): Das H. im Englischunterricht.
Theorie und Praxis. Paderborn 1980. – H. Groene:
Das H. im modernen FU. In: U. Jung (Hg.): Praktische
Handreichungen für Fremdsprachenlehrer. FfM ²1998
[1992], 347–352. – L. Hermes: Hörverstehen und
Kreativität. Zum Einsatz eines radio play. In: Englisch
18/3 (1983), 93–97. – G. Kappe: Creative Writing und
H.produktion auf der Sekundarstufe I. Gymnasial-
schüler erarbeiten Kurz-H. In: Englisch 21/4 (1986),
137–141. – H.-J. Kliewer: Literatur hören. Überlegun-
gen zu einem Curriculum. In: Medien & Erziehung
46/3 (2002), 164–168. – A. Nünning/C. Surkamp: Die
Arbeit mit Literatur in anderen Medien II: H. In:
Dies.: Englische Literatur unterrichten. Grundlagen
und Methoden. Seelze ²2008 [2006], 276–296. –
W.-D. Weise: British Radio Drama, a Much Neglected
Genre. Some Remarks on its History, Structure and
Use in School. In: Neusprachliche Mitteilungen aus
Wissenschaft und Praxis 50/1 (1997), 37–42.   CS

Hör-Seh-Verstehen ↗Filmkompetenz, ↗Hörver-
stehen, ↗Visuelle Kompetenz

Hörverstehen. Das H. spielt für alle Kommunikationsprozesse eine wichtige Rolle und stellt
die Voraussetzung für sprachliche Interaktionen
dar. Während in der muttersprachlichen Kommunikation das H. mit 55 % eine besondere
Stellung einnimmt (gefolgt von Sprechen mit
23 %, Lesen mit 13 % und Schreiben mit 9 %;
vgl. Kieweg 2003, 23), wird dem H. und dem
H.straining im FU nicht immer ein angemessener Platz eingeräumt. Tatsächlich machen die
sog. rezeptiven ↗Fertigkeiten zwei Drittel der
Kommunikation aus (vgl. Doff/Klippel 2007,
75) und müssen daher systematisch und regelmäßig geschult werden. Traditionell strukturierte H.sstunden, die mit dem Vorspielen eines
Hörtextes beginnen und mit dem Beantworten
von relativ geschlossenen Verständnisfragen
enden, tragen zudem wenig zu einer integrativen, die verschiedenen Fertigkeiten verbinden-
den Arbeit an der fremdsprachlichen ↗kommu-
nikativen Kompetenz bei. Dies liegt teilweise
auch an der noch weit verbreiteten Einteilung
in vermeintlich ›aktive‹ und ›passive‹ Fertigkei-

ten, die sich für einen modernen FU so nicht aufrechterhalten lässt. Die auditive Dimension sprachlichen Lernens ist besonders in der Deutschdidaktik schon länger etabliert (vgl. Wermke 2001). Hören wird hier weniger als passiver Prozess betrachtet, dem Lernende ausgeliefert sind, sondern an dem sie vielmehr aktiv partizipieren und an dem sie durch die Aktivierung vorhandener Wissensschemata (↗Wissen) konstruktiv teilhaben.

Das H. ist in diesem Sinne von der Hörwahrnehmung zu unterscheiden. Während es bei der Hörwahrnehmung darum geht, einzelne Elemente der Fremdsprache zu identifizieren, ist das H. immer auch mit der Erfassung der Bedeutung von ganzen Äußerungen oder Texten verbunden (vgl. Bahns 2006, 126). In der kognitiven Psychologie wird das ↗Verstehen als ein Informationsverarbeitungsprozess definiert, bei dem eingehende Daten mit vorhandenen Wissensbeständen abgeglichen werden müssen. H. ist somit ein komplexer Prozess, bei dem aufsteigende (*bottom-up*) und absteigende (*top-down*) Verarbeitungsprozesse ineinander greifen. Effektive Hörversteher/innen nutzen sowohl *top-down*- als auch *bottom-up*-Verarbeitung. Weniger erfolgreiche Lernende dagegen konzentrieren sich auf *bottom-up*-Strategien, was die Gefahr birgt, dass sie sich bei der Bedeutung einzelner Wörter aufhalten. Offensichtlich führt der Einsatz metakognitiver Strategien (Planen, Überwachen und Steuern, Bewerten; ↗Metakognition) auch beim H. zu besseren Lernergebnissen (vgl. ebd., 130). Die Schwierigkeit des Übens dieser sehr komplexen sprachlich-kognitiven Fähigkeit besteht vor allem darin, dass drei Faktoren in Einklang gebracht werden müssen, nämlich der Vollzug der Tätigkeit des H.s, die Bewusstmachung der dabei angewandten Verfahren (↗Bewusstheit/Bewusstmachung) und die Überprüfung des Erfolgs (vgl. Segermann 2004, 295 f.).

Die mentalen Prozesse, die beim H. ablaufen, zeichnen sich durch eine hohe Komplexität aus und werden durch eine ganze Reihe geistiger Aktivitäten bei der Interpretation des Input geprägt. Die Wahrnehmung und Selektion akustischer Signale vor eventuell vorhandenen Hintergrundgeräuschen führt dabei zu einer ersten Einordnung in einen bestimmten Kontext (Telefongespräch, Restaurantbesuch, Streitgespräch usw.) und wird durch die gleich-

zeitige oder anschließende Interpretation der prosodischen Elemente (Intonation und Rhythmus) sowie der emotionalen Färbung, Stimmhöhe, Lautstärke und Sprechgeschwindigkeit flankiert. Zudem erfolgt eine Verknüpfung mit individuell unterschiedlichen Beständen des fremdsprachlichen Wissens einerseits und des Weltwissens andererseits. Ähnlich wie beim ↗Leseverstehen wird auch beim H. bereits bekanntes Wissen aktiviert und für die Dekodierung des Hörtextes genutzt. In der Interaktion zwischen dem Hörinput und dem eigenen Weltwissen wird gemäß der Schematheorie das eigentliche H. erst möglich. Anders als beim Leseverstehen wird beim H. allerdings das Tempo der Textaufnahme nicht vom Lernenden selbst bestimmt. Insbesondere im FU tritt diese Asymmetrie des Rezeptionsprozesses beim Lesen und Hören besonders deutlich zutage. Das Gefühl, von Hörtexten überhaupt nichts verstanden zu haben, wird von SuS schnell als frustrierend empfunden und kann den Eindruck einer passiven Rolle im FU verstärken. Die Schwierigkeiten, die sich insbesondere beim Hören fremdsprachlicher Texte ergeben, haben einerseits mit einer wenig ausgeprägten ↗Automatisierung bei der Identifikation und Interpretation grammatischer Strukturen und lexikalischer Einheiten im ↗Wortschatz zu tun. Andererseits kann auch die Neigung, Einzelwörter möglichst additiv verstehen zu wollen, einen ganzheitlichen Rezeptionsprozess behindern. Fähigkeiten des Inferierens (↗Inferenz) und Antizipierens, die auch für muttersprachliche Lese- und Hörprozesse wichtig sind, müssen im FU methodisch unterstützt werden, um bei der Bewältigung umfangreichen Hörmaterials komplexitätsreduzierend zu wirken.

Als problematisch ist eine didaktische Vorgehensweise zu bezeichnen, bei der die Aufforderung ›gut zuzuhören‹ der Präsentation eines Hörtextes vorausgeht und abschließend durch die globale Frage nach dem, was verstanden wurde, zu einer Auseinandersetzung mit den Inhalten führen soll. In der Regel führt nämlich die mangelnde Spezifizierung des Hörauftrags zu einer wenig fokussierten Begegnung mit dem Hörtext. Hinzu kommt, dass häufig auch Unklarheit über die Länge des folgenden Hörmaterials herrscht. Eine zehnsekündige Lautsprecherdurchsage am Bahnhof unterscheidet sich aber erheblich von einer fünfminütigen Radiosendung und stellt dabei ganz andere Anforderungen an die Verarbeitungskapazitäten der Zuhörer/innen. Klare Ankündigungen von Seiten der Lehrkraft können in erheblichem Maße dazu beitragen, dass die nötige Konzentration bei den Lernenden zielgerichtet eingesetzt wird. Abhängig davon, ob es sich um eine authentische (↗ Authentizität) oder um eine didaktisierte Hörsituation handelt, muss ggf. für eine angemessene ↗ Vorentlastung gesorgt werden. Auch die Funktion des Hörtextes in einer bestimmten Unterrichtsphase beeinflusst methodische Entscheidungen. Sabine Doff und Friederike Klippel (2007, 76) unterscheiden zwischen den Funktionen der Informationsaufnahme, der Pflege sozialer Beziehungen, dem Kennenlernen von Meinungen, der Wahrnehmung von Sprachmodellen und dem Genießen der Sprache. Tatsächlich scheint die ästhetische Funktion des fremdsprachlichen (Zu-)Hörens häufig genug vernachlässigt zu werden, wenn Hören und H. einseitig mit Blick auf die Fähigkeit zur Informationsaufnahme trainiert werden.

Für das H.straining spielen grundsätzlich der Schwierigkeitsgrad des Hörmaterials sowie das Alter der Lernenden eine Rolle. Ebenso wichtig ist es aber, den H.sprozess in seiner Phasenhaftigkeit zu begreifen und die Lernenden dabei aktiv mit einzubeziehen. Die methodische Vorgehensweise sollte von einer Dreiphasigkeit des H.strainings ausgehen (vgl. Bahns 2006, 128): einer Vorphase (*pre-listening phase*), einer Hörphase (*while-listening phase*) und einer Nachphase (*post-listening phase*). Die Vorphase dient der Einstimmung sowie dem Aufbau einer Erwartungshaltung und kann den eigentlichen Hörprozess vorstrukturieren helfen. Dies kann mit visuellen Impulsen (↗ Visualisierung), einem hinführenden Lesetext, durch Vorinformationen von Seiten der Lehrkraft und/oder durch das Studium der Höraufgabe selbst erreicht werden. Aufgaben für die Hörphase sollten nicht zu komplex gestaltet sein und wenig Schreibaufwand erfordern, sie sind aber auch abhängig von der Art der Darbietung des Hörtextes. Folgende Verfahren sind nach Ursula Karbe und Hans-Eberhard Piepho (2000, 122) denkbar: Einmaliges oder mehrmaliges Hören ohne Vorbereitung; Hören nach einer Einstimmung zum Inhalt; Hören nach sprachlicher

Vorentlastung; Hören mit vorheriger Aufgabenstellung zu inhaltlichen/sprachlichen Aspekten des Textes; Hören mit lückenhafter Textvorlage; Hören mit Vorgabe von Schlüsselwörtern; Hören mit Bildvorlage; Hören und Mitlesen des Textes. Für die Aufgabengestaltung während der Hörphase liegt eine Reihe von Vorschlägen vor, die nach unterschiedlichen Kriterien systematisiert in den Handbüchern von Penny Ur (1984), Mary Underwood (1989) sowie Jill und Charles Hadfield (1999) zu finden sind und die von Jens Bahns (2008, 129) kritisch diskutiert werden.

H.sleistungen können in unterschiedlicher Weise erzielt werden, etwa im vollständigen Erfassen eines eher kurzen Textes, im selektiven Herausfiltern bestimmter Informationen oder im Erfassen der Hauptaussage eines Hörtextes. Daher sind einerseits ↗ Übungen, die sich mit einzelnen Komponenten des Hörprozesses beschäftigen, erforderlich, als auch solche, die eine komplexe Hörschulung an Texten unterstützen. Wird in der *post-listening phase* eine Überprüfung der H.sleistung angestrebt, so sind unterschiedliche Formate möglich, die Karbe/Piepho (2000) differenzieren. Sie nennen z. B. nonverbale Reaktionen, bei denen die Lernenden Zeichnungen anfertigen, ↗ Bilder sortieren oder diesen die korrekten Bildunterschriften zuordnen. Sprachliche Reaktionen können in rezeptive (z. B. *true-false*-Aufgaben), reproduktive (z. B. Wiedergabe von Textinhalten) und produktive Verfahren unterteilt werden, bei denen auch kreative Weiterführungen denkbar sind.

Die Besonderheit der Rezeptionssituation beim Hören, die einerseits durch die Flüchtigkeit der auditiven Dimension und andererseits durch die Unveränderbarkeit des Tempos im Hörtext charakterisiert ist, muss für Aufgabenstellungen während der Hörphase berücksichtigt werden. Die gleichzeitige Konzentration auf den Hörtext und das Anfertigen von Notizen ist nur bedingt möglich. Stark vorstrukturierte ↗ Arbeitsblätter mit Aufgabenstellungen, die bereits vor dem ersten Hören gründlich studiert worden sind und die Rezeption des Hörtextes systematisch begleiten, können hilfreich sein, um durch stärkere Fokussierung den Hörprozess unterstützend zu begleiten. Sie sollten sich deutlich von Aufgabenstellungen der *post-listening phase* unterscheiden, können diese aber bereits gezielt vorbereiten.

Der Typologie von Aufgabenstellungen für die Hörphase nach Hadfield/Hadfield (1999) liegen sieben unterschiedliche Tätigkeiten zugrunde, die das Hören um jeweils einen einzelnen Aspekt ergänzen und so zu einer Vielzahl möglicher, aber nicht zu komplexer Verfahren in der Hörphase führen. Das H. erfüllt hier jeweils unterschiedliche Funktionen, je nachdem, worum es in der Kombination mit dem eigentlichen Hören geht, nämlich entweder *listen and … complete, match, reorder, guess, correct, draw* oder *do* (vgl. Bahns 2006, 129). Die Typologie enthält dabei sowohl Elemente eines eher kognitiv ausgerichteten H.strainings (Vervollständigung, Zuordnung, Reihung) als auch kreativ-produktive Verfahren (Raten, Zeichnen, Handeln). Die Ergänzung einzelner Zahlen, Daten oder Fakten in einem vorbereiteten Arbeitsblatt trainiert die Informationsentnahme und fokussiert die ↗Aufmerksamkeit auf einzelne Aspekte. Hier kann es auch um die Vervollständigung von Lückentexten gehen, um Lautsprecherdurchsagen oder Liedtexte. Bei Zuordnungsaufgaben müssen häufig Informationen auf einem Arbeitsbogen als zusammengehörig identifiziert und einander zugeordnet werden. Dies kann durch Nummerierung oder eine Verbindung mit Strichen erfolgen. Ähnliches gilt auch für Übungen, bei denen einzelne Elemente in die richtige Reihenfolge gebracht werden müssen. Ein Beispiel hierfür sind Bildergeschichten, die während des Hörens geordnet werden. Das Entdecken von Fehlern kann hier zusätzlich eingebaut werden. In Kombination mit den weit verbreiteten *true-false-questions* identifizieren die Lernenden dabei Abweichungen vom Hörtext und können diese (ggf. auch später) richtigstellen. Höraufgaben, bei denen die weggelassene Information erraten werden muss, bei denen Geräusche identifiziert oder die Anzahl der insgesamt sprechenden Personen herausgefunden werden soll, stellen andere Anforderungen, können je nach Zielsetzung in offenen oder geschlossenen Aufgabenstellungen realisiert werden und lassen Raum für individuelle Antworten und kreative Lösungen. Ähnlich verhält es sich bei Verfahren, die das Zeichnen zum Hörtext vorschlagen. Stärker gelenkte Formen sehen Formate wie das Eintragen von Symbolen in Karten oder Grundrisse vor. Aber auch freiere und kreative Gestaltungen wie z.B. die zeichnerische Gestaltung auf der Grundlage von Liedtexten sind denkbar.

In Ergänzung zu klassischen Formen des H.strainings, das häufig in die Fertigkeitsschulung im Rahmen der Lehrbuchprogression (↗Progression) eingebettet ist, lässt sich auch das Potenzial literarischer ↗Hörspiele in den FU einbeziehen. Literatur zum Hören bietet viele Möglichkeiten, um rezeptive und produktive Formen der H.sschulung umzusetzen (vgl. Surkamp 2008). Der Erwerb einer fremdsprachlichen Hörkompetenz, die klassische Formen des H.s mit einschließt, wird u.a. durch den Ansatz der ↗*audio literacy* erweitert und fortgeführt. Mehr als dies in einem rein fertigkeitsorientierten Ansatz möglich wäre, umfasst die Kategorie der *audio literacy* auch die Entwicklung von Sensibilität für unterschiedliche Hörkontexte sowie die Fähigkeit, das Nichtverstehen von Gehörtem auszuhalten und in erhöhte Aufmerksamkeit umzuwandeln. Die Ausbildung fremdsprachlichen H.s kann durch Hörerlebnisse verschiedener Art unterstützt werden, auch dann, wenn eine fremdsprachliche Verbalisierung nicht immer unmittelbar im Anschluss erfolgt. Globales Hören, Hellhörigkeit für verbale und nonverbale auditive Erlebnisse sowie die Entwicklung akustischen Wissens können Ansätze ganzheitlichen Hörens und Verstehens stützen (vgl. Blell 2006, 117). Konzepte fremdsprachlichen H.s lassen sich so unter Einbeziehung intermedialer Ansätze (Literatur, Film, ↗Musik) mit dem Ziel einer umfassenden fremdsprachlichen Kommunikationskompetenz integrativ weiterentwickeln (↗Filmdidaktik).

Lit.: J. Bahns: H. Hält die Praxis, was die Theorie verspricht? In: U. Jung (Hg.): Praktische Handreichung für Fremdsprachenlehrer. FfM ⁴2006 [1992], 125–132. – G. Blell: Musik im FU und die Entwicklung von audio literacy. In: U. Jung (Hg.): Praktische Handreichung für Fremdsprachenlehrer. FfM ⁴2006 [1992], 112–119. – S. Doff/F. Klippel: Englischdidaktik. Praxishandbuch für die Sekundarstufe I und II. Bln 2007. – J. Hadfield/C. Hadfield: Simple Listening Activities. Oxford 1999. – U. Karbe/E. Piepho: FU von A bis Z. Praktisches Begriffswörterbuch. Ismaning 2000. – W. Kieweg: Mentale Prozesse beim H. Möglichkeiten zur Verbesserung der H.skompetenz. In: Der fremdsprachliche Unterricht Englisch 37/64–65 (2003), 18–27. – K. Segermann: Übungen zum H. In: K. Bausch et al. (Hg.): Handbuch FU. Tüb. ⁴2003 [1989], 295–299. – C. Surkamp: Literatur zum Hören. Radio Plays analysieren und selber produzieren. In: Der fremdsprachliche Unterricht Englisch 42/92 (2008), 2–6. – M. Underwood: Teaching Listening.

Ldn/N.Y. 1989. – P. Ur: Teaching Listening Comprehension. Cambridge1984. – J. Wermke (Hg.): Hören
und Sehen. Beiträge zu Medien- und Ästhetischer Erziehung. Mü. 2001.   ChL

Hypothesenbildung ↗Hörverstehen, ↗Leseverstehen

Identität und Identitätsbildung. Von lat. *idem*
(derselbe) abgeleitet, bezeichnet I. als psychologische Kategorie laut Duden »die als Selbst
erlebte innere Einheit einer Person«. Da mit
dem I.sempfinden zugleich das Bewusstsein individueller Unverwechselbarkeit einhergeht,
wird I. als Differenzbegriff verwendet. Das Individuum versteht sich in Abgrenzung von seinen Mitmenschen (Ich-I.) bzw. als Mitglied einer sozialen Gruppe in Abgrenzung von anderen Gemeinschaften (Wir-I.). Die I.sforschung
ist dieser Aufteilung entsprechend sowohl indi-
vidual- als auch sozialpsychologisch ausgelegt.
Beide Facetten sind aufeinander zu beziehen, da
der Mensch auch als Einzelner stets in soziale
Kontexte eingebettet ist.

Unter IB. bzw. I.sentwicklung wird gemeinhin der Prozess verstanden, in dessen Verlauf
die oder der Einzelne ein Selbstkonzept aufbaut, das zugleich psychische Stabilität und
soziale Handlungsorientierungen vermittelt.
Als Voraussetzungen hierzu gelten das Empfinden von Kohärenz (Passung verschiedener Facetten der Persönlichkeit zu einem Ganzen),
von Kontinuität (Wahrnehmung einer Konsistenz des Selbstbildes im zeitlichen Wandel) und
von Autonomie. Ein grundsätzlicher Konflikt
resultiert aus der Tatsache, dass feste I.skon-
zepte zwar Stabilität und Orientierung vermitteln, zugleich aber einengend wirken. Umgekehrt begünstigen flexible Konzepte eine Offenheit für Veränderungen, bergen aber das
Risiko in sich, destabilisierende Irritationen zu
verursachen. In unterschiedlicher Gewichtung
widmet sich die individualpsychologische Forschung einerseits solchen universell-anthropo-

logischen Aspekten, andererseits den jeweils
konkreten soziohistorischen Bedingungsfaktoren von IB.

Vorwiegend der erstgenannten Perspektive
sind die Ansätze Sigmund Freuds, Erik Eriksons
und George H. Meads verpflichtet. Freud sieht
auf der Basis seines Strukturmodells psychische
Reifung an eine Stärkung von Ich-Leistungen in
der Vermittlung zwischen Es und Über-Ich gebunden, wohingegen eine nicht gelingende Integration zu pathologischen Verhaltensmustern
(vor allem Neurose und Psychose) führe. In Erweiterung des psychoanalytischen Ansatzes
und seiner Fokussierung auf frühkindliche Prägungen entwirft Erikson ein Acht-Stufen-Mo-
dell der Persönlichkeitsentwicklung, das mit jeweils eigenen Entwicklungsaufgaben die gesamte Lebensspanne umfasst. Die Phase der
Herausbildung der Ich-I. situiert Erikson primär in der Adoleszenz (5. Phase, ca. 12.-18.
Lebensjahr). Das besondere Augenmerk von
Mead wiederum gilt der Bedeutung sozialer Interaktion für den Prozess der IB. I. entsteht in
seinem Verständnis quasi im Umweg über den
anderen. Das Individuum wird sich seiner I.
erst bewusst, indem es sich mit den Augen seiner Interaktionspartner und damit von einem
imaginierten Außen sieht. Der Einzelne macht
sich auf diesem Wege selbst zum Objekt. Daher
unterscheidet Mead in zwei Arten des Ich: ein
aus den antizipierten Erwartungen der anderen
entwickeltes (Mead nennt es das *me*) und eines,
das die eigenen Antworten symbolisiert (das *I*).
Letzteres ist eine Art ›impulsives Ich‹, das in
starkem Maße unbewusste Anteile enthält und
als dynamischer Faktor des Verhaltens wirkt,
während ersteres als ›reflektiertes Ich‹ die
Grundlage sozialer Integration bildet. Im Gegensatz zum *I*, das nur im Singular existiert,
gibt es entsprechend der Vielzahl angenomme-
ner Rollenerwartungen *mes* auch im Plural. *I*
und *me/s* gemeinsam konstituieren das *self*, das
hier als I. zu übersetzen ist (vgl. Abels 2006).
Alle drei I.skonzeptionen sehen Integrations-
leistungen und somit Synthesenbildung als
Merkmal gelungener I.sarbeit an.

Nicht zwingend eine Synthese, wohl aber
eine subjektiv schlüssige Verknüpfung unterschiedlicher Anteile individueller I. haben Ansätze narrativer Psychologie im Blick, wenn sie
IB. als Resultat von Selbstnarrationen verstehen. Ihnen zufolge generiert der Einzelne in ei-

nem unabschließbaren Prozess aus der Vielfältigkeit eigenen Erlebens Erzählungen, aus denen heraus er seine Selbst- und Weltdeutungen entwickelt. Er bedient sich dabei (zumeist unbewusst) vorgefundener narrativer Muster, die als Matrices sozialer Wirklichkeitskonstruktion den individuellen IB.en den Stempel soziokultureller Prägung aufdrücken. Dies verbindet narrative I.stheorien mit Bourdieus Habitus-Konzept.

Einen anderen Aspekt sozialer Bedingtheit akzentuiert Axel Honneth (2000), wenn er individuelle I. von drei Formen externer Anerkennung bedingt sieht, nämlich von emotionaler Zuwendung in Primärbeziehungen, von kognitiver Achtung in Rechtsverhältnissen und von sozialer Wertschätzung in Solidargemeinschaften. In Abkehr von Idealen der Synthesebildung sieht er allerdings I. als vielstimmig und heterogen konstituiert an. Sein Leitbild einer Persönlichkeitsreifung ist nicht mehr von Ich-Stärke als Fähigkeit zur Bedürfnis- und Umweltkontrolle geprägt, sondern von einer Lebendigkeit, die sich aus der Öffnung für die vielen Seiten der eigenen Person ergibt.

Honneths Theorien gliedern sich ein in das Panorama jener Versuche, die I. vor dem Hintergrund des soziokulturellen Wandels in postindustriellen Gesellschaften neu zu bestimmen versuchen. Dessen Kennzeichen sind u.a. die Fragilisierung bzw. Auflösung linearer Berufsbiographien und stabiler sozialer Bindungen sowie wachsende Multiethnizität und ↗ Mehrsprachigkeit der Lebenswelten. In Folge dieser Entwicklungen ist nicht mehr von einem I.sideal auszugehen, das von Einheitlichkeit geprägt ist. Die Neologismen *patchwork-identity* oder ›Bastel-I.‹ verweisen auf die Fragmentierung und Zufälligkeit von I.skonstruktionen. In Abgrenzung von der ihnen immanenten Statik unterstreichen Modelle der *fluid identities* oder des ›flexiblen Menschen‹ (Richard Sennett) das dynamische Moment von IB.sprozessen. In ähnlichem Sinne entwickelt Wolfgang Welsch Entwürfe eines Lebens im Plural, eines Lebens im Übergang zwischen unterschiedlichen Lebensformen (vgl. Keupp et al. 2008).

Im Kontext des Fremdsprachenlernens ist eine Facette sozialer I. von besonderer Bedeutung, die ethnisch-kulturelle I. In Bezug auf sie lässt sich eine analoge Entwicklung beobachten. Wurde noch bis in die 1970er Jahre hinein die Identifikation mit einer Sprach- und/oder Wertegemeinschaft als Grundlage nationaler bzw. ethnisch-kultureller I. betrachtet, vollzieht sich im Zuge des *linguistic turn* der Humanwissenschaften und der Verbreitung poststrukturalistischer und postkolonialistischer Ansätze in den ↗ Kulturwissenschaften eine Wende hin zu flexiblen, pluralisierenden Modellierungen. Die Fremdsprachendidaktik rezipiert diese Entwicklung erst mit zeitlicher Verzögerung. Denn z.T. noch in die Gegenwart hinein behauptet sich im Rahmen der Theorien ↗ interkulturellen Lernens eine bipolare Perspektive, die ein weitgehend als homogen gedachtes Eigenes einem analog strukturierten Fremden gegenüberstellt. Unter diesem Blickwinkel erscheint Fremdsprachenlernen zwar als Chance und als Aufgabe der Relativierung eigener oft unhinterfragter Normvorstellungen, ohne dass allerdings die Zugehörigkeit zum Pol des Eigenen in Frage gestellt würde. Seit den 1990er Jahren verschafft sich demgegenüber die Vorstellung eines ›dritten Ortes‹ zunehmend Gehör. Ihr zufolge erweitert die oder der Lernende im Zuge des Fremdsprachenerwerbs die eigenen sprachlichen I.en, indem sie bzw. er jenseits der Identifikation mit eigen- und zielsprachlichen Kulturräumen einen mentalen Ort betritt, der eine Art hybrider I. begründet.

Aufgabe des FUs ist es demzufolge, der oder dem Einzelnen Anlässe zu narrativen I.skonstruktionen zu geben und sie bzw. ihn durch Anleitung zu Selbst-Reflexionen im Prozess der Pluralisierung sprachlich-kultureller I. zu begleiten. Einschlägig erprobte Instrumente sind das Europäische Sprachenportfolio (↗ Portfolio) oder die bildliche Gestaltung eines ›Sprachkörpers‹. Hierbei ordnen mehrsprachige Kinder bzw. Jugendliche ihre Sprachen unterschiedlichen Teilen ihres Körpers zu (eine Sprache findet sich z.B. im Kopf, eine andere in der Herzgegend) und versprachlichen anschließend diese symbolischen Darstellungen. Auch die Thematisierung sprachlich-kultureller I.skonstruktionen in literarischen Texten, in Songs/Chansons, in Filmen usw. bildet besonders für fortgeschrittene Lernende wertvolle Anlässe zur Reflexion eigener Selbstverortungen. Im Prinzip der Reflexivität entsprechen derartige Verfahren den übergreifenden Aspekten von ↗ Bildung.

Lit.: H. Abels: I. Wiesbaden 2006. – A. Honneth: Objektbeziehungen und postmoderne I. Über das vermeintliche Veralten der Psychoanalyse. In: Psyche 54/11 (2000), 1087–1109. – A. Hu: Schulischer FU und migrationsbedingte Mehrsprachigkeit. Tüb. 2003, 80–99. – H. Keupp (Hg.): I.skonstruktionen. Das Patchwork der I.en in der Spätmoderne. Reinbek ⁴2008 [1999].   LuK

Identitätshypothese ↗Interferenz, ↗Fehler, ↗Spracherwerb und Spracherwerbstheorien, ↗Transfer

Imagination wird verstanden als Vorstellungskraft oder Einbildungskraft im Gegensatz zum abstrakten Denken. Gemeint ist das Vermögen bildhaft anschaulichen Vorstellens oder die Vorstellung selbst von Dingen, Personen und Situationen. Im FU wird I. häufig synonym mit Phantasie im Sinne von schöpferischer Phantasie verwendet. Ein Unterschied zwischen beiden Konzepten besteht jedoch darin, dass I.en als ›Einbildungen‹, Phantasien hingegen als ›Umbildungen‹ von inneren Bildern aufgefasst werden können (vgl. Uhlig 2005, 38). Gemeinsam ist I. und Phantasie, dass sie auf der Fähigkeit beruhen, Gesehenes, Gehörtes, Gelesenes oder Erlebtes mental zu repräsentieren und daraus neue Gedankenbilder zu schaffen. I. und Phantasie sind durch das Verändern, Kombinieren und In-Bezug-Setzen von inneren Bildern charakterisiert (vgl. ebd., 39). Sie bauen nur indirekt auf die Realität auf, da ihre wesentliche Quelle das Gedächtnis mit seinen sinnlichen und mentalen Erfahrungen ist. Mit Blick auf unterrichtliche Zusammenhänge bedeutet dies, dass I. und Phantasie sich umso wirkungsvoller entfalten, wenn die Lernenden über einen reichen Vorrat an nicht vorgefertigten Bilderwelten verfügen und wenn z.B. der FU vielfältige Freiräume und Anregungen für I. und Phantasie bietet. Die Lernenden treten über ihre jeweils subjektiven Wahrnehmungsweisen in Kontakt mit einer bereits konstituierten, von ihnen jedoch subjektiv interpretierten Welt. Dies trifft nicht nur auf die reale Welt, sondern auch auf fiktive Welten zu, seien sie bildnerisch, sprachlich oder musikalisch zum Ausdruck gebracht. ↗Bilder, literarische Texte und ↗Musik haben bekanntermaßen die Kraft, Vorstellungen für das innere Auge zu erzeugen, als Schlüssel für die I. zu wirken, eben auch bei Lernenden im FU, von denen oft behauptet wird, sie hätten

weder I. noch Phantasie. Das die I. sowie die Kommunikation auslösende Moment kann in Anlehnung an David Cranmer und Clement Laroy (1992, 2) als ›I.s- und Phantasieprinzip‹ bezeichnet werden. Als Beispiel stelle man sich einen abstrakten Cartoon vor, dessen mehr oder weniger abstrahierende Darstellungen von den Lernenden im Kopf in ›reale‹ oder ›realistische‹ Bilder umzuwandeln sind. Diese I.en werden dann in Sprache und damit in die Fremdsprache ›übersetzt‹. Dabei werden die Lernenden die abstrakten Zeichnungen und die von ihnen hervorgerufenen Vorstellungen mit realen Erfahrungen verbinden (↗Erfahrungsorientierung). Das ist deshalb so wertvoll, weil auch ↗Emotionen, Veränderungen im Denken und Anreize zum fremdsprachlichen Handeln, d.h. zum Mitteilenwollen des ›Hinein- und Herausgesehenen‹ eine wesentliche Rolle spielen. Es ergibt sich also eine mögliche Abfolge von: auslösendem Moment – Erkennen – bildhafter Vorstellung – Erfahrung – Gefühlszustand – Impuls zum fremdsprachlichen Handeln – Handeln – Wirkung der Mitteilung auf andere.

Lit.: D. Cranmer/C. Laroy: Musical Openings. Using Music in the Language Classroom. Burnt Hill 1992. – B. Uhlig: Kunstrezeption in der Grundschule. Zu einer grundschulspezifischen Rezeptionsmethodik. Mü. 2005.   JS

Imitation ↗Audio-linguale Methode, ↗Übung

Immersion. Unser heutiges Verständnis des curricularen Konzepts der I. geht über die gängige Vorstellung eines ›simplen Eintauchens in ein Sprachbad‹ weit hinaus. Nach kanadischer Definition (vgl. Genesee 1987) wird von I. erst gesprochen, wenn mindestens 50 % der Unterrichtszeit auf die Vermittlung bzw. Aneignung von Fachinhalten in einer Sprache verwendet werden, die nicht die Erstsprache der Lernenden ist. Man unterscheidet abhängig vom Beginn (Primar- vs. Sekundarstufe) und Ausmaß der I. die Varianten einer *early total*, einer *early partial* und einer *late immersion*. Nicht wenige Bildungssysteme (vor allem in den multikulturellen Ballungszentren) favorisieren die reziproke I. (engl. *dual/two-way immersion*). Hier kommen Lernende und Lehrkräfte aus zwei Sprachgruppen in einer Klasse zusammen. Beide ›Partnersprachen‹ werden für jeweils etwa die Hälfte des Curriculums in verschiedenen Lernbereichen oder Fächern eingesetzt, wobei der ⁊Lehrplan im Prinzip mit dem der Regelklassen identisch ist. Was für die eine Schülergruppe die ›stärkere‹ Erstsprache ist, stellt für die andere Gruppe die ›schwächere‹ Zweitsprache dar. Da jedoch beide Sprachen für beide Teilgruppen systematisch (in einem themenzentrierten Unterricht) gefördert werden, führt ein derartiger langfristiger Bildungsgang zu einer additiven ⁊Zweisprachigkeit. I. ist folglich eine Form des Zweitspracherwerbs unter institutionellen Bedingungen (⁊Spracherwerb und Spracherwerbstheorien), die sich didaktisch inszenierter Lernarrangements bedient (⁊Inszenierung). Sie repräsentiert keine natürliche Zweisprachigkeit. Der Erfolg des Programms wird maßgeblich von der Kontinuität des Ansatzes über die verschiedenen Schulstufen und einer Ausdifferenzierung über unterschiedliche Fächer beeinflusst. Für einen pädagogisch wie inhaltlich fruchtbaren Fachunterricht in einer Zweitsprache muss auf Seiten der Lernenden eine gewisse (nicht genau zu quantifizierende) ›untere Schwelle‹ des funktionalen Sprachkönnens in der fremden Arbeitssprache erreicht sein (zur *threshold hypothesis* vgl. Cummins 1978). Ansonsten richtet diese Unterrichtsform mehr Schaden als Nutzen an (engl. *submersion*). Deshalb ist ein mehrjähriger ›Vorlauf‹ in der Zielsprache unabdingbar (engl. *bridging support*), also ein altersgerechter und gegenüber der normalen Stundentafel verstärkter FU.

Da alles fachliche Lernen sprachlich vermittelt wird, gilt für die I. das übergeordnete Prinzip des integrierten Sach-Sprachlernens (⁊bilingualer Unterricht). Um einen im Vergleich zum muttersprachlich geführten Unterricht äquivalenten Wissens- und Könnenserwerb in den Sachfächern sicherzustellen, müssen Lehrkräfte ein Bewusstsein für die Interdependenz bzw. Verzahnung von fachlichen Inhalten, Denkoperationen und sprachlicher Realisierung entwickeln. Fachbezogene Gegenstände setzen in der Regel die funktionale Verfügbarkeit über spezifische sprachliche Ausdrucksmittel voraus (was als *content-obligatory language* bezeichnet wird; Zydatiß 2000, 176), wofür eine Lehrkraft gezielte Stützmaßnahmen bereitstellen muss (⁊*Scaffolding*). Insbesondere für lernbereichs- bzw. fächerübergreifende Unterrichtsvorhaben

in der Grundschule sind zwei Planungsinstrumente entwickelt worden (vgl. Zydatiß 2000, 179 ff.): die »Spinne« und das »Leporello«. Ziel der Planung ist die inhaltsbezogene Vernetzung der Teilthemen unter Berücksichtigung der verbindlichen und der fakultativen objektsprachlichen Redemittel, einschließlich des soziokulturellen Hintergrunds der jeweiligen Thematik.

Je weiter der Fachunterricht in einer fremden Arbeitssprache voranschreitet, desto höher werden die Ansprüche an die konzeptuell-›akademische‹ Sprachfähigkeit (*Cognitive Academic Language Proficiency*, kurz CALP bei Cummins 1978), die sich von umgangssprachlichen Kompetenzen in Alltagssituationen stark unterscheidet (*Basic Interpersonal Communicative Skills*, kurz BICS). Diese ›Schulsprache‹ ist der Nachweis bzw. die Voraussetzung dafür, dass SuS sich fachliches Wissen und Können erfolgreich angeeignet haben bzw. nach der Schule aneignen können: eine wesentliche Grundlage für die gesellschaftliche Teilhabe. Dies auch in einer Fremdsprache leisten zu können, ist (neben dem Gewinn für das ⁊interkulturelle Lernen) der spezifische Mehrwert eines immersiven Bildungsgangs.

Lit.: J. Cummins: The Cognitive Development of Children in Immersion Programs. In: Canadian Modern Language Review 34 (1978), 855–883. – F. Genesee: Learning Through Two Languages. Boston 1987. – W. Zydatiß: Bilingualer Unterricht in der Grundschule. Ismaning 2000. WZ

Improvisation. Mündliche Alltagskommunikation vollzieht sich in der Regel im Wechselspiel von sprachlichen Routinehandlungen und sprachlichen Stegreifhandlungen. Sprachliche Routinehandlungen sind eng an kulturelle Konventionen, soziale Verhaltensmuster und situationsabhängige Verfahrensregeln gebunden. Sie werden daher häufig über kommunikative Standardrepertoires (vorgeformte Äußerungen, formelhafte Redewendungen usw.) realisiert. Alltagskommunikative Vorgänge erhalten durch diese sozio-funktionalen Skriptkomponenten eine in Teilen vorhersehbare Ablaufstruktur. Sprachliche Stegreifhandlungen sind demgegenüber deutlich weniger skriptgebunden, auch wenn sie sich in der Regel nicht gänzlich aus der prozeduralen Infrastruktur des jeweiligen Kommunikationsvorgangs herauslösen. Als spontansprachliche, weitgehend unvorbereitete Aktionen oder Reaktionen geben sie alltäglichen Kommunikationsprozessen ihre natürliche Dynamik, Flexibilität und Variabilität. Mündliche Alltagskommunikation ist ohne diese Stegreifkomponente zwar denkbar, sie wäre letztlich aber nur von begrenztem Nutzen, da sich das, was Menschen wahrnehmen, denken und fühlen, und das, was sie situativ unmittelbar mitteilen möchten, nicht allein über sprachliche Routinehandlungen vermitteln lässt.

Das transkulturell (teilweise) unterschiedlich geregelte Wechselspiel von mündlichen Routine- und Stegreifhandlungen in kommunikativen Alltagssituationen ist von großer Bedeutung für das Lehren und Lernen von Fremdsprachen in der Schule. So lässt sich das komplexe ↗ Wissen und Können, das notwendig ist, um an mündlicher Alltagskommunikation in einer fremden Sprache und Kultur aktiv teilnehmen zu können, in einem FU, dessen Interaktionsstruktur nach wie vor hochgradig lehrergesteuert (↗ Lehrerzentrierung) und im Sinne von IRF-Sequenzen (IRF = *initiation, response, follow-up*) weitestgehend skriptgebunden ist, nicht optimal entwickeln. Die Ausblendung der Stegreifkomponente sprachlichen Handelns führt vielmehr dazu, dass das Unterrichtsgeschehen in einer mühsam aufrecht erhaltenen Mündlichkeit erstarrt, die nicht zu den gewünschten Lernergebnissen führen kann.

Um alltagstaugliche mündliche Handlungskompetenz in einer Fremdsprache systematisch aufzubauen, muss die derzeitige Dominanz skriptgebundener Unterrichtskommunikation aufgebrochen werden. Dies kann über geeignete Lernarrangements, sog. I.en, geschehen. Eine I. ist eine unterrichtliche Stegreifaktivität, die Lernende (1) mit einem SMART-Szenario (vgl. Piepho 2003) konfrontiert (S = *significant*, M = *meaningful*, A = *achievable*, R = *relevant*, T = *time-related*), die sie (2) vor eine in das jeweilige Szenario integrierte, spontan zu bewältigende kommunikative Aufgabe (*task*) stellt, die im Rahmen ihrer fremdsprachlichen Möglichkeiten liegt, und die sie dabei (3) mit einer ihrem Lernniveau entsprechenden kommunikativen Infrastruktur unterstützt (d.h. einem realitätsnahen Skript mit entsprechenden Routinehandlungen, das Raum für spontansprachliche Stegreifhandlungen lässt). Um mündliche

Handlungskompetenz in den vier Dimensionen Sprachrichtigkeit, -flüssigkeit, -komplexität und -angemessenheit systematisch zu entwickeln (↗ Sprechen), ist es besonders wichtig, dass jede Stegreifaktivität in einem sich daran anschließenden Schüler-Lehrer-Gespräch gemeinsam reflektiert wird.

Lit.: J. Kurtz: Improvisierendes Sprechen im FU. Tüb. 2001. – H.-E. Piepho: Lerneraktivierung im FU. Szenarien in Theorie und Praxis. Hannover 2003.   JK

Individualisierung. Mit I. sind in der Fremdsprachendidaktik diejenigen Ansätze gemeint, die darauf zielen, Lernende jeweils individuell zu fördern. Lernprozesse sollen auf diese Weise möglichst für jeden Lerner und jede Lernerin durch individuelle Förderung optimal initiiert, begleitet und ggf. gelenkt werden.

Schon zu Beginn der 1970er Jahre begann der Triumphzug der *individualized instruction* in den USA; gemeint waren damit vor allem Lernumgebungen, die das individuelle Selbstlernen bzw. ↗ autonomes Lernen ermöglichen. Mit dem Aufstieg des Sprachlabors wurde es möglich, Lernende allein arbeiten zu lassen, ihnen Materialien zum Selbstlernen in die Hand zu geben und sie so individuell zu fördern. Ein gängiger Vergleich war damals die *individualized instruction* als Gegenbild zur *mass instruction*, der traditionellen Schule. Während der schulische Großgruppenunterricht alle Lernenden mit denselben Aufgaben, Materialien und Methoden gleichermaßen behandelt, sollte die I. des Lernens das Sprachenlernen optimieren und effektiver machen. Mit der I. verbunden war zugleich ein behavioristisches Lernmodell (↗ Lerntheorien), das die Arbeit und Materialien in Sprachlaboren lange beherrscht hat. Diesem Modell nach ist das Lernen von Sprachen vergleichbar mit dem Erlernen von bestimmten Verhaltensweisen. Es ist trainierbar und erfolgt nach dem Motto ›Übung macht den Meister‹. Nicht das Nachdenken über Sprache oder über Bedeutungen und sprachliche Formen wird angeregt, sondern es geht beim Sprachenlernen um Prozesse der ↗ Automatisierung. I. war infolgedessen vielfach gleichbedeutend mit dem Üben und Wiederholen durch *pattern drills* sowie *listen and repeat*-↗ Übungen. Hier liegt der Grund dafür, dass heute vielfach darauf verwiesen wird, dass etwa Lernerautonomie nicht gleichzusetzen ist mit I. oder programmiertem Lernen (vgl. Benson 2001, Schmenk 2008).

Diese eher technokratische Auffassung von I. ist zu ergänzen durch eine andere, eher emanzipatorisch und erzieherisch ausgerichtete Sicht von I. Gemäß dieser Sicht wird das lernende Individuum eher ganzheitlich gesehen, und mit dem Versuch der I. verbunden ist die Hoffnung, sprachliches Lernen auf die individuellen Bedürfnisse, Vorlieben und Lernerfahrungen abzustimmen, wobei die soziokulturellen Zusammenhänge, in denen das Lernen stattfindet und in denen die Lernenden sich befinden, notwendigerweise mit berücksichtigt werden. Diesem Modell nach ist es nicht möglich, einfach individuelle Lernprogramme zusammenzustellen und Lernenden zur Verfügung zu stellen, sondern es erfordert eine individuelle und eine auch über lange Zeiträume begleitende Lernberatung. Das Lernen selbst wird dabei ebenso zum Thema reflexiver Gespräche wie die Inhalte, an und mit denen gelernt wird, die jeweils individuellen ↗Lernziele und Lernwege, die Materialien und Methoden usw. Diese Definition von I. kommt aktuellen Vorstellungen von autonomem Lernen/Selbstlernen sehr nahe.

Mit dem Internet und dem Einzug des Computers in die Welt des Fremdsprachenlernens (↗Medien) ist es inzwischen möglich geworden, auch im Rahmen von schulischem Unterricht die I. des Lernens zu fördern (↗E-Learning). Sei es durch Internetaufgaben oder den Einsatz von CD-Roms und anderen auf digitalen Speichermedien verfügbaren Materialien, Übungen und Aufgaben, der Computer erleichtert die I. des Lernens in jeder Hinsicht (vgl. Rösler 2007).

Verbunden mit der I. des Lernens ist die nicht zu unterschätzende Gefahr der I. im Sinne einer Vereinzelung. Diese Bedeutung von I. wird insbesondere in der Soziologie betont, hat jedoch auch unmittelbare Relevanz für den Bereich des Fremdsprachenlernens. Denn I. kann auch bedeuten, dass einzelne Lernende nicht mehr *miteinander* lernen und ihre ↗Sozialkompetenz deutlich weniger gefördert und gefordert wird. Das ist generell, in besonderem Maße jedoch im Rahmen des Fremdsprachenlernens sehr kontraproduktiv. Nicht zuletzt handelt es sich beim Sprachenlernen um eine genuin dialogische Tätigkeit und Erfahrung; Lernende lernen eine neue Welt mit neuer Sprache und neuen

Menschen und ↗Perspektiven kennen. Dies lässt sich nur begrenzt als individuelle Aufgabe begreifen; es ist im Wesentlichen eine soziale Aktivität, die man nur im sozialen Raum und im Austausch mit Anderen angehen kann.

Lit.: P. Benson: Teaching and Researching Autonomy in Language Learning. Harlow 2001. – D. Rösler: E-Learning Fremdsprachen. Eine kritische Einführung. Tüb. ²2007 [2004]. – B. Schmenk: Lernerautonomie. Karriere und Sloganisierung des Autonomiebegriffs. Tüb. 2008. BaSch

Induktives Lernen. Das Konzept des i.L.s. bezeichnet im Kern ein wissenschaftliches oder problemlösendes bzw. lerntechnisches Vorgehen, bei dem man auf Grundlage einzelner Erkenntnisse auf das Allgemeine oder eine Regelhaftigkeit des Betrachteten schließt. Im Gegensatz hierzu steht das ↗deduktive Lernen. In der Theorie und Praxis des FUs findet i.L. vor allem im Bereich der Grammatikvermittlung (↗Grammatik und Grammatikvermittlung) seinen Niederschlag. I.L. wird hier verstanden als erwerbsorientiertes Unterrichtsverfahren, das den Anforderungen eines lerner- und handlungsorientierten Unterrichts (↗Lernerorientierung, ↗Handlungsorientierung) sowie dem Prinzip des ↗entdeckenden Lernens Rechnung trägt. Obwohl dem i.L. als schülerzentriertes Problemlösungsverfahren ein hohes Maß an Eigenständigkeit und Verantwortung seitens der Lernenden zugesprochen wird, zeichnet es sich im Rahmen der Grammatikvermittlung noch als eine (zumindest zu Beginn) stark lehrergeleitete bzw. gesteuerte Instruktion (↗Instruktivismus/Instruktion) in fünf Phasen ab: (1) Demonstration bzw. Bereitstellung von authentischem Input anhand von relevanten, kontextualisierten, schülernahen Beispielen der grammatischen Struktur, (2) Verstehen und Reagieren unter Lehreranleitung, (3) Reproduzieren (etwa in Reaktion auf *true and false statements*), (4) Produktion etwa im Rahmen vorstrukturierter Partnerarbeit (z.B. mithilfe eines Tandembogens beim ↗Tandemlernen), (5) Erschließen bzw. optionale Bewusstmachung (↗Bewusstheit/Bewusstmachung) der Regularitäten des grammatikalischen Phänomens (vgl. Ziegésar/Ziegésar 2004, 291 ff.). Tendenziell stellt die letzte Phase der metasprachlichen Bewusstmachung eher eine Notwendigkeit als eine Option dar, um die ↗Fossilisierung von Fehlerquellen abzuwenden (vgl. Börner 2002, 255 f.). In anderen Modellen i.L.s geschieht die ⟋Kognitivierung teilweise bereits früher. Als allgemeinem Problemlösungsverfahren kommt dem i.L. auch im Rahmen des ⟋aufgabenorientierten Lernens große Bedeutung zu. Die Lehrenden agieren innerhalb dieses Unterrichtsmodells als *facilitators*, d.h. sie schaffen die Rahmenbedingungen, strukturieren Hilfsmittel, bieten Informationsquellen und ermöglichen den Lernenden auf dieser Basis eine effektive, zielgerichtete und (weitgehend) eigenständige Bewältigung der gestellten Probleme bzw. der Aufgabenstellungen in sprach-, literatur- und kulturdidaktischen Kontexten.

Lit.: W. Börner: Lernprozesse in grammatischen Lernaufgaben. In: Ders./K. Vogel (Hg.): Grammatik und Fremdsprachenerwerb. Kognitive, psycholinguistische und erwerbstheoretische Perspektiven. Tüb. 2002, 231–259. – D. von Ziegésar/M. von Ziegésar: Die systematische Einführung von Grammatik. In: J.-P. Timm (Hg.): Englisch lernen und lehren. Didaktik des Englischunterrichts. Bln 1998, 291–298.   NG

Inferenz beschreibt den Prozess, über den eine aus Prämissen gebildete Schlussfolgerung zustande kommt. Für Aaron S. Carton (1971, 45) ist »*inferencing* […] a coined term […] intended to refer to a procedure of identifying unfamiliar stimuli«. Jüngere Forschungen haben ergeben, dass dies keineswegs nur Lexeme und Morpheme betrifft. Carton nennt auch außersprachliche (⟋Nonverbale Kommunikation) und kontextuelle Signale (*cues*), die das Inferieren erleichtern.

In rezeptiver Kommunikation werden in der Regel Informationen auf der Grundlage vorhandener kognitiver Schemata im Abgleich mit sprechsituativ oder intentional gerichteten Plausibilitätsproben gedeutet. Schon dies unterstreicht, dass I. kein exklusiv didaktisches Phänomen ist, sondern den ⟋Spracherwerb und die Sprachbenutzung überhaupt begleitet: »Erst kommt die Verständigung, dann die Grammatik« (Butzkamm/Butzkamm 1999, 220). Für mehrere Forscher steht daher I. am Anfang des Spracherwerbs. Von jeder sprachlichen Botschaft versteht ein Rezipient nur so viel, wie er selbst vom Leben, von der Welt und von den erörterten Sachverhalten weiß. Das dekodierende ⟋Verstehen vollzieht sich beim Zusammentreffen von sprachdatengeleiteten *bottom-up*-Prozessen und vom Konzept oder dem Mit-

teilungsmotiv zu den sprachlichen Zeichen verlaufenden *top-down*-Aktivitäten. All dies zeigt die deutliche Nähe von I. zu den Nachbarbegriffen ⟋Transfer und ⟋Interferenz. Selbstverständlich ist I. sowohl in rezeptiver als auch produktiver Sprachverarbeitung feststellbar.

Im Zusammenhang von I. und Spracherwerb stellt sich die Frage, was aus dem Bereich des bewussten und unbewussten ⟋Wissens inferiert werden kann. Sie betrifft vor allem das deklarative im Unterschied zum nicht bewusstseinspflichtigen prozeduralen Wissen. Nach Patricia East (1991) bedarf es einer intensiven Anwendung (⟋Übung), ehe deklaratives Wissen zu prozeduralem werden kann. In jedem Fall erlaubt deklaratives Wissen, z.B. die explizite Kenntnis grammatischer Regeln, die Kontrolle des sprachlichen Outputs. Deklaratives Wissen zeigt daher eine deutliche Nähe zu ⟋Lernstrategien. Diese gelten gemeinhin als Handlungspläne und werden in kognitive und metakognitive Strategien unterschieden (⟋Kognition, ⟋Metakognition). Für das Inferieren erhalten beide Kategorien, z.B. im Rahmen des ⟋aufgabenorientierten Lernens, ein besonderes Gewicht, da sie die für die Ausbildung von ⟋Kompetenzen notwendigen Mikrokompetenzen und Ressourcen mobilisieren. Hierzu gehört vor allem die zielführende Aktivierung des lernrelevanten ⟋Vorwissens. In Prozessen der ⟋Interkomprehension betrifft dies die Dekodation, also die Identifikation der Sprachzeichen. Doch auch tiefer greifende Informationsverarbeitung, wie sie beim ⟋Leseverstehen durch das Vergleichen und Beurteilen von Sachverhalten auftritt, erfordert I. All dies erklärt, weshalb Inferierungsstrategien auf eine Optimierung von Spracherwerbs- und Informationsverarbeitungsprozessen, d.h. auf eine Verbesserung des Lernens (nicht nur dem von Sprachen), abheben. Die Interkomprehensionsdidaktik hat eine Fülle von Aufgaben- und Übungsformaten zum Trainieren von I. und Transferprozessen entwickelt.

Lit.: W. Butzkamm/J. Butzkamm: Wie Kinder sprechen lernen. Kindliche Entwicklung und die Sprachlichkeit des Menschen. Tüb. 1999. – A.S. Carton: Inferencing. A Process in Using and Learning Language. In: P. Pimsleur/T. Quinn (Hg.): The Psychology of Second Language Learning. Cambridge 1971, 45–58. – P. East: Deklaratives und prozedurales Wissen im Fremdsprachenerwerb. Eine empirische Untersuchung des Grammatikwissens von deutschen Lernern mit Englisch als Fremdsprache. Mü. 1992.   FJM

Information Gap (dt. ›Informationslücke‹). Es gibt zwei Möglichkeiten, *i.g.s* in den FU einzubringen, zum einen durch *i.g.-exercises* beim Trainieren sprachlicher Elemente bei der ↗ Wortschatz- und ↗ Grammatikvermittlung und zum anderen durch den Einsatz des Verfahrens *i.g.* Bei letzterem wird in einer Unterrichtseinheit mit unterschiedlichen Texten gearbeitet. Partner werden durch ein Informationsgefälle quasi zum Kommunizieren gezwungen; nur durch einen Informationsaustausch kann die gestellte Aufgabe gelöst werden. Am Anfang des Verfahrens steht die Informationsgewinnung. In Einzelarbeit (↗ Sozialformen) erarbeitet jede/r Lerner/in seinen bzw. ihren Text lesend oder hörend. Anschließend wird die spätere Informationsweitergabe, bei der die gewonnenen Informationen an Partner vermittelt werden sollen, in Einzelarbeit vorbereitet. Alle stellen sich auch darauf ein, auf Nachfragen reagieren zu können. Die Informationsweitergabe erfolgt in Partner- oder Gruppenarbeit (↗ Sozialformen). Den Abschluss der Einheit bilden Gespräche mit wechselnden Partnern über den gesamten Themenkomplex und über Einzelaspekte.

Die Vorzüge des Verfahrens *i.g.* sind offensichtlich. Alle SuS sind sprachlich handelnd aktiv. Dabei wird ihnen ein hoher Grad an Selbständigkeit abverlangt (↗ Schlüsselqualifikationen). Außerdem wird der Einsatz von Arbeitstechniken trainiert. Ein weiterer Vorzug besteht darin, dass die Lernenden die Verantwortung für ihre eigenen Lernfortschritte übernehmen und auch dafür, dass die jeweiligen Partner einen Gewinn aus der Unterrichtsarbeit ziehen (↗ Lernerorientierung). Während der gesamten Phase findet fremdsprachliches Handeln statt, wie es in der Bewältigung von Kommunikationssituationen in der außerschulischen Realität gefordert ist. Die Lehrperson wird zudem deutlich entlastet und kann eine gezielte Beratung bei denjenigen Lernenden durchführen, die Hilfe am nötigsten haben.

Lit.: M. Arendt: Aktives Sprachenlernen durch den Einsatz erprobter Unterrichtsverfahren (5). Das Verfahren i.g. In: PRAXIS FU 2 (2007), 23–31. – C. Doughty/T. Pica: I.G. Tasks. Do They Facilitate Second Language Acquisition? In: TESOL Quarterly 20/2 (1986), 305–325.　　　　　　　　MA

Inhaltsorientierung ist ein bewährtes fremdsprachendidaktisches Prinzip. Es geht darum, verstärkt die persönlichen Erfahrungen (↗ Erfahrungsorientierung) und Interessen der Jugendlichen zu berücksichtigen und sie zu einer emotionalen (↗ Emotion) und kognitiven Auseinandersetzung herauszufordern. Darüber hinaus orientieren sich die Inhalte in den höheren Klassen in immer stärkerem Maße an außer- und nachschulischen Bedarfsfeldern im privaten und beruflichen Bereich. I. kann durch die Auswahl motivierender und relevanter Inhalte umgesetzt werden. Wichtige Kriterien für die Auswahl der Stoffe sind die Relevanz für die Gegenwart und Zukunft der Lernenden, die Repräsentativität für die Zielsprachenkulturen, die Motivationskraft, die Klarheit des Gegenstandes, seine Altersangemessenheit und seine Vereinbarkeit mit dem ↗ Lehrplan. Inhaltsorientierte Arbeitsformen sind ↗ Projektunterricht, Lektüre- oder Internetprojekte, ↗ Korrespondenzen, die ↗ *simulation globale* (arbeitsteilig erfolgende Schilderung eines fiktiven Lebensbereichs, wie z. B. eines Mietshauses) und Ähnliches.

Neben ↗ Handlungsorientierung oder Kompetenzorientierung kann I. ein wesentliches Moment der Ausrichtung des FUs sein. Je nachdem, welches Prinzip im Vordergrund steht, wird der Unterricht mal mehr die SuS und ihre Interessen, mal mehr die Methode, mal die Vermittlung wichtiger Stoffe ins Zentrum der Stundenplanung holen, wobei die Orientierung an interessanten Inhalten vielleicht der beste Garant für eine dauerhafte ↗ Motivation der Lernenden ist. I. gerät zunehmend in Konkurrenz zu anderen Prinzipien, wie z. B. dem ↗ aufgabenorientierten Lernen, die zu Beginn des 21. Jh.s im Rahmen eines outputorientierten FUs an Bedeutung gewonnen haben. Kritisch gesehen wird ferner die Gefahr, dass die in Lehrplänen festgeschriebene Orientierung an Sprachstandards (↗ Standards) und kommunikativen ↗ Kompetenzen, also eine funktional-sprachpragmatische Orientierung des FUs, fremdkulturelle Inhalte z. B. in Form literarischer Texte verdrängt (vgl. Rössler 2007).

Lit.: A. Rössler: Standards ohne Stoff? Anmerkungen zum Verschwinden bildungsrelevanter Inhalte aus den curricularen Vorgaben für den Französisch- und Spanischunterricht. In: Beiträge zur Fremdsprachenvermittlung 46 (2007), 3–20. – G. Siebert-Ott: *Contentbased language learning*. Der Übergang von der Alltagskommunikation zum Fachdiskurs. In: J. Niederhauser/K. Adamzik (Hg.): Wissenschaftssprache und Umgangssprache im Kontakt. FfM 1999, 39–58.

AnN

Input-Hypothese ↗ *Natural Approach*, ↗ Spracherwerb und Spracherwerbstheorien

Instruktivismus/Instruktion. Instruktivismus, verstanden als direkter Transfer von portionierten, in sich abgeschlossen und oft kontextfrei präsentierten, als objektiv vorhanden angenommenen Wissensstrukturen, bezeichnet die Gesamtheit der von einer Lehrperson geplanten und eingesetzten Methoden und Mittel zur Vorbereitung, Steuerung und Kontrolle von kognitiven Mechanismen im Rahmen eines Lernprozesses (Input). Instruktion ist resultativ ausgerichtet und impliziert die Festlegung von detaillierten ↗ Lernzielen, progressiv angeordnetem (deklarativem) ↗ Wissen (↗ Progression), konkreten Lernaufgaben und externer Evaluation. Generell ist die Lehrperson aktiv und dominierend, sie arbeitet lehrbuchgeleitet und materialbasiert, präsentiert Probleme und initiiert Wege zu ihrer Lösung. Die reaktiven Lernenden verhalten sich eher rezeptiv bis passiv. Man unterscheidet *meaning-focused instruction* (MFI) und *form-focused instruction* (FFI). Hauptformen der effektiveren ›expliziten FFI‹ sind neben unterschiedlichen Präsentations-, Anleitungs- und Erklärungsmethoden ein konkret festgelegtes Aufgabendesign zu Einübung, kontrolliertem Training, gelenkter Anwendung und regelmäßiger Evaluierung von Sprachwissen und Kommunikationsfähigkeit. Explizite FFI gilt als besonders geeignet für erwachsene, analytischorientierte und eher fortgeschrittene Lernende. Instruktion nimmt sehr wahrscheinlich positiven Einfluss auf Lerntempo, -ergebnis, -motivation und Sprachbewusstheit (vgl. Housen 2009; ↗ Bewusstheit/Bewusstmachung). Als Stufen von Instruktion gelten ›direkte Instruktion‹, ›adaptive Instruktion‹ (differenziertes Eingehen auf einzelne Lernende), ›computerbasiertes Instruktionsdesign‹ (Festlegung individueller Lernfortschritte durch computerisierte Tutorensysteme), ›wechselseitige Instruktion‹ (↗ Kooperatives Lernen) und ↗ autonomes Lernen (Lerner/in als Instruktor). Durch ihre geringere Determinierung und Lehrerautorität stehen letztere dem ↗ Kon-

struktivismus nahe (vgl. Müller 2001). Zu den deutlichen Vorteilen der direkten Instruktion gehören zeitliche, inhaltliche und organisatorische Überschaubarkeit, Berechenbarkeit und Prüfbarkeit von Lernstoff; Nachteile sind vor allem ein geringer Motivationsfaktor und die Unterstützung des Erwerbs von sog. trägem, selten transferierbarem Wissen. Je nach Ausbalancierung des Gefüges von Lehrinhalt und -ziel und individuellen Prägungen von Lehrenden und Lernenden erweist sich Instruktion dennoch als partiell gut geeignete und effektive Form der Wissensvermittlung, die autonome Wissenskonstruktion anregen kann.

Als auf den Prämissen des Behaviorismus beruhendes Modell der Wissens- und Sprachenaneignung wurde (und wird) Instruktivismus häufig als ›Feindbild‹ des Konstruktivismus aufgebaut und als ↗ Lerntheorie abschätzig bewertet. Die einseitigen Polarisierungen ›(fremdgesteuerte) Vermittlung vs. (selbstgesteuerte) Aneignung‹ (*teaching* vs. *acquisition*), Training vs. autonomes Lernen, ↗ Lehrerzentrierung vs. ↗ Lernerorientierung, Ergebnis- vs. ↗ Prozessund ↗ Handlungsorientierung begleiten den seit den 1990er Jahren erfolgenden Paradigmenwechsel vom Instruktivismus zum Konstruktivismus. Seit Beginn des 21. Jh.s wird die Diskussion differenzierter geführt, u.a. vor dem Hintergrund kulturspezifischer Lerntraditionen, individueller Persönlichkeitsmerkmale von Lehrenden und Lernenden (z.B. Alter, Lernstil, Lernschwächen), Fragen nach Instruktionsform, vermitteltem Sprachmaterial und angestrebtem Sprachstand. Seit den 2000er Jahren werden verstärkt anwendungsbezogene und im schulischen Kontext realistische Kompromisse zwischen Instruktivismus und (gemäßigtem) Konstruktivismus gesucht (aufgeklärter, pragmatischer Konstruktivismus). Dabei wird die Wechselwirkung von lehrer- und schülerzentrierten Lern- und Unterrichtsphasen, Prozessund Ergebnisorientierung, ↗ Inhalts- und Handlungsorientierung und fächerübergreifenden Arbeitsmethoden, die Rolle von Lernumgebung, Kontextsituierung, Medieneinsatz, Lehrperson (Tutor, *coach*), Interimswissen, Lernzielbestimmung, Wissensstandardisierung, ↗ Motivation und ↗ Emotion in fremdsprachlichen Lernprozessen weiterhin lebhaft diskutiert.

Lit.: G. Bach/B. Viebrock: Die Aneignung fremder Sprachen. Zwischen Instruktion und Konstruktion.

In: Dies. (Hg.): Die Aneignung fremder Sprachen. Perspektiven, Konzepte, Forschungsprogramm. FfM 2002, 9–16. – A. Housen: Did They Learn or Were They Taught? The Role of Instruction in Second Language Learning. In: K. Lochtman/H.M. Müller (Hg.): Sprachlehrforschung. Bochum 2009, 13–33. – K. Müller: Der Pragmatische Konstruktivismus. Ein Modell zur Überwindung des Antagonismus von Instruktion und Konstruktion. In: J. Meixner/K. Müller (Hg.): Konstruktivistische Schulpraxis. Beispiele für den Unterricht. Neuwied 2001, 3–47.   CBK

Inszenierung. Der Begriff der I. erfreut sich im allgemeinen Sprachgebrauch großer Beliebtheit (insbesondere im Bereich des öffentlichen Lebens, der Politik, der Medien, der Kunst und Kultur) und findet auch innerhalb der Fremdsprachendidaktik in jüngerer Vergangenheit (wieder) zunehmend Verwendung. In enger Auslegung entstammt der Begriff dem Bereich der Theaterarbeit und bezeichnet den Prozess der Erarbeitung und Aufführung eines Dramas. Der Vorgang des In-Szene-Setzens einer z.B. literarischen Vorlage wurde schon in früherer Vergangenheit sowohl von der Allgemeinen Didaktik (vgl. Heymann 2008) als auch in fremdsprachendidaktischen Konzepten (vgl. Schewe 2007) gerne mit Lehr- und Lernsituationen im institutionalisierten Unterricht verglichen. Dabei wird neben augenscheinlichen Unterschieden zwischen Theater und Unterricht (z.B. Lehrerrolle, Zwangssituation Schule) die Parallele vor allem in der Tatsache gesehen, dass in beiden Fällen Themen, Inhalte und Sachverhalte aus dem natürlichen (Lebens-) Kontext herausgelöst, akzentuiert und verdichtet, also inszeniert werden, um sie einer bewussten Reflexion zugänglich zu machen. Einige programmatische Ansätze und Lehrkonzepte, die das Potenzial der I. für das Fremdsprachenlernen nutzbar machen, indem Aspekte wie das kindliche Spiel, die Imaginationskraft der Lernenden (↗Imagination), die Verknüpfung von Handlung und Anschauung sowie Dramatisierungen von Lese- und Dramentexten integriert werden, finden sich schon im 19. Jh. (vgl. Schewe 2007). Besondere Bedeutung kommt zu Beginn des 20. Jh.s reformpädagogischen Ansätzen (↗Reformpädagogik) zu, deren Auffassung vom (Fremdsprachen-) Lernen schon immer ganzheitlich (↗Ganzheitliches Lernen) gewesen ist mit dem Ziel, die Lernenden in ihrer Persönlichkeitsentwicklung

zu unterstützen. Während des Dritten Reiches bis zur kommunikativen Wende Mitte der 1970er Jahre spielen all diese Ansätze jedoch keine Rolle mehr. Erst durch die Einflüsse der (Pragma-)Linguistik auf die Fremdsprachendidaktik und die Entwicklungen in der Deutsch-, DaF- und englischsprachigen Zweit- bzw. Fremdsprachendidaktik kann zum Ende der 1970er Jahre mit Blick auf die Bedeutung der I. für das Fremdsprachenlernen von einer Zäsur gesprochen werden. Für die Englischdidaktik ist das Einfordern von schulisch inszenierten Lernkontexten, die zur Realisierung echter Kommunikationsabsichten führen, seit dieser Zeit mit dem Namen Hans-Eberhard Piepho verbunden; seine Arbeit mündete schließlich in der sog. Szenariendidaktik (vgl. Piepho 2003). Seit den 1980er Jahren sind Darstellendes Spiel und szenische Interpretationen etablierte Konzepte der Deutschdidaktik und haben Eingang in die Lehrpläne sämtlicher Bundesländer gefunden. Einflussreiche Publikationen aus dem englischen Sprachraum haben innerhalb der DaF-Didaktik im Laufe der 1980er Jahre den Bereich des Theaters und der I. mit dem Zweit-/ Fremdsprachenlernen zusammengebracht, dabei den Begriff der ↗Dramapädagogik eingeführt und das im anglo-amerikanischen Raum etablierte und äußert lebendige Bezugsfeld *Drama in Education* für die Fremdsprachendidaktik erschlossen. Eine ernsthafte wissenschaftliche Auseinandersetzung mit dem Potenzial der I. für das Fremdsprachenlernen findet seit den 1990er Jahren statt (vgl. das Standardwerk von Schewe 1993 sowie Kurtz 2001). Konzepte, die auf dem Potenzial der I. basieren, haben weitere Schubkraft durch die ›Interkulturelle Wende‹ (↗Interkulturelles Lernen; vgl. Kessler/Küppers 2008) sowie durch die sich derzeit abzeichnende ›Performative Wende‹ (↗Performative Kompetenz) erhalten. Diese entfaltet aktuell besonders in der Englischdidaktik ihre Wirkung. Neue Potenziale für I.sprozesse in Fremdsprachenlehr- und -lernkontexten ergeben sich ferner durch die digitalen ↗Medien und hierbei besonders durch die unter der Überschrift *Web 2.0* bekannten Internetanwendungen wie Audio- und Videoblogs, Podcasts, Videoportale und *Social Network Sites* (vgl. Schmidt 2009). Hierbei eröffnen sich neuartige Formen des Aufbaus und der Pflege von Informations- und Beziehungsnetzwerken, der multimedialen, kreativen Selbst-I. von Individuen sowie der vielfältigen Präsentation schriftlicher wie mündlicher Inhalte für ein real existierendes Publikum. Für institutionalisierte Fremdsprachenlernprozesse sind Projektszenarien sinnvoll, in denen die Lernenden zu Produzent/innen fremdsprachlicher Inhalte werden, das Internet als fremdsprachlichen Aktionsraum erschließen und dabei sich selbst, ihre kulturelle ↗Identität, ihre Ideen und Einstellungen für eine im Vergleich zum geschützten Raum des Klassenzimmers weitaus größere Öffentlichkeit multimedial inszenieren.

Das Potenzial der unterrichtlichen I. liegt im Aufbrechen der empirisch belegten, häufig hochgradig skriptgebundenen und ritualisierten Unterrichtssprache (↗DESI-Studie). Darauf aufbauend fördert die I. die Vermittlung alltagstauglicher Sprechhandlungskompetenz vor allem bzgl. der Fähigkeit zum situationsgerechten, interkulturell angemessenen, spontanen ↗Sprechen (↗Improvisation) und der Aktivierung individueller und ganzheitlicher Kommunikationspotenziale in unterschiedlich vorstrukturierten Handlungsszenarien. Aufgrund ihrer Ausrichtung an interkulturellen ↗Lernzielen sollten bei der Realisierung inszenierter Lernkontexte drei Voraussetzungen gegeben sein: (1) eine reflexive Einbettung, denn Lernen als Erkenntnis, Einsicht oder Veränderung eines Standpunktes muss nicht in der Übungsphase, sondern kann sich ebenso in der anschließenden Feedback- oder Reflexionsphase manifestieren; (2) eine Orientierung an ganzheitlicher, verbaler und ↗nonverbaler Kommunikation; sowie (3) die Partizipation der Lernenden als Gruppe. Die Gütekriterien für eine gelungene I. sind weitgehend deckungsgleich mit den Erkenntnissen der Allgemeinen Didaktik über ›guten Unterricht‹ (vgl. Helmke 2006). Für den FU steckt die Erforschung der Bedingungen und Wirkungsweisen von inszenierten Lernarrangements zwar erst in den Kinderschuhen, deren enormes Potenzial für die Umsetzung des Bildungsanspruchs der fremdsprachlichen Fächer im Sinne einer Persönlichkeitsentwicklung der Lernenden ist jedoch unstrittig.

Lit.: A. Helmke: Was wissen wir über guten Unterricht? In: Pädagogik 58/2 (2006), 42–45. – H.-W. Heymann: Lernen inszenieren, Interesse wecken. In: Pädagogik 60/6 (2008), 6–9. – A. Küppers/B. Kessler: A Shared Mission. Dramapädagogik, interkulturelle Kompetenz

und holistisches Fremdsprachenlernen. In: Scenario 2/2 (2008). – J. Kurtz: Improvisierendes Sprechen im FU. Tüb. 2001. – H.-E. Piepho: Lerneraktivierung im FU. Szenarien in Theorie und Praxis. Hannover 2003. – M. Schewe: Fremdsprache inszenieren. Zur Fundierung einer dramapädagogischen Lehr- und Lernpraxis. Oldenburg 1993. – M. Schewe: Drama und Theater in der Fremd- und Zweitsprachenlehre. Blick zurück nach vorn. In: Scenario 1/1 (2007). – T. Schmidt: Mündliche Lernertexte auf der Zweinull-Bühne. Mediale I.en im Englischunterricht am Beispiel eines Schulpodcast-Projekts. In: Forum Sprache 1 (2009). AlK/TSch

Integriertes Lernen ↗ _Blended Learning_

Intensives Lesen ↗ Leseverstehen

Interaktion ↗ Handlungsorientierung, ↗ _Content-Based Instruction_

Interaktionistische Ansätze ↗ Spracherwerb und Spracherwerbstheorien

Interaktionsformen ↗ Sozialformen

Intercultural Speaker (dt. interkultureller Sprecher). Unter dem _i.s._ versteht man ein neues Orientierungsmuster und Ideal des Fremdsprachenlernens, das als ein Alternativ- bzw. Gegenkonzept zum _native speaker_ (dt. Muttersprachler) entworfen wurde. Im Zuge der zunehmenden Anerkennung von interkulturellen Aspekten des Fremdsprachenlernens geriet auch die traditionell fraglos akzeptierte Instanz des Muttersprachlers als Maß des Fremdsprachenlernens in die Kritik. Der Terminus des _i.s._ wurde von Michael Byram (1997) in die Fremdsprachendidaktik eingeführt und insbesondere von Claire Kramsch (1998) weiterentwickelt. Vor allem zwei Gesichtspunkte waren es, die die Kritik am Ideal des Muttersprachlers hervorriefen: Erstens galt es als unrealistisch zu erwarten, dass Fremdsprachenlernende die Kompetenz eines Muttersprachlers erlangen würden. Fremdsprachenlernende seien insofern immer nur ›Sprecher zweiter Klasse‹. Diese Annahme jedoch, so die Kritik weiter, würde von der Einsicht unterlaufen, dass Fremdsprachenlernende keineswegs schlechtere Kommunikanten sein müssen, zumal wenn man nicht nur sprachliche Korrektheit, sondern auch außerlinguistische Dimensionen interkultureller Kommunikation in Betracht zieht. Ein zweiter Kritikpunkt besagte, dass das vermeintliche ↗Lernziel bzw. Ideal des *native speaker* absurd sei, weil man nicht gleichermaßen doppelter Muttersprachler sein könne, so dass man jeweils die andere Sprache verdrängt oder negiert. Vielmehr, so die Argumentation zur Einführung des *i.s.*, sei davon auszugehen, dass ↗Mehrsprachigkeit mit ↗interkultureller kommunikativer Kompetenz verbunden sein müsse. Es gehe nicht darum, *native speaker* von Sprache A und B zu sein (also zwei nahezu statisch gedachte, monolinguale Identitäten zu haben), sondern darum, interkulturelle Kompetenz zu fördern und als Teil einer komplexen, immer im Fluss befindlichen Identität zu begreifen, die im Dazwischen der Sprachen und Kulturen agiert und vermittelt.

Erklärt man den *i.s.* an Stelle des *native speaker* zum Ideal des Fremdsprachenlernens, erfordert das eine Perspektivverschiebung bzw. -erweiterung: Es geht dann darum, dass Lernende neben linguistischen Kompetenzen auch Kompetenzen im interkulturellen, also im interpersonalen, soziolinguistischen und sozialen Bereich erwerben. Nach Byram (1997, 33 ff.) ist der *i.s.* dadurch gekennzeichnet, dass er ↗Kompetenzen in fünf relevanten Bereichen der interkulturellen Kommunikation besitzt: (1) Wissen (*knowledge/savoirs*) über sich selbst und den Anderen sowie individuelle und gesellschaftliche Interaktionen; (2) Fertigkeiten im Bereich der Interpretation (*skills/savoir comprendre*); (3) Erziehung und Bildung (*education/savoir s'engager*), insbesondere politische Bildung und kritische Kulturbewusstheit; (4) Einstellungen/ Haltungen (*attitudes/savoir être*), Offenheit und Unvoreingenommenheit gegenüber Ungewohntem, einschließlich der Fähigkeit, das Eigene zu relativieren und das Fremde wertzuschätzen; (5) Fertigkeiten im Bereich des Entdeckens und interkulturellen Handelns (*skills/ savoir apprendre/faire*). Insgesamt zeichnet sich der *i.s.* somit durch seine Funktionen in der interkulturellen Kommunikation aus. Er kann Beziehungen mit Anderen herstellen und aufrecht erhalten, mögliche Probleme in der Kommunikation erkennen und angemessen mit ih-

nen umgehen, und er vermag zwischen Menschen verschiedener Herkunft und Sprechern verschiedener Sprachen zu vermitteln. All dies sind Kompetenzen, die ein *native speaker* nicht per se besitzt.

I.s. sind als Personen ständig im Wandel. Während Fremdsprachenlernen mit dem Ziel der Muttersprachenkompetenz immer auf einen gedachten Perfektionsgrad (linear) zustrebt, geht es bei der Bildung von interkulturellen Sprechern eher darum, Personen zu befähigen, sich flexibel mit wechselnden Situationen und Personen auseinanderzusetzen und die eigenen Positionen und Wissensbestände ggf. zu hinterfragen und zu modifizieren oder auch zu revidieren. Dies kann nicht als linearer Prozess verstanden werden, sondern *i.s.* agieren beständig »on the border between several languages or language varieties, manoeuvring his/her way through the troubled waters of cross-cultural misunderstandings« (Kramsch 1998, 27).

Lit.: M. Byram: Teaching and Assessing Intercultural Communicative Competence. Clevedon u.a. 1997. – C. Kramsch: The Privilege of the I.S. In: M. Byram/ M. Fleming (Hg.): Language Learning in Intercultural Perspective. Cambridge 1998, 16–31.   BaSch

Interferenz. Unter I. versteht man in der ↗Sprachwissenschaft (im Unterschied zur Entlehnung) die nicht beabsichtigte Übertragung von Strukturen, Funktionen und Merkmalen aus einer Sprache in eine andere und die dadurch »verursachte Verletzung einer sprachlichen Norm« (Juhász 1970, 9). I. betrifft mehr oder weniger alle Bereiche der sprachlichen Architektur: Lexik und Semantik, Morphologie und Syntax, Aspekte und Modi, Phonetik und Phonologie, aber auch die Pragmatik und die Register (Soziolekte, Dialekte, Idiolekte, Fachsprachen) sowie stilistische Varietäten (gehoben vs. familiär, umgangssprachlich usw.). Psycholinguistisch kommt es zu einer intra- oder interlingualen I., wenn ein Merkmal einer Varietät aufgrund einer vermeintlichen oder realen formalen, semantischen oder funktionalen ›Ähnlichkeit‹ (Analogie) unbewusst in eine andere genommen wird. In diesem Sinne ist I. partiell synonym zu ↗Transfer. Tritt das Transferprodukt mit der zielsprachlichen Norm in Konflikt, so spricht man von I. oder negativem Transfer.

In diesem Zusammenhang kommen zwei durchaus umstrittene Komplementärbegriffe in den Blick, ohne deren Kenntnis die didaktische Dimension von I. nicht erklärbar ist: Norm und ↗ Fehler. Sprachliche Normen sind soziale Konstrukte, deren Reichweite von Gruppen bestimmt wird, die zu einem Normtyp in einem relevanten Bezug stehen. Augenfällige Beispiele für die Verschiebung der Norm liefern die Kreolsprachen. In Kreolgesellschaften gelten herkunftsprachliche Sprechweisen als markiert, während lokale Varietäten die statistischen und oft auch die präskriptiven Normen stellen. Auch das Schreiben und Sprechen bauen jeweils unterschiedliche Normerwartungen auf (vgl. im Deutschen ›bekommen‹ vs. ›kriegen‹). Normverteilungen können innerhalb der Sprachen verschieden fixiert sein. So übernimmt das Schweizerdeutsch die deutsche Schreibnorm, wohingegen die deutsche ›Spreche‹ als markiert gilt. Eine der Schwierigkeiten des Spanischen als Fremdsprache ergibt sich daraus, dass innerhalb der Hispanidad dieselben Formen je nach Varietät unterschiedlich konnotiert werden. Transfer und I. führen entweder zu simplifizierten sprachlichen Mischvarianten wie zu den *pidgins* oder aber gar zu neuen, nicht auf strukturellen Simplifizierungen beruhenden Mischsprachen wie zu dem aus italienischen und spanischen Elementen gebildeten *cocoliche*, das man bei italienischen Migranten am Rio de la Plata begegnet. Die Zielsprache des FUs hat indes einen ihr eigenen Typus der Norm (vgl. Königs 1983), der in den zielsprachlichen Diaregistern keine Entsprechung hat. Die Erforschung der interkulturellen Kommunikation hat zudem zu einer Relativierung des einseitig monokulturell geprägten Normbegriffs geführt, was vor allem am Beispiel der ↗ *lingua franca* Englisch diskutiert wird (vgl. Seidlhofer 2003).

Der Fehler wurde im FU außerhalb realer Sprechsituationen definiert, was faktisch von vornherein eine reduktionistische, formfixierte und realitätsferne Normerwartung bewirkte. Praktisch wurde verlangt, dass ein Lerner bzw. eine Lernerin den ›durchgenommenen Stoff‹ normgerecht im Sinne des Inputs aktivieren kann. Dabei wurde übersehen, dass Input X keineswegs zwangsläufig zu *intake* X führt. Die einseitige Bindung des Fehlers an den überstark (schul)grammatisch fixierten Fokus auf der Form übersah wichtige soziolinguistische Funktionen der Sprachnutzung, so die interkulturelle Pragmatik und die Bedeutung von Sprecherrollen. Vor allem die Analyse interkultureller Kommunikation, aber auch die *Interlanguage*-Hypothese (↗ *Interlanguage*) haben zu einer gründlichen Revision dieser Auffassung geführt.

Nachdem Uriel Weinreich (1953) den Begriff der I. in der Linguistik heimisch gemacht hatte, wird er in der Fremdsprachenforschung im Rahmen der Kontrastivhypothese verwendet (vgl. Lado 1957). In Anlehnung an strukturalistische und behavioristische Muster führte diese (in ihrer starken Variante) zu der Annahme der Voraussagbarkeit von Fehlern bei der Zweitsprachenproduktion und zu einer dementsprechend ›kontrastiven‹ Lernsteuerung. Die Kontrastivhypothese übersah allerdings zahlreiche andere lernrelevante Faktoren und konnte dem selbst erhobenen Anspruch empirisch nicht gerecht werden. Offensichtlich geht die mentale Verarbeitung des sprachlichen Inputs weit über die Stimulus/Response-Schemata des Behaviorismus hinaus. Allerdings findet die Kontrastivhypothese eine abgeschwächte Fortsetzung in der *markedness hypothesis* von Fred R. Eckman (1977, 321): Dieser zufolge müssen (1) diejenigen Phänomene der Zielsprache als ›schwer‹ gelten, welche erheblich von der oder den Ausgangssprachen abweichen, hängt (2) deren Schwierigkeitsgrad von der Intensität der ›Markiertheit‹ ab, gelten (3) zu recht diejenigen Phänomene als leicht, die sich zwar von den Ausgangssprachen unterscheiden, jedoch im Vergleich zu diesen nicht markiert sind. Für einen Frankophonen dürfte daher der Erwerb der eingliedrigen italienischen Negation *non* sehr einfach sein, einem Italophonen wird hingegen der Erwerb der französischen zweigliedrigen und damit markierteren Negation *ne pas* schwerer fallen. Gerade die Erfahrungen mit einander stark ähnelnden (nahverwandten) Sprachen belegen die Relevanz der *markedness hypothesis* für I. und ↗ Interkomprehension.

Gegenüber der Kontrastivhypothese vertraten Heidi C. Dulay et al. (1982) die Ansicht, dass andere Faktoren als die Strukturdifferenz zwischen der L1 und der L2 den ↗ Spracherwerb dominieren. In Anlehnung an S. Pit Corder (1967) betonten sie, dass der Spracherwerb der ersten und zweiten Sprache streckenweise ähnlich verlaufe, z.B. vom weniger Komplexen zum Komplexeren. Spracherwerb geschehe nicht mechanistisch, wie noch unter dem Einfluss des Behaviorismus angenommen wurde, sondern als eine kreative Konstruktion. Hierbei werden auch die außerlingualen Faktoren wie ↗Motivation, Alter, ↗Vorwissen und Lernumfeld berücksichtigt. Die Identitätshypothese, auch L1=L2-Hypothese genannt, geht davon aus, dass die jedwedem Spracherwerb zugrunde liegenden Mechanismen grundsätzlich gleich (identisch) seien: so die Ähnlichkeit der psycholinguistischen Prozesse, die Orientierung der ↗Progression an der Form der Zielsprache, die Definition des Fehlers gemäß der zielsprachlichen Norm, die Existenz einer *silent period* und die strukturelle und semantische Simplifizierung. Andererseits lassen sich zahlreiche Indizien dafür ausmachen, dass die Erwerbsmuster der L1 von jenen der L2 bzw. einer Ln erhebliche Unterschiede ausweisen. Diese erklären sich aus der Tatsache, (1) dass vor allem erwachsene L2-Lerner/innen bereits dank ihrer L1 über ein elaboriertes Medium zur sprachlichen Erfassung von ›Welt‹ verfügen, (2) dass L2-Lerner/innen in anderen sozialen Rollen als L1-Erwerber/innen sind und dementsprechend andere affektive, wissensmäßige und volitionale Potenzen aktivieren, (3) dass die Erwerbswege einer Zielsprache X in Abhängigkeit von bestimmten Ausgangssprachen unterschiedlichen Mustern folgen und dass (4) viele erwachsene Lernende bereits über plurilinguales und metakognitives Wissen verfügen (↗Metakognition), das sie beim Erwerb mehrerer Fremdsprachen entwickelt haben (↗Interkomprehension, ↗Sprachenübergreifendes Lernen).

Speziell in der deutschen Fremdsprachendidaktik erlebte der Begriff I. seine Konjunktur in Verbindung mit dem ›Dogma‹ der strengen ↗Einsprachigkeit. Ihm lag die Annahme zugrunde, derzufolge mentale ›Spuren‹ zwischen Sprachen zu I.en bzw. Fehlern führen. Die Theorie reduzierte die Rolle des Vorwissens auf den Normverstoß und übersah dessen positive Rolle für den Zweit- und Mehrsprachenerwerb. Dabei sind die Muttersprache, aber auch andere inferierende (↗Inferenz) und interferierende Sprachen, immer beteiligt.

Lit.: S.P. Corder: The Significance of Learner's Errors. In: International Review of Applied Linguistics 5 (1967), 161–169. – H. Dulay/M. Burt/S. Krashen: Language Two. N.Y./Oxford 1982. – F. Eckman: Markedness and Contrastive Analysis Hypothesis. In: Language Learning 27 (1977), 315–330. – J. Juhász: Probleme der I. Mü. 1970. – F.G. Königs: Normenaspekte im FU. Ein konzeptorientierter Beitrag zur Erforschung des FUs. Tüb. 1983. – R. Lado: Linguistics Across Cultures. Applied Linguistics for Language Teachers. Ann Arbor 1957. – B. Seidlhofer: English for Europe, or European English? In: R. Ahrens (Hg.): Europäische Sprachenpolitik. Heidelberg 2003, 123–138. – U. Weinreich: Languages in Contact, Findings and Problems. N.Y. 1953. **FJM**

Interimssprache ↗*Interlanguage*

Interkomprehension meint die Fähigkeit, fremde Sprachen oder Varietäten zu verstehen, ohne sie in ihrer natürlichen Umgebung erworben oder formal erlernt zu haben. I. ist daher, wie der interlinguale ↗Transfer (↗Inferenz, ↗Sprachenübergreifendes Unterrichten), ein uraltes Phänomen und begleitet die Menschheit, seitdem es verschiedene Sprachen oder Varietäten gibt, deren Sprecher/innen miteinander in Kontakt treten. I. geschieht regelmäßig in informellen Sprechakten heteroglotter Sprachpartner (↗Mehrsprachigkeit). Die Interkomprehensibilität von Sprachen entscheidet sich jeweils im Kontrast von konkreten Sprachenpaaren; in diesem Sinne spricht man von einer skandinavischen oder romanischen I. Selbstredend beeinflussen nicht allein sprachliche Faktoren die Frage der Interkomprehensibilität von Sprachen, sondern ebenso personale wie das Sprachenwissen, die Erfahrung mit interkultureller Kommunikation, Sprachlernerfahrungen, die psychotypische Auswahl von Brückensprachen und anderes mehr (↗*Interlanguage*).

Im Kontext der Europäischen Union erlaubt I. den kommunikativen Austausch zwischen Europäer/innen in ihren Muttersprachen. Aufgrund solcher Motive haben EU-Förderprogramme wiederholt die Entwicklung von I. und einer I.sdidaktik gefördert. Im romanischen Kontext hat sich das simultane Erlernen bzw. die gleichzeitige Nutzung mehrerer romanischer Sprachen bewährt. Ein multiples ↗Tandemlernen, wie es im Umfeld von GALANET organisiert wird, fördert zudem in hohem Maß das ↗interkulturelle Lernen (vgl. Santos-Alves 2007). Inhaltlich folgt es Prinzipien, wie sie im Rahmen des ↗bilingualen Unterrichts und des ↗Projektunterrichts begegnen.

Empirische Studien weisen I. auch als eine Strategie aus, die Sprachen- und Lernbewusstheit fördert (↗Bewusstheit/Bewusstmachung). Dies ist darauf zurückzuführen, dass das I.sereignis Lernersprache in *statu nascendi* abbildet. Während romanischsprachige Kontexte in Bezug auf romanische I. von einem nativ prozeduralen ↗Vorwissen der Lernenden in zumindest einer romanischen Sprache ausgehen dürfen, ist dies z. B. bei Deutschsprachigen nicht der Fall. Daher hat die deutsche I.sdidaktik besondere Verfahren entwickelt, um romanische I. zu ermöglichen (vgl. Meißner 2008). Diese greifen vor allem auf ein Lernhandlungsmonitoring zurück. Inzwischen wurde I. auch in schulischen Kontexten mehrfach erprobt (vgl. Bär 2009). Studien zum Sprachlernverständnis von Studierenden romanischer Sprachen belegen ein sehr enges Verhältnis von I. und Lernerautonomisierung (↗Autonomes Lernen).

Lit.: M. Bär: Förderung von Mehrsprachigkeit und Lernkompetenz. Fallstudien zu I.sunterricht mit Schülern der Klassen 5 bis 10. Tüb. 2009. – F.-J. Meißner: Mehrsprachigkeitsdidaktik. In: R. Tanzmeister (Hg.): Lehren, Lernen, Motivation. Fachdidaktik für Romanistinnen und Romanisten. Wien 2008, 63–94. – S. Santos-Alves: Between Languages and Cultures. The (Inter)cultural Dimension of Intercomprehension. In: F. Capucho et al. (Hg.): Diálogos em intercompreensão. Lissabon 2007, 99–108.   FJM

Interkulturelle kommunikative Kompetenz ist die Fähigkeit, mit Menschen zu kommunizieren und zu interagieren, die eine andere Sprache sprechen und in einem anderen kulturellen Kontext leben. In der Fremdsprachendidaktik ist der Begriff mit Michael Byrams (1997) Modell zur Vermittlung von *intercultural communicative competence* verknüpft, das auch die Empfehlungen des Europarats im ↗Gemeinsamen europäischen Referenzrahmen für Sprachen maßgeblich geprägt hat. In seinen Ausführungen unterscheidet Byram das ↗Lernziel der ↗kommunikativen Kompetenz, das vornehmlich auf den erfolgreichen Austausch von Informationen zielt, vom Lernziel der i.k.K., das ebenso den Aufbau und Erhalt interkultureller Beziehungen zwischen Menschen unterschiedlicher kultureller Herkunft beinhaltet. In den 1990er Jahren führten ein verändertes Kulturverständnis (↗Kultur) und die Ablehnung eines verengten Begriffs kommunikativer Kompetenz

zur Ausrichtung des FUs am Lernziel der i.k.K., die mit einer Veränderung des Leitbilds vom *native speaker* zum ↗*intercultural speaker* einherging. In seinem Modell benennt Byram fünf Komponenten interkultureller Kommunikation, die bei der Ausbildung der Fähigkeiten eines interkulturellen Sprechers eine Rolle spielen und im Modell sowohl mit den englischen als auch mit französischen Begrifflichkeiten bezeichnet werden: *attitudes (savoir être), knowledge (savoirs), skills of interpreting and relating (savoir comprendre), skills of discovery and interaction (savoir apprendre/savoir faire), critical cultural awareness (savoir s'engager)*.

Da es Byram um die Entwicklung i.k.K. in Bildungsinstitutionen geht, werden für jeden Bereich konkrete Lernziele bestimmt, mithilfe derer die interkulturellen Lehr- und Lernprozesse strukturierbar und die individuellen Leistungen der Lernenden als interkulturelle Sprecher überprüfbar werden. (1) Im Lernzielbereich *attitudes* geht es darum, Einstellungen wie Neugier und Offenheit gegenüber kultureller Fremdheit zu fördern. Die Bereitschaft, andere kulturelle Denk- und Wahrnehmungsweisen kennenzulernen und sich von eigenen kulturellen Sichtweisen und Vorannahmen zu distanzieren (›Dezentrierung‹), sie zu relativieren und kritisch zu hinterfragen, ist als Voraussetzung für erfolgreiche interkulturelle Kommunikation zu verstehen. Im Sinne einer wertschätzenden Haltung gegenüber kultureller Fremdheit beurteilt der *intercultural speaker* die Sichtweisen des Kommunikationspartners nicht auf der Grundlage eigener kultureller Werte und Normen, sondern bemüht sich, die Denk- und Wahrnehmungsweisen des Gesprächspartners aus dessen Perspektive zu rekonstruieren und zu verstehen, um ethnozentrische Wahrnehmungen zu vermeiden (↗Perspektive und Perspektivenwechsel).

(2) Der Erfolg interkultureller Kommunikation ist zudem von zwei unterschiedlichen Wissensbeständen abhängig: Zum einen handelt es sich um das Wissen über soziale Gruppen sowie ihre kulturellen Produkte und Praktiken. Dieses Lernziel bezieht sich sowohl auf die eigenkulturelle Gesellschaft als auch auf die fremdkulturelle Gesellschaft des Kommunikationspartners. Zum anderen erfordern interkulturelle Kommunikationssituationen Wissen über Voraussetzungen und Konventionen in der Interaktion

auf gesellschaftlicher und persönlicher Ebene. Nach Byram umfasst der Bereich *knowledge* somit das Wissen über die Art und Weise, wie Geschichte, Geographie, Politik, gesellschaftliche Institutionen, Sozialisationsprozesse und soziale Unterschiede den Alltag und die Denk- und Wahrnehmungsweisen der Angehörigen der eigenen Kultur und der Kultur des Kommunikationspartners beeinflussen. In diesem Sinne verfügt der interkulturelle Sprecher über Wissen über die Art der gegenwärtigen und historischen Beziehungen zwischen den Nationen, über das kollektive Gedächtnis beider Gesellschaften und über die Art und Weise, wie die gegenseitige Wahrnehmung die interkulturelle Interaktion mit dem Gesprächspartner beeinflussen kann. Dieses deklarative Wissen muss allerdings durch prozedurales Wissen über Interaktionstechniken ergänzt werden (↗ Wissen), damit der interkulturelle Sprecher in konkreten Situationen erfolgreich kommunizieren kann. Der Lernzielbereich *knowledge* ist daher mit dem Lernzielbereich *skills of interpreting and relating* eng verknüpft.

(3) Der Bereich der *skills of interpreting and relating* bezieht sich auf die Fähigkeit, fremdkulturelle Dokumente oder Ereignisse zu interpretieren bzw. zu verstehen, zu erklären und mit eigenkulturellen Dokumenten oder Ereignissen in Beziehung zu setzen. Nach Byram ist der interkulturelle Sprecher in der Lage, ethnozentrische Sichtweisen wie z.B. ↗ Stereotype in den Dokumenten zu erkennen und deren Hintergründe zu erläutern. Zudem verfügt er über die Fähigkeit, Missverständnisse und Hindernisse in interkulturellen Kommunikationssituationen aufzudecken und die Beteiligten darüber, ihrem kulturellen Wissensstand entsprechend, aufzuklären. Die Identifikation gemeinsamer Grundannahmen und Differenzen trägt dazu bei, interkulturelle Konflikte auf einer Metaebene zu reflektieren, sich über unterschiedliche Interpretationen kultureller Phänomene zu verständigen und diese miteinander auszuhandeln. In diesem Sinne kann der interkulturelle Sprecher die Rolle eines Mittlers zwischen Kommunikationspartnern aus unterschiedlichen Kulturen einnehmen.

(4) Der Fertigkeitsbereich *skills of discovery and interaction* beinhaltet die Fähigkeiten, sich neues Wissen über eine Kultur und ihre kulturellen Bedeutungen, Konzepte und Praktiken

selbständig zu erschließen und dieses Wissen in Verbindung mit geeigneten Einstellungen (*attitudes*) und ↗ Fertigkeiten (*skills*) zur Bewältigung realer Kommunikations- und Interaktionssituationen einzusetzen. Zu diesem Zweck verfügt der interkulturelle Sprecher über eine Reihe von Techniken und Strategien, um während der Interaktion oder durch das Studium und die Befragung von Quellen oder Informanten (z.B. Nachschlagewerke, Zeitungen, Geschichtsbücher, Experten, Laien) die kulturellen Bedeutungen und Sichtweisen einer anderen Kultur zu rekonstruieren. Darüber hinaus ist der interkulturelle Sprecher in der Lage, die Bedeutung von Missverständnissen und Hindernissen in einer Kommunikationssituation einzuschätzen und geeignete Interventionsstrategien einzusetzen, die dem weiteren Verlauf des Gesprächs förderlich sind und eine Vermittlung zwischen den Kommunikationspartnern begünstigen.

(5) Mit dem Bereich der *critical cultural awareness*, der in Byrams Modell i.k.K. eine besondere Bedeutung einnimmt, rückt die Fähigkeit der Lernenden zur kritischen Bewertung kultureller Sichtweisen, Praktiken und Produkte in den Mittelpunkt des Interesses. Dieses Lernziel, das Byram ausdrücklich mit politischer Bildung in Verbindung bringt, beinhaltet die Fähigkeit, kulturelle Dokumente oder Ereignisse in ihren kulturellen Kontext einzuordnen und die in diesen Dokumenten zum Ausdruck kommenden kulturellen Werte zu erkennen. Dazu gehört auch die Erkenntnis über die kulturelle Gebundenheit der eigenen Perspektive und die bewusste Wahrnehmung der eigenen, ideologisch geprägten Sichtweisen und Werte. Dieses reflexive Moment, d.h. also die Fähigkeit, die eigenen kulturellen Werte und Normen zu relativieren und kritisch zu hinterfragen, gehört für Byram zu den zentralen Fähigkeiten eines interkulturellen Sprechers. Eine Problematik, die nach Byram mit dem Lernziel der politischen Bildung verknüpft ist, besteht in der Festlegung auf ein bestimmtes Wertesystem, das als Grundlage für die Bewertung der eigenen und anderer Kulturen dienen kann. Die internationalen Standards der Menschenrechte stellen aus Byrams Sicht einen geeigneten Ausgangspunkt dar, allerdings ist gleichzeitig zu berücksichtigen, dass internationales Recht im nationalen Kontext eine je andere Bedeutung

erhalten kann und das Lernziel der *critical cultural awareness* abhängig vom Alter und dem Reifegrad der Lernenden ist.

In seinem Modell zur Vermittlung von i.k.K. unterscheidet Byram die drei Lernsituationen des *classroom*, der *fieldwork* und des *independent learning* und erläutert die damit einhergehenden Rollen von Lehrenden und Lernenden. Im Gegensatz zum *independent learning*, bei dem die meist erwachsenen Lernenden auf sich selbst angewiesen sind, bietet das Klassenzimmer den Vorteil der systematischen und strukturierten Vermittlung von Wissen und Fertigkeiten unter Anleitung der Lehrkraft. Zugleich dient es als Ort zur Reflexion über die erworbenen Fertigkeiten und neuen Wissensbestände, so dass die Lernenden auch ihre Einstellungen zu dem Gelernten entwickeln können. Während der FU einerseits Möglichkeiten zum Erwerb von *skills of interpreting and relating* sowie von *skills of discovery* bietet, ergeben sich andererseits wenige Anlässe zum direkten Kontakt mit Angehörigen einer anderen Kultur in Echtzeit. Um diese Defizite auszugleichen, sind Formen der *fieldwork* wie z.B. der Schüleraustausch (↗Begegnung und Begegnungssituationen), Studienfahrten sowie E-Mail- oder Telekommunikationsprojekte sinnvoll. In diesem Zusammenhang verweist Byram auf die Bedeutung, die der Einbindung dieser Erfahrungen in den Unterricht zukommt. Die Reflexion über die persönlichen Erfahrungen kann einen wichtigen Beitrag zur Entwicklung von Einstellungen wie Offenheit gegenüber kultureller Fremdheit leisten.

Lit.: M. Byram: Teaching and Assessing Intercultural Communicative Competence. Clevedon 1997.   BFH

Interkulturelles Lernen versucht zu erreichen, dass Äußerungen von Mitgliedern einer fremden Kultur nicht mit dem eigenen kulturellen ↗Vorwissen gedeutet und dadurch evtl. missverstanden werden, sondern dass sie im Bezugsrahmen der fremden Kultur angemessen verstanden werden. Das bedeutet zunächst einmal, dass man eine Innenperspektive einnimmt, um die Dinge mit den Augen der Anderen sehen zu können. Es muss allerdings auch eine Außenperspektive hinzukommen, weil zum ↗Verstehen das Antworten gehört und dabei kann die Außenperspektive sehr unterschiedliche Funktionen erfüllen, die mit den unterschiedlichen Zielsetzungen des i.L.s zusammenhängen (↗Fremdverstehen).

Die Situationen, für die das i.L. vorbereiten soll, sind heterogen, so dass unterschiedliche kognitive, affektive und evaluative Kompetenzen angesprochen werden können. Im FU sollen die Lernenden auf erste interkulturelle Begegnungen vorbereitet werden und ↗interkulturelle kommunikative Kompetenz erwerben. Ziel ist es, zu verhindern, dass sie in außerschulischen Begegnungssituationen Tabus verletzen und Sanktionen erleiden und dass sie den Äußerungen von Fremden falsche Bedeutungen zuschreiben. Die Lernenden sollen daher Kompetenzen wie die Fähigkeit zur Übernahme einer anderen Perspektive ausbilden (↗Perspektive und Perspektivenwechsel). Im Mittelpunkt des i.L.s steht ferner die Einsicht in die Relativität von Werten, was nicht einfach ist, wenn diese Werte mit der eigenen Identität eng verbunden sind (vgl. Kumbier/Schulz von Thun 2008).

Für Ram A. Mall (2003, 197) bedeutet i.L. eine »normative Selbsttransformation«, die verlangt, dass man auf Absolutheitsansprüche der eigenen Kultur verzichtet und den Mut aufbringt, »mit und in Differenzen zu leben und Diskurse zu führen« (Mall 2000, 344). Das Einnehmen der Innenperspektive hat hier weitgehende Konsequenzen für das eigene Selbst- und Weltverständnis: I.L. ist ein Bildungsprozess, der unsere Sicht- und Handlungsweisen grundsätzlich verändert. Dieser Auffassung von i.L und interkultureller Kompetenz stellt Alexander Thomas eine ganz andere gegenüber. Für ihn ist i.L. nicht Teil eines Bildungsprozesses, sondern Teil der Berufsqualifikation für Geschäftsleute, der dazu beitragen soll, Aufträge zu erhalten, also wirtschaftlich erfolgreich zu sein. Für diese Zielsetzung ist es gleichgültig, ob man auf Absolutheitsansprüche der eigenen Kultur verzichtet oder ob man glaubt, allein »im Besitz der Wahrheit zu sein« (Thomas 2003, 146). Wenn es zum geschäftlichen Erfolg führt, muss es daher auch erlaubt sein, sich intolerant zu verhalten und einseitig Macht auszuüben (vgl. ebd.). Ziel des i.L.s ist von dieser Warte der Erwerb einer Kompetenz, die es ermöglicht, in interkulturellen Begegnungen die eigenen Ziele erfolgreich durchzusetzen. Thomas stimmt Elsayed Eshahed zu, für den der Glaube an die Überlegenheit der eigenen Kultur so tief in den Menschen verwurzelt sei, dass die Erwartung an eine Selbsttransformation absurd und völlig unrealistisch sei (vgl. ebd., 145). Thomas sucht den Begriff der interkulturellen Kompetenz als Berufsqualifikation unabhängig von den Bereichen der Bildung und der Moral strategisch zu definieren. Man kann den Unterschied zwischen Mall und Thomas daher auch mit den Begriffen dialogischer und strategischer Interaktion definieren (vgl. Seel 1999, 51). Im ersten Fall sind die Anderen ein Gegenüber, mit dem wir in einen selbstzweckhaften Austausch treten; im zweiten Fall werden Andere darauf hin betrachtet, wie sie zum Erfolg des eigenen Handelns beitragen können (zur Auseinandersetzung zwischen Mall und Thomas vgl. Bredella 2010, 90–98).

Die Ziele des i.L.s unterscheiden sich mit der jeweiligen Außenperspektive, wobei auch die Anwendungssituation eine wichtige Rolle spielt. Mall weist bei seiner Kritik an der interkulturellen Kompetenz bei Thomas darauf hin, dass es Institutionen gibt, die sich um einen fairen Handel zwischen den Staaten des Nordens und des Südens bemühen. Hier kann interkulturelle Kompetenz nicht nur strategisch, sondern muss auch dialogisch und als »normative Selbsttransformation« verstanden werden. Wie die jeweilige Außenperspektive das i.L. und die interkulturelle Kompetenz beeinflusst, wird deutlich, wenn man sie in unterschiedlichen Bereichen betrachtet. Ein Ethnologe, der sich für die Bewahrung einer Kultur einsetzt, bestimmt sie anders als ein Missionar, der die Menschen von den Vorzügen seiner Kultur bzw. seiner Religion zu überzeugen versucht. Im Bereich des Tourismus bedeutet interkulturelle Kompetenz nach Tilman T. Klinge (2007), dass die im Tourismus Beschäftigten sich so auf die Kunden einstellen, dass sie deren ethnozentrische Vorstellungen bestätigen. Wenn gegenwärtig interkulturelle Kompetenz als ↗ Schlüsselkompetenz angesehen wird, dann wohl vor allem deshalb, weil sie als Berufsqualifikation in einer globalisierten Welt eine zentrale Rolle spielt.

Die Ausrichtung der interkulturellen Kompetenz am strategischen Handeln im Sinne von Thomas kann dazu führen, dass sie für die Manipulation und Ausbeutung der Anderen eingesetzt wird. Dieser Gedanke steht im Mittelpunkt von Tzvetan Todorovs *Die Eroberung Ameri-*

kas: Das Problem des Anderen (1985). Todorov zeigt, wie Cortes viel über die Sprachen und Kulturen der Indianer lernt und wie er sein dabei gewonnenes Wissen und Können für die Durchsetzung seiner Ziele einsetzt. Daher drängt sich Todorov (1985, 155) die Erkenntnis auf: »Es ergibt sich somit eine erschreckende Verkettung, die vom Verstehen zum Nehmen, vom Nehmen zum Zerstören führt, eine Verkettung, deren unabwendbaren Charakter man gerade in Frage stellen möchte.« Es sind diese und ähnliche Einsichten, die dazu führen, dass i.L. und interkulturelle Kompetenz innerhalb der Fremdsprachendidaktik so bestimmt werden, dass sie sich bewusst gegen Manipulation und Ausbeutung wenden und die Anerkennung des Anderen als Person in den Mittelpunkt stellen. Das ist das zweite zentrale Motiv, das erklären kann, warum interkulturelle Kompetenz und Fremdverstehen zu Schlüsselbegriffen geworden sind. Dabei spielt die *politics of recognition* (Taylor 1994) eine entscheidende Rolle. Sie besagt, dass Menschen tiefes Leid zugefügt wird, wenn sie aufgrund ihrer Zugehörigkeit zu einer bestimmten Kultur, einer Ethnie, einer Religion oder einer Nation als minderwertig angesehen werden, so dass sie für die Anerkennung ihrer kollektiven Identitäten kämpfen müssen. Damit wird erreicht, dass die kollektiven Identitäten nicht mehr als Ursache für Selbstverachtung und Selbsthass, sondern als Grund für Selbstachtung erfahren werden können (vgl. ebd.; Bredella 2010, 103 ff.). In diesem Kampf spielt das i.L. eine zentrale Rolle, weil Anerkennung auf Andere angewiesen ist: Wem die Anerkennung verweigert wird, der ist als Person unsichtbar. Bei der Aufwertung kollektiver Identitäten muss jedoch darauf geachtet werden, dass sie nicht verabsolutiert werden, dass es nicht zur Bildung von ↗ Stereotypen kommt und dass von ihren Mitgliedern nicht verlangt wird, dass sie sich den vorherrschenden Sicht- und Verhaltensweisen ihrer Gruppe unterordnen. Mit der Aufwertung der kollektiven Identität nach außen wäre dann eine Unterdrückung nach innen verbunden. Insofern gehört zum i.L., die Anderen als kreative und reflexive Wesen in den Blick zu bekommen und sie im Spannungsverhältnis zwischen individuellen und kollektiven Identitäten zu verstehen. Derek Attridge (2004) spricht von »idioculture«, um zum Ausdruck zu bringen, dass Menschen einerseits von den Einflüssen ihrer Kultur abhängig sind, dass sie aber andererseits nicht miteinander identisch sind, weil ihre individuellen Identitäten aus Überschneidungen der in einer Kultur existierenden Wertvorstellungen, Gewohnheiten, Vorurteile, Erwartungen und Vorlieben entstehen.

Für das i.L. im Klassenzimmer sind sehr unterschiedliche Methoden und Aufgaben entwickelt worden. Thomas hat für Kurse zur interkulturellen Kompetenz sog. *critical incidents* entwickelt (vgl. Bredella 2010, 95 f.). Bei der Übungstypologie zum i.L. in dem Lehrwerk *Sichtwechsel* (Bachmann et al. 1996) stehen Aufgaben im Vordergrund, bei denen den Lernenden bewusst werden soll, wie es beim Wahrnehmen fremdkultureller Phänomene aufgrund ihres kulturellen Vorverständnisses zu Missverständnissen kommen kann. Dadurch sollen sie lernen, bei Deutungen fremdkultureller Phänomene vorsichtig vorzugehen (vgl. ebd., 90 f.) und Perspektivenwechsel vorzunehmen. Andere Vorschläge zum i.L. orientieren sich an Kulturstandards als den für eine Kultur grundlegenden Deutungsschemata: Indem die Lernenden mit diesen vertraut gemacht werden, soll erreicht werden, dass sie Phänomene der fremden Kultur richtig verstehen (vgl. Erll/Gymnich 2010). Dabei muss jedoch bedacht werden, dass diese Deutungsschemata keine scharfe Abgrenzung zwischen den Kulturen erlauben und dass sie das Verhalten der Menschen einer Kultur nicht determinieren. Literarische Texte und Spielfilme sind für das i.L. besonders geeignet, weil sie die komplexe Wirklichkeit der fremden Kultur ins Klassenzimmer bringen können. Sie können eine Vielfalt von Charakteren und Diskursen der fremden Kultur sowie die Konflikte zwischen ihnen zur Darstellung bringen. Die Individualität der Charaktere macht ferner deutlich, dass man ihnen nur gerecht wird, wenn man sie in dem spannungsreichen Verhältnis von individuellen und kollektiven Identitäten zu verstehen sucht. Literarische Texte und Spielfilme gewähren einen differenzierten Einblick in die Gedanken, Gefühle und Handlungsmotive von Charakteren, wie dies in der Lebenswelt nur selten möglich ist. Zudem ermöglicht die Rezeptionssituation, dass sich Rezipient/innen intensiv auf die fremde Welt einlassen können, weil sie vom Handlungsdruck, dem sie in der Lebenswelt ausgesetzt

sind, entlastet sind. Besondere Bedeutung haben für das i.L. multikulturelle Texte, die interkulturelle Begegnungen und Charaktere mit multikulturellen Identitäten darstellen. Die ↗Literaturdidaktik hat eine Fülle von Aufgaben entwickelt, um das Potenzial von literarischen Texten für das i.L. zu entfalten (vgl. z.B. Nünning/Surkamp 2008; konkrete Beispiele für das i.L. mit literarischen Texten finden sich in Bredella/Christ 2007 und Bredella/Hallet 2007).

Eine besondere Herausforderung für das i.L. stellt der radikale Relativismus dar. Dieser vertritt die Auffassung, dass jede Kultur für sich bestimmt, was rational und human ist, so dass wir die Werte einer anderen Kultur vorbehaltlos akzeptieren müssen, wenn wir nicht als ethnozentrisch erscheinen wollen. Jede Kritik an den Werten der fremden Kultur enthüllt nur unsere Voreingenommenheit, weil es keinen objektiven Standpunkt gibt, von dem aus Werte beurteilt werden können. Aber diese radikale Sicht lässt sich theoretisch und praktisch nicht aufrechterhalten. Der radikale Relativismus geht von der falschen Voraussetzung aus, dass Kulturen in sich abgeschlossene Gebilde sind, in denen alle Menschen den gleichen Wertvorstellungen folgen. Doch Kulturen sind Orte, an denen Normen und Wertvorstellungen ausgehandelt werden (↗Kultur). Zudem sind Menschen nicht Produkte ihrer Kultur, sondern kreative und reflexive Wesen, die sich über kulturelle Grenzen hinweg miteinander verständigen können, auch wenn es dabei zu Missverständnissen und Konflikten kommt. Daher kann es auch der Fall sein, dass Unterschiede zwischen Menschen aus der gleichen Kultur größer sind als die zwischen Menschen aus unterschiedlichen Kulturen. Die Annahme, dass in der einen Kultur Werte vertreten werden, die es in anderen Kulturen gar nicht gibt, ist irreführend. Angemessener erscheint die Annahme, dass sich Kulturen dadurch unterscheiden, dass in ihnen Werte unterschiedlich gewichtet werden. In asiatischen Kulturen steht z.B. das »Gemeinschafts-Ich«, das seine individuellen Belange denen der Gemeinschaft unterordnet, im Mittelpunkt, während in westlichen Kulturen ein »Individual-Ich« mit starker Betonung von Selbstbestimmung und Autonomie vorherrscht. I.L. kann aufzeigen, wie es einerseits bei interkulturellen Begegnungen zu Spannungen und Konflikten zwischen Mitgliedern asiatischer und westlicher Kulturen kommen kann, weil aus asiatischer Perspektive das »Individual-Ich« als rücksichtslos und egozentrisch und aus westlicher Perspektive das »Gemeinschafts-Ich« als unkritisch und angepasst erscheint (vgl. Kumbier/Schulz von Thun 2008, 28), und wie es andererseits auch innerhalb westlicher und asiatischer Kulturen zu intrakulturellen Auseinandersetzungen über beide Begriffe kommen kann. So gibt es in den USA und Kanada heftige Auseinandersetzungen zwischen Vertretern des Liberalismus und des Kommunitarismus. Letztere kritisieren die Auffassung eines autonomen Individual-Ichs, weil der Mensch in eine Kultur hineingeboren wird und ohne unfreiwillige und freiwillige Bindungen gar nicht existieren kann. Selbst das autonome Ich ist auf die Sprache und die Konzepte seiner Kultur angewiesen, ohne die es sich gar nicht als autonom artikulieren könnte (zur Bedeutung dieser Auseinandersetzung für das i.L. und interkulturelle Verstehen vgl. Bredella 2010, 108–125). Wenn somit in westlichen Kulturen eine Stärkung des Gemeinschafts-Ichs gefordert wird, so wird umgekehrt in asiatischen Kulturen eine Stärkung des Individual-Ichs gefordert (vgl. Kumbier/Schulz von Thun 2008, 187–205). Eigenes und Fremdes stehen sich somit nicht nur als Gegensätze gegenüber, sondern im Eigenen wird das Fremde und im Fremden das Eigene erfahrbar, wobei sich die Grenzen zwischen beiden Bereichen verändern können. Es ist diese Einsicht, die i.L. begreifbar macht, bei dem man nicht nur lernt, wie man sich in der fremden Kultur verhält, sondern auch, wie man durch dieses Lernen verändert wird. Insofern ist das i.L. im Sinne von Mall als »normative Selbsttransformation« ein wesentlicher Aspekt des Bildungsprozesses.

Lit.: D. Attridge: The Singularity of Literature. Ldn 2004. – S. Bachmann/S. Gerhold/G. Wessling: Aufgaben- und Übungstypologie zum i.L. In: Zielsprache Deutsch 27/2 (1996), 77–91. – L. Bredella: Das Verstehen des Anderen. Kulturwissenschaftliche und literaturdidaktische Studien. Tüb. 2010. – L. Bredella/ H. Christ (Hg.): Fremdverstehen und interkulturelle Kompetenz. Tüb. 2007. – L. Bredella/W. Hallet (Hg.): Literaturunterricht, Kompetenzen und Bildung. Trier 2007. – A. Erll/M. Gymnich: Interkulturelle Kompetenzen. Erfolgreich kommunizieren zwischen den Kulturen. Stgt ⁴2010 [2007]. – T.T. Klinge: Interkulturelle Kompetenzen in DaF für Touristen. In: Bredella/ Christ 2007, 101–108. – D. Kumbier/F. Schulz von Thun (Hg.): Interkulturelle Kommunikation. Methoden, Modelle, Beispiele. Reinbeck bei Hamburg ²2008

[2006]. – R.A. Mall: Interkulturelle Verständigung. Primat der Kommunikation vor dem Konsens? In: Ethik und Sozialwissenschaften 11/3 (2000), 337–350. – R.A. Mall: Interkulturelle Kompetenz jenseits bloßer ›political correctness‹. In: Erwägen, Wissen, Ethik 14/1 (2003), 196–198. – A. Nünning/C. Surkamp: Englische Literatur unterrichten. Grundlagen und Methoden. Seelze ²2008 [2006]. – M. Seel: Versuch über die Form des Glücks. FfM 1999. – Ch. Taylor: The Politics of Recognition. In: A. Gutmann (Hg.): Multiculturalism. Examining the Politics of Recognition. Princeton 1994, 25–74. – A. Thomas: Interkulturelle Verständigung unter dem Blickwinkel interkulturellen Handelns. In: Ethik und Sozialwissenschaften 11/2 (2000), 405–408. – A. Thomas: Interkulturelle Kompetenz. Grundlagen, Probleme und Konzepte. In: Erwägen, Wissen, Ethik. 14/1 (2003), 137–150. – T. Todorov: Die Eroberung Amerikas. Das Problem des Anderen. FfM ⁶1993 [1985].   LB

Interlanguage. Die Begriffsprägung *interlanguage* (frz. *interlangue*) wird gemeinhin Larry Selinker und dem Beginn der 1970er Jahre zugeschrieben. Doch hat das Konzept mehrere Väter, was schon unterschiedliche Nomenklaturen andeuten, wie z.B. ›Interimssprache‹ und ›Lernersprache‹ (vgl. Vogel 1990). *I.* bezeichnet einen Kompetenzstatus, den ein Lerner bzw. eine Lernerin einer Fremdsprache X zu einem gegebenen Zeitpunkt seines bzw. ihres Erwerbsprozesses in der Zielsprache erreicht. Die *i.* hat idiosynkratische Züge und kann erheblich von der präskriptiven oder statistischen Norm der Zielsprache abweichen. Als Ausdruck ›transitorischer Kompetenz‹ verrät die *i.* deutliche Spuren der mental in den Erwerbsprozess involvierten ›vorbekannten‹ Sprachen. Von den großen Hypothesen zum Fremdsprachenerwerb (↗Spracherwerb und Spracherwerbstheorien) verlangt die *i.*-Hypothese insbesondere die Erforschung von Transferprozessen (↗Inferenz, ↗Interferenz, ↗Transfer).

Wie die Idiosynkrasien beim Erstsprachenerwerb zeigt auch die *i.* Systematizität. Als weitere Merkmale sind ihre Dynamik bzw. hochgradige Veränderbarkeit und Instabilität zu nennen. *I.* ist als Kontinuum zu begreifen: Bei ihrem Weiterbau kann die Systematizität des gesamten mehrsprachlichen Lexikons des bzw. der Lernenden betroffen sein. Die auf einzelne Zielsprachen fokussierende Optimierung bereichert also nicht nur das Wissen über die einzelne Zielsprache selbst, sondern potenziell auch das mehrsprachige Lexikon eines Individuums allgemein.

Während die Forschung im Rahmen der sog. Kontrastivhypothese davon ausging, dass die *i.* vor allem durch die Strukturdifferenz zwischen Muttersprache X und Zielsprache Y geprägt und ↗ Fehler dementsprechend prognostizierbar und präventiv therapierbar seien, hat die Interkomprehensionsforschung (vgl. Meißner 2007) zu einer Erweiterung dieser Einschätzung geführt: So betonen auch De Angelis/Selinker (2001), dass die *i.* von Mehrsprachigen Elemente von mehreren Sprachen zeigt. Jasone Cenoz (2001) resümiert als auslösende Faktoren von »cross linguistic influence« u.a. die typologische Nähe einer Zielsprache zu den den Lernenden mental verfügbaren Sprachen, den in den Sprachen erreichten »level of proficiency«, das Thema der Kommunikation, den sprechsituativen Kontext, das soziale Prestige der Transfersprache und das Alter der Lernenden bzw. ihre kognitive bzw. metakognitive Kompetenz sowie den Faktor der ›psychotypischen Nähe‹. Hierunter ist die subjektive Einschätzung einer Sprache als geeignete Brückensprache für die Organisation eines positiven Transfers auf eine Zielsprache zu verstehen. Die durch die individuelle ↗ Mehrsprachigkeit eines Menschen gekennzeichnete *i.* drückt stets aus, dass deren mentale Lexika (↗ Mentales Lexikon) mehrsprachig sind.

Die äußerste Nähe der *i.* zur ↗ Interkomprehension erklärt sich dadurch, dass das Interkomprehensionsereignis den Moment der *i. in statu nascendi* widerspiegelt. Dies konkretisiert sich in sprach- und lernbezogenen Hypothesen, die Lernende im Moment der verstehenden Begegnung mit der neuen Sprache entwerfen und überprüfen bzw. implizit oder explizit in einer plurilingualen ›Hypothesengrammatik‹ speichern. Bei dem zugrunde liegenden Vergleichen zwischen Sprachen entdecken sie neben den (pluri)lingualen Elementen ihrer Hypothesengrammatik auch die Wirksamkeit der eingesetzten Attitüden und Lernverfahren zur Erweiterung ihrer Sprachkompetenz. Daher kann auf Metakognitivierung abhebende pädagogische Arbeit (↗ Kognitivierung, ↗ Metakognition), z.B. im Rahmen von ↗ Portfolio-Aktivitäten, auf die Betrachtung der *i.* und des Sprachenwachstums nicht verzichtet werden.

Lit.: J. Cenoz: The Effect of Linguistic Distance, L2-Status and Age on Cross-Linguistic Influence in Third Language Acquisition. In: J. Cenoz et al. (Hg.): Cross-Linguistic Influence in Third Language Acquisition. Psycholinguistic Perspectives. Clevedon 2001, 8–20. – G. De Angelis/L. Selinker: I. Transfer and Competing Linguistic Systems in the Multilingual Mind. In: Cenoz et al. 2001, 42–58. – F.-J. Meißner: Grundlagen der Mehrsprachigkeitsdidaktik. In: E. Werlen/R. Weskamp (Hg.): Kommunikative Kompetenz und Mehrsprachigkeit. Diskussionsgrundlagen und unterrichtspraktische Aspekte. Baltmannsweiler 2007, 81–102. – K. Vogel: Lernersprache. Linguistische und psycholinguistische Grundfragen zu ihrer Erforschung. Tüb. 1990.   FJM

Intermedialität ↗ Intertextualität und Intermedialität

Internet ↗ *Computer-Assisted Language Learning (CALL)*, ↗ *E-Learning*

Interpretation ↗ Literaturdidaktik

Intertextualität und Intermedialität. Intertextualität (IT.) ist ursprünglich ein literaturwissenschaftlicher Begriff, mit dem alle Arten von Beziehungen zwischen literarischen Texten, meistens auf verschiedenen historischen Stufen, bezeichnet wurden. Als Intertexte im weiteren Sinne gelten auch Interpretationen und Kommentare sowie Paratexte, aber auch Übersetzungen und quantitative Transformationen wie z.B. Inhaltsangaben. Unter Rückgriff auf Michail Bachtins Vorstellung von der Redevielfalt im Roman haben insbesondere Julia Kristeva und Roland Barthes einen erweiterten Begriff von IT. entwickelt, demzufolge jeder Text aus zahllosen anderen Texten besteht und folglich ein Intertext ist (vgl. z.B. Barthes 1994, 1683). Kristeva betrachtet in einer logischen Weiterung die Menge aller intertextuell verflochtenen Texte als Kultur. Kultur wird damit zu einem »texte général« (Kristeva 1970), und umgekehrt sind damit alle Texte nur in ihrer Verflochtenheit mit anderen Texten verstehbar. Aus einem weiten, auch andere Medien umfassenden Textbegriff und als Reaktion auf das kulturelle Phänomen allseitiger Beziehungen zwischen verschiedenen medialen Darstellungsformen (z.B. bei der Literaturverfilmung) hat sich das übergreifende Konzept der Intermedialität (IM.) entwickelt, das die Beziehungen und

Transformationen zwischen allen möglichen semiotischen Systemen erfassen kann (vgl. Rajewsky 2002); analog zum *texte général* lässt sich nun Kultur auch als multimedialer Hypertext begreifen (vgl. Altmeyer 2004).

In der Fremdsprachendidaktik sind IT. und IM. auf verschiedenen Ebenen relevant. Die Vorstellung von Kultur als einem textuellen Geflecht ermöglicht es, fremdsprachige Texte als Repräsentationen einer fremden Kultur zu verstehen. Didaktische Textkombinationen können als Repräsentationen von Diskursen in fremdsprachigen Kulturen aufgefasst werden und über Rekurrenzen oder Widersprüche Merkmale fremder Kulturen deutlich hervortreten lassen. Textkombinationen können aber auch zu inadäquaten Darstellungen einer fremden Kultur oder zu (oft ungewollten) Stereotypisierungen (↗Stereotyp) führen (vgl. Decke-Cornill 1994). Im engeren didaktischen Sinn lässt sich auch der FU als ein Geflecht von fremdsprachigen Ausgangstexten, didaktischen Instruktionstexten und Lernertexten betrachten und damit als transkultureller Diskursraum, in dem Texte und Kulturen in ein komplexes Zusammenspiel eintreten (vgl. Hallet 2002, Shuart-Faris/Bloome 2004). Methodisch schärfen IT. und IM. die Wahrnehmung dafür, dass die Vielzahl der im Unterricht ko-präsenten Texte und Medien den Lernenden erhebliche intertextuelle Konstruktionsleistungen abverlangt, aber auch für eine Vielzahl intertextueller und intermedialer Verfahren, die mit kommentierenden oder kreativen Antworttexten (↗Kreativität) und Lernerreaktionen auf fremdsprachige Texte verbunden sind (vgl. Hallet 2002).

Lit.: C. Altmeyer: Kultur als Hypertext. Zu Theorie und Praxis der Kulturwissenschaft im Fach Deutsch als Fremdsprache. Mü. 2004. – R. Barthes: Œuvres complètes. Bd. 2: 1966–1973 (Hg. Éric Marty). Paris 1994. – H. Decke-Cornill: IT. als literaturdidaktische Dimension. Zur Frage der Textzusammenstellung bei literarischen Lektürereihen. In: Die Neueren Sprachen 93/3 (1994), 272–287. – W. Hallet: FU als Spiel der Texte und Kulturen. IT. als Paradigma einer kulturwissenschaftlichen Didaktik. Trier 2002. – J. Kristeva: Le texte du roman. Approche sémiologique d'une structure discursive transformationelle. Paris 1970. – I.O. Rajewsky: IM. Tüb./Basel 2002. – N. Shuart-Faris/D. Bloome (Hg.): Uses of Intertextuality in Classroom and Educational Research. Greenwich, Conn. 2004.   WH

Intonation und Intonationsmuster ↗ Aussprache

Jugendliteratur ↗ Kinder- und Jugendliteratur

Kanon meint in einem allgemeinen Sinn die Gesamtheit der für einen bestimmten Bereich geltenden Regeln und Vereinbarungen; in der ↗Literaturwissenschaft und der ↗Literaturdidaktik bezeichnet der Begriff ein auf einem bestimmten Fachgebiet als verbindlich geltendes Textkorpus, d.h. eine Zusammenstellung bzw. ein Verzeichnis als exemplarisch geltender, mustergültiger und zur Tradition gehörender Schriftsteller/innen und Werke. Mit dem Begriff des K.s wird die Gesamtheit jener Texte bezeichnet, die als besonders erinnerungswürdig, wichtig, künstlerisch hochrangig, normsetzend und/oder verbindlich gelten. Texte, die zum K. der ›großen Werke‹ gezählt werden, haben damit den Status von Klassikern.

Obgleich die positiven Funktionen eines K.s, der etwa eine Kontinuität in der literarischen Tradition gewährleistet und im Unterricht und Studium zur Orientierung beiträgt, nicht geleugnet werden können, sind seit den 1990er Jahren die problematischen Aspekte der K.bildung kritisiert worden. Literarische Werke gehören nämlich nicht per se zu einem K., sondern werden durch eine Reihe von Auswahlvorgängen, an denen verschiedene Institutionen beteiligt sind (z.B. Literaturkritik, Literaturpreise, Buchhandel, Literaturunterricht und Literaturgeschichtsschreibung), erst allmählich kanonisiert. Der Prozess der K.bildung geht stets mit Ausgrenzung und Ausschluss eines großen Teils der Literatur einher. Während lange Zeit weitgehend Einigkeit darüber herrschte, welche Texte jeweils zum ›K. der Meisterwerke‹ der Literatur zu zählen seien, ist seit den 1980er Jahren ein Streit um die Frage entbrannt, welche Werke in der Geschichte einer Nationalliteratur Platz finden sollten. Diese als ›K.debatte‹ bezeichnete Diskussion, die vor allem in den USA über den *Western canon* sehr heftig geführt wurde, hat sich inzwischen auch in den Lehrangeboten und Lektürelisten vieler Universitätsinstitute und Schulen niedergeschlagen. Geschärft wurde das Bewusstsein für die Problematik jedes K.s und für die Notwendigkeit von K.revisionen durch Untersuchungen der Literatur von Minoritäten und die von feministischer Seite geforderte adäquate Berücksichtigung der schriftstellerischen Leistungen von Frauen. Die Forderung nach einer Revision des K.s gründet in der Einsicht, dass die älteren Landkarten der Literaturgeschichten ein einseitiges und verzerrtes Bild vom Territorium der Literatur vergangener Epochen vermitteln. Der Multikulturalität z.B. der amerikanischen Literatur wird in neueren Literaturgeschichten dadurch Rechnung getragen, dass der indianischen, afroamerikanischen, jüdisch-amerikanischen, asiatisch-amerikanischen und Chicano-Literatur eigene Kapitel gewidmet werden. Ebenso deutlich wird die K.revision in feministisch ausgerichteten Literaturgeschichten, die von anderen Selektionsprinzipien, Anordnungsverfahren und Epocheneinteilungen ausgehen und vor allem in Vergessenheit geratene Autorinnen berücksichtigen.

Im FU stellt sich die K.problematik vor allem bei der Auswahl geeigneter Lektüren. Trotz vielseitiger Forderungen nach einer größeren Variationsbreite bei der Lektüreauswahl im fremdsprachlichen Unterricht ergibt sich nach wie vor ein erstaunlich homogenes Bild von einem K. der Schullektüre in allen Gattungen. Eng verknüpft ist die K.debatte zum einen mit Fragen literarischer Wertung (vgl. Winko 1997), zum anderen mit Entwicklungen und Problemen der Kultur- und Bildungspolitik. Besonders virulent geworden ist die K.frage durch Debatten um ↗ Zentralabitur, Bildungsstandards (↗ Standards) und Kerncurricula, die alle eine verschärfte Kanonisierung begünstigen. Zugleich werden aber auch Revisionen des K.s und eine größere Vielfalt bzw. Offenheit im Bereich der Textauswahl für den fremdsprachlichen Literaturunterricht gefordert (vgl. Nünning/Surkamp 2006, 39–50), weil ein Zentralabitur mit einem für alle Lernenden verbindlichen Text dem Konzept der

↗ Lernerorientierung diametral entgegenläuft. Zudem vermittelt die bisherige Uniformität der Schullektüre aufgrund der diachronen, geografischen und geschlechtsspezifischen Unausgewogenheit ein einseitiges Bild von den tatsächlichen Verhältnissen im Literatursystem, das die Vielfalt der Literaturen nicht annähernd repräsentativ widerspiegelt.

Lit.: A. Nünning/C. Surkamp: Englische Literatur unterrichten. Grundlagen und Methoden. Seelze ²2008 [2006]. – S. Winko: Literarische Wertung und K.bildung. In: H.L. Arnold/H. Detering (Hg.): Grundzüge der Literaturwissenschaft. Mü. 1997, 585–600.

AN

Kinder- und Jugendliteratur. Der deutsche Doppelbegriff ›KJL‹ (auf Englisch einfach *children's literature*, auf Französisch *littérature de jeunesse*) umfasst eine Adressatengruppe vom Säugling bis zum jungen Erwachsenen und ein Korpus höchst unterschiedlicher Texte wie Bilderbücher für Kleinstkinder, Erstlesebücher für Erstklässler, Lyriksammlungen für bereits literaturfähige Kinder und anspruchsvolle Adoleszenzromane. Das breite Spektrum der KJL mit ihren unterschiedlichen Graden an Komplexität und ästhetischen Ansprüchen macht es problematisch, der KJL als Gesamtheit Charakteristika zuzuordnen. Die Bestimmung der KJL findet nicht in erster Linie auf der Ebene des Textes, sondern auf der institutionellen Ebene statt. Es handelt sich dabei immer um eine Textzuteilung von Erwachsenen an Kinder und Jugendliche. Die damit einhergehende Asymmetrie der Kommunikation gilt als eines der konstituierenden Merkmale der KJL: Hervorbringung, Produktion und Vertrieb durch Autorinnen bzw. Autoren und Verlage, Vermittlung durch Kritik, Bibliotheken, Buchhandel, Lehrende usw. – auf jeder Stufe der literarischen Kommunikation wird von Erwachsenen für Kinder ›gehandelt‹.

In der KJL-Forschung unterscheidet man zwischen verschiedenen Textkorpora (vgl. O'Sullivan 2000). Als intentionale KJL wird das bezeichnet, was Kinder und Jugendliche nach den Vorstellungen der Erwachsenen lesen sollen. Sie schließt auch Texte ein, die nicht spezifisch für Kinder geschrieben worden sind, für diese aber als geeignet empfunden werden oder die für sie entsprechend adaptiert werden (Volksmärchen, *Robinson Crusoe*, *Don Qui-*

xote usw.). Die spezifische KJL ist die für Kinder- und/oder Jugendliche geschaffene Literatur (z. B. *Pinocchio, Pippi Langstrumpf*), sie geht auf die Entscheidung einer Autorin oder eines Autors zurück, einen Text für diese bestimmte Zielgruppe zu schreiben. Die spezifische KJL ist Bestandteil der intentionalen KJL, sie hat sich in Deutschland und in anderen nordwest-europäischen Ländern etwa ab dem ausgehenden 18. Jh. entwickelt. Im Laufe des 19. und 20. Jh.s hat sie stetig an Bedeutung und Umfang gewonnen und ist heute zum Prototyp von KJL avanciert. Im Unterschied zur intentionalen KJL bezeichnet Kinder- und Jugendlektüre das, was von Kindern und Jugendlichen tatsächlich gelesen wird. Sie umfasst sowohl die intentionale KJL als auch Texte, die nicht an diese Lesergruppe adressiert sind (die Romane Stephen Kings, Hermann Hesses, Krimis für Erwachsene usw.). Kinderliteratur gilt als eine Literatur, die dem Kenntnisstand und dem sich ständig weiterentwickelnden Sprach- und Literaturerwerb ihrer Leserinnen und Leser Rechnung tragen muss. Sie versucht, die kommunikative Distanz zwischen den beteiligten (ungleichen) Partnern dadurch zu überbrücken, dass sie auf sprachlich-stilistischer, stofflicher, formaler und thematischer Ebene jeweils das auswählt, was dem kindlichen Entwicklungsstand und den erworbenen Repertoires entspricht. Kinderliteratur wird deshalb auch als Literatur für literarische Anfänger bezeichnet, weil mit ihr die ersten Schritte im Prozess des Literaturerwerbs getan werden. Ein wesentliches Merkmal dieser Literatur ist daher ihre Einfachheit, die nicht mit Einfältigkeit oder Dürftigkeit zu verwechseln ist, sondern nach der Theorie der Einfachheit als Kategorie der Kinderliteratur (vgl. Lypp 1984) aus basalen poetischen Prinzipien besteht.

Die Einfachheit der Texte ist ein häufig angeführtes Argument für den Einsatz von KJL im FU: Durch sie könne man schon früh über das ↗Lehrwerk hinausgehen und ästhetische Texte in den Unterricht einbringen. Ein anderes bezieht sich auf die doppelte Brückenfunktion der KJL: Sie stellt einen Bezug zur Erfahrungswelt der kindlichen und jugendlichen Lesenden her (↗Erfahrungsorientierung) und ist eine Art Brücke zum Lesen von hochliterarischen Texten. Diese Brückenfunktion gilt bereits für das Lesen in der Erstsprache, im FU

kann man die Brückenmetapher noch um eine Ebene erweitern: Für manche Lernende ist ein kinderliterarischer Text auch die Brücke zum ersten Lesen eines Ganztextes in einer fremden Sprache und damit der große Schritt über die angstbesetzte Schwelle, sich in der Fremdsprache tatsächlich auf einen Ganztext einzulassen. Das Argument, die KJL habe eine doppelte Brückenfunktion, enthält – zwar meist nicht ausgesprochen, aber doch implizit – die Annahme, die KJL sei ›zweitrangig‹, man verwende sie nur, weil man noch nicht mit der ›richtigen‹ Literatur arbeiten könne. Dieses Argument kann die ungewollte Nebenwirkung haben, dass der Beitrag der KJL zur ästhetischen Erziehung nicht angemessen im Blick behalten wird (vgl. Caspari 2007).

Wie andere literarische Texte auch wird KJL im FU sowohl in der Originalausgabe als auch als adaptierter Text (leichte ↗Lektüre) eingesetzt. Jenseits der Überzeugungsfrage, ob man zu didaktischen Zwecken einen Originaltext überhaupt antasten darf, lautet eine wichtige Frage im Hinblick auf die Einschätzung der Qualität von Adaptionen, ob sie so durchgeführt wurden, dass zentrale stilistische und inhaltliche Merkmale des Textes nicht bzw. kaum beschädigt worden sind. Die Veränderungen führen häufig dazu, dass Adaptionen eindeutiger werden als die Originale, dass bestimmte sprachliche Spiele weggelassen werden usw. Bevor textverändernde Adaptionen eingesetzt werden, sollte auf jeden Fall überlegt werden, ob dies notwendig ist oder ob es nicht auch reicht, Originaltexte mit paratextuellen Adaptionen (Wortschatzerklärungen, Übersetzungen, landeskundlichen Hinweisen usw. in der Einleitung, im Nachwort, in Fußnoten oder Glossaren) zu verwenden, oder ob nicht lediglich die Arbeitsweisen so geändert werden müssen, dass eine produktive Arbeit auch mit dem Originaltext möglich ist. Bei längeren Ganzschriften kann das z. B. bedeuten, dass man, wenn sie verfilmt oder als Hörtext vorliegen, mit einem kapitelweisen Medienwechsel die Diskussion des Textes insgesamt vorantreiben kann.

KJL kann in den meisten Bereichen des FU produktiv eingesetzt werden, als Träger landeskundlicher Information ebenso wie zur gezielten Arbeit an der Erweiterung des Wortschatzes. Bilderbücher haben durch das neu erstarkte Interesse am frühen Fremdsprachenlernen in letzter Zeit besondere Aufmerksamkeit erfahren (vgl. Niemann 2002, Burwitz-Melzer 2004). Auch in grenzüberschreitenden Projekten spielt KJL eine Rolle (vgl. z. B. Müller-Hartmann 1999). Den Kernbereich der Arbeit mit KJL stellt jedoch das Lesen dar (↗ Leseverstehen), fokussiert auf die Fragen nach dem richtigen Umgang mit Ganzschriften und deren Potenzial, Lehrwerkarbeit zu ergänzen oder zu ersetzen, sowie – damit verbunden – auf die nach den Leistungen und Grenzen eines handlungs- und produktionsorientierten Vorgehens. In O'Sullivan/Rösler (2011) wird ausführlich in die Vielfalt möglicher Verwendungsweisen von KJL im FU eingeführt. Eine Bestandsaufnahme der fremdsprachendidaktischen Publikationen zum Einsatz von KJL im FU (O'Sullivan/Rösler 2002) zeigt, dass Auseinandersetzungen mit einem möglichen Beitrag von KJL zur Grammatikarbeit oder zum Übersetzen eher selten zu finden sind, was darauf zurückzuführen ist, dass in Zeiten der Dominanz des handlungs- und produktionsorientierten Ansatzes in der Fremdsprachendidaktik (↗ Handlungsorientierung) und des damit einhergehenden Fokus auf Projekte (↗ Projektunterricht), ↗ Inszenierungen, kreatives Schreiben, ↗ fächerübergreifenden Unterricht usw. diese beiden Bereiche eher an den Rand der fachdidaktischen Aufmerksamkeit gedrängt wurden, dass aber ansonsten bezogen sowohl auf die unterschiedlichen ↗ Fertigkeiten und Lerngegenstände als auch differenziert nach dem Alter der Lernenden viele Beiträge vorliegen (oft reflektierte Praxis und, in geringerem Maße, empirische Forschung).

Lit.: E. Burwitz-Melzer: Growing Up Literally. Authentische Bilderbücher und ihre Erarbeitung im frühen FU. In: L. Bredella et al. (Hg.): Literaturdidaktik im Dialog. Tüb. 2004, 123–146. – D. Caspari: A la recherche d'un genre encore mal connu. Zur Erforschung von KJL für den Französischunterricht. In: Französisch heute 1 (2007), 8–19. – M. Lypp: Einfachheit als Kategorie der Kinderliteratur. FfM 1984. – A. Müller-Hartmann: Auf der Suche nach dem ›dritten Ort‹. Das Eigene und das Fremde im virtuellen Austausch über literarische Texte. In: L. Bredella/ W. Delanoy (Hg.): Interkultureller FU. Tüb. 1999, 160–182. – H. Niemann: Mit Bilderbüchern Englisch lernen. Seelze 2002. – E. O'Sullivan: Kinderliterarische Komparatistik. Heidelberg 2000. – E. O'Sullivan/ D. Rösler: Fremdsprachenlernen und KJL. Eine kritische Bestandsaufnahme. In: Zeitschrift für Fremdsprachenforschung 13/1 (2002), 63–111. – E. O'Sullivan/D. Rösler: KJL im FU. Paderborn 2011.
EOS/DR

Klassenarbeit. Eine K. steht im FU im Kontext von ↗ Leistungsermittlung und ↗ Leistungsbewertung in institutionellen Kontexten wie der Schule. Sie ist in den Schuljahrgängen 5 bis 10 eine schriftliche Lernkontrolle zur Leistungsfeststellung und damit ein Messinstrument zur Ermittlung einer Gesamtnote. K.en sind alleinige Grundlage zur Ermittlung der schriftlichen Note. Leistungsbewertung durch eine K. ist eine tradierte und doch subjektive Form der Bewertung von schriftlichen Leistungen und eine traditionelle Form der Evaluation von vorausgegangenem Unterricht, auf den sich die jeweilige K. bezieht. Im Gegensatz zu alltäglichen Lern- und Übungssituationen stellt eine K. eine Leistungs- und Überprüfungssituation dar. K.en sind deutlich von Lernerfolgskontrollen, Tests und Kurztests zu unterscheiden. Die Verwendung des Begriffs K. ist unabhängig von der jeweiligen Schulform; regionale Abweichungen in der Begrifflichkeit sind möglich.

Im Rahmen einer K. müssen die SuS unter Beweis stellen, dass sie das zuvor Gelernte korrekt anwenden können. Somit sind K.en Leistungstests und als Instrumente der punktuellen Leistungsermittlung summative Beurteilungen. Eine K. ermöglicht als schriftliche Überprüfungsform eine explizite Leistungsbeurteilung durch ein Werturteil oder eine Note. Die Bewertungskriterien, die bei der ↗ Korrektur einer K. heranzuziehen sind, sind den SuS spätestens bei der Rückgabe der K. transparent zu machen. Eine K. hat im Kontext der Leistungsbeurteilung also eine diagnostische, informatorische, erzieherische Funktion und eine Differenzierungsfunktion. Das heißt, K.en haben eine Rückmeldefunktion über die Lernerfolge für die SuS selbst, die Eltern und die Lehrkräfte und eine Diagnosefunktion bezüglich der zu erwartenden Fähigkeiten und Fertigkeiten der jeweiligen SuS.

In einer K. des FUs werden seit Einführung der Bildungsstandards 2003/2004 und der bundeslandspezifischen Curricula die funktionalen ↗ kommunikativen Kompetenzen des ↗ Hör- und Sehverstehens (↗ Visuelle Kompetenz), des ↗ Leseverstehens, ↗ Schreibens und der ↗ Sprachmittlung getestet und nicht die Beherrschung der dafür erforderlichen sprachlichen Mittel. Rezeptive wie produktive ↗Kompetenzen sind Gegenstand von K.en. Je nach Handlungsspielraum können geschlossene, halb offene und offene Aufgaben in eine K. integriert sein. Geschlossene Aufgaben sind z.B. Zuordnungsaufgaben, Einsetzaufgaben und Multiple-Choice-Aufgaben. Die selbständige Vervollständigung von Sätzen oder Texten sowie Sprachmittlungsaufgaben gehören zum Typus der halboffenen Aufgaben. Zu den offenen Aufgaben zählen solche mit freier Sprachproduktion, die individuelle Lösungen erwarten, oder auch kreative Aufgaben.

Generell wird eine K. von der unterrichtenden Lehrkraft konzipiert, durchgeführt, korrigiert und bewertet. Die K. soll den Qualitätskriterien der Validität, Reliabilität und Objektivität genügen, aber auch Durchführbarkeit, Transparenz für die SuS, Differenzierungsmöglichkeiten für leistungsstärkere und -schwächere SuS (↗Differenzierung) und ein positives Bewertungssystem aufweisen. Die Leistungsbeurteilung erfolgt mithilfe einer Bezugsnorm, die fachgruppenspezifisch oder klassenarbeitsspezifisch sein kann. Diese Leistungsbeurteilung bei K.en wird in der Regel nur durch eine Person, die Fachlehrkraft, vorgenommen. Eine Objektivierung kann durch den Einsatz von Bewerterteams erreicht werden. Die Dauer für die Korrektur von K.en ist durch Verwaltungsvorschriften wie Gesetze, Verordnungen oder Erlasse des jeweiligen Bundeslandes festgelegt. Die Korrektur wird in der Regel mithilfe bekannter Korrekturzeichen vorgenommen. Eine K. darf nicht bewertet werden, wenn mehr als 30 Prozent einer Lerngruppe eine mangelhafte oder ungenügende Leistung erzielt haben. Sie ist dann in der Regel zu wiederholen. Von dieser Regelung kann nur abgesehen (und die K. bewertet) werden, wenn die jeweilige Schulleitung diesem Vorgehen zustimmt.

Eine K. ist gezielt vorzubereiten und den SuS anzukündigen. Einige Bundesländer bieten die Möglichkeit an, sie durch eine alternative Leistungsüberprüfung zu ersetzen, z.B. durch eine ↗Präsentation. Die Anzahl der K.en in einem Schuljahr in einem bestimmten Jahrgang regelt die Fachgruppe der jeweiligen Schule. Im Gegensatz zu K.en sind Vergleichsarbeiten standardisierte Lernstandserhebungen, die schulin-

tern, auf regionaler oder auch Bundesebene durch ministerielle Veranlassung stattfinden (↗PISA-Studie). Vergleichsarbeiten dienen der Weiterentwicklung von Schule und Unterricht. Die Teilnahme an einer Vergleichsarbeit darf keine K. ersetzen oder für die Ermittlung einer Note funktional eingebunden werden.

Lit.: F. Haß (Hg.): Fachdidaktik Englisch. Tradition, Innovation, Praxis. Stgt 2006. – A. Nieweler (Hg.): Fachdidaktik Französisch. Tradition, Innovation, Praxis. Stgt 2006. NSF

Klassenbibliothek ↗Lektüren

Klassenkorrespondenz ↗Korrespondenz

Klassenzimmer ↗Lehr- und Lernort

Körpersprache ↗Nonverbale Kommunikation

Kognition ↗Kognitivierung, ↗Lerntheorien

Kognitive Spracherwerbstheorien ↗Spracherwerb und Spracherwerbstheorien

Kognitivierung ist ein Oberbegriff für strukturierte Prozesse der Erkenntnisschaffung, der Erfahrungs- und Informationsverarbeitung und der Initiierung mentaler Wissensrepräsentationen im institutionellen Lehr-/Lernkontext. Als Gegenströmung zur Konditionierung und damit zum Behaviorismus, der menschliches Verhalten ausschließlich auf Reiz-Reaktion-Beziehungen beschränkt, die von außen steuerbar sind, baut K. auf der Theorie des Kognitivismus auf, welche die Leistung des Gehirns in den Vordergrund stellt. Zwischen Reiz und Reaktion findet hiernach eine aktive, erkenntnisgeleitete Auseinandersetzung des Individuums mit seiner Umwelt statt: Informationen werden also aufgenommen, bewertet, kodiert und in Form kognitiver Repräsentationen in das persönliche Erfahrungs- und Denksystem integriert. Das Individuum ist aktiv am Lernprozess beteiligt, und das Ergebnis sind nicht einzelne, isolierte Verbindungen zwischen Impuls und Handlung oder Handlung und Konsequenz, sondern komplexe, teilweise logische und sinnhaft verknüpfte Strukturen zwischen neuem und bereits erworbenem ↗Wissen. Aufgrund von K. stellt sich der Lernerfolg meist durch plötzliche Erkenntnis, d.h. durch sog. ›Aha-Erlebnisse‹ ein. Dieses durch Einsicht, d.h. durch detailliertes Verständnis erworbene Wissen ist deshalb auch leichter auf andere Kontexte übertrag- und anwendbar.

Der fremdsprachendidaktische Kognitionsbegriff, auf dem Formen der K. basieren, ist einerseits dem psychologischen Kognitionsbegriff, der sich auf die unterschiedlichen Arten von Informationen sowie auf die Vorgänge bei deren Wahrnehmung, Verarbeitung, Speicherung, Integration in existierende Wissensbestände und spätere Wiederverwendung in neuen Strukturen und Kontexten bezieht, unterzuordnen und umfasst andererseits den lerntheoretischen Kognitionsbegriff, d.h. die kognitiven ↗Lerntheorien, die sich mit dem Auf- und Ausbau von inneren Repräsentationssystemen befassen. Die kognitiven Repräsentanten werden durch Inhalt (z.B. morpho-syntaktische Form oder Semantik), Informationskanal (z.B. akustischer oder optischer Input) und Art (z.B. sprachlich, bildhaft oder gedanklich) bestimmt.

Im FU bezeichnet K. die im Rahmen der ↗Methodik integrierten, zielgerichteten Lehrverfahren zur Überwindung einfachen, rein mechanischen, imitativen oder assoziativen Lernens und hin zur Konstitution komplexer Zusammenhänge, d.h. zum »einsichtigen, sinnvollen Lernen [von Sprache] unter Beteiligung des bewußt gliedernden und beziehungsstiftenden Verstandes« (Butzkamm 1977, 7). K. ist dabei grundsätzlich in allen inhaltlichen Bereichen des FUs (Sprach-, Literatur- und Kulturunterricht), aber auch auf der unterrichtlichen Meta-Ebene, d.h. der Arbeitsmethodik (z.B. Gebrauch von Wörterbüchern) oder der Unterrichtsmethodik (z.B. Einsatz bestimmter Unterrichtsformen) denkbar. Der didaktisch meist diskutierte K.-gegenstand ist jedoch der ↗Spracherwerb selbst. Im FU werden dabei die Eigenschaften, also die Regelmäßigkeiten und Besonderheiten der Zielsprache für die Lernenden transparent gemacht.

Bereits um 1970 wurden erste Studien im Grammatikunterricht mit erwachsenen Lerner/-innen durchgeführt, in denen der oft signifikant unterschiedliche Lernerfolg bei automatisierenden, meist als mündliche *pattern drills* gestalteten Verfahren (damals IM, d.h. *implicit method*), und bei kognitiven, meist durch Verbalisieren struktureller Zusammenhänge in der Muttersprache gekennzeichneten Unterrichtsmethoden (damals EX, d.h. *explicit method*), untersucht wurde. Lernende, die mittels der kognitivierenden Unterrichtsmethode unterrichtet wurden, machten schnellere Lernfortschritte, waren in der Lage, ihr neu erworbenes Wissen auf weitere sprachliche Strukturen zu transferieren (↗Transfer) und hatte zudem eine positivere Einstellung zum Unterricht als die im Rahmen geschlossener Methodenkonzepte implizit unterrichteten Lerner/innen. Interessanterweise zeigten die Ergebnisse der gleichen Studien bei jüngeren Lernenden (Altersgruppe 13–15 Jahre) keinen signifikanten Unterschied oder gar teilweise größeren Erfolg aufgrund automatisierender Verfahren (vgl. Zimmermann 1977, 101–134). Je nach Abstraktionsgrad der gewählten K.-sprozesse kann der Lernerfolg demnach zumindest partiell mit dem Alter der Lernenden korrelieren, was allerdings auf die unterschiedlich ausgeprägten, graduell altersabhängigen, lernerendogenen Faktoren (z.B. auch ↗Lernertyp, Lernstil, Vertrautheit mit metasprachlicher Terminologie usw.) zurückzuführen ist. Bei Anpassung der Unterrichtsmethodik an diese kognitiven Merkmale und Fähigkeiten der jeweiligen Alters- bzw. Zielgruppe gilt allerdings generell eine höhere Lernerfolgsquote durch K. als durch automatisierende Lernmethoden.

Stephen Krashen lehnt K. im Rahmen seines ↗natural approach komplett ab. Da in seiner Theorie allein erworbenes Wissen die Grundlage für die Produktion und Rezeption fremdsprachlicher Äußerungen darstellt und gelerntes Sprachwissen lediglich eine Monitorfunktion übernimmt, werden Formen sprachbezogener K. als nicht erwerbsfördernde Zeitverschwendung gesehen. Die Frage, ob die Bewusstmachung (↗Bewusstheit/Bewusstmachung) von Eigenheiten der Zielsprache nun unverzichtbarer Bestandteil des FUs ist oder für den Aufbau der Kommunikationsfähigkeit in der Fremdsprache nicht sogar hinderlich sein könnte, wird in der Fremdsprachendidaktik theoriespezifisch diskutiert und ist noch nicht eindeutig abschließend geklärt. Im Sinne moderner Fremdsprachendidaktik, welche die Mischung unterschiedlicher Unterrichtsmethoden propagiert, ist K. als ergänzendes Lehrverfahren zu verstehen, dass sich beim Erwerb bestimmter sprachlicher Strukturen besonders eignet.

Die noch junge Disziplin der Kognitiven Linguistik, die sich seit Beginn der 1980er Jahre mit Sprache als Werkzeug der Konzeptualisierung befasst und so die Motiviertheit sprachlicher Strukturen erforscht, bietet eine korpuslinguistisch und empirisch fundierte Basis zu neuer fremdsprachendidaktischer Theoriebildung. Die Gewährung von Einsicht in die kognitive Motiviertheit und damit die teilweise Erklärbarkeit von Sprache durch K. resultiert in tiefer gehender Sprachverarbeitung (vgl. die *levels of processing*-Theorie nach Fergus I.M. Craik und Robert S. Lockhart von 1972) und dadurch in elaborierteren mentalen Repräsentationen. Die bewusste Beschäftigung mit dem Lerngegenstand resultiert demnach in einer höheren Verarbeitungstiefe, welche zum einen die vielseitigere Einbindung in bereits bestehende Wissensbestände begünstigt und damit die Wahrscheinlichkeit der schnelleren Abrufbarkeit für eine flüssige Sprachverwendung steigert, und zum anderen ein klarer definiertes Konzept des Lerngegenstands schafft, das den korrekten Sprachgebrauch begünstigt.

K. wird sowohl bei der ↗Wortschatz- als auch der ↗Grammatikvermittlung eingesetzt und kann von einfachen Formen der Betonung des Input, z. B. der drucktechnischen Hervorhebung zu fokussierender sprachlicher Einheiten oder der Erhöhung der jeweiligen Vorkommensfrequenz, bis hin zu detaillierten Erklärungen viele Formen annehmen. Während bei der direkten Wortschatzvermittlung morphologische, etymologische oder semantisch-konzeptuelle Regelmäßigkeiten und Besonderheiten einzelner Begriffe die Grundlage für K. bilden, rücken im Bereich der Grammatik *focus-on-form*-Bestrebungen, also die Fokussierung der ↗Aufmerksamkeit auf formalsprachliche Aspekte zur Initiierung von Lernprozessen, zurück in den Mittelpunkt der fachdidaktischen Diskussion. Bei der Wortschatzarbeit bieten insbesondere semantische L1-L2-↗Inferenzen ein breites Anwendungsgebiet für K. Da explizite Verfahren bei bestimmten grammatischen Erscheinungen auch eher hinderlich sein können, weil z. B. die kognitive Beanspruchung zu hoch ist und anstatt Klärung eher Verwirrung gestiftet wird, gelten die Konsistenz einer Regel, die Breite ihres Anwendungsbereichs, die Vorkommensfrequenz der sprachlichen Struktur, der angestrebte Grad der Beherrschung durch den Lerner (Rezeption und/oder Produktion) und die geforderte metasprachliche Terminologiekompetenz als Entscheidungskriterien für die Anwendung von K. im Bereich der Grammatik.

Lit.: W. Butzkamm: Imitation und Kognition im FU. In: Der fremdsprachliche Unterricht 43 (1977), 3–10. – R. Grotjahn: Sprachbezogene K. Lernhilfe oder Zeitverschwendung? In: H. Düwell et al. (Hg.): Dimensionen der Didaktischen Grammatik. Bochum 2000. – W. Tönshoff: Kognivierende Verfahren im FU. Formen und Funktion. Hbg 1992. – G. Zimmermann: Grammatik im FU. FfM 1977.   CJG

Kommunikation bezeichnet alle Formen zwischenmenschlicher Verständigung mit Hilfe von Sprache oder anderen Zeichensystemen. Zur begrifflichen Beschreibung und Erklärung von K. sind eine Vielzahl von Modellen und Metaphern entwickelt worden. Traditionelle Ansätze stellen K. in Analogie zu dem aus der Nachrichtentechnik stammenden Container-Modell von Claude E. Shannon und Warren Weaver als eine lineare Übertragung von Informationen von einem Sender durch einen K.skanal zu einem Empfänger dar. Im Gegensatz dazu haben konstruktivistische K.stheorien, die von der kognitiven Autonomie des Menschen ausgehen, unter Hinzuziehung von Erkenntnissen der Kognitionsbiologie gezeigt, dass nicht Informationen oder Bedeutungen von einem Sender zu einem Empfänger ›übertragen‹ werden, sondern allenfalls Signale. Da diese Signale vom Hörer bzw. Rezipienten durch eigene Bedeutungszuweisung und nach Maßgabe seines ↗Vorwissens, seiner Interessen, Bedürfnisse und kulturellen Programme interpretiert werden müssen, ist davon auszugehen, dass Informationen, Sinn oder Bedeutung nicht aus der Botschaft fertig übernommen, sondern vom Empfänger selbst erzeugt werden, dass K. also als eine wechselseitige Konstruktion von Bedeutungen zu verstehen ist. Während das Übertragungsmodell davon ausgeht, dass das, was im Empfänger geschieht, durch den Sender und dessen Nachricht bestimmt wird, betonen Vertreter des

Konstruktivismus, dass K.sprozesse nicht primär von dem abhängen, was der Sender ›übermittelt‹, sondern vor allem von den Bedingungen des ›empfangenden‹ Systems.

Der Psychologe Friedemann Schulz von Thun unterscheidet grundlegend Nachrichten von Botschaften sowie mindestens vier Ebenen, die in jeder K. gleichzeitig vorhanden sind und auf denen alle Formen von K. (z.B. ein Wort, ein Satz, ein Brief, eine Rede) von Rezipient/innen als Botschaften verstanden und auf ihre verschiedenen Informationen hin untersucht werden können. In Anlehnung an Paul Watzlawick sind zunächst die Sach- und Beziehungsebene von K. zu unterscheiden: Jede Nachricht hat eine sachliche Botschaft, die eine Aussage über Aspekte der Welt macht und die am wenigsten kontextabhängig ist. Neben der Sachinformation gibt jede Aussage immer auch Informationen über die Beziehungsebene zwischen Sender und Empfänger preis, indem sie zugleich Hinweise auf die (z.B. hierarchische oder partnerschaftliche) Relation zwischen Sprecher und Adressaten gibt: »Der Inhaltsaspekt vermittelt die ›Daten‹, der Beziehungsaspekt weist an, wie diese Daten aufzufassen sind« (Watzlawick et al. 1969, 55). Darüber hinaus vermittelt jede Nachricht weitere Botschaften auf den Ebenen der Selbstoffenbarung und des Appells an den Adressaten: Jeder Akt der K. trägt zum einen dazu bei, ein Bild von der Person des Sprechers zu vermitteln, wobei zwischen beabsichtigter Selbstdarstellung und unfreiwilliger Selbstenthüllung zu unterscheiden ist (vgl. Schulz von Thun 1981, 26 f.). Zum anderen ist K. immer auch mit Absichten und Zielen verbunden und hat einen expliziten oder impliziten Aufforderungscharakter. Obgleich diese vier Ebenen miteinander verwoben sind, ist es für ein Verständnis von K. – gerade auch im FU – sinnvoll, sie konzeptionell zu trennen. Während Sachinformationen praktisch ausschließlich digital, d.h. sprachlich-denotativ, kommuniziert werden, werden Beziehungsinformationen vor allem analog, d.h. über nicht-sprachliche, körpergebundene Zeichen (↗Nonverbale Kommunikation), vermittelt.

Das Konzept der K. und die Förderung der ↗kommunikativen Kompetenz stehen im Zentrum des ↗kommunikativen FUs und der kommunikativen Didaktik generell. Ebenso wie bei der ↗narrativen Kompetenz handelt es sich bei der Fähigkeit zur erfolgreichen K. um eine der in der heutigen Medienkulturgesellschaft zentralen ↗Schlüsselqualifikationen bzw. eine der Kulturtechniken ersten Ranges (vgl. Nünning/Zierold 2008), was sich allein schon am hohen Stellenwert der ↗interkulturellen kommunikativen Kompetenz im ↗Gemeinsamen europäischen Referenzrahmen ablesen lässt.

Lit.: A. Nünning/M. Zierold: K.skompetenzen. Erfolgreich kommunizieren in Studium und Beruf. Stgt 2008. – F. Schulz von Thun: Miteinander Reden. 3 Bde. Reinbek [10]2009 [1981/1989/1998]. – P. Watzlawick et al.: Menschliche K. Formen, Störungen, Paradoxien. Bern u.a. [11]2007 [1969].   AN/MZ

Kommunikationsstrategien   ↗Kommunikative Kompetenz

Kommunikative Kompetenz. Der Terminus k.K. wurde von Dell Hymes in den 1960er Jahren eingeführt und in Abgrenzung zu Noam Chomskys Verständnis von Kompetenz vs. Performanz definiert (vgl. Hymes 1972). Die Kritik an Chomskys Auffassung des idealen Sprechers/Hörers als Modell für linguistische Beschreibungen nahm Hymes zum Anlass, ein alternatives (ethnographisch-linguistisches) Modell von Kompetenz zu entwickeln, das auch Aspekte von sprachlicher ↗Performanz sowie soziokulturelle Faktoren berücksichtigt und somit realistischer sein sollte, an tatsächlichen Kommunikationssituationen ausgerichtet. Hymes' Modell umfasst vier Dimensionen, die gemeinsam die kommunikative Kompetenz von Sprachverwender/innen ausmachen: (1) Sprecher/innen müssen über Wissen darüber verfügen, ob eine Äußerung formal korrekt und in diesem Sinne möglich ist (*possibility*); (2) sie müssen einschätzen können, ob eine Äußerung tatsächlich realisierbar ist (*feasability*); (3) sie müssen bewerten können, ob Äußerungen soziokulturell angemessen sind (*appropriateness*); (4) sie müssen schließlich Kenntnisse darüber haben, ob eine Äußerung tatsächlich in kommunikativen Situationen gemacht wird. Obwohl Hymes' Modell nicht auf fremdsprachliche ↗Kommunikation ausgerichtet war, war sein Ansatz für die Fremdsprachendidaktik sehr produktiv, denn er verhalf zu einer radikalen Perspektiverweiterung und ermöglichte eine Hinwendung zum ↗kommunikativen FU. Statt wie zuvor das Hauptaugenmerk auf die formale (grammatische) Korrektheit von schriftlichen und ggf. mündlichen Lerneräußerungen zu legen, erlaubt das Konzept der k.K. eine Integration von grammatischen und sozialen Dimensionen von Sprache und ihren Sprecher/innen.

Ausgehend von Hymes' Modell entwarfen Michael Canale und Merrill Swain (1980) ein Modell von k.K. speziell für den FU, das vier Komponenten umfasst (vgl. auch Canale 1983): (1) grammatische Kompetenz: die Fähigkeit, formal (d.h. morphosyntaktisch, phonetisch, lexikalisch und semantisch) korrekte Äußerungen zu formulieren; (2) soziolinguistische Kompetenz: die Fähigkeit, soziolinguistisch angemessene Äußerungen zu formulieren, d.h. Sprachhandlungen dem jeweiligen situativen bzw. sozialen Kontext anzupassen, z.B. angemessene Höflichkeitsformen zu benutzen; (3) strategische Kompetenz: kompensatorische Fähig- und Fertigkeiten, die Sprecher/innen in die Lage versetzen, fehlende sprachliche Mittel zu ersetzen, Lücken zu überbrücken, zu umschreiben usw.; mit Hilfe strategischer Kompetenz können Schwierigkeiten in der Kommunikation gemeistert werden; (4) Diskurskompetenz: die Fähigkeit, auch über die Satzebene hinaus korrekte, angemessene und verständliche Texte zu produzieren; das erfordert z.B. die Orientierung an den Prinzipien der Kohärenz (Textinhalt) und der Kohäsion (formale Aspekte der Satz-Text-Relation). Neben k.K. existiert auch der Terminus ›pragmatische Kompetenz‹. Damit ist das Wissen um die pragmalinguistischen Aspekte gemeint, die der Kommunikation zugrunde liegen. Diese sind vergleichbar mit den Dimensionen der Diskurskompetenz, der grammatischen Kompetenz und der soziolinguistischen Kompetenz.

Ein FU, der auf die Förderung von k.K. zielt, ist nicht mehr primär auf sprachliche Korrektheit ausgerichtet, sondern erfordert eine genuin kommunikative Einbettung von Sprache und Sprachenlernen. Canale/Swain (1980) nennen einige Leitprinzipien für einen auf k.K. zielenden FU: Berücksichtigung und Verknüpfung aller vier Kompetenzbereiche (Förderung aller vier o.g. Teilkompetenzen durch angemessene Übungsangebote und Inhalte; Orientierung an den kommunikativen Bedürfnissen und Interessen der Lernenden; bedeutungsvolle und realistische Interaktion; Einbeziehung des Sprachwissens in und über die Erstsprache; ↗fächer-übergreifender Unterricht (k.K. kann nicht ausschließlich im FU gefördert werden, sondern erfordert auch Kenntnisse und Fähigkeiten, die in anderen Fächern unterrichtet werden, z.B. Wissen über Sprache und Kommunikation, Kulturwissen usw.).

Im der BRD ist außerdem Jürgen Habermas' (1971) sozialphilosophische Definition des Terminus k.K. sehr einflussreich gewesen. Habermas definiert k.K. als Gesellschaftsutopie zur Schaffung von idealen Sprechsituation, in denen alle Mitglieder gleichwertig sind und offen, d.h. ohne eigene Machtinteressen zu vertreten, miteinander kommunizieren. Ideale Kommunikation sollte diesem Modell nach herrschaftsfrei verlaufen, ideologiefrei sein und sich ausschließlich am besseren Argument orientieren. Habermas' Gesellschaftsutopie erlaubte den Einzug der k.K. in die Pädagogik und Didaktiken. Schnell wurde k.K. zum obersten ↗Lernziel und Bildungsideal in der BRD erklärt. In der Fremdsprachendidaktik versuchte man, gesellschaftspolitische Aspekte herrschaftsfreier Kommunikation mit dem kommunikativen FU sowie mit dem funktional-notionalen Curriculum, das aus Listen von Sprachmitteln zur Beschreibung kommunikativer Akte und Themen bestand, zu verknüpfen (vgl. Schmenk 2005). Diese Verknüpfung unterschiedlicher Ansätze unter dem Stichwort k.K. hat zu einigen Missverständnissen der k.K. geführt. Bis heute trifft man häufig auf Vorbehalte und Unklarheiten, die sich primär um das verbreitete Vorurteil ranken, das kommunikativer FU die formale Korrektheit von Sprache überflüssig mache. Diese Behauptung ist jedoch von keinem der hier genannten Verfechter und Urheber von k.K. formuliert oder impliziert worden. Im Gegenteil: K.K. umfasst allen genannten Modellen nach neben formalen Aspekten noch weitere Bereiche, ist also letztlich anspruchsvoller und komplexer als das traditionelle, lediglich auf sprachlich-formale Korrektheit ausgerichtete Curriculum. Trotz solcher Unklarheiten und Missverständnisse haben die fremdsprachendidaktischen Diskussionen zur k.K. den FU nachhaltig beeinflusst und zur sog. kommunikativen Wende geführt. Bis heute gilt k.K. als wichtiges (bisweilen auch wichtigstes) Lernziel, und es findet sich mittlerweile auch oft integriert in das Konzept von ↗interkultureller kommunikativer Kompetenz.

Lit.: M. Canale: From Communicative Competence to Communicative Pedagogy. In: J.C. Richards/R.W. Schmidt (Hg.): Language and Communication. Ldn 1983, 2–27. – M. Canale/M. Swain: Theoretical Bases of Communicative Approaches to Second Language Teaching and Testing. In: Applied Lingustics 1/1 (1980), 1–47. – J. Habermas: Vorbereitende Bemerkungen zu einer Theorie der k.K. In: Ders./N. Luhmann: Theorie der Gesellschaft oder Sozialtechnologie. Was leistet die Systemforschung? FfM 1971, 101–141. – D. Hymes: On Communicative Competence. In: J.B. Pride/J. Holmes (Hg.): Sociolinguistics. Harmondsworth 1972, 269–293. – B. Schmenk: Mode, Mythos, Möglichkeiten. Das Lernziel k.K. heute. In: Zeitschrift für Fremdsprachenforschung 16/1 (2005), 57–87.   BaSch

Kommunikativer Fremdsprachenunterricht. Der k.FU entwickelte sich in den 1970er Jahren, als gesellschaftliche Veränderungen und zunehmende internationale Verflechtungen von Politik und Wirtschaft eine Neuorientierung der Fremdsprachendidaktik erforderlich machten. Man erkannte, dass die Fähigkeit zur erfolgreichen ↗Kommunikation in der Fremdsprache nur in einem Unterricht gelernt werden konnte, der sich an den tatsächlichen Kommunikationsbedürfnissen und den Kommunikationsnotwendigkeiten der Lernenden orientierte und der Sprachverwendung einen größeren Raum einräumte als dem Sprachsystem. Die theoretische Basis für eine solche Fremdsprachendidaktik lieferte die Theorie der ↗kommunikativen Kompetenz, die aus soziolinguistischen und sozialphilosophischen Untersuchungen zu den Bedingungen und Faktoren kommunikativen Handelns entstanden war. Der amerikanische Soziolinguist Dell Hymes (1972) beschrieb Kommunikation als eine Form des sozialen Handelns und bezeichnete als kommunikative Kompetenz die Fähigkeit des Menschen, sich in realen Kommunikationssituationen nicht nur sprachlich korrekt, sondern auch sozial und kulturell angemessen zu verhalten. Er stützte sich bei seinem Konzept auf die pragmalinguistischen Erkenntnisse der Sprechakttheorie (Austin 1962, Searle 1969), die aus der Analyse menschlicher Sprechhandlungen entstanden war, und grenzte sich damit gegenüber dem systemlinguistischen Konzept von Noam Chomsky ab. Zur gleichen Zeit entwickelte der deutsche Sozialphilosoph Jürgen Habermas (1971) ebenfalls eine Theorie des kommunikativen Handelns, die die politische Dimension der Kommunikation in den Vordergrund rückte und nach Regeln einer idealen Sprechersituation und der Realisierung herrschaftsfreier Kommunikation suchte. Dabei unterschied Habermas zwischen dem kommunikativen Handeln (Interaktion) als Austausch von Informationen und dem metakommunikativen Aushandeln von Bedeutungen und Meinungen (Diskurs).

Diese Theorien stießen in der bildungspolitisch aufgeschlossenen Reformdiskussion jener Zeit, als das selbstverantwortlich handelnde Individuum zum sozialen Leitbild avancierte und Kommunikation über die nationalen Grenzen hinweg als politisch wünschenswert und notwenig erachtet wurde, auf ein breites öffentliches Echo und wurden von allen sozialwissenschaftlichen und geisteswissenschaftlichen Disziplinen rezipiert. In der Fremdsprachendidaktik war es der Englischdidaktiker Hans-Eberhard Piepho, der das Potenzial eines kommunikativen Ansatzes für die Fremdsprachendidaktik als Erster erkannte und zusammen mit Christopher Candlin im Rahmen der Bundesarbeitsgemeinschaft Englisch an Gesamtschulen (BAG Englisch) das Konzept einer kommunikativen Didaktik entwickelte (Piepho 1974). Dabei wurde gegenüber dem bisher vorherrschenden lehrerorientierten FU (↗Lehrerzentrierung) ein Paradigmenwechsel vollzogen, der später als die ›Kommunikative Wende‹ in die Geschichte der Fremdsprachendidaktik einging. Er bezog sich auf eine umfassende Veränderung der ↗Lernziele des FUs im Sinne einer Hinwendung zu den Lernenden mit ihren Lernbedürfnissen und Lerninteressen, ihrer ↗Motivation und individuellen Lernprozessen. In den Mittelpunkt der unterrichtlichen Zielvorstellungen rückte die Fähigkeit der Lernenden, sich in der Fremdsprache zu verständigen und die Fremdsprache zur persönlichen Teilhabe an der zielsprachlichen Kommunikation zu nutzen. Diese Fähigkeit wurde als kommunikative Kompetenz bezeichnet und zum übergeordneten Lernziel des FUs erklärt (Piepho 1974). Die Erkenntnis, dass eine solche Kompetenz tiefere Einsichten in die linguistische, soziolinguistische und pragmalinguistische Komplexität der Kommunikation erfordert und sich nicht in der Anwendung von ↗Fertigkeiten (Hören, Sprechen, Lesen, Schreiben) und der Anhäufung von

Sprachwissen (Wortschatz, Grammatik) erschöpfen kann, führte zu einer Neubestimmung und Ausweitung der Unterrichtsgegenstände. Fremdsprachenlernen wurde, wie Piepho betonte, als Mittel einer emanzipatorischen Sozialisation gesehen, bei welcher der bzw. die Lernende sich beim Erwerb der Fremdsprache der affektiven, kognitiven und sozialen Aspekte des Kommunizierens bewusst wird. Zur Verdeutlichung der Komplexität kommunikativer Verständigungsprozesse und der Notwendigkeit, diese Komplexität im FU von Anfang an zu berücksichtigen, wählte Piepho zwei Schlüsselbegriffe aus der Theorie der kommunikativen Kompetenz zur Grundlage seiner kommunikativen Didaktik: einerseits das Konzept des kommunikativen Handelns, das die Fähigkeit des bzw. der Lernenden beschreibt, sich in Kommunikationssituationen verständlich zu machen und die Kommunikationspartner zu verstehen, und andererseits die Diskurstüchtigkeit, worunter er das Aushandeln von Bedeutung im Sinne eines metakommunikativen Argumentierens und Begründens (*negotiation of meaning*) sowie der Entwicklung von Kommunikationsstrategien versteht. In seinen Thesen zum k.FU heißt es: »Im FU, der auf kommunikative Kompetenz ausgerichtet ist, sind diskursive und kursive Faktoren stets gekoppelt. Ein nur imitativ-mechanisches Sprechen, automatisierte Verhaltensweisen bleiben selbst in schlichten Verständigungen wirkungslos und nicht verfügbar, wenn der Schüler nicht auch eine distanzierte Kenntnis der Verständigungsvorgänge überhaupt hat« (Piepho 1974, 13).

Die kommunikative Ausrichtung des FUs bezog sich auf alle Aspekte des Lehrens und Lernens von Fremdsprachen und betraf neben der Thematik und ↗Methodik insbesondere auch die Unterrichtsmaterialien, die ↗Sozialformen und die Öffnung des Unterrichts (↗Offener Unterricht). Als zentrale Grundprinzipien eines ›kommunikativen Klassenzimmers‹ (Legutke 1988) sind folgende Aspekte festzuhalten:

(1) ↗Inhaltsorientierung: Für die unterrichtliche ↗Progression bedeutet der kommunikative Ansatz, dass lerneradäquate Kommunikationsbedürfnisse den Vorrang haben vor sprachformalen Gesichtspunkten und dass der Inhalt und die Verständlichkeit einer kommunikativen Äußerung wichtiger sind als die sprachliche

Richtigkeit. Die Lerninhalte müssen kommunikationsrelevant sein, sie müssen Interesse wecken, Deutungsanreize bieten und zum Austausch von Gedanken und Erfahrungen herausfordern, d. h. die Lernenden müssen Gelegenheit erhalten, als sie selbst zu Wort zu kommen.

(2) Kommunikative ↗Übungen: Im k.FU fällt Übungen eine zentrale Rolle zu. Sie dienen der ↗Aktivierung der Lernenden und haben die Aufgabe, die Kommunikation vorzubereiten, aufzubauen, zu strukturieren und zu simulieren (BAG Englisch 1978, 19). Zu diesem Zweck müssen sie in authentische oder simulierte Kommunikationssituationen (*classroom discourse*, Rollenspiele, Alltagsszenarien, Projekte usw.) eingebettet sein und die Entwicklung von Kommunikationsstrategien und Aushandlungsverfahren (nachfragen, korrigieren, präzisieren usw.) einschließen. Bereits in den 1970er Jahren wurden im Rahmen der BAG Englisch unter Leitung von Christoph Edelhoff kommunikative Übungstypologien entworfen, die diesen Vorstellungen Rechnung trugen.

(3) Flexible Lehrmaterialien: Lehrmaterialien, die dem Anspruch von Kommunikationsrelevanz und Inhaltsorientierung gerecht werden, müssen die pragmatischen Aspekte der Kommunikation vorrangig berücksichtigen und ihnen die grammatische Progression nachordnen. Zu diesem Zweck setzte man auf eine Diversifizierung der Lehrmaterialien, um mit Hilfe von vielfältigen, das ↗Lehrwerk ergänzenden Texten und Medien eine reiche Lernumgebung zu schaffen, die eine möglichst große Annäherung an reale Sprachverwendungszusammenhänge garantierte und eine an Themen orientierte inhaltliche Arbeit ermöglichte. Dem Lehrbuch wurden flexible, lerngruppenspezifische Bausteine zur Seite gestellt, die Datenträger aller Art (Texte, ↗Bilder, Tonkassetten, Videobänder usw.) berücksichtigten und sich zu multimedialen ›Szenarien‹ (vgl. Legutke 1988) zusammenfügen ließen.

(4) Dialogfördernde ↗Sozialformen: Auch die soziale Dimension des FUs erfuhr durch den kommunikativen Ansatz eine deutliche Veränderung. Damit im Klassenraum wirklichkeitsnahe Kommunikationsanlässe geschaffen werden konnten, musste die Dominanz des Frontalunterrichts aufgebrochen werden und es war erforderlich, Sozialformen zu schaffen, die wie z. B. Partner- und Gruppenarbeit den gedankli-

chen Austausch fördern und für die Entwicklung von Diskursfähigkeit sorgen. Als eine besonders kommunikationsförderne Sozialform, die auch dem Anspruch nach Themenorientierung und einer komplexen Szenariendidaktik (↗Inszenierung) gerecht wurde, erwies sich dabei der ↗Projektunterricht. Mit seiner Hilfe ließ sich auch ein weiteres Grundprinzip des k.FUs verwirklichen: die Öffnung des Klassenzimmers nach Außen (↗Lehr- und Lernort).

(5) Öffnung nach Außen: Die Frage, wie man neben der Simulation von kommunikativen Handlungen und Diskursen, wie sie unter den Bedingungen des schulischen FUs trotz lernerorientierter Methodik und dem Einsatz dialogfördernder Sozialformen doch eher die Regel waren, auch reale Kommunikationssituationen in den FU integrieren könne, spielte in den Überlegungen der Didaktiker der BAG Englisch von Anfang an eine zentrale Rolle. Es wurde nach Möglichkeiten gesucht, die Erkundung authentischer fremdsprachlicher Kommunikationsangebote, die sich in der Reichweite der Lernenden befanden wie z.B. Radiosendungen, Filme, internationale Firmen, internationale Hotels, Flughäfen usw., für den Fremdsprachenerwerb zu nutzen (*living language links*) und Begegnungen mit Jugendlichen aus dem Zielsprachenland zu organisieren (vgl. Legutke 2003, 11).

Zusammenfassend ist festzuhalten, dass die kommunikative Didaktik die Rolle der Lehrenden und Lernenden grundlegend veränderte. Der Lehrer, der im traditionellen FU in erster Linie als Wissensvermittler fungiert hatte, erhält im kommunikativen Unterricht die Rolle eines Lernberaters und Vermittlers im Lernprozess, der die Lernenden aktiviert und durch geeignete Lernarrangements und interessante, inhaltlich relevante Materialien kommunikatives Handeln anregt (↗Lehrer und Lehrerrolle). Die Lernenden hingegen sind gefordert, sich nicht nur sprachliche ↗Kompetenzen anzueignen und eigenständig anzuwenden, sondern in der Auseinandersetzung mit Kommunikationssituationen und Themen Diskursstrategien zu erwerben und das Kommunizieren in der Fremdsprache als soziales Handeln zu erfahren.

Der k.FU, so wie er in den 1970er Jahren konzipiert und theoretisch begründet wurde, entwickelte sich in kurzer Zeit zu einem Modell für alle Schulfremdsprachen und wurde für die anderen Fremdsprachen, insbesondere Französisch und Spanisch, übernommen und in allen Rahmenrichtlinien und Curricula als verbindlich festgeschrieben (↗Lehrplan). Auch in den anderen europäischen und in den angloamerikanischen Ländern waren unter dem Einfluss der pragmalinguistischen Erkenntnisse der 1960er und 1970er Jahre parallele Entwicklungen und Veränderungen der Fremdsprachendidaktik hin zu einer kommunikativen Methodik erfolgt, so dass man sagen kann, dass der k.FU spätestens seit Ende der 1970er Jahre trotz verschiedener Ausprägungen und nationaler Besonderheiten in der gesamten westlichen Welt als ein anerkanntes und angesehenes didaktisches Modell für den FU gelten konnte. Im Verlauf der 1980er und 1990er Jahre erfuhr das Konzept zahlreiche Weiterentwicklungen und Ausdifferenzierungen, die später unter dem Begriff des ↗neokommunikativen FUs zusammengefasst wurden. Auch andere methodische Konzepte, wie das ↗aufgabenorientierte Lernen oder die ↗Handlungsorientierung lassen sich auf die Grundprinzipien der kommunikativen Didaktik zurückführen. Diese Weiterentwicklungen belegen, dass der kommunikative Ansatz dank seiner konzeptionellen Offenheit auch heute noch als die zentrale methodische Grundlage des FUs gilt. Unterstrichen wird die ungebrochene Aktualität der kommunikativen Didaktik durch die hohe Frequenz, mit der sie in der fremdsprachlichen Fachdidaktik und der Sprachlehrforschung wissenschaftlich untersucht wird (vgl. z.B. die aktuellen Sammelbände von Legutke/Schocker-v. Ditfurth und Legutke aus den Jahren 2003 bzw. 2008, in denen die Entwicklung der kommunikativen Fremdsprachendidaktik genauestens nachgezeichnet und einer umfassenden kritischen Würdigung und Revision unterworfen wird).

Das Konzept des k.FUs umfasst heute ein Bündel von Kompetenzen, die ineinandergreifen: (1) linguistische Kompetenz, d.h. die Fähigkeit, sich auf lexikalischer, grammatikalischer, semantischer und phonologischer Ebene angemessen und für andere akzeptabel auszudrücken; (2) soziolinguistische Kompetenz, d.h. die Fähigkeit, soziale Beziehungen zu etablieren und sprachlich zu gestalten, registerbezogen zu formulieren sowie Sprachvarietäten zu erkennen und in der Interaktion zu berücksichtigen; (3) pragmatische Kompetenz, d.h. die Fähigkeit, den sprachlichen Diskurs situationsangemessen und funktional im Sinne der kommunikativen Intentionen zu gestalten; (4) strategische Kompetenz, d. h. die Fähigkeit, Interaktionen zu planen, auszuführen und zu kontrollieren und Kommunikationshindernisse (z. B. Missverständnisse) auszuräumen.

Dieses Bündel an Kompetenzen wurde im ↗ Gemeinsamen europäischen Referenzrahmen für Sprachen als Grundlage für den k.FU festgeschrieben und in nationale Curricula und Bildungsstandards übertragen. In den deutschen Bildungsstandards für die erste Fremdsprache (↗ Standards) werden drei Kompetenzbereiche genannt, die einen modernen und kompetenzorientierten FU bestimmen: funktionale kommunikative Kompetenzen, interkulturelle Kompetenzen und methodische Kompetenzen. Im Einzelnen heißt es dort, dass die Lernenden in der Lage sein sollten, sich in der Fremdsprache zu verständigen, sie für die persönliche Lebensgestaltung im Alltag einzusetzen (Kontakte herstellen, Alltagssituationen bewältigen), die fremdsprachlichen Kenntnisse für ihren Bildungsweg zu nutzen (Sachtexte lesen, Arbeitsergebnisse präsentieren) und in beruflichen Kontexten zu verwenden (sachbezogene Telefonate führen, Briefe und E-Mails verfassen, sich bewerben) (KMK 2004, 8 f.). Im Mittelpunkt der kommunikativen Methodik steht deshalb, heute genauso wie in den 1970er Jahren, die kommunikative Intention des Sprechers, d. h. seine Fähigkeit, Absichten, Meinungen, Gedanken und Gefühle mitzuteilen und die Intentionen der Interaktionspartner zu verstehen. Zur sprachlichen Realisierung dieser Redeabsichten braucht er kommunikative Fertigkeiten und Fähigkeiten wie ↗ Hörverstehen, ↗ Sprechen, ↗ Leseverstehen, ↗ Schreiben und Vermitteln in zweisprachigen Situationen (↗ Sprachmittlung) sowie sprachliche Mittel wie ↗ Wortschatz und ↗ Grammatik, ↗ Aussprache und ↗ Orthographie. Aus dem Zusammenspiel von kommunikationsrelevanten Inhalten, situationsadäquaten sprachlichen Strukturen und kommunikationsfördernden Übungsformen entstehen Lernszenarien, die geeignet erscheinen, funktionale kommunikative Kompetenzen zu entwickeln.

Die Frage, ob der k.FU im schulischen Alltag tatsächlich verwirklicht werden konnte oder ob er nur ein theoretisches Konstrukt geblieben ist, hat Hans-Eberhard Piepho fast 30 Jahre nach Erscheinen seines Grundlagenwerkes noch einmal beschäftigt (vgl. Piepho 2001). Dabei stellt er ernüchtert fest, dass die kommunikativen Grundprinzipien den Schulalltag und die Unterrichtspraxis erstaunlich wenig verändert haben und dass der k.FU immer noch und vielleicht für immer eine Zielvorstellung bleibt, von der allerdings, auch wenn sie nur unvollständig realisiert wird, dennoch wertvolle Impulse ausgehen können, denn »Kommunikation ist das Prinzip des Lernens, des Sprachwachstums durch die Addition unterschiedlicher Kompetenzen, ausgelöst durch Sachverhalte, Aufgaben und Projekte, in denen entdeckt, gedacht und versprachlicht wird, was unmittelbar relevant, erörterungswürdig und strittig ist« (ebd., 13).

Lit.: J.L. Austin: How to Do Things with Words. Oxford 2005 [1962]. – BAG (Bundesarbeitsgemeinschaft an Gesamtschulen) (Hg.): Kommunikativer Englischunterricht. Prinzipien und Übungstypologie. Mü. 1978. – J. Habermas: Vorbereitende Bemerkungen zu einer Theorie der kommunikativen Kompetenz. In: Ders./N. Luhmann: Theorie der Gesellschaft oder Sozialtechnologie. Was leistet die Systemforschung? FfM 1971, 101–141. – D. Hymes: On Communicative Competence. In: J.B. Pride/J. Holmes (Hg.): Sociolinguistics. Harmondsworth 1972, 269–293. – Kultusministerkonferenz (KMK): Bildungsstandards für die erste Fremdsprache (Englisch/Französisch) für den Mittleren Schulabschluss. Mü. 2004. – M. Legutke: Lebendiger Englischunterricht. Kommunikative Aufgaben und Projekte. Bochum 1988. – M. Legutke (Hg.): Kommunikative Kompetenz als fremdsprachendidaktische Vision. Tüb. 2008. – M. Legutke/M. Schocker-v. Ditfurth (Hg.): K.FU. Rückblick nach vorn. Tüb. 2003. – H.-E. Piepho: Kommunikative Kompetenz als übergeordnetes Lernziel im Englischunterricht. Dornburg-Frickhofen 1974. – H.-E. Piepho: K.FU heute. Impulse zum Nachdenken über den Alltag der Lehr- und Lernpraxis. In: R. Weskamp (Hg.): Methoden und Konzepte des fremdsprachlichen Unterrichts. Hannover 2001, 8–14. – J. Searle: Speech Acts. An Essay in the Philosophy of Language. Cambridge 1969. ASch

Kompetenz. In der gegenwärtigen bildungspolitischen Diskussion um Standardsicherung (↗ Standards) nimmt der Begriff der K. eine zentrale Stellung ein. Da sich der K.begriff in den KMK-Bildungsstandards an dem K.begriff des ↗ Gemeinsamen europäischen Referenzrahmens für Sprachen (GeR) orientiert, wird auch hier der K.begriff des GeR zum Ausgangspunkt gewählt: »*Kompetenzen* sind die Summe des (deklarativen) Wissens, der (prozeduralen) Fertigkeiten und der persönlichkeitsbezogenen Kompetenzen und allgemeinen kognitiven Fähigkeiten, die es einem Menschen erlauben, Handlungen auszuführen. *Allgemeine Kompetenzen* sind diejenigen, die nicht sprachspezifisch sind, sondern die man bei Handlungen aller Art einsetzt, natürlich auch bei sprachlichen. *Kommunikative Sprachkompetenzen* befähigen Menschen zum Handeln mit Hilfe spezifisch sprachlicher Mittel« (Europarat 2001, 21 ff.).

Es lassen sich demnach mindestens vier Komponenten der K. ausmachen, die in allgemeine und sprach- und kommunikationsbezogene K.en unterschieden werden. Zwei dieser Komponenten, die des ↗ Wissens und die der ↗ Fertigkeiten, haben in der Fremdsprachendidaktik eine lange Tradition. Die Fertigkeiten, im Bereich des Englischen auch *skills* genannt und oftmals nicht trennscharf vom Begriff der Fähigkeiten abgegrenzt, wurden unterteilt in ↗ Sprechen, ↗ Hörverstehen, ↗ Schreiben und ↗ Leseverstehen; teils wurden das Übersetzen (↗ Sprachmittlung) und das Sehverstehen (↗ Visuelle Kompetenz) als weitere Fertigkeiten betrachtet. Doch bei dieser Betrachtungsweise fehlten kontextuelle und strategische Aspekte, die für kompetente Sprachverwendung relevant sind. Sie wurden in Modellen der ↗ kommunikativen K. (vgl. etwa Bachman 1990) mit aufgenommen. Kommunikative K. umfasst bei Lyle F. Bachman Sprach-K.en, außersprachliche Wissensbestände und strategische K.en; Sprach-K.en schließen sprachliches, soziokulturelles und Diskurswissen ein; strategische K.en beziehen sich auf kommunikative Strategien und metakognitives Wissen, um angemessen und effektiv zu kommunizieren. Kommunikative K. gilt seit den 1980er Jahren als oberstes Richtziel im FU. Der moderne, ganzheitlich ausgerichtete K.begriff, der auch dem GeR und den Bildungsstandards zugrunde gelegt wird, ist handlungsorientiert (↗ Handlungsorientierung) und betrachtet K. als Disposition wie auch als Problemlösefähigkeit (vgl. etwa das Positionspapier der DGFF 2008); er umfasst neben der sprachlich-kommunikativen K. den bisher eher vernachlässigten Bereich der ↗ interkulturellen kommunikativen K. und die allgemeinen K.en, welche unterteilt werden in deklaratives Wissen (das sog. *savoir*), Fertigkeiten und prozedurales

Wissen (*savoir-faire*), Lernfähigkeit (*savoir-apprendre*) und die persönlichkeitsbezogenen K.en, zu denen Aspekte der ↗ Emotion, ↗ Motivation, Einstellung und auch der ↗ Akkulturation gehören (*savoir-être*).

Nicht nur die Fremdsprachendidaktik setzt sich mit dem Begriff der K. auseinander; auch in der Psychologie und im Bereich der empirischen Bildungsforschung werden verschiedene Konzeptionen der K. diskutiert. So lassen sich nach Franz E. Weinert (1999) etwa sechs Ansätze der K. unterscheiden: K. kann verstanden werden als generelle kognitive Leistungsdisposition, als kontextspezifische kognitive Disposition, als motivationale Orientierung, als Handlungs-K. im Sinn der Integration der drei erstgenannten Definitionen, als metakognitives Konzept, das Wissen, Strategien und Motivation umfasst, und schließlich als generelle Schlüssel-K. Im Kontext der bildungspolitischen Diskussion hat sich die o.g. zweite Konzeption des K.begriffs als »Arbeitsgrundlage« (Hartig/Klieme 2006) herauskristallisiert: K.en werden verstanden als kontextspezifische kognitive Leistungsdispositionen, die (im Gegensatz zur Intelligenz etwa) erlernbar sind und gefördert werden können; sie sind bereichsspezifisch und umfassen Kenntnisse, Fertigkeiten und Strategien (vgl. etwa den K.begriff der ↗ PISA-Studie in Baumert et al. 2001). Die Struktur der sprachlich-kommunikativen K.en ist bedingt durch die Anforderungen handlungsorientierter Aufgaben und nicht etwa durch kognitive Prozesse (vgl. den K.begriff der ↗ DESI-Studie in Beck/Klieme 2007). Anders als in der Fremdsprachendidaktik, die sich mit einem ganzheitlichen, handlungsorientierten K.begriff auseinandersetzt, werden im Bereich der empirischen Bildungsforschung gezielt generelle und persönlichkeitsbezogene K.en ausgeklammert, um in Leistungstests einen möglichst ›ungetrübten‹ Blick auf die fremdsprachliche K. zu erhalten. K.modelle werden entlang zweier Dimensionen empirisch untersucht: Zum einen wird die Struktur der K., die Einteilung in Teil-K.en also, empirisch modelliert, wobei theoretische Modelle der Fachdidaktik zugrunde gelegt werden. Zum anderen wird die vertikale Darstellung von K. auf einer kontinuierlichen K.skala, wie sie z.B. aus PISA bekannt ist, untersucht. Auf solch einer K.skala werden mittels psychometrischer Verfahren K.en der Lernenden und zugleich Aufgabenschwierigkeiten dargestellt; dabei gilt es, die Skala in bedeutsame K.niveaus zu unterteilen. Im Fall der Bildungsstandards etwa muss die K.skala an die Niveaus des GeR angebunden werden, da sich die Standards an diesen orientieren und die K.en der SuS auf den GeR-Niveaus berichtet werden sollen.

Die empirische Bildungsforschung berührt Fachdidaktik und Psychometrie gleichermaßen. Diese Berührungspunkte führen im positiven Fall zu Synergieeffekten: Man denke etwa an die fachdidaktisch begründete und psychometrisch gestützte Niveaueinteilung der K.skala in DESI (DESI-Konsortium 2008) oder an die Möglichkeiten, theoretische K.struktur- oder K.niveaumodelle empirisch zu überprüfen. Des Weiteren eröffnet sich die Möglichkeit, Aufgabenschwierigkeiten mittels Anforderungsbeschreibungen vorherzusagen und empirisch zu überprüfen. So lassen sich etwa K.niveaus in ihren Anforderungen charakterisieren und Aufgaben gezielt auf ein bestimmtes K.niveau hin konstruieren. Doch es lassen sich auch Spannungsfelder ausmachen: Die Diskussion um Begrifflichkeiten ist nicht immer unproblematisch, da in den verschiedenen Disziplinen unterschiedliche Traditionen vorherrschen. Der Begriff der K.dimensionen hat etwa in Didaktik und Psychologie je ganz andere Bedeutung: Während damit in der Didaktik inhaltlich begründete Teil-K.en gemeint sind (z.B. die Dimensionen des Leseverstehens in Abgrenzung zur Dimension des Hörverstehens), versteht die Psychologie darunter statistisch unterscheidbare Faktoren (dies könnte z.B. ein Faktor ›Rezeption‹ sein, wenn sich die Dimensionen des Lese- und Hörverstehens statistisch nicht unterscheiden lassen). Hier zeigt sich das Spannungsfeld der Kommunizierbarkeit psychometrischer Modelle und Verfahren: Psychometriker sind einerseits gefordert, statistische Modelle zu entwickeln, die der komplexen Realität sprachlich-kommunikativen Handelns gerecht werden; andererseits sind sie gefordert, ihre Vorgehensweisen für ein breiteres Publikum verständlich darzustellen.

Ein anderes, inhaltlich begründetes Spannungsfeld lässt sich im Bereich der Einteilung einer K.skala in ihre Niveaus ausmachen: Dabei muss beachtet werden, dass es sich bei Leistungstests um eine Momentaufnahme handelt und eine daraus resultierende K.skala keines-

falls K.entwicklungen oder gar Erwerbsprozesse darstellen kann; K.entwicklungsmodelle müssen auf anderen Wegen erforscht werden. Des Weiteren kann die Tatsache, dass nicht alle Aspekte der fachdidaktischen K.modelle empirisch erfassbar sind, ebenfalls zu Spannungen führen. Der Bildungs- und K.begriff in der Fremdsprachendidaktik etwa umfasst wesentlich mehr Facetten als in den Bildungsstandards dargestellt und in standardisierten Leistungstests überprüft werden können; man denke nur an die persönlichkeitsbezogenen oder die interkulturellen K.en. Dies bedeutet jedoch keinesfalls, dass der FU auf empirisch testbare Aspekte reduziert werden darf. Hier ist die Bildungspolitik gefordert, durch geeignete Maßnahmen aufzuklären und einem *teaching to the test* frühzeitig entgegenzusteuern. Auch im Bereich der Kommunizierbarkeit empirisch-statistischer Verfahren und Ergebnisberichte ist Aufklärungsarbeit gefordert, um Vorgehen, Ergebnisse, Bedeutsamkeit und Grenzen empirischer Leistungsstudien einem breiteren Publikum zugänglich und verständlich zu machen. Nur dann kann gewährleistet werden, dass bildungspolitische Maßnahmen, die durch Ergebnisse der empirischen Bildungsforschung begründet werden, auch die notwendige Unterstützung durch die Basis erhalten. Dies jedoch ist die Voraussetzung valider Leistungs- und K.messung: Sie ist letztlich nur in dem Maß valide, in dem sie in dem System, für das sie geschaffen wurde, sinnvoll interpretiert werden kann und einen wirksamen Beitrag leisten kann zur K.entwicklung unserer Lernenden.

Lit.: L.F. Bachman: Fundamental Considerations in Language Testing. N.Y. 1990. – J. Baumert et al.: PISA. Programme for International Student Assessment. Zielsetzung, theoretische Konzeption und Entwicklung von Messverfahren. In: F.E. Weinert (Hg.): Leistungsmessung in Schulen. Weinheim 2001. – B. Beck/E. Klieme (Hg.): Sprachliche K.en. Konzepte und Messung. DESI-Studie. Weinheim 2007. – DESI-Konsortium (Hg.): Ergebnisse der DESI-Studie. Weinheim 2008. – DGFF: K.orientierung, Bildungsstandards und fremdsprachliches Lernen. Herausforderungen an die Fremdsprachenforschung. Positionspapier von Vorstand und Beirat der DGFF. In: Zeitschrift für Fremdsprachenforschung 19/2 (2008), 163–186. – Europarat: Gemeinsamer europäischer Referenzrahmen für Sprachen. Lernen, lehren, beurteilen. Bln 2001. – J. Hartig/E. Klieme: K. und K.diagnostik. In: K. Schweizer (Hg.): Leistung und Leistungsdiagnostik. Bln 2006, 127–143. – F.E. Weinert: Konzepte der K. Paris 1999.

CH

Konstruktivismus/Konstruktion. Konstruktivismus bezeichnet lerntheoretische und erkenntnistheoretische Positionen, die insgesamt vom Konstruktcharakter der Wirklichkeit ausgehen und die Lernen, ↗Verstehen und Erkennen als Konstruktionsprozesse begreifen. Im fremdsprachendidaktischen Diskurs erfolgt eine verstärkte Rezeption konstruktivistischer Positionen seit den 1990er Jahren (vgl. Wolff 1994, Wendt 1996). Unterschieden wird zwischen einem informationstheoretischen, gemäßigten Konstruktivismus und einem erkenntnistheoretischen, radikalen Konstruktivismus.

Im gemäßigten Konstruktivismus (vgl. Wolff 1994, 2002) wird Lernen als selbstgesteuerter, autonomer, selbstverantwortlicher Konstruktionsprozess verstanden. Dies bedeutet eine Abkehr vom ↗Instruktivismus und ein Votum für konstruktivistische Lerngestaltung, d.h. die Schaffung einer Lernumgebung mit komplexen Unterrichtsinhalten sowie authentischem Lebensbezug und Lernmaterialien (↗Authentizität), Rückgriff auf metakognitive Elemente (↗Metakognition), d.h. auf ↗Lernstrategien und ↗Lerntechniken, Einbeziehung von ↗Projektunterricht und ↗kooperativem Lernen. Insgesamt wird eine theoretische Grundlage für Ansätze ↗offenen Unterrichts gelegt und FU durch Arbeit in Kleingruppen (↗Sozialformen), die Publikation von Lernergebnissen im Klassenzimmer, die Bereitstellung zahlreicher Materialien, das Führen eines Lernertagebuchs, konsequente ↗Einsprachigkeit und Nutzung der Fremdsprache als Arbeitssprache, gemeinsame Evaluation in der Fremdsprache sowie Authentizität der Interaktion gestaltet. Konstitutiv ist dabei auch die Unterscheidung zwischen Lehrbarkeit und Lernbarkeit von ↗Wissen und ↗Fertigkeiten. Dahinter steht die verbreitete Erfahrung, dass Lehrende zwar Wissen und Fertigkeiten lehren, Lernende diese jedoch nicht in gleichem Maße aufnehmen und umsetzen. Diese Abkehr vom Instruktionsparadigma entspricht aktuellen Forschungsdiskursen, die selbst gestaltete Lernprozesse als fruchtbarer und nachhaltiger einstufen als passive und durch Instruktion gesteuerte Lernprozesse. Daneben wird jedoch auch Kritik am gemäßigten Konstruktivismus formuliert. So wird eine völlige Abkehr vom Instruktivismus in theoretischen Diskursen in Frage gestellt, und auch die Praxis des FUs erweist sich immer wieder als resistent gegenüber offenen Verfahren. Grundsätzlich wird im gemäßigten Konstruktivismus eine Übereinstimmung zwischen einer ontologisch gegebenen Realität und ihrer prinzipiellen Erkennbarkeit postuliert, wenn auch die Wahrnehmung infolge der Unvollkommenheit menschlicher Sinnesorgane defizitär sei.

In dieser Hinsicht besteht ein grundlegender Unterschied zum radikalen Konstruktivismus, der von einer prinzipiellen Unvereinbarkeit von Realität und der durch Menschen erkennbaren Wirklichkeit ausgeht. Ursprünge des radikalen Konstruktivismus liegen in Forschungen der Biologen und Neurowissenschaftler Francisco Varela und Humberto Maturana in den 1980er Jahren; der Begriff geht auf den Philosophen und Psychologen Ernst von Glasersfeld zurück. In der Fremdsprachendidaktik wird der radikale Konstruktivismus seit Mitte der 1990er Jahre intensiv rezipiert und diskutiert (vgl. Wendt 1996, 2002). Dabei stehen vor allem epistemologische und theoretische Fragen im Vordergrund, konkrete Umsetzungen für die Praxis des FUs werden erst an zweiter Stelle reflektiert. Im radikalen Konstruktivismus bedeutet Lernen die Konstruktion und Viabilisierung von Hypothesen (vgl. Wendt 2002, 13). Diese Annahme führt zu einem Verständnis von FU, der von ↗Handlungsorientierung, ↗Lernerorientierung, prozessbezogener Bewusstmachung (↗Bewusstheit/Bewusstmachung) und ↗ganzheitlichem Lernen gekennzeichnet ist. Ausgangspunkt radikalkonstruktivistischer Überlegungen ist die Unterscheidung von Realität und Wirklichkeit, d.h. von physischer Welt und subjektiv mentaler Welt. Die Realität ist dabei infolge der Selbstreferenzialität des Gehirns nicht erkennbar. Das Subjekt konstruiert sich subjektive Wirklichkeiten, die durch Kommunikation bzw. Viabilisierung zu interindividuellen oder sozialen werden können. Aus der Konstruktivität von Wahrnehmen und Erkennen ergibt sich, dass Realität als Anlass von Wahrnehmung betrachtet wird (vgl. ebd., 9 ff.). Dieser Subjektivismus beinhaltet Konsequenzen: Wenn Bedeutung nicht an eine ontologisch (vor-)gegebene ›Wahrheit‹ gebunden werden kann, sondern erst durch Konstruktion entsteht, so dass in der Folge Wirklichkeit als mentale Interpretation betrachtet wird, dann ergibt sich daraus zwar ein umfassender Anspruch der Erklärung von Welt und Wirklichkeit, jedoch stellt sich auch die Frage nach ethischen Implikationen. Eine Setzung von Werten und Normen, die einerseits einer normativen und ontologischen Grundlage bedarf und andererseits an bestimmten ethischen und moralischen Zielsetzungen orientiert ist, kann auf konstruktivistischer Basis kaum erfolgen (vgl. Wendt 2002, 35 ff.; Bredella 2002, 116 f.). Diese Sichtweise des radikalen Konstruktivismus zieht zahlreiche Kritik nach sich (vgl. z. B. Reinfried 1999), die sich hauptsächlich auf die vermeintliche semantische Geschlossenheit des Gehirns, die daraus resultierende Subjekt-Objekt-Spaltung und die grundsätzliche Unmöglichkeit des Subjekts, Welt zu erkennen, bezieht. Sie zielt außerdem auf die sich aus den radikalkonstruktivistischen Grundannahmen ergebende Konsequenz für das konstruktivistische Subjekt, unmöglich ethisch verantwortlich handeln zu können, auf den damit einhergehenden Wahrheitsbegriff sowie auf die Unterscheidung zwischen Wirklichkeit und Realität. Gerade auch der Solipsismusvorwurf, d. h. die subjektivische Geschlossenheit des Einzelnen, wird immer wieder erhoben (vgl. Bredella 2002b, 110 ff.). Darüber hinaus bezieht sich die Kritik auf den hoch theoretischen und abstrakten Charakter radikalkonstruktivistischer Überlegungen und auf deren mangelnde Umsetzbarkeit für den FU.

Die grundlegende Differenz zwischen instruktivistischen und konstruktivistischen Positionen liegt in unterschiedlichen Vorstellungen möglicher Zugänge zu einer ontologisch vorgegebenen und jenseits subjektiver Wahrnehmungen stehenden Wirklichkeit und damit in der Frage nach Wahrheit. Ein erkenntnistheoretischer Skeptizismus auf Seiten des radikalen Konstruktivismus verhindert jeglichen Zugang zu dem jenseits subjektivistischer Wahrnehmungen stehenden Sein. Eine instruktivistische Sichtweise auf Welt legt sich auf vermeintlich objektive Zugänge zu einer objektiven Wahrheit und Wirklichkeit fest und negiert subjektive bzw. intersubjektive Faktoren. Ein vom radikalen Konstruktivismus beeinflusster FU weist theoretisch ähnliche Charakteristika auf wie ein vom gemäßigten Konstruktivismus geprägter FU. In der Realität fokussieren radikalkonstruktivistische Positionen jedoch eher abstrakt-theoretische Überlegungen und stellen Fragen nach konkreter methodisch-didaktischer Umsetzung nicht in den Mittelpunkt.

Lit.: L. Bredella: Die Entwertung der Welt und der Sprache in der radikal-konstruktivistischen Fremdsprachendidaktik. In: Zeitschrift für Fremdsprachenforschung 13/2 (2002), 109–129. – M. Reinfried: Der Radikale Konstruktivismus. Eine sinnvolle Basistheorie für die Fremdsprachendidaktik? In: Fremdsprachen Lehren und Lernen (FLuL) 28 (1999), 162–180. – M. Wendt: Konstruktivistische Fremdsprachendidaktik. Lerner- und handlungsorientierter FU aus neuer Sicht. Tüb. 1996. – M. Wendt: Kontext und Konstruktion. Fremdsprachendidaktische Theoriebildung und ihre Implikationen für die Fremdsprachenforschung. In: Zeitschrift für Fremdsprachenforschung 13/1 (2002), 1–62. – D. Wolff: Der Konstruktivismus. Ein neues Paradigma in der Fremdsprachendidaktik? In: Die Neueren Sprachen 93/5 (1994), 407–429. – D. Wolff: Instruktivismus vs. Konstruktivismus. 20 Thesen zur Lernbarkeit und Lehrbarkeit von Sprachen. In: G. Bach/B. Viebrock (Hg.): Die Aneignung fremder Sprachen. Perspektiven, Konzepte, Forschungsprogramm. FfM 2002, 19–24. ChF

Kontextualisierung. Im FU ist auf verschiedenen Ebenen eine K. von Lehr- und Lerninhalten erforderlich: zum einen durch die Einbettung sprachlicher Elemente in größere sprachliche Struktureinheiten und Kommunikationssituationen, zum anderen durch die Einbeziehung unterschiedlicher Formen kulturellen Wissens. Wie soziolinguistische und andere kontextorientierte Ansätze in der ↗ Sprachwissenschaft betonen, reichen das Wortschatzwissen und das Wissen über grammatische Strukturen zur adäquaten Anwendung einer Sprache in kommunikativen Kontexten nicht aus. Der korrekte Einsatz sprachlicher Elemente und Strukturen kann vielfach erst durch eine K. in Gesprächssituationen verdeutlicht werden. Daher bedarf es im FU einer K. sprachlicher Äußerungen auf der Grundlage authentischer Beispiele sprachlicher Kommunikation in der Zielsprache bzw. in deren (regionalen und sozialen) Varietäten (↗ Authentizität), um so die ↗ kommunikative Kompetenz der Lernenden und speziell deren Gespür für einen situationsadäquaten Gebrauch unterschiedlicher stilistischer Ebenen zu schulen. Neben Auslandsaufenthalten und Kontakten mit Sprechenden der Zielsprache (↗ Begegnung und Begegnungssituationen) können im FU fiktionale und nicht-fiktionale Texte ebenso wie audiovisuelle Medien (Film, Fernsehen) zum Einsatz kommen, stellen diese doch als partieller Ersatz für lebensweltliche Gesprächssituationen eine relevante K. dar. Soll die Beschäftigung mit Literatur und audiovisuellen Medien dazu dienen, die kommunikative Kompetenz zu fördern, so bieten sich zum Erreichen dieses ↗Lernziels weniger die in der deutschen Fremdsprachendidaktik vor allem bis in die 1960er Jahre bevorzugten literarischen Klassiker an als vielmehr zeitgenössische literarische Texte, die tatsächliche Gesprächssituationen imitieren, aber auch kommunikationsorientierte audiovisuelle Formate wie die Sitcom oder auch die Talkshow (↗TV-Didaktik). Traditionell lag im FU der Schwerpunkt auf jenen K.en, in denen die Zielsprache als Erstsprache Verwendung findet. In jüngerer Zeit werden jedoch zunehmend Stimmen laut, die dafür plädieren, auch solche K.en zu berücksichtigen, in denen die Zielsprache als Fremdsprache zum Einsatz kommt.

Neben dem Spracherwerb gilt auch der Erwerb kulturellen Wissens als zentrale Komponente des FUs. Seit den 1980er Jahren setzt sich in der Fremdsprachendidaktik zunehmend die Auffassung durch, dass die Vermittlung von Fremdsprachenkenntnissen aufgrund der engen Zusammenhänge zwischen Sprache und ↗Kultur notwendig mit einer Vermittlung kulturellen Wissens einhergehen müsse. In Deutschland und Frankreich existieren – unter den Schlagworten ↗›Landeskunde‹ bzw. *civilisation* – zwar eine deutlich weiter zurückreichende Tradition der Vermittlung kulturellen Wissens in der Fremdsprachendidaktik. Den dominant kognitiv ausgerichteten Formen der Wissensvermittlung, die mit diesen Traditionen verknüpft sind, werden in jüngeren Ansätzen jedoch die Methode des Kulturvergleichs und individuell erfahrungsbasiertes Lernen entgegengestellt (↗Erfahrungsorientierung), um so nicht zuletzt auch zu einem reflektierten und selbstreflexiven Umgang mit Kultur und Sprache im Interesse der Ausbildung von *cultural awareness* (↗Bewusstheit/Bewusstmachung) anzuregen (vgl. Byram/Fleming 1998). Die Entwicklung einer Methodik zur systematischen Verbindung von kulturellem/landeskundlichem Wissen mit sprachlich-kommunikativer Kompetenz bildet aber nach wie vor weitgehend ein Desiderat der Fremdsprachendidaktik, wurde doch die Beschäftigung mit landeskundlichen Aspekten lange Zeit lediglich als Hintergrund für das Erlernen einer Fremdsprache und nicht als integraler Bestandteil des FUs betrachtet. Über die Funktion als

Möglichkeit einer sprachlichen K. hinaus dienen fiktionale und nicht-fiktionale Texte sowie audiovisuelle Medien auch der kulturellen K. im weiteren Sinne und liefern eine Grundlage für den Erwerb kulturellen Wissens und kultureller Kompetenz. Kulturelle und historische K.en sind aber auch für das ↗Verstehen und die Interpretation literarischer Texte selbst notwendig (↗Literaturdidaktik). K. dient somit insgesamt nicht nur der ↗Motivation der Lernenden, sondern auch der Ausbildung sprachlicher und speziell pragmatischer Kompetenz sowie der Entwicklung ↗interkultureller kommunikativer Kompetenz (↗*Intercultural Speaker*).

Lit.: M. Byram/M. Fleming (Hg.): Language Learning in Intercultural Perspective. Approaches Through Drama and Ethnography. Cambridge 1998. – M. Byram/ C. Morgan: Teaching and Learning Language and Culture. Clevedon u.a. 1994.   MG

Kontrastivhypothese   ↗Fehler,   ↗Interferenz, ↗Spracherwerb und Spracherwerbstheorien, ↗Transfer

Kooperatives Lernen. Formen des k.L.s sind zugrundeliegender Bestandteil zentraler Fragestellungen der fremdsprachendidaktischen Diskussion. Untersuchungen des FUs konstatieren hohe Lehrersprechanteile und die Dominanz des Interaktionsmusters Lehrerinitiation/Schülerresponse/Lehrerfeedback. Das Muster ist der Rahmung des FUs in der Disziplinarinstitution Schule geschuldet, aber auch dem Lehr-Lern-Kurzschluss und dem fachspezifischen Dogma der ↗Einsprachigkeit, das die Lehrenden mit ihrer überlegenen Fremdsprachenkompetenz zum Zentrum des Unterrichts macht. Etliche didaktische, lernpsychologische (↗Lerntheorien) und spracherwerbstheoretische (↗Spracherwerb und Spracherwerbstheorien) Positionen sprechen dagegen für k.L. und Schüler-Schüler-Kooperation: die seit der kommunikativen Wende lebendige Vision eines schülerpartizipativen Kommunikationsmodells des FUs (↗kommunikativer FU); das konstruktivistische Verständnis vom Lernen als interaktionsgetriebenem Prozess der Bedeutungsaushandlung und Problemlösung (↗Konstruktivismus/Konstruktion); die damit einhergehende Rehabilitierung des Sprechens über Sprache und des Einbezugs der Erst- und anderer zur Verfügung stehender

Sprachen in den FU (↗Interkomprehension, ↗Mehrsprachigkeit); und das positive Fehlerverständnis (↗Fehler) der ↗*Interlanguage*-Theorie.

K.L. bezeichnet kollaborative Arbeitsformen in Kleingruppen, die durch fünf Basiselemente strukturiert sind (vgl. Johnson et al. 2008): wechselseitige positive Abhängigkeit der Gruppenmitglieder (*positive interdependence*), individuelle Verantwortung der einzelnen für das Gruppenergebnis (*accountability*), direkte Interaktion mit dem Gegenüber (*face-to-face interaction*), Erwerb sozialer Fähigkeiten (*social skills*) sowie Reflexion der Gruppenprozesse (*group processing*). Im engeren Sinne umschreibt k.L. eine Sammlung von Mikromethoden auf der Ebene der Einzelstunde nach dem Muster *Think-Pair-Share* sowie Modelle, die einzelne Methoden und Prinzipien (Wettbewerb, Kooperation, Einzelarbeit) in komplexen Lernumgebungen zu festen Sequenzen wie *Teams-Games-Tournaments* kombinieren (vgl. Slavin 1995). In Erziehungswissenschaft und empirischer Bildungsforschung steht k.L. im weiteren Sinne für zahllose Unterrichtsformate zwischen den Polen Selbständigkeitsförderung (↗Autonomes Lernen) und Kollaboration (vgl. Rabenstein/Reh 2007). Inwieweit die verschiedenen Formate jeweils die Basiselemente erfüllen, ist eine offene Forschungsfrage.

Theoretische und empirische Forschungen lassen die folgenden Wirkungen des k.L.s erwarten (für einen aktuellen Überblick vgl. Bonnet 2009): eine Erhöhung der Redeanteile der Lernenden, damit verbunden eine intensivere Bedeutungsaushandlung; vertiefter, in Teilen umfangreicherer Wortschatzerwerb, da erarbeitete Wörter stärker mit ↗Vorwissen und außerunterrichtlichen Spracherfahrungen in Bezug gesetzt werden können (↗Wortschatz und Wortschatzerwerb); ↗Kommunikation auf Inhalts-*und* Beziehungsebene; Unterstützung im Erwerb von ↗Sozialkompetenzen; Stärkung der Lernerautonomie durch Reflexion; eine Veränderung der Lehrerrolle (↗Lehrer und Lehrerrrolle), insbesondere die Schaffung von Freiräumen zur Handhabung von Heterogenität durch individuelle Zuwendung (↗Differenzierung). Um die genannten Potenziale des k.L.s auszuschöpfen, bedarf es indes einiger Voraussetzungen. Die je vorhandene Lernkultur bestimmt maßgeblich mit, wie Lernende Aufgaben und Unterrichtsinszenierungen deuten bzw. selbst gestalten – nicht umgekehrt. Inhaltlich effektive Arbeit in Kleingruppen setzt interaktionale Kompetenzen in vier Bereichen voraus (vgl. Bonnet 2009): im Umgang mit Antipathie und Sympathie (Beziehung), in der Regelung der gruppeninternen Partizipation, im Aufgabenmanagement (Organisation) sowie in der Verfügung über Regeln schlüssigen Argumentierens. In Teilen wird k.L. diese Voraussetzungen in Form schrittweise gesteigerter methodischer Anforderungen selbst schaffen bzw. schaffen müssen.

Es gibt zahlreiche empirische Untersuchungen zur Entwicklung lern- und entwicklungspsychologisch sowie allgemeindidaktisch relevanter Parameter in kooperativen Lernumgebungen. Für die im Bereich des FUs spezifischen Schülerkompetenzen und die emotionalen sowie für die Professionalisierung der Lehrkräfte relevanten Effekte sind derartige Untersuchungen allerdings rar. Hier gilt es festzustellen, unter welchen Bedingungen sich welche Konzepte von k.L. bewähren und wie durch sie die oben genannten Parameter beeinflusst werden. Aufgrund der Komplexität des Phänomens und des Defizits an formalen Theorien in diesem Bereich erscheint dazu die Konstruktion gegenstandsbezogener Theorien durch komplexe Kombination von Forschungsstrategien, Datentypen und Schlusslogiken ausgesprochen vielversprechend (↗Empirie, ↗Forschungsmethoden und -instrumente). Als weiteres Forschungsdesiderat ist es auf der konzeptionellen Ebene notwendig, die Terminologie weiter zu entwickeln. Der Terminus ›k.L.‹ fungiert sowohl als Oberbegriff als auch als Bezeichnung für alle Mikromethoden sowie Methodenpakete, die nach dem Prinzip *Think-Pair-Share* verfahren. Die durch die Basiselemente formulierten Prinzipien werden allerdings ganz oder teilweise auch von anderen Methoden umgesetzt, wie z.B. Szenario-Didaktik (↗Inszenierung), ↗*Storyline*-Methode oder ↗aufgabenorientiertes Lernen. Es wäre wünschenswert, diese verschiedenen Formen – auch in ihren empirischen Wirkungen – genauer voneinander abzugrenzen. Eine weitere Stufe theoretischer Integration dürfte erreicht werden, wenn k.L. schließlich mit dem Prinzip der Lernerautonomie in Beziehung gesetzt würde und aus der von einigen Autor/innen vermuteten Komplementarität der beiden Konzepte auch begriffliche Konsequenzen gezogen würden.

Lit.: A. Bonnet: K.L. In: Der fremdsprachliche Unterricht Englisch 43/99 (2009), 2–9. – D.W. Johnson/R.T. Johnson/E.J. Holubec: Circles of Learning. Cooperation in the Classroom. Edina, Minn. [8]2008 [1984]. – K. Rabenstein/S. Reh (Hg.): Kooperatives und selbständiges Arbeiten von Schülern. Zur Qualitätsentwicklung von Unterricht. Wiesbaden 2007. – R.E. Slavin: Cooperative Learning. Theory, Research, Practice. Boston 1995.   AB/HDC/UH

Korrektur. Korrektives ⁄ Feedback spielt im FU gleichermaßen bei der Förderung mündlicher wie auch schriftlicher Ausdrucksfähigkeit eine wichtige Rolle. Im Bereich der Rezeption dagegen ist die systematische wissenschaftliche Auseinandersetzung mit Lese- oder Hörfehlern bisher noch wenig verbreitet.

Zur diskursanalytischen Beschreibung mündlichen korrektiven Feedbacks werden in der Regel mindestens drei Kriterien herangezogen: (1) Wer initiiert die Verbesserung? – Je nachdem, ob ein Schüler bzw. eine Schülerin die Verbesserung der eigenen Äußerung selbst initiiert oder die Fehlerhaftigkeit der Äußerung von einer anderen Person zum Anlass für die Thematisierung des ⁄Fehlers genommen wird, spricht man entweder von selbst- oder von fremdinitiierten Feedbacksequenzen. Fremdinitiierungen können als metalinguistisches Feedback, als Bitte um Erläuterung, als Rückfrage oder als Wiederholung des fehlerhaften Ausdrucks realisiert werden. (2) Wer führt die Verbesserung durch? – Ebenso ist zu unterscheiden, ob die Person, die den Fehler gemacht hat, ihn selbst verbessert oder ob eine andere Person dies übernimmt. Selbstverbesserungen erfolgen von Seiten der Person, die den Fehler gemacht hat. Bei Fremdverbesserungen seitens der Lehrperson oder der Mitschüler/innen lassen sich direkte (auch ›explizit‹ genannte) K.en, bei denen ein expliziter Hinweis auf die Fehlerhaftigkeit der Äußerung erfolgt, von indirekten (auch ›implizit‹ genannten) Verbesserungen unterscheiden, bei denen ein solcher expliziter Hinweis fehlt. Letztere werden auch als Umgestaltungen, als richtigstellende Wiederholungen oder als *recasts* bezeichnet. (3) Bleibt die Mitteilungsabsicht des Lernenden aufrechterhalten? – Dieses dritte Kriterium ist Grundlage für die Unterscheidung von Reparatur- und K.sequenzen und besonders wichtig für die didaktische Bewertung mündlichen korrektiven Feedbacks. Idealerweise führt die interaktionale

Fehlerbearbeitung dazu, dass die einer fehlerhaften Schüleräußerung zugrundeliegende Mitteilungsabsicht mit angemessenen sprachlichen Mitteln realisiert wird (Reparatur). Insbesondere bei Fremdverbesserungen besteht aber die Gefahr, dass die ursprüngliche Mitteilungsabsicht durch die sprachlichen Verbesserungsangebote verändert wird (K.).

Es liegen bereits zahlreiche empirische Studien zur Beschreibung mündlichen korrektiven Feedbacks und zunehmend auch zu dessen Wirksamkeit vor. In einer diskursanalytischen Untersuchung eines Korpus mit 394 Fällen korrektiven Feedbacks aus dem Deutsch-als-Fremdsprache-Unterricht an flämischen Sekundarschulen kommt Katja Lochtman (2002) zu dem Ergebnis, dass gegenüber dem expliziten Feedback (13,7 %) und den Umgestaltungen (30,5 %) mit 55,8 % insbesondere Initiierungen der Selbst-K. überwiegen. Bei ihrer Untersuchung stellt sie weiterhin fest, dass explizites korrektives Feedback und Umgestaltungen jeweils in 52 % bzw. 52,5 % der Fälle nicht von den betroffenen SuS aufgenommen wurden, während anderes korrektives Feedback bessere Aufnahmewerte in den nachfolgenden Schüleräußerungen zeigte. Gertraud Havranek (2002) legt eine Untersuchung vor, die auf einem Datenkorpus zum Englischunterricht für deutschsprachige SuS in 10 Klassen auf unterschiedlichen Niveaustufen und in verschiedenen Altersgruppen beruht. Ihre Auswertung von 1700 Fällen korrektiven Feedbacks ergibt, dass Umgestaltungen die häufigste Form der Feedbacksequenz darstellen und dass 59 % dieser Umgestaltungen von den Lernenden wiederholt werden. Besonders bemerkenswert an ihrer Studie ist, dass sie u.a. anhand von Testwerten zu ermitteln sucht, welcher Typ korrektiven Feedbacks bei der betroffenen Person und bei den anderen Kursteilnehmenden besonders erfolgreich ist. Ihren Daten zufolge sind insbesondere die elizitierte Selbst-K. und die schülerseitige Wiederholung nach einer misslungenen Elizitierung mit Fremd-K. besonders wirksam; geringe Erfolgsquoten liegen bei *recasts* ohne Aufnahme durch den Lernenden vor. So unterstreicht Havraneks Untersuchung nicht nur die Ergebnisse vorhergehender Studien, dass mündliches korrektives Feedback den Zweitspracherwerb unterstützt, sondern gelangt zu differenzierten Aussagen über die Bedingungen, unter denen bestimmte Feedback-Typen Erfolg zeitigen.

In der Fachdiskussion zum schriftlichen korrektiven Feedback hat die Frage der schülerseitigen Initiierung (wenngleich denkbar) bisher kaum eine Rolle gespielt; bei der Fremdinitiierung stellt sich jedoch in vergleichbarer Weise wie auch beim mündlichen korrektiven Feedback die Frage, ob die Lehrperson den Fehler fremdverbessern oder Hinweise zur Selbst-K. geben soll. Im ersten Fall hat sich der Begriff der direkten K. durchgesetzt, Hinweise zur Selbst-K. werden (anders als beim mündlichen korrektiven Feedback) in der Regel als indirekte K. bezeichnet. Letztere können darin bestehen, dass ein Fehler durch Unterstreichen oder Einkreisen lokalisiert wird, dass die Fehlerart mit einem K.zeichen kodiert wird oder dass sowohl Lokalisierung als auch Kodierung erfolgen; ebenfalls ist denkbar, dass ein Fehler ohne Lokalisierung und Kodierung nur durch Anstreichen am Rand markiert wird.

Im Hinblick auf das korrektive Feedback zu schriftlichen Grammatikfehlern besteht in der Fachdiskussion eklatante Uneinigkeit darüber, ob die weit verbreitete K.praxis überhaupt wirksam ist (vgl. Ferris 2004). K.gegner/innen stellen aufgrund zahlreicher empirischer Hinweise die Effizienz der zeitlich enorm aufwändigen K. grundsätzlich in Frage und machen im Gegenteil auf die Gefahr aufmerksam, die darin liegt, dass Lernende als Reaktion auf die Fehler-K. ihre für den Zweitspracherwerb förderliche Risikobereitschaft senken und die Komplexität ihrer Äußerungen reduzieren könnten. K.befürworter/innen sprechen, ebenfalls auf der Grundlage empirischer Hinweise, u. a. folgende Empfehlungen aus: (1) Indirekte K.en, bei denen die SuS die Verbesserungen selbst durchführen, seien im Vergleich zu direkten K.en wirksamer, da die schülerseitige Aufnahme bei der Überarbeitung eine entscheidende Rolle spiele. (2) Die Wirksamkeit der K. könne von der Art des Fehlers (z.B. Morphologie vs. Syntax) oder vom Lernstand der betroffenen Person in der Erwerbssequenz der jeweiligen Sprache abhängig sein. Dies würde bedeuten, dass auf der Grundlage einer individuellen Diagnose (↗Leistungsermittlung) nur bestimmte Fehler für die K. auszuwählen wären. (3) Die schülerseitige Anfertigung eines Fehlerrasters sei hilfreich dabei, eine positive Einstellung zum Fehler

als Chance zum Weiterlernen aufzubauen, durch Sprachvergleich und Sprachbewusstheit (↗Bewusstheit/Bewusstmachung) Ursachen von Fehlern zu erkennen und die Selbstkontrolle beim Schreiben zu fördern.

Neben Grammatikfehlern spielt auch das lexikalische, stilistische, strukturelle und inhaltliche Verbesserungspotenzial von Schülertexten eine wichtige Rolle für das korrektive Feedback. Prozessorientierter Schreibunterricht (↗Schreiben) sieht deshalb in der Regel Schreibkonferenzen vor, in denen sich SuS in einer ersten Bearbeitungsrunde zunächst gegenseitig inhaltliches Feedback zu ihren Texten geben, um die Texte anschließend im Hinblick auf ihre Überzeugungskraft, ästhetische Wirkung, Struktur usw. zu überarbeiten. Erst in einer zweiten Runde der Schreibkonferenzen erfolgen dann in der gegenseitigen Beratung Vorschläge zur morphosyntaktischen und lexikalischen K., die im Anschluss unter Zuhilfenahme entsprechender Referenzmittel von den jeweiligen Autor/innen bearbeitet werden können.

Im Zusammenhang mit der Ausrichtung von fremdsprachlichen ↗Lernzielen am ↗Gemeinsamen europäischen Referenzrahmen lässt sich insgesamt eine deutliche Abwendung von einer defizitorientierten Fokussierung auf Fehler hin zu einer positiv orientierten Betrachtung von fremdsprachlichen ↗Kompetenzen konstatieren. Dies führt dazu, dass der Begriff der Fehler-K. hinter das Konzept der Selbstevaluation von Kompetenzen zurücktritt, welche in neueren ↗Lehrwerken oder im Europäischen Sprachenportfolio (↗Portfolio) auf der Grundlage von Kann-Beschreibungen erfolgt.

Lit.: D.R. Ferris: The ›Grammar Correction‹ Debate in L2 Writing. Where Are We, and Where Do We Go From Here? (And What Do We Do in the Meantime …?). In: Journal of Second Language Writing 13/1 (2004), 49–62. – G. Havranek: Die Rolle der K. beim Fremdsprachenlernen. FfM 2002. – K. Hyland/ F. Hyland (Hg.): Feedback in Second Language Writing. Contexts and Issues. Cambridge 2006. – K. Lochtman: K.handlungen im FU. Bochum 2002.   KSch

Korrespondenz (auch Schüler- und Klassenkorrespondenz) umschreibt die schriftliche ↗Kommunikation zwischen Lernergruppen mit unterschiedlichen Sprachhintergründen. Sie hat den Austausch von Inhalten sowie die Anwendung und Erweiterung von Sprachkenntnissen zum

Ziel. Die K. kann über verschiedene ↗Medien geschehen: Beschränkte sich die K. früher in erster Linie auf den Briefwechsel bzw. den Austausch von Paketen, so können heute auch E-Mail-Projekte und andere Formen internetbasierter Kommunikation darunter gefasst werden. Der Begriff hat somit durch die Informations- und Kommunikationstechnologien eine neue Relevanz erlangt.

Als Begründer der Idee der K. gilt der französische Reformpädagoge Célestin Freinet (1896–1966), der ein Unterrichtskonzept verfolgte, das primär auf die Eigeninitiative der SuS abzielte. Hierunter lassen sich selbstbestimmte, kooperative Arbeitsformen (↗Kooperatives Lernen), ↗Individualisierung, ↗Lerner-, Themen- und ↗Handlungsorientierung subsumieren. Lebensnahe Themen prägten den Unterricht Freinets, in dem ↗entdeckendes Lernen eine wichtige Rolle spielte. Freinet befürwortete eine praktisch orientierte Pädagogik, deren Ziel es ist, die Trennung zwischen Schule und Leben zu relativieren. In der K. sah er eine Möglichkeit, diese Trennung aufzuheben und das in der Schule Gelernte unmittelbar und lebensnah anzuwenden. In den Klassen Freinets existierten zwei verschiedene Formen des Briefwechsels: Zum einen gab es einen Austausch von Schülerzeitungen zwischen Klassen aus Frankreich und angrenzenden Ländern; zum anderen fand ein Briefaustausch von Klasse zu Klasse sowie von Schüler zu Schüler statt. Die Ideen Freinets werden seit den 1970er Jahren vereinzelt auch im FU in Deutschland umgesetzt. Heute ist die K. vor allem im Zusammenhang mit ↗E-Learning und computervermittelter Kommunikation (↗Computer-Assisted Language Learning) zu betrachten. Das Internet mit seinen verschiedenen Kommunikationsmöglichkeiten stellt ebenso eine Schnittstelle zwischen dem Schulgeschehen und dem außerschulischen Leben dar.

Die verschiedenen Möglichkeiten der Kommunikation im Internet lassen sich unterteilen in synchrone und asynchrone Kommunikation. Die synchrone Kommunikation beschreibt einen Austausch ohne Zeitverzögerung, in dem die Kommunikationspartner sofort auf Beiträge reagieren. Ein Beispiel für synchrone Kommunikation ist der Chat, der zugleich einen Sonderfall darstellt: Zwar findet er vordergründig im Medium der schriftlichen Sprache statt, enthält aber Merkmale des Mündlichen und wird hier aus diesem Grund nicht unter die K. gefasst. Asynchrone Kommunikationsformen wie z. B. Diskussionsforen, Blogs und Wikis sind für den kommunikativen Austausch im FU zwar ebenfalls von Bedeutung, entsprechen jedoch nur in Teilen der Kernidee der K., die hier im engeren Sinn als gezielter Austausch zwischen vorher festgelegten Kommunikationspartnern verstanden wird. Im Gegensatz dazu kann die Kommunikation via E-Mail ohne Weiteres als spezifische Ausprägung der K. betrachtet werden. Der E-Mail-Austausch ist ein typisches Beispiel für asynchrone Kommunikation: Hier kann einige Zeit zwischen dem Verfassen bzw. Absenden und dem Lesen bzw. Beantworten einer E-Mail verstreichen; die Kommunikation findet zeitlich versetzt statt, auch wenn zwischen dem Versand und dem Empfang einer E-Mail in der Regel nur Sekunden liegen. E-Mail-Projekte im FU nutzen diese Möglichkeiten der schnellen Kommunikation über Länder- bzw. Sprachgrenzen hinweg.

Der authentische Austausch (↗Authentizität) zwischen Lernergruppen trägt zur sprachlichen Entwicklung der SuS bei. Sie können das im FU Gelernte in der authentischen Kommunikation mit einem *native speaker* oder anderen Lernenden der jeweiligen Fremdsprache anwenden und nutzen dabei ein Medium, über das sie auch außerhalb der Schule kommunizieren. Da die SuS dabei an konkreten Aufgaben arbeiten, die zu einem greifbaren Ergebnis führen (z. B. eine gemeinsame Stellungnahme zu einer Fragestellung), ist der E-Mail-Austausch vor allem für handlungs- und aufgabenorientierte Lernprozesse geeignet (↗Aufgabenorientiertes Lernen).

Ein weiteres Ziel der K. ist die Entwicklung und Vertiefung der ↗interkulturellen kommunikativen Kompetenz der SuS. Durch den Austausch mit Lerngruppen, die einen anderen kulturellen Hintergrund haben, erfahren die SuS nicht nur etwas über die ihnen fremde Kultur, sondern sehen auch sich selbst und ihre eigene Kultur mit neuen Augen. Dieser Perspektivenwechsel (↗Perspektive und Perspektivenwechsel) verdeutlicht, dass die K. nicht nur auf kognitiven Wissenszuwachs ausgerichtet ist, sondern auch die soziale und emotionale Ebene der SuS (ihre Empathie und Toleranz) anspricht.

Die beschriebenen ↗ Lernziele der K., die von der sprachlichen Entwicklung der SuS über die Vertiefung ihrer interkulturellen Kompetenz sowie ihre ↗ Medienkompetenz bis hin zu der Vorbereitung auf einen realen Schüleraustausch (↗ Begegnung und Begegnungssituationen) reichen können, sind bei der Planung und Durchführung einer K. ebenso zu beachten wie grundlegende Überlegungen, wie z.B. die Frage nach der zu verwendenden Sprache: Die Kommunikation kann entweder in einer Sprache als ↗ lingua franca oder in Form eines Tandems (↗ Tandemlernen) erfolgen. Auch die ↗ Sozialform ist festzulegen: Die SuS können in Einzel-, Partner- oder Gruppenarbeit miteinander korrespondieren. In schulischen Kontexten sind häufig Partner- oder Gruppenarbeit vorzuziehen, da so auch die mündliche Kommunikation innerhalb einer Lernergruppe angeregt werden kann. Außerdem sollte der zeitliche Rahmen abgestimmt werden, der von einer auf einige Wochen begrenzten Dauer eines Projekts bis zu einem langen, regelmäßigen Austausch reichen kann.

Während in fortgeschrittenen Lernergruppen vorwiegend der E-Mail-Austausch als Form der K. genutzt wird, bieten sich für den Grundschulbereich weitere Formen der K. an. So kann Handgeschriebenes auch in Gestalt einer ›Klassenbriefsammlung‹, eines Klassenordners oder eines Klassentagebuchs verschickt werden, die z.B. auch Gebasteltes bzw. Gesammeltes wie ↗ Bilder, Collagen und ↗ Poster bzw. Kinokarten, Zeitungsausschnitte und leere Verpackungen beinhalten können. Auch kann das Versenden von Paketen per Post mit der Kommunikation per Internet kombiniert werden: So wurde das Teddybär-Projekt bekannt, an dem SuS aus der ganzen Welt teilnehmen (www.iearn.org.au/tbear/). Zwischen den Partnerklassen wird ein Teddybär zusammen mit Gegenständen wie Fotos, Karten und Andenken verschickt, über dessen ›Erlebnisse‹ die SuS Tagebucheinträge verfassen und diese wiederum per E-Mail zurückschicken. Diese Form der K. zielt besonders auf die interkulturelle Kompetenz der SuS und den Perspektivenwechsel ab.

Wenngleich Unterrichtsphasen der K. stark schülerzentriert sind, kommt der Lehrkraft eine wichtige Rolle zu. Eine Partnerklasse muss gefunden (für Tipps vgl. www.schule.de/englisch/reinhard.htm), Lernziele und Inhalte (Zeit, Thema, Erwartungen, Wünsche) müssen mit der Partnerlehrkraft koordiniert und reflektiert werden. Auch muss bei einem E-Mail-Austausch der Internetzugang für alle SuS gewährleistet sein. Ferner ist es Aufgabe der Lehrkraft, die SuS während der K. moderierend und koordinierend zu unterstützen. In bestimmten Phasen des Projekts kann es außerdem sinnvoll sein, gemeinsam den bisherigen Verlauf des Austauschs zu reflektieren, exemplarische E-Mail-Passagen zu besprechen usw. Die K. trägt somit in der Gesamtschau zu einem realitätsbezogenen und motivierenden (↗ Motivation) Spracherwerb bei.

Lit.: I. Dietrich: Handbuch Freinet-Pädagogik. Eine praxisbezogene Einführung. Weinheim 1995. – R. O'Dowd (Hg.): Online Intercultural Exchange. An Introduction for Foreign Language Teachers. Clevedon 2007.   LR/MaR

Kreativität spielt seit Mitte der 1980er Jahre auch im Kontext des fremdsprachlichen Unterrichts eine zunehmend bedeutende Rolle (vgl. Caspari 1994, 87). Hinter dem Begriff, dessen Bedeutung durch »Originalität, Imagination, Phantasie, Genialität, Schöpferkraft, Erfinden, Entdecken« (ebd., 53) zu fassen versucht wird, verbirgt sich ein didaktisches Prinzip, das das Selbstverständnis des FUs, der Lehrperson, des Lerners bzw. der Lernerin sowie die eingesetzten Methoden neu definiert. Als Charakteristika der K. im Unterricht lassen sich folgende Aspekte nennen: ↗ Prozessorientierung, Ganzheitlichkeit (↗ Ganzheitliches Lernen), Anregung der Produktivität der SuS sowie ihrer Fähigkeit, bekannte sprachliche Strukturen in neuen, ungewöhnlichen Zusammenhängen zu etwas Neuem zusammenzufügen (vgl. Caspari 2003, 308 f.). Neben der ↗ Handlungs- und Prozessorientierung spielen in einem FU, der sich kreativer Arbeitsformen bedient, die ↗ Lernerorientierung und somit eine ↗ Individualisierung und Personalisierung von Lernprozessen eine bedeutende Rolle (vgl. Caspari 1994, 157 ff.). Entscheidend für den Unterricht ist die Schaffung eines Raumes und einer Lernatmosphäre, in der die SuS – auch interaktiv und kooperativ (↗ Kooperatives Lernen) – kreativ und schöpferisch tätig werden können und ihnen somit ein Lernen und Arbeiten auf kognitiver, emotionaler, assoziativer und imaginativer (↗ Imagination) Ebene ermöglicht wird (vgl. Böttcher 1999, 7).

Im FU können kreative ↗Übungen zur Förderung unterschiedlicher ↗Fertigkeiten und ↗Kompetenzen eingesetzt werden. Werner Grenzlinger (1980) nennt eine Vielzahl kreativer Aktivitäten für die Bereiche Wortschatz, Grammatik, Text- und Projektarbeit. Für ihr Konzept der K. im fremdsprachlichen Literaturunterricht orientiert sich Daniela Caspari (1994, 51 f.) an den Begriffen ›kreatives Produkt‹, ›kreative Person‹ und ›kreativer Prozess‹ aus der psychologischen K.sforschung. Im kreativen Prozess bringen die Lernenden als kreative Personen ein kreatives Produkt hervor. Dieses unterliegt der Bedingung, dass es für den jeweiligen Lerner, nicht jedoch unbedingt für die gesamte Klasse oder die Lehrperson, neu sein muss. Den oben genannten Aspekten der K. entsprechend, nennt Caspari produkt-, persönlichkeits- und prozessorientierte Methoden für den kreativen Literaturunterricht wie z.B. das Ordnen von Textteilen (Puzzletechnik), das Vervollständigen und Weiterschreiben von Texten, das Umschreiben von Texten in eine andere Perspektive oder Textsorte, die Entwicklung inhaltlicher Alternativen, das Schreiben eigener Texte anhand eines vorgegebenen Gerüsts, literarische Sprachspiele sowie prozessorientierte *pre-*, *while-* und *post-reading activities* (vgl. ebd., 167 ff.).

Im Bereich der Sprachproduktion finden sich kreative Ansätze sowohl im schriftlichen (*creative writing*) als auch im mündlichen (*creative speaking*) Bereich. Beim kreativen Schreiben werden die SuS zu einer spielerischen und schöpferischen Produktion von Texten oder Textteilen angeregt. Dem Kenntnis- und Könnensstand der SuS entsprechend, kann sich das kreative Schreiben auch auf der Wort- bzw. Satzebene vollziehen. Der kreative Aspekt liegt dabei in der Prozessorientierung des Schreibens. Von Bedeutung ist nicht nur das schriftliche Produkt der SuS, sondern auch, auf welche Art und Weise sie zu diesem gelangt sind (vgl. Mühlmann 1992, 175; Schreiter 2002, 14). Ingrid Böttcher (1999) gruppiert die Methoden des kreativen Schreibens in fünf Kategorien: assoziative Verfahren; Schreibspiele; Schreiben nach Vorgaben, Regeln und Mustern; Schreiben zu und nach (literarischen) Texten; Schreiben zu Stimuli und Weiterschreiben an kreativen Texten (vgl. ebd., 22). Im Allgemeinen ist es nach Carmen Becker und Jana Roos (2008) für

den FU entscheidend, dass die SuS lernen, ihr sprachliches Potenzial kreativ, produktiv und spontan zu nutzen (vgl. ebd., 30). Dies gilt auch für den mündlichen Sprachgebrauch. Auf diese Weise wird die Ausbildung einer ↗kommunikativen Kompetenz gefördert, die als Hauptziel des FUs gilt. Für eine kreative Verwendung der Fremdsprache bedarf es dabei authentischer und lebensnaher Kontexte (vgl. ebd.). Diese lassen sich beispielsweise durch den Einsatz von Drama-Aktivitäten schaffen (↗Dramapädagogik). Ein kreativer, nicht ausschließlich auf Imitation oder Reproduktion basierender Zugang zur Fremdsprache wird dabei bereits für den Anfangsunterricht gefordert.

Lit.: C. Becker/J. Roos: I no like fish! Kreativer Sprachgebrauch im Englischunterricht der Grundschule. In: Die Grundschulzeitschrift 22/220 (2008), 30–33. – I. Böttcher (Hg.): Kreatives Schreiben. Bln 1999. – D. Caspari: K. im Umgang mit literarischen Texten im FU. FfM 1994. – D. Caspari: Kreative Übungen. In: K.-R. Bausch et al. (Hg.): Handbuch FU. Tüb. ⁴2003 [1989], 308–312. – W. Grenzlinger: K. im Englischunterricht. Bochum 1980.   FE

Kreatives Schreiben ↗Kreativität, ↗Schreiben

Kultur. Der Begriff K., der in der Alltagssprache und in den Geistes- und Sozialwissenschaften zu den am häufigsten gebrauchten und populärsten, aber auch zu den im alltäglichen Sprachgebrauch meist unterbestimmt bleibenden gehört, bezeichnet je nach Disziplin und Ansatz sehr unterschiedliche Phänomene. Gemeinsam ist sämtlichen K.begriffen, dass sie das vom Menschen gestaltend Hervorgebrachte bezeichnen – im Gegensatz zu dem, was von Natur aus vorhanden ist. Die Entwicklung des modernen K. begriffs ist geprägt durch eine Ausweitung des Bedeutungsfeldes von landwirtschaftlichen Tätigkeiten des Ackerbaus auf »die pädagogische, wissenschaftliche und künstlerische ›Pflege‹ der individuellen und sozialen Voraussetzungen des menschlichen Lebens selbst« (Ort 2008, 19). Die ursprüngliche, engere Bedeutung ist durch metaphorische Erweiterung und Übertragung auf andere Bereiche zum Modell für andere mentale und soziale Formen der Kultivierung einer Gesellschaft geworden (vgl. Böhme 1996). Angesichts der Vielzahl unterschiedlicher Verwendungsweisen des Wortes ›K.‹ und der Vielfalt konkurrierender wissenschaftlicher Definitionen des K.begriffs (↗Kulturwissenschaft) erscheint es sinnvoll, von K.begriffen im Plural zu sprechen (vgl. Ort 2008; Reckwitz 2004). Im weitesten Sinne meint ›K.‹ die vom Menschen durch die Bearbeitung der Natur mithilfe von planmäßigen Techniken geschaffene Welt der geistigen Güter, materiellen Kunstprodukte und sozialen Einrichtungen, also die im Zuge der Sozialisation erworbenen Voraussetzungen sozialen Handelns. Die meisten gegenwärtig favorisierten K.begriffe rücken einen dieser Aspekte in den Mittelpunkt und bestimmen K. z.B. als Text bzw. System symbolischer Formen, als Aufführung oder Ritual, als Kommunikation, als lebensweltliche Praxis, als Standardisierungen des Denkens und Handelns, als mentales Orientierungssystem oder als Gesamtheit von Werten und Normen.

Einen guten Überblick über die Vielfalt der K.begriffe gibt die von Reckwitz (2004) entwickelte Typologie, der zufolge vier Arten von K.begriffen unterschieden werden können: (1) der normative K.begriff, (2) der totalitätsorientierte K.begriff, (3) der differenztheoretische K.-begriff, (4) der bedeutungs- und wissensorientierte K.begriff. Der normative K.begriff (1) beruht auf einer wertenden Gegenüberstellung bzw. einer Auszeichnung bestimmter ästhetischer Phänomene, Objekte und Praktiken der ›Hochkultur‹, die in einer Gesellschaft hochgeschätzt, durch Traditionsbildung bewahrt und zum ↗Kanon ästhetischer Werke gezählt werden. Im Gegensatz zum normativen K.begriff, der auf einer Ausgrenzung von Alltags-, Massen- und Populärkulturen basiert, zeichnet sich der totalitätsorientierte K.begriff (2) dadurch aus, dass er von ästhetischen Wertungen absieht und ›ganze Lebensformen‹, d.h. die Gesamtheit der Denk-, Handlungs- und Wahrnehmungsmuster von Kollektiven, in den Mittelpunkt rückt. Der aus der Soziologie stammende und in der Systemtheorie ausgearbeitete differenztheoretische K.begriff (3) unterscheidet sich von einem solchen weiten Verständnis von K. durch eine radikale Einschränkung auf »das enge Feld der Kunst, der Bildung, der Wissenschaft und sonstiger intellektueller Aktivitäten« (Reckwitz 2004, 6). Trotz der Vielfalt unterschiedlicher Entwürfe ist in den letzten Jahren eine fachübergreifende Präferenz für einen bedeutungs- und wissensorientierten K.begriff (4)

erkennbar, der semiotisch und konstruktivistisch geprägt ist. Demzufolge wird K. als der von Menschen erzeugte Gesamtkomplex von mentalen Vorstellungen, Denkformen, Empfindungsweisen, Werten und Bedeutungen aufgefasst, der sich in Symbolsystemen (z.B. in Sprache) und sozialen Institutionen (z.B. in der Schule) materialisiert.

Aus den Entwicklungen um den K.begriff ergibt sich für den FU erstens die Forderung, dass ein weiter Textbegriff zugrunde gelegt wird, der die Einbeziehung sowohl vernachlässigter Gattungen und Textsorten als auch Formen von ↗Populärkultur und Produkte der Massenmedien in den Unterricht erlaubt (vgl. auch ↗Kulturdidaktik). Ein FU, der von neueren K.begriffen ausgeht, hat zweitens auch die immateriellen bzw. mentalen Aspekte von K. zu berücksichtigen, die sich in unterschiedlichen medialen Ausdrucksformen niederschlagen. D.h., neben Texten sollten kollektive Erfahrungen, Denk- und Gefühlsweisen, handlungsleitende Werte und Normen sowie Wissensstände und Überzeugungen der Zielsprachenkulturen Gegenstand des Unterrichts sein. Auf diese Weise rücken Prozesse kultureller Sinngebung, Selbst- und Weltbilder fremder K.en sowie die historische Variabilität von Mentalitäten in das Blickfeld, so dass sich der Gegenstandsbereich des FUs erweitern lässt. Und drittens legen die neuen K.begriffe nahe, dass auch die soziale Dimension der Zielsprachenkulturen Eingang in den FU finden sollte, denn die gesellschaftlichen Rahmenbedingungen, Praktiken und Institutionen einer K. bestimmen wesentlich die Entstehung, Ausprägung und Rezeption verschiedener medialer Ausdrucksformen.

Lit.: H. Böhme: Vom Cultus zur K.(wissenschaft). Zur historischen Semantik des K.begriffs. In: R. Glaser/ M. Luserke (Hg.): Literaturwissenschaft, K.wissenschaft. Positionen, Themen, Perspektiven. Opladen 1996, 48–68. – C.-M. Ort: K.begriffe und K.theorien. In: A. Nünning/V. Nünning (Hg.): Einführung in die K.wissenschaften. Theoretische Grundlagen, Ansätze, Perspektiven. Stgt/Weimar 2008, 19–38. – A. Reckwitz: Die Kontingenzperspektive der ›K.‹. K.begriffe, K.theorien und das kulturwissenschaftliche Forschungsprogramm. In: F. Jaeger/J. Rüsen (Hg.): Handbuch K.wissenschaften. Bd. 3: Themen und Tendenzen. Stgt/Weimar 2004, 1–20.   AN

Kulturdidaktik. Unter dem Begriff der K. sind Konzepte der Vermittlung, der Repräsentation

und des Verstehens von kommunikativer Interaktion mit fremdsprachigen Kulturen oder einzelnen ihrer Vertreter/innen und Hervorbrin-
gungen zu verstehen. An dieser umfassenden,
eher offenen Definition ist ablesbar, dass es sich
keineswegs um ein geläufiges Konzept oder
Teilgebiet der Fremdsprachendidaktik handelt.
Vielmehr konkurriert der Begriff innerhalb der
Einzeldidaktiken und über sie hinweg mit anderen disziplinären und konzeptuellen Bestim-
mungen, vor allem mit der traditionellen ↗Lan-
deskunde, aber auch mit neueren Ansätzen wie
der Kulturvermittlung, dem ↗interkulturellen
Lernen, den *Cultural Studies* oder Kulturstu-
dien, den Kulturraumstudien oder *Area Studies*
und weiteren (vgl. im Einzelnen Lüsebrink
2008). Insgesamt deutet sich in dem Begriff
aber die Abkehr von essentialistischen, natio-
nalkulturell orientierten Landeskunde- und
Kulturkonzepten an.

Im Begriff der K. konvergieren verschiedene
Entwicklungen in den Fachwissenschaften und
in der Fremdsprachendidaktik, denen eine kulturwissenschaftliche Orientierung und Öffnung gemeinsam ist. Die erste Veränderung
betrifft die Öffnung der Landeskunde hin zu
einer interkulturellen Vermittlungswissenschaft
und Didaktik. Die Hinwendung zu den kulturellen Gegebenheiten in fremdsprachigen Kulturen war seit Beginn des FUs mit der Landeskunde verbunden. Darunter wurden zunächst,
in meist unausgesprochener Anknüpfung an
die ›völkerkundlichen‹ und die besonders problematischen ›kulturkundlichen‹, weil rassisti-
schen Traditionen der 1920er und 1930er
Jahre, die Wissenschaft und das Wissen vom
›Wesen‹, den ›Eigenheiten‹ oder den Merkmalen fremder Kulturen verstanden. Landeskundliche Kenntnisse galten als unverzichtbar für
die Verständigung mit Angehörigen der fremdsprachigen Kulturen und erfolgreiche Kommunikation. Aus kulturwissenschaftlicher Perspektive sind daran vor allem stereotypisierende Annahmen und Setzungen über andere
Kulturen problematisch (↗Stereotypen) sowie
ein Objektivitätsanspruch, der das Wissen über
fremde Kulturen als quasi unumstößlich und
allgemeingültig nach Art eines enzyklopädischen Überblicks organisiert (Sommer 2007).
Die Problematisierung von Stereotypisierungen
sowie eine verstärkte Wahrnehmung für die
interkulturelle Dimension aller fremdsprachi-

gen Kommunikation haben zu einer Umorientierung der Landeskunde geführt, die man als
›Interkulturalisierung‹ der Landeskunde (Lüsebrink) bezeichnen kann. Diese kann ihrerseits
als Reflex auf ein verstärktes Bewusstsein von
der wachsenden kulturellen Vielfalt und Hy-
bridisierung postkolonialer und globalisierter
Migrationsgesellschaften betrachtet werden
(Lüsebrink 2008). Vor allem in der Französischdidaktik und im Fach Deutsch als Fremdsprache hat sich aber der Dachbegriff ›Landeskunde‹ erhalten.

Die ›Interkulturalisierung‹ ist ihrerseits eine
weitere Entwicklung, die weit über die Landeskunde hinaus die gesamte Fremdsprachendidaktik betrifft und zu einer Neubewertung der
Rolle der fremdsprachigen Kulturen im FU
führte: In einem interkulturell orientierten FU
kommt es weniger auf kulturelles Faktenwissen
und landeskundliches Spezialwissen, sondern
vielmehr auf Kommunikations- und Verste-
hensbereitschaft und auf die Fähigkeit zur Bedeutungsaushandlung an. Damit verliert die
fremdsprachige Kultur ihre enge Begrenzung
auf einen Lerngegenstand der Landeskunde
und wird zu einer kommunikativen und atti-
tudinalen Dimension, die in allen Akten fremdsprachiger Kommunikation erforderlich und
präsent ist.

Ein dritter Entwicklungsstrang betrifft die
↗Kulturwissenschaften. Obwohl diese sich als
American Studies in den USA bereits Ende der
1950er und als *British Cultural Studies* in
Großbritannien zu Beginn der 1960er Jahre als
neue interdisziplinäre Wissenschaften nachhaltige Aufmerksamkeit verschafften, konnten sich
in den Philologien im deutschsprachigen Raum
die Kulturwissenschaften erst in den 1990er
Jahren etablieren (Byram 1989, Freese 2007,
Sommer 2007). Deren Entwicklung ist mit einem neuen Kulturbegriff verbunden (↗Kultur),
der zum einen (in Anknüpfung an die *Cultural
Studies*) unter Kultur nicht mehr bloß künstlerische Produkte versteht (*Culture* mit großem
›C‹), sondern die Gesamtheit der in einer Gesellschaft hervorgebrachten Artefakte, Denkweisen und sozialen Praktiken sowie Institutionen (*culture* mit kleinem ›c‹). Damit wird ›Kultur‹ zu einem umfassenden Beobachtungs- und
Analysegegenstand sowie (didaktisch) zu einem
Lern- und Interaktionsfeld, das sämtliche
menschlichen Tätigkeiten, Verhaltensweisen

und symbolischen Produkte umfasst und das zudem wegen der Produktivität und der diskursiven Verfasstheit aller Kultur dynamischen Veränderungen unterworfen ist. Zum anderen wird nunmehr der prozessuale, diskursive und symbolische Charakter von Kultur betont, der in der Metapher von ›Kultur als Text‹ oder, zur Hervorhebung der Multimedialität aller Kommunikations- und Signifikationsprozesse, von ›Kultur als Hypertext‹ manifest wird (Hallet 2002, Altmeyer 2004). Die Text- bzw. Hypertext-Metaphorik lenkt das Augenmerk darauf, dass im FU die Begegnung und Kommunikation mit fremdsprachigen Kulturen und deren Repräsentant/innen in aller Regel in textuell-diskursiver oder medial vermittelter, nicht aber in direkter personaler Form erfolgt – mit Ausnahme z.B. des Schüleraustauschs (↗ Begegnung und Begegnungssituationen). Die fremdsprachigen Kulturen sowie die in ihnen anzutreffenden Denk- und Verhaltensweisen, Institutionen und Lebensstile sind im FU lediglich in Gestalt von Texten und medialen Manifestationen aller Art zugänglich; zugleich haben gemäß diesem semiotischen Verständnis von Kultur die Lernenden mit ihren Äußerungen und Texten unmittelbaren Anteil am großen fremdsprachigen ›Text‹ der Kultur. Der FU wird damit zu einem inter- und transkulturellen Diskursraum, in dem Texte und Äußerungen aus verschiedenen diskursiven und kulturellen Kontexten zusammen- und aufeinandertreffen. Auf diese Weise werden im FU neue, zuvor in dieser bestimmten Weise nicht existente hybride, transkulturelle Bedeutungen generiert, so dass sich der FU als *third space* oder ›hybrider Raum‹ im Sinne eines kulturellen Überlappungsraums auffassen lässt (Kramsch 1993, 233 ff.; Hallet 2002, 31 ff.).

Die auf die postkoloniale Theoriebildung zurückgehende Metapher des ›dritten Raums‹ ist unmittelbar mit einer weiteren, für die fremdsprachliche K. bedeutsamen Entwicklung in den Kulturwissenschaften verbunden: Im Verein mit wichtigen Strömungen in den *Cultural Studies* und in den *Postcolonial Studies* ist die Vorstellung von ›Kultur‹ als einem streng, unter Umständen sogar nationalstaatlich begrenzbaren Raum oder einem einheitlichen, homogenen sozialen Gebilde zugunsten der Fokussierung auf die Pluralisierung und Diversifizierung der fremdsprachigen Kulturen im postkolonialen und globalisierten Zeitalter

aufgegeben worden. In den Mittelpunkt des (kulturwissenschaftlichen und didaktischen) Interesses rücken damit auch die Kulturen und Literaturen zuvor ignorierter oder marginalisierter, vor allem auch indigener Ethnien und Minderheiten und deren Platz und Rolle in den fremdsprachigen (postkolonialen) Gesellschaften der Gegenwart (Byram 1989, 25 ff.). In der Fremdsprachendidaktik sowie in Lehrwerken und Materialangeboten spiegelt sich diese Entwicklung seit den 1990er Jahren durch eine deutliche Ausweitung und Vervielfältigung der Themen- und Materialangebote; in der Vielfalt der nun in der Fremdsprachendidaktik verhandelten kulturellen und kulturwissenschaftlichen Fragestellungen und bis in die bekannten ›Lehrwerkfamilien‹ hinein ist die Absicht erkennbar, die ethnische und kulturelle Vielfalt der fremdsprachigen Kulturen auch im FU sichtbar zu machen und textuell oder medial zu repräsentieren (vgl. exemplarisch Delanoy/Volkmann 2006). Mit der gewachsenen Aufmerksamkeit für die Multikulturalität und Multiethnizität der fremdsprachigen Gesellschaften ist auch eine Problematisierung der historischen (kolonialen) Rolle der Sprachen und Kulturen verbunden, die im deutschsprachigen Schulsystem als Leitfremdsprachen unterrichtet werden; zudem ist mit der kulturellen Diversität der Gegenwartsgesellschaften eine sprachliche Vielfalt verbunden, die die einzelnen Fremdsprachendidaktiken vor die Herausforderung stellt, die Absolvent/innen ihrer Bildungsgänge für die Kommunikation und Interaktion in mehrsprachigen Gesellschaften vorzubereiten. Die Sprachenpolitik und die Fremdsprachendidaktik haben darauf u.a. mit der Entwicklung von mehrsprachigkeitsdidaktischen Ansätzen (↗ Mehrsprachigkeitsdidaktik), aber auch z.B., wie der ↗ Gemeinsame europäische Referenzrahmen für Sprachen, mit der Implementierung der ↗ Sprachmittlung als einer fünften Fertigkeit reagiert.

Parallel zu der Entwicklung in den Kulturwissenschaften hat sich in den Fremdsprachendidaktiken seit den 1990er Jahren ein verstärktes Interesse für den Zusammenhang von fremdsprachlichem und kulturellem Lernen herausgebildet. Dieses schlug sich in einer Hinwendung zu Fragen nach dem Zusammenhang von Sprache und Kultur nieder und in der Auffassung, dass fremdsprachliche ↗ kommunikative Kompetenz ohne eine entsprechende Vertrautheit mit den jeweiligen fremdsprachigen Kulturen nicht erreichbar ist, sondern, im Gegenteil, von Nicht- oder Missverstehen bestimmt sein muss (vgl. exemplarisch Buttjes/Byram 1991, Kramsch 1993). Auch traten nun, vor allem im Verein mit allgemeindidaktischen Paradigmen wie der ↗ Lerner- oder der ↗ Prozessorientierung, zuvor vernachlässigte Fragen der Identitätsbildung (↗ Identität und Identitätsbildung) durch die Begegnung mit fremdsprachigen Kulturen und der Rolle der Lernenden als kulturellen Akteuren in den Vordergrund. Aus diesen Anfängen entwickelte sich im Verlauf der 1990er Jahre das Leitparadigma des interkulturellen Lernens und des ↗ Fremdverstehens. Fremdsprachliche Kommunikation wurde nunmehr als Akt des interkulturellen Verstehens und der interkulturellen Bedeutungsaushandlung mit den Repräsentant/innen (oder textuellen und medialen Repräsentationen) einer fremdsprachigen Kultur verstanden; sprachliche und kulturelle Interaktion werden in diesem didaktischen Ansatz als untrennbar miteinander verbunden betrachtet. ↗ Interkulturelle kommunikative Kompetenz wurde damit zum übergreifenden Kompetenzziel des FUs. Ein stärkerer Akzent auf die mit Akten der interkulturellen Kommunikation verbundenen kulturellen Austauschprozesse, kulturelle Grenzüberschreitungen, auf die Auflösung zuvor fixer Bedeutungen sowie auf die Transformationen der Lerneridentitäten in kulturellen Kontaktsituationen hat dazu geführt, dass auch in der Fremdsprachendidaktik der Interkulturalität das Konzept der Transkulturalität (↗ Transkulturelles Lernen) zur Seite gestellt oder an dessen Stelle gesetzt wurde (z.B. Eckerth/Wendt 2003).

Die substanziellen kulturwissenschaftlichen und kulturdidaktischen Veränderungen haben die Fremdsprachendidaktik vor erhebliche Herausforderungen gestellt. Naturgemäß lässt sich angesichts der Breite des gesamten Feldes der Kultur als Gegenstand der Forschung und Theoriebildung, der Zahl und Verschiedenheit der fremdsprachigen Kulturen, der Vielzahl der involvierten Bezugswissenschaften sowie der mit allen kulturellen Innovationen verbundenen didaktischen Verunsicherungen noch längst kein einheitliches, konsensuelles Konzept von K. ausmachen. Es lassen sich aber Forschungs-

und Handlungsfelder sowie konzeptuelle Fragestellungen und Unterrichtsprinzipien identifizieren, die sich aus den vorgenannten Entwicklungen ergeben (vgl. exemplarisch Nünning/Nünning 2000). Sie lassen sich so umreißen: Neuere, zeitgemäße kulturdidaktische Ansätze betrachten Lernende als kulturelle Subjekte, die an gesellschaftlichen, sozialen und kulturellen Entwicklungen und Prozessen partizipieren; der FU wird damit selbst als ein Raum kulturellen Handelns und sozialer Praxis konzeptualisiert. In einem solchen handlungsorientierten Verständnis bereitet der FU die Lernenden nicht nur auf zukünftige interkulturelle Begegnungshandlungen vor, sondern die Unterrichtsdiskurse greifen gesellschaftliche Diskurse in den fremdsprachigen und in den lebensweltlichen Kulturen auf und wirken in diese zurück.

Die kulturelle Diversifizierung der fremdsprachigen Gesellschaften wirft vor allem Fragen nach der Repräsentierbarkeit von Kultur und nach der Repräsentativität der in den FU eingeführten Texte und Materialien auf. Als anerkannte Prinzipien zur Repräsentation und kommunikativen Verhandlung von kultureller Pluralität im Unterricht können die Text- und Materialvielfalt, die Vielstimmigkeit im Sinne der Berücksichtigung verschiedener kultureller Denk- und Sichtweisen, die Multimedialität und Multimodalität der Text- und Materialkombinationen sowie deren prinzipielle Offenheit zum Zweck der jederzeitigen Erweiterung der Perspektiven oder Aspekte, auch durch Recherchen oder Vorschläge der Lernenden, gelten. Mit dem Prinzip der Multimodalität ist vor allem auch die Berücksichtigung ganz verschiedener Darstellungs- und Symbolisierungsformen in der ganzen Bandbreite von der statistischen Tabelle und enzyklopädischen Sachtexten bis hin zu autobiographischen *slave narratives* oder literarischen Texten und visuellen Repräsentationen durch Fotografien und Spiel- oder Dokumentarfilme verbunden. Literarischen Texten kommt insofern eine besondere Rolle zu, als sie ansonsten kaum zugängliche komplexe soziale und kulturelle Prozesse und Interaktionen modellieren. Literarische Texte nehmen zentrale kulturelle Fragen und gesellschaftliche Diskurse auf und verarbeiten sie weiter, indem sie sie in neue, fiktionale Kontexte stellen, sie auf besondere Weise akzentuieren und die Leser/innen zu einer bestimmten

Sicht auf diskursive und kulturelle Vorgänge anregen. Damit eröffnet die fremdsprachige Literatur dem FU eine metakulturelle Reflexionsebene (auch interkulturell-vergleichender Art), die sich auf andere Weise dort nur schwer etablieren lässt.

Die Vervielfachung des Text- und Materialangebotes zur Repräsentation kultureller Vielfalt und Multiperspektivität erfordert auf Seiten der Lernenden vor allem die Entwicklung einer intertextuellen und intermedialen Kompetenz (↗ Intertextualität und Intermedialität), die sie in die Lage versetzt, Texte und Bedeutungen in verschiedenen medialen Formen aufeinander zu beziehen, zu vergleichen und mit eigenen Äußerungen darauf zu reagieren (Hallet 2002). Die Multimodalisierung erfordert außerdem die Ausbildung einer entsprechenden Vielzahl von *literacies* (Literalitäten oder Kompetenzen, ↗ *multiple literacy*), z.B einer *electronic literacy* zum Umgang mit Internetmedien oder einer *visual literacy* (↗ Visuelle Kompetenz) zum Verstehen von ↗ Bildern.

Für einen nach den vorangehend beschriebenen Prinzipien gestalteten Kulturunterricht zeichnet sich auch eine entsprechende Vervielfältigung der kulturellen und didaktischen Kompetenzen ab, mit denen fremdsprachliche Lehrkräfte ausgestattet sein müssen, um einen zeitgemäßen Kulturunterricht zu gestalten. Lehrkräfte müssen zu eigenständigen, sorgfältigen Analysen aktuell verhandelter Themen und Fragen sowie wesentlicher kultureller Entwicklungen in der Lage sein, damit sie Entscheidungen über relevante, im Unterricht verhandlungswürdige Themen treffen können. Nur durch den Bezug auf reale gesellschaftliche Diskurse und aktuelle kulturelle Entwicklungen können motivierende und günstige Lernbedingungen geschaffen werden, in denen die Lernenden den Inhalten des Kulturunterrichts Relevanz und Bedeutsamkeit beimessen.

Lit.: C. Altmeyer: Kultur als Hypertext. Zu Theorie und Praxis der Kulturwissenschaft im Fach Deutsch als Fremdsprache. Mü. 2004. – D. Buttjes/M. Byram (Hg.): Mediating Languages and Cultures. Towards an Intercultural Theory of Foreign Language Education. Clevedon 1991. – M. Byram: Cultural Studies in Foreign Language Education. Clevedon 1989. – W. Delanoy/L. Volkmann (Hg.): Cultural Studies in the EFL Classroom. Heidelberg 2006. – J. Eckerth/M. Wendt (Hg.): Interkulturelles und transkulturelles Lernen im FU. FfM 2003. – P. Freese: Der Beitrag der American Studies zum fortgeschrittenen Englischunterricht in Deutschland. In: Hallet/Nünning (2007), 167–182. – W. Hallet/A. Nünning (Hg.): Neue Ansätze und Konzepte der Literatur- und K. Trier 2007. – W. Hallet: FU als Spiel der Texte und Kulturen. Intertextualität als Paradigma einer kulturwissenschaftlichen Didaktik. Trier 2002. – C. Kramsch: Context and Culture in Language Teaching. Oxford 1993. – H.-J. Lüsebrink: Kulturraumstudien und Interkulturelle Kommunikation. In: A. Nünning/V. Nünning (Hg.): Einführung in die Kulturwissenschaften. Stgt ²2008 [2003], 307–328. – V. Nünning/A. Nünning: British Cultural Studies konkret. 10 Leitkonzepte für einen innovativen Kulturunterricht. Der fremdsprachliche Unterricht Englisch 43 (2000), 4–10. – R. Sommer: Vom ›Survey‹ zum ›Sample‹. Kulturdidaktische Modelle zwischen Landeskunde, Interkulturellem Lernen und Kulturwissenschaft. In: Hallet/Nünning (2007), 183–195.   WH

Kulturwissenschaft. Obgleich der Terminus K. als Selbstbezeichnung von wissenschaftlichen Disziplinen und als hochschulpolitisches Schlagwort seit ca. 1990 Hochkonjunktur hat, lässt er sich bislang trotz vielfältiger Bemühungen deshalb nicht eindeutig definieren, weil darunter eine Vielfalt von unterschiedlichen Forschungsrichtungen subsumiert wird, weil er als Sammelbegriff für einen interdisziplinären Diskussionszusammenhang fungiert und weil seine Reichweite umstritten ist (vgl. Jaeger et. al. 2004; Nünning/Nünning 2008). Der inflationär gebrauchte Begriff K. wird in mindestens fünf verschiedenen Bedeutungen verwendet: (1) In einem sehr weiten Sinne steht K. für einen fächerübergreifenden Bezugsrahmen, der das Spektrum der traditionellen geisteswissenschaftlichen Disziplinen integrieren soll. (2) Der Begriff K. fungiert zweitens als Schlagwort für die von verschiedenen Seiten erhobene Forderung nach einem Wandel und einer Erweiterung der traditionellen Philologien und ↗ Literaturwissenschaften. (3) In einem noch spezielleren Sinne bezeichnet K. einen Teilbereich bzw. eine bestimmte Richtung innerhalb der einzelnen Philologien. (4) Viertens fungiert der Begriff K. als eine Selbstbezeichnung für die seit jeher mit der Erforschung von Kultur(en) befasste Volkskunde bzw. Europäische Ethnologie. (5) Fünftens bezeichnet der Begriff eine eigenständige wissenschaftliche Disziplin, die inzwischen an vielen Universitäten als Studienfach etabliert ist (vgl. Böhme et al. 2007). Trotz einiger inhaltlicher und methodischer Parallelen ist K. zu unterscheiden von der in Großbritannien entwickelten Form von den angloamerikanischen *Cultural Studies*, zu deren Merkmalen eine marxistische Gesellschaftstheorie, eine ideologisch geprägte Zielsetzung und eine weitgehende Eingrenzung des Gegenstands auf die Alltags- und Populärkultur der Gegenwart zählen, während das Interesse der K. gleichermaßen der Hoch- und Populärkultur gilt.

Die verschiedenen Versuche, den Gegenstandsbereich und die Methoden von K. zu definieren, unterscheiden sich zum einen im Hinblick auf die verwendeten Kulturbegriffe und Kulturtheorien (↗ Kultur); zum anderen variieren sie in Bezug auf die jeweils vorgeschlagenen theoretischen Leitbegriffe und Verfahrensweisen. Trotz der Vielzahl unterschiedlicher Entwürfe wird in der K. ein der Kulturanthropologie und der Kultursemiotik verpflichtetes Verständnis von ›Kultur als Text‹ (vgl. Bachmann-Medick 1996) favorisiert. Demnach geht es K. vor allem um »ein Verständnis der Textvermitteltheit von Kulturen ebenso wie von kulturellen Implikationen literarischer Texte« (ebd., 45). Die von verschiedenen Seiten erhobene Forderung nach einer kulturwissenschaftlichen Reformierung und Weiterentwicklung der Philologien hin zu interdisziplinären Formen von K. gründet u. a. in der Kritik an der bisherigen institutionellen Aufteilung akademischer Disziplinen, der Skepsis gegenüber überkommenen Text- und Literaturbegriffen, der Zurückweisung des normativ gefärbten Gegensatzes zwischen Hochliteratur und Populärkultur sowie dem auch in den Fremdsprachendidaktiken verbreiteten Wunsch nach einer Revision des ↗ Kanons und der Einsicht in die Notwendigkeit der Einbeziehung der heutigen Medienkultur (↗ Populärkultur).

Obgleich inzwischen ein breiter Konsens darüber besteht, dass eine interdisziplinäre Erweiterung der Philologien auf eine K. hin notwendig und dass eine stärkere Einbeziehung kulturgeschichtlicher Fragen und neuer Medien wünschenswert sei, besteht bislang keine Klarheit über die Abgrenzung des Gegenstandsbereichs einer K., über deren Verhältnis zu traditionellen Formen von Literaturwissenschaft und über die theoretischen Grundlagen oder die Methoden der Kulturanalyse. Einigkeit herrscht allenfalls darüber, dass die Hochkonjunktur des Themas ›K.‹ dem Interesse an disziplinübergreifenden Fragestellungen entspringt und dass nach neuen Möglichkeiten gesucht wird, die Analyse von Texten und anderen Medienerzeugnissen mit weiterreichenden kulturellen Fragestellungen zu verknüpfen. Zu den weiteren Konvergenzpunkten der Debatten zählen grundlegende Einsichten in den Kulturbegriff: (1) die »Anerkennung des Konstruktcharakters kollektiver Bedeutungssysteme« (Bachmann-Medick 1996, 21), d. h. die Überzeugung, dass Kultur von Menschen gemacht wird; (2) die Auffassung, dass der Kulturbegriff weder auf ›hohe‹ Kultur eingeschränkt noch mit den künstlerischen Lebensäußerungen einer Gemeinschaft gleichgesetzt werden darf; (3) die Einsicht, dass Kultur nicht nur eine materiale Seite (die ›Kulturgüter‹ einer Nation) hat, sondern auch eine soziale und mentale Dimension.

Auch für die Fremdsprachendidaktik besonders perspektiven- und anwendungsreich erscheint eine textwissenschaftlich und kultursemiotisch fundierte K., die von einem bedeutungsorientierten und konstruktivistisch geprägten Kulturbegriff ausgeht und Kultur als einen symbolischen und textuell vermittelten Prozess der Selbstauslegung und Bedeutungskonstruktion bestimmt. ›Literatur‹ verkörpert einen zentralen Aspekt der materialen Seite der Kultur bzw. der medialen Ausdrucksformen, durch die eine Kultur beobachtbar wird. Daher werden literarische Texte auch im FU zunehmend als kulturelle Ausdrucksträger angesehen, die über ihre Inhalte und Formen kulturelle Belange thematisieren und inszenieren und die außertextuelle Realität hinterfragen und umdeuten können. Um dieses dynamische Wechselverhältnis von Text und Wirklichkeit zu analysieren, greift der fremdsprachliche Literaturunterricht auf kulturwissenschaftliche Ansätze zurück und geht von einer Semantisierung und Funktionalisierung literarischer Darstellungsverfahren aus (vgl. Nünning/Surkamp 2008, 32–38).

Als wichtig für die ↗ Literatur- und ↗ Kulturdidaktik erweisen sich zudem die Einsichten der K., dass es produktiv ist, von einem weiten Literaturbegriff auszugehen, auf jede wertbestimmte Eingrenzung zu verzichten und neben einem breiten Spektrum fiktionaler und nichtfiktionaler Texte auch mentale Dispositionen (Vorstellungen, Ideen, Werte und Normen) und soziale Praktiken zu berücksichtigen. Eine weitere Konsequenz aus den Einsichten der K. für die Praxis des fremdsprachlichen Literaturunterrichts ist die Berücksichtigung der historischen Dimension eines Werkes. Nicht nur analytische, sondern auch kreative Zugangsformen zu literarischen Texten haben in den letzten Jahren aufgrund ihrer Text- bzw. Schülerzentriertheit zu einer weitgehenden Ausblendung geschichtlicher Aspekte bei der Beschäftigung mit Literatur im Unterricht geführt, da sie keinen Einblick in den Produktions- und Wirkungshorizont des Autors bzw. der Autorin, dessen bzw. deren historisch bestimmten sozialen und kulturellen Status, Selbstverständnis und letztlich auch Literatur- bzw. Gattungsverständnis vermitteln. Diese Ausblendung betrifft sowohl die Geschichtlichkeit des literarischen Formenrepertoires als auch die Geschichte des Romans, des Dramas, der Lyrik, des Films und des Hörspiels selbst.

Obgleich die Frage, ob K. als eigenständige Disziplin institutionalisiert werden soll (vgl. Böhme et al. 2007) oder ob K.en interdisziplinär in der Pluralität kulturwissenschaftlicher Fächer betrieben werden sollten, weiterhin umstritten ist, gewinnen die K.en angesichts der großen Bedeutung von ↗ interkultureller Didaktik und ↗ Mediendidaktik in der heutigen Medienkulturgesellschaft und im Zeitalter von Globalisierung »zunehmendes Gewicht für die Prozesse der kulturellen Deutung und Orientierung gegenwärtiger Gesellschaften« (Jaeger et al. 2004, VII). Trotz der Vielfalt der Ansätze (vgl. Nünning/Nünning 2008) zeichnen sich das Profil und die Aufgabenfelder der K.en durch die systematische Reflexion über disziplinäre Strukturen, theoretische Grundlagen und Konzepte inzwischen deutlicher ab. Dabei kristallisieren sich theoretische Leitkategorien (z.B. Erfahrung, Sprache, Handlung, Geltung, Identität und Geschichte; vgl. Assmann 2006), grundlegende Problemstellungen und Methoden in den verschiedenen Disziplinen sowie bestimmte Themen heraus, die gegenwärtig in den Interpretationsmodellen von Kultur, Wirtschaft, Gesellschaft, Politik und Recht favorisiert werden (vgl. Jaeger et al. 2004).

Lit.: A. Assmann: Einführung in die K. Grundbegriffe, Themen, Fragestellungen. Bln ²2008 [2006]. – D. Bachmann-Medick (Hg.): Kultur als Text. Die anthropologische Wende in der Literaturwissenschaft. FfM ²2004 [1996]. – H. Böhme/P. Matussek/L. Müller: Orientierung K. Was sie kann, was sie will. Reinbek ³2007 [2000]. – F. Jaeger et al. (Hg.): Handbuch K.en. 3 Bde.

Stgt/Weimar 2004. – A. Nünning/V. Nünning (Hg.): Einführung in die K.en. Theoretische Grundlagen, Ansätze, Perspektiven. Stgt 2008. – A. Nünning/ C. Surkamp: Englische Literatur unterrichten 1. Grundlagen und Methoden. Seelze ²2008 [2006].   AN

L

LAC ↗ *Language Across the Curriculum*

Landeskunde. Der Begriff der L. ist in der fremdsprachendidaktischen Diskussion nicht unumstritten (vgl. Leupold 2003). Zwar hat zu allen Zeiten Konsens darüber bestanden, dass der Erwerb fremdsprachiger Kenntnisse und Fertigkeiten verknüpft sein sollte mit einer inhaltlichen Beschäftigung mit der Gesellschaft des Zielsprachenlandes, ihrer Geschichte und ihrer Kultur, doch gingen die Vorstellungen darüber, welche landeskundlichen Inhalte geeignet seien und was überhaupt unter landeskundlichen Inhalten zu verstehen sei, weit auseinander, d.h. die Gegenstandsbestimmung der L. hat sich häufig geändert und war immer wieder Anlass für fremdsprachendidaktische Kontroversen. Dabei lassen sich im Verlauf der Geschichte der L. im Wesentlichen vier verschiedene Ansätze voneinander unterscheiden: ein kognitiv-wissensorientierter Ansatz, ein kulturkundlich-mentalitätsorientierter Ansatz, ein kommunikativ-pragmatischer Ansatz und ein interkulturell-interaktiver Ansatz. Der kognitiv-wissensorientierte Ansatz, der der sog. Realienkunde des ausgehenden 19. Jh.s zugrunde lag, begriff L. als eine Vermittlung von nützlichen und systematischen Kenntnissen über Land und Leute. Unter dem Einfluss nationalstaatlichen Denkens, das im Zuge der kriegerischen Konfrontationen der europäischen Nationen im Ersten und Zweiten Weltkrieg zunehmend die internationalen Beziehungen bestimmte, entwickelte sich dann eine kulturkundlich-mentalitätsorientierte L., die auf die essentialistische Erfassung von nationalen Volkscharakteren und die Kontrastierung von fremder und eigener Wesensart abzielte.

Nach dem Zweiten Weltkrieg, als es darum ging, dieses Denken in Gegensätzen wieder abzubauen, erhielt die L. eine neue Zielperspektive. Statt möglichst viel Wissen oder globale kulturelle Vorstellungen über die zielsprachlichen Länder zu vermitteln, sollte sie nun einen zentralen Beitrag zur Völkerverständigung leisten und das Miteinander-Reden-Können fördern, d. h. ↗kommunikative Kompetenzen entwickeln helfen (↗Kommunikativer FU). Diesem Ziel war der kommunikativ-pragmatische Ansatz verpflichtet, der die L. vollständig in den Fremdsprachenerwerbsprozess integrierte und Situationen des alltäglichen kommunikativen Handelns zum Ausgangspunkt von landeskundlichen Erfahrungen machte. Es ging dabei vor allem um die Entwicklung von Einsichten in alltagskulturelle Phänomene des Zielsprachenlandes und den Erwerb eines handlungsbezogenen Hintergrundwissens, das geeignet erschien, adäquates kommunikatives Handeln zu ermöglichen und sprachliche Missverständnisse zu verhindern. Zu diesem landeskundlichen Kontextwissen (↗Kontextualisierung) zählten auch Einsichten in gesellschaftliche Strukturen und politische Konstellationen. Auf der Grundlage dieses kommunikativ-pragmatischen Ansatzes entwickelte sich seit den 1980er Jahren das, was man heute als Interkulturelle L. bezeichnet (vgl. Müller-Jacquier 2001). Übernommen und weiterentwickelt wurden dabei die im kommunikativen Ansatz bereits angelegte ↗Lernerorientierung als erfahrungsbasierter Zugang zu landeskundlichem Wissen (↗Erfahrungsorientierung), die ↗Prozessorientierung der kommunikativen L. und die ↗Handlungsorientierung im Sinne einer auf kommunikatives Handeln ausgerichteten L. Die Vorstellungen davon, welche landeskundlichen Inhalte den Sprachlernprozess fördern und zum Erwerb einer kommunikativen Kompetenz notwendig sind, erfuhren in den 1980er Jahren unter dem Einfluss neuer kulturanthropologischer Erkenntnisse jedoch eine erneute Wandlung, wobei der Begriff der ↗Kultur im Sinne eines individuellen und kollektiven Erfahrungsraums in den Mittelpunkt rückte und Interkulturalität als ein In-Beziehung-Setzen der eigenen kulturellen Erfahrungen mit denen des zielsprachlichen Lebens zu einer zentralen Kategorie wurde, die sich als übergeordnetes ↗Lernziel des FUs, als

das Lernziel einer ↗interkulturellen kommunikativen Kompetenz, etablieren konnte.

Das Ziel landeskundlicher Erkenntnisse wird in der aktuellen Fremdsprachendidaktik als der Versuch definiert, die Wahrnehmungs- und Deutungsmuster der fremden Kultur anhand ihrer alltagskulturellen Manifestationen und ihrer gesellschaftlichen Grundstrukturen zu erkennen und sowohl wissensorientierte als auch handlungsorientierte Kompetenzen zu erwerben: (1) das allgemeine Wissen um die Zusammenhänge von Sprache und Kultur und die Rolle der Sprache als Medium und Vermittler kultureller Botschaften, (2) das Wissen um die spezifischen Verhaltensnormen und Kulturstandards der Zielkultur, (3) die Fähigkeit in der direkten Interaktion kulturelle Bedeutungen zu klären und interkulturelle Missverständnisse auszuräumen, (4) die Bereitschaft zur Auseinandersetzung mit fremdkulturellen ↗Perspektiven als Voraussetzung für ein In-Beziehung-Setzen von Eigen und Fremd (↗Interkulturelles Lernen).

In den einzelnen Fremdsprachendidaktiken Englisch, Französisch und Deutsch als Fremdsprache sind jedoch hinsichtlich des L.begriffs und -konzepts sowie seiner historischen Entwicklung deutliche Unterschiede zu erkennen. In der Englischdidaktik setzte sich in Anlehnung an die gesellschaftskritischen Konzepte der am *Centre for Contemporary Cultural Studies* (CCCS) in Birmingham seit den 1960er Jahren entwickelten *Cultural Studies* frühzeitig eine L. durch, die auf einer Ausweitung des traditionellen Kulturbegriffes auf populäre kulturelle Prozesse und Praktiken (*cultural materialism*) beruhte und auf die Bewältigung gesellschaftlicher Realitäten zielte. Als zentrale Themen der L. galten die Schlüsselkategorien gesellschaftlicher Differenzen: *class*, *gender*, *race*, *generation* (vgl. Sommer 2005). In der Französischdidaktik wurde in den 1970er/ 1980er Jahren eine engagierte L.diskussion geführt, bei der die Vermittlung eines sozialwissenschaftlichen Orientierungswissens im Französischunterricht im Mittelpunkt stand und transnationale Kommunikationsfähigkeiten als Lernziel angestrebt wurden. Darunter verstand man die Fähigkeit der Lernenden, ihre eigenen sozialen und kulturellen Erfahrungen mit den Wirklichkeitserfahrungen der Menschen des Zielsprachenlandes in Beziehung zu setzen. In den Stuttgarter Thesen zur Rolle der L. im Französischunterricht (vgl. Robert Bosch Stiftung/Deutsch-Französisches Institut 1982) wurde diese, die Interkulturelle L. vorbereitende Konzeption einer sozialkritischen und kommunikationsorientierten L. vorgestellt. Die L.diskussion in der Romanistik führte darüber hinaus zur Entwicklung von gesellschaftskritisch orientierten Landeswissenschaften und Kulturraumstudien (Frankreichzentren). Im Bereich Deutsch als Fremdsprache wurde die Konzeption einer Integrativen L. verfolgt, bei der Sprachvermittlung und kulturelle Information eine enge Verbindung eingehen. Dabei spielte auch die Notwendigkeit eines alle deutschsprachigen Länder umfassenden Ansatzes eine Rolle. In den so genannten ABCD-Thesen (A=Österreich, B=BRD, C=Schweiz, D=DDR) wurde eine multiperspektivische L. propagiert, in der differente nationale Räume und regionale Besonderheiten des deutschsprachigen Kulturraums hervorgehoben werden (vgl. Biechele/Padrós 2003, 103 f.). Gemeinsam ist den verschiedenen Ansätzen der L. jedoch, dass kognitive Aspekte mit kommunikativen und interkulturellen Zielen verknüpft werden und dass soziales und kulturelles Wissen als Grundlage für die Entwicklung kommunikativer und interkultureller Kompetenzen gilt.

Lit.: M. Biechele/A. Padrós: Didaktik der L. Mü. 2003. – E. Leupold: Landeskundliches Curriculum. In: K.-R. Bausch et al. (Hg.): Handbuch FU. Tüb./Basel ⁴2003 [1989], 127–133. – B.-D. Müller-Jacquier: Interkulturelle L. In: G. Helbig et al. (Hg.): Deutsch als Fremdsprache. Ein internationales Handbuch. Bln/N.Y. 2001, 1230–1234. – V. Raddatz: FU zwischen L. und Interkulturalität. In: FU 40/49 (1996), 242–252. – Robert Bosch Stiftung/Deutsch-Französisches Institut: FU und Internationale Beziehungen. Stuttgarter Thesen zur Rolle der L. im Französischunterricht. Stgt 1982. – R. Sommer: Grundkurs Cultural Studies/Kulturwissenschaft Großbritannien. Stgt 2003.   ASch

Language Across the Curriculum (LAC) bezeichnet ein fächerübergreifendes Unterrichtsprinzip, das auf die Bedeutung von Sprache bei der Aneignung curricularer Inhalte im Schulkontext abhebt. Insofern ist es ursprünglich nicht in erster Linie mit Unterricht in den modernen Fremdsprachen in Verbindung zu bringen. Bildungspolitisch und konzeptionell ist *LAC* eng mit dem Konzept der sprachlichen Grundbildung (*literacy education*) verknüpft. *LAC* zielt

vor allem auf die Förderung der allgemeinen Schulsprache innerhalb des Fachunterrichts und weist damit auch Bezüge zum Konzept von *language awareness* auf (↗Bewusstheit/Bewusstmachung). Größere Aufmerksamkeit erhielt *LAC* durch die Arbeit der Bullock-Kommission in Großbritannien (1972–75), die mit der Erkundung von Einstellungen zu sprachlicher Erziehung in der Schulsprache Englisch sowie des Standes der Unterrichtung von SuS im Gebrauch des Englischen beauftragt war. Ein einflussreiches Kapitel des Kommissionsberichts befasste sich zudem mit den Sprachlernbedürfnissen von Kindern nichtenglischer Erstsprache. Die Kommission kritisierte allgemein eine sprachunsensible Fach- und Unterrichtskultur, die sie dadurch begünstigt sah, dass Fachcurricula die Verknüpftheit fachlicher mit sprachlichen Anforderungen nicht hinreichend reflektierten.

LAC liegt eine funktional-pragmatische Sprach- und Kommunikationstheorie zugrunde, die davon ausgeht, dass pragmatische Sprachfunktionen und kognitive Makrooperationen, die typisch für schulischen Fachunterricht sind (z.B. Beschreiben, Erläutern, Bewerten usw.), sich strukturell entsprechen und in ihrer Entwicklung gegenseitig unterstützen. Sprachliche und kognitive Entwicklung stehen in dieser Sichtweise in einem engen Zusammenhang, der unterrichtlich kaum zu trennen ist, da der systematische Umgang mit Sprache als Performanzphänomen schulisch erworbener fachlich-kognitiver Kompetenz verstanden wird. In diesem Sinn gilt Fachunterricht stets als Sprachunterricht und umgekehrt. Vergleichbare Überlegungen zum Verhältnis von sprachlichen zu fachlichen Kompetenzen spielen auch in die gegenwärtige Grundbildungsdebatte hinein und prägen z.B. die Modellierung von Text- und Lesekompetenzen in internationalen Schulleistungsstudien (z.B. der ↗PISA-Studie). Ähnlich wie in den 1970er Jahren der Bullock-Report, ist es seit der Jahrtausendwende der Einfluss des in PISA verwendeten sprachfunktionalen Kompetenzmodells, welches *LAC* als allgemeindidaktisches Prinzip für alle Schulfächer erneut relevant werden lässt. Damals wie heute stehen Schulen unter hohem bildungspolitischem Druck, pädagogische Konzepte zur gezielten Förderung des fachangemessenen Gebrauchs der Schulsprache bzw. der sprachlichen

Förderung von Zweitsprachenlernenden in Schulcurricula und -programmen zu entwickeln, umzusetzen und sich einer diesbezüglichen Evaluierung zu stellen.

Unter der Bezeichnung *Modern Languages Across the Curriculum* (*MLAC*) wird *LAC* mittlerweile auch als ein spezifischer Ansatz des FUs interpretiert und in die Nähe von Unterrichtskonzeptionen wie ↗ *Content-Based Instruction* (*CBI*) und dem ↗ bilingualen Unterricht (*CLIL*) gerückt. Während auch *MLAC* sich auf dieselben theoretischen Grundlagen wie *LAC* bezieht, geht es hier vornehmlich um *literacy education* in den modernen Schulfremdsprachen. Beide Konzepte verfolgen unterschiedliche bildungspolitische Zielsetzungen und wenden sich an unterschiedliche Schülerklientel. Jüngere Initiativen etwa des Europarats machen es sich daher zur Aufgabe, die Perspektiven einer möglichst umfassenden Entwicklung der Schulsprache für alle Lernenden mit der einer hoch entwickelten individuellen Plurilingualität und schließlich den Sprachbedarfen einer multilingualen, globalisierten Wissensgesellschaft zu vereinen (↗ Mehrsprachigkeit).

Lit.: The Bullock Report: A Language for Life. Report of the Committee of Enquiry appointed by the Secretary of State for Education and Science under the Chairmanship of Sir Alan Bullock FBA. Ldn 1975. – M. Byram (Hg.): LAC in Primary Education. Three Case Studies and Implications for a European Framework. Strasbourg 2007. – M. Grenfell (Hg.): Modern LAC. Ldn/N.Y. 2002.   StB

Language Awareness ↗ Bewusstheit/Bewusstmachung

Lebenswelt ↗ Erfahrungsorientierung

Legasthenie. Die L. (auch Dyslexie genannt), über deren Ätiologie und Diagnose kein Einvernehmen herrscht, ist – folgt man der Kinder- und Jugendpsychiatrischen Abteilung der LMU München – eine sehr häufige Störung. Ca. 3 Mio. Deutsche sollen daran leiden, etwa 4 bis 15 % der Weltbevölkerung davon betroffen sein (http://www.news.legasthenietrainer.com/LegasthenieEnglisch.pdf). Aus medizinischer Sicht soll die Störung zentralnervös/genetisch bedingt

sein. Da aber die Intelligenz intakt ist, wird von einer Teilleistungsschwäche visueller, motorischer oder auditiver Art gesprochen, wobei die sog. Reversionen (Verwechslung von <b> und <d> oder <p> und <q>) eine große Rolle spielen. Die Morphosyntax ist nicht betroffen; es treten lediglich dieselben ↗ Fehler etwas häufiger auf. Die Gegner medizinischer Erklärungen sprechen von einer bloßen Lese-Rechtschreibschwäche (LRS). Sie halten das L.-Konzept für gefährlich, »weil es Defizite beim Lesen und Schreiben in das Kind verlegt und damit den Blick verstellt auf die notwendigen Verbesserungen in Schule, Unterricht und Lehrerbildung« (Valtin 2003, 268). Aus praktischen Erwägungen heraus machen beide Erklärungsansätze das beobachtbare *underachievement* bevorzugt an der Rechtschreibleistung fest.

In kultusministeriellen Erlassen wird darauf hingewiesen, dass L. und LRS, sofern nicht rechtzeitig behoben, in der Sekundarstufe auf die Fremdsprachen durchschlagen können. Reversionen sind nämlich prinzipiell sprachunabhängig, und im Falle des Englischen wird die dieser Sprache nachgesagte Komplexität der Phonem-Graphem-Korrespondenzen durch negativen ↗ Transfer (Beispiel: Auslautverhärtung im Deutschen < tot = Tod >) weiter erhöht, so dass der Lehrkraft die Aufgabe zuwächst, durch Minimalpaartraining (< bet ≠ bed >) für kognitive Entlastung zu sorgen (↗ Kognitivierung). Die Vorverlegung des Fremdsprachenerwerbs in die Primarstufe (↗ Früher FU) und damit die Überlappung von Erst- und Zweitsprachenerwerb findet noch keine Berücksichtigung in den Erlassen. Die Datenbank des Informationszentrums für Fremdsprachenforschung nennt zwar eine Reihe von Publikationen zum Thema L., aber von einer systematischen und intensiven Diskussion innerhalb der deutschen Fachdidaktik kann keine Rede sein. Im angelsächsischen Raum wird unter dem zweideutigen Etikett *learning difficulties* intensiver geforscht (vgl. Ganschow/Sparks 2001).

Die Möglichkeit, dass die Schule das Problem der L. mit verschuldet, darf die Forschung nicht aus den Augen verlieren. Sie tut deshalb gut daran, die Diagnose ihrer Proband/innen jenen zu überlassen, Psychologen z.B., die über die erforderliche Kompetenz verfügen, um dann einen Vergleich (z.B. anhand der Frage, ob Reversionen tatsächlich gehäuft vorkommen) bzw.

eine Fehleranalyse durchzuführen: Ist negativer Transfer beobachtbar? Lässt die Schreibung auf mangelhafte auditive Diskrimination schließen? Ist das Schriftbild schwankend? Treten Fehler auf, die auch bei Zielsprachensprecher/innen beobachtet werden? Dabei sollte die Forschung auch immer einen Blick auf die Erstlese- und Schreibdidaktik werfen. Die Verwirrung in den Köpfen von Lernenden entsteht durch Tests (das folgende Beispiel stammt aus einer Fibel für Erstklässler), in denen sie z.B. den (tatsächlich ja nicht vorhandenen) Konsonanten <r> in *Koffer* hören sollen. Bei Diktaten, deren Stellenwert im FU wieder zunimmt, kommt es darauf an, dass die Lehrperson bei der Realisation von Phonemen wahrnehmbare Unterschiede erzeugt. Die Stimuli der Diktierenden interagieren mit den Dia- oder Regiolekten der Schreibenden. In einem FU, der die Aussprache zur *quantité negligeable* erklärt, nutzen Zweitsprachensprecher/innen ausgangssprachliche Prägungen, um zielsprachliche Phänomene zu realisieren. Aus /pet/ wird /bet/. Wenn sich das dann im Schriftbild niederschlägt, könnte fälschlicherweise auf eine horizontale Reversion geschlossen werden. Verlaufen die Fehlerkurven von Legasthenikern, LRS-SuS und SuS, die nicht von der Störung betroffen sind, parallel (vgl. Jung 1981), wird es schwierig, das Konstrukt einer zentralnervös bedingten und mittels spezifischer Fehlerarten diagnostizierbaren L./Dyslexie aufrechtzuerhalten. Die Therapie hätte dann mit der Unterlassung einer fehlerinduzierenden Didaktik zu beginnen. Man muss den Blick der SuS auch verstärkt auf die in der Orthographie abgebildeten morphologischen Regularitäten lenken – die Intelligenz ist ja intakt –, anstatt die artikulatorischen Differenzen (wie z.B. in ›photograph‹, ›photography‹, ›photographic‹, ›photographer‹) zu betonen. Die Einbeziehung einer spielerischen Komponente (z.B. des Spiels *Memory*) kann für die Festigung von Wortbildern sorgen (↗ Sprachlernspiele). Hilfreich sind auch audiovisuelle Darbietungen mit Untertiteln in der Zielsprache, weil sie das Mitlesen ermöglichen.

Lit.: L. Ganschow/R.L. Sparks: Learning Difficulties and Foreign Language Learning. A Review of Research and Instruction. In: Language Teaching 34/2 (2001), 79–98. – U.O.H. Jung: Linguistische Aspekte der L.forschung. In: R. Valtin et al. (Hg.): L. in Wissenschaft und Unterricht. Darmstadt 1981, 1–87. –

R. Valtin: Brauchen wir die L.? Zum Konstrukt der L. In: Zeitschrift für Schulleitung, Schulaufsicht und Schulkultur. Ausgabe Niedersachsen und Schleswig-Holstein 13/10 (2003), 265–268. UJ

Lehrbuch ↗ Lehrwerk

Lehrer und Lehrerrolle. Die geschichtliche Entwicklung der LR. ist gekennzeichnet durch einen zweifachen Prozess der Differenzierung und Dynamisierung. Zum einen hat eine beträchtliche Ausweitung der Aufgaben und Funktionen stattgefunden, die von den verschiedenen Rollenbezugsgruppen an die Lehrenden herangetragen werden. War der L. bis ins späte 19. Jh. weitgehend auf die Rolle des ›Sprachmeisters‹ beschränkt, so haben neuere methodische Ansätze und sozio-politische Veränderungen ab den 1970er Jahren die Anzahl der Rollen erheblich erhöht: Er soll Sprachvorbild, Kommunikator, Motivator, Innovator, Tutor, Coach, Planer, Diagnostiker, Evaluator, Organisator, Klassenzimmermanager, Interkultureller Mittler, Medienexperte, Forscher, Lerner, Lernermöglicher und noch mehr sein. Neben dieser Erweiterung haben methodische Innovationen und spracherwerbspsychologische Erkenntnisse (↗ Spracherwerb und Spracherwerbstheorien) zu einer Gewichtsverschiebung zwischen den einzelnen Rollensegmenten geführt. Traditionelle Anforderungen (Experte, Wissensvermittler, Linguist) verlieren an Bedeutung zugunsten interkultureller, kommunikativer und lernfördernder Fähigkeiten – »from the sage on the stage to the guide on the side«.

Die Bestimmung der LR. und die Antwort auf die Frage nach dem guten Fremdsprachen-L. wird auf mindestens sieben Ebenen geführt. Auf einer ersten Traditionslinie liegt das Alltagswissen, das sich aus subjektiven Einschätzungen, *folk myths*, Intuition und Aphorismen speist. Diese Linie reicht vom antiken Rhetoriker Isokrates (»Am meisten lernt der, der gerne lernt; man lernt aber gerne von denjenigen, die man lieb hat«) bis zum süffisanten Arbeitsmediziner Wolf Müller-Limmroth (»Der L. hat die Aufgabe, eine Wandergruppe mit Spitzensportlern und Behinderten bei Nebel durch unwegsames Gelände in nord-südlicher Richtung zu führen und zwar so, dass alle bei bester Laune und möglichst gleichzeitig an drei verschiedenen Zielorten ankommen«). Wenngleich nicht auf validen empirischen Studien basierend, können Elemente des Alltagswissens das Paradigma der idealen L.persönlichkeit mitunter konzise und pointiert resümieren.

Auf einer zweiten Ebene ist es fruchtbar, auf die Erkenntnisse der ⁊Bezugswissenschaften von Fremdsprachendidaktik zu rekurrieren, z.B. auf Pädagogik, Sozialwissenschaften und Psychologie. Eine bis heute sehr überzeugende Bestimmung der Kernmerkmale eines guten L.s stammt von dem amerikanischen Psychologen und Paartherapeuten Carl Rogers (1984). Für ihn sind die drei *core characteristics* eines L.s im Verhältnis zu seinen Lernenden *respect*, d.h. Achtung und positive Zuwendung (Behandlung des bzw. der Lernenden als grundsätzlich gleichwertige Person, Anteilnahme, Rücksicht), *empathy*, d.h. Einfühlungsvermögen (nichtwertendes Verstehen der seelischen Erlebniswelt des bzw. der Lernenden, Zuhören-Können), und *authenticity*, d.h. Aufrichtigkeit (Verzicht auf Fassade und das Spielen einer Rolle).

Ein dritter, sehr einflussreicher Diskursstrang liegt in den empirischen Untersuchungen zum guten Sprachenlehrer (*good language teacher*), die in den 1970er Jahren von Gertrude Moskowitz in den USA initiiert wurden. Aufgrund von Umfragen und Unterrichtsbeobachtungen gelangt Moskowitz (1976) zu den folgenden zehn wichtigsten Eigenschaften des *outstanding foreign language teacher*, die bis heute immer wieder zitiert werden: Der gute Fremdsprachen-L. »is dedicated, hard working; conveys self-confidence, has good classroom control, is fair, is willing and able to answer students' questions, enjoys teaching, is fluent in the use of the foreign language, is very well prepared, has thorough knowledge of subject matter, and his/her lessons are well-organized«. Als Schlussfolgerung ergäbe sich eine Tugendspirale: Wer seinen Beruf als L. liebt, lernt und arbeitet hart, wodurch er immer kompetenter wird, dadurch seine LR. noch mehr liebt etc. In einer Folgestudie (Gobrecht 2008), die alle vier Bezugsgruppen von Englischunterricht (SuS, Lehrende, Studierende, Hochschuldozenten) einbezog, wurden Moskowitz' Ergebnisse weitgehend bestätigt, wobei zwischen den vier Gruppen keine gravierenden Unterschiede auftraten.

Eine wesentliche Bedeutung für Rollenbild und Rollenverhalten spielen – viertens – das Erfahrungswissen und die sog. subjektiven Theorien der Lehrkräfte, d.h. überdauernde mentale Repräsentanzen der Selbst- und Weltsicht. Sie stellen eine Kombination aus persönlichen Erfahrungen während der eigenen Schulzeit, praktischen Erfahrungen als Lehrkraft, fachlich-didaktischen Alltagstheorien und professionellen Wissensbeständen dar. Diese die Individualität des L.bildes betonende Sicht spielt eine wichtige Rolle bei der sich inzwischen gut entwickelnden L.ausbildungsforschung, die auch den Bereich der Fort- und Weiterbildung in den Blick nimmt (⁊Lehrerbildung).

In diesem fünften Diskursstrang fordert beispielsweise Marita Schocker-von Ditfurth (2001) eine Triangulierung von Lernbiographie, Fachliteraturstudium und Lehrerfahrung, die in einem permanenten Prozess des *reflective teaching* gekoppelt werden müssen. Derartige Forschungen können dazu beitragen, Qualifikationsmerkmale für Fremdsprachenlehrkräfte zu erarbeiten, diese Merkmale auf die Ausbildungsgänge zu beziehen und das Rollenbild zu präzisieren und zu professionalisieren.

Eine sechste Ebene bildet das Produkt-Prozess-Paradigma, bei dem empirische Unterrichtsforschung die Zusammenhänge zwischen L.handeln (Prozess) und Ergebnissen auf Seiten der SuS (Produkt) zu eruieren sucht. Vielfältige Studien auf diesem Gebiet haben inzwischen den Mythos der einen wahren Methode dekonstruiert und legen vielmehr nahe, dass es auf die Passung zwischen Methodenarrangement und L.persönlichkeit ankommt.

Die siebte Diskursebene basiert auf dem ⁊Kompetenz-Paradigma. Dieser mehrdimensionale Passepartout-Begriff umfasst neben kognitiven Domänen auch *skill*-orientierte, volitionale, attitudinale, affektive sowie motivationale und soziale Komponenten. In Anlehnung an den ⁊Gemeinsamen europäischen Referenzrahmen (GeR) für Sprachen sind für Fremdsprachenlehrende – neben allgemeinen, intra- und interpersonellen Kompetenzen – vor allem die Zielsprachenkompetenz bzw. ⁊kommunikative Kompetenzen von besonderer Bedeutung. Eine sehr hohe L2-Kompetenz ist eine unerlässliche Voraussetzung für die Ausübung der späteren Tätigkeit als Fremdsprachenlehrkraft, da sie als sprachliches Vorbild für ihre SuS fungiert und ein flexibles Agieren und Reagieren in der Zielsprache Voraussetzung für die effektive Unterstützung des Spracherwerbs der SuS ist. Das anzustrebende Kompetenzniveau sollte dabei insgesamt bei C1 PLUS liegen und linguistische Kompetenzen (lexikalische, grammatische, phonologische, orthographische Teilkompetenzen), sozio-linguistische Kompetenzen (Höflichkeitskonventionen, Stil und Register, regionale und soziale Varianten), pragmatische Kompetenzen (Diskurskompetenz, funktionale Kompetenz, Flüssigkeit und Genauigkeit des Ausdrucks) sowie Handlungskompetenz im Unterricht (Verfügung über sprachliche Mittel und Diskursmuster für einsprachige Interaktion im Klassenzimmer) umfassen. Dazu kommen aus den Bezugswissenschaften abgeleitete Kompetenzen: sprach-, literatur-, kultur- und medienwissenschaftliche Kenntnisse, Fertigkeiten und Haltungen sowie vor allem ausgeprägte fachdidaktische Kompetenzen.

Lässt man die verschiedenen Diskursebenen Revue passieren, erkennt man unschwer, dass es das L.bild und die LR. nicht gibt. Vielmehr herrscht Heterogenität und Pluralität. Wie eine Lehrerin oder ein Lehrer sein soll bzw. wie sie sich dann tatsächlich verhalten, hängt von historischen und sozio-kulturellen Kontexten ab, der Schulart, der Lerngruppe, der Persönlichkeitsstruktur der Lehrkraft und dem didaktisch-methodischen Ansatz. Wer einer konstruktivistischen Lernmethodik anhängt (∕ Konstruktivismus/Konstruktion), wird den *facilitator*, *interlocutor*, *supporter* betonen; wer eher einem *balanced teaching* zuspricht, wird neben dem *guide on the side* auch dem *sage on the stage* zu seinem Recht verhelfen (vgl. Thaler 2008). Ganz unterschiedliche Personen werden zu guten L.n – aus ganz unterschiedlichen Gründen.

Lit.: M. Gobrecht: Moskowitz Revisited. Freiburg 2008. – G. Moskowitz: The Classroom Interaction of Outstanding Foreign Language Teachers. In: Foreign Language Annals 9 (1976), 135–143. – C. Rogers: Lernen in Freiheit. Mü. ⁴1984 [1974]. – M. Schockervon Ditfurth: Forschendes Lernen in der fremdsprachlichen L.bildung. Tüb. 2001. – E. Thaler: Offene Lernarrangements im Englischunterricht. Mü. 2008.   ET

Lehrerbildung. Die L. in Deutschland ist zweiphasig: Auf eine erste Phase (mehr oder minder) praxisorientierter Wissenschaftlichkeit an Universität oder Pädagogischer Hochschule (Baden-Württemberg) folgt für alle Schulämter das Referendariat als Phase (mehr oder minder) wissenschaftsorientierter Praxis. Der Bereich der Fort- und Weiterbildung wird mitunter als dritte Phase bezeichnet. Alle drei Phasen werden seit Jahrzehnten kontrovers diskutiert; das Fehlen einer angemessen betreuten Berufseingangsphase nach Abschluss des Referendariats wird zunehmend als Defizit gesehen.

Die L. in ihrer heutigen Form geht auf die Ära der Säkularisierung und des Neuhumanismus zurück. Damals entsteht das staatliche Schulwesen; an die Stelle von Pfarramtskandidaten, Präzeptoren und Sprachmeistern tritt der an der Antike geschulte, im Sinne der Epoche wissenschaftlich ausgebildete Lehrer. Humboldt macht das Gymnasium zum Flaggschiff des Bildungswesens, zu einer Institution, die die Wertvorstellungen des Bürgertums (als der siegreich aus der Französischen Revolution hervorgegangenen Schicht) tradieren und fortentwickeln soll. Das Gymnasium huldigt der Ideologie zweckfreier Formalbildung; es hat einen altphilologischen Schwerpunkt. Preußen ist in der Entwicklung führend; Eckdaten sind 1810 (Einführung des Staatsexamens), 1812 (Einführung der Abiturprüfung als Studienvoraussetzung) und 1826 (Einführung des Referendariats).

Zeitgleich mit der Einführung des Staatsexamens wird die Humboldt-Universität Berlin als Muster-Hochschule gegründet. Sie ist die erste deutsche Universität mit einer Philosophischen Fakultät moderner Prägung. Galt in den Universitäten der Frühen Neuzeit die Theologische Fakultät als höchstrangig, so übernehmen diese Rolle im Geist der Säkularisation nun die philosophischen Disziplinen: Ihre Aufgabe ist es in der Folgezeit, die Lebensformen der Antike und die als ewig angesehenen Werte des Humanismus – von kirchlichen Ideologien befreit – geistig zu durchdringen und ihre Verbreitung zu fördern. Die neue Philosophische Fakultät betreibt zweckfreie Wissenschaft; ihre Grundhaltung ist idealistisch und antiutilitaristisch. Berlin wird zum Prototyp für Universitätsgründungen und -reformen in ganz Deutschland (Breslau 1811, Bonn 1819, München 1826).

Just an dieser Philosophischen Fakultät, die gerade nicht angetreten ist, um berufspropädeutisch tätig zu werden, verankert Preußen die erste Phase der L., auch um der Fakultät damit eine über das Akademiedasein hinausgehende gesellschaftliche Funktion zu geben. Die in dem

Arrangement angelegten gesellschaftlichen Konflikte fallen zunächst nicht auf, da das Gymnasium als ›Gelehrtenschule‹ im Grunde keine andere Funktion hat, als auf die Universität vorzubereiten. Berufs- und (in allgemeinerer Form) Lebenspropädeutik spielen keine Rolle, nur Wissenschaftspropädeutik zählt. Der Lehramtskandidat wird als Wissenschaftler ausgebildet, um dann an der Gelehrtenschule tätig zu werden und dort wiederum Schüler auf die Ausbildung zum Wissenschaftler vorzubereiten. Schon angesichts der Dominanz der altphilologischen Schulfächer (bis zu 50 % der Stundentafel) spielen Bildungshorizonte jenseits des Wechselbezugs von Gymnasium und Universität praktisch keine Rolle. Sie werden erstmals in den 1840er Jahren und dann wieder im weiteren Kontext der Reichsgründung (1871) eingefordert (Institutionalisierung der Anglistik als eines lehramtspropädeutischen und auf die moderne Arbeitswelt bezogenen Faches, erster anglistischer Lehrstuhl 1872 an der kurz zuvor eingedeutschten »Reichsuniversität Straßburg«). Nun zeigen sich endgültig die bis heute währenden Konflikte: Die Philosophische Fakultät möchte, in der Wissenschaftstradition des 19. Jh.s stehend, zweckfreie Wissenschaft betreiben; sie fokussiert ihre Anstrengungen in Forschung und Lehre nicht auf die L. Jüngere, berufsorientierte Wissenschaftsdisziplinen wie die Angewandte Linguistik und die Fachdidaktiken werden mit Skepsis betrachtet. Ein zu großes Gewicht auf L. in einer Fakultät mindert in den Augen der Mehrheit der Lehrstuhlinhaber die wissenschaftliche Seriosität.

Die L. für die nicht-gymnasialen Schulformen bleibt fast 150 Jahre lang hinter der gymnasialen Ausbildung zurück: Die Volksbildung bezieht ihre Lehrerschaft bis ins 20. Jh. hinein über L.sseminare, denen die akademischen Weihen fehlen. Seit der Weimarer Republik werden diese Seminare zu Pädagogischen Akademien und nach 1945 dann zu Pädagogischen Hochschulen aufgewertet. Letztere werden in den 1960er Jahren in die Universitäten eingegliedert, in Baden-Württemberg bleiben sie bis heute bestehen, wobei eine Aufwertung zur L.suniversität intendiert ist. Die Realschule des 19. Jh.s rekrutiert ihre Lehrer teilweise über die Philosophischen Fakultäten, teilweise auch über besondere Kurse innerhalb der L.sseminare und Pädagogischen Hochschulen. Dieser Zustand bleibt bis in die 1960er Jahre bestehen.

An den Pädagogischen Hochschulen der Nachkriegszeit werden angesichts der Tatsache, dass das Bildungskonzept der Siegermächte an allen Schulformen (mit Ausnahme der altsprachlichen Gymnasien) die Besatzungssprache als erste Fremdsprache vorsieht, neusprachliche Dozenturen und Lehrstühle geschaffen. Sie sind didaktisch orientiert; die frühen Stelleninhaber kommen aus unterschiedlichen Schulformen, meist aus dem Gymnasium. Der von ihnen vertretene Ansatz in der Haupt- und Realschullehrerausbildung steht in bewusstem Gegensatz zu den universitären Neuphilologien der Zeit, er ist berufspropädeutisch und professionalisierend. Wissenschaftliche Fragestellungen werden von den fachlichen und pädagogischen Bedürfnissen des Lehramts aus formuliert.

Allerdings bleibt auch dieser Bereich in der Folgezeit von wenig reflektierten Umsetzungsmodellen nicht verschont. So werden z. B. neuere Entwicklungen der ↗ Sprach- und ↗ Literaturwissenschaft oder neue lernpsychologische Ansätze oftmals ohne didaktische Reflexion für die Schule adaptiert. Dennoch gehen von dem Neuansatz wichtige Impulse aus, die dann in den 1960er und 70er Jahren zur Institutionalisierung der Fachdidaktiken an den Universitäten führen. In den 1970er Jahren werden neue Fakultäten und sogar Universitäten mit einem Schwerpunkt L./Bildungswissenschaften gegründet (Augsburg 1973, Klagenfurt 1975).

Im schwierigen Dialog der Fachwissenschaften mit den neu etablierten Fachdidaktiken in der Zeit nach 1968 geht es letztendlich um eine neue Auffassung von Wissenschaft, die gesellschaftliche Bezüge anerkennt und insofern aus dem Elfenbeinturm der Humboldt-Tradition herausführt. Kulturelle, ökologische und auch didaktische Bezüge werden in zunehmendem Maße von den Gesamtfächern reflektiert. Allerdings wirken die alten Strukturen ebenso deutlich nach. Nach wie vor ist die erste Ausbildungsphase für die Lehrämter durch ein Übergewicht didaktisch nicht oder nicht hinlänglich reflektierter Fachwissenschaft und ein daraus resultierendes unverbundenes Nebeneinander fachwissenschaftlicher und fachdidaktischer Sichtweisen gekennzeichnet. Die Tendenz mancher Kultusministerien, den zunehmenden Problemen an der Schule mit einem immer höheren allgemein erziehungswissenschaftlichen Anteil im Studium zu begegnen, führt zu einer Minderung der fachlichen Qualität der Ausbildung, nicht aber zu der überfälligen Aufwertung der fachdidaktischen Komponente. Alles in allem kann die Frage, ob die Universität in ihrer derzeitigen Gestalt der richtige Ort ist, um Lehrende auszubilden, nach wie vor diskutiert werden.

Bis in die zweite Hälfte des 20. Jh.s hinein hat lediglich das gymnasiale Lehramt die für die Ratslaufbahn allgemein übliche zweite Ausbildungsphase in Gestalt eines Referendariats. 1826 in Preußen eingeführt, ist das Referendariat zunächst einjährig, später wird es auf zwei Jahre verlängert. Eine Reduktion auf 18 Monate ist immer wieder in der Diskussion; sie wird teilweise realisiert. Zentren der Referendarausbildung sind die Bezirksseminare, an denen auch die Fachleiter/innen (Bayern: Seminarlehrer/innen) für die einzelnen Fächer angesiedelt sind. Das Referendariat folgt länderspezifischen, ministeriell festgelegten Ausbildungsordnungen. Es ist als Einübung in das jeweilige schulformspezifische System konzipiert. Die traditionsreiche Kritik an der zweiten Phase, dass sie nämlich in vielen Fällen eine doch recht theorieferne »Meisterlehre« sei, ist heute weniger berechtigt als früher. Allerdings drückt die Tatsache, dass die Qualifikationswege zu den Fachleiterstellen (Bayern: Seminarlehrerstellen) vielerorts fachlich nicht hinlänglich transparent sind und die ausbildenden Lehrer/innen bei allem persönlichen guten Willen und aller beruflichen Erfahrung nicht die Möglichkeit zu wissenschaftlicher Weiterqualifikation (etwa: didaktisches Promotionsstudium, *sabbaticals*) haben, nach wie vor auf die Qualität der Ausbildung. Eine Einphasigkeit der L. ist immer wieder gefordert worden. Die DDR hatte sie im Rahmen ihrer Möglichkeiten verwirklicht (integriertes fünftes Praxisjahr nach vier Jahren Universität oder Pädagogischer Hochschule). Wünschenswert ist die einphasige L. auch heute noch, wenn auch angesichts des ungenügenden Lehramtsbezugs in der ersten Ausbildungsphase, der Theorieferne der zweiten Phase und des weitgehend unvermittelten Nebeneinanders der beiden Phasen derzeit nicht darstellbar.

Der Bereich der Lehrer*fort*bildung wird seit den 1960er Jahren bundesweit ausgebaut. Es

werden zentrale Angebote geschaffen, die an Landesinstituten lokalisiert sind. Die Landesinstitute von Flächenstaaten verfügen über Außenstellen (regionale Lehrerfortbildung). Teilweise trägt die Fortbildung parauniversitäre Züge. Neben Fortbildungsmaßnahmen werden je nach den Bedürfnissen der Länder auch Weiterbildungsmöglichkeiten (etwa: Aufstockung der Lehrbefugnis, Ausbildung für spezielle Funktionen im Bereich der Schule) geboten. Daneben bieten auch freie Träger (etwa: die Kirchen, Lehrerverbände, Gewerkschaften) Fortbildungsveranstaltungen an. Leider sind die staatlichen Angebote im Bereich der Fort- und Weiterbildung in den letzten Jahren stark zurückgefahren worden, sowohl quantitativ als auch qualitativ. Gleichzeitig wurde zunehmend die Tendenz wahrnehmbar, thematische Angebote nur noch als Reaktion auf ein unmittelbares Erfordernis (etwa: ↗früher FU, achtjähriges Gymnasium, Einführung neuer ↗Lehrpläne) zu entwickeln. Gegenwärtig ist es die Verpflichtung der einzelnen Lehrkraft, sich passende Fortbildungsangebote selbst zu suchen (und ggf. auch dafür zu zahlen), etwa in Gestalt von Multiplikatorenveranstaltungen an der eigenen Schule, Verlagsveranstaltungen, Verbandstagen oder kommerziellen Seminaren.

Ein grundsätzliches Missverständnis der L. mit langer Tradition ist, wie oben schon angedeutet, die Annahme, dass fachwissenschaftliche Forschungsergebnisse durch Nutzung der Fachdidaktik zum Schulgebrauch ›umzusetzen‹ seien (›Umsetzungsdidaktik‹). Das Missverständnis geht auf die Humboldtzeit selbst zurück, in der das Gymnasium als nur wissenschaftspropädeutische Schulform die Entwicklungen in den Bezugswissenschaften zu spiegeln suchte. Da bereitete gymnasialer Sprachunterricht auf die universitären Philologien vor und die universitären Philologien auf den gymnasialen Sprachunterricht. Schon angesichts der heute unbestrittenen Bedeutsamkeit von Berufs- und Lebenspropädeutik (gerade auch im Bereich der Sekundarstufe II) ist ›Umsetzungsdidaktik‹ nicht mehr möglich. Vielmehr sollte fremdsprachliche L. an einer Theorie von Schule und FU festmachen. Von hier aus müssten die Themen bestimmt und gewichtet werden, die dann im lehrerbildenden Curriculum eine Rolle spielen. Die bestehenden philologischen Angebote müssten im Rahmen des Ansatzes auf ihre Tauglichkeit für die L. hin untersucht werden. Für die sprach-, literatur- und kulturwissenschaftlichen Disziplinen würden sich Umgewichtungen, aber auch interessante neue Fragestellungen ergeben. Dass erste und zweite Ausbildungsphase im Rahmen eines solchen Ansatzes zumindest verschränkt werden müssen, leuchtet ein. Mehr Praxisbezug in der universitären L. wird zu Recht gefordert. Darüber hinaus muss den Ausbilder/innen der zweiten Phase Gelegenheit zu wissenschaftlicher (Mit-)Arbeit an fachdidaktischen Fragestellungen (besonders im Bereich empirischer Unterrichtsforschung) gegeben werden. Zugleich müssen sie unabhängiger werden von der jeweiligen parteipolitisch bestimmten Bildungspolitik.

Es ist oft darauf hingewiesen worden, dass die Aufteilung der philologischen Fächer in ›fachwissenschaftliche‹ und ›fachdidaktische‹ Bereiche künstlich sei. Die Kritik träfe zu, wenn Fachwissenschaften und Fachdidaktiken die Vermittlungs- und Lehramtsbezüge gleichermaßen und in gleicher Intensität bei ihren fachlichen Entscheidungen mitdenken würden. Wie allgemein bekannt, ist dem nicht so – trotz einer mittlerweile mehr als hundertjährigen öffentlichen Kritik an diesem Zustand. Die fachwissenschaftlichen Disziplinen, klassischerweise dem idealistischen Wissenschaftskonzept verpflichtet, weisen heute gerne auf die Tatsache hin, dass sie über die Magister-/Master-Ausbildung noch ganz andere Verwertungszusammenhänge betreuen als nur die Lehrämter. Angesichts weitgehend fehlender Empirie ist die Aussage schwer überprüfbar; eine nicht geringe Zahl von Magistern findet sich jedenfalls in den Redaktionen der großen Schulbuchverlage wieder, wo sie beklagen, aber auch in ihrer Arbeit zeigen, dass ihnen eine adäquate fachdidaktische Ausbildung fehlt. Terminologisch gesehen ist die Scheidung in der Tat absurd: Eine adäquate Fachdidaktik ist nicht minder wissenschaftlich als eine sog. fachwissenschaftliche Disziplin, mehr Fachdidaktik in der L. senkt auch nicht das wissenschaftliche Niveau, und mehr L. in einer Fakultät senkt nicht deren wissenschaftliche Bonität.

Lit.: K.-R. Bausch/H. Christ/H.-J. Krumm (Hg.): Die Ausbildung von Fremdsprachenlehrern. Gegenstand der Forschung. Bochum 1990. – K.-R. Bausch et al. (Hg.): Fremdsprachendidaktik und Sprachlehrforschung als Ausbildungs- und Forschungsdisziplinen. Tüb. 1997. – T. Finkenstaedt: Kleine Geschichte der Anglistik in Deutschland. Darmstadt 1983. – T. Finkenstaedt/K. Schröder (Hg.): Zu Grundfragen des FUs und seiner Didaktik in aktueller und historischer Sicht. Augsburg 1991. – H. Mainusch et al. (Hg.): Lehrerfortbildung und Lehrerweiterbildung in der Bundesrepublik Deutschland. Modell Anglistik. Bern/FfM 1976. – K. Schröder (Hg.): Situation und Probleme des FUs und der Fremdsprachenlehrerausbildung in den Neuen Bundesländern. Augsburg 1992. – E. Terhart et al. (Hg.): Perspektiven der L. in Deutschland. Abschlussbericht der von der KMK eingesetzten Kommission. Weinheim 1999. – G. Walter/K. Schröder (Hg.): Fachdidaktisches Studium in der L. Mü. 1979. – W. Zydatiß (Hg.): Fremdsprachenlehrerausbildung. Reform oder Konkurs? Mü. 1998.   KoSch

Lehrerzentrierung. Das Konzept der L. ist gekennzeichnet durch die Dominanz der Lehrperson. Sie allein trifft alle Entscheidungen bei der Vorbereitung des Unterrichts (Auswahl der Themen und Materialien, Festlegung der Unterrichtsstruktur), sie dominiert das Unterrichtsgeschehen (Belehrung der SuS, enges Hinführen der SuS zu Erkenntnissen, Beanspruchung eines sehr hohen Sprechanteils, Durchsetzung von Disziplin), und sie allein beurteilt die Leistungen der SuS. Das Konzept weist in den Bereichen Bildung und Erziehung erhebliche Schwächen auf, weil die Entwicklung wichtiger ↗ Schlüsselqualifikationen nicht gefördert wird. Da die SuS keine oder nur geringe Chancen zu einer Kommunikation untereinander erhalten, können sie keine ↗ Sozialkompetenz erwerben, d.h. weder Kommunikationsfähigkeit noch Teamfähigkeit noch Kritikfähigkeit. Da die dominante Lehrperson den SuS alle Entscheidungen abnimmt, wird keine Individualkompetenz (Selbständigkeit, Verantwortungsbewusstsein, Lernbereitschaft) aufgebaut. Ebenso wenig wird Handlungskompetenz (Organisationsfähigkeit, ↗ Methodenkompetenz), die sich im FU wesentlich im Gebrauch von ↗ Lern- und Arbeitstechniken manifestiert, gefordert und somit auch nicht gefördert.

Fremdsprachenspezifische ↗ Lernziele wie eine alltagstaugliche und ausbaufähige ↗ kommunikative Kompetenz unter Einsatz aller ↗ Fertigkeiten können nur erreicht werden, wenn aktives Sprachhandeln garantiert ist und wenn es um Themen geht, die zum unmittelbaren Lebensumfeld der Lernenden gehören. Ohne die Mitwirkung der SuS ist es kaum möglich, deren Interessen zum Inhalt des sprachlichen Handelns zu machen. Optimale Ergebnisse werden erzielt, wenn Lehrende zu einem *balanced teaching* finden. Ein Teil der anstehenden Aufgaben wird auf der Basis des Konzepts der L. erledigt, z.B. die Wahl von wichtigen Themen, die nicht zur augenblicklichen Interessenlage der SuS gehören; die Moderation zur Einführung eines Themas; die Vorstellung neuer Arbeits- oder Lerntechniken; das Herausstellen von Lernerfolgen; das Einbringen persönlicher Erfahrungen usw. Das Gros der Aufgaben im FU kann allerdings nur mit Mitteln aus dem Repertoire des Konzepts ↗Lernerorientierung zielgerichtet realisiert werden. Zudem nehmen Lehrende mit dem Konzept der L. ein Höchstmaß an Belastung auf sich.

Lit.: M. Antón: Sociocultural Perspectives on Teacher-Learner Interaction in the Second-Language Classroom. In: The Modern Language Journal 83/3 (1999), 303–318. – H. Klippert: Lehrerbildung. Unterrichtsentwicklung und der Aufbau neuer Routinen. Weinheim, 2004. MA

Lehrplan. Der Begriff des L.s wird häufig synonym zu Richtlinien, Rahmenrichtlinien, Bildungsplänen, curricularen Vorgaben oder Curricula gebraucht. Nachdem sich allerdings zur Jahrtausendwende nach Erscheinen des ↗Gemeinsamen europäischen Referenzrahmens für Sprachen (GeR) 2001 das Bildungssystem den Konzepten der Outputorientierung, Standardisierung und Kompetenzorientierung verschrieben hat, verwendet man für die administrativen Vorgaben des schulischen Unterrichts und damit auch des FUs andere Begrifflichkeiten wie Bildungsstandards oder Kerncurricula. Ein L. ist ein bildungspolitisches, administratives und juristisches Dokument, das für den institutionellen Kontext Schule festlegt, welche ↗Kompetenzen, Bildungsziele, Inhalte, Gegenstände und sprachlichen Mittel die SuS zu bestimmten Zeitpunkten innerhalb ihres Bildungsganges erreicht und erarbeitet haben müssen. Somit definiert und konstituiert ein L. Normen und ↗Standards für den FU. Damit ein L. konzeptionell stimmig ist, muss zwischen ↗Lern- und Bildungszielen, Methoden und ↗Tests eine Interdependenz vorliegen. Neben der fremdsprachlichen Handlungsfähigkeit, die im FU auf Grundlage des L.s zu erzielen ist, muss der FU in der Regel sprachspezifische und (inter-)

kulturelle Inhalte, aber auch allgemeine Kompetenzen wie ↗Sozial- und ↗Methodenkompetenzen vermitteln. Der L. macht Aussagen über Formen der ↗Leistungsermittlung und ↗Leistungsbewertung und kann außerdem Lektürekanons (↗Kanon) und methodische Empfehlungen bereitstellen. Ein L. kodifiziert ein bestimmtes Konzept von ↗Bildung und ordnet fachspezifische Regelungen und Anforderungen in ein staatliches Gesamtkonzept von Bildung ein. Er ist auf einen bestimmten Schultyp und auf bestimmte Jahrgangsstufen bezogen. Da Lehrpläne anwenderbezogen und anwenderfreundlich sein sollen, müssen sie funktional, praktikabel und verständlich sein, aber ebenso fachlichen und fachdidaktischen Ansprüchen genügen. Der Grad der Konkretheit von Lehrplänen ist durchaus unterschiedlich. Man unterscheidet zwischen produktorientierten und prozessorientierten Lehrplänen (↗Produktorientierung, ↗Prozessorientierung). Erstere stellen im Kontext des FUs die jeweiligen notwendigen Sprachmittel für die Schülerschaft zusammen, letztere erläutern, wie SuS bei der Bearbeitung von Aufgaben ihre Sprachhandlungsfähigkeit entwickeln und ausbilden können. In jedem Fall stellen Lehrpläne eine Orientierung für die tägliche Unterrichtspraxis dar und ermöglichen den Fremdsprachenlehrenden Gestaltungsraum.

Nach Grundgesetzartikel 7 unterliegt in der Bundesrepublik das gesamte Schulwesen der Aufsicht des Staates und wird durch Gesetze, Erlasse und Verordnungen geregelt. Da die Regelung von Bildungsfragen in der Bundesrepublik der Hoheit der Bundesländer untersteht, gibt es bundeslandspezifische Lehrpläne, die von den Kultusministerien der einzelnen Bundesländer herausgegeben werden. Die Lehrpläne der Bundesländer müssen mit den Grundlagen, Beschlüssen und Empfehlungen der Kultusministerkonferenz konform sein. Sie entstehen in Zusammenarbeit von Schulen, Schulbehörden, Instituten für L.entwicklung und mit wissenschaftlicher Beratung. Die Entwürfe von Lehrplänen sind in Anhörfassungen in unterschiedlichen Gremien wie Lehrerverbänden, Elternverbänden und Gewerkschaften vorzustellen. Die Gremien erhalten die Möglichkeit zur Stellungnahme, bevor die Lehrpläne veröffentlicht werden. Da Lehrpläne das Ergebnis von (bildungs-)politischen, pädagogischen und fachdidaktischen Entwicklungen sind, erzeugen dieselben nicht nur in der Phase ihrer Implementierung Diskussionen um ihre Konzeption und ihre Implikationen für den FU. Gegenstand von kontroversen Diskussionen können z.B. die übergeordneten Zielsetzungen von schulischem FU wie fremdsprachliche Handlungskompetenz oder die Bildungsfunktion von FU sein.

Lehrpläne sind Steuerungsmittel von FU. Sie sollen zu Transparenz und Vergleichbarkeit von Unterrichtsprozessen und Unterrichtszielen führen. Die Umsetzung von Lehrplänen erfolgt auf drei interdependenten Ebenen, nämlich auf der Ebene der L.entwicklung, der L.vermittlung und der Schularbeit. Die L.arbeit durchläuft fünf Stadien: Grundsatzarbeit über die politischen Rahmensetzungen, Konstruktion von L.-entwürfen, Diskussion der Entwürfe, Implementation der Lehrpläne und möglicherweise eine Revision. Die politische Funktion von Lehrplänen ist es, ein Gesamtkonzept von Bildung, aber auch fachspezifische Inhalte und die Anordnung von Inhalten im Unterricht öffentlich zu legitimieren. Ein L. hat eine Legitimationsfunktion gegenüber der Öffentlichkeit, den Fachwissenschaften und den Fachdidaktiken. Er hat weiterhin eine Vermittlungsfunktion zwischen gesellschaftlichen, wirtschaftlichen Bedarfen und persönlichen Lernerbedürfnissen. Darüber hinaus soll er auch eine Orientierungsfunktion für Lehrende, Lernende und Erziehungsberechtigte übernehmen. Der L. ist mit einer Sicherungsfunktion versehen, da zwischen Schulen und Klassenstufen einer Schulform Vergleichbarkeit bestehen soll. Die Lehrenden sind Bindeglieder zwischen Lehrplänen und Unterricht und zur Umsetzung des L.s verpflichtet. Folglich müssen alle unterrichtenden Lehrkräfte mit den geltenden Lehrplänen vertraut sein. Es ist festzustellen, dass das Lehrerverhalten durch Lehrpläne mitgesteuert wird, die didaktische und methodische Kompetenz aller Lehrenden allerdings nicht durch die Vorgaben in Lehrplänen zu ersetzen sind.

Als indirekte Einflussbereiche von Lehrplänen gelten insbesondere ↗ Lehrwerke. Lehrpläne sind die Planungsgrundlage für Lehrwerksautor/innen, da Lehrwerke in ihren thematischen und/oder konzeptuellen Entscheidungen mit den Vorgaben des L.s übereinstimmen müssen, um überhaupt als Schullehrwerke in einem

Bundesland eingeführt werden zu können. Hier setzen die Schulbuchverlage an und erstellen auf Basis des L.s einen Stoffverteilungsplan, mit dessen Hilfe dann vorgabenkonforme und adressatengerechte Lehrwerke entwickelt werden. Auf Grundlage der Lehrwerke erstellen die einzelnen Fachgruppen schulinterne und fachgruppenspezifische Stoffverteilungspläne, mit denen wiederum die einzelnen Lehrkräfte zu arbeiten haben, die dann ihrerseits einen lerngruppenbezogenen Arbeitsplan erstellen.

Der institutionell gebundene FU verfügte nicht immer über Lehrpläne. Im Mittelalter war die Kirche mit Bildungsfragen betraut, dies änderte sich in Deutschland aber mit Beginn des 19. Jh.s, als das Schulwesen unter staatliche Aufsicht gestellt wurde. Bis ins 19. Jh. war der FU primär Privatunterricht, dann hielten die modernen Fremdsprachen Einzug in die Schulen, im frühen 19. Jh. erst in Bürger- und Realschulen und bereits ebenfalls in der ersten Hälfte des 19. Jh.s dann in die Gymnasien, die bis dato durch die alten Fremdsprachen dominiert wurden. Die modernen Fremdsprachen wurden in diesem Zuge in den Kanon und damit in die Lehrpläne der höheren Schulen aufgenommen. Im Jahr 1837 wurde das Französische in die L. der preußischen Gymnasien aufgenommen, 1901 wurde das Englische als Prüfungsfach an Gymnasien anerkannt. Erste Lehrpläne nach unserem heutigen Verständnis wurden in den 1920er Jahren veröffentlicht. Hierbei spielte Hans Richert mit seiner Monographie *Die deutsche Bildungseinheit und die höhere Schule* (1920) eine herausragende Rolle. Auf Grundlage dieser Monographie erstellte das preußische Ministerium die nach Richert benannten »Richtlinien für die Lehrpläne der höheren Schulen Preußens«. Diese originär preußischen Richtlinien wurden fast ausnahmslos in allen Ländern des Deutschen Reiches übernommen und waren nach 1945 noch anerkannt. Bis in die 1960er Jahre handelte es sich bei den fremdsprachlichen Lehrplänen dann eher um Handlungsanweisungen für Lehrende als um wissenschaftlich begründete Curricula. In den 1960er Jahren kam es zu einem besonderen Interesse an L.erstellungen, die auf einer Curriculumstheorie basieren sollte. So stand die wissenschaftliche Legitimation für unterrichtliche Inhalte bei der Konzeption von Lehrplänen im Zentrum des Interesses. Diese Lehrpläne basierten auf den staatlichen Vorgaben zum Lernen, sie bestimmten Inhalte und Ziele des Unterrichts und machten Aussagen zur Medien- und Methodennutzung.

Die jeweilige Lehrmethode des modernen FUs stand und steht in Abhängigkeit zu den Zielen des FUs, somit spiegeln die Lehrpläne in ihrer Terminologie sowie den gewählten Inhalten und Zielsetzungen von FU die didaktisch-methodischen Maximen einer Zeit wider. Bevor sich in den 1970er Jahren im FU die kommunikative Didaktik durchsetzte (↗Kommunikativer FU), gaben Lehrpläne wieder, wie formales, sprachliches Wissen von SuS zu erwerben war. Als immer deutlicher wurde, dass sich die Schülerschaft mit diesem Wissen und der Überbetonung von sprachlichen Strukturen im Unterricht außerhalb des Klassenraums nicht fremdsprachlich kompetent zeigte, wurden die Lehrpläne zugunsten der Ausbildung einer ↗kommunikativen Kompetenz überarbeitet. Ein Schwerpunkt wurde auf den Erwerb von Sprachmitteln zur Bewältigung verschiedener kommunikativer Situationen gelegt. Eine systematische Verzahnung von kommunikativen Intentionen und den hierfür relevanten sprachlichen Mitteln musste von den Lehrplänen bereitgestellt werden. Kategorien kommunikativer Funktion waren hier z.B. ›jemanden einladen‹ oder ›sich entschuldigen‹. Die Lehrpläne erfuhren durch Aufgabenbeispiele eine schwerpunktmäßige Aufgabenorientierung (↗Aufgabenorientiertes Lernen), richteten sich stärker auf den Prozess des Fremdsprachenlernens und zahlreiche ↗Übungen für kommunikative ›Ernstfälle‹. In diesem Kontext ist besonders die Arbeit *The Threshold Level* zu notionalen/funktionalen Curricula von Jan Ate van Ek (1975) zu nennen, in der der Autor die Bedürfnisse der Zielgruppe, die für sie relevanten Situationen, die benötigten Fertigkeiten, die Sprachfunktionen, die themenrelevanten Wortschätze, allgemeine Begriffe zum Ausdruck von Ort und Zeit (*general notions*) und konkrete sprachliche Strukturen miteinander verknüpft. Als die Kultusministerkonferenz 1997 beschloss, an der ↗PISA-Studie teilzunehmen, folgte man in Deutschland in der Bildungspolitik seinerzeit mit den gültigen Lehrplänen dem Konzept der Inputorientierung. Bei der Inputorientierung von Lehrplänen werden Inhalte und Unterrichtsverfahren vorgegeben. Die Steuerungskraft liegt dabei eher auf Seiten der Lehrenden (↗Lehrerzentrierung), die entscheiden müssen, in welchen Phasen des Unterrichts sie bestimmte Inhalte durchnehmen. Inputorientierte Lehrpläne werden Altersstufen und der jeweiligen Lernprogression zugewiesen und folgen einem eher traditionellen Grammatikprogressionsmodell, wobei auch hier kommunikative Prinzipien zum Tragen kommen. Die Vermittlung sprachlicher Mittel wird thematisch eingebunden, so dass diese Sprachmittel trotz Themenfokussierung den relevanten Teil der ↗Progression darstellen. Bis in die 1970er Jahre erfolgte die Aufnahme von Sprachmitteln in produktorientierte Lehrpläne aufgrund linguistischer Forschungen. Die Kriterien für die Auswahl waren Schwierigkeitsgrad, Lern- und Lehrbarkeit und die angenommene Häufigkeit der Verwendung. Diese Listen wurden später durch Listen mit Alltagssituationen ergänzt. Allmählich wurden diese Lehrpläne in den letzten beiden Jahrzehnten des 20. Jh.s auf Grundlagen neuerer Theorien zum ↗Spracherwerb und zum ↗autonomen Lernen durch einen lernerorientierten Ansatz ergänzt (↗Lernerorientierung). So betrachtete man bei der Erstellung von Lehrplänen die angenommenen Bedürfnisse der jeweiligen Lernenden, beschäftigte sich primär mit schülerrelevanten Themen und zentrierte sich auf die Ausbildung der vier ↗Fertigkeiten Hören, Sprechen, Lesen und Schreiben. Hieraus ergaben sich Implikationen für die Vermittlung von ↗Wortschatz und ↗Grammatik. Eine Weiterentwicklung und Modifikation der bestehenden Lehrpläne schlug sich in den prozessorientierten Lehrplänen nieder, die einer aufgabenorientierten und lernerzentrierten Ausrichtung folgten. Insgesamt gab es durch die Länderhoheit in Bildungsfragen eine Vielzahl von Vorgabenkatalogen, die zu bundeslandspezifischen Vorgehensweisen, allerdings nicht zur bundesweiten oder gar europäischen Vereinheitlichung führten.

Das deutsche Bildungssystem hat sowohl im schulischen wie auch im universitären Bereich seit Beginn des 21. Jh.s im Zuge des ›PISA-Schocks‹ einen Reformprozess erlebt, der sich durch die Schlagwörter Outputorientierung, Standardisierung und Kompetenzorientierung charakterisieren lässt. Mithilfe der neuen Lehrpläne intendiert die Bildungspolitik Objektivität, Gerechtigkeit und Chancengleichheit für die im Fokus stehenden Fremdsprachenlerner/-innen zu realisieren und damit eine Qualitäts- und Leistungssteigerung des Bildungssystems zu gewährleisten (↗ Qualität). Die genannten Grundcharakteristika der Reform haben Auswirkungen auf die Lehr- und Lernprozesse in den jeweiligen Institutionen und damit auch auf die Lehrpläne. Das Basisdokument dieser Entwicklung ist im Bereich der Fremdsprachen der europaweit anerkannte GeR mit seinen Referenzniveaus. Auf seiner Grundlage entstanden die *Bildungsstandards für die erste Fremdsprache (Englisch/Französisch) für den Mittleren Schulabschluss* (2003) und die *Bildungsstandards für die erste Fremdsprache (Englisch/Französisch) für den Hauptschulabschluss* (2004). Alle Bundesländer implementierten ab dem Schuljahr 2004/05 die jeweiligen Bildungsstandards. Auf dieser Grundlage waren die Bundesländer außerdem zeitgleich dazu angehalten, schulformspezifische Lehrpläne zu den Bildungsstandards für den Sekundarbereich I zu entwickeln. Mit der Erstellung und Einführung dieser neuen Lehrpläne sind die einzelnen Bundesländer heute unterschiedlich weit fortgeschritten. Nach Etablierung von GeR und Bildungsstandards mit ihren bundeslandspezifischen und konkretisierenden Lehrplänen in der festzustellen, dass es zu einem Wechsel in der Konzeption von Lehrplänen gekommen ist. Der Ansatz der skizzierten Reform ist es, schulisches Lernen dahingehend zu optimieren, dass sich der kompetenzorientierte FU primär den funktionalen kommunikativen Kompetenzen, den ↗ interkulturellen kommunikativen Kompetenzen und den Methodenkompetenzen widmet. Die Niveaustufen, die die SuS in diesen Kompetenzbereichen zu erwerben und als Output zu demonstrieren haben, werden bestimmten Jahrgangsstufen zugewiesen. Die Kopplung von Jahrgangsstufen an bestimmte Kompetenzniveaus entspricht einer Standardisierung von FU, die sich auch in den geltenden Lehrplänen zeigt.

Unter dem Begriff ›heimlicher L.‹ versteht man, was an Schulen tatsächlich und auch nichtintentional gelehrt und gelernt wird im Gegensatz zu dem, was vom L. ausgewiesen wird. Das Attribut ›heimlich‹ bezieht sich darauf, dass die ↗ Lernziele nicht ausgesprochen oder explizit ausgewiesen werden. Als Beispiel sind hier soziale Lernerfahrungen von SuS zu nennen wie das Lernen in größeren Gruppen oder das Verhalten in einer Institution wie der Schule.

Bei der L.forschung werden Ziele, Inhalte und Verfahren von Unterricht systematisch ausgearbeitet. Da die Entscheidungsfelder von Unterricht komplex und interdependent sind, ist bisher nicht von der Lehr-/Lernforschung eindeutig zu beantworten, welchen Einfluss auf Unterricht Lehrpläne direkt oder indirekt wirklich haben. L.forschung und L.arbeit können auf makropolitischer, also internationaler Ebene erfolgen und betreffen Dokumente, die z.B. vom Europarat publiziert werden. Die mikropolitische Ebene meint politische Steuerungsmechanismen auf Bundesebene (Kultusministerkonferenz). Zusammenfassend ist festzustellen, dass die Funktion und Relevanz von Lehrplänen für die Effektivität von FU, seine Ziele und seine Methoden immens ist. Lehrpläne geben die Charakteristika des jeweiligen Verständnisses von Bildung wieder und stehen somit in (bildungs-)politischen, pädagogischen und fachdidaktischen Diskussionen zur Revision.

Lit.: K.-R. Bausch et al. (Hg.): Forschungsgegenstand Richtlinien. Arbeitspapiere der 5. Frühjahrskonferenz zur Erforschung des FUs. Tüb. 1985. – C. Finkbeiner: L., Lehrwerke, Stoffverteilungsplan, Unterricht. In: J.-P. Timm (Hg.): Englisch lernen und lehren. Didaktik des Englischunterrichts. Bln 1998, 36–44. – W. Hüllen: Kleine Geschichte des Fremdsprachenlernens. Bln 2005. – E. Klieme: Zur Entwicklung nationaler Bildungsstandards. Bonn 2003. – F.G. Königs: Normenaspekte im FU. Ein konzeptorientierter Beitrag zur Erforschung des FUs. Tüb. 1983. – J.A. van Ek: The Threshold Level. Strasbourg ²1990 [1975]. – G. Ziener: Bildungsstandards in der Praxis. Kompetenzorientiert unterrichten. Seelze ²2008 [2006].   NSF

Lehr- und Lernort. Zentraler L.L. des FUs ist das Klassenzimmer, das durch eine Reihe weiterer Lernorte (z.B. die Schulbibliothek, den Arbeitsplatz zu Hause) ergänzt und qualitativ erweitert wird (z.B. durch den Theater- oder Kinobesuch, die Klassenfahrt zur Partnerschule, die Exkursion zum internationalen Flughafen). Didaktisch von Interesse ist der Grad systematischer Verknüpfung des Klassenzimmers als Kernzone mit anderen L.L.en. Von Bedeutung ist nicht nur, welche ↗ Kompetenzen an den L.L.en besonders gefördert bzw. zusätzlich erworben werden können, sondern mit welchen Methoden (etwa der Vor- und Nachbereitung) und durch welche ⁊ Sozialformen ihr Potenzial optimal zu nutzen ist. Jeder Unterrichtsmethode liegen implizite und explizite Vorstellungen über den L.L. zugrunde. Annahmen werden gemacht, wie er zu gestalten ist, wer dafür Verantwortung trägt und wie die dort Handelnden an der Nutzung und Gestaltung beteiligt sind. Das Klassenzimmer als L.L. ist deshalb mehr als eine räumliche Gegebenheit in einem Gebäude.

Mit der kommunikativen Wende der 1970er Jahre (⁊ Kommunikativer FU) beginnt eine Neubestimmung des L.L.s, die auf der Annahme beruht, dass Lernende in der Zielsprache nur dann handlungsfähig werden, wenn sie im Hier und Jetzt des Klassenzimmers entsprechende Erfahrungen gemacht, sich selbst als (in Wort und Schrift) sprachlich Handelnde erfahren haben. Damit rücken nicht nur die Inhalte, über die es sich am L.L. zu kommunizieren lohnt, und die Formen, in denen das geschehen soll (vgl. Legutke 2009a), ins Blickfeld, sondern das gesamte Sozialgefüge, durch das Lehrende und Lernende dynamische Beziehungen eingehen. Alle Beteiligten können gar nicht umhin, in unterschiedlichen Rollen und mit unterschiedlichen Aufgaben den L.L. zu gestalten. Klassenzimmer repräsentieren deshalb eine gemeinsam gestaltete ›Kultur‹: »What someone learns in a language class will be a dynamic synthesis of individual and collective experience. Individual definitions of the new language, of what is to be attended to as worth learning, of how to learn, and personal definitions of progress will all interact with the particular classroom culture's definitions of each of these things. [...] The language I learn in a classroom is a communal product derived through a jointly constructed process« (Breen 1985, 148 f.). Diese Kultur des zentralen L.L.s ist nicht nur von räumlichen Dimensionen bestimmt (dem geographischen Ort, dem Gebäude, von Baumaterialien und architektonischen Arrangements), sondern zugleich durch institutionelle Entscheidungen und Vorgaben, die auf gesellschaftliche Zusammenhänge verweisen: auf bildungs- und finanzpolitische Prioritätssetzungen sowie pädagogische Wertvorstellungen. Sie beeinflussen nicht unerheblich die Nutzung des L.L.s und das Lernklima, das in ihm geschaffen werden kann.

Die Neubestimmung des L.L.s im Zuge der kommunikativen Wende war von zwei zentralen Bemühungen getragen, deren Ergebnisse die Fremdsprachendidaktik und die Unterrichtspraxis nachhaltig beeinflusst haben. Um den Gebrauch der Fremdsprache in der Gegenwart des Klassenzimmers zu ermöglichen, war es ein konsequenter Schritt, dessen räumliche Grenzen zu überschreiten und es mit Orten zu verknüpfen, an denen die Zielsprache als Kommunikationsmedium genutzt wird. Damit Lernende die Möglichkeit erhielten, ihre fremdsprachlichen Möglichkeiten in Situationen des ›Ernstfalls‹ zu erproben, wurden Erkundungen von zielsprachigen Handlungsfeldern in der erreichbaren Umgebung (Flughäfen, Bahnhöfe, internationale Hotels, Jugendherbergen), die systematische Aufnahme von ⁊ Korrespondenzen (Brief, Kassetten- und Videobrief) sowie die Integration von Partnerschaften und Austauschprogrammen in den FU vorgeschlagen (vgl. Edelhoff/Liebau 1988). Neben der Öffnung nach draußen galt der Gestaltung des zentralen L.L.s als Raum für ⁊ Kommunikation besondere Aufmerksamkeit. Es galt nicht nur, angemessene Themen und Texte auszuwählen, sondern vor allem Unterrichtsformen zur Förderung und Entfaltung kommunikativen Sprachgebrauchs zu entwickeln. Ins Zentrum der Aufmerksamkeit rückten ⁊ Übungen, Aufgaben (⁊ Aufgabenorientiertes Lernen), Projekte (⁊ Projektunterricht) und Szenarien, deren Formen und Funktionen bis heute die Diskussion um Konzepte und Methoden eines handlungsorientierten FUs bestimmen (⁊ Handlungsorientierung).

Nach dem gegenwärtigen Stand fachdidaktischer Diskussion sind acht Metaphern geeignet, die Facetten des zentralen L.L.s und die ihnen zugeordneten Merkmale genauer zu fassen. Letztere sind im Unterrichtsgeschehen eng miteinander vernetzt und machen in ihrer Vernetzung die Komplexität des Handlungsraums aus (vgl. Legutke/Müller-Hartmann 2000a). Für alle Facetten gilt sowohl ein Primat angemessener und relevanter Inhalte als auch eine adäquate methodische Steuerung. Schließlich übernehmen analoge und digitale ⁊ Medien jeweils unterschiedliche Funktionen in der Ausgestaltung des L.L.s (⁊ E-Learning): (1) Als *Trainingsplatz* stellt der L.L. die materiellen und prozeduralen Bedingungen bereit, die erfolgreiches und ausdauerndes Üben möglich machen. Dieses umfasst einfache und komplexe sprachliche ↗Fertigkeiten genauso wie das Üben von ↗Präsentationen, das Nutzen von Hilfsmitteln und Medien. Besondere Merkmale sind die Varianz der Übungsformen und ihre ↗Qualität, die darin besteht, den Leistungswillen der Lernenden anzuspornen. (2) Der L.L. gleicht ferner einem *Kommunikationszentrum*, in dem die SuS die Möglichkeit erhalten, als sie selbst zu Wort zu kommen und andere zu verstehen bzw. sich ihnen verständlich zu machen. Sie lassen sich dabei sowohl auf Interaktionen mit Mitgliedern der Lerngruppe als auch auf Sprecher/innen der Zielsprache ein, mit denen sie über unterschiedliche Kommunikationsmedien Kontakt unterhalten (E-Mail, Web 2.0). Besonderes Merkmal sind hier die Vielzahl und Qualität der Anlässe zur Kommunikation, zu denen auch der Lernprozess selbst, seine Planung, seine Verläufe und Ergebnisse sowie die Beziehungen der Mitglieder der Lerngruppe zueinander gehören. (3) Der L.L. gleicht einer *Bühne* und erscheint in dieser Facette als eine aus vielen Minisituationen zusammengesetzte *Simulation*. Denn der Gebrauch des fremden Codes beruht auf der Vereinbarung des So-tun-als-ob, die zwar die konstitutive Künstlichkeit der Kommunikationssituation nicht aufhebt, ihr jedoch den Charakter des gemeinsam gestalteten Spiels gibt. Dieses benötigt einen Spielraum, der von allen Beteiligten zugleich hergestellt und genutzt wird. Lernende erproben die Reichweite ihres sprachlichen und performativen Könnens (↗Performative Kompetenz). Besondere Merkmale sind der Variantenreichtum der Inszenierungsangebote (↗Inszenierung, ↗*Simulation Globale*) sowie die zugehörigen Hilfen und Unterstützungssysteme sprachlicher und nicht-sprachlicher Art (vgl. auch Kocher 1999). (4) Weil Lernende zum rezeptiven und produktiven Umgang mit einer Vielzahl fremdsprachlicher Textsorten befähigt werden sollen, kann der L.L. zu Recht als *Textatelier* bezeichnet werden. Merkmal dieser Facette ist das dynamische Verhältnis von Texten der Zielkulturen und Lernertexten (↗Intertextualität und Intermedialität). Letztere sind nicht ausschließlich für die ↗Leistungsbewertung durch die Lehrkraft produziert, sondern werden als Sinnentwürfe im fremden Code ernstgenommen. Sie sind trotz unvermeidlicher textueller Unzulänglichkeiten Beiträge zum Prozess des Verstehens und Lernens, Mitteilun-

gen für andere (vgl. Legutke 2009b). (5) Der L.L. als *Fenster zur Welt* hat das Potenzial, zum *Begegnungsraum* zu werden, wenn bereits in Phasen frühen Fremdsprachenerwerbs die Fähigkeit zum ↗Fremdverstehen angebahnt und mit fortschreitender Sprachkompetenz und erweitertem Weltwissen der Lernenden die Chance zur systematischen Förderung von ↗interkultureller kommunikativer Kompetenz genutzt wird. Kennzeichnend für diesen Raum sind die Themen und Texte, die besonders geeignet sind, Prozesse des Fremdverstehens zu fördern, sowie Verfahren, die zur Perspektivenübernahme anleiten (↗Perspektive und Perspektivenwechsel) und zur kritisch-abwägenden Stellungnahme verhelfen. Eine Schlüsselrolle kommt den direkten und medial vermittelten Begegnungen mit Sprechenden der Zielsprache zu. (6) Der L.L. ist auch *Forschungscenter*, da Lernende permanent herausgefordert sind, einen fremden Code zu entziffern, während sie Texten begegnen, und da sie zugleich fremde Denk-, Handlungs- und Lebensweisen entschlüsseln und verstehen müssen, wenn sie an Diskursen im fremden Code teilhaben wollen. Die forschenden Tätigkeiten der Einzelnen wie der Gruppen in diesem Raum richten sich sowohl auf die Sprache selbst, ihre Regularitäten und Anwendungsformen als auch auf die kulturellen Inhalte und Zusammenhänge. In dieser Funktion trägt der L.L. wesentlich zum Aufbau sprachlichen und kulturellen ↗Wissens bei. (7) Ferner ist der L.L. der Ort, an dem das Lernen von fremden Sprachen gelernt wird, und gleicht deshalb einer *Lernwerkstatt*. Die SuS werden sich ihrer ↗Lernstrategien bewusst (↗Bewusstheit/Bewusstmachung), verfeinern und erweitern diese. Sie vergewissern sich mit Unterstützung der Lehrkraft und ihrer Mitlernenden der Lernfortschritte und versuchen, selbständig Lernprobleme zu lösen. (8) Schließlich bleibt der L.L. auch klassischer *Lehrraum* für die Wissensvermittlung durch ↗Instruktion. An einem so konzeptualisierten L.L. schließen sich Vorstellungen von Öffnung und Steuerung keinesfalls aus, koexistieren Phasen ↗autonomen Lernens mit solchen, die von der Lehrperson initiiert und gesteuert werden (↗Lehrerzentrierung). Formen klassischen Wissenstransfers durch Lehrervortrag oder Präsentationen von SuS ergänzen explorative Gruppenarbeit (↗Entdeckendes Lernen). Eine entscheidende Herausforderung besteht in der für die Entwicklung ↗kommunikativer Kompetenz angemessenen Verknüpfung der Facetten sowohl im Handlungsgeschehen am zentralen L.L., dem Klassenzimmer, wie zwischen letzterem und den außerschulischen Lernorten und Erfahrungsräumen (vgl. Gehring/Stinshoff 2010).

Besonders die Forschungen zum Arbeitsfeld Begegnung durch Klassenfahrten und Austauschprogramme (↗Begegnung und Begegnungssituationen) zeigen das große Potenzial außerschulischer L.L.e und markieren zugleich die Herausforderungen für die Zukunft (vgl. Grau et al. 2003, Thomas et al. 2007). Obwohl diese L.L.e erheblich an Bedeutung gewonnen haben, sind die dort gewonnenen Erfahrungen und Lerngelegenheiten nur sehr unzureichend mit dem Regelunterricht am zentralen L.L. vernetzt. Ihr Potenzial wird folglich nur unbefriedigend genutzt. Dasselbe gilt für digital erschließbare Erfahrungsräume, die nur in Ansätzen zur qualitativen Erweiterung des zentralen L.L.s genutzt werden, obwohl einschlägige Berichte und Feldstudien zeigen, welche Möglichkeiten diese neuen Lernräume nicht nur für den fortgeschrittenen FU bieten (vgl. Rau 2009, Schmidt 2009).

Solche und andere Praxisberichte und Fallstudien aus unterschiedlichen Kontexten mit unterschiedlichen Lerngruppen verdeutlichen die Bedeutung des L.L.s für die Entwicklung interkultureller kommunikativer Kompetenz (vgl. Legutke 2009a, Legutke/Müller-Hartmann 2000a, Legutke/Thomas 1991), markieren jedoch zugleich die Herausforderungen, denen sich zukünftige Forschungen und Praxisprojekte stellen müssen: (1) Die erfolgreiche Gestaltung der dynamischen Kultur des L.L.s in seinen Facetten und mit seinen Vernetzungen hängt entscheidend von den didaktischen Kompetenzen der Lehrkräfte ab. Diese müssen nicht nur über ein hohes Maß curricularer Flexibilität und ein großes Arsenal von Lernaufgaben und Übungen verfügen, die helfen, unterschiedliche Handlungsräume herzustellen und zu nutzen. Sie müssen auch und gerade Steuerungskompetenzen erworben haben, die es ihnen möglich machen, produktive Lerngruppen entstehen und sich entwickeln zu lassen. Schließlich ist die Herstellung des Lernraums und seines Lernklimas eine kooperative Aufgabe, die ohne die aktive Mitarbeit der Lernen-

den zum Scheitern verurteilt ist (vgl. Dörnyei 2007). Die ↗Lehrerbildung ist hier gefordert. (2) Ferner sind institutionelle und schulpolitische Entscheidungen notwendig. Während Fachräume für die Naturwissenschaften in schulischen Kontexten als selbstverständlich gelten, fehlen solche weitgehend für die Fremdsprachen. Der zentrale L.L. braucht nicht nur eine angemessene Ausstattung mit digitalen Medien, sondern auch Raum für Gruppenarbeit, Zugang zur Bibliothek und Hilfsmitteln (Lexika, Grammatiken, Übungsbüchern), Platz für Präsentationen und kreativen Ausdruck (vgl. Legutke/Müller-Hartmann 2000b). Die etablierten Lernräume vieler Institutionen sind oft nur schwer so zu verändern, dass eine produktive Lernkultur entsteht. (3) Schließlich darf die jeweilige Institution und die einzelne Lehrkraft nicht aus der Verantwortung entlassen werden. Auch unter schwierigen räumlichen Bedingungen ist nach Lösungen zu suchen, die die Realisierung eines voll entfalteten L.L.s möglich machen, der über die Kernzone des Klassenzimmers hinaus andere Erfahrungsräume konsequent nutzt. Erst wenn die einzelnen fremdsprachlichen Fachgruppen ihre Fachgrenzen überschreiten und sich um ein gemeinsames Sprachenkonzept bemühen, dessen Realisierung angemessen ausgestattete L.L.e voraussetzt und die konsequente und systematische Einbindung außerschulischer und digitaler Lernräume berücksichtigt, kann es gelingen, die kritischen Einsichten der umfassend dokumentierten Einzelfälle für die Ausbildung mehrsprachiger Lernender (↗Mehrsprachigkeit) nutzbar zu machen.

Lit.: M. Breen: The Social Context for Language Learning. A Neglected Situation? In: Studies in Second Language Acquisition 7 (1985), 135–158. – Z. Dörnyei: Creating a Motivating Classroom Environment. In: J. Cummings/C. Davison (Hg.): International Handbook of English Language Teaching. Bd. 2. N.Y. 2007, 719–731. – Ch. Edelhoff/E. Liebau (Hg.): Über die Grenze. Praktisches Lernen im fremdsprachlichen Unterricht. Weinheim/Basel 1988. – W. Gehring/E. Stinshoff (Hg.): Außerschulische Lernorte des FUs. Braunschweig 2010. – M. Grau/M. Biechele/A. Müller-Hartmann: Alte und neue Herausforderung. Schülerbegegnung über Grenzen. In: Fremdsprache Deutsch 29 (2003), 5–12. – D. Kocher: Das Klassenzimmer als Lernwerkstatt. Medien und Kommunikation im Englischunterricht nach der Storyline-Methode. Hbg. 1999. – M. Legutke: Lernwelt Klassenzimmer. Szenarien für einen handlungsorientierten FU. In: G. Bach/

J.-P. Timm (Hg.): Englischunterricht. Grundlagen und Methoden einer handlungsorientierten Unterrichtspraxis. Tüb. ⁴2009a [1989], 91–120. – M. Legutke: Lernertexte im handlungsorientierten Englischunterricht. In: D. Abendroth-Timmer et al. (Hg.): Handlungsorientierung im Fokus. Impulse und Perspektiven für den FU des 21. Jh.s. FfM/Bln 2009b, 203–216. – M. Legutke/A. Müller-Hartmann: Lernwelt Klassenzimmer and beyond. In: Der Fremdsprachliche Unterricht Englisch 34/45 (2000a), 4–10. – M. Legutke/A. Müller-Hartmann: Die Fremdsprachenwerkstatt als Erlebnisraum. Von der Fachecke bis zur Infothek. In: Der Fremdsprachliche Unterricht Englisch 34/45 (2000b), 11–13. – M. Legutke/H. Thomas: Process and Experience in the Language Classroom. Harlow 1991. – N. Rau: A Teddy Bear Project. Ein Klassenkorrespondenzprojekt im FU der Grundschule. In: Forum Sprache 1 (2009), 88–108 (www.hueber.de/forum-sprache). – T. Schmidt: Mündliche Lernertexte auf der 2.0 Bühne. Mediale Inszenierungen im Englischunterricht am Beispiel eines Schulpodcast-Projekts. In: Forum Sprache 1 (2009), 24–43. – A. Thomas/C. Chang/H. Apt: Erlebnisse, die verändern. Langzeitwirkungen der Teilnahme an internationalen Jugendbegegnungen. Göttingen 2007.   ML

Lehrwerk. Das L. ist *das* zentrale Medium im FU. Es hat eine lange Tradition: In der Nachfolge von Comenius' *Orbis sensualium pictus* (1658) dienten Bildtafeln (↗ Bilder) in Form von Holzschnitten oder Kupferstichen dazu, über Themen in der Fremdsprache zu sprechen. Relikte dieser Frühform einer bildgestützten Semantisierung (↗ Visualisierung) finden sich auch heute noch. Im 19. Jh. wurden vorrangig Lesebücher oder Lehrbücher nach der synthetischen↗ Grammatik-Übersetzungs-Methode eingesetzt. Bei L.en dieser Methode steht die sprachliche Stoffvermittlung im Vordergrund; der Lehr-Lern-Prozess wird der Lehrkraft überlassen. Auffällig ist, dass in Fremdsprachen-L.en um 1900 schon im Anfangsunterricht im rezeptiven Bereich ein enorm hohes Anspruchsniveau herrscht, was in heutiger Zeit frühestens am Ende der Sekundarstufe I erreichbar wäre. L.e sind immer ›Kinder ihrer Zeit‹, in ihnen spiegeln sich die didaktischen und methodischen Ansätze der jeweiligen Epoche wider.

Heutzutage ist das L. ein multimedialer Verbund verschiedenster Materialien, die SuS wie auch Lehrkräften das Sprachenlernen erleichtern sollen. Im Zentrum der Printmedien steht das Schülerbuch, das meistens ergänzt wird durch ein Arbeitsbuch (*Workbook, Cahier d'activités* usw.) und ein grammatisches Beiheft.

Für die Lehrenden gibt es begleitend ein Lehrer(hand)buch und Folien für den Overhead-Projektor (diese haben die Wandbilder abgelöst). Weitere Übungsmaterialien (↗ Übung) gibt es in Hülle und Fülle. Beliebt sind Materialien für die Freiarbeit, zur Vorbereitung auf (kompetenzorientierte) ↗ Klassenarbeiten und außerschulische Sprachdiplome (↗ Zertifikate) wie z. B. das französische DELF sowie Übungsmaterialien für den ›Nachmittagsmarkt‹ (die sog. Nachhilfe). Auditive Medien in Form von CDs dienen dazu, Muttersprachler/innen und authentische Hördokumente in den Unterricht zu integrieren. An Bedeutung zugenommen haben das L. begleitende ↗ Lern- und Übungssoftware. Und schließlich bieten alle Verlage im Internet neben Newslettern auch Downloads an, teils gratis, teils kostenpflichtig, und zwar sowohl begleitend zu den L.en wie auch vom L. unabhängig (z. B. in Form eines Fachabonnements). Da L.e Teil eines Marktes sind, gelten auch für sie die üblichen Regeln: Die Nachfrage regelt das Angebot, Einfallsreichtum ist gefordert, und es besteht bei den Verlagen das Bestreben, der Konkurrenz im Kampf um Marktanteile immer einen Schritt voraus zu sein. Einzige verbindliche Richtlinien sind die Curricula.

Die Vorteile eines L.-gestützten FUs liegen auf der Hand: Das L. bietet eine ›Geländerfunktion‹ für Unterrichtende und SuS, es sorgt für die Umsetzung neuer didaktischer Ansätze und garantiert die Vergleichbarkeit der Abschlüsse an verschiedenen Schulen und in verschiedenen Bildungsgängen. Für Lehrende ist das L. vor allem auch ein Instrument der Arbeitserleichterung; außerdem schätzen sie die Systematik der Stoffaufbereitung. Die Kritik an der Dominanz von L.en im FU kommt weniger aus den Schulen als aus den Hochschulen. An Vorbehalten werden überwiegend die folgenden Kritikpunkte genannt: Das L. unterliegt einer linearen Grammatikprogression (↗ Progression), die es so – quasi naturgegeben – in der Fremdsprache nicht gäbe. Es bilde nicht hinreichend den realen, an Kommunikationssituationen orientierten Sprachgebrauch ab. Dem ist entgegenzuhalten, dass es sprachimmanente Strukturen gibt, die aufeinander aufbauen. So ist es im Französischunterricht beispielsweise lernpsychologisch sinnvoll, das *conditionnel présent* nach dem *futur simple* einzuführen, weil die Formen aufeinander aufbauen. Außerdem bemühen sich die L.e seit Jahren, hochfrequente Redemittel und umgangssprachliche Strukturen möglichst früh einzuführen. Die ›Gemachtheit‹ eines L.s wird sich freilich nie leugnen lassen. Aus Schülersicht ist es schließlich wichtig, dass das L. ein selbständiges Nacharbeiten ermöglicht und zusätzliche Übungsangebote bereitstellt (auch zur gezielten Vorbereitung auf eine Klassenarbeit). Wahrnehmbar ist in den letzten Jahren die Tendenz, dass Begleitmaterialien zu L.en die Möglichkeit zur Selbstevaluation bieten, z.B. in Form von ↗Portfolio-Seiten. Diese Elemente orientieren sich an den Kompetenzbeschreibungen (↗Kompetenz), wie sie der ↗Gemeinsame europäische Referenzrahmen und das Europäische Portfolio der Sprachen im Bereich der ↗Fertigkeiten (Lesen, Hören, Sprechen, Schreiben, Sprachmittlung) festschreiben.

L.e werden oft als ›heimlicher ↗Lehrplan‹ bezeichnet. Damit ist implizit der Stellenwert des L.s gemeint, der denjenigen des Lehrplans als steuerndes Referenzwerk überträfe. Beobachtbar ist jedenfalls, dass viele Lehrkräfte das L. genauer kennen als den Lehrplan. Ein Blick auf die Entstehungsbedingungen von L.en macht aber deutlich, dass die an den Schulen eingeführten L.e im föderalen System der Bundesrepublik Deutschland einem ministeriellen Genehmigungsverfahren des jeweiligen Bundeslandes unterliegen, das für die Kompatibilität von Lehrplan und L. sorgt. Aus Sicht von Verlagen wird mitunter das Auseinanderklaffen der länderspezifischen Lehrpläne beklagt. Dieses führt zu sog. Regionalausgaben eines L.s. Problematisch ist weiterhin, dass mit dem Beginn der Lehre der einzelnen Fremdsprachen zu unterschiedlichen Zeitpunkten begonnen wird (z.B. Französisch als erste, zweite oder dritte Fremdsprache, Sprachbeginn in Klasse 5, 6 oder 7 usw.) und dass divergierende Vorkenntnisse aus dem Primarstufenbereich vorhanden sind (↗Übergang).

Zu weiteren relevanten Entstehungsfaktoren des L.s gehören die Rahmenvorgaben durch Schulministerien: die Stundentafeln (= Anzahl der Wochenstunden für das jeweilige Fach), die Lehrgangsdauer und -struktur, die zu erzielenden Kompetenzen am Ende des Bildungsabschnitts sowie zentrale Abschlussprüfungen, auf die hingearbeitet werden muss (↗Zentralabitur).

So gesehen ist das L. ein Vermittler zwischen Curriculum und Unterrichtsgestaltung. Wichtig sind darüber hinaus die Rahmenvorgaben durch die Verlage: Umfang und Ausstattung der L.e, didaktische Ausrichtung, Produktpalette, Funktionen der einzelnen L.steile, Entwicklungszeit und Erscheinungszeitpunkt nach marktwirtschaftlichen Erwägungen. Auch die inhaltlichen und methodischen Vorstellungen der Lehrbuchautor/innen und ihre Realisierbarkeit sind mitentscheidend. Ganz wichtig und offener als die durch die Lehrpläne vorgegebene Grammatikprogression ist die Frage, welche landeskundlich (↗Landeskunde) und interkulturell relevanten Inhalte und Stoffe vermittelt werden (↗Interkulturelles Lernen). All dies gilt es bei der Erstellung von L.en zu berücksichtigen.

Empfehlenswert ist ein mündiger Umgang mit dem Lehrbuch, der dieses nicht als ›seitenumblätterndes Medium‹ einsetzt, sondern als Sammlung von Unterrichtsbausteinen, der man folgen kann, die man aber auch in Abstimmung auf die Lerngruppe durch geeignete Materialien ergänzen bzw. ersetzen kann. Die Praxis zeigt, dass ein lehrbuchunabhängiger FU wesentlich zeitaufwändiger in der Unterrichtsvorbereitung ist. ↗Offener Unterricht kann durchaus mit geschlossenen, lehrbuchgesteuerten Unterrichtsformen alternieren. Auch innerhalb der L.e ist die Tendenz wahrnehmbar, SuS ein binnendifferenzierendes Angebot (↗Differenzierung) zu machen (durch obligatorische und fakultative Teile, durch Modularisierung, durch leichtere und schwierigere Übungen) und ↗autonomes Lernen zu fördern. Der Einfluss der ↗Lernstrategien z.B. ist deutlich wahrnehmbar und nicht mehr wegzudenken: Die Inhaltsverzeichnisse aktueller Lehrbücher weisen neben einer Spalte für kommunikative und grammatische Inhalte den Bereich des Methodenlernens in Form einer reflektierten Progression gesondert aus. Auch zukünftig ist damit zu rechnen, dass das gedruckte L. eine zentrale Stütze des FUs bleibt.

Lit.: K.-R. Bausch/H. Christ/F.G. Königs (Hg.): Die Erforschung von Lehr- und Lernmaterialien im Kontext des Lehrens und Lernens fremder Sprachen. Tüb. 1999. – R. Fery/V. Raddatz (Hg.): L.e und ihre Alternativen. FfM 2000. – A. Nieweler: Wie entstehen L.e? In: französisch heute 36/2 (2005), 124–133. AnN

Lehrwerkanalyse. Die L. ist eine »in erster Linie systematische, oft vergleichende, auch exemplarisch angelegte Untersuchung eines oder mehrerer Gegenstandsbereiche von Lehrwerken, Lehrwerkkritik [ist dagegen] – weitgehend gleichbedeutend mit Lehrwerkevaluation – als wissenschaftliche Beurteilung der vorgefundenen Sachverhalte« zu sehen (Michler 2005, 16). Eine klare Differenzierung zwischen den Bereichen Forschung, Analyse und Kritik ist aber nicht immer möglich, weil in der Literatur deskriptive und normative Aspekte oftmals Hand in Hand gehen. Der L. geht es ferner auch darum, Rückschlüsse auf den Unterricht zu ziehen und ggf. Vorschläge zu seiner Optimierung zu unterbreiten. Daher kommt ihr eine wichtige Funktion im Rahmen der Unterrichtsentwicklung zu.

Die präziseste Darstellung des Forschungsstandes und der Grundlagen von L.n leistet Christine Michler (2005). Ihre Untersuchung bezieht sich auf ↗Lehrwerke für den Französischunterricht, jedoch sind die von ihr thematisierten grundlegenden Forschungsfragen für alle Schulfremdsprachen relevant. Die Forschung (vgl. Bausch et al. 1999; Michler 2005, 13) interessiert sich vor allem für folgende Analyseaspekte: (1) grundlegende Fragen zu Inhalts-, Sach- und Adressatenbezug sowie die Notwendigkeit und die Funktionen von Lehrwerken, die Leistungen und Grenzen von Kriterienkatalogen zur Beurteilung von Lehrwerken, Wirkungsforschung und empirische Evaluation, Aspekte von Zulassung und Einführung; (2) Einzelaspekte wie computergestützte Medien und ihre Auswirkung auf die Konzeption von Lehrwerken, Lernerautonomie, landeskundliche bzw. interkulturelle Inhalte, Lehrwerktexte, die Rolle der Lehrwerkautor/innen, ↗Übungen und ↗Progression. Veröffentlichungen zur L. und Lehrwerkkritik hat es vor allem Ende der 1970er und 1990er Jahre gegeben. Bedauerlich ist jedoch, dass Schulbuchverlage nur ein begrenztes Interesse an solchen Publikationen zeigen und lieber auf die in Auftrag gegebene Marktforschung vertrauen, die gezielt die Zufriedenheit ihrer Kundschaft mit Aspekten des Lehrbuchgebrauchs erfragt.

Untersucht wurden in den letzten Jahren vor allem die Frage nach national- bzw. kulturspezifischen Perspektiven in Lehrwerken (Abendroth-Timmer 1998) sowie soziale Strukturkategorien und Normierungen wie Geschlecht, Ethnie, soziale Herkunft und die Umsetzung von Egalität, Differenz und Dekonstruktion (Fäcke 1999). Genauer unter die Lupe genommen wurden die Lehrwerktexte, und zwar sowohl die Lektionstexte (als Instruktionstexte und Träger von grammatischen, lexikalischen und landeskundlichen Strukturen) wie auch die Bandbreite der verschiedenen Textsorten, die in einem Lehrwerk vertreten sind. Neben der Analyse von Lehrwerken wurde immer wieder die Frage der Notwendigkeit eines Lehrwerks diskutiert. Die Plädoyers für einen radikalen Verzicht auf das Lehrwerk sind dabei eher selten; ein moderater Umgang mit dem Lehrwerk wird dagegen des Öfteren gefordert. Die grundsätzlichen Befürworter von Lehrwerken sehen in der Weiterentwicklung des Lehrbuchs über ein Lernbuch bis gar hin zum ›Lernroman‹ mit einer durchgehenden *Storyline* in allen Lektionen (↗*Storyline*-Methode) eine Chance zur Neuorientierung. Auch der Einsatz moderner Technologien hat bislang nicht dazu geführt, die Akzeptanz des Lehrwerks als Grundlage des FUs in Frage zu stellen. Vielmehr ist die Tendenz erkennbar, neue ↗Medien in Form von ↗Lernsoftware in die Lehrbucharbeit zu integrieren.

An Kriterienkatalogen für die Beurteilung von Lehrwerken mangelt es nicht. Ein erster Bereich betrifft die Konzeption des Lehrwerks: transparenter Aufbau des Lehrwerks insgesamt und der Binnenstruktur einer Lektion, Lerngruppengerechtheit (Alter, ↗Lernertypen), ansprechende Themenwahl, motivierende Texte und andere Medien, ↗Lernstrategien. Beurteilungskriterien beziehen sich ferner auf die Vermittlung von ↗Wortschatz und ↗Grammatik, auf ↗Landeskunde und ↗interkulturelles Lernen, ↗Hör- und ↗Leseverstehen, mündliche und schriftliche Sprachproduktion (↗Sprechen, ↗Schreiben) und auf ↗Sprachmittlung. Ein weiterer Bereich bezieht sich auf die äußere Form des Lehrwerks (ansprechendes Layout), seinen Umfang und auf ein akzeptables Preis-Leistungs-Verhältnis. Einen anderen Bereich könnte man als ›Service-Teil‹ für SuS auffassen: Anhang mit zweisprachiger Wortliste, lektionsbegleitendem Vokabelteil mit zusätzlichen Lernhinweisen, Aufmerksammachen auf Fehlerquellen (↗Fehler) und Lernschwierigkeiten (z.B. im Anfangsunterricht vermittelt durch ein Maskottchen) sowie Hinweise zum ↗autonomen Lernen und zur Selbsteinschätzung. Und auch die Bedürfnisse der Lehrkräfte gilt es zu berücksichtigen: durch Hinweise zum zum Einsatz des Lehrwerks im Unterricht, Möglichkeiten der ↗Differenzierung im Bereich von Übungen und Texten, Zusatzmaterialien, Service durch Aktualisierungen (als Flyer oder als Online-Ergänzung auf der Homepage des Schulbuchverlages). Ein zentraler Punkt für die Bewertung eines Lehrwerks ist in den Augen der Lehrenden die Frage, ob der Stoff in einem Schuljahr bewerkstelligt werden kann. Für die SuS wiederum sind spannende (Lektions-)Texte und eine verständliche Erläuterung der sprachlichen Strukturen wesentliche Punkte der Bewertung.

Ein weit verbreitetes Missverständnis gilt es aufzuklären: Wenn eine Neuauflage eines Lehrwerks unter dem gleichen Titel oder einem ähnlich klingenden von einem Verlag auf den Markt gebracht wird, so hat dieses zumeist nichts mehr mit dem Vorgängerlehrwerk zu tun; allenfalls werden bewährte Elemente (wie z.B. ↗Lerntechniken und bestimmte Übungsformen) wieder aufgegriffen und adaptiert. Über die Namensgebung eines Lehrwerks entscheidet einzig der Verlag; Wiedererkennenseffekte sind aus marktwirtschaftlichen Überlegungen erwünscht. Die Durchsetzung einer neuen Marke ist für die Verlage ein sehr kostspieliges Unterfangen. Wenn ein Lehrwerk sich etablieren konnte, so wird es ca. zehn Jahre lang am Markt angeboten, bevor ein neues erscheint. Die Tendenz geht allerdings zur Verkürzung dieses Zeitraums. Forschungsdesiderate im Bereich der L. sind primär die Entwicklung von Lehrwerken im Kontext ihrer Entstehungsbedingungen und prägender didaktischer Strömungen sowie die Wirkungsgeschichte von Lehrwerken im Bereich empirischer Bildungsforschung. Hierzu wäre erforderlich, Lehrwerke und ihre Nutzer (SuS und Lehrende) und die erzielten Lernfortschritte quantitativ und qualitativ zu erfassen (↗Empirie, ↗Forschungsmethoden und Forschungsinstrumente). Michler (2005, 39) fasst dieses Desiderat für die Französischlehrwerke, die insgesamt weit besser erforscht sind als die Englischlehrwerke, wie folgt zusammen: »Der Bedarf an systematischen und fundierten Studien über fremdsprachliche Lehrwerke, speziell zu solchen, die aufgrund ihrer weiten Verbreitung den Französischunterricht an deutschen Gymnasien prägen, ist nicht zu leugnen.«

Lit.: D. Abendroth-Timmer: Der Blick auf das andere Land. Ein Vergleich der Perspektiven in Deutsch-, Französisch- und Russischlehrwerken. Tüb. 1998. – K.-R. Bausch/H. Christ/F.G. Königs (Hg.): Die Erforschung von Lehr- und Lernmaterialien im Kontext des Lehrens und Lernens fremder Sprachen. Tüb. 1999. – C. Fäcke: Egalität, Differenz, Dekonstruktion. Eine inhaltskritische Analyse deutscher Französisch-Lehrwerke. Hbg 1999. – W. Kieweg: Lernprozessorientierte Kriterien zur Erstellung und Evaluierung von Lehrwerken für das Unterrichtsfach Englisch, dargestellt am Schülerbuch als Leitmedium. In: K. Vogel/W. Börner (Hg.): Lehrwerke im FU. Lernbezogene, interkulturelle und mediale Aspekte. Bochum 1999. 33–66. – C. Michler: Vier neuere Lehrwerke für den Französischunterricht auf dem Gymnasium. Eine Fallstudie mit Empfehlungen für zukünftige Lehrwerke. Augsburg 2005.   AnN

Leistungsbewertung. Im Denken der Lehrerschaft ist ↗Leistungsermittlung eng mit Konzepten der L. verknüpft. Diese erfolgt im Regelfall durch Notenvergabe, mitunter auch zusätzlich (Grundschule) durch ein Worturteil. Einzelnoten können gewichtet in ein Gesamturteil eingehen. In fast allen Schulsystemen der Welt werden Noten im Rahmen eines Ziffernsystems vergeben, wobei meistens fünf Notenstufen vorherrschen, aber auch Punktsysteme vorkommen (Abitur in Deutschland: 15 Punkte, Frankreich: 20 Punkte usw.). Das deutsche sechsstufige Ziffernsystem ist in mehrerer Hinsicht kritikwürdig: Anders als *five-point-scales* besitzt es keine echte Mitte (sie liegt bei 3,5); die Semantisierung der Notenstufen ist nicht stimmig (unterschiedliche semantische Abstände zwischen den Bezeichnungen); die klassische Grenzziehung zwischen ›bestanden‹ und ›nicht bestanden‹ (4,00 oder 4,49?) liegt allenfalls 0,99 Notenstufen von der Mitte entfernt; ein ›Ausreichend‹ stellt sich mit Blick auf das Leben meist als ›nicht ausreichend‹ heraus; die Note ›ungenügend‹ wird weniger oft vergeben als die Note ›sehr gut‹.

Der Umgang mit Notenziffern (Berechnung mitunter bis auf die zweite Dezimale) suggeriert einen Grad von Objektivität, der keineswegs vorhanden ist, denn fast alle Komponenten schulischer Leistungserhebung und L. bleiben subjektiv: die Auswahl der Aufgaben, ihre Gewichtung, die Punktzuweisungen, die Interpretation der ↗Fehler, die Zuweisung der Notenstufen. Das ist dann nicht problematisch, wenn man schulische Leistungserhebung als das sieht, was sie nur sein kann: eine nichtvalidierte Form von Lernerfolgskontrolle auf der Basis der fachdidaktischen Expertise der Lehrkräfte. Den Qualitätsstandards groß angelegter Lernstandserhebungen von außen (etwa: komplexe Validierungsverfahren) vermögen innerschulische Leistungserhebung und L. nicht zu genügen.

Im Kontext des schulischen FUs erfolgt L. klassischerweise durch Fehlerzählen und Punktabzüge, wobei das System unterschiedliche Grade der Schwere von Fehlern unterscheidet (halbe Fehler als Flüchtigkeitsfehler, ganze Fehler, doppelte Fehler als grundlegende Regelverstöße, besonders im Bereich der Grammatik). Die Einschätzung der Schwere von Fehlern ist Interpretationssache der Lehrkraft, wobei jahrhundertealte Traditionen eine Rolle spielen: Grammatikfehler werden als schwere Fehler gesehen, weil zumindest seit Humboldt die ↗Grammatik als Rückgrat des schulischen FUs galt und man ihr einen besonderen Bildungswert (↗Bildung) zuschrieb. Auch Fehler in der ↗Orthographie werden mitunter als schwer eingestuft, weil in der deutschen Bildungstradition (späte Nationwerdung, Festlegung der deutschen Orthographie erst mit Duden) Verstöße in diesem Bereich als Zeichen mangelnder Bildung galten.

Die klassische Sicht auf den Fehler ist sprachsystemorientiert; erst in den 1970er Jahren wandelt sich unter dem Einfluss der Angewandten Linguistik die Perspektive: Mit den Fehlerkategorien *slip*, *attempt*, *error* und *mistake* steht ein Instrumentarium zur Verfügung, das die Genesis des Fehlers in seine Bewertung einbezieht. Doch auch hier bleibt der schwere Fehler (*error*) der Systemfehler. Er beruht auf der Nichtbeherrschung bereits im Unterricht vermittelter formaler Gegebenheiten der zu erwerbenden Sprache. Die Behandlung des *attempt* allerdings signalisiert den Beginn einer neuen Ära: Als mutiger Versuch, Dinge auszudrücken, die noch nicht formal korrekt ausdrückbar sind, wird diese Fehlerkategorie nicht mehr negativ eingestuft. Aus kommunikativer Sicht sind Fehler nach ihrer Wirkung zu beurteilen. Da Grammatikfehler normalerweise zu kognitiven, nicht aber zu affektiven Reaktionen des Gegenübers führen, sind sie, solange nicht gravierende Missverständnisse entstehen, als leichte Fehler einzustufen. Anders dagegen Verstöße im pragmatischen und interkulturellen

Bereich (deutsche Direktheit, fehlende Höflichkeit, Stilbrüche). Sie führen normalerweise zu affektiven Reaktionen und sind damit schwere Fehler. Der kommunikative Ansatz (↗kommunikativer FU) schafft hier eine Umgewichtung, die mit der aus dem Lateinunterricht ererbten Sicht auf Sprachproduktion bricht: Um die Pragmatik- und Kulturfehler hatte sich der FU in Deutschland nie oder nur ganz am Rande gekümmert; die Problematik ergab sich im Lateinunterricht des 19. und 20. Jh.s auch nicht.

Das Zählen von Fehlern als Gütekriterium setzt unabhängig von deren Interpretation Aufgabenstellungen voraus, bei denen alle SuS identische Texte produzieren (Einsetzübungen, *matching*, Multiple Choice, Umformungsübungen, auch C-Test). Leistungserhebungen kommunikativer Natur führen aber gerade nicht zu identischen Texten; die Schülertexte (gleich, ob mündlich oder schriftlich produziert) sind unterschiedlich lang, verschieden strukturiert, inhaltlich divergent. Daher muss auf alternative Formen der Begutachtung und Bewertung rekurriert werden. Es bieten sich sog. *rating scales* an, wie sie in den 1970er Jahren in den USA entwickelt wurden und in ausgearbeiteter und validierter Form in den ↗Gemeinsamen europäischen Referenzrahmen eingegangen sind. *Rating scales* definieren Kompetenzniveaus bezogen auf ↗Fertigkeiten, Teilfertigkeiten oder Fertigkeitskombinationen. Sie benutzen dazu Deskriptoren. So kommen (für den geschulten *rater*) eindeutig interpretierbare Beschreibungen des an einem bestimmten Punkt des Sprachlernprozesses schon vorhandenen Könnens der Sprachlernenden zustande (*can do-statements*). Die Deskriptoren sind so gewählt, dass Stufungen von Kompetenzstufe zu Kompetenzstufe sichtbar und nachvollziehbar sind. Der Ansatz ist somit positiv (Was kann die oder der Lernende schon?) und nicht, wie beim Fehlerzählen, negativ (Was kann sie oder er noch nicht?). In einer Gesellschaft, die in allen Lebensbereichen ein positives Herangehen an problemhafte Gegebenheiten als adäquat sieht und einfordert, ist dieser Perspektivwechsel von großer Bedeutung.

Im Bereich schulischer Lernerfolgskontrollen bietet sich ein Verfahren an, bei dem die Lehrkräfte jene Leistungsbereiche isolieren, die sie evaluieren möchten (Frage: Welche Komponenten des Lernfortschritts meiner SuS möchte ich überprüfen und warum?). Darauf basierend, entscheiden sie sich für ein oder mehrere passende Aufgabenformate (Frage: Überprüfen die von mir gewählten Formate die gewünschten Komponenten und wie?). Sobald komplexe kommunikative Abläufe in die Überprüfung einbezogen sind, müssen zusätzlich aufgabenspezifische Beurteilungsskalen (*rating scales*) entwickelt werden (Fragen: Welche Komponenten spielen eine Rolle und wie gewichte ich sie? Welche Kompetenz-Ebenen können auftreten?) Für die einzelnen zu überprüfenden Komponenten werden Punktskalen (von eins bis fünf) nach dem Grundschema ›sehr wenig vorhanden‹ – ›wenig vorhanden‹ – ›im mittleren Maße vorhanden‹ – ›reichlich vorhanden‹ – ›in hohem Maße vorhanden‹ formuliert. Im Rahmen der Begutachtung werden dann für jede einzelne Komponente Punktwerte ermittelt. Die Gewichtung der Komponenten und die Verrechnung der Punktwerte ist Sache der Lehrkraft auf der Basis pädagogischer Expertise. Wichtig ist, dass sich die Lehrenden im Rahmen der skalenorientierten Begutachtung als Expert/innen begreifen, denen pädagogisch reflektierte Entscheidungen zuzutrauen sind – Entscheidungen, die auch mit den Lernenden diskutiert werden können.

Schulische Lernerfolgskontrollen sind kriterienorientiert, nicht normorientiert, auch wenn implizite Erfahrungsnormen (Motto: »Ich weiß, was ich verlangen kann«) eine Rolle spielen. Die Leistungsnachweise dürfen nicht normorientiert bewertet werden. Die Gaußsche Glockenkurve als Bezugsnorm bei der Sichtung der Ergebnisse einer Klassenarbeit ist indiskutabel, da in kleinen, ausgelesenen Gruppen, die dann auch noch eine schwer kalkulierbare Heterogenität aufweisen, Normalverteilungen nicht vorkommen. Normalverteilt sind Intelligenz oder Schlafbedürfnis in der Gesamtbevölkerung, nicht aber die fremdsprachlichen Lernerfolge bzw. Kenntnisse einer Schulklasse. Die Forderung nach Klassendurchschnitten bei 3,2 ist durch nichts gerechtfertigt. Sie basiert auf einem Missverständnis. Für kriterienorientierte Lernerfolgskontrollen gilt als Leitsatz: Wenn alle alles können, erhalten alle die Note Eins – die Erfahrung lehrt, dass dies nicht der Fall sein wird. Das gängige Herauf- und Herunterkorrigieren von Leistungserhebungen in der Schule mit dem Ziel einer Annäherung an Normalver-

teilungen stellt einen schwerwiegenden Verstoß gegen die Grundlagen der Pädagogik und des Testens dar (↗ Tests).

Die fremdsprachlichen Fächer sind stets bemüht gewesen, über klare Korrekturregeln (bestimmte Kürzel für bestimmte Fehlertypen) die Bewertung von Leistungsnachweisen transparent zu machen (↗ Korrektur). Gleichzeitig sollen die Angabe richtiger Lösungen (positives Korrigieren) und die erneute Befassung des oder der Lernenden mit dem korrigierten Text (Anfertigung einer Verbesserung) lernfördernd wirken. Das Verfahren ist problematisch: Es impliziert Korrekturzeiten, die etwa viermal so hoch liegen wie jene Verfahren, die mittlerweile im Rahmen von Lernstandserhebungen gängig sind (doppelte Blindbegutachtung durch geschulte *raters* ohne Korrigieren). Gleichzeitig lehrt die Erfahrung, dass gerade schwächere SuS aus den (dann zahlreichen) Korrektur-Alternativen kaum etwas lernen, weil Texte und Verfahren negativ besetzt sind und der oktroyierten Lernaufgabe somit jeder Anreiz fehlt. Vor diesem Hintergrund stellt sich die Frage, ob nicht auch die Korrekturverfahren im FU einer grundsätzlichen Revision unterzogen werden sollten.

Lit.: H. Bambach (Hg.): Prüfen und Beurteilen. Zwischen Fördern und Zensieren. Friedrich Jahresheft. Seelze 1996. – I. Behnken (Hg.): Leistung. Friedrich Jahresheft. Seelze 1999. – S. Bolton: Probleme der Leistungsmessung. Bln 1996. – U. Karbe (Hg.): Themenheft »Klassenarbeiten« von Praxis FU 5/4 (2008).
KoSch

Leistungsermittlung. Der Begriff steht für die möglichst präzise Erhebung und Beschreibung von Lernerleistungen unabhängig davon, ob diese dann bewertet werden sollen oder nicht. L. erstreckt sich auf alle Zielsetzungen des Faches: auf die den FU legitimierenden Ziele (Erwerb einer Sprache und ihrer Kulturen), auf die fächerübergreifenden Bezüge (etwa: literarisches Wissen und Können, Kenntnis kulturgeschichtlicher Hintergründe, Einsicht in Sprache als System und Kommunikationsmittel, Einsicht in die Funktionalität von Sprachen, aber auch instrumentelles ↗ Wissen und Können) und auf die fachspezifisch mit zu vertretenden allgemeinen schulischen Zielsetzungen wie etwa die fachbezogene Entwicklung von Lern-, Erkenntnis- und Urteilsfähigkeit, von Mündigkeit und Kritikfähigkeit. Ermittelt werden ↗ Kompetenzen, wobei Individuen, aber auch Klassen, Jahrgangsstufen, Schulformen Untersuchungsgegenstand sein können.

Im Zentrum der L. stehen heute – gemäß der Vorgabe von Bildungsstandards (↗ Standards) und ↗ Lehrplänen – kommunikative und interkulturelle Fähigkeiten und ↗ Fertigkeiten (↗ Kommunikative Kompetenz, ↗ Interkulturelle kommunikative Kompetenz). Eine Reduktion der L. auf diese Kompetenzen, wie sie an der Output-orientierten Schule der Gegenwart tendenziell gegeben ist, ist didaktisch nicht vertretbar. Die Fehlentwicklung wird durch die Aufgabenanhänge der Bildungsstandards und daran anschließende Sammlungen von *benchmarks* begünstigt, die Musteraufgaben für *placement tests* dann wieder lediglich im Bereich praktischer Sprachkompetenzen enthalten. Sie schließen bei ihrem zu engen Zugriff auf das Fach die übrigen Zielkomponenten schon deshalb nicht mit ein, weil in vielen dieser Bereiche Testformate (↗ Tests) fehlen oder aber gar nicht entwickelbar sind. Tatsächlich sind zahlreiche Kompetenzen des sprachlich-kulturellen Bereichs nicht ›ertestbar‹: Hintergrundkenntnisse objektiv zu erfassen ist schwierig; das Erheben von Problembewusstsein (etwa im interkulturellen Bereich) ist bisher nicht zufriedenstellend gelöst, und die im fachlichen Diskurs vielleicht modifizierten und fortentwickelten Wertvorstellungen förmlich ermitteln und begutachten zu wollen, ist pädagogisch abwegig. L. in diesem Bereich kann nur die Form des klassischen Gesprächs zwischen Mentor/in und Lernenden haben.

Grundsätzlich kann L. unterschiedliche Zielsetzungen haben. Im Vordergrund steht die diagnostische Funktion: Hat die oder der Lernende beim Lernen in der vorausgehenden Zeit Erfolg gehabt (Lernerfolgskontrolle)? Wo liegen die jeweiligen Stärken, wo die Schwächen? Besteht Beratungsbedarf? Wie vergleicht die Person sich mit anderen Lernenden? Daneben kann auch Prognostik eine Rolle spielen: Wird die oder der Lernende in der Lage sein, nachfolgende Lernschritte zu meistern? Darüber hinaus lässt L. indirekte Schlüsse auf den lernbegleitenden Lehrerfolg zu.

L. führt nicht notwendigerweise zu ↗ Leistungsbewertung, auch wenn die Bereiche in der Schulpraxis eng verknüpft sind. Lernstandserhebungen wie die ↗ DESI-Studie ermitteln auf empirischem Wege Kompetenzniveaus. Sie stellen auf der Basis vergleichender Analyse Grade von Leistungsfähigkeit (ganzer Klassen oder Schulformen) fest, aber sie bewerten nicht.

Der Katalog wünschenswerter fremdsprachlicher Leistungen, die ermittelt werden sollen, ist vom jeweiligen Zeitalter geprägt (↗ Geschichte des FUs): Steht bis 1789 die kommunikative Teilhabe an der Konversationskultur der Frühen Neuzeit im Vordergrund, so ist es in der nachnapoleonischen Zeit die Fähigkeit zur Rezeption von fiktionalen Texten. Wird sprachliche ↗ Bildung im 18. Jh. begriffen als die Fähigkeit, dem Menschengeschlechte durch facettenreiche Sprachkenntnisse nützlich zu werden, so gründet sprachliche Bildung im 19. Jh. auf der Kenntnis grammatischer Strukturen, die dann in der Rezeption und Konstruktion von stilistisch anspruchsvollen Perioden ihren Ausdruck findet. Kommunikative Mündlichkeit ist nun reduziert auf das Deklamieren von Versen (Epos, Drama), auf bedeutungsadäquates Sprechen von Gedichten, auf den ästhetisch erbaulichen, potenziell erhebenden Vortrag literarischer Texte. An einer Synthese der beiden Richtungen arbeitet zumindest der gymnasiale FU bis heute.

Die Verfahren der L. (und -bewertung) sind bis ins 20. Jh. hinein subjektiv geprägt, auch wenn bestimmte Formate dominieren: Diktat, Übersetzung (↗ Sprachmittlung), Aufsatz, Nacherzählung im Schriftlichen, Abfrage, grammatische Satzanalyse, Stegreifübersetzung, Rezitation (auswendig) im Mündlichen. Nach 1960 setzt zunehmender Objektivierungsdruck ein, der geschlossene Aufgabenstellungen (Einsetzübung, Umformung, Paraphrase usw.) ins Zentrum rückt – zu Lasten der kommunikativ wertvolleren offenen Formen. Diese werden mit der kommunikativen Wende der 1980er Jahre wieder entdeckt (↗ Kommunikativer FU): Komplexe, authentische, bedeutungsvolle und herausfordernde Lernaufgaben (↗ Aufgabenorientiertes Lernen) lösen im Unterricht ältere Formen schulischen Drills ab, und sie erscheinen auch als Testaufgaben für kommunikative und interkulturelle Handlungsfähigkeit. Dabei werden zur Beurteilung neben herkömmlichen *discrete point*-Verfahren (*true – false*, *multiple choice*) auch *rating scales* eingesetzt.

L. (mit Bewertung) ist heute weitgehend ein ministeriell kontrollierter Verwaltungsakt. Der

Nachdruck liegt immer noch auf schriftlichen Formen der Erhebung, was mit kommunikativer Mündlichkeit als Zielsetzung nur bedingt im Einklang steht (↗Mündlichkeit und Schriftlichkeit). In jüngster Zeit allerdings bahnt sich ein Umdenken an: Einzelne schriftliche Leistungsnachweise können durch mündliche ersetzt werden, und schulische Abschlussprüfungen (so auch das Abitur) erhalten kommunikationsorientierte mündliche Pflichtteile. Die Abschlussprüfungen der Haupt- und Realschulen umfassen schon seit Jahren mündliche Teilprüfungen.

Bezugsgröße für die L. ist im Schulalltag die Klasse. Jahrhundertelang fehlte der Vergleich über Klassengrenzen hinaus; es fehlten die *benchmarks*. Seit den 1990er Jahren sind internationale Lernstandserhebungen (z.B. auf OECD-Ebene) bedeutsam geworden mit dem Ziel der vergleichenden Überprüfung der Leistungsfähigkeit nationaler Bildungssysteme. Sie nehmen einzelne Fertigkeitsbündel oder auch ganze Schulfächer unter die Lupe (TIMSS, ↗PISA-Studie, im Ansatz auch DESI). Lernstandserhebungen sind Außenmessungen, die zu einer Einstufung von Lernenden auf empirisch ermittelten Kompetenzniveaus führen, wobei diese Kompetenzniveaus wieder an *benchmarks* (etwa die Skalen des ↗Gemeinsamen europäischen Referenzrahmens) angebunden werden können. Sie führen nicht zu Schulnoten, auch weil die Basis für deren Zuordnung fehlt. Zudem macht die Entwicklung der Testtheorie (probabilistischer Ansatz) den Rekurs auf die Leistung der oder des einzelnen Lernenden unmöglich, da die ermittelten Werte Lösungswahrscheinlichkeiten einschätzen. In Zukunft werden Lernstandserhebungen den FU begleiten, und da von ihnen eine normierende Kraft ausgeht, werden sie auch seine Inhalte und Verfahrenweisen beeinflussen. In Deutschland ist das Institut für Qualitätsentwicklung im Bildungswesen (IQB) in Berlin als eine Institution der Kultusministerkonferenz damit betraut, Aufgabenpakete, auch für länderübergreifende Benutzung innerhalb Deutschlands, zu entwickeln (z.B. VERA 8). Damit werden die Vergleichsarbeiten der Bundesländer (als ad hoc-Maßnahme nach dem ›PISA-Schock‹) auf ein empirisch validiertes Qualitätsniveau gehoben.

Die einzelne Schule hat nicht die Möglichkeit, Aufgabenstellungen auf einem IQB-kompatiblen Qualitätsniveau zu erstellen, weil die Mittel dazu fehlen. Ein ›Vergröbern‹ von Gütekriterien ist nicht möglich, da die Ergebnisse dann nicht mehr valide sind. Vor diesem Hintergrund ist es bedeutsam, die Rolle der herkömmlichen L. in der Schule klar zu definieren: ↗Klassenarbeiten und vergleichbare Erhebungen müssen als Lernerfolgskontrollen begriffen werden, deren Zweck eine individuelle Rückmeldung an die Lernenden mit dem Ziel der pädagogischen Beratung ist. Dabei muss auf Aufgabenformate geachtet werden, die pädagogisch sinnvoll und den Idealen von Objektivität und Reliabilität angenähert sind, allerdings spielen groß angelegte ↗Empirie und die Zuordnung zu allgemein etablierten Standards keine Rolle. Diese Zuordnungen erfolgen in Zukunft ausschließlich über Lernstandserhebungen (von außen). Damit erübrigen sich komplexe Validierungsprozesse, erzielte Lernerfolge aber können individuell bewertet werden.

Eine immer größere Rolle spielt der kritische Blick auf die eigene Leistungsfähigkeit. Für den FU hat der Europarat das Sprachenportfolio (↗Portfolio) als ein Instrument entwickelt, das die eigenen Lernprozesse zu begleiten vermag. SuS lernen, sich mittels einfacher Skalen in ihren Teilkompetenzen grob einzuschätzen. Das Verfahren führt nicht zu einer Notenvergabe. Der FU der Zukunft wird drei gleichberechtigte Formen der L. kennen: die Lernstandserhebung von außen, die Lernerfolgskontrollen innerhalb des Systems und die autonome oder teilautonome Gewinnung von Einsicht in Lernprozesse und Lernstände durch das lernende Individuum selbst.

Lit.: I. Behnken et al. (Hg.): Leistung. Friedrich Jahresheft. Seelze 1999. – S. Bolton: Probleme der Leistungsmessung. Bln 1996. – G. Schneider/B. North: Fremdsprachen können. Was heißt das? Skalen zur Beschreibung, Beurteilung und Selbsteinschätzung der fremdsprachlichen Kommunikationsfähigkeit. Zürich 2000. – J. Siebold (Hg.): Testen. Praxis FU 6 (2009), Heft 1. KoSch

Lektüren. Mit L. bezeichnet man alle didaktisch aufbereiteten Texte und Textsammlungen, die nicht Teil eines ↗Lehrwerkes sind. Obwohl Lehrwerke vor allem in den ersten Jahren des FUs in der Sekundarstufe I dominieren, sollten frühzeitig auch L. in den Unterricht integriert werden. Man unterscheidet Anschluss-L., die sich inhaltlich und sprachlich an einem Lehrwerk orientieren, und lehrbuchunabhängige L. L. werden von deutschen und ausländischen Verlagen angeboten, wobei erstere an den Bedürfnissen deutscher SuS orientiert sind und zumeist zweisprachige Vokabelverzeichnisse enthalten, während sich L. englischer Verlage am Weltmarkt orientieren. Das bedeutet entweder einsprachige Glossare oder gar keine sprachlichen Hilfen. L. enthalten zum Teil Aufgabenapparate, welche in ↗Fragen zum Inhalt oder sprachlich orientierten Aufgaben bestehen können, aber auch in elaborierten Stimuli für kreative Aktivitäten. Aufgabenapparate folgen zum Teil dem bekannten *pre-*, *while-* und *post-reading*-Verfahren (↗Leseverstehen). Sprachlich unterscheiden sich L. in ihrem Anspruch, je nachdem ob sie für Anfänger/innen oder Fortgeschrittene verfasst worden sind. Originale Literatur, die auf einer fortgeschrittenen Stufe (Oberstufe) gelesen wird, fällt in der Regel nicht unter L. Man differenziert zwischen L., die eigens für Lernende verfasst werden und sich an einer bestimmten Sprachstufe orientieren, sog. *simple originals* (Hill 2001, 301), und vereinfachten Texten fremdsprachiger Originale (*simplified literature*). Als Oberbegriff ist *language learner literature* (Day/Bamford 1998) der weitestgehende, der die beiden genannten Kategorien einschließt. Inhaltlich lassen sich L. nach literarischen im weitesten Sinne und nicht-literarischen differenzieren. Bei den meisten L. handelt es sich um Erzähl-, also fiktionale Texte, sei es in Form kürzerer Geschichten oder einer längeren zusammenhängenden Erzählung. Daneben gibt es dramatische Texte, die sich gut für szenische Aufführungen eignen. Die genannten Kategorien originaler und vereinfachter Texte existieren auch für den Französischunterricht. Jedoch ist das Textangebot geringer. Gedichtanthologien werden gemeinhin nicht unter L. subsumiert. Das Angebot an nicht-fiktionalen oder Sachtexten ist erheblich geringer. Dabei handelt es sich in der Regel um Sammlungen kurzer thematisch verbundener Texte, aber nicht im Sinne einer Textsequenz. Es geht um Geschichte, Geographie, Biographien oder andere, z.T. landeskundlich orientierte Sachthemen. Sie enthalten zumeist zahlreiche Fotos und kommen damit Lernenden entgegen, die sich weniger gern mit längeren fiktionalen Texten befassen. Andererseits erfordern Sachtexte auch auf einfachem sprachlichem Niveau einen Fachwortschatz und werden anders rezipiert als fiktionale Texte (vgl. Hill 2001, 312). Der Markt an L. ist national und international unübersehbar groß (vgl. für das Französische die umfangreiche Liste in Schlemminger 2005). Dabei zeichnen sich vor allem englische Verlage durch die Herausgabe von *graded readers series* aus. Diese Serien umfassen in der Regel 6 bis 7 sprachliche Schwierigkeitsstufen, die durch die zunehmend komplexe Verwendung grammatischer Strukturen und einen gestuften Wortschatz differenziert werden. Während aber grammatische Restriktionen (z.B. Zeitengebrauch) konkret definiert werden können, sind die Angaben zum verwendeten Wortschatz eher vage. Die meisten Serien beginnen mit *simple originals* und enthalten auf den höheren Stufen vereinfachte Versionen klassischer fremdsprachiger Literatur. Klassiker existieren häufig in mehreren Ausgaben unterschiedlichen Schwierigkeitsgrades. Wählt man eine solche Lektüre, so sind die Prüfung der Qualität der Bearbeitung und der Vergleich mit dem Original unerlässlich (vgl. Hermes 2007, 116 ff.).

L. dienen vor allem dem extensiven Lesen, was mit dem Lehrwerk kaum möglich ist. Je mehr und je früher Fremdsprachenlernende Zugang zu L. erhalten und die Bewältigung größerer Textmengen durch extensives Lesen üben, desto eher steigern sie das Lesetempo und werden zu flüssigen Leser/innen (vgl. Hill 2001, 305). Gleichzeitig dient das Lesen der Wortschatzerweiterung (vgl. Day/Bamford 1998, 17) und der Fähigkeit, Vokabular zu erschließen (↗Inferenz). Insofern können die meisten Texte zwar als Klassen-L. eingesetzt, d.h. gemeinsam im Unterricht gelesen werden, vor allem wenn die Methoden sich deutlich von der Lehrbucharbeit unterscheiden und nicht kleinschrittig vorgegangen wird. Weitaus erfolgversprechender sind aber Klassenbibliotheken (vgl. Day/ Bamford 1998, 107 ff.; Hill 2001, 309 f.). Diese lassen sich zur Förderung der Lesemotivation nach den individuellen Wünschen der Lernenden und nach dem unterschiedlichen Sprachstand besonders gut mit Hilfe von *graded readers* einrichten (vgl. Biebricher 2008). Dabei bestimmen die Lernenden selbst, was und wie viel sie lesen (↗Autonomes Lernen). Erfahrungsgemäß neigen Mädchen eher zu fiktionalen,

Jungen dagegen eher zu Sachtexten (vgl. Biebricher 2008, deren Studie konsequent zwischen beiden Geschlechtern differenziert). Ob die individuelle Lektüre durch Aufgaben unterstützt oder gar kontrolliert wird oder nicht, ist dabei eine wichtige Entscheidung (vgl. ebd., 271 ff.). Klassenbibliotheken sollten dem Prinzip des *reading for pleasure* und dem extensiven Lesen mit dem Ziel eines globalen Textverständnisses dienen; sie sollten außerdem die Lesefreude wecken bzw. steigern (vgl. Day/Bamford 1998, 2, 5). Insofern kommen als Kontrollmechanismen eher allgemeine Leseberichte in Frage (vgl. Bamford/Day 2004, 93 ff.), die wiederum als Leseanreiz für die gesamte Lerngruppe dienen können. Fremdsprachige Verlage bieten zahlreiche methodische Hilfen als kostenloses Download im Internet an, die der ↗ Individualisierung des Unterrichts dienen können, und ergänzen die Materialien noch durch Hintergrundinformationen für die Lehrkraft. Zudem gibt es neuere Lektüre-Serien, in denen einige Titel mit einer CD-Rom erschienen sind. Damit lässt sich der Text in zweikanaliger Rezeption gleichzeitig lesen und anhören. Oder die CD wird wie ein Hörbuch genutzt (↗ Hörspiele). Damit können unterschiedliche Rezeptionsgewohnheiten befriedigt werden.

Lit.: J. Bamford/R.D. Day (Hg.): Extensive Reading Activities for Teaching Language. Cambridge 2004. – Ch. Biebricher: Lesen in der Fremdsprache. Eine Studie zu Effekten extensiven Lesens. Tüb. 2008. – R.R. Day/J. Bamford: Extensive Reading in the Second Language Classroom. Cambridge 1998. – L. Hermes: ›To Read or not to Read.‹ A Plea for Graded Readers. In: W. Kindermann (Hg.): Transcending Boundaries. Bln 2007, 105–126. – D.R. Hill: Graded Readers. In: English Language Teaching Journal 53 (2001), 300–324. – G. Schlemminger: La citoyenneté à travers la littérature de jeunesse. In: C. Michler (Hg.): Les valeurs démocratiques dans l'enseignement du français langue étrangère / Demokratische Werte im Unterricht des Französischen als Fremdsprache. Augsburg 2005, 101–114. **LH**

Lernen durch Lehren bezeichnet eine handlungsorientierte Unterrichtsform (↗ Handlungsorientierung), bei der sich die Lernenden neue Inhalte aneignen, indem sie sich gegenseitig unterrichten. Historisch gesehen ist das Prinzip des LdL durch eine vermittelnde Aufbereitung des Unterrichtsstoffs seit dem Altertum bekannt. Während der Industrialisierung kommt die Methode in England und Frankreich aus ökonomischen Gründen zum Einsatz, um Lehrermangel auszugleichen. Interesse am pädagogischen Wert des Verfahrens entsteht jedoch erst zu Beginn des 20. Jh.s im Kontext reformpädagogischer Bewegungen (↗ Reformpädagogik). LdL ist kein genuin fremdsprachendidaktisches Konzept, wird jedoch zu Beginn der 1980er Jahre von Jean-Pol Martin in Anbindung an den schulischen Französischunterricht theoretisiert und mit Ansätzen aus der Humanistischen Psychologie und den Kognitionswissenschaften begründet. Nachdem LdL in den 1980er und 1990er Jahren vor allem in der zweiten Phase der ↗ Lehrerbildung und bei Lehrerfortbildungen Beachtung findet, setzt sich die Methode mehr und mehr auch in universitären Lehramtsstudiengängen als hochschuldidaktische Methode durch (Jody Skinner). Die Anbindung an Kompetenzmodelle (↗ Kompetenz) und empirische Untersuchungen (↗ Empirie) zur Wirksamkeit von LdL geschieht aktuell in den Arbeiten von Joachim Grzega.

LdL erscheint in der Lage, persönlichkeitsbezogene, soziale, methodische und metakognitive Kompetenzen auszubilden (↗ Sozialkompetenz, ↗ Methodenkompetenz, ↗ Metakognition). Im Bereich der fremdsprachlichen Kompetenzen zielt LdL auf eine integrative Vermittlung kognitiver, habitualisierender und kommunikativer Anteile des Sprachlernprozesses. Dabei scheint ein positiver Effekt der Methode das Entstehen einer Arbeitsatmosphäre zu sein, in der die SuS sich angstfrei äußern und der Umgang mit ↗ Fehlern konstruktiv wahrgenommen wird. Gemeinsames Problemlösen durch Interaktion in der Gruppe und kollaborative Wissenskonstruktion (↗ Konstruktivismus/Konstruktion) anhand vorbereiteter Materialien stehen im Vordergrund der Arbeit. Insofern unterscheidet sich LdL grundlegend von Referaten oder ↗ Präsentationen, die allenfalls einen Teil einer nach dem Prinzip ›LdL‹ gestalteten Unterrichtseinheit ausmachen sollten.

Im Anfangsunterricht werden beispielsweise Inhalte des ↗ Lehrwerks oder ergänzende Materialien und Texte durch Gruppen von drei SuS erarbeitet und in einem zweiten Schritt an die Mitschüler/innen weitergegeben, wobei klare Problemformulierungen, originelle Aufgabenstellungen und wechselnde ↗ Sozialformen den Prozess der gemeinsamen Wissenskonstruktion unterstützen. In der Hochschullehre ist LdL in fachwissenschaftlichen oder landeswissenschaftlichen Veranstaltungen häufig thematisch orientiert, d. h. in Kleingruppen erarbeiten die Studierenden einen Aspekt des Semesterthemas; in sprachpraktischen Veranstaltungen wählen die Studierenden Themen oder Texte zur gemeinsamen Erarbeitung aus einem Fundus, den der Dozent bzw. die Dozentin zur Verfügung stellt. Die Lehrperson ist beim LdL keineswegs passiv: Sie muss im Fall von Unsicherheiten ergänzend einschreiten können; zudem interveniert sie, wenn der interaktionale Prozess ins Stocken gerät, wenn Einzelne ›abschalten‹ oder wenn wichtige Impulse aus der Gruppe ignoriert werden.

Kritik am LdL akzentuiert die Gefahr zu hoher Anteile rein instruktiver unterrichtlicher Settings (↗ Instruktivismus/Instruktion), wenn SuS ihre Mitschüler/innen unterrichten. Ob der von SuS gestaltete Unterricht tatsächlich auch für die anderen Lernenden ausreichend Lerngelegenheiten bietet und ob hier tatsächlich eine gemeinsame Wissenskonstruktion und Bedeutungsaushandlung stattfinden, wird von Kritikern häufig angezweifelt: SuS imitieren bei der Vorbereitung der LdL-Phasen meist Methoden und Techniken, die sie selbst als Lernende erfahren haben, so dass die Wirksamkeit der Methoden in erster Linie davon abhängt, wie differenziert die Modelle sind, die den SuS zur Verfügung stehen, und inwieweit es tatsächlich gelingt, einen Klassendiskurs zu gestalten, der gemeinsames Lernen statt ausschließlich instruktionsorientiertes Lehren im Fokus hat.

Lit.: J.-P. Martin: Vorschlag eines anthropologisch begründeten Curriculums für den FU. Tüb. 1994. – C. Schelhaas: ›LdL‹ für einen produktions- und handlungsorientierten FU. Ein praktischer Leitfaden mit zahlreichen kreativen Unterrichtsideen und reichhaltiger Methodenauswahl. Marburg ²2003 [1997]. BSch

Lernerautonomie ↗ Autonomes Lernen

Lernerorientierung. Das Konzept der L. ist (basierend auf Erkenntnissen der Lernpsychologie, der Allgemeinen Pädagogik und der Fremdsprachendidaktik) als Gegen-Konzept zur ↗ Lehrerzentrierung erarbeitet worden. Es geht darum, die Dominanz der Lehrkraft auf diejenigen Aufgaben zu beschränken, die nur durch Lehrerzentrierung effektiv gelöst werden kön-

nen. Die wichtigste Aufgabe besteht darin, möglichst optimale Bedingungen für ein selbständiges aktives Lernen zu schaffen. Eine Beteiligung der Lernenden ist in allen Phasen des Unterrichts sinnvoll: SuS wirken an der Auswahl von Themen und Materialien mit. Dabei entstehen motivierende Sprechanlässe, und es ist garantiert, dass es beim Erlernen der Fremdsprache inhaltlich schwerpunktmäßig um das Lebensumfeld der SuS geht. Dieser emotionale Aspekt ist entscheidend für Erfolge im Lernprozess (↗ Emotion). Im Unterricht selbst kann L. im Wesentlichen durch eine einzige Maßnahme bewerkstelligt werden: die Abkehr vom Frontalunterricht und die Hinwendung zu den Unterrichtsformen Einzelarbeit, Partnerarbeit, Gruppenarbeit und Plenum (↗ Sozialformen). Damit ist der Weg frei zur Erlangung allgemeiner und fachspezifischer ↗ Lernziele. Einzelarbeit fördert die ↗ Schlüsselqualifikationen Individualkompetenz (Selbständigkeit, Verantwortungsbewusstsein) und Handlungskompetenz (Organisationsfähigkeit, ↗ Methodenkompetenz); gleichzeitig wird der individuelle Umgang mit den ↗ Fertigkeiten Hör- und Leseverstehen sowie Sprechen und Schreiben intensiv geschult. Außerdem führt der unausweichliche Gebrauch von ↗ Lern- und Arbeitstechniken direkt zu einem weiteren fachspezifischen Lernziel. Wichtig ist, dass die Lehrperson die Techniken anschaulich erläutert, ihre positiven Auswirkungen beweist und genügend Zeit lässt, um sie zu trainieren. Durch Partner- und Gruppenarbeit und Arbeit im Plenum wird die Schlüsselqualifikation ↗ Sozialkompetenz (Kommunikationsfähigkeit, Teamfähigkeit) ausgebaut; die SuS erhalten ausreichend Gelegenheit, fremdsprachlich handelnd in Aktion zu treten. Das fortwährende Training eines realitätsadäquaten Sprachgebrauchs führt direkt zu einer ↗ kommunikativen Kompetenz, die in der Realität außerhalb der Schule Bestand hat. Durch eine gemeinsame Evaluation der geleisteten unterrichtlichen Arbeit, wozu auch die Aufgaben gehören, die eigenen Lernfortschritte selbständig zu überprüfen (↗ Leistungsermittlung, ↗ Leistungsbewertung) und Entscheidungen für die Weiterarbeit zu treffen, können die Schlüsselqualifikationen Kritikfähigkeit und Eigenverantwortung sowie die Grundhaltung zum Fach und damit die Bereitschaft zu weiteren Lernanstrengungen positiv beeinflusst werden.

Nimmt man das Ziel Kommunikationsfähigkeit wirklich ernst (↗Kommunikativer FU), müsste Partnerarbeit die am häufigsten eingesetzte Unterrichtsform sein. Alle Mitglieder der Lerngruppe sind sprachlich handelnd aktiv. So werden sprachliche Teilaspekte intensiv eingeübt und auch komplexere Sprachhandlungen initiiert. Die positiven allgemeinen und fachspezifischen Auswirkungen, die durch Partnerarbeit erzielt werden können, sind bei Gruppenarbeit in verstärktem Maße zu beobachten. Es hat sich im Schulalltag bewährt, diese komplexere Unterrichtsform erst einzubringen, wenn die SuS alle wichtigen Arbeitstechniken bei der Zusammenarbeit mit einzelnen Partnern erfasst und ausreichend trainiert haben. Für die Umsetzung des Konzepts L. ist es zwingend notwendig, den Frontalunterricht auf ein Mindestmaß zu beschränken. Für Lehrende gibt es eine einfache Maßnahme: Jede Phase, die frontal angelegt werden soll, muss vor dem eigenen pädagogischen Gewissen gründlich begründet werden; sind die Gründe nicht wirklich stichhaltig, kommen die anderen Unterrichtsformen zum Einsatz.

Lit.: H. Gudjons: Neue Unterrichtskultur, neue Lehrerrolle. Bad Heilbrunn 2007.   MA

Lernersprache ↗ *Interlanguage*

Lernerstrategien ↗ Lernstrategien

Lernertypen sind ein nicht unumstrittenes Konzept in der (Fremdsprachen-) Didaktik. Bereits eine Begriffsklärung bereitet aufgrund von Uneindeutigkeiten in der Verwendung und einer Vielzahl verwandter und z.T. überlappender Begriffe Schwierigkeiten. L. werden gelegentlich auch Lerntypen genannt. Sie lassen sich zunächst in einen Zusammenhang mit Lernstilen bringen. L. ergeben sich aus jeweils verschiedenen Kombinationen von Lernstilen, z.B. analytisch-reflexiv-ambiguitätstolerant. In Abhängigkeit von der Anzahl der zugrunde gelegten Lernstildimensionen kann sich allerdings eine unüberschaubare Vielzahl von L. ergeben, die kaum klar voneinander abgrenzbar sind und sich nicht empirisch belegen lassen. Einige Wissenschaftler gehen indes davon aus, dass zwar

jede/r Lernende über einen Lernstil verfügt, dieser aber so individuell ist wie die eigene Unterschrift (vgl. Kinsella 1995, 171).

Als Lernstile werden solche Verhaltensweisen, (Lern-) Gewohnheiten und Persönlichkeitsmerkmale bezeichnet, die situationsüberdauernd und aufgabenunspezifisch sind. Lernstile sind meist unbewusst und nicht direkt beobachtbar, sondern nur aufgrund bestimmter Verhaltensweisen erschließbar. Häufig findet sich der Begriff ›kognitiver Stil‹ (auch Denkstil) als Synonym zu Lernstil. Versteht man unter Lernen mehr als eine rein kognitive Tätigkeit, bezieht also auch soziale Interaktion, affektive (↗Emotion) und motivationale (↗Motivation) Aspekte ein, kann Lernstil als Oberbegriff für sensorische, persönlichkeitsbezogene und affektive sowie kognitive Stile gelten (vgl. Roche 2006, 42). Lernstile stehen zudem in engem Zusammenhang mit ↗Lernstrategien. Zahlreiche Studien belegen, dass Strategie-Präferenzen mit gewissen Lernereigenschaften (z.B. holistischer vs. analytischer Lerner) korrelieren (vgl. ebd., 36 ff.). Lernstile lassen sich in diesem Sinne als bestimmte Strategie-Konstellationen verstehen. Im Gegensatz zu Lernstilen sind Lernstrategien üblicherweise bewusst und beziehen sich auf konkrete Situationen, Probleme oder Aufgaben.

Zur Identifikation von L. sind verschiedene Befragungsinstrumente entworfen worden. Zu den bekanntesten standardisierten ↗Tests gehören der *Myers-Briggs Type Indicator* (MBTI), Kolbs *Learning Style Inventory* (LSI) sowie Oxfords *Strategy Inventory for Language Learning* (SILL) (vgl. Grotjahn 2003, Roche 2006). Diese beziehen sich hauptsächlich auf persönlichkeitsbezogene Merkmale und affektive Stile, sind aber aufgrund ihrer theoretischen Grundlagen nicht unumstritten. Neben psychometrischen Tests, die üblicherweise auf Fragebögen basieren, werden für die Erhebung von Lernstilen Interviews, introspektive Methoden, Unterrichtsbeobachtungen, Lernertagebücher oder Produktanalysen eingesetzt. Lernstile und die mit ihnen verbundenen L. werden häufig in (vier bis fünf) bipolaren Merkmalen differenziert, die wertneutral sind und die Endpunkte des jeweiligen Kontinuums darstellen (vgl. Grotjahn 2003, 328 f.; Roche 2006). Unterschieden werden die Begriffspaare ›feldabhängig vs. feldunabhängig‹, ›analytisch bzw. *articu-*

lated vs. global‹, ›reflexiv vs. impulsiv‹, ›ambiguitätstolerant vs. ambiguitätsintolerant‹ sowie der bevorzugte Wahrnehmungskanal, kulturspezifische Prägungen und Gender-Aspekte (↗ Genderorientierte Ansätze). Die ersten beiden Begriffspaare werden gelegentlich synonym verwendet. Wird differenziert, bezeichnet das erste Begriffspaar die Abhängigkeit der Lernenden von konkreten Kontexten und Situationen. Bei feldabhängigen Lernenden lassen sich z.b. größere Schwierigkeiten bei Abstraktionsleistungen feststellen, da sie in ihrem Lernverhalten stärker auf Unterstützung durch Elemente der sozialen Umgebung angewiesen sind (z.b. die Lehrkraft oder andere Lernende). Das zweite Begriffspaar bezieht sich auf die grundsätzliche Zugangsweise zu Aufgaben und Lernproblemen. Analytische L. gehen von einzelnen Aspekten aus und versuchen, sich so das Ganze zu erschließen, während globale oder holistische L. zunächst das Ganze in den Blick nehmen und es dann in Einzelkomponenten ausdifferenzieren. Das dritte Begriffspaar beschreibt das präferierte Problemlöseverhalten des bzw. der Lernenden. Reflexive Lerner üben eine große kognitive Selbstkontrolle aus und agieren meist wohlüberlegt, während impulsive Lerner häufig schneller und spontaner handeln. Diese Lernerdispositionen spiegeln sich auch im bevorzugten Strategiegebrauch (systematisches Hypothesenbilden vs. ›wildes Raten‹). Das vierte Begriffspaar bezeichnet die Fähigkeit und Bereitschaft, in mehr oder weniger strukturierten Situationen zu lernen. Beim Spracherwerb in der fremdsprachlichen Umgebung z.b. ist ein sehr viel flexiblerer Umgang mit unbekannten Formulierungen und Vokabeln, kulturellen Einflüssen und unvorhergesehenen Ereignissen notwendig als in einem stark strukturierten Unterrichtsverlauf, der eher eine geringe Ambiguitätstoleranz verlangt. Kulturspezifische Prägungen oder *ethnicity* sind ebenfalls als Einflussfaktoren für L. beschrieben worden.

Die Festschreibung nationaler Lernstilpräferenzen (für eine Übersicht vgl. Roche 2006, 57) birgt allerdings die Gefahr der Homogenisierung äußerst heterogener Gruppen. Auch wenn davon auszugehen ist, dass politische Regime und deren Einfluss auf nationale Bildungssysteme nicht ohne Auswirkungen auf überhaupt mögliches Lernverhalten bleiben, so lässt sich nicht jedes Individuum in eine solch grobe Kategorisierung einordnen, da sozio-ökonomische Hintergründe höchst unterschiedlich sein können (z.b. finden sich in manchen Ländern metropolitane Lebensstile gleichberechtigt neben traditionell ländlichen). Auch Gender-Aspekte werden im Zusammenhang mit Lernstilen und L. berücksichtigt. Diese Diskussion ist ebenfalls nicht frei von Übergeneralisierungen und scheint gängige Annahmen zu bestätigen, dass Frauen eher zu gefühlsbasierten und auf sozialen Strategien beruhenden Lernstilen tendieren, während Männer sich eher durch analytische Zugangsweisen charakterisieren lassen. Allerdings ist die statistische Signifikanz der gezeigten Unterschiede gering (vgl. Roche 2006, 58 ff.). Popularisiert worden ist die Lern(er)typen-Theorie allerdings insbesondere durch eine Fokussierung auf die sensorische Dimension, die Unterscheidung verschiedener Wahrnehmungskanäle bei der Informationsaufnahme (visuell, auditiv, haptisch, kinästhetisch, abstrakt-verbal; vgl. hierzu auch Vester 2009) und vermeintliche Anwendungsmöglichkeiten im FU. Grundlage bildet die Annahme, dass der Lernerfolg entscheidend davon abhängt, ob der Lernende auf eine seinem *Lernstil* entsprechende Lernumgebung mit entsprechendem Materialangebot trifft.

Davon abgesehen, dass Lernen ein höchst komplexer Prozess ist, der sich nicht auf eine Dimension der Wahrnehmung reduzieren lässt, bleiben Studien den Nachweis der Effizienz eines an den L. ausgerichteten Lernangebots häufig schuldig (vgl. Roche 2006, 62). Zum Teil begnügen sich unterrichtspraktische Vorschläge mit wenig spezifischen Empfehlungen: Rüdiger Grotjahn (2003, 330) beispielsweise fordert, mit der Vielfalt der L. flexibel umzugehen und ihr »in Form einer multisensorischen, mehrere Wahrnehmungskanäle ansprechenden Methodik« Rechnung zu tragen. Der Wert von L. für die Praxis ist daher vor allem in Möglichkeiten der Bewusstmachung (↗ Bewusstheit/Bewusstmachung) auf unterschiedlichen Ebenen zu sehen: Lehrende können anhand des L.-Modells über ihre eigenen bevorzugten Lehrstile reflektieren und Lernschwierigkeiten ihrer Lernenden auf Konflikte zwischen Lehr- und Lernstil hin überprüfen. Lernende können sich über ihre L., deren Individualität sowie deren Potenzial und Beschränkungen in bestimmten Lernsituationen bewusst werden. Auf der

Grundlage der Bewusstmachung individueller Dispositionen sind eine Erweiterung des eigenen Stil-Repertoires und eine zunehmende Flexibilisierung möglich.

Lit.: R. Grotjahn: Lernstile/L. In: K.-R. Bausch et al. (Hg.): Handbuch FU. Tüb. ⁴2003 [1989], 326–331. – K. Kinsella: Understanding and Empowering Diverse Learners in the ESL Classroom. In: J.M. Reid (Hg.): Learning Styles in the ESL/EFL Classroom. Boston 1995, 170–194. – T. Roche: Investigating Learning Style in the Foreign Language Classroom. Mü. 2006. – F. Vester: Denken, Lernen, Vergessen. Mü. ³³2009 [1975]. BV

Lern-/Lehrgespräch ↗ Unterrichtsgespräch

Lernort ↗ Lehr- und Lernort

Lernsoftware. Mit dem Begriff L. bezeichnet man Programme für den Computer, mit deren Hilfe Lernende sich eigenständig mit einem bestimmten Stoffgebiet vertraut machen können. Der Begriff ›Sprach-L.‹ bezeichnet dementsprechend Programme, die zur Unterstützung des Fremdsprachenlernens entwickelt wurden. Auch wenn das Angebot mittlerweile groß ist, wirkt manche L. noch immer als programmierte ↗ Instruktion und befindet sich damit didaktisch und methodisch keinesfalls auf dem neuesten Stand. Gute multimediale L. bietet im Vergleich zu anderen Medien eine Vielfalt zusätzlicher Möglichkeiten: So können Bilder, Texte, Grafiken und Filme eingebunden, individuelle Lernwege zugelassen (↗ Individualisierung) und auf den einzelnen Lerner abgestimmtes ↗ Feedback angeboten werden. Die Spracherkennung ist mittlerweile so weit entwickelt, dass selbst die Schulung der ↗ Aussprache am PC möglich ist.

Um einen Überblick über die auf dem Markt befindlichen Produkte zu erhalten, bietet es sich an, die Programme – je nach ihrer didaktischen Konzeption – in verschiedene Kategorien einzuteilen. Es kann unterschieden werden zwischen Autorenprogrammen/L, sog. Werkzeugen, Trainings- oder Übungsprogrammen, Lexika oder Nachschlagewerken, Lernprogrammen, Simulationen und spielerischer L. aus dem Edutainment-Bereich. Ein Autorenwerkzeug ist ein Softwareprogramm, das die Entwicklung

interaktiver multimedialer Anwendungen mit Hilfsmitteln der visuellen Programmierung unterstützt. Das bedeutet, dass Nutzer/innen auch ohne Programmierkenntnisse eigene Lehrsysteme, also Aufgaben und interaktive ↗ Übungen für den PC oder das Internet entwickeln können. Der ›Autor‹ bzw. die ›Autorin‹ kann sich im Wesentlichen auf die didaktisch-methodische Gestaltung der interaktiven Übung konzentrieren. Eine weit verbreitete Autorensoftware für den fremdsprachlichen Bereich ist *Hot Potatoe*. Multimediale und computergesteuerte Präsentationstechniken (↗ Präsentation) eröffnen den Nutzer/innen Möglichkeiten, die ihnen bei der Verwendung traditioneller Medien bisher nicht zur Verfügung standen. Ihr Vorteil liegt darin, dass die verschiedenen Symbolsysteme Text, Bild und Ton in idealer Weise kombiniert werden können. Hinzu kommt, dass – wie bei allen computergestützten Formen der Datenverarbeitung – eine bereits erstellte Präsentation ohne großen Aufwand beliebig verändert, gekürzt, ergänzt oder in anderer Form weiterbearbeitet werden kann. Für den heutigen FU eröffnen sich damit Perspektiven, die von Lehrenden und Lernenden gleichermaßen genutzt werden können und – sinnvoll eingesetzt – auch allen Beteiligten zugute kommen.

Das wohl bekannteste Präsentationsprogramm ist das Microsoft-Produkt *Powerpoint*. Es basiert (wie andere Präsentationsprogramme auch) auf einer vom Benutzer festzulegenden Abfolge von Folien, die virtuell übereinander gelegt werden. Das Programm ist so angelegt, dass die verschiedenen Symbolsysteme einer Präsentation (Texte, Fotos, Bilder, ClipArts, Grafiken, Diagramme, Schaubilder, Tabellen, Audio- und Videodateien, Internetlinks usw.) beliebig miteinander kombiniert werden können. Die Elemente werden sukzessive eingeblendet, was den Aufbau und Zusammenhang der einzelnen Gedankenschritte für den Betrachter sehr gut nachvollziehbar macht. Auf diese Weise können auch komplexe Inhalte verständlich, übersichtlich und in optisch ansprechender Form dargestellt werden.

Übungs- oder Trainingsprogramme werden für das Fremdsprachenlernen in großer Zahl angeboten. Aus didaktisch-methodischer Perspektive ist festzustellen, dass solche L.-Programme noch immer der behavioristischen ↗ Lerntheorie der 1960er Jahre verpflichtet sind. Die Interaktivität ist sehr eingeschränkt, es gibt kaum individuelle Fehlerrückmeldungen. Der Nutzer bzw. die Nutzerin verfügt meist nur über eingeschränkte Antwortmöglichkeiten auf eng formulierte Aufgaben oder Grammatikübungen.

Seit einigen Jahren treten digitale Nachschlagewerke auf DVD in Konkurrenz zu den etablierten Lexika und Enzyklopädien in gedruckter Form. Hauptsächlich liegt das daran, dass die Speicherkapazität so enorm ist, dass der 20-bändige *Brockhaus* auf einer DVD Platz findet. Darüber hinaus ist das Nachschlagen sehr benutzerfreundlich und schnell, die DVD kann unkompliziert aktualisiert werden, und die multimedialen Lexika bieten außer dem Bild weitere multimediale Elemente: mitunter durchaus informative Ton- und Filmsequenzen, erklärende Animationen und die Möglichkeit, über das eigentliche Nachschlagewerk hinaus themenorientiert weitere Informationen im Internet zu recherchieren.

Die meisten Verlage produzieren L. passend zu einer Lehrwerksreihe (↗Lehrwerk). Diese lehrwerksbegleitende L. orientiert sich in der Regel an den Themen, der grammatischen ↗Progression und den ↗Lernzielen des Lehrwerks. Häufig werden auch Lehrwerksfiguren übernommen, die dann auf der multimedialen CD-ROM zum Leben erweckt werden und durch das Lernangebot führen. Es gibt darüber hinaus jedoch auch didaktische L., die nicht an ein Lehrwerk gebunden ist. Auch diese Software orientiert sich an den Kriterien der grammatischen Progression, der didaktisch sinnvollen Abfolge von Inhalten und Themen sowie nicht immer explizit formulierten Lernzielen.

Simulationen stellen allgemein gesehen ein Abbild oder einen Ausschnitt der Realität dar. In Simulationen werden Handlungsrahmen und die handelnden Personen festgelegt (↗*Simulation Globale*). Die Betonung liegt auf dem Lösen einer Aufgabe, die auch sprachlicher Natur sein kann. Für den Kontext des Fremdsprachenlernens sind über das Internet zugängliche MUDs (*Multi User Dungeons/Dimensions*) und MOOs (MUDs *Object Oriented*) interessant. Sie verstehen sich als text- und grafikbasierte virtuelle Realitäten, in denen die Lernenden eine ›Online-Identität‹ erhalten und je nach Gestaltung des Kontextes im virtuellen Raum – auch fremdsprachlich – agieren. Bisher liegen jedoch kaum zuverlässige Erfahrungsberichte aus dem Bereich des schulischen FUs vor.

Im Bereich der spielerischen L., auch ›Edutainment‹ genannt, ist das Angebot für den FU groß. Die Bereiche Unterhaltung und Information werden konzeptionell verknüpft, um die Lernenden spielerisch an den Lernstoff heranzuführen und zu motivieren (↗Sprachlernspiele). Inhalte sind in multimedial aufbereitete Spiele und Animationen eingebunden, die von dem bzw. der Lernenden ausgewählt oder ausgelöst werden. Diese Programme enthalten auch Spielelemente, die Konzentration, Kombinationsfähigkeit, Gedächtnisleistung und Geschicklichkeit verlangen. In dieser Kategorie ist besonders darauf zu achten, dass die spielerischen Elemente sinnvoll eingesetzt werden und das sprachliche Lernen nicht in den Hintergrund tritt. Gerade die zur ↗Motivation gedachten Animationen und Spielsituationen können albern und aufgesetzt wirken und erreichen damit das Gegenteil von dem, was ursprünglich intendiert wurde.

Die folgende Übersichtstabelle kategorisiert L.-Programme für den FU nach den Aspekten Lernformen, Erfahrungsbezug, Motivierung und Reaktivität bzw. Interaktivität. Der Aspekt der Lernformen fragt nach den Wissensarten und Formen des Lernens, die ein Programm von seiner Struktur her ermöglicht. Die zweite Dimension, der Erfahrungsbezug, greift die Überlegung auf, dass neue Informationen und Lerninhalte an das beim Lerner bzw. der Lernerin vorhandene ↗Vorwissen anknüpfen sollten (↗Erfahrungsorientierung). Der dritte Gesichtspunkt, Motivierung, fragt nach den strukturellen Merkmalen von L., die den Schüler bzw. die Schülerin animieren könnten, sich mit dem Lernstoff zu befassen. Das letzte Kriterium, die Reaktivität, klassifiziert L. schließlich nach deren Fähigkeit, sich dem Arbeitsstil des bzw. der Lernenden anzupassen. Computerprogramme können zwar keine tatsächliche Interaktion mit Menschen leisten, aber sie können auf den Benutzer reagieren, sich im günstigsten Fall sogar über Rückmeldungen, Präsentationsform und Tempo auf den Lernstil des Benutzers (↗Lernertypen) einstellen. Die Interaktivität eines L.-produktes ist auf differenzierte Reaktionen des Programms auf Nutzereingaben reduziert. Diese L.reaktionen sind selbstverständlich programmiert, d.h., das Programm kann auf nichts

	Lernform	Erfahrungsbezug und Transfer	Motivierung	Reaktivität
Autorensoftware, Werkzeuge	konstruktiver Prozess, Anwendung	Erfahrungsbezug ist gegeben	durch Produktorientierung und Anwendung von Gelerntem hohe Motivation	abhängig von den genutzten Werkzeugen
Übungsprogramme	Wiederholen und Memorieren	Notwendigkeit von didaktischer Einbettung zum Transfer	geringes Variationsspektrum → mittelfristiges Absinken der Motivation	gering
Tutorials (auch Hypermedia)	interaktiver und konstruktiver Prozess	Erfahrungsbezug ist gegeben; Notwendigkeit didaktischer Einbettung zum Transfer	gesteigerte Motivation durch Möglichkeit des selbstgesteuerten Lernens	hängt von der Güte der Verzweigungen nach richtigen, nicht ganz richtigen und falschen Antworten ab
didaktisierte Lernsoftware	je nach Produkt sind sehr unterschiedliche Lernformen denkbar	Erfahrungsbezug abhängig von den Inhalten; Transfer möglich	wenn Lernformen variieren, spielerische Elemente vorhanden sind und die Reaktivität groß ist → große Motivation	Einzelprodukte zu unterschiedlich – abhängig von der Güte der Programmierung
Simulationen	explorativer und entdeckender Prozess	Erfahrungsbezug ist schwierig, da theoretisch; Transfer möglich	erzeugt sehr große Motivation durch Abwechslungsreichtum	sehr groß
spielerische Lernsoftware (Edutainment)	spielerischer Lernprozess	je nach Lernstoff zu beurteilen; Notwendigkeit von didaktischer Einbettung zum Transfer	große Motivation → Spieltrieb; Gefahr der Überfrachtung mit spielerischen Elementen	groß, jedoch abhängig von der Güte der Programmierung

reagieren, was beim Programmieren nicht ›geplant‹ wurde. In diesem Sinne kann man auch nicht von interagieren und Interaktivität sprechen, streng genommen handelt es sich um eine begrenzte Möglichkeit von vorprogrammierten Reaktionen auf Benutzereingaben.

Lit.: A. Grünewald: Neue Medien und E-Learning. In: A. Nieweler (Hg.): Fachdidaktik Französisch. Stgt 2006, 145–166. – J. Roche: Handbuch Mediendidaktik Fremdsprachen. Ismaning 2008. – D. Rösler: E-Learning Fremdsprachen. Eine kritische Einführung. Tüb. 2007. AG

Lernspiele ↗ Sprachlernspiele

Lernstile ↗ Lernertypen

Lernstrategien. Das Konzept der L. findet in unterschiedlichen Disziplinen (Lernpsychologie, Psycholinguistik, Spracherwerbspsychologie, Fremdsprachendidaktik) Anwendung und wird uneinheitlich definiert. Häufig wird nicht zwischen L. im engeren Sinne und *Lerner*strategien im weiteren Sinne unterschieden. Lernerstrategien legen größeren Nachdruck auf die Persönlichkeit des Lerners und umfassen neben kognitiven Strategien beim Sprachenlernen auch kommunikative und soziale Strategien bei der Sprachverwendung. Da die Übergänge zwischen Lern- und Kommunikationsstrategien fließend sind, werden L. und Lernerstrategien nach wie vor häufig synonym verwendet.

In den kognitiv orientierten Wissenschaften werden L. als mentale Pläne für die Durchführung komplexer Handlungen oder die Lösung vielschichtiger Probleme verstanden (Kriterium der Problem- bzw. Lösungsorientierung); das Bilden und Testen von Hypothesen steht im Mittelpunkt. In der Fremdsprachendidaktik hingegen berücksichtigen L. auch methodische und handlungsbezogene Aspekte. Deshalb sind L. in der Vergangenheit häufig mit ↗Lerntechniken oder *study skills* gleichgesetzt worden. Grundsätzlich besteht Einigung darüber, dass L. zunächst interne mentale Prozesse beschreiben (z. B. der bewusste Plan, Wortbedeutungen durch das Nachschlagen in Wörterbüchern zu ermitteln), die nicht beobachtbar, sondern nur anhand von Aussagen oder Handlungen des Lerners inferierbar und interpretierbar sind. Lerntechniken indessen sind meist direkt beobachtbar und beziehen sich auf äußere Handlungen (z. B. die Fertigkeit, Wörter im Wörterbuch nachschlagen zu können, d. h. über Wörterbuchkompetenzen, Kenntnisse des Aufbaus und der Funktionsweise von Wörterbüchern zu verfügen). Aufgrund der engen Verbindung beider Konzepte hat sich eine stärker integrative Sichtweise entwickelt, der zufolge L. sowohl über eine kognitive als auch eine methodische Dimension verfügen: »language learning and language use strategies can be defined as those processes which are consciously selected by learners and which may result in action taken to enhance the learning or use of a second or foreign language, through storage, retention, recall, and application of information about that language« (Cohen 1998, 4). Das Kriterium der ↗Bewusstheit von Strategien, das in dieser Definition betont wird, findet nicht in allen Definitionen Berücksichtigung. L. werden auch dem prozeduralen ↗Wissen zugeordnet, das hoch automatisiert (↗Automatisierung) und nicht in allen Fällen detailliert verbalisierbar ist (vgl. Wolff 1998). Einigkeit besteht allerdings darüber, dass L. in der Phase ihres Erwerbs (potenziell) bewusst sind, bevor sie ggf. routiniert eingesetzt werden.

Zur Klassifizierung von L. sind verschiedene Typologien entworfen worden. Zu den einflussreichsten in der Fremdsprachendidaktik gehören die Klassifikationsschemata von Rebecca Oxford (1990) und J. Michael Chamot/Anna U. O'Malley (1990). Oxford unterscheidet zwischen direkten Strategien, die sich auf den unmittelbaren Umgang mit der zu lernenden Sprache beziehen, und indirekten Strategien, die sich auf die grundsätzliche Lernplanung richten. Zu den direkten Strategien gehören mnemotechnische Strategien (z. B. die Verbindung von sprachlichen Elementen mit ↗Bildern oder Klängen), kognitive Strategien (z. B. formales Üben oder deduktives Schlussfolgern) sowie Kompensationsstrategien (z. B. intelligentes Raten, Verwendung von Gestik und Mimik). Zu den indirekten Strategien gehören metakognitive Strategien (z. B. lang- und kurzfristige Lernplanung, Selbstevaluation), affektive Strategien (z. B. Selbstbestärkung, Belohnung) und soziale Strategien (z. B. Kooperation, Empathie, um Erläuterung bitten). Chamot und O'Malley (1990) hingegen unterscheiden metakognitive, kognitive und sozial-affektive Strategien. Metakognitive Strategien (↗Metakognition) umfassen Planung und Evaluation der Lernprozesse sowie selektive ↗Aufmerksamkeit (z. B. sich beim ↗Hörverstehen auf bestimmte Schlüsselbegriffe konzentrieren). Kognitive Strategien entsprechen bei Chamot/O'Malley in etwa Oxfords direkten Strategien. Auch in den sozial-affektiven Strategien gibt es keine wesentlichen Unterschiede zwischen beiden Klassifikationen. Beide Typologien lassen sich trotz ihrer Umfänglichkeit dahingehend kritisieren, dass sie in gewissen Punkten allzu detailliert sind, zugleich in anderen aber möglicherweise unvollständig. Wichtiger als die Festschreibung einer bestimmten Typologie ist eine grundsätzliche Strategiebewusstheit im Fremdsprachenlehr- und -lernprozess. Während in den 1970er Jahren die L.forschung zunächst zum Ziel hatte, Strategien erfolgreicher Sprachenlerner zu identifizieren und zu beschreiben, um sie weniger erfolgreichen Lerner/innen zur Verfügung zu stellen, ist seit den Arbeiten von Oxford und Chamot/O'Malley die Lehrbarkeit von Strategien in das Zentrum der Aufmerksamkeit gerückt. Dieses zeigt sich auch in der Forschung, die sich zunehmend der Frage der Effektivität von Strategienvermittlung zugewandt hat. Ohne einzelne Ergebnisse detailliert darstellen zu können, scheint die Wirksamkeit von Strategientraining besonders groß zu sein, wenn es (a) integrativ in den Aufgaben und Themen des FU verankert ist (isolierte Strategietrainings hingegen zeigen keine guten Transferergebnisse) und wenn es (b) nicht nur auf das Anwenden und Üben von Strategien zielt (↗Übung), sondern es ausreichend Gelegenheit zur Reflexion gibt. Die Bewusstmachung von L.

hat einen hohen Stellenwert (vgl. Bimmel/Rampillon 2000). Als Begründung für die unterrichtliche Vermittlung von L. wird über ihre Effektivität für das Sprachenlernen und -anwenden hinaus die Diskussion um Lernerautonomie herangezogen (↗ Autonomes Lernen). Eigenverantwortlichkeit, Selbständigkeit, Reflexivität und Evaluationsfähigkeit der Lernenden werden gefördert. Es kann nicht darum gehen, die L. erfolgreicher Lerner/innen zum erstrebenswerten Vorbild für alle zu machen, sondern aus dem Spektrum von L. bewusst und begründet diejenigen auswählen zu können, die für den individuellen Lerner bzw. die individuelle Lernerin am effektivsten sind. Methodisch wird ein vier- oder fünfschrittiges Verfahren für die Vermittlung von L. vorgeschlagen: (1) Bewusstmachung individueller L., (2) Präsentation von (alternativen) L., (3) Erprobung und Einübung der thematisierten L., (4) Evaluation der erprobten L. Zusätzlich nennen manche Autoren (5) den ↗ Transfer der erarbeiteten L. auf neue Aufgaben (vgl. Chamot/O'Malley 1990).

Nicht zuletzt stellen L. auch immer eine Widerspiegelung des spezifischen Lernkontextes und der individuellen Lernerfahrung dar und beinhalten damit eine kulturelle Komponente, wie ein Beispiel aus der Grundschule verdeutlicht (vgl. Viebrock 2004): Die jungen Fremdsprachenlernenden dokumentieren in ihrem ↗ Portfolio solche Vorgehensweisen als Strategien, welche die Lehrkräfte als Routinen etabliert haben (z.B. das Warten bei der Sprachproduktion, bis die Lehrperson eine unbekannte Vokabel einflüstert). Jeder Klassenraum erlaubt also die Entwicklung je eigener Strategien. Dieses wird verstärkt durch kulturelle Normen, die regional oder national an das Fremdsprachenlernen herangetragen werden.

Lit.: P. Bimmel/U. Rampillon: Lernerautonomie und L. Bln/Mü. 2000. – A.U. Chamot/J.M. O'Malley: Learning Strategies in Second Language Acquisition. Cambridge 1990. – A.D. Cohen: Strategies in Learning and Using a Second Language. Harlow 1998. – R. Oxford: Language Learning Strategies. What Every Teacher Should Know. N.Y. 1990. – B. Viebrock: English as a Foreign Language in the Primary School. A Case Study of Young Children's Learner Strategies. In: M. Diez et al. (Hg.): Debate en torno a las estrategias de aprendizaje/Debating Learning Strategies. FfM 2004, 77–87. – D. Wolff: Lernerstrategien beim Fremdsprachenlernen. In: J.-P. Timm (Hg.): Englisch lehren und lernen. Didaktik des Englischunterrichts. Bln 1998, 70–77.   BV

Lerntechniken (manchmal auch Taktiken, *study skills*) kann man, auch wenn das weder in der einschlägigen Literatur noch in der Unterrichtspraxis oft geschieht, von ↗ Lernstrategien abgrenzen; trennscharfe Differenzierungen bzw. Zuordnungen sind jedoch nicht immer möglich. Beide Begriffe charakterisieren im Kontext des FUs die von Lernenden gewählten Vorgehensweisen bei der Aneignung einer Fremdsprache. Sie werden in starkem Maße durch die Auffassung der Lernenden davon bestimmt, wie man am günstigsten lernt. Abhängig vom jeweiligen Ziel der wissenschaftlichen Analyse oder den praktischen Notwendigkeiten bezeichnet man diese Lernhandlungen u.a. als Lernstrategien, oder man fasst Lernstrategien als übergeordneten Begriff auf, dem jeweils mehrere L. zu- bzw. untergeordnet werden. Beim Planen und Realisieren der Gedächtnisstrategie ›Wortschatz organisieren‹ bieten sich unterschiedliche, nebeneinander oder wechsel- bzw. ersatzweise einsetzbare L. an wie z.B. Wortfelder, Wortfamilien, Wortnetze, Wortskalen, Diagramme, Wortbilder (↗ Wortschatz und Wortschatzvermittlung). Eine kognitive Lernstrategie wie das Nutzen von Hilfsmitteln beim Schreiben adressatenbezogener elementarer Textsorten kann u.a. durch L. wie das Rekonstruieren verwürfelter Texte oder das Verändern (Auslassen, Ersetzen, Erweitern, Umstellen) von Modelltexten realisiert werden. So verstanden sind L. »Verfahren, die vom Lernenden absichtlich und planvoll angewandt werden, um sein fremdsprachliches Lernen vorzubereiten, zu steuern und zu kontrollieren« (Rampillon 1996, 17). Lernstrategien werden oft als nicht konkret fassbar und als vom Lernenden je nach seinem Wissens- und Reifungsstand, abhängig von den vorliegenden Lernanforderungen und der Zielorientierung flexibel einsetzbar und gegebenenfalls veränderbar aufgefasst (vgl. Haudeck 2008, 22). L. hingegen werden durch eine Reihe anderer Merkmale bestimmt. Es sind oft äußere, beobachtbare Handlungen, allerdings gehören auch elementare kognitive Operationen dazu; sie beinhalten gegebenenfalls auch den rationellen Umgang mit Hilfsmitteln. Sie zeichnen sich idealerweise durch Zielklarheit und Zielorientierung, Bewusstsein vom Lernstand und der Lernaufgabe, Beherrschung des Lernvorgehens sowie Ergebnisbewusstheit aus (vgl. Günther 1986, 14 ff.). L. können mehr oder weniger automatisiert sein und deshalb routiniert verlaufen (↗Automatisierung). Sie helfen dem bzw. der Lernenden, kurze Strecken des Lernens, die Teilaufgaben einer komplexen Lernaufgabe zu bewältigen, während Lernstrategien als vom Lernenden bzw. von der Lernenden für sich selbst formulierte Handlungsmaximen längere Wege des Lernens bestimmen. Als Beispiel für ein mögliches Zusammenspiel von Lernstrategien und L. diene das Vorgehen beim analytischen Lesen eines Textes, mit dem im Unterricht weitergearbeitet werden soll (vgl. Günther 1986, 23; Haudeck 2008, 31):

- Lerntechnik 1: Ermitteln der zu semantisierenden Wörter, Wendungen usw. durch Überlesen des Textes und eventuelles Kennzeichnen
- rezipierbare Lexik > Lernstrategie 1: Erschließen unbekannter Wörter mit Lerntechnik 2: aus dem Kontext, mit Lerntechnik 3: aus Ähnlichkeit mit der Muttersprache oder mit anderen Sprachen (Orthographie, Aussprache), mit Lerntechnik 4: mit Hilfe der Wortbildungsanalyse
- nicht-rezipierbare Lexik > Lernstrategie 2: Nutzen von Nachschlagewerken mit Lerntechnik 5: eventuelles Ermitteln der Grundformen nicht-rezipierbarer Wörter, mit Lerntechnik 6: Auswahl der aktuellen Bedeutung unter Berücksichtigung des Kontextes, mit Lerntechnik 7: eventuell Notieren der gefundenen Bedeutungen, mit Lerntechnik 8: Überprüfen und gegebenenfalls Korrigieren der Ergebnisse

Lernen ist ein individueller konstruktiver Prozess (↗Konstruktivismus/Konstruktion), d.h. wenn sich verschiedene Lernende derselben L. bedienen, so können die jeweiligen konkreten individuellen Lernvorgänge unterschiedlich verlaufen und zu abweichenden Ergebnissen führen. Deshalb sind kooperative Arbeitsformen zum Abgleich und zur Wertung der Ergebnisse notwendig (↗Kooperatives Lernen). L. lassen sich trainieren und dadurch fördern. Die Kombination einer direkten und einer eingebetteten Förderung scheint dabei das erfolgsversprechendste Modell zu sein (vgl. Haudeck 2008, 35 ff.). Hierbei ist hilfreich, dass L. für die Lernenden intern und für Lernende und Lehrende extern beobachtbar sind.

Lit.: K. Günther (Hg.): Wege zu erfolgreicher Fremdsprachenaneignung. Bln 1986. – H. Haudeck: Fremdsprachliche Wortschatzarbeit außerhalb des Klassenzimmers. Eine qualitative Studie zu Lernstrategien und L. in den Klassenstufen 5 und 8. Tüb. 2008. – U. Rampillon: L. im FU. Ismaning ³1996 [1985].   JS

Lerntheorien. Lernen ist einer der zentralen Begriffe didaktischen Denkens. Wie Lernen abläuft und was Lernen eigentlich ist, war lange Zeit unbekannt. Problematisch ist dabei vor allem, dass man nur Ergebnisse des Lernens (Handlungen, Produkte, Einstellungen usw.), nicht jedoch den Lernprozess selbst wahrnehmen kann. Theorien darüber, wie Menschen lernen, haben didaktisches Denken und Handeln aber schon immer beeinflusst. Da man sich dem Vorgang des Lernens aus völlig unterschiedlichen Denkansätzen heraus nähern kann, gibt es eine Vielzahl von Theorien darüber. L. sind in der Regel von Lernpsychologen entwickelte Modelle, die versuchen, den komplexen Vorgang des Lernens zu erfassen, zu beschreiben und mit möglichst einfachen Prinzipien und Regeln zu erklären. Drei grundlegende Positionen spielten und spielen dabei eine besondere Rolle: behavioristische L., kognitivistische L. und konstruktivistische L. Alle drei Positionen liefern praktikable Theorieansätze zum Beschreiben und Erklären von Teilaspekten von Lernprozessen. Ein allgemeingültiges, umfassendes und ausschließliches Modell der Erklärung menschlichen Lernens gibt es nicht und kann es aufgrund der Komplexität des Gegenstandes wahrscheinlich auch nicht geben. Für die Analyse und Gestaltung von fremdsprachenunterrichtlichen Lehr-Lern-Prozessen gilt es, jeweils zweckorientiert die richtige Mischung der relevanten Aspekte aller Theorien zu nutzen.

Im Zentrum behavioristischer L. steht das sichtbare und erfassbare, von außen zu steuernde Verhalten (engl. *behavior*) des Individuums, wobei der Mensch primär als das Produkt seiner Umwelt gesehen wird. Der Lernende selbst wird als ›black box‹ betrachtet, d.h., die im Lernenden ablaufenden mentalen Prozesse werden außer Acht gelassen. Die Vertreter des Behaviorismus gehen davon aus, dass durch geeignete Reize zum Zwecke der Verstärkung erwünschten Verhaltens (Belohnung) bzw. zur Unterdrückung unerwünschten Verhaltens (Bestrafung) jede gewünschte Reaktion in einem Individuum hervorgerufen werden kann. Sobald sich eine Reiz-Reaktions-Kette aufgebaut hat, wird ein Lernprozess als abgeschlossen betrachtet. Bei komplexeren Aufgaben und Inhalten gilt es, diese lernförderlich zu portionieren und in eine für den Lernenden vermeintlich optimale Reihenfolge zu bringen. Zu den wichtigsten behavioristischen L. gehören das Klassische Konditionieren nach Ivan P. Pawlow und John B. Watson, das Operante Konditionieren nach Burrhus F. Skinner, Clark L. Hulls Theorie der Intervenierenden Prozesse, Donald O. Hebbs Pseudobehaviorismus und Edward C. Tolmans Zielgerichteter Behaviorismus. Allen behavioristischen Theorien gemein ist die Annahme, dass der Lernende von sich aus passiv ist, auf äußere Reize hin aktiv wird und in Reaktion tritt. Der Lehrende hat bei diesem Verständnis von Lernen die zentrale Rolle. Er ist derjenige, der geeignete Anreize setzt und Rückmeldungen auf die Schülerreaktionen gibt. Er greift mit seiner positiven oder negativen Rückmeldung stark steuernd in die Lernprozesse der Lernenden ein. Die didaktisch-methodische Aufgabe des Lehrenden besteht vor allem darin, geeignete Stimuli (Lernanreize) zu finden und die richtigen Verhaltensweisen in geeigneter Form zu verstärken.

Kognitivistische L. sehen den Lernenden als Individuum, das äußere Reize (Informationen) aktiv wahrnimmt, selbständig bearbeitet und diese als Kognitionen (Erkenntnisse) abspeichert. Lernen ist somit ein Prozess des Verstehens, der auf kognitiver Einsicht und aktiver Verarbeitung von Informationen beruht. Ziel kognitivistischer L. ist, die dabei im Lernenden ablaufenden komplexen Prozesse zu untersuchen, zu verstehen und regelhaft zu beschreiben. Zu den kognitivistischen L. gehören die L. der Gestaltpsychologen, sozial-kognitive L., z. B. die von Albert Bandura sowie die kognitiven Theorien von Jerome Bruner und Jean Piaget. Lernen ist nach kognitivistischen Erklärungsansätzen in erster Linie Informationsaufnahme, Informationsverarbeitung und Informationsspeicherung. Entscheidend für den erfolgreichen Lernprozess ist die didaktisch-methodische Aufbereitung und Präsentation der Lerninhalte (Stoff) und der sachlichen Problemstellungen (Aufgaben). Die Rolle des Lernenden wird aufgewertet, da er anhand der vorgegebenen Pro-blemstellungen aktiv Lösungswege beschreitet, dabei Erkenntnisse gewinnt und sein Wissen vergrößert. Trotzdem kommt dem Lehrenden die zentrale Bedeutung im Lehr-Lernprozess zu. Er wählt Informationen aus, bereitet sie auf und stellt sie zur Verfügung. Er gibt auch die Problemstellungen vor und unterstützt die Lernenden beim Bearbeiten der Informationen.

Aus konstruktivistischer Sicht (↗Konstruktivismus/Konstruktion) ist Lernen ein aktiver Prozess der Wissenskonstruktion, bei dem Informationen aufgenommen und interpretiert werden und sich dann als individuell repräsentiertes Konstrukt beim Lerner bzw. bei der Lernerin manifestieren. (Um-)Welt und Weltsicht sind in konstruktivistischem Verständnis keine festen Konzepte sondern werden durch jedes Individuum anders wahrgenommen und interpretiert. Seit Ende der 1970er Jahre gewinnen konstruktivistische Positionen in der Lernpsychologie im Zusammenhang mit neuen Forschungsergebnissen aus der Hirnforschung, Neurobiologie, Systemtheorie und Kognitionspsychologie zunehmend an Bedeutung. Einige grundlegende Annahmen, die konstruktivistisch orientierten L. zugrunde liegen, die sind folgenden (vgl. Wolff 1997, 107): Es kann nur das verstanden und gelernt werden, was sich mit bereits vorhandenem ↗Wissen verbinden lässt. Die eingesetzten Konstruktionsprozesse sind interindividuell verschieden; deshalb sind auch die Ergebnisse von Lernprozessen nicht identisch. Wissen ist immer ›subjektives‹ Wissen, das sich selbst für Lernende, die im gleichen sozialen Kontext lernen, beträchtlich unterscheiden kann. Neues Wissen impliziert die Umstrukturierung bereits vorhandenen Wissens. Lernprozesse müssen in reiche und authentische Lernumgebungen eingebettet werden. Von besonderer Bedeutung ist das Prinzip der Selbstorganisation. Der Mensch als in sich geschlossenes System organisiert sich selbst und organisiert damit für sich die Welt. Konstruktivistische L. sehen den Lernprozess als Prozess der individuellen Konstruktion von Wissen. Der Lerner bzw. die Lernerin steht bei diesen Theorien im Mittelpunkt. Der Schwerpunkt beim Lernen liegt nicht auf der gesteuerten und kontrollierten Vermittlung von Inhalten, sondern beim individuell ausgerichteten und selbst organisierten Bearbeiten von Themen (↗Autonomes Lernen). Die Lernenden erarbeiten sich selbständig Informationen, reflektieren mögliche Probleme und lösen diese. Die Rolle des Lehrenden (↗Lehrer und Lehrerrolle) ist die eines Lernbegleiters, der eigenverantwortliche und soziale Lernprozesse erleichtert und unterstützt.

Neuere Untersuchungsergebnisse der Hirnforschung führen zunehmend empirische Befunde in die lerntheoretische Diskussion ein. Allerdings sehen selbst führende Hirnforscher den Neuigkeitswert dieser Erkenntnisse realistisch: Die Hirnforschung bestätigt in vielen Bereichen Aspekte sozial-kognitiver und konstruktivistischer Lerntheorien, so z.B. die Feststellung, dass Wissen nicht übertragen werden kann, sondern durch jeden Lernenden in sozialen Kontexten neu erworben wird, oder die Feststellung, dass Lernen stets unter bestimmten Rahmenbedingungen stattfindet und durch Faktoren gesteuert wird, die häufig unbewusst, aber emotional gefärbt ablaufen und deshalb schwer beeinflussbar sind (↗Emotion). Generell kann festgestellt werden, dass die Neurowissenschaften derzeit eine Vielzahl von unterschiedlichen lerntheoretischen Modellen aufs Neue untersuchen und in vielen Bereichen deren Erkenntnisse bestätigen.

Lit.: W. Edelmann: Lernpsychologie. Weinheim ⁶2000 [1995]. – G.R. Lefrancois: Psychologie des Lernens. Bln ⁴2006 [1976]. – S. Winkel/F. Petermann/U. Petermann: Lernpsychologie. Paderborn 2006. – D. Wolff: Lernen lernen. Wege zur Autonomie des Schülers. In: Lernmethoden, Lehrmethoden. Wege zur Selbständigkeit. Friedrich Jahresheft XV (1997), 106–108.   FH

Lernumgebung ↗Lehr- und Lernort

Lernwerkstatt ↗Lehr- und Lernort

Lernziel. Ein L. ist ein gewünschtes Lernergebnis. L.e beschreiben beabsichtigte und geplante Verhaltensänderungen der SuS. Sie legen fest, was im Unterricht erreicht werden soll. Hilbert Meyer (1974, 32) definiert ein L. als »sprachlich artikulierte Vorstellung über die durch Unterricht (oder andere Lehrveranstaltungen) zu bewirkende gewünschte Verhaltens*disposition* eines Lernenden«. In den Erziehungswissenschaften wird mit einem lernzielorientierten Unterricht folglich die Vorstellung verbunden,

dass SuS nach dem Unterricht eine Verhaltensänderung zeigen sollen. Verhalten wird hier verstanden als umfassender Grundbegriff des Behaviorismus, der alle beobachtbaren und messbaren Aktivitäten der SuS umfasst. Allerdings lassen sich nicht alle gewünschten Verhaltensweisen der SuS unmittelbar beobachten, d.h. nicht alle L.e sind auch operationalisierbar bzw. überprüfbar. Die L.euphorie der 1970er Jahre ist heute verblasst. Man spricht eher von Unterrichtszielen, die letztlich dem Aufbau von ↗Kompetenzen im Rahmen eines outputorientierten Unterrichts dienen.

L.e dienen vorrangig der ↗Unterrichtsplanung. Die Lehrkraft muss vor dem Unterricht wissen, was sie erreichen will, und daraufhin die Inhalte (Themen, Gegenstände) und die zu ihrer Vermittlung geeigneten Methoden auswählen. Die Phasierung des Unterrichts erfolgt dann über das Festlegen von Grob- und Feinzielen. Am Ende einer Unterrichtseinheit steht oft eine Lernerfolgskontrolle. Anders formuliert: »Sind Ziele erreicht worden, haben Schüler also etwas gelernt, so haben sich die Ziele in Wissen, Können, Fähigkeiten, Fertigkeiten umgewandelt« (Miller 1999, 215).

L.e lassen sich unterschiedlichen Dimensionen (Bereichen) zuordnen. Man spricht im Zusammenhang auch von Hierarchie und Taxonomie. Beide Begriffe meinen das Gleiche: eine Klassifikation von L.en, bei der einzelne Ziele durch Über- oder Unterordnung in eine bestimme Reihenfolge gebracht werden. Die Taxonomie von Benjamin Bloom unterscheidet kognitive L.e (bezogen auf ↗Wissen, Kenntnisse und Problemlösen), affektive L.e (bezogen auf die Bereitschaft, etwas zu tun, auf Einstellungen und auf die Entwicklung von Einstellungen und Werten) und psychomotorische L.e (bezogen auf die motorischen Fertigkeiten der SuS). Für den FU geeigneter erscheint eine Einteilung von L.en in Lernbereiche wie ↗Spracherwerb, Wissenserwerb und Methodenerwerb. Die Aufteilung der Kompetenzen des ↗Gemeinsamen europäischen Referenzrahmens ist ebenfalls geeignet, L.e zu taxonomisieren und aufzuteilen in die Bereiche Sach-/Fachkompetenz (*savoir*), ↗Methodenkompetenz (*savoir faire, savoir apprendre*) und Selbstkompetenz (*savoir être*). Das Hauptziel des FUs besteht in der Entwicklung einer interkulturellen ↗Handlungskompetenz. Weitere Ziele sind der Aufbau von allgemeinen und von ↗kommunikativen Kompetenzen.

Ein lernzielorientierter Unterricht darf nicht zu einem statischen Abarbeiten von Feinzielen und damit zu einem wenig lebendigen Unterricht degenerieren, in dem für Spontaneität kein Raum mehr bleibt. Schließlich sollen auch Lernende an der Unterrichtsgestaltung aktiv beteiligt werden. Im Referendariat werden Unterrichtshospitationen stets von einer schriftlichen Unterrichtsplanung begleitet, dem Unterrichtsentwurf. Hier fixieren Unterrichtende den geplanten Ablauf der Stunde und benennen das Grobziel und Feinziele der Stunde. L.e werden auf der Basis des ↗Lehrplans ausgewählt, rund um den didaktisch-methodischen Schwerpunkt der Stunde festgelegt und konkret auf die jeweilige Stunde bezogen formuliert. Das Reflektieren von L.en ist demnach ein wesentliches Moment der Unterrichtsvorbereitung. In der Praxis hat sich folgende Formulierung bewährt: ›Die SuS sollen... [Verb], indem sie ... [Verb].‹ Dieses Satzgefüge schärft den Blick dafür, dass zunächst einmal die angestrebte Fertigkeit beschrieben wird, bevor im Nebensatz ergänzt wird, wodurch dieses konkret im Unterricht geleistet wird oder woran man dieses festmachen kann.

Lit.: H. Meyer: Trainingsprogramm zur L.analyse. Weinheim ¹³1994 [1974]. – R. Miller: Lehrer lernen. Ein pädagogisches Arbeitsbuch. Weinheim ²1999 [1995]. AnN

Leseförderung ↗Leseverstehen

Leseverstehen. L. ist als Informationsverarbeitung ein Akt ständiger Bedeutungskonstruktion und als ein Prozess zu begreifen, der bewusst erworben wird (vgl. Hermes 1998, 230). Anders als das ↗Hörverstehen ist L. vom Rezipienten selbst gesteuert, was das Lesetempo anbelangt. Kinder lernen das Lesen in der Regel im Anfangsunterricht, nachdem sie ihre Sprache bereits einige Jahre lang gesprochen haben. L. in der Fremdsprache beginnt im ↗frühen FU in der Grundschule im 2. oder 3. Lernjahr, bei späterem Beginn nach wenigen Wochen (vgl. Oakhill/Garnham 1988). Dabei kann es je nach Nähe oder Distanz von Mutter- und Fremdsprache zu ↗Interferenzen zwischen beiden Sprachen kommen (vgl. Hudson 2007, 60).

Es gibt zahlreiche Definitionen des L.s, die sich alle darauf konzentrieren, dass Lesen ein physiologischer und psychologischer Vorgang ist, der von der Worterkennung zum ↗Verstehen führt. Physiologisch bedeutet L., dass die Augen mit unterschiedlicher Geschwindigkeit über Schriftsymbole gleiten und diesen Bedeutung entnehmen. Dabei bewegen sich die Augen nicht gleichmäßig und auch nicht immer nur in einer Richtung. Je langsamer diese Bewegungen sind (Leseanfänger/innen), desto schwieriger ist die Bedeutungsentnahme, weil Zusammenhänge nicht erkannt werden. Bei Nichtverstehen gleiten die Augen im Text zurück. Psychologisch bedeutet L., dass man Wörtern, Sätzen und größeren Einheiten Bedeutung entnimmt. Die Fertigkeiten auf niedriger Ebene (*lower level skills*) bestehen in aufsteigender Linie im Erkennen von Wörtern, syntaktischen Einheiten und Sätzen und schließlich von Zusammenhängen; die Fertigkeiten auf höherer Ebene (*higher level skills*) bestehen im Verstehen des Gelesenen, in der Verarbeitung der Informationen, dem Interpretieren des Verstandenen und schließlich in der Bewertung oder Reflexion. Die *lower level skills* lassen sich auch unter dem Begriff ›Dekodieren‹ und die *higher level skills* unter ›Textverständnis‹ fassen (vgl. Hudson 2007, 83).

Drei L.s-Modelle finden sich in jeder einschlägigen Publikation: das *bottom-up-*, das *top-down-* und das Interaktionsmodell (vgl. ebd., 32 ff.). Lesen als *bottom-up*-Prozess beginnt bei den Zeichen im Text, die aufgenommen, verarbeitet und in den eigenen Wissensbestand integriert werden; es ist also datengeleitet. Die Integration in das eigene ↗Wissen kann aber kaum erfolgreich sein, wenn Lesen nicht auch als *top-down*-Prozess verstanden wird. Das bedeutet, dass der Leser oder die Leserin (oft unbewusst) allgemeines Weltwissen oder spezielles thematisches ↗Vorwissen in den Leseprozess einbringt und so zum Textverstehen gelangt. Das Zusammenspiel beider Prozesse wird durch das Interaktionsmodell repräsentiert, das besagt, dass L. immer im Zusammenspiel von *bottom-up-* und *top-down*-Prozessen besteht. Erst die Interaktion führt zur Wissenserweiterung und zur Integration von neuen Wissensbeständen in bereits vorhandene. In diesem Zusammenhang gehört die Schema-Theorie, die gleichfalls häufig herangezogen wird. Unter Schemata werden kognitive mentale Konstrukte verstanden, die die Strukturierung von aufgenommenen Informationen erleichtern und die Speicherung im Langzeitgedächtnis ermöglichen. Obwohl der aus der Kognitionspsychologie stammende Begriff vage ist, hat er sich für das L. als fruchtbar erwiesen. Schemata werden beim L. aktiviert. Wenn es sich um Abläufe handelt, werden sie auch Skripte (*scripts*) genannt (vgl. Nuttal 1996, 7). Dabei wird zwischen formalen und inhaltlichen Schemata unterschieden. Erstere beziehen sich auf die Kenntnis von Text-Genres (z.B. Märchen, Gedicht, Essay) oder formalen Textstrukturen (z.B. Argumentation, Deskription, Klassifikation; vgl. Hudson 2007, 165 ff.). Inhaltliche Schemata beziehen sich auf das Weltwissen und sind stark kulturell geprägt. Das heißt, der kulturelle Hintergrund der Leserin oder des Lesers beeinflusst positiv oder negativ das L. eines fremdsprachlichen Textes (vgl. ebd., 141 ff.). L. beginnt nie bei Null, sondern ist immer in einen sozialen und kulturellen Kontext eingebettet. Dabei sind als zusätzliche Faktoren das Lesealter und die häusliche wie schulische Lesesozialisation wesentlich. Nur so können Lesende Hypothesen und Voraussagen über den Fortgang des Textes machen sowie Schlüsse ziehen (↗Inferenz). Sie sind wichtige Faktoren für ein erfolgreiches L. und unerlässlich für den Verstehensprozess.

Da sich fremdsprachliches Lesenlernen immer auf der Folie des muttersprachlichen Lesens entwickelt, können beide miteinander positiv oder negativ korrelieren. Je größer die semantischen, syntaktischen und kulturellen Unterschiede zwischen zwei Sprachen sind, desto schwieriger ist das L. in der Fremdsprache. Und je ähnlicher sich zwei Sprachen sind, umso positiver kann das L. beeinflusst werden (z.B. Ähnlichkeiten zwischen der deutschen und englischen oder der englischen und französischen Sprache aufgrund orthographischer Ähnlichkeiten oder Etymologie des Wortschatzes). Dabei spielen zwei Hypothesen in der Leseforschung eine Rolle, die Interdependenzhypothese und die Schwellenhypothese (*threshold hypothesis*). Die erstere besagt, dass schwache Leseleistungen in der Muttersprache auch in der Fremdsprache abgebildet werden. Ein schwacher Leser in der Muttersprache wird auch in der Fremdsprache kein starker Leser

werden. Eine langsame Leserin, die Wort für Wort liest, wird in der Regel nicht zum Textverständnis gelangen, da sie den Text nicht in Sinneinheiten aufnimmt, was für das L. unerlässlich ist. Die zweite Hypothese besagt, dass ein bestimmtes sprachliches Niveau in der Fremdsprache eine Eingangsvoraussetzung für fremdsprachliches L. ist. Insgesamt neigt die Forschung eher zur Schwellenhypothese (vgl. Grabe/Stoller 2002, 50 ff.), zur These also, dass fremdsprachliches L. weniger von der muttersprachlichen Leseleistung abhängt als vielmehr von einem bestimmten fremdsprachlichen Fundament.

Das Ziel des L.s ist in jedem Fall die ↗Automatisierung der *lower-level skills* und damit auch das Erreichen eines bestimmten Lesetempos (vgl. Hermes 1998, 231). Einen Text zu verstehen, bedeutet demnach, die Wörter, Sätze und Absätze und ihren Zusammenhang ebenso zu begreifen wie das Genre, die Struktur und die Textabsicht, ihn zu interpretieren, Schlüsse zu ziehen, eine Bewertung vorzunehmen und darüber erfolgreich zu reflektieren (vgl. Oakhill/Garnham 1988, 103 ff.). L. kann allerdings sowohl in der Mutter- als auch in der Fremdsprache nur erreicht werden, wenn Texte zwei Kriterien erfüllen, das der Kohäsion und das der Kohärenz (vgl. Nuttal 1996, 24 ff.). Textkohäsion bezeichnet den grammatischen Zusammenhang zwischen einzelnen Sätzen, z.B. Konjunktionen und Pronomina. Textkohärenz bedeutet, dass ein Text in sich schlüssig ist und einen logischen Zusammenhang erkennen lässt. Inkohärente Texte können auch in der Muttersprache schwer oder nahezu unverständlich sein. Es gibt zahlreiche Untersuchungen zur Schwierigkeit von Texten, die objektiv durch Satz- und Wortlänge gemessen werden können (vgl. ebd., 175 f.). Ein Text ist demnach umso schwieriger, je länger die einzelnen Wörter und die Sätze insgesamt sind. Diese Kriterien führen zwar zu quantitativen Ergebnissen, sind aber dennoch unbefriedigend, denn eine komplexe Syntax kann einen lexikalisch einfachen Text schwierig machen, und die Leserfaktoren werden zudem außer Acht gelassen. Diese betreffen nicht nur die fremdsprachlichen Kenntnisse, sondern auch die fremdsprachliche Leseerfahrung und -sozialisation, das Welt- und Vorwissen, das Interesse am Thema und nicht zuletzt das optische Layout des Lesetextes.

Auch wenn das L. in der Fremdsprache auf der Folie des muttersprachlichen L.s erfolgt, bedarf es dennoch einer fremdsprachlichen Lesedidaktik. Das Ziel ist »[t]o enable students to enjoy [...] reading in the foreign language, and to read without help unfamiliar authentic texts, at appropriate speed, silently and with adequate understanding« (Nuttal 1996, 31). Der fremdsprachliche Leseprozess wird zunächst immer vom ↗Lehrwerk determiniert, dessen Texte funktional zu sehen sind: Sie transportieren neue Lexik und Strukturen, die dem ↗Spracherwerb dienen, und werden in dieser Funktion rezipiert, nämlich zum Spracherwerb und weniger um ihres Inhaltes willen. Gleichzeitig werden Lehrwerktexte häufig mehrfach laut gelesen, was dem ›natürlichen‹ Lesen zuwiderläuft, das in der Regel leise erfolgt. Mehrfaches lautes Lesen fördert weder neue Information zutage, noch dient es der Schulung der ↗Aussprache, wenn sich Lesefehler festsetzen. Zudem ist es immer so langsam wie das Sprechtempo. Lautes Lesen sollte daher auf Dialoge beschränkt bleiben. In der Fremdsprache müssen Lexik und syntaktische Konventionen erworben werden, d.h., der muttersprachliche Lesefluss wird beim Lesen in der Fremdsprache zunächst verlangsamt. Auch wird die Textschwierigkeit anders wahrgenommen, da unbekannte Wörter oder Strukturen den Lesefluss hemmen und das L. beeinträchtigen können. Erschließungstechniken müssen daher möglichst früh vermittelt werden (vgl. Nuttall 1996, 62 ff.; Aebersold/ Field 1997, 138 ff.). Dazu gehört die Erschließung von Wörtern aufgrund sprachlicher Ähnlichkeiten ebenso wie morphologische Erschließung, das Heranziehen des Kontextes (↗Kontextualisierung) oder von Illustrationen. Hinzu kommt die Notwendigkeit, nicht bekannte Wörter zu tolerieren (vgl. Nuttall 1996, 64).

Während beim Lehrwerk das Detailverständnis im Zentrum steht, kommt selektives Lesen oder orientierendes Lesen der Alltagsfunktion des L.s näher. Dem Detailverständnis entspricht das intensive oder statarische Lesen, das auf möglichst umfassendes L. zielt. Kursorisches Lesen dagegen bedeutet, sich einen Überblick über einen Lesetext und dessen Inhalt, Struktur und Absicht zu verschaffen. Davon unterscheidet sich das extensive Lesen, bei dem es sich um das möglichst rasche Bewältigen großer Textmengen handelt. Dem kursorischen Lesen dient die Technik des raschen Überfliegens eines Textes (*skimming*), bei der Phänomene wie Titel, Zwischenüberschriften oder Illustrationen zu Hilfe genommen werden, um einen ersten Texteindruck zu erlangen. Die Technik des *scanning* dient dazu, in einem Text rasch bestimmte Informationen zu finden, also zunächst die Technik des *skimming* anzuwenden und sodann selektiv bzw. detailliert zu lesen. Es versteht sich von selbst, dass dabei das Lesetempo je nach Leseziel variiert (vgl. Nuttal 1996, 48 ff.). Je schwieriger und komplexer der Text, desto geringer ist das Lesetempo. Das gilt für die Fremdsprache in noch viel höherem Maße als für die Muttersprache, in der der Leser das Lesetempo auch nach dem Inhalt des Textes, dem sprachlichen Niveau sowie nach dem Leseziel variiert.

Eine Lesedidaktik zielt auf Entwicklung des L.s, also auf Textverstehen und Interpretation. Erschließungstechniken befassen sich mit der sprachlichen, inhaltlichen und formalen Struktur eines Textes, der lesend erschlossen werden soll (vgl. ebd., 106 ff.). Zahlreiche kognitive Strategien können dabei eingesetzt werden. Dazu gehören die Textstruktur erkennen, Überschriften analysieren, Hauptgedanken finden, unbekannte Wörter erschließen, Schlüsselbegriffe finden, Fakten von Meinungen unterscheiden, den Text visualisieren (vgl. Grabe/ Stoller 2002, 216 ff.; ↗Visualisierung), Stellen unterstreichen oder markieren, Randbemerkungen machen, Wichtiges notieren, Fragen an den Text stellen, Zusammenfassungen schreiben (vgl. ebd., 16, 82). Der Einsatz von Lesestrategien wird in neueren Lehrwerken geübt und bewusst gemacht. Sich des Einsatzes kognitiver Strategien bewusst zu sein und sie je nach Text zu verwenden, bedeutet die Nutzung metakognitiver Strategien (↗Metakognition). Dazu gehört, sich einen Überblick über den Text und die Leseziele zu verschaffen, um dementsprechend kognitive Strategien einzusetzen, sich aller Hilfen beim L. zu bedienen und die eigene Leseleistung zu reflektieren und zu evaluieren (vgl. Hudson 2007, 118 ff.; Hermes 1998, 234). Eine Hilfe beim L. kann das Nachschlagen in einem Wörterbuch sein. Macht man davon Gebrauch, sinkt das Lesetempo beträchtlich, und der Lesefluss kann so unterbrochen werden, dass das L. erschwert und behindert wird. Es sollte daher auf ein Minimum reduziert bleiben.

Lehrwerke enthalten grundsätzlich ↗Übungen und Aufgaben zum L.; dasselbe gilt für zahlreiche ↗Lektüren. Die Übungen lassen sich nach verschiedenen Gesichtspunkten kategorisieren. Wenn es vor allem um das sprachliche und inhaltliche Textverständnis geht, so werden häufig Fragen gestellt. Dabei lässt sich zwischen *low-order questions* und geschlossenen Fragen, die nur mit einem Wort oder einem Satz beantwortet werden und nur eine Antwort kennen, und *high-order questions* und offenen Fragen differenzieren. Letztere zielen eher auf Zusammenfassung und Reflexion und lassen mehrere mögliche Antworten zu. ↗Fragen haben häufig nur die Alibifunktion, der Lehrkraft zu zeigen, dass der Text verstanden worden ist, da sie die Antworten kennt und es sich somit nicht um echte Fragen handelt. L.s-Aufgaben werden häufig nach Aktivitäten vor dem Lesen, während des Lesens und nach dem Lesen kategorisiert (*pre-*, *while-* und *post-reading activities*). Unter diesen drei Kategorien kann man entsprechende Lesestrategien fassen (vgl. Hudson 2007, 108) sowie eine Vielzahl an Aufgaben subsumieren. Grundsätzlich können *pre-reading activities* das Welt- oder Vorwissen von Lesern aktivieren, sie sollen Lese-Erwartungen oder Interesse für das Thema erzeugen, evtl. mediengestützt (optisch oder akustisch) einen Vorgeschmack auf den Text bieten, Hintergrundinformationen bereitstellen oder direkt Neugier wecken. Unbekanntes Vokabular, das nicht selbständig erschlossen werden kann und vorab eingeführt werden muss, bzw. Namen oder Daten können gleichfalls in solche Aktivitäten integriert werden. Mit *while-reading activities* werden alle Aufgaben bezeichnet, die während des Leseprozesses gelöst werden. Dazu gehören die genannten Fragetypen, sprachliche wie inhaltlich orientierte Aufgaben, die auf Kontrolle des Textverständnisses zielen, aber auch Aktivitäten, in denen der Text strukturiert, Figuren charakterisiert, Argumentationen oder Beschreibungen rekonstruiert werden. Hierhin gehören zahlreiche rezeptive und reproduktive Aufgabentypen. *Post-reading activities* gehen nach Abschluss des Lesens in der Regel holistisch mit dem Text um und über ihn hinaus. Dabei geht es um Reflexion und Bewertung sowie eine mögliche Einordnung des Textes. Hinzu kommen auf der Basis von Stimuli kreative Aktivitäten wie Reaktionen auf den Textinhalt, Umformulierung, Perspektivierung oder Neuschaffung. Lesetagebücher (*reading logs*, *learning logs*) können bei längeren Texten (vor allem bei Romanen) das L. begleiten (vgl. Hermes 1995). Im Rahmen eines Lesetagebuchs werden Fragen beantwortet, die sich die Lesenden beim Lesen stellen und die sie gerne im Diskurs klären möchten, oder aber es werden Stimuli und Leseaufgaben bearbeitet, die von der Lehrkraft gestellt werden und die je individuell den gesamten Leseprozess begleiten. Lesetagebücher können damit auf einem fortgeschrittenen Niveau die Individualität der Rezeption bewusst machen, zur Interaktion mit anderen Lesenden anregen und verhindern, dass das fremdsprachliche Lesen als kleinschrittig und einer ständigen Kontrolle unterworfen wahrgenommen wird. Damit kann ein Lesetagebuch die Leseautonomie fördern (↗Autonomes Lernen).

Zusammenfassend kann festgehalten werden, dass jede fremdsprachliche Lesedidaktik auf die Heranbildung eines kompetenten und autonomen Lesers zielt. Ihr Erfolg wird erheblich von der Lesemotivation der Lehrkraft selbst und einer klugen Textauswahl beeinflusst. Die Zielvorstellung des kompetenten Lesers bzw. der kompetenten Leserin lässt sich folgendermaßen charakterisieren: Kompetente Leser/innen passen ihr Lesetempo dem Text und der Zielsetzung des Lesens an und lesen jeweils so zügig wie möglich. Sie haben Worterkennung automatisiert. Die Informationsentnahme erfolgt nach Möglichkeit auch über das Erschließen von Wörtern, Illustrationen oder Schaubilder und dergleichen. Sie wenden kognitive wie metakognitive Lesestrategien an. Unbekannten Wörtern gegenüber sind sie tolerant und schlagen so wenig wie möglich nach. Sie erfassen den Inhalt des Textes, bilden Hypothesen, sind imstande, Voraussagen über den weiteren Text zu machen und gelangen zu Schlussfolgerungen, sie erkennen die Bedeutung des Textes und interpretieren sie. Sie reflektieren über den Text und bewerten ihn abschließend (vgl. Oakhill/Garnham 1988, 34 f.). Kompetente Leser/innen sind motiviert, zu lesen und zu lernen. Sie verstehen Leseaufträge als Anregungen zu Aktivitäten, setzen sich Ziele und kontrollieren den L.s-Prozess autonom (vgl. Schoenbach et al. 2006, 35).

Lit.: J.A. Aebersold/M.L. Field: From Reader to Reading Teacher. Cambridge 1997. – W. Grabe/F.L. Stoller: Teaching and Researching Reading. Harlow 2002. – L. Hermes: Learning Logs als Instrument der Selbstkontrolle und als Evaluation in literaturwissenschaftlichen Proseminaren. In: W. Börner/K. Vogel (Hg.): Der Text im FU. Bochum 1995, 85–98. – L. Hermes: L. In: J.P. Timm (Hg.): Englisch lernen und lehren. Bln 1998, 229–36. – Th. Hudson: Teaching Second Language Reading. Oxford 2007. – A. Küppers: Schulische Lesesozialisation im FU. Eine explorative Studie zum Lesen in der Oberstufe. Tüb. 1999. – Ch. Nuttall: Reading Skills in a Foreign Language. Ldn. 1996. – J. Oakhill/A. Garnham: Becoming a Skilled Reader. Oxford 1988. – R. Schoenbach et al.: Lesen macht schlau. Neue Lesepraxis für weiterführende Schulen. Bln 2006.   LH

Lesekompetenz ↗ Leseverstehen

Lesemotivation ↗ Leseverstehen

Lesetagebuch ↗ Leseverstehen

Lied ↗ Musik

Lingua Franca. Unter einer *l.f.* versteht man ein Kommunikationsmedium, das von Sprecher/-innen unterschiedlicher Ausgangssprachen als sekundäres Sprachsystem erworben und von diesen als Verkehrssprache bzw. Hilfssprache verwendet wird. Eine *l.f.* kann als natürliche Sprache (z.B. Französisch, Spanisch, Swahili), als Pidgin oder als künstliche Sprache (z.B. Esperanto) auftreten. Gemäß der obigen Definition gibt es in einer *l.f.*-Kommunikation mit Hilfe einer natürlichen Sprache keine Muttersprachler/innen dieser Sprache. Streng genommen sind somit Muttersprachler/innen des Englischen ausgeschlossen, wenn das Englische als *l.f.* (ELF) verwendet wird. Demgegenüber bereitet Englisch als Fremdsprache (EFL) auf die Kommunikation mit englischen Muttersprachler/innen in anglokulturellen Kontexten vor. Begünstigt durch die Globalisierung hat sich das Englische zur weltweiten *l.f.* entwickelt (↗ *Global English*), das Verhältnis von Muttersprachler/innen zu Nicht-Muttersprachler/innen wird mit 1:4 angegeben. Die aus dieser besonderen *l.f.*-Funktion des Englischen abgelei-

tete Forderung, dass ein anderes, nicht mehr an der ↗ Standardsprache ausgerichtetes Englisch gelehrt werden solle, ist jedoch problematisch: Eine lehrbare Alternative zur Standardsprache liegt in kodifizierter Form nicht vor und ist aufgrund der hohen Variabilität und Instabilität von Englisch als *l.f.* nicht realistisch. Das standardsprachliche Lehr- und Lernmodell bietet Lernenden Orientierung und bereitet sie auf die Kommunikation mit EFL- und ELF-Sprecher/-innen vor. Die neuen, globalen und interkulturellen Gebrauchskontexte legen es nahe, den Lernenden für das Gelingen der mündlichen *l.f.*-Kommunikation Kooperations- und Anpassungsstrategien zu vermitteln. Eine zu starke Fokussierung auf die mündliche ELF-Kommunikation wertet allerdings eine standardsprachliche Schreibfähigkeit ab. Mit Englisch als *l.f.* ist eine Reduzierung anglo-amerikanischer und literarischer Inhalte zugunsten internationaler Themen aus den Bereichen Wissenschaft, Technik, Wirtschaft, Handel, Tourismus, Kultur und Politik verbunden (↗ *Global Education*).

Lit.: C. Gnutzmann: English as a Global Language. In: F.G. Königs (Hg.): Impulse aus der Sprachlehrforschung. Tüb. 2001, 93–110.   CG

Linguistik ↗ Sprachwissenschaft

Literarische Kompetenz. Der Begriff der l.K. geht auf Jonathan Culler zurück, der argumentiert, dass eine sprachlichen Zeichenfolge nur dann als literarischer Text gelesen werden kann, wenn Lesende über eine literarische ›Grammatik‹ verfügen, die ihnen die Übersetzung der Zeichen in literarische Strukturen und Bedeutungen ermöglicht. Culler zufolge stellt die Literatur ein eigenes Diskurssystem und eine Institution mit eigenen Konventionen dar, die Lesende kennen und aktivieren müssen, um das spezifisch Literarische eines Textes zu erkennen (Culler 1981). Schon bei Culler impliziert der Begriff der ↗ Kompetenz eine kognitive Disposition, die entwickelt und ausgebildet werden kann. Spezifisch literaturdidaktische Ansätze in Deutschland, die jedoch zunächst nicht auf den Kompetenzbegriff rekurrierten, wiesen in eine ähnliche Richtung, indem sie auf die Erziehung zur ästhetischen Erfahrung als Grundbedingung des literarischen Lesens verwiesen (vgl.

Bredella 1985). Bestandteil dieser Erfahrung ist auch die Reflexion des Lesers über seine Reaktionen auf den ästhetischen Text sowie über jene textuellen Elemente und ästhetischen Konstellationen, die diese auslösen. Im FU ist allerdings zu bedenken, dass ästhetisches Erleben und Reflexion stets an das sprachliche Dekodieren des fremdsprachigen Textes und an das ↗Leseverstehen gebunden sind.

Die Einführung kompetenzorientierter Abschlussprofile hat der Frage nach der im fremdsprachlichen Literaturunterricht auszubildenden l.K. einen neuen Stellenwert verliehen. Mit der Einführung der Bildungsstandards (↗Standards) stellt sich zum einen die Frage nach dem Bildungswert des Umgangs mit literarischen Texten neu (vgl. Bredella/Hallet 2007); zum anderen werfen Kompetenzstandardisierungen die Frage nach der Modellierbarkeit und der Operationalisierbarkeit der l.K. auf. Erste Vorschläge für die Modellierung l.K. arbeiten mit der Stufung in Teilkompetenzen oder Kompetenzebenen, die vom basalen Textverstehen und sinnkonstituierenden Lesen über das Erfassen der jeweils besonderen ästhetischen und generischen Merkmale eines Textes bis zu komplexen sprachlichen und kulturellen Kompetenzen wie dem ↗Fremdverstehen und der Fähigkeit zur unterrichtlichen und lebensweltlichen Anschlusskommunikation (Diskursfähigkeit) über einen literarischen Text reichen (vgl. Bredella/Hallet 2007). Ungelöst ist allerdings die mit Kompetenzstandards stets verbundene Frage nach der Evaluierbarkeit oder Testbarkeit. Generell wird in der ↗Literaturdidaktik eine standardisierte Evaluierbarkeit der l.K. negiert.

Neben den rezeptiven gehören auch produktive Fähigkeiten und Fertigkeiten zur l.K. Die Beschäftigung mit den Merkmalen und Konstituenten eines Erzähltextes dient also zugleich zur Ausbildung einer aktiven ↗narrativen Kompetenz; ebenso kann die Verfügbarkeit dialogischer Verlaufsschemata, wie sie szenisch-dramatische Texte modellieren, oder metaphorischer Sprechweisen als Voraussetzung einer entsprechenden produktiven l.K. in der Fremdsprache gelten. Eine Vielzahl im FU gepflegter produktionsorientierter und kreativer Verfahren (↗Kreativität) verdankt sich der Vorstellung, dass Lernende auch solche Kompetenzen erwerben können, die es ihnen ermöglichen, selbst literarisch produktiv zu werden.

Lit.: L. Bredella: Leseerfahrungen im Unterricht. Kognitive und affektive Reaktionen bei der Lektüre literarischer Texte. In: L. Bredella/M. Legutke (Hg.): Schüleraktivierende Methoden im FU Englisch. Bochum 1985, 54–82. – L. Bredella/W. Hallet (Hg.): Literaturunterricht, Kompetenzen und Bildung. Trier 2007. – J. Culler: The Pursuit of Signs. Semiotics, Literature, Deconstruction. Ldn 1981.   WH

Literaturdidaktik. Die L. als fremdsprachendidaktische Teildisziplin widmet sich der Vermittlung von und der Begegnung mit fremdsprachigen Literaturen und literarischen Texten in Bildungsinstitutionen, vornehmlich an allgemeinbildenden Schulen und Hochschulen. Sie lässt sich als Disziplin in vierfacher Weise bestimmen: (1) Sie ist zum Ersten eine Theorie vom Stellenwert der Literatur in Bildungsprozessen und den Rahmenbedingungen, Bildungszielen und Orientierungen, die mit dem institutionellen fremdsprachlichen Literaturunterricht verknüpft sind. Mit solchen bildungstheoretischen Rahmungen für den Literaturunterricht korrespondieren auf der Anwendungsseite curriculare Theorien und Konzepte sowie grundsätzliche Fragen nach Literaturauswahl und Kanonisierungen sowie allgemeinen Lehr- und ↗Lernzielen des Literaturunterrichts. (2) Die L. ist zum Zweiten eine Wissenschaft von den mit der Vermittlung und der Rezeption von literarischen Texten verbundenen Lehr- und Lernprozessen, individuellen Rezeptionsweisen und kognitiven Prozessen, sozialen Interaktionen und fremdsprachlich-diskursiven Prozessen. Sie beschreibt und analysiert diese Prozesse und untersucht den Zusammenhang zwischen den textuellen Signalen, Merkmalen und Konstellationen, den lernerseitigen Lese- und Verstehensprozessen sowie den durch didaktische Steuerungen oder Impulse initiierten (verbalen und nonverbal-kreativen) Äußerungen oder Tätigkeiten. In jüngerer Zeit sind solche Prozesse auch vermehrt Gegenstand unterrichtsempirischer Studien. (3) Drittens ist die L. eine Anwendungswissenschaft, die Theorien und Konzepte für die Inhalte und die methodische Gestaltung des Literaturunterrichts entwickelt. In die Theoriebildung und konzeptionelle Entwicklung auf diesem Gebiet fließen neue Entwicklungen auf dem Gebiet der Literatur selbst, in den fremdsprachigen wie in den lernerseitigen Kulturen sowie in den Bezugswissenschaften ein, z. B. in der ↗ Literaturwissenschaft, der Sozialpsychologie oder der Allgemeinen Didaktik. (4) Ein viertes Feld der L. betrifft das (bisher wenig entwickelte) Feld der für den Literaturunterricht erforderlichen didaktischen Kompetenzen der Lehrkräfte. Hier fragt die L. nach den für einen erfolgreichen fremdsprachlichen Literaturunterricht erforderlichen literarischen, literaturwissenschaftlichen und didaktischen Kompetenzen und Kenntnissen sowie nach Konzepten und Wegen der Lehrerausbildung auf dem Feld des Literaturunterrichts.

Wenngleich die L. als Teildisziplin der Fremdsprachendidaktik vergleichsweise jung ist und sich disziplinär und als forschende Wissenschaft erst seit den 1970er Jahren ausdifferenziert hat, so hat die unterrichtliche Behandlung fremdsprachiger Literaturen doch eine lange Tradition. In einer etwas groben historischen Verallgemeinerung lässt sich sagen, dass die Etablierung sowohl der Philologien als universitären Disziplinen als auch des schulischen FUs im Kern mit der Vorstellung verknüpft war, fremdsprachige Literaturen und Kulturen durch die Begegnung mit den herausragenden Vertretern ihrer hohen Kunst und Literatur zu verstehen. Diese klassisch-idealistische Hauptbegründung für den universitären wie schulischen fremdsprachlichen Literaturunterricht wird auch in den Curricula für die neubegründete Schule nach dem Zweiten Weltkrieg wieder aufgenommen, stellt eine wichtige Begründung für die Vorstellung von der ›höheren‹ Bildung dar und erhält sich vor allem in den Curricula und in der Schulpraxis bis in die 1970er Jahre hinein. Die Herausbildung der Fremdsprachendidaktik und der L. in den 1970er Jahren ist mit der Hinterfragung des idealistischen, kulturessentialistischen und bildungshumanistischen Begründungsparadigmas verbunden. Der FU insgesamt erfährt in der kommunikativen Didaktik eine neue, eher pragmatische Orientierung, die die fremdsprachige Kommunikationsfähigkeit in Alltagssituationen in den Mittelpunkt stellt und damit zugleich den traditionellen Bildungswert der Beschäftigung mit fremdsprachigen Literaturen in Frage stellt. Die Begründung der fremdsprachlichen L. als Disziplin im eigentlichen und heute etablierten Sinn ist daher einerseits mit der Suche nach neuen Begründungen für den Bildungswert der fremdsprachigen Literaturen im schulischen Unterricht verbunden,

andererseits mit dem Ringen um die Etablierung als eigenständige Disziplin jenseits der Allgemeinen Didaktik und der Literaturwissenschaft (vgl. z. B. Freese 1981, Hunfeld 1982). Im Mittelpunkt der didaktischen Neubegründung des fremdsprachlichen Literaturunterrichts stehen einerseits die mit dem Lesen literarischer Texte verbundenen besonderen ästhetischen Erfahrungen (vgl. z. B. Bredella 1985), andererseits Versuche, den Umgang mit literarischen Texten in den ↗ kommunikativen FU zu integrieren, indem das besondere sprachfördernde Potenzial des Literaturunterrichts durch Fokussierung auf die Anschlusskommunikation, z. B. im Interpretationsgespräch, in den Vordergrund gestellt wird (vgl. z. B. Nissen 1992).

Mit den vorgenannten übergreifenden Entwicklungen geht eine andere Neubestimmung einher. Im Gefolge einer werk- und textzentrierten Literaturwissenschaft, vor allem des sog. *New Criticism*, hatte sich nach dem Zweiten Weltkrieg die textimmanente Interpretation als Standard-Methode etabliert. Durchaus in Anknüpfung an eine idealistische Tradition und an die Vorstellung vom in sich geschlossenen, für sich sprechenden Kunstwerk wurde unter einer Textinterpretation ein Verfahren verstanden, das die im Text verborgene Bedeutung durch die Entschlüsselung der textuellen Zeichen zu erfassen vermochte. Die Herausbildung der L. in den 1970er Jahren war nicht zuletzt mit der überfälligen kritischen Auseinandersetzung mit dem Paradigma der im Text enthaltenen fixen Bedeutung verbunden, die durch eine ›richtige‹ Interpretation zutage zu fördern sei. In Anknüpfung an die literaturwissenschaftliche Rezeptionsästhetik (Iser, Jauß), die Hermeneutik Gadamers und eine stärkere ↗ Lernerorientierung in der Allgemeinen Didaktik formierte sich die fremdsprachliche L. vor allem entlang dem Leitgedanken der Konstitution der Textbedeutung im Vorgang der Rezeption (vgl. z. B. Freese 1981, Bredella 1985). Damit war es möglich, sowohl den subjektiven Wahrnehmungen und Reaktionen der Lernenden dem literarischen Text gegenüber ein eigenes Gewicht zu verleihen als auch den Rezeptionsvorgang selbst zum Kern des Literaturunterrichts zu bestimmen. Andererseits wurde die Eigenständigkeit und Zeichenhaftigkeit des literarischen Textes damit keinesfalls negiert, vielmehr wurde literarisches Lesen und ↗ Verstehen nun als dialogisches, interaktionales Text-Leser-Verhältnis verstanden (Bredella 1985, Bredella/ Burwitz-Melzer 2004). Da das Prinzip der Rezeptionsorientierung direkt mit dem allgemeinen didaktischen Primat der Schülerorientierung korreliert, kann es heute in der L. als etabliert und konsensuell gelten.

Die Weiterentwicklung der fremdsprachlichen L. in den 1990er Jahren ist zum einen vom neuen Leitziel des ↗ interkulturellen Lernens mit literarischen Texten verbunden. An der Entwicklung des Konzepts des ↗ Fremdverstehens war die L. selbst entscheidend beteiligt (Bredella et al. 2000): Empathie und Perspektivenübernahme (↗ Perspektive und Perspektivenwechsel) sind spezifische Leserleistungen im Rezeptionsprozess, die zugleich unabdingbare Voraussetzungen für interkulturelles Verstehen sind. In den 2000er Jahren sind unter dem Oberbegriff der Transkulturalität (↗ Transkulturelles Lernen) neben dem interkulturellen Begegnungscharakter stärker die kulturellen Transferprozesse in den Vordergrund gerückt, die mit dem Lesen fremdsprachiger Literatur einhergehen (vgl. z. B. Eckerth/Wendt 2003, Delanoy 2006, Fäcke 2006). Eine zweite Entwicklung betrifft die Öffnung des ↗ Kanons. Wenngleich viele, später die meisten Lehrpläne bereits seit den 1980er Jahren keine verbindlichen Leselisten mehr enthielten, so tradierte sich in der Unterrichtspraxis dennoch hartnäckig ein geheimer Lesekanon von Klassikern der Schullektüre. Erst in den 1990er Jahren verstärkten sich, vor allem durch Bezugnahme auf entsprechende Entwicklungen in den Literatur- und ↗ Kulturwissenschaften, die Bemühungen um eine Öffnung des Lektürekanons. Dadurch fanden einerseits postkoloniale und multikulturelle Literaturen sowie unter den Gesichtspunkten von Gender und Ethnizität relevante literarische Werke Eingang in den Unterricht (↗ Genderorientierte Ansätze); andererseits gab es auch Bemühungen um die didaktische Neubestimmung und Neu-Lektüre von literarischen und von Schulklassikern. Eine dritte Entwicklung ist von dem Bestreben geprägt, von Beginn des FUs an die Begegnung mit literarischen Texten zu fördern und durch die Hereinnahme von vereinfachten Adaptationen sowie von ↗ Kinder- und Jugendliteratur das Interesse an der fremdsprachigen Literatur

auch in der Sekundarstufe I zu fördern und nicht erst in der Oberstufe mit der intensiven Beschäftigung mit Literatur zu beginnen. Eine weitere wichtige Entwicklung betrifft die Ausweitung und Ausdifferenzierung des Methodenrepertoires: Neben die herkömmlichen textanalytischen Methoden treten nun auch kreative Schülerinterpretationen (vgl. exemplarisch Caspari 1994) sowie handlungs- und produktionsorientierte Ansätze, die das Lesen des literarischen Textes mit Schüleraktivitäten und dem Erstellen von Produkten als Antwort auf literarische Texte sowie Ausdruck der subjektiven Empfindungen und Verstehensweisen der Lernenden verbinden (vgl. exemplarisch Nünning/ Surkamp 2009). Schließlich bildet sich zum Ende der 1990er Jahre unter dem Gesichtspunkt der ↗ Prozessorientierung ein breiteres Repertoire an Methoden heraus, die die Lernenden in ihrem Bemühen um selbständiges verstehendes Lesen unterstützen sollen, ohne dass die Lehrkraft jeweils helfend intervenieren muss.

Seit den 2000er Jahren lassen sich weitere Ausdifferenzierungen und Erweiterungen der L. beobachten. Diese betreffen zum einen die systematischere didaktische Erfassung und Bearbeitung der verschiedenen Gattungen der fremdsprachigen Literaturen. Solche Systematisierungen folgen dem Gedanken, dass die spezifische Gestalt und Ästhetik der literarischen Form einerseits mit spezifischen Formen der Wirklichkeitsdarstellung und -modellierung verknüpft ist, die nach jeweils eigenen didaktischen Begründungen und Systematisierungen verlangt; andererseits stellen verschiedene Gattungen jeweils besondere Anforderungen an das individuelle Lesen, den Verstehensprozess und die fremdsprachlichen Interaktionsformen im Klassenzimmer (vgl. z. B. Thaler 2008). Daneben lässt sich eine Ausweitung des Gegenstandsbereichs der L. ausmachen; diese Entwicklung betrifft insbesondere die Öffnung für andere mediale ästhetische Formen wie Videoclips, Spielfilme (vgl. z. B. Surkamp/Nünning 2009, 196 ff.) und hybride, multimediale literarische Formen (vgl. z. B. Küster 2003, 189 ff.; Thaler 2008, 168 ff.). Mit neuen ästhetischen Medien sind nicht nur andere Weisen der fiktionalen Wirklichkeitsdarstellung verbunden, die der didaktischen Reflexion und spezifischer Methodiken (z. B. für den sinnvollen Umgang mit langen Spielfilmen) bedürfen, sondern auch Fragen nach neuen ↗Kompetenzen und ↗Fertigkeiten wie nach dem Leitziel der ↗Medienkompetenz (vgl. Küster 2003, 210 ff.), nach einer ↗visuellen Kompetenz für das Bildverstehen oder nach dem kombinierten Hör-/Sehverstehen beim Film in Form einer spezifischen ↗Filmkompetenz (vgl. z. B. Nünning/Surkamp 2006, 245 ff.).

Eine neue Herausforderung ist aus mehreren Gründen für die L. durch die Einführung von Bildungsstandards entstanden (↗Standards). Zum einen marginalisieren die deutschen Bildungsstandards die Literatur durch eine Reduktion des Begriffs der ↗kommunikativen Kompetenz auf die Anforderungen alltagsweltlicher Kommunikationssituationen. Zum Zweiten ist mit den Bildungsstandards erneut die Frage nach dem Bildungsbegriff und nach dem Bildungswert der Literatur aufgeworfen; und nicht zuletzt ist mit der Standardisierung von Kompetenzen zum Zweck der nationalen Vergleichbarkeit und Testbarkeit das Problem verbunden, dass die mit der Lektüre literarischer Texte zu entwickelnden Kompetenzen wegen ihrer Komplexität nicht mit standardisierten Testverfahren (↗Tests) erfasst werden können. Die fremdsprachliche L. hat darauf nicht einfach mit ablehnender Kritik reagiert, sondern auch mit der Hervorhebung und Beschreibung von wichtigen, auch lebensweltlich relevanten Kompetenzen, die der Literaturunterricht zu einer zeitgemäßen ↗Bildung beizutragen hat (vgl. die Beiträge in Bredella/Hallet 2007).

Eine systematische empirische literaturdidaktische Forschung steckt erst in den Anfängen (vgl. die Übersicht bei Hall 2005, 125 ff.). Als erprobt können qualitative ethnographische Methoden gelten, die mit den Mitteln der Diskursanalyse oder der teilnehmenden Beobachtung von videographiertem Literaturunterricht, von retrospektiven Schüler- und Lehrerinterviews (*cued recall interviews*) oder durch die Auswertung von Schülerprodukten (Lesetagebücher, kommentierende oder kreative Texte, E-Mail-Austausch) Verstehens- und Deutungsmuster bei der unterrichtlichen Begegnung mit literarischen Texten offenzulegen versuchen. Eine solche Forschung hat bisher vor allem auf dem Feld des inter- und transkulturellen Lernens mit Literatur stattgefunden (vgl. z. B. Bredella/Burwitz-Melzer 2004, Fäcke 2006). Viele

Facetten des lernenden Umgangs mit Literatur im FU müssen aber als weitgehend unerforscht gelten. Dies betrifft verschiedene Felder: (1) eine Kompetenzentwicklungsforschung, die vor dem Hintergrund der jüngeren bildungspolitischen Entwicklung hin zur Standardisierung und Output-Orientierung die mit dem Lesen literarischer Texte zu fördernden und tatsächlich entwickelten Kompetenzen zu erfassen und zu beschreiben vermag; (2) die Kognitionsforschung, welche die zur Konstruktion fremdsprachiger fiktionaler Welten erforderlichen und zu unterstützenden kognitiven Prozesse empirisch beschreibt; (3) eine Sprachlernforschung, die den Zusammenhang von literarischer Lektüre und sprachlich-diskursivem Lernen zu systematisieren vermag; (4) methodologische Forschungen zu Methoden der Unterstützung des Leseprozesses, insbesondere bei Ganzschriften, sowie zu Methoden der kulturellen bzw. historischen ↗Kontextualisierung literarischer Texte (*wide reading*); (5) die Gender-Forschung, die, ausgehend von alltäglichen Unterrichtserfahrungen mit Jungen als *reluctant readers*, die Frage des offenbar gender-bedingten geteilten Interesses an Literatur und Möglichkeiten der Überwindung dieser Teilung erforscht. (6) Gänzlich am Anfang steht die fremdsprachliche L. an der Hochschule. Hier zeichnen sich, allerdings nicht einmal fremdsprachenspezifisch, lediglich erste Anfänge einer konzeptuellen Kartierung dieses Feldes und einer bildungstheoretischen wie didaktischen Rahmung des universitären Literaturunterrichts ab.

Lit.: L. Bredella: Leseerfahrungen im Unterricht. Kognitive und affektive Reaktionen bei der Lektüre literarischer Texte. In: L. Bredella/M. Legutke (Hg.): Schüleraktivierende Methoden im FU Englisch. Bochum 1985, 54–82. – L. Bredella/E. Burwitz-Melzer: Reptionsästhetische L. mit Beispielen aus dem FU Englisch. Tüb. 2004. – L. Bredella et al. (Hg.): Wie ist Fremdverstehen lehr- und lernbar? Tüb. 2000. – L. Bredella/W. Hallet (Hg.): Literaturunterricht, Kompetenzen und Bildung. Trier 2007. – D. Caspari: Kreativität im Umgang mit literarischen Texten im FU. Theoretische Studien und unterrichtspraktische Erfahrungen. FfM 1994. – W. Delanoy: Transculturality and (Inter-) Cultural Learning in the EFL Classroom. In: W. Delanoy/L. Volkmann (Hg.): Cultural Studies in the EFL Classroom. Heidelberg 2006, 233–248. – J. Eckerth/M. Wendt: Interkulturelles und transkulturelles Lernen im FU. FfM 2003. – C. Fäcke: Transkulturalität und fremdsprachliche Literatur. Eine empirische Studie zu mentalen Prozessen von primär mono-

oder bikulturell sozialisierten Jugendlichen. FfM 2006. – P. Freese: Vom Nutzen der ›Nutzlosigkeit‹. Zu den Aufgaben und Schwierigkeiten einer fremdsprachlichen L. In: P. Freese/L. Hermes (Hg.): Der Roman im Englischunterricht der Sekundarstufe II. Theorie und Praxis. Paderborn ²1981 [1977], 11–46. – G. Hall: Literature in Language Education. Basingstoke/New York 2005. – H. Hunfeld (Hg.): Literaturwissenschaft, L., Literaturunterricht Englisch. Königstein/Ts. 1982. – L. Küster: Plurale Bildung im FU. Interkulturelle und ästhetisch-literarische Aspekte von Bildung an Beispielen romanistischer Fachdidaktik. FfM 2003. – R. Nissen: Rezeptionsgespräche als Lerngespräche. Schema-Begriff und kommunikatives Lernen im fremdsprachlichen Literaturunterricht. In: U. Multhaup/D. Wolff (Hg.): Prozeßorientierung in der Fremdsprachendidaktik. FfM 1992, 157–172. – A. Nünning/C. Surkamp: Englische Literatur unterrichten 1. Grundlagen und Methoden. Seelze ²2008 [2006]. – C. Surkamp/A. Nünning: Englische Literatur unterrichten 2. Unterrichtsmodelle und Materialien. Seelze 2009. – E. Thaler: Teaching English Literature. Paderborn 2008.

WH

Literaturwissenschaft. In deutschsprachigen Ländern ist der Begriff L. die übliche Bezeichnung für die wissenschaftliche Beschäftigung mit literarischen Texten und dem Handlungsbereich Literatur (vgl. Schmidt 1991). Gegenstand literaturwissenschaftlicher Arbeit ist jener gesellschaftliche Handlungsbereich, in dem literarische Texte geschrieben, verlegt, gelesen und von der Literaturkritik besprochen werden. Schematisch vereinfacht lässt sich dieser Bereich als ein Beziehungsgefüge darstellen, zu dem vier Handlungsrollen zu zählen sind: Autor/innen (als Literaturproduzierende), Lesende (als Rezipient/innen literarischer Texte) sowie die Instanzen der Literaturvermittlung (vor allem Verlage, Medien usw.) und der Bereich der Literaturkritik bzw. ›Literaturverarbeitung‹ (vgl. Schmidt 1991). Obgleich theoretisch alle diese Bereiche zur L. zählen, kann man die L. schematisch vereinfacht in drei Hauptbereiche untergliedern, die jeweils unterschiedliche Fragestellungen verfolgen und verschiedene Methoden verwenden: Literaturtheorie, Textanalyse bzw. -interpretation sowie Literaturgeschichte. Diese drei Bereiche stehen nicht unvermittelt nebeneinander, sondern sind eng miteinander verknüpft. So beruhen etwa jede Textinterpretation wie auch jede Literaturgeschichte (oftmals stillschweigend) auf bestimmten literaturtheoretischen Voraussetzungen. Die drei Teilbereiche sind in sich wiederum keineswegs homogen, sondern vielfach untergliedert und diversifiziert. So hat die seit den 1960er Jahren zu beobachtende Theoretisierung der L. inzwischen zur Entwicklung einer Vielzahl miteinander konkurrierender Ansätze und Methoden innerhalb der Literaturtheorie geführt (vgl. Köppe/Winko 2007, Nünning 2008). Das Gleiche gilt für den Bereich der Textanalyse und -interpretation, in dem aufgrund von Unterschieden zwischen den verschiedenen literarischen Gattungen außerdem eine Vielzahl von gattungsspezifischen Ansätzen und Analysekategorien entwickelt worden ist. Das weite Feld der L. ist mit den drei genannten Hauptbereichen zwar nicht erschöpft, aber es handelt sich um jene Bereiche, die für die ↗ Literaturdidaktik besonders relevant sind, weil sie im Studium im Mittelpunkt stehen und weil im fremdsprachlichen Literaturunterricht die Analyse und Interpretation von Texten eine zentrale Rolle spielen. Hinzu kommen etwa die Textphilologie und die Editionswissenschaft, deren Aufgabe in der Erstellung zuverlässiger Texte sowie kritischer und kommentierter Ausgaben besteht.

Einen Bezugsrahmen für die typologische Systematisierung der ansonsten kaum überschaubaren Vielfalt der Ansätze, Methoden und Fragestellungen der zeitgenössischen L. liefert das Modell literarischer Kommunikation. Die Perspektive einer literaturwissenschaftlichen Untersuchung – ebenso wie die einer Betrachtung von literarischen Texten im Unterricht – hängt davon ab, auf welche Aspekte des Beziehungsgefüges Autor-Text-Leser-historische Wirklichkeit sich die verschiedenen Ansätze und Methoden vorrangig konzentrieren. Bei textzentrierten Ansätzen stehen Fragestellungen im Vordergrund, die sich auf die Analyse thematischer und formaler Merkmale literarischer Werke beziehen. Aufgrund ihrer Textbezogenheit werden solche Methoden als ›werkimmanente Ansätze‹ bezeichnet, von denen die Hermeneutik in Deutschland und der *New Criticism* in England und Amerika zu den einflussreichsten gehören. Ebenfalls textzentriert sind die Rhetorik und die Stilistik. Auch viele formalistisch-strukturalistische Ansätze konzentrieren sich auf die möglichst exakte Beschreibung literarischer Textstrukturierungsverfahren, etwa Handlungsstrukturen von Dramen und Erzähltexten oder Erzählverfahren. Vorrangig textzentriert sind bestimmte

Ansätze der feministischen L., die sich kritisch mit der literarischen Darstellung von Frauenbildern auseinandersetzen, sowie die unter Begriffen wie ›Poststrukturalismus‹ oder ›Dekonstruktion‹ zusammengefassten neueren Richtungen der französischen Literaturtheorie, die vor allem die amerikanische Literaturkritik nachhaltig beeinflusst haben und sich insbesondere auf sprachliche Aspekte von Literatur beziehen. Zu den autorenbezogenen Ansätzen zählen biographische Studien, Ansätze der psychoanalytischen L. sowie entstehungsgeschichtliche und werkgeschichtliche Studien, die die Entstehung, die verschiedenen Fassungen und die Überarbeitung eines Texts erforschen oder die Stellung eines Texts im Gesamtwerk eines Schriftstellers zu bestimmen versuchen. Während autorenbezogene Fragestellungen heute eine vergleichsweise untergeordnete Rolle spielen, sind Ansätze, die die Beziehung zwischen Text und Leser erforschen, erst seit den 1970er Jahren im Rahmen der auch in der Literaturdidaktik breit rezipierten Rezeptionsästhetik und der Rezeptions- und Wirkungsgeschichte entwickelt worden, die das in literarischen Werken angelegte Wirkungspotenzial bzw. den Erwartungshorizont des zeitgenössischen Publikums und die Aufnahme eines Werks erforschen. Rezeptionsorientierte Ansätze lenken den Blick von der Textanalyse auf die Verarbeitung eines Werks im Leseprozess und haben im fremdsprachlichen Literaturunterricht maßgeblich zu einer stärkeren ↗Lernerorientierung beigetragen. Die empirische Rezeptionsforschung wiederum untersucht die tatsächliche Wirkung von Texten auf Leser/innen. Einen ähnlich starken Boom haben Ansätze, die der Frage nach den Beziehungen eines Werks zu anderen Texten und Medien nachgehen. Im Gegensatz zu älteren Ansätzen wie der Quellen- und Einflussforschung sowie der Stoff-, Themen- und Motivgeschichte, die die Quellen und literarischen Vorbilder eines Texts bzw. die Verarbeitung bestimmter Stoffe, Themen und Motive untersuchen, beschäftigen sich Theorien der Intertextualität und Intermedialität nicht bloß mit thematischen und formalen Ähnlichkeiten zwischen einzelnen literarischen Werken, sondern zielen auf eine systematische Typologisierung der Bezüge zwischen literarischen Texten und Gattungen ab. Der Forschung zur Intermedialität geht es um die Wechselbeziehungen zwischen verschiedenen Künsten, etwa um die Verarbeitung eines literarischen Texts in anderen Medien (z.B. Romanverfilmungen) oder umgekehrt um die Bezugnahme auf andere Künste oder Medien in der Literatur. Gesellschafts- und kulturwissenschaftliche Literaturtheorien wie Marxismus, Ideologiekritik, Sozialgeschichte der Literatur und der *New Historicism* fokussieren Bezüge zwischen literarischen Texten und ihren gesellschaftlichen und kulturellen Kontexten (↗Kulturwissenschaft). Darüber hinaus verwendet die L. viele einflussreiche theoretische Ansätze und Methoden, die sich nicht unmittelbar auf literaturwissenschaftliche Gegenstände beziehen, sondern in anderen geisteswissenschaftlichen Disziplinen entwickelt und später in die L. übernommen wurden. Als Beispiele für solche übergreifenden Theorieentwürfe, die weitreichende Bedeutung in der L. gewonnen haben und viele Textinterpretationen prägen, seien etwa Jacques Lacans Psychoanalyse, Michel Foucaults historische Diskursanalyse, Pierre Bourdieus Gesellschaftstheorie, Jacques Derridas Sprachkritik und Dekonstruktion sowie Niklas Luhmanns Systemtheorie genannt. Die zunehmend interdisziplinäre und intermediale Dimension der zeitgenössischen Literaturtheorie zeigt sich auch darin, dass kultur- und medienwissenschaftliche Ansätze in der L. eine immer größere Rolle spielen. In jüngster Zeit hat sich die L. zum einen verstärkt mit kognitionswissenschaftlichen Ansätzen auseinandergesetzt, zum anderen weiterentwickelt zu einer Kultur- und Medienwissenschaft, die von einem weiten Textbegriff ausgehend kulturellen Bezügen und Medien mehr Beachtung schenkt.

Wesentliche Impulse haben viele der Ansätze der L. vor allem der Literaturdidaktik und der ↗Kulturdidaktik gegeben. Stellvertretend sei die von Lothar Bredella in zahlreichen Studien dargelegte rezeptionsästhetische Literaturdidaktik genannt (vgl. z.B. Bredella/Burwitz-Melzer 2004), die die Interpretation von Texten als interaktiven, dynamischen Prozess ansieht, in dem der Leser bzw. die Leserin anhand eines textuell vorgegebenen Deutungsspielraums sowie unter Hinzuziehung seiner bzw. ihrer individuellen Vorstellungen Sinn konstruiert. Verwiesen sei zudem auf Wolfgang Hallets Weiterentwicklung von ↗Intertextualität zu einem Paradigma einer kulturwissenschaftlichen Textdidaktik (vgl. Hallet 2002), in der u.a. die einseitige mediale Beschränkung sowie die Fokussierung auf Einzeltexte im Unterricht kritisiert werden.

Lit.: T. Anz (Hg.): Handbuch L. 3 Bde. Stgt/Weimar 2007. – L. Bredella/E. Burwitz-Melzer: Rezeptionsästhetische Literaturdidaktik mit Beispielen aus dem FU Englisch. Tüb. 2004. – W. Hallet: FU als Spiel der Texte und Kulturen. Intertextualität als Paradigma einer kulturwissenschaftlichen Textdidaktik. Trier 2002. – T. Köppe/S. Winko: Neuere Literaturtheorien. Eine Einführung. Stgt/Weimar 2008. – A. Nünning (Hg.): Metzler Lexikon Literatur- und Kulturtheorie. Ansätze, Personen, Grundbegriffe. Stgt/Weimar ⁴2008 [1998]. – S.J. Schmidt: Grundriss der Empirischen L. FfM 1991.   AN

M

Mediation ↗Sprachmittlung

Medien können ganz allgemein als Vermittlungsträger von Informationen verstanden werden. Für den institutionalisierten FU gilt das ↗Lehrwerk als das verbreitetste Medium, von manchen auch als das ›Leitmedium‹ bezeichnet. Eine der Neuerungen des modernen FUs seit den 1960er Jahren ist die Ergänzung des Lehrbuchs durch zusätzliche Lehr- und Lernmittel, d.h. alle die Elemente, die über Buch und Tafel hinaus das Lehren und Lernen im FU positiv beeinflussen können. Hiermit sind so unterschiedliche Dinge gemeint wie das ↗Poster mit Redemitteln, die Landkarte, Ton- und Bildträger oder auch die Handpuppe beim frühen Fremdsprachenlernen. Jürgen Mertens (2006, 136) klassifiziert M. nach sehr unterschiedlichen Kriterien: nach dem Wahrnehmungskanal, nach der Adaptierbarkeit, danach, ob sie allgemein eingesetzt werden oder nur fachspezifisch, danach, ob es sich um nichttechnische oder technische M. handelt, sowie nach dem Grad der Modernität. Die einzelnen M.arten haben eine unterschiedlich lange Tradition. Am längsten reichen die Entwicklung der visuellen M. und deren Einsatz im FU zurück. Seit dem 17. Jh., als Comenius das Lehrbuch *Orbis sensualium pictus* schrieb, sind

↗Bilder eng mit dem Sprachenlernen und -lehren verknüpft (vgl. Reinfried 1992). Heute betrachten wir eine Vielzahl von M. ganz selbstverständlich als Teil unseres Alltags, unsere Gesellschaft ist durch M. geprägt. Wir nutzen Massenmedien wie Fernseher, Computer und das Internet, wir hören Musik, lesen Zeitung und vieles andere mehr. Der intensive und häufige Umgang mit M., der schon früh beginnt, bleibt nicht ohne Wirkung auf den M.einsatz im FU (vgl. Doff/Klippel 2007).

Die ↗Tafel ist wohl als das klassischste Medium im schulischen Unterricht anzusehen. Sie ist praktisch in jedem Klassenzimmer anzutreffen. Die modernere Variante, das Whiteboard, unterscheidet sich lediglich dadurch von der klassischen Tafel, dass es mit bunten Stiften zu beschreiben und leichter zu säubern ist. Die Tafel ist stets kombinierbar mit anderen M., z.B. lassen sich vorgefertigte Poster, Metakarten usw. leicht anbringen. Die Tafel ist flexibel und variabel einsetzbar, je nach Unterrichtsgeschehen entsteht ein Tafelbild, welches den SuS Stundenergebnisse zusammenfasst oder auch Phasen der ↗Übung und des ↗Transfers begleitet (vgl. Mertens 2006). Der Tageslichtprojektor (Overhead-Projektor) wird seit den 1970er Jahren im FU eingesetzt (vgl. Reinfried 2003, 417). Im Gegensatz zur Wandtafel erlaubt dieses Medium der Lehrkraft, den Sichtkontakt mit den SuS aufrechtzuerhalten. Entsprechend der Arbeit mit der Wandtafel kann ersatzweise ein Tafelbild auf Folie entstehen. Der Vorteil des Tageslichtprojektors liegt darin, dass bereits vorgefertigte Dokumente auf eine Folie kopiert und auf diese Weise den SuS präsentiert werden können. Mithilfe von Kopierer und Drucker eröffnen sich zahlreiche Möglichkeiten, eigene Folien für den Unterricht zu entwerfen. Die meisten ↗Lehrwerke bieten begleitende, auf das Lehrwerk abgestimmte Foliensätze an. Auch Fotos oder Zeichnungen lassen sich sehr leicht auf Folie kopieren und in den Lernprozess integrieren. Marcus Reinfried (2003, 417) nennt zahlreiche Techniken zum Einsatz von Folien (z.B. Overlaytechnik, Ergänzungstechnik, Figurinentechnik).

Im Hinblick auf die Funktion von statischen Bildern im fremdsprachlichen Lernprozess gibt Marcus Reinfried (1992) eine umfassende Darstellung. Eine zentrale Funktion spricht er der semantisierenden Bildfunktion zu. Diese kann sowohl in lehrerzentrierten Unterrichtsphasen (↗Lehrerzentrierung) als auch im Rahmen der Autosemantisierung durch die SuS eingesetzt werden. Auch Illustrationen und Fotos in Lehrwerken dienen der Semantisierung von Lexik oder Handlungsabläufen. Darüber hinaus benennt Reinfried die interkulturelle Bildfunktion: Dabei kann es sich um Objekte handeln, um Geschäfte, Gebäude, Landschaften oder um die Porträts bekannter Persönlichkeiten. Damit entsprechende visuelle Eindrücke von den SuS aufmerksam registriert und intensiv verarbeitet werden können, empfiehlt sich eine Vorgehensweise nach den Prinzipien der ↗Handlungs- und ↗Lernerorientierung für den Umgang mit aussagekräftigen landeskundigen Abbildungen (vgl. Mertens 2006, 141). Die Sendung *Carambolage* (ARTE) bedient sich dieser Bildfunktionen zur Wahrnehmungsschulung im Bereich der interkulturellen Kompetenz. Es wird ein statisches Bild oder eine kurze Videosequenz gezeigt, und der Betrachter ist aufgefordert zu entscheiden, ob diese Aufnahme in Frankreich oder in Deutschland entstanden ist. Eine andere Funktion von Bildern ist, sie als Ausgangspunkt für Gesprächs- und Schreibstimuli zu verwenden. Hilfreich sind insbesondere offene Abbildungen: offen in Bezug auf die räumliche Gestaltung (ein wesentlicher Teil wird nicht dargestellt) und offen in Bezug auf den zeitlichen Kontext (das Bild legt das Vorher oder Nachher eines Handlungsrahmens nicht fest; vgl. Mertens 2006, 141).

Die Kombination von Text und Bild hat in den meisten aktuellen Lehrwerken Einzug gehalten. Dort finden sich nicht nur Illustrationen zu Texten, sondern auch comicartige Bildergeschichten in unterschiedlichen Zeichenstilen. Ein Comic ist eine Bild-Text-Mischform, in der beide Präsentationsformen sich aufeinander beziehen. Sie können den Literaturunterricht bereichern. Wie bei literarischen Ganzschriften ist allerdings auch hier der Umfang zu beachten; im Anfangsunterricht können längere Comicbände die SuS überfordern, zumal das verwendete Sprachregister häufig eine Schwierigkeit darstellt. Mit dem Einsatz von Comics erhofft man sich eine erhöhte ↗Aufmerksamkeit und ↗Motivation, weil diese Textsorte häufig auch in der Freizeit rezipiert wird. Ihr unterrichtliches Anwendungspotenzial ist sehr groß. Da sie häufig alltägliche Begebenheiten

beinhalten, können Comics Anregungen zum (inter)kulturellen Lernen geben. Vor allem aber bieten sie zahlreiche Anlässe zur Spracharbeit. Im Bereich der Textrezeption gibt die Mündlichkeit Gelegenheit, unterschiedliche sprachliche Register kennenzulernen. Die bildliche Darstellung bietet zudem eine Semantisierungshilfe, die Prozesse des ↗Leseverstehens unterstützen kann. Auch lassen sich vielfach grammatische Erscheinungen besonders gut im situativen Kontext der kombinierten Bild-Text-Darstellung erfassen. Das vielleicht wichtigste Potenzial unterrichtlicher Verwendung liegt jedoch im Feld der Sprachproduktion. Bilder eignen sich gerade durch das Nicht-Sprachliche der Darstellung sehr gut als Sprechanlass. Visuell Wahrgenommenes drängt zur sprachlichen Darstellung, wobei gerade Mehrdeutigkeiten ein reizvoller Anlass für die Artikulation unterschiedlicher Sichtweisen sein können. Bisweilen laden Comics durch Humor oder Schadenfreude zu kontroversen Kommentaren ein. Aufgrund ihrer ausschnitthaften Sequentialität weisen sie zudem Leerstellen auf, die als kreative Sprech- oder Schreibanlässe genutzt werden können. Auch lassen sich Sprechblasentexte entfernen, verbunden mit der Aufforderung an die Lernenden, selbst als Texter aktiv zu werden. Letztlich kann die Umgestaltung der Bilderfolgen zu narrativen oder deskriptiven Textformen ein lohnendes Arbeitsziel sein. All diese Verfahren dienen der Förderung der Schreibkompetenz (↗Schreiben). Besonders geeignet sind auch Karikaturen oder Zeichenfolgen ohne Text, da sie die SuS dazu herausfordern, eigene Gedanken zu versprachlichen.

Zu den auditiven M. zählen alle Arten von Tonträgern wie auch die zu ihrer Wiedergabe benötigten technischen Geräte. Auditive M. wie z.B. ↗Hörspiele sind eine Alternative zum Sprachvorbild der Lehrkraft. Sie ermöglichen darüber hinaus das Kennenlernen verschiedener regionaler wie auch sozialer Sprachvarianten. Die auditiven M. sind daneben insofern ein Beitrag zu mehr ↗Authentizität, als dass gesprochene Sprache mit Geräuschen kombiniert werden kann, eine Eigenschaft, die zur Entwicklung des ↗Hörverstehens im konkreten außerschulischen Situationen beiträgt (vgl. Mertens 2006, 142). Mit CDs oder auch MP3s lässt sich zielsprachliche ↗Musik problemlos in den Unterricht integrieren. Musik kann unterschiedliche Funktionen im Fremdsprachenlernprozess übernehmen: von der Begleitung und Optimierung des Lernprozesses allgemein über die Auslösung kreativer Sprachproduktion bis hin zur Vorbereitung und Initiierung eigen- und fremdkultureller Verstehensprozesse. Ein wesentlicher Vorzug dieses Mediums ist, dass es ein besonders angstfreies Herangehen an die Fremdsprache erleichtert. Lieder können zur Motivationssteigerung ebenso eingesetzt werden wie zur Schulung des (kreativen) Ausdrucks in der Fremdsprache, oder aber auch zu einer eher kognitiven Auseinandersetzung mit dem Liedtext. Lieder appellieren aufgrund ihrer Melodie, ihres Rhythmus und der instrumentellen Ausgestaltung an die ↗Emotionen der Lernenden. Dies stellt neben dem Liedtext ebenfalls einen Sprechanlass dar. Der emotionale Zugang und die Bedeutung, die die Musik für die meisten Jugendlichen hat, schaffen ein Hörinteresse. Der Lerner bzw. die Lernerin möchte erfahren, worum es im Lied geht. Das Hörverstehen ist eine Aktivität der rezeptiven Sprachverarbeitung, bei dem das gesamte Sprachwissen und darüber hinaus auch das verfügbare Weltwissen der Rezipient/innen mit dem Gehörten interagiert. Aus dieser Interaktion ergibt sich das ↗Verstehen. Das Verstehen eines Liedes in der Fremdsprache ist eine schwierige Aktivität, die nicht ohne Weiteres von den SuS geleistet werden kann. Im Gegensatz zum Leseverstehen sind gesungene Texte schwierig zu entschlüsseln, da die Lernenden auf das Sprech- und Gesangstempo keinen Einfluss haben. Zu vielen aktuellen Liedern findet man auf *YouTube* oder *MyVideo* entsprechende Videoclips. Diese Musikvideos sind häufig sehr aufwendig produziert und erzählen die Handlung des Liedes in Form von Bildern. Sie eignen sich daher sehr gut für das Training des Hör-/Sehverstehens.

In audiovisuellen M. sind Bild und Ton verknüpft. Das birgt den Vorteil, dass nonverbale Zeichen (↗Nonverbale Kommunikation) sowie der situative Kontext Verstehenshilfen anbieten. Aus einem semiotischen Textverständnis heraus wird der Textbegriff auch auf das Medium ›Film‹ angewendet (audiovisueller Text). Viele der aus der Arbeit mit (literarischen) Texten bekannten Verfahren lassen sich auch zur Analyse von Filmen bzw. Filmausschnitten anwenden (↗Filmdidaktik). Bei Filmen handelt es sich also um Texte, die bei einer aktiven Einbeziehung der SuS schon während des Rezeptionsprozesses folgende Bereiche fördern und trainieren: rezeptive Kompetenzen des Hör- und des Hör-/Sehverstehens, produktive Kompetenzen (↗Sprechen, Schreiben), ↗interkulturelle kommunikative Kompetenz sowie *media/film literacy*, d.h. filmanalytische Rezeptionskompetenz, text- und bildanalytische Kompetenzen (↗Medienkompetenz, ↗Filmkompetenz). Folgende audiovisuelle Texte lassen sich gewinnbringend im FU einsetzen: Spielfilme, Dokumentarfilme und Dokumentationen (z.B. Reiseberichte), Werbespots, Musikvideos, Kurzfilme, Nachrichtensendungen, lehrwerksbegleitende DVDs (Sketche, Dialogsituationen, Reiseberichte usw.). Die spontane Überzeugung, filmisch enkodierte Informationen seien leicht verständlich, da man ja sehen könne, was passiert, erweist sich jedoch als trügerisch. Das Bild gibt nur dem Verständnishilfen, der gelernt hat, es schnell zu dekodieren (↗Visuelle Kompetenz), um es mit der Tonspur abzugleichen. Dem Sehverstehen muss weit mehr, als es bisher geschieht, durch entsprechende Aufgabenstellungen Raum gegeben werden, z.B. dadurch, dass zunächst ohne Tonspur gearbeitet wird, um den SuS Gelegenheit zu geben, Mutmaßungen zum Inhalt zu formulieren, gezielt Bildinformationen aufzusuchen und zu analysieren, ihre Wahrnehmung zu artikulieren und zu schulen.

Die Informations- und Kommunikationstechnologien führten in den vergangenen Jahren vermehrt dazu, dass digitale M. wie Computer und Internet im FU eine zunehmend selbstverständlichere Rolle spielen (↗Lernsoftware, ↗*Computer-Assisted Language Learning*, ↗*E-Learning*). Auch die Ausstattung der Schulen wird fortwährend verbessert, so gibt es wahrscheinlich keine Sekundarschule, die nicht über einen Computerraum beziehungsweise einige Computer in den Klassenräumen verfügt. Insbesondere die Kommunikationsfunktion des Computers sollte diesbezüglich bedacht werden, z.B. im Hinblick auf das ↗Tandemlernen per E-Mail. Außerdem bietet das Internet Zugang zu authentischen Webseiten, die gewinnbringend in den Unterricht integriert werden können. Neuere Entwicklungen wie Podcasts, Videopods, Web 2.0, Foren, Wiki oder Plattformen wie YouTube bieten Möglichkeiten zum lernerorientierten FU unter Einbeziehung der digitalen M.

Lit.: S. Doff/F. Klippel: Englischdidaktik. Bln ²2009 [2007]. – A. Grünewald: Aspekte des Medieneinsatzes. In: Ders./L. Küster (Hg.): Fachdidaktik Spanisch. Stgt 2009, 146–184. – J. Mertens: Tafel, Overheadprojektor, statische Bilder, Tonträger, bewegte Bilder. In: A. Nieweler (Hg.): Fachdidaktik Französisch. Stgt 2006, 136–144. – M. Reinfried: Visuelle Medien. In: K.-R. Bausch et al. (Hg.): Handbuch FU. Tüb./Basel ⁴2003 [1989], 416–420. – M. Reinfried: Das Bild im FU. Eine Geschichte der visuellen M. am Beispiel des Französischunterrichts. Tüb. 1992. – J. Wilts: Vom bewegten Bild zum bewegten Klassenzimmer. In: Der fremdsprachliche Unterricht Französisch 36/62 (2003), 4–10. AG

Mediendidaktik ist ein Teilgebiet der Medienpädagogik. Sie beschäftigt sich mit der Funktion und Bedeutung von Medien in Lehr- und Lernprozessen. Die Versuche, die Aufgaben und Ziele der M. als Gegenstandsbereich der Medienpädagogik zu beschreiben, haben zu verschiedenen Systematisierungen geführt. Die klassische Zweiteilung der Medienpädagogik in M. und Medienerziehung geht auf Edmund Kösel und Reinhard Brunner (1970) zurück. Danach befasst sich M. als die Erziehung durch Medien mit allen unterrichtsrelevanten Fragen der Medienverwendung im Schul- und Ausbildungsbereich, wohingegen die Medienerziehung als Hinführung zum Umgang mit den Medien abgegrenzt wird. Beide Bereiche gemeinsam konstituieren in diesem Verständnis den Gesamtkomplex der Medienpädagogik, welche die Lehre von den Medien als schulische Dokumentations- und Unterrichtsmittel und als Mittel öffentlicher Information und Unterhaltung in sich vereint (vgl. Hüther 1997, 211). Nach Dieter Baacke (1997) beschäftigt sich die M. mit dem Einsatz von Medien zum Erreichen pädagogisch reflektierter Ziele; in ihren Bereich sind vor allem die Unterrichtsmedien zu zählen. Gerhard Tulodziecki (1997, 45) beschreibt den Begriff als »den Bereich der Didaktik, in dem alle Überlegungen zusammengefasst sind, bei denen es im Wesentlichen um die Frage geht, wie Medien bzw. Medienangebote oder Medienbeiträge zur Erreichung pädagogisch gerechtfertigter Ziele gestaltet und verwendet werden können oder sollen«.

Im pädagogischen Sprachgebrauch werden Medien als die Gesamtheit der technischen Hilfsmittel bezeichnet, welche didaktisch geplant zur Verbesserung von Lehr- und Lernsituation dienen. Damit fallen darunter ebenso ↗ Tafel und Kreide wie der computergestützte FU oder Formen des ↗ E-Learning (vgl. Hüther 1997). Das wiederum bedeutet, dass die Geschichte der M. ebenso weit zurückgeht, wie die des Unterrichtens ganz allgemein. Für die jüngere Vergangenheit lässt sich für die 1960er und 1970er Jahre konstatieren, dass mediendidaktische Fragen in den Mittelpunkt der medienpädagogischen aber auch fachdidaktischen Diskussion rückten. Im Zusammenhang mit der ↗ audio-lingualen und der ↗ audio-visuellen Methode kam es zu einem Medienboom in den Bildungseinrichtungen und zu einer Vielfalt apparativer Ausstattung (Sprachlabore, Tonbandgeräte, Filmvorführgeräte usw.). Die zu dieser Zeit technologisch ausgerichtete M. bezog sich auf die Arbeiten von Burrhus F. Skinner und die lerntheoretischen Annahmen des Behaviorismus (↗ Lerntheorien). Aus der Kritik an diesem bildungstechnologischen Unterrichtsverständnis entstand Mitte der 1970er Jahre die handlungs- und teilnehmerorientierte M., für welche der Unterricht ein offener Lernprozess ist, in dem die Medien sowohl zur Unterrichtsgestaltung durch die Lehrkraft als auch zur Gestaltung des Lernprozesses durch die SuS selbst fungierten (vgl. Hüther 1997). Damit geriet die aktive Mediennutzung von Lernenden in den Fokus, denn wer Medien erfolgreich in seinem Lernprozess einsetzen will, der muss z.B. wissen, welche Wirkungen sie haben, wo ihre Grenzen liegen und wie sie einzusetzen sind. In diesem Zusammenhang wurden Medien in ihrer Doppelfunktion als Lehr- und Lernmittel gesehen. Damit wurde die Zusammenführung der beiden isoliert betriebenen Bereiche M. und Medienerziehung eingeleitet, die im heutigen Verständnis von Medienpädagogik endgültig vollzogen ist (vgl. ebd.).

Aktuell wird M. als einer von vier Teilbereichen der Medienpädagogik definiert: Medienerziehung, M., Medienkunde und Medienforschung. Theo Hug (2002) unterscheidet diese Bereiche wie folgt: (1) Die Medienerziehung befasst sich mit den Möglichkeiten des sinnvollen Umgangs mit Medien. Im Mittelpunkt stehen dabei unterschiedliche Varianten und Verständnisse der Befähigung zur reflektierten, kritischen Mediennutzung. Während die Medienerziehung sich bis vor einigen Jahren oftmals auf persönlichkeitsbildende Momente und die nachwachsenden Generationen konzentrierte, rücken heute vermehrt auch Fragen der medienbezogenen Erwachsenen- und Altenbildung ins Blickfeld. (2) Die M. befasst sich mit den Funktionen, Wirkungen und Inszenierungen von Medien in Lehr- und Lernsituationen. Das Ziel der Bemühungen liegt in der Verbesserung oder Optimierung der Lehr- und Lernprozesse sowie in der Beförderung eigenständiger Formen der Aneignung von Inhalten und ↗Kompetenzen. Nachdem sich die Bemühungen jahrzehntelang um einen adäquaten Einsatz von Folien, Overheadprojektoren, Flipcharts, Filmen, Sprachlaboratorien usw. drehten, ist die Konzentration auf die multimedialen Möglichkeiten der neuen Informations- und Kommunikationstechnologien unübersehbar geworden (z. B. Datenbanken, Schulnetzwerke, Internet, virtuelle Lernumgebungen, Lernsoftware usw.). (3) Aufgabe der Medienkunde ist die Vermittlung von Kenntnissen über Medien und von technischen Basiskompetenzen. (4) Die Medienforschung schließlich umfasst alle erziehungswissenschaftlichen Bemühungen der Analyse bzw. Untersuchung von Fragen medialer Erziehung, Bildung und Entwicklung sowie des medialen Lernens und Aufwachsens aller Altersgruppen. Untersuchungsgegenstände sind beispielsweise Fragen der Mediennutzung im Alltag oder im familiären Zusammenleben, des Rezeptionsverhaltens in unterschiedlichen sozialen Strukturen, der Medienwirkung, der geschlechtsspezifischen Mediensozialisation und der Konzeptionierung medialer Lernumgebungen (vgl. Hug 2002).

Die Medienpädagogik hat in den letzten beiden Jahrzehnten einen Aufschwung erfahren. Analog zu den gesellschaftlichen, technologischen und wissenschaftlichen Veränderungen erfolgte eine Ausweitung des Gegenstandsbereichs und der Fragestellungen sowie eine Ausdifferenzierung von Ansätzen, die zu neuen Perspektiven der kritisch-reflexiven Mediengestaltung führten. Seit den 1990er Jahren ist damit eine Vielzahl neuer Fragestellungen in den Fokus der M. gerückt. Diese Fragen betreffen zum einen lern- und wahrnehmungspsychologische Aspekte und ihre möglichen, vor allem aber auch längerfristigen Effekte auf die Kognitionsstrukturen der Anwender/innen. Zum anderen wird in der M. nach der lernwirksamen und benutzeradäquaten Gestaltung von multi-

und hypermedialen Vermittlungsprozessen gefragt (vgl. Hüther 1997, Krapp/Weidenmann 2006).

Eine allgemeine Forschungsfrage, die insbesondere in der Frühzeit der Medienforschung diskutiert wurde, beschäftigt sich damit, ob Medien lediglich ein Vehikel zum Austausch von Informationen sind, selbst aber keinen spezifischen Einfluss auf die beteiligten Prozesse der Wissensproduktion ausüben (vgl. Clark 1983, 1994). Das technische Medium ist nach Richard E. Clark lediglich ein Transportmittel und irrelevant für den Lernprozess. Die kognitiven Prozesse, die zum Lernen erforderlich sind, werden demnach ausschließlich durch die Methode, d. h. durch die Strukturierung des Inhaltes des medialen Angebots beeinflusst. Diese Annahme ist insofern folgenschwer, als sie die Bedeutung von Multimedia für den Lernprozess grundsätzlich in Frage stellt. Dieser Position entgegenstehend wird ein dezidierter Einfluss der verwendeten Medien auf alle daran beteiligten kognitiven und sozialen Prozesse postuliert (vgl. Kozma 1994). Die instruktionspsychologische Forschung in den 1990er Jahren hat zudem eine Reihe von Medienwirkungen zeigen können, so dass eine radikale Ablehnung der Lernwirksamkeit von Medien als widerlegt gelten kann (vgl. ebd.).

Es ist offenbar wenig sinnvoll, nach der Lernwirksamkeit digitaler Medien an sich zu fragen. Mit den digitalen Medien lassen sich grundsätzlich ebenso viele effektive wie ineffektive Lehr-Lern-Szenarien realisieren wie mit traditionellen Medien. Hinsichtlich der Lernwirksamkeit der informations- und kommunikationstechnischen Medien muss das Bedingungsgefüge der am Lehr-/Lernprozess beteiligten Faktoren wie z. B. Lehr-/↗Lernziel, Medienunterstützung, ↗Vorwissen (themen- und medienspezifisch oder ↗Lernstrategien), Interesse, ↗Motivation und Einstellungen der Lernenden sowohl hinsichtlich des Mediums als auch der Faktoren untereinander berücksichtigt werden (vgl. Grünewald 2006). In vergleichenden empirischen Studien, in denen Unterricht mit und ohne digitale Medien untersucht wird, bleibt meist unklar, ob eine Veränderung tatsächlich auf das eingesetzte Medium zurückzuführen ist oder nicht (Faktorenkomplexion). Das liegt daran, dass in der Forschung zur Wirkung digitaler Medien im Schulunterricht mediale und unterrichtsmethodische Einflüsse nicht auseinander gehalten werden können. Ein Effizienznachweis für das Medium Computer im FU im Vergleich zu anderen Medien kann also nicht zu allgemeingültigen Aussagen führen, die Ergebnisse sind nur eingeschränkt replizierbar (vgl. Grünewald 2006).

Für die Fremdsprachendidaktik hat die M. den Status einer ↗Bezugswissenschaft. Für den Einsatz im FU werden folgende ↗Medien unterschieden: nichttechnische Medien (etwa das Lehrbuch oder Abbildungen) von technischen Medien (etwa Filme oder multimediale ↗Lernsoftware). Eine andere Kategorisierung von Unterrichtsmedien rekurriert auf den Wahrnehmungskanal: visuelle Medien (Lehrbücher, multimediale Lernprogramme), auditive Medien (CDs, ↗Hörspiele, Podcasts) und audiovisuelle Medien (Filme, Videopods, Multimedia). Inge Schwerdtfeger (2002) benennt folgende Funktionen für auditive Medien im Kontext des FUs: Schulung des ↗Hörverstehens, vielfältige Hörbeispiele geben (Variation der Stimmlagen, der Ideo- und Soziolekte), Schulung der Sprechfähigkeit in der Zielsprache (↗Kommunikative Kompetenz), Schaffung von Sprechanlässen (z. B. durch Produktion von Podcasts). Für visuelle und audiovisuelle Medien lassen sich folgende Funktionen benennen: Herstellung des Bezugs von gesprochener und geschriebener Zielsprache (↗Mündlichkeit und Schriftlichkeit), Verdeutlichung von Gestik, Mimik und Körpersprache (↗Nonverbale Kommunikation), Impulsgeber und Schaffung von Sprechanlässen, Wahrnehmungsschulung (↗Visuelle Kompetenz) und Förderung der ↗interkulturellen kommunikativen Kompetenz. Audiovisuellen Medien werden folgende Funktionen zugesprochen: rezeptive Kompetenzen des Hör- und des Hör-/Sehverstehens, produktive Kompetenzen (↗Sprechen, ↗Schreiben), Förderung der interkulturellen Kompetenz sowie der ↗Medienkompetenz bzw. der ↗Filmkompetenz.

Im Bereich Multimedia liegt sicher die Zukunft der Medienentwicklung für den FU. Die unterrichtsmethodischen Möglichkeiten für multimediale Anwendungen sind bei weitem noch nicht am Ende ihrer Entwicklung. Durch die Arbeit mit dem Computer wird die Förderung von Formen des Selbststudiums von Fremdsprachenlernenden angestrebt. Die digitalen Medien bieten gute Werkzeuge und Hilfsmittel an, die es den SuS erleichtern, beim Erlernen einer Fremdsprache zunehmend selbständiger zu sein und einen individuellen Lernweg zu beschreiten. Eingesetzte Lernsoftware, Hilfsmittel wie elektronische ↗Wörterbücher, bereits besuchte fremdsprachliche Internetseiten (mit Aufgaben, interaktiven ↗Übungen usw.) und die im Kontext des FUs erworbene Medienkompetenz versetzen die SuS in die Lage, den Lernprozess individuell und bei Bedarf autonom zu gestalten (↗Autonomes Lernen). Die Lernenden können das Lerntempo bei der Nutzung des PCs selbst bestimmen, sie müssen mit weniger gesteuerten Aufgaben zunehmend mehr Eigenständigkeit beweisen. Die Arbeit mit dem Internet ist eine lernerorientierte (↗Lernerorientierung) und schüleraktivierende (↗Aktivierung) Methode, mit authentischen schriftlichen Materialien umzugehen (↗Authentizität). Computergestützter FU (↗*Computer-Assisted Language Learning*) ist dann schülerzentriert, wenn das Recherchieren bzw. die Datenbankabfrage der Lebensrealität der SuS nahekommt. In diesem Fall führt er zu einer höheren Identifikation mit dem Lerngegenstand und erlaubt den SuS mit zunehmender Kompetenz, eigene, autonome Recherchen durchzuführen. Es kann also nicht um eine enzyklopädisch geartete Anhäufung von Information gehen, sondern es geht um den Prozess der Informationsbeschaffung, um das Finden von Informationen, um das Einordnen, das Verstehen und das Beurteilen. Für einige Inhalte ist dann auch die Aneignung von ↗Wissen relevant. Ein solcher Umgang erfordert den kompetenten Umgang mit Medien. Dies gilt in gleicher Weise auch für fremdsprachige Informationsangebote, denn das Orientieren, das Navigieren und das Recherchieren geschehen im FU in aller Regel in der Zielsprache. Es geht nun also nicht mehr nur darum, Sprachfertigkeiten (↗Fertigkeiten) und Informationen zu Sprache, ↗Landeskunde oder Wirtschaft zu vermitteln; zunehmend wichtig werden der kompetente Umgang mit Informationen und auch der Prozess der Wissensaneignung in der Fremdsprache. Auf diese Weise werden mediendidaktische Fragestellungen zu einem integrierten Bestandteil der Lernziele im FU, ganz abgesehen von der Tatsache, dass die Mediennutzung im FU immer mit Aufgaben der Sprachrezeption und -produktion einhergeht (vgl. Grünewald 2006).

Lit.: D. Baacke: Medienpädagogik. Tüb. 1997. – G. Blell/ R. Kupetz (Hg.): Fremdsprachenlernen zwischen Medienverwahrlosung und Medienkompetenz. Beiträge zu einer kritisch-reflektierenden M. FfM 2005. – R. Clark: Reconsidering Research on Learning from Media. In: Review of Educational Research 53/4 (1983), 445–459. – R. Clark: Media will Never Influence Learning. In: Educational Technology Research and Development 42/2 (1994), 21–29. – A. Grünewald: Multimedia im FU. Motivationsverlauf und Selbsteinschätzung des Lernfortschritts von Schülern der Sek. II im computergestützten Spanischunterricht. FfM 2006. – J. Hüther: M. In: Ders. et al. (Hg.): Grundbegriffe Medienpädagogik. Mü. 1997, 210–215. – T. Hug: Medienpädagogik. Begriffe, Konzeptionen, Perspektiven. In: G. Rusch (Hg.): Einführung in die Medienwissenschaft. Opladen 2002, 189–208. – E. Kösel/R. Brunner: Medienpädagogik. In: Pädagogisches Lexikon. Bd. 2. Gütersloh 1970, 354–355. – R. Kozma: Will Media Influence Learning? Reframing the Debate. In: Educational Technology Research and Development 42/2 (1994), 7–19. – A. Krapp/B. Weidenmann (Hg.): Pädagogische Psychologie. Ein Lehrbuch. Weinheim ⁵2006 [1986]. – I. Schwerdtfeger: Die Funktion der Medien in den Methoden des Deutsch als Fremdsprache-Unterrichts. In: G. von Helbig et al. (Hg.): Deutsch als Fremdsprache. Bln 2002, 1017–1028. – G. Tulodziecki: Medien in Erziehung und Bildung. Grundlagen und Beispiele einer handlungs- und entwicklungsorientierten Medienpädagogik. Bad Heilbrunn ³1997 [1992]. – G. Tulodziecki/B. Herzig: Handbuch Medienpädagogik. Bd. 2: M. Medien in Lehr- und Lernprozessen verwenden. Stgt 2006.   AG

Medienkompetenz wird als eine der sog. ↗Schlüsselqualifikationen der Informationsgesellschaft bezeichnet. Die Vermittlung von M. wird in allen Rahmenplänen (↗Lehrplan) als fachübergreifendes Ziel definiert und ist damit auch für den FU relevant. M. hat sich insbesondere seit Beginn des 21. Jh.s zu einem Allerweltsbegriff entwickelt, der nicht nur von Medienpädagogen und Medienwissenschaftlern oder anderen Wissenschaftsdisziplinen im akademischen Diskurs verwendet wird, sondern der auch im öffentlichen und politischen Diskurs einen hohen Stellenwert erhalten hat. Dennoch oder gerade aus diesem Grund bleibt der Begriff diffus.

Eine im Wissenschaftsbereich legitimierte Begriffsdefinition existiert nicht. Harald Gapski stellt in seinem Band *Medienkompetenz* (2001, 255–293) eine Sammlung von 104 unterschiedlichen Definitionen vor. Norbert Groeben (2002, 160 f.) weist darauf hin, dass M. nicht zu spezifisch ausschließlich als *computer lite-*

racy im Sinne von technischem Wissen zu fassen ist. Allenfalls setze sich der Begriff M. aus einer Vielfalt unterschiedlicher Subkonzepte wie z. B. dem der *computer literacy*, der *visual literacy* (als Kompetenz, mit den bildlichen Symbolsystem umgehen zu können; ↗visuelle Kompetenz), der *print literacy* (als Fähigkeit, auf einem spezifischen Niveau schreiben und lesen zu können), der *media content literacy* (als Fähigkeit, mit Medieninhalten umgehen zu können), der *media grammar literacy* (als Fähigkeit, die Sprache des Mediums verstehen zu können) bis hin zur *medium literacy* (als Fähigkeit, das Medium als übergeordnete kulturelle und kommunikative Umwelt erkennen zu können) zusammen (vgl. ebd.). Auch wenn der Begriff M. in theoriehistorischen und anwendungspraktischen Aspekten problematisch ist, so kommt man nicht an dessen Gebrauch vorbei, allein deshalb, weil bessere und durchsetzbare Alternativen zu fehlen scheinen.

Nimmt man die oben genannten Subkonzepte (*computer literacy, visual literacy, print literacy, media content literacy, media grammar literacy, medium literacy*) als Bestandteile von M., dann lassen sich zumindest Konkretisierungen für den FU formulieren: technische Aspekte digitaler Medien kennen; Medien rezipieren und interaktive Angebote nutzen können; visuelle Symbolsysteme dekodieren können; Wissen über Mediensysteme und Fähigkeit zur Medienkritik besitzen; über Handlungsfähigkeit in Bezug auf Mediengestaltung verfügen; reflexiv und kritisch mit Medien umgehen können. Daraus folgt, dass die Vermittlung von M. im Rahmen des institutionalisierten FUs die Lernenden dazu befähigen sollte, Medien für die Erweiterung ihrer eigenen fremdsprachlichen ↗kommunikativen und ↗interkulturellen kommunikativen Kompetenz zu nutzen. Auf der unterrichtspraktischen Ebene könnte dies z. B. wie folgt umgesetzt werden: gezielte Auswahl von Medienangeboten üben; Sensibilisierung für den kritischen Umgang mit fremdsprachigen Informationen aus unterschiedlichen Medien; Vermittlung von Strategien zur Informationsrecherche; Informationen kritisch prüfen und Quellen nachvollziehen (Absichten und Intentionen erkennen); den Wert interkultureller Informationen durch Mediennutzung erkennen; durch die Produktion von eigenen Medienbeiträgen (z. B. Fotoroman, Video-Reportage,

Podcast) Techniken und Methoden kennenlernen; Medienangebote selbständig in die Lösung unterrichtrelevanter Aufgabenstellungen einbeziehen; effektive Medienrecherche als Grundlage wissenschaftlichen Arbeitens anwenden; anhand der Auseinandersetzung mit der Medienlandschaft des Zielsprachenlandes (Fernsehen, Video, Internet, Presse usw.) die Funktion und Bedeutung von Medien in der Gesellschaft kritisch reflektieren; Weiterentwicklung der interkulturellen Kommunikations- und Handlungsfähigkeit durch die Nutzung digitaler Technologien (E-Mail-Projekte, Chat, Videokonferenzen); Sichtung und Nutzung von fremdsprachiger ↗Lernsoftware.

Lit.: H. Gapski: M. Wiesbaden 2001. – N. Groeben/ B. Hurrelmann (Hg.): M. Voraussetzungen, Dimensionen, Funktionen. Weinheim 2002. – L. Küster: M. und Ästhetische Bildung im FU. In: G. Blell/R. Kupetz (Hg.): Fremdsprachenlernen zwischen Medienverwahrlosung und M. FfM 2005, 67–86.   AG

Mehrsprachigkeit, aufgrund von Migration, Globalisierung und zunehmendem Sprachkontakt hat sich M. nicht nur in der Linguistik, der Psycholinguistik und der Erziehungswissenschaft, sondern auch innerhalb der Fremdsprachendidaktik zu einem wichtigen Forschungsgegenstand entwickelt; hinzu kommt die sprachenpolitische Dimension, wo M. im Hinblick auf gesellschaftlich relevante Aspekte im Mittelpunkt steht – z.B. im Hinblick auf die europäische Integration.

Das Konzept M. wird in den verschiedenen Disziplinen und Sprachräumen begrifflich nicht einheitlich gefasst. Eingebürgert hat sich jedoch – besonders durch den Sprachgebrauch des Europarats – die Benutzung des Begriffs M. (engl. *plurilinguism*, frz. *plurilinguisme*) für die individuelle M., bei der mehrere Sprachen im mentalen System einer Person interagieren und miteinander vernetzt sind. Davon abgehoben wird Vielsprachigkeit (engl. *multilingualism*, frz. *multilinguisme*) als ein gesellschaftliches Phänomen des eher additiven Nebeneinanders von Sprachen. Auch die terminologische Unterscheidung zwischen ↗Zweisprachigkeit und M. ist uneinheitlich. Während in der Psycholinguistik und der Zweitsprachenerwerbsforschung Bilingualismus durchaus als Form von M. angesehen wird, wird von Vertreter/innen der Tertiärsprachenforschung und auch der Fremd-

sprachendidaktik eine Person erst dann als mehrsprachig bezeichnet, wenn sie neben der Erstsprache zwei weitere Sprachen erworben bzw. gelernt hat. Entscheidend ist hier der zugrunde gelegte Sprachbegriff. Zählt man z.B. Dialekte und Soziolekte als eigenständige Sprachen, kann jeder Mensch grundsätzlich als mehrsprachig angesehen werden. Lässt man ausschließlich Nationalsprachen gelten und abstrahiert von der auch jeder Nationalsprache inhärenten M., konstruiert man einen Monolingualismus, der erst durch das Erlernen von Fremdsprachen überwunden werden kann. Hinzu kommt das Kriterium der sprachlichen Kompetenz: Da es sich in den seltensten Fällen bei mehrsprachigen Personen um ausgewogene/ symetrische M. handelt, sondern um asymetrische Formen, muss jeweils bestimmt werden, welche Kompetenzniveaus in den verschiedenen Sprachen erforderlich sind, damit von M. gesprochen werden kann. Im Hinblick auf individuelle M. werden weiterhin verschiedene Ausprägungen unterschieden: z.B. simultane/ sukzessive M., natürliche/gesteuerte oder kindliche/erwachsene M. Im Hinblick auf die mentale Repräsentation unterscheidet man darüber hinaus zwischen kombinierter und koordinierter M.

M. ist nicht nur erklärtes Ziel schulischer sprachlicher Bildung, sondern oft auch Voraussetzung sprachlichen Lernens und Lehrens. Die Zieldimension ergibt sich dabei insbesondere aus den sprachpolitischen Vorgaben auf europäischer Ebene, wo durch das Erlernen von mindestens zwei Sprachen (neben der Erstsprache) gegenseitiges Verständnis innerhalb europäischer Länder gewährleistet werden soll. Voraussetzung ist M. für institutionelles Sprachenlernen insofern, als zum einen bei der zweiten, dritten oder vierten Fremdsprache bereits durch die vorgelernten Sprachen ein großer Erfahrungsschatz an sprachlichem ↗Wissen, an ↗Lernstrategien und ↗Kompetenzen aufgebaut wurde, auf dem das Lernen weiterer Sprachen basiert (↗Vorwissen). Zum anderen ist für viele Lernende z.B. aufgrund von Migration die Amtssprache eines Landes nicht ihre Erstsprache, sondern bereits die Zweitsprache: Sie sind bereits vor Schulbeginn mit mehr als einer Sprache aufgewachsen oder als sog. ›Seiteneinsteiger‹ in ein anderssprachiges Schulsystem gewechselt, um auf der Basis einer anderen

Erstsprache erst dann die Amtssprache bzw. die anderen Schulfremdsprachen zu erlernen. Diese Situation stellt für die Fremdsprachendidaktik in Forschung und Praxis eine besondere Herausforderung dar. Während zu Transferpotenzialen (↗ Transfer) im Kontext typologisch verwandter und in der Schule systematisch unterrichteter Sprachen bereits seit längerer Zeit geforscht wird (↗ M.sdidaktik, ↗ Interkomprehension), entwickelt sich die Forschung zum Verhältnis von unsystematisch erworbenen bzw. typologisch distanten Sprachen und den in der Schule unterrichteten Fremdsprachen erst seit wenigen Jahren.

Lit.: K.-R. Bausch/F. Königs/H.-J. Krumm (Hg.): M. im Fokus. Tüb. 2004. – A. Hu: Migrationsbedingte M. und schulischer FU. Forschung, Sprachenpolitik, Lehrerbildung. In: H. Faulstich-Wieland (Hg.): Umgang mit Heterogenität und Differenz. Baltmannsweiler 2010, 115–133. – N. Müller et al. (Hg.): Einführung in die M.s-Forschung. Tüb. ²2007 [2006].   AdH

Mehrsprachigkeitsdidaktik. Als M. kann im Allgemeinen eine Form der Fremdsprachenvermittlung bezeichnet werden, bei der nicht nur die Kompetenzentwicklung in einer Zielsprache angestrebt wird (↗ Kompetenz), sondern bei der die zu unterrichtende Sprache mit explizitem Einbezug der bereits vorhandenen ↗ Mehrsprachigkeit der SuS unterrichtet wird. Allen Ansätzen liegt die Vorstellung zugrunde, dass Sprachen nicht in strikt voneinander getrennten mentalen Bereichen gespeichert, sondern gemeinsam eine kommunikative Kompetenz bilden, zu der alle Sprachkenntnisse und Spracherfahrungen beitragen und in der die Sprachen miteinander in Beziehung stehen und interagieren (↗ Gemeinsamer europäischer Referenzrahmen). Zentral ist dabei ein inferentieller Lernbegriff (↗ Inferenz), bei dem man davon ausgeht, dass bereits disponibles deklaratives und prozedurales ↗ Wissen (auch ↗ Vorwissen) mit den neu aufgenommenen Informationen interagiert, d. h. dass das Erlernen einer Sprache auf vorhandenem sprachlichen Wissen, Weltwissen, sprachlernstrategischem Wissen und entsprechenden Kompetenzen aufbaut (vgl. Meißner/Reinfried 1998, 15 f.). In diesem Kontext spielt interlingualer ↗ Transfer eine entscheidende Rolle: Angestrebt wird, dieses charakteristische Merkmal vernetzten Sprachenlernens systematisch zu nutzen und in konkrete Lehr-/Lern-

szenarien zu überführen. Von besonderer Bedeutung ist für mehrsprachigkeitsdidaktische Ansätze weiterhin der Aspekt der Sprachlernkompetenz. Durch Bewusstmachung (↗ Bewusstheit/Bewusstmachung) der eigenen Lernprozesse sollen sich die Lernenden gerade der Querverbindungen zwischen den ihnen bekannten Sprachen bewusst werden, um diese dadurch systematischer für ihre Spracherwerbsprozesse (↗ Spracherwerb und Spracherwerbstheorien) nutzen zu können. M. ist somit grundsätzlich als lernerorientierter Ansatz (↗ Lernerorientierung) zu verstehen, bei dem ↗ Individualisierung von besonderer Wichtigkeit ist. Aber auch Lernökonomie spielt eine wichtige Rolle.

Im Laufe der Zeit haben sich mehrsprachigkeitsdidaktische Ansätze mit unterschiedlichen Schwerpunkten herauskristallisiert: In Deutschland hat besonders Franz-Joseph Meißner eine Form von M. entwickelt, die sich vor allem auf typologisch verwandte Sprachen, insbesondere romanische Sprachen, bezieht (vgl. aber auch innerhalb des bekannten Interkomprehensionsprojekts ›EuroCom‹ neben dem Projekt ›EuroComRom‹, das romanische Sprachen in den Mittelpunkt stellt, die Projekte ›EuroComGerm‹ und ›EuroComSlav‹, wo die germanischen bzw. slawischen Sprachfamilien fokussiert werden). Man geht hier davon aus, dass durch die Bewusstmachung ähnlicher sprachlicher Phänomene in verschiedenen Sprachen innerhalb einer Sprachfamilie der interlinguale Transfer zum gleichzeitigen Erlernen mehrerer Sprachen, insbesondere im rezeptiven Bereich, führen kann (vgl. Meißner/Reinfried 1998, Klein/Stegmann 2000). Z.B. wird die französische Sprache als Brückensprache zur Romania verstanden (vgl. Meißner 2008). Andere Ansätze der M. beschäftigen sich mit der Bedeutung von in der Schule oder anderen Bildungsinstitutionen bereits vorher gelernten Sprachen für den Erwerb einer weiteren Sprache (vgl. z. B. Hufeisen/Neuner 2003). Diese auch häufig als Tertiärsprachenforschung bezeichneten Ansätze setzen sich zum Ziel, die Interaktionen zwischen z. B. der L2 und der L3 zu erforschen und auf dieser Basis eine L3-Grammatik und -Methodik zu entwickeln (vgl. als Pionierforschung auf diesem Gebiet auch die Ergebnisse des sog. Tertiärsprachenprojekts in Bahr et al. 1996). Eine besondere Herausforderung für mehrsprachigkeitsdidaktische Ansätze stellt die migrationsbedingte Mehrsprachigkeit der SuS dar (vgl. Hu 2003). Nicht nur handelt es sich bei den sog. ›Migrationssprachen‹ um eine Vielzahl verschiedener Sprachen aus unterschiedlichen Sprachfamilien (mit z. T. unterschiedlichen Schriftsystemen), auch kann der Sprachstand der SuS sehr differieren. Hinzu kommt, dass der Erwerb oftmals unsystematisch verlief, so dass kaum Sprach(lern)bewusstheit vorhanden ist. Nimmt man jedoch das Prinzip der Lernerorientierung wie aber auch die sprachpolitischen Forderungen nach Mehrsprachigkeit im europäischen bzw. globalen Kontext ernst, müssen sich mehrsprachigkeitsdidaktische Ansätze in Zukunft auch stärker dieser Herausforderung stellen (vgl. auch Council of Europe 2007).

M. – gerade auch in diesem umfassenden Sinne – verlangt auf vielen Ebenen ein deutliches Umdenken. Auf terminologischer Ebene gilt es, traditionelle, in der Schulbürokratie und in der Alltagssprache verankerte Begrifflichkeiten kritisch im Hinblick auf die aktuellen Herausforderungen zu sichten. Bezeichnungen wie ›Fremdsprache‹, ›Zielsprache‹ oder ›Herkunftssprache‹ entsprechen in vielen Fällen nicht mehr der sprachlichen Realität, in der die Grenzen zwischen diesen Unterscheidungen verwischen. Auch das immer noch übliche Konstrukt des *native speaker* sollte nicht mehr unkritisch als gängiges Leitbild gelten; fruchtbarer sind hingegen Vorstellungen vom ⁊ *intercultural speaker* bzw. mehrsprachige Lernerprofile, durchaus auch mit unterschiedlichen Kompetenzen in den verschiedenen ⁊ Fertigkeiten. Im Sprachunterricht selbst sollte eine Kultur der Mehrsprachigkeit und Mehrkulturalität gefördert werden: Sprachvergleiche semantischer, morphologischer, lexikalischer und syntaktischer Art, und zwar nicht nur zwischen den erlernten Schulsprachen oder typologisch verwandten Sprachen, können Spezifika der unterschiedlichen Sprachen erhellen, ⁊ Fehler und *faux amis/false friends* erklären sowie spezifische Blickrichtungen auf die Welt verdeutlichen. Für Sprachen mit unterschiedlichen Schriftsystemen und stark divergierenden Strukturen ist die semantisch-kulturelle Ebene besonders interessant: Hier können auch zwischen entfernten Sprachen Verbindungen gezogen werden. Es geht dann nicht mehr nur um sprachlernöko-

nomische Gesichtspunkte der Lerneffektivität, sondern vor allem auch um die Dimension eines erweiterten Verständnisses für Sprachen und sprachlich-kulturelle Zusammenhänge im Allgemeinen. Auch für die Lehrerrolle ist ein Umdenken erforderlich: Die vorherrschende monolinguale Einstellung von Fremdsprachenlehrenden sollte einem Selbstverständnis weichen, das neben den exzellenten Kenntnissen in der Hauptsprache und den entsprechenden kulturellen Räumen die Rolle von Sprachlernberatenden impliziert, die Neugier, Respekt und Interesse für Sprachen im Allgemeinen fördern und dementsprechend Sprachlernprozesse – auch über die Zielsprache hinaus – bewusst machen und anregen. Damit ist verbunden, dass auch die Lehrperson phasenweise die Rolle der Lernenden übernehmen muss, da durchaus auch SuS als Experten für ihre Sprachen auftreten können. Was das jeweils zugrunde gelegte Sprach- und vor allem auch Kulturverständnis (⁊ Kultur) angeht, ist weiterhin für mehrsprachigkeitsdidaktische Ansätze charakteristisch, dass das Konstrukt einer homogenen Zielsprache und Zielkultur durch Konzepte der sprachlich-kulturellen Vielfalt (z. B. Regiolekte, Dialekte, Soziolekte, Einwanderersprachen) ersetzt wird, also die intrakulturelle Heterogenität bzw. Hybridität von Kulturen betont wird. Dies kann z. B. durch mehrsprachige Texte, Lieder oder Auszüge aus mehrsprachigen und kulturübergreifenden Sprachbiographien geschehen.

Auch auf schulorganisatorischer Ebene sind Neuerungen erforderlich: Fächer- bzw. sprachübergreifende Konferenzen, die Einigung auf eine einheitlich grammatische Terminologie oder sprachübergreifende Projekte sind wünschenswert (⁊ Sprachenübergreifendes Unterrichten). Ein Gesamtsprachencurriculum ist notwendig, in dem alle Sprachen zu ihrem Recht kommen und sinnvoll – in unterschiedlichen Bildungsgängen – gefördert werden. Auch in der Lehrerbildung wird es in Zukunft verstärkt darum gehen müssen, ein neues Selbstverständnis von Fremdsprachenlehrenden zu schaffen, indem auch im Studium verstärkt Bezüge zwischen den verschiedenen Sprachfächern hergestellt werden (z. B. durch übergreifende Lehrveranstaltungen) oder die eigene, in vielen Fällen ja auch bereits mehrsprachige Sprachlernbiographie der Studierenden für die spätere Lehrtätigkeit reflektiert und fruchtbar gemacht wird.

Lit.: A. Bahr et al.: Forschungsgegenstand Tertiärsprachenunterricht. Ergebnisse eines empirischen Projekts. Bochum 1996. – Council of Europe (Hg.): From Linguistic Diversity to Plurilingual Education. Guide for the Development of Language Education Policies in Europe. Strasbourg 2007. – A. Hu: Schulischer FU und migrationsbedingte Mehrsprachigkeit. Tüb. 2003. – B. Hufeisen/G. Neuner (Hg.): Mehrsprachigkeitskonzept, Tertiärsprachen, Deutsch nach Englisch. Strasbourg 2003. – H.G. Klein/T.D. Stegmann: EuroComRom. Die sieben Siebe. Romanische Sprachen sofort lesen können. Aachen 2001. – F.-J. Meißner: Französischunterricht im Rahmen von Mehrsprachigkeitskonzepten. In: B. Tesch et al. (Hg.): Bildungsstandards Französisch konkret. Sekundarstufe I. Grundlagen, Aufgabenbeispiele und Unterrichtsanregungen. Bln 2008, 35–43. – F.-J. Meißner/M. Reinfried (Hg.): M. Tüb. 1998.   AdH

Mentales Lexikon. Zum Verständnis kognitiver Konstrukte bedienen wir uns seit der Antike verschiedener Metaphern, z.B. der des Feldes, Netzes oder des m.L.s. Das m.L. ist der Teil des Langzeitgedächtnisses (LZG), in dem der gesamte Wortschatz eines Menschen gespeichert ist. Bei der Sprachrezeption gelangen die Wörter über die Perzeptionskanäle (auditiv, visuell) und das Kurzzeitgedächtnis (KZG) ins LZG, bei der Produktion umgekehrt vom LZG über das KZG zur Artikulation oder Verschriftlichung.

Wörter sind Teil des deklarativen ↗Wissens. Den Kern des Wortes bildet das Konzept, das durch Abstraktion aus einer Klasse von Referenten (Gegenstände oder Sachverhalte) herausgelöst wird. Die Speicherung des einzelnen Wortes erfolgt doppelt: nach dessen Form (*signifiant*) und dessen Inhalt (*signifié*). Beides ist getrennt, aber nah beieinander repräsentiert, wie das TOT (*tip of the tongue*)-Phänomen belegt: Wörter liegen uns mitunter ›auf der Zunge‹ und können erst abgerufen werden, wenn der Pfad zwischen Form und Inhalt gefunden ist. Zur Formseite gehören phonologische Informationen (z.B. span. [notʃe]), graphematische (/noche/), morphologische (Flexionen: *noches*, Derivationen: *nochecita*), syntaktische (z.B. die Kongruenz: *por las noches*) und vielleicht auch pragmatische (*buenas noches* als Begrüßungsformel); zur Inhaltsseite gehören die Archiseme und Seme, also die Bedeutungsmerkmale, z.B. ›Tagesabschnitt ab Dunkelheit‹. Neben diesem rein sprachlichen Wissen ist im LZG auch das – oft kulturspezifisch geprägte – Weltwissen

gespeichert, von dem Teile zum Wort gehören, z.B. ›Zeitpunkt der letzten Mahlzeit‹. Neue Wörter müssen mit all diesen Informationen gelernt werden, da sie sonst nicht für den kommunikativen Gebrauch zur Verfügung stehen (↗Wortschatz und Wortschatzvermittlung). Wörter werden entweder ganzheitlich und damit gebrauchsfertig gespeichert (so z.B. Derivata mit ihren Prä- und Suffixen wie z.B. *anochecer*) oder aber transformationalistisch als Kombination aus Stamm und Regelapparat (so werden z.B. Verbalflexionen bei jedem Gebrauch neu konstruiert wie in *está anocheciendo*). Ersteres hat den Vorteil des schnellen Abrufs, letzteres den der ökonomischen Speicherung.

Ohne Ordnung im m.L. könnten wir die vielen Wörter einer oder mehrerer Sprachen nicht ablegen und nicht wiederfinden. Zahlreiche Tests belegen die Existenz von sieben intralingualen Ordnungsprinzipien, die sich in der außersprachlichen Ordnung des Weltwissens und weiterhin in sechs sprachlichen Relationen widerspiegeln: Kontiguität (räumlich, zeitlich, logisch nah, also thematisch in Sachfeldern geordnete Wörter), weiterhin semantische Similarität (Synonyme, Antonyme, Polyseme, Wortfeldstruktur), phonetische und graphemische Similarität (Homophone, Reime), morphologische Similarität (Wortfamilien, Homografen), Hierarchie (Taxonomien von Ober-/Unterbegriffen), Linearität (syntagmatische Verbindungen, *chunks*), Affektivität. Im bilingualen bzw. mehrsprachigen Lexikon sind die Wörter der einzelnen Sprachen zusätzlich interlingual über die Konzepte und Seme miteinander verbunden und gestatten so ↗Transfer und Übersetzung (↗Sprachmittlung) zwischen der Erst- und der Zweitsprache bzw. den Zweit-/Fremdsprachen untereinander. Doch funktioniert Sprachgebrauch letztlich umso besser, je mehr intralinguale Verknüpfungen der Lerner bzw. die Lernerin ausgebildet hat. Wie die verschiedenen (Fremd-)Sprachen genau miteinander verknüpft sind, ist noch nicht abschließend geklärt.

Wir stellen uns das m.L. als ein Netz vor, in dem die Konzepte den Netzknoten und die lexikalischen Relationen den Netzsträngen gleichen. Similare und kontige, d.h. erwartbare, Wörter bilden ökonomisch verschachtelte Teilnetze, und auch die einzelnen Formmerkmale und Seme sind in Subnetzen verknüpft. Wörter gehen also vielfache und vielfältige Verbindungen mit anderen Wörtern ein, und jedes Wort ist dadurch Element mehrerer Teilnetze. Das m.L. ist unbegrenzt aufnahmefähig: Gerade in der Fremdsprache werden stets neue Wortformen (z.B. frz. *études universitaires*), aber auch neue Konzepte (z.B. für ›CAPES‹) ins Netz integriert, und bei jeder Neuaufnahme verändern sich sowohl die Seme der bestehenden Konzepte (je nach Kulturspezifik mehr oder weniger stark, z.B. *Universität – université*) als auch die Netzstruktur in der Umgebung des Wortknotens. Beim Sprachgebrauch und der Wortsuche werden Netzwerkstränge bis zur Aktivierung des gesuchten Wortes bzw. Konzepts durchlaufen (*spreading activation theory*).

Lit.: J. Aitchison: Words in the Mind. An Introduction to the Mental Lexicon. Malden, MA ³2003 [1987]. – J. Bahns: Was gibt's Neues in der Wortschatzdidaktik? In: Fremdsprachen lehren und lernen 33 (2004), 192–212.   ChN

Metakognition spielt bei bewussten Lernprozessen eine zentrale Rolle und ist im FU deshalb insbesondere im Hinblick auf das explizite sprachliche und kulturbezogene Lernen relevant. Kathrin Lockl und Wolfgang Schneider (2007, 255) definieren den Begriff folgendermaßen: »Unter M. (Kognition über Kognition) versteht man das Wissen über kognitive Zustände und Prozesse sowie die Fähigkeit, die eigenen Kognitionen überwachen und regulieren zu können.« Sie unterteilen damit die M. in (1) deklaratives und (2) prozedurales ↗Wissen. (1) Im Gegensatz zu kognitivem deklarativem Wissen, das bereichsspezifisches Wissen über die Welt bezeichnet (z.B. Wissen über Elefanten, Emanzipation oder Erdbeeren), bezieht sich der Begriff des metakognitiven deklarativen Wissens einzig auf den Bereich der Kognition (z.B. Wissen über Lernen, Denken oder Verstehen). Er bezeichnet Wissen über Kognitionen im Hinblick auf bestimmte Personen (z.B. »Ich kann mich früh morgens besonders gut konzentrieren«), auf bestimmte Aufgaben (z.B. »Dieser Text ist noch zu schwer für mich«) und auf bestimmte Strategien (z.B. »Bei der Arbeit mit einer Vokabelkartei sortiert man die Wörter entweder in die Kategorie der gewussten oder die der nicht gewussten Wörter«). (2) Die Fä-

higkeit zur Kontrolle und Steuerung der eigenen Kognition wird dagegen als prozedurales metakognitives Wissen bezeichnet. Beispielsweise lassen sich für das fremdsprachliche ↗Leseverstehen im Hinblick auf das kognitive prozedurale Wissen das Antizipieren von Textinformationen, das Erschließen eines unbekannten Wortes aus dem Kontext (↗Kontextualisierung) oder das Aktivieren von ↗Vorwissen anführen. Bei der Ausführung dieser mentalen Prozesse überwachen Lesende fremdsprachlicher Texte gleichzeitig ihr Verständnis und beobachten beispielsweise, wie sie beim Lesen vorgehen, ob das Vorgehen erfolgreich ist oder wie sie möglicherweise erfolgreicher lesen könnten (metakognitive Kontrolle). Bei erkannten Verständnisproblemen passen sie die Lesegeschwindigkeit und Arbeitsintensität an oder sie entschließen sich, an eine andere Textstelle zu springen, um das Problem zu lösen (metakognitive Steuerung). Ebenso wird auch das fremdsprachliche Schreiben, Hören und Sprechen metakognitiv kontrolliert und gesteuert.

M. ist im FU insbesondere bei der Planung, Organisation und Evaluation des eigenen Lernens von Bedeutung und trägt wesentlich zur Effizienz von Lernbemühungen bei. Sie spielt aber auch bei der Vermittlung von ↗Lernstrategien eine wichtige Rolle, bei der den Lernenden in einem ersten Schritt metakognitives deklaratives Wissen über eine neue Strategie vorgestellt wird. In einem zweiten Schritt üben sie die Strategie, um so das Strategiewissen in prozedurales kognitives Wissen (Strategiekönnen) zu überführen. Als dritte Phase erfolgt in der Regel die Evaluation, bei der die Lernenden metakognitiv bewerten, ob die Strategie sich als nützlich erweist und ob sie sie zukünftig verwenden wollen.

Lit.: M. Hasselhorn/A.S. Labuhn: M. und selbstreguliertes Lernen. In: W. Schneider/M. Hasselhorn (Hg.): Handbuch der Pädagogischen Psychologie. Göttingen u.a. 2008, 28–37. – K. Lockl/W. Schneider: Entwicklung von M. In: M. Hasselhorn/W. Schneider (Hg.): Handbuch der Entwicklungspsychologie. Göttingen u.a. 2007, 255–265.   KSch

Methodenkompetenz. Da der Terminus M. sowohl dem Kompetenzinventar Lernender wie auch dem Lehrender zugehörig ist, muss entsprechend differenziert werden. Für Lernende besitzt M. eine integrative Funktion, d.h., sie umfasst im Rahmen der Ausbildung allgemeiner Lernkompetenz die unterrichtlichen Schlüsselkompetenzen Sach-, Selbst- und ↗ Sozialkompetenz. Als »bewußte[s] Wahrnehmen des Methodischen im methodischen Handeln« (Meyer 2007, 153) und somit als kompetenzübergreifendes Konzept soll die Vermittlung und Entwicklung von M. Lernende befähigen, im Rahmen ihres Arbeits- und Lernprozesses Lernstoff selbständig und effektiv zu erarbeiten, zu dokumentieren und zu vertiefen. Während M. in der Primarstufe angebahnt, ständig erweitert und geschult wird, verfolgt die Sekundarstufe eine Optimierung der M. im Hinblick auf den selbständigen Wissenserwerb an beruflichen oder akademischen Bildungsinstitutionen. Grundlage für die M. der Lernenden bilden die im Unterricht vermittelten ↗ Lernstrategien, ↗ Lerntechniken und Lernverfahren. Diese können zunächst unterteilt werden in Strategien des Spracherwerbs, fertigkeitsbezogene Strategien, kommunikative Strategien, reflexive Strategien, Lernstrategien und soziale Strategien (Wolff 1989, 72 ff.). M. erfährt des Weiteren in den Curricula der Primar- und Sekundarstufe für Fremdsprachen ihre Systematisierung in die Fertigkeitsbereiche Lesen und Hören (rezeptiv), Schreiben und Sprechen (produktiv) sowie Grammatik und Wortschatz. Zu den einschlägigen Lernstrategien im Fertigkeitsbereich Lesen (↗ Leseverstehen) gehören u.a. das zielgerichtete Nutzen von Wörterbüchern, die selbständige Bedeutungserschließung, das Eruieren spezieller Textinhalte (*scanning*) einerseits sowie globales Textverständnis (*skimming*) andererseits. Der Fertigkeitsbereich ↗ Hörverstehen umfasst Lerntechniken wie das selbständige Füllen von Leerstellen sowie das Erkennen von Sinnzusammenhängen, das Anfertigen von Notizen und das Verdichten und Paraphrasieren von Gehörtem. Im Rahmen der Ausbildung von M. rückt neben dem ↗ autonomen Lernen und dem Erwerb von Wissensbeständen die »Bewusstmachung von Lernprozessen« (Wolff 1989, 74) als Bestandteil des Unterrichtsgeschehens in den Vordergrund (↗ Bewusstheit/Bewusstmachung). Über Lernertagebücher oder einschlägige ↗ Portfolios erwerben SuS im Rahmen der allgemeinen M. die Fähigkeit, ihren Lernfortschritt selbständig einzuschätzen und zu dokumentieren. Über diese Selbstevaluation gelangen Lernende zu Einsichten in die für ihren persönlichen Lernstil angemessenen Lerntechniken bzw. Lernstrategien (vgl. Doff/Klippel 2007, 239 ff.).

Fokussiert man M. lehrerseitig, so gehört hierzu auf der Makroebene das diachron ausgerichtete, fachwissenschaftliche Wissen um die historische Entwicklung und die Schlüsselkonzepte der Fremdsprachenmethodik (↗ Methodik) – beginnend bei der ↗ Grammatik-Übersetzungs-Methode über die ↗ audio-linguale und ↗ audio-visuelle Methode bis hin zu holistischen, kommunikativen, bilingualen und ↗ alternativen Lehr-/Lernformen (↗ Ganzheitliches Lernen, ↗ Kommunikativer FU, ↗ Bilingualer Unterricht). Zu den alternativen Methoden gehören ↗ *Total Physical Response*, ↗ Suggestopädie und spielerisch-musisches Lernen. Auf der Mikroebene bedeutet M. seitens der Lehrenden die Beherrschung und Umsetzung eines möglichst variablen Methodenrepertoires in der Unterrichtsplanung, d.h. im Bereich der methodisch-didaktischen Vorbereitung und Analyse einer Unterrichtseinheit. So erstreckt sich die notwendige M. Lehrender auf fünf zentrale Bereiche: (1) Handlungs- und Lernsituationen, (2) Handlungsmuster bzw. methodische Grundformen, (3) Unterrichtsschritte (methodischer Gang), (4) Sozial-, Kooperations- und Differenzierungsformen und (5) methodische Großformen wie etwa Lehrgang, Projekt, Lektion, Exkursion usw. (Meyer 2008, 116 ff.).

Lit.: S. Doff/F. Klippel: Englischdidaktik. Praxishandbuch für die Sekundarstufe I und II. Bln 2007. – M. Meyer: Unterrichtsmethoden. Praxisband. Bln ¹²2007 [1987]. – D. Wolff: Lernerstrategien beim Fremdsprachenlernen. In: J.-P. Timm (Hg.): Englisch lernen und lehren. Didaktik des Englischunterrichts. Bln 1998, 70–77. NG

Methodik bezeichnet die Theorie und Zusammenfassung der Methoden, die im Unterricht zur Erreichung bestimmter Ziele eingesetzt werden. Grob gesprochen, befasst sich die M. mit dem ›Wie?‹ des Unterrichts, die Didaktik mit dem ›Was?‹. Beide Bereiche, Unterrichtsinhalte und Unterrichtsmethoden, sind durch den Fachbezug jedoch eng miteinander verknüpft, da einzelne Fachziele den Einsatz bestimmter Unterrichtsmethoden nahelegen. Unterrichtsmethoden sind die von der Lehrkraft ausgewählten und praktizierten Handlungsweisen, die die Prozessstruktur des Unterrichts verkörpern. Über die Wirksamkeit der M. bestehen unterschiedliche Auffassungen: Die produktionistische Annahme geht davon aus, dass die gewünschten (Lern-)Ergebnisse durch den Einsatz passender Methoden erreicht werden; Skeptiker sehen den Unterricht jedoch eher als (evtl. nur teilweise oder gar nicht akzeptiertes) Lernangebot. Inhaltlich wird M. unterschiedlich akzentuiert, indem Unterrichtsmethoden erstens als Mittel zur Erreichung bestimmter Unterrichtsziele gesehen werden (Dimension ›Zielerreichung‹), zweitens als vermittelnde Instanz zwischen Lernstoff und Lernenden (Dimension ›Sachbegegnung‹), drittens als Weg zur Schaffung günstiger Lernbedingungen (Dimension ›Lernhilfe‹) und viertens als institutionell verankert (Dimension ›Rahmung‹). Alle vier Dimensionen sind für die theoretische Erörterung wie die praktische Realisierung von Unterrichtsmethoden bedeutsam (vgl. Terhart 2005, 26 ff.).

Im FU werden Fragen nach Art und Weise der Vermittlung von Sprachwissen und Sprachkönnen seit jeher mit großem Engagement diskutiert; in jeder Epoche gibt es Bestrebungen, die beste Sprachlehrmethode zu entwerfen, und Ansprüche, diese gefunden zu haben. Als Qualitätsgesichtspunkte (↗ Qualität) gelten Wirkungen der jeweiligen Methode, die es erlauben, eine neue Sprache rasch, leicht, umfassend und gründlich zu erlernen. Dabei beziehen sich die Methodenkonzeptionen oft vorrangig auf nur eine der genannten vier Dimensionen, etwa die Sachbegegnung im ↗ *silent way* oder die Lernhilfe im ↗ *community language learning* (vgl. Richards/Rodgers 2001). Der seit den 1970er Jahren weltweit gültige kommunikative Ansatz betont in der M. die Dimensionen ›Zielerreichung‹ und ›Lernhilfe‹ insofern, als dass Unterrichtsverfahren im Mittelpunkt stehen, die Kommunikation vorbereiten, simulieren oder realisieren, etwa ↗ *information gap* und *opinion gap activities*. Es gilt das Prinzip der ↗ Handlungsorientierung, das dem kongenialen ↗ aufgabenorientierten Lernen zugrunde liegt. Somit basiert die M. des ↗ kommunikativen FUs auf einem Verständnis von Sprachlernen, das dem inzidentellen (d.h. beiläufigem) Lernen (*implicit learning*) in simulierten Anwendungssituationen einen höheren Wert beimisst als der bewussten kognitiven Auseinandersetzung mit sprachlichen Regularitäten.

Während Fragen zur M. des Unterrichts in Lehrerbildung und praktischer Unterrichtsgestaltung eine zentrale Rolle spielen, weil sie Handlungsoptionen eröffnen, um ↗ Lernziele zu erreichen, sprechen Theoretiker zunehmend von der sog. *postmethod condition* (Kumaravadivelu 1994), in der weniger die Umsetzung bestimmter Methoden als die eklektische Vorgehensweise individueller Lehrkräfte innerhalb eines gegebenen pädagogischen Kontexts zu besserer Passung von Unterrichtsverfahren und Zielen führen soll. Der Zusammenhang zwischen Lehrverfahren, Lehrzielen und Lernergebnissen bleibt dennoch eine der Kernfragen des FUs.

Lit.: H. Heuer/F. Klippel: Englisch-M. Bln 1987. – B. Kumaravadivelu: The Postmethod Condition. (E) merging Strategies for Second/Foreign Language Teaching. In: TESOL Quarterly 28 (1994), 27–48. – J. Richards/T. Rodgers: Approaches and Methods in Language Teaching. Cambridge ²2001 [1986]. – E. Terhart: Lehr-Lern-Methoden. Eine Einführung in die methodische Organisation von Lehren und Lernen. Weinheim ⁴2005 [1989]. FK

Minderheitensprachen sind eigenständige Sprachen ethnischer oder anderer Minderheiten. Die »Europäische Charta der Regional- oder M.« von 1992 verfolgt das Ziel, historische Regional- oder M. in Europa zu schützen und zu fördern. Nach der Definition der Charta gelten die Sprachen von Zugewanderten nicht als M. Status und Förderung der in der Charta berücksichtigten M. unterscheiden sich von Staat zu Staat erheblich. In Deutschland sind Nordfriesisch, Saterfriesisch, Dänisch, Sorbisch und Romani als M. anerkannt. Angehörige dieser Sprachgruppen haben u. a. Anspruch auf schulischen Unterricht in den jeweiligen M. Besondere Aufmerksamkeit widmet die Ökolinguistik bedrohten Sprachen. M. sollen vor dem ›Sprachentod‹ geschützt werden. Nur so lassen sich Kulturen und Identitäten einzelner Sprecher/innen und ganzer Sprechergemeinschaften bewahren. Die Ökolinguistik untersucht sprachwirksame Umweltfaktoren, welche die Einbindung von Sprachen in die Lebensbedingungen menschlicher Gemeinschaften stören bzw. gänzlich unterdrücken. Dabei bezieht sich die Ökolinguistik nicht nur auf M. im Sinne der oben genannten Charta, sondern auf alle Sprachen, die in einem Staatsgebiet von Minderheiten verwendet werden, also auch auf die Sprachen von Zugewanderten.

Obgleich nach Schätzungen des Statistischen Bundesamts ca. 30 % der SuS in Deutschland einen Migrationshintergrund aufweisen, geht der FU immer noch von Einsprachigkeit als Normalfall aus. Die umfänglichen Sprachlern- und Kommunikationserfahrungen der SuS mit Migrationshintergrund werden unzureichend berücksichtigt. Es bleibt, wenn überhaupt, bei Hinweisen auf Ähnlichkeiten im lexikalischen Bereich. Dabei belegen Untersuchungen, dass mehrsprachig aufgewachsene Kinder und Jugendliche häufig die besseren Fremdsprachen-lernenden sind (vgl. Rück 2009). Während die individuelle ↗Mehrsprachigkeit deutscher SuS höchst positiv bewertet wird, bleibt die lebensweltliche Mehrsprachigkeit von Migranten weitgehend unberücksichtigt. SuS mit Migrationshintergrund werden nur selten beim Auf- und Ausbau einer mehrsprachigen Identität unterstützt. Lediglich im Europäischen Sprachenportfolio (↗Portfolio) können diese SuS ihren gesamten Sprachbesitz dokumentieren. Die Bewahrung und Förderung der Herkunftssprachen bleibt in vielen Bundesländern den SuS und ihren Familien überlassen. Der FU selbst wird seiner Forderung nach Inter- bzw. Transkulturalität (↗Transkulturelles Lernen) in diesem Zusammenhang nicht gerecht. Es fehlen u.a. Übungen im Sprachmitteln (↗Sprachmittlung) unter Einbezug der Herkunftssprachen sowie Wahrnehmungsaufgaben, bei denen die unterschiedlichen Sichtweisen versprachlicht werden (↗Perspektive und Perspektivenwechsel), E-Mail-Kontakte mit Lernenden der gleichen Zielsprache in den Herkunftsländern sowie Literaturprojekte, welche Migration thematisieren. Vor allem aber müssten die M. der Fremdsprachenlernenden aus zugewanderten Familien nicht als ›Heterogenität‹ gefürchtet und unterdrückt, sondern im Rahmen von *student diversity* als Bereicherung angesehen werden.

Lit.: N. Rück: Auffassungen vom Fremdsprachenlernen monolingualer und plurilingualer SuS. Kassel 2009. IDFH

Moderationsmethode. Die M. wurde in den 1970er Jahren von der Unternehmensberatung Quickborner Team für Arbeitsbesprechungen in Wirtschaft und Industrie entwickelt. Mithilfe verschiedener, mediengebundener Fragetechniken steuert eine verantwortliche Person ergebnisorientierte Diskurse zu einer authentischen Problemstellung. Die Moderationsleitung sorgt für einen geordneten Verlauf der Gruppenaktivitäten und konzentriert sich darauf, alle Beteiligten einzubinden. Da alle Teilnehmer/innen gleichberechtigt sind, muss der Moderator/die Moderatorin die Bevorzugung oder Benachteiligung Einzelner verhindern. Der Moderationsprozess durchläuft gemeinhin vier Phasen. Ein zwangloser Einstieg dient dazu, ein angenehmes Gesprächsklima herzustellen und in die Themenproblematik einzuführen. In der nachfolgenden Sammelphase formulieren die Teilnehmer/innen nach Aufforderung spontane Einfälle zum Thema (Blitzlichtabfrage). Dann notieren sie thematische Aspekte für die Pinnwand auf Karten (Kartenabfrage). In der Sichtungsphase nimmt die Gruppe inhaltliche Clusterbildungen vor. Eine vorab ausgehandelte Anzahl an Karten bewertet jeder Teilnehmer mit farbigen Klebepunkten (Punktabfrage). Zu hoch bepunkteten Aspekten erarbeiten Kleingruppen Ausdifferenzierungen, die sie in einer abschließenden Präsentationsphase dem Plenum vorstellen. Im FU hat die M. in Phasen ihren Platz, in denen alle Lernenden ↗Vorwissen aktivieren, spontan Vermutungen äußern, Meinungen artikulieren oder Erkenntnisse formulieren. Insofern sind Blitzlicht-, Karten- und Punktabfrage bereits für fokussierte sprachaktive Tätigkeiten auf beginnenden Lernstufen geeignet. Um moderierte Interaktionen auf der Diskursebene sprachlich angemessen bewältigen zu können, müssen Lernende in der produktiven Verwendung ihres fremdsprachlichen Könnens erfahren sein.

Lit.: W. Gehring: Moderiertes Lehren und Lernen als interaktive Wissenskonstruktion. In: Praxis Fremdsprachenunterricht 5 (2003), 326–331. – H. Gudjons: Methodik zum Anfassen. Unterricht jenseits von Routinen. Bad Heilbrunn ²2006 [2000]. WG

Motivation ist ein affektiver Faktor, eine Schlüsselvariable, ein multidimensionales und dynamisches Konstrukt der Fremdsprachendidaktik, das sich aus einer Reihe vernetzter Komponenten speist. Dazu gehören persönlich-biographische Voraussetzungen der Lernenden, deren Einstellung gegenüber der zu erlernenden Sprache (L2) und der von ihr repräsentierten

Kulturen, aber auch bisherige Erfahrungen beim Lernen der L2, bedingt durch die Gestaltung des Lernorts (↗ Lehr- und Lernort), die Wahl der Themen und Aufgaben, die sozialen Beziehungen im Klassenzimmer, die Persönlichkeit und Kompetenz der Lehrkraft und nicht zuletzt (Miss-)Erfolge im Unterricht und/oder beim Lernen anderer Sprachen. Schließlich sind die Kontakte mit Sprecher/innen der Zielsprache zu nennen sowie die Verfügbarkeit von und die persönlich motivierte Beschäftigung mit neben dem Unterricht zugänglichen L2-Inputs (vgl. Riemer 2006). Der Faktor M. ist nicht konstant, sondern unterliegt Änderungen, die besondere Chancen und Herausforderungen für die Unterrichtspraxis mit sich bringen.

Fremdsprachendidaktische Forschungen zu M.skomponenten greifen auf ein Bündel psychologischer M.stheorien zurück (vgl. den Überblick bei Dörnyei 2001). Erkenntnisse der psychologischen Attributionsforschung (vgl. Heckhausen 1989) verdeutlichen, welche Rolle (Miss-)Erfolgserlebnisse beim Lernen für die Selbstwahrnehmung einer Person bezüglich ihrer Handlungsmöglichkeiten spielen. Auf der Basis kausaler Attributionen kann die Person Erfolg/Misserfolg aufgrund vorangegangener Erfahrungen in sich selbst liegend sehen, in der eigenen Begabung, dem Fleiß oder Engagement (internale Lokation), oder die Verantwortung wird der Lernsituation, der Lehrkraft oder den allgemeinen Umständen zugewiesen (externale Lokation). In jedem Fall haben diese Zuschreibungen Auswirkungen auf die Einschätzung der eigenen Handlungsmöglichkeiten, welcher es bedarf, um zum Erfolg zu kommen. Aufgenommen hat die Fremdsprachendidaktik psychologische Theorien intrinsischer und extrinsischer M. Extrinsische M. resultiert aus äußeren Anreizen (Noten, Belohnungen, Erwartungen der Eltern), während intrinsische M. mit der Lernaufgabe selbst verknüpft ist und sich aus der Freude an der Aktivität, der Herausforderung der Problemstellung und Aufgabe, der Chance auf erfolgreiche Lösung speist. Triebfedern intrinsischer M. sind Neugier, Interesse und Schaffensfreude, deren optimale Entfaltung als *Flow*-Erlebnis bezeichnet wird (vgl. Csikszentmihalyi 1997). Die Grenzen zwischen ex- und intrinsischer M. sind aufgrund der Dynamik von Lehr- und Lernprozessen fließend.

Eine zentrale Frage ist, wie im Lernprozess zunächst extrinsische M. zu intrinsischer M. werden kann (vgl. van Lier 1996, 98–122).

Richtungweisend und von originär fremdsprachendidaktischen Fragestellungen bestimmt waren die sozialpsychologischen Arbeiten von Robert C. Gardner (1985) und seiner Forschergruppe zu integrativer und instrumenteller M. Erstere speist sich aus der Attraktivität der L2 und ihrer Kultur, ihren Werten und Kommunikationsformen. Integrativ motivierte Lernende sind gegenüber der fremden Sprache und Kultur offen und deshalb auch bereit, sich auf die notwendigen Lernanstrengungen einzulassen. Instrumentell motiviert hingegen sind Lernende dann, wenn der L2-Erwerb beruflichen Vorteil verspricht oder in anderer Weise nützlich ist. Wie im Fall ex- und intrinsischer M. sind beide Orientierungen nicht als antagonistisch zu verstehen, sondern ergänzen einander. Gardners Ansätze wurden unter Berücksichtigung kognitionswissenschaftlich-konstruktivistischer Perspektiven erweitert, die vor allem den Entscheidungsprozessen (Formulierung und Auswahl von Handlungszielen, Initiierung von Handlungen, Überwindung von Widerständen und Schwierigkeiten, Aufrechterhaltung der Lernanstrengung), den sozialen Arrangements und den spezifischen wie allgemeinen Kontextbedingungen fremdsprachlicher Lehr- und Lernprozesse Rechnung tragen (vgl. die Modelldarstellung bei Riemer 2006, 44).

Besonders vielversprechend für die L2-Forschung, weil eng auf die besonderen Bedingungen des Lehr- und Lernorts Klassenzimmer bezogen, sind die psychologisch-pädagogischen Erweiterungen von Gardners Modell. Unter umfassender Berücksichtigung kognitions- und sozialpsychologischer Theorien wie fachdidaktischer Forschungen präsentiert Zoltan Dörnyei (2001, 2007) ein dreiphasiges Prozessmodell, das alle Komponenten fasst, die den Handlungen vorgelagert sind, und darüber hinaus die Handlungsphase selbst sowie die Retrospektion auf die Handlungen einschließt: (1) *preactional stage*: u.a. Zielfindung und -bestimmung, Handlungsinitiation mit den diese bedingenden Faktoren (Wertvorstellungen, Haltungen); (2) *actional stage*: u.a. Aufgabeninitiierung und -bearbeitung, Unterstützung und Begleitung mit den diese bedingenden Faktoren (u.a. Lernerfahrung, Möglichkeiten der Selbst- und Mitbestimmung, Unterstützungssysteme), (3) *post-actional stage*: u.a. Bewusstwerdung von Lernfortschritten, Formulierung von Attributionen, weitere Planungen und Formulierung von Standards und ↗Lernstrategien, wiederum verknüpft mit den bedingenden Faktoren (Selbstkonzept, Qualität des ↗Feedbacks, Formen der ↗Leistungsermittlung und ↗Leistungsbewertung). Für die Forschung wie die Unterrichtspraxis besonders relevant ist der Versuch Dörnyeis, dem Prozessmodell durch die Integration zentraler fachdidaktische Forschungen ein Lehr- und Lernmodell für das L2-Klassenzimmer zuzuordnen, das nicht nur der Dynamik des Lehr- und Lernorts Rechnung trägt, sondern Dörnyei auch gestattet, motivationale Strategien auszudifferenzieren. Er unterscheidet Strategien, die helfen können, (1) die Handlungsbedingungen herzustellen (Lehrerverhalten, Lernatmosphäre, gruppendynamische Bedingungen), (2) motivierte Handlungen zu initiieren (Verstärkung positiver Einstellungen der Lernenden, Förderung von Erfolgserwartungen, Verdeutlichung von Zielen, Auswahl und Präsentation von für Lernende bedeutungsvollen Inhalten und Zugängen zu Materialien). Besondere Aufmerksamkeit gilt (3) Strategien, die die M. aufrecht erhalten und gegen Krisen schützen (u.a. Präsentation, Auswahl und Inszenierung angemessener und stimulierender Aufgaben, die Stützung und der Ausbau ↗kooperativen Lernens, die Stärkung und Sicherung des Selbstwertgefühls der Lernenden sowie die Stärkung ihrer Selbständigkeit). Schließlich sind (4) Strategien von Bedeutung, die retrospektiv eine positive Selbsteinschätzung der Lernenden ermöglichen, indem sie motivationale Attributionen festigen, positive Rückmeldungen bewusst machen und Zufriedenheit mit Lernergebnissen ausbauen helfen. Hierher gehören auch transparente und helfende Verfahren der Bewertung.

Dörnyeis differenziertes Strategiekonzept darf nicht als Handlungsanleitung für die Garantie von Lern-M.en missverstanden werden. Vielmehr stellt es ein Repertoire heuristischer Werkzeuge bereit, die das Bewusstsein aller Beteiligten für die komplexen und zyklisch verlaufenden Lehr- und Lernprozesse schärfen helfen. Auch wenn die Strategien aus der Lehrperspektive präsentiert und diskutiert werden, schließen sie den aktiven und kooperativen Beitrag der Lernenden zu einer motivierenden Lernumgebung nicht nur nicht aus, sie rechnen mit ihm als integralem Bestandteil des Lernprozesses. In einer großangelegten Studie konnten Marie-Jose Guillotraux und Dörnyei (2008) einen direkten Zusammenhang zwischen der motivationalen Praxis von Lehrkräften und dem Lernverhalten von Lernenden im FU nachweisen. Neuere Forschungen im Umfeld von Englisch als ↗lingua franca diskutieren eine Weiterentwicklung des Konzepts integrativer M., indem sie auf das Selbstbild der oder des erfolgreich Lernenden als motivationaler Quelle abheben und nicht auf deren oder dessen Wunsch, einer bestimmten Kulturgemeinschaft nahe zu sein (vgl. Dörnyei/Ushioda 2009).

Lit.: M. Csikszentmihalyi: Intrinsic Motivation and Effective Teaching. A Flow Analysis. In: J.L. Bess (Hg.): Teaching Well and Liking it. Motivating Faculty to Teach Effectively. Baltimore 1997, 72–89. – Z. Dörnyei: Motivational Strategies in the Language Classroom. Cambridge 2001. – Z. Dörnyei: Creating a Motivating Classroom Environment. In: J. Cummings/C. Davison (Hg.): International Handbook of English Language Teaching. Bd. 2. N.Y. 2007, 719–731. – Z. Dörnyei/E. Ushioda (Hg.): Motivation, Language Identity and the L2 Self. Bristol 2009. – R. Gardner: Social Psychology and Second Language Learning. The Role of Attitudes and Motivation. Ldn 1985. – M. Guilloteaux/Z. Dörnyei: Motivating Language Learners. A Classroom-Oriented Investigtion of the Effects of Motivational Strategies on Student Motivation. In: TESOL Quarterly 42/1(2008), 55–77. – H. Heckhausen: M. und Handeln. Bln. ²1989 [1980]. – C. Riemer: Der Faktor M. in der empirischen Fremdsprachenforschung. In: A. Küppers/I. Quetz (Hg.): Motivation Revisited. Bln. 2006, 35–48. – E. Ushioda: Learner Autonomy 5. The Role of Motivation. Dublin 1996. – L. van Lier: Interaction in the Language Curriculum. Awareness, Autonomy and Authenticity. Harlow 1996.   ML

Mündlichkeit und Schriftlichkeit. Im Prinzip existieren drei Repräsentationsformen von Sprache: die gesprochene (phonische), die geschriebene (graphische) und die gebärdete (die hier unberücksichtigt bleibt). Mit der rasanten Entwicklung der digitalen ↗Kommunikation lässt sich die Unterscheidung von M.u.Sch. nicht mehr auf Konzepte wie ›Medium‹, ›Kanal‹ oder ›Nähe vs. Distanz‹ zurückführen. Kommunikations*medien* sollten primär als materielle Hilfsmittel gesehen werden, mit denen sich vertextete sprachliche Zeichenkomplexe herstellen, speichern, übertragen, verstärken und rezipieren lassen: also Bücher, Zeitungen, Fax-geräte, Videos, DVDs, Handys, PCs oder das Fernsehen. Davon abzugrenzen sind Kommunikations*formen* wie Fernsehsendungen, Spielfilme, Telefonate, Faxtexte, E-Mails, Briefe oder SMS, die alle (in sprachfunktionaler Hinsicht) unterschiedliche kommunikative Intentionen realisieren können. Sie werden über situativ-textexterne Merkmale bestimmt: z. B. wie viele Interaktanten beteiligt sind, und ob die Kommunikation mono- oder dialogisch bzw. (im Hinblick auf Produktion und Rezeption) simultan oder asynchron verläuft. Textsorten bzw. Diskursarten (allgemein: Genres) definieren sich dagegen über textinterne wie textexterne Charakteristika mit eher begrenzten Funktionen im Sprachgebrauch (Lebenslauf, Zeitungsbericht, Flugblatt oder Rezept), was funktionale Vielfalt in einem Text nicht ausschließt. Ein handlungs- bzw. kompetenzorientierter Fremdsprachenunterricht (↗Handlungsorientierung, ↗Kompetenz) wird darauf ausgerichtet sein, die rezeptive wie produktive Verfügbarkeit über bestimmte Textarten oder Diskursgenres anzustreben und zu sichern.

Die M. des spontanen Gesprächs zeigt zwei Hauptmerkmale: einmal die Verarbeitung der Sprache in der Echtzeit mit einem erheblichen Zeitdruck für die Redeteilnehmer (engl. *real time processing*); zum anderen den reziproken Charakter einer derartigen Wechselrede (engl. *reciprocity*) mit der Sicherung des *turn-taking*, der gemeinsamen Verstehensbasis und der Weiterentwicklung des Dialogs. Eine syntaktisch komplexe Planung bzw. Realisierung ist hier weder möglich noch nötig; denn ein Sprecher greift in hohem Maße auf Satzstämme, feste Fügungen, Parataxe und vor allem auf eher hochfrequente, leicht abrufbare Wörter bzw. Wortgruppen zurück (mit relativ vielen Pausen, Füllseln, Abbrüchen, und Ellipsen). Nach Peter Skehan (1998) wird das freie Sprechen (als evolutionär primäre Modalität der Sprache) von einem nicht-generativen, gedächtnisgestützten System der Sprachverarbeitung gespeist, das auf lexikalischen Einheiten und strukturellen Versatzstücken beruht (das sog. *idiom principle*). Beim geplanten, zusammenhängenden Sprechen (engl. *prepared talk*, *scripted speech*) und noch mehr beim text(sorten)gebundenen Schreiben wird stärker auf regelbasierte, analytisch-generative und syntaktisch

orientierte Sprachverarbeitungsprozesse rekurriert (vgl. Skehans *open-choice model*). Indem ein Autor beim reflektierten Verfassen eigener Texte versucht, eine bestimmte Thematik kohärent zu entfalten, werden sowohl inhaltliche Überlegungen als auch strategisch-linguistische Planungen auf der Ebene der Textstruktur und des komplexen Satzes aufgerufen: Textbauplan, Layout, textbildende grammatische Kategorien, logische Verknüpfungen, Hypotaxe u. a. Von daher spricht man auch von konzeptioneller M.u.Sch. (Dürscheid 2003). Hierdurch wird ein Kontinuum gebildet, auf dem sich (in relativen Positionen zueinander) unterschiedliche Kommunikationsereignisse nach externen Parametern lokalisieren lassen. So sind ein Small Talk oder Streitgespräch unter Freunden stärker am Pol der M. angesiedelt als eine Debatte oder ein Wirtschaftsgipfel. Umgekehrt sind ein Lexikoneintrag oder ein Gesetzestext klarer am Pol der konzeptionellen Sch. zu verorten als ein persönlicher Brief oder eine Glückwunschkarte.

Technische Entwicklungen wie das Faxgerät und der Anrufbeantworter sprengten die herkömmliche Dichotomie von ›Nähe vs. Distanz‹ als Unterscheidungsmerkmal der gesprochenen und der geschriebenen Sprache. Ein Fax ist eine schnelle Variante der distanten Sch.; und ein Anrufbeantworter entkoppelt für eine gesprochene Nachricht die zeitliche Ko-Präsenz von Produktion und Rezeption (wie sie beim Gespräch existiert). Im Gegensatz zu den Kommunikationsformen Fax, E-Mail und SMS ist beim Chat (einem ›getippten Gespräch‹), wie bei Unterhaltungen, Telefonaten und Diskussionen, der Kanal für alle Interaktanten offen: ein zentrales Merkmal der herkömmlichen, synchronmündlichen Kommunikation. Der Chat ist jedoch eine schriftbasierte Interaktion, und die Teilnehmer/innen (in einem maximal geöffneten, von allen geteilten virtuellen Kommunikations*raum*) können sich weder simultan äußern noch unterbrechen. Ihre Beiträge können sich nicht überlappen (es liegt also eine quasi-synchrone Kommunikation vor). Diskursarten wie Vortrag oder Referat sind Realisierungen einer *asynchronen* mündlichen Kommunikation mit einer ›zerdehnten‹ Interaktion im gleichen Raum, denn der Kanal öffnet sich für die Zuhörer/innen erst nach der Präsentation für eine inhaltliche Aussprache. Bei der mündlichen Kommunikation sollte somit eine synchrone und eine asynchrone Variante unterschieden werden, bei der schriftlichen eine asynchrone und eine quasi-synchrone. Das Merkmal ›synchron/asynchron‹ ist für ein Verständnis der ›neuen‹ M.u.Sch. konstitutiv, denn es hat Auswirkungen auf die sprachliche Realisierung der dabei produzierten Texte. Synchrone Kommunikationsformen (inklusive des quasi-synchronen Chat) haben eine starke Affinität zum Pol der alltagssprachlichen M., da sie eher spontan verlaufen. Beim asynchronen, monologisch-zusammenhängenden Sprechen (in Reden, Präsentationen oder Vorlesungen) nehmen die Elemente der Planung und damit die sprachliche Komplexität und Elaboriertheit zu.

Die neuen, medial transportierten asynchrongeschriebenen Kommunikationsformen wie E-Mail oder SMS lassen sich in die traditionelle Dichotomie der konzeptionellen M.u.Sch. nicht mehr einordnen, denn sie unterscheiden sich erheblich: funktional und objektsprachlich (Werbung, Bestellung, Kontakt u.a.). Ähnlich multifunktional ist inzwischen der Chat, denn er kann politischer, beratender, phatischer oder unterrichtlicher Natur sein. Da das herkömmliche Kontinuum der konzeptioneller M.u.Sch. sich nur noch für Textsorten und Diskursarten aufrechterhalten lässt, fällt in einem handlungs- und kompetenzorientierten FU den kommunikativen Genres eine zentrale Rolle zu, um die Spezifika der M.u.Sch. herauszuarbeiten und deren Verfügbarkeit im kommunikativen Sprachgebrauch zu sichern. Es dürfte zurzeit unbestritten sein, dass die Leitvorstellung einer ›kommunikativen M.‹ ein notwendiges Ziel eines modernen FUs ist. Ob sie hinreichend ist, ist eine andere Frage; es muss bildungstheoretisch entschieden werden, inwieweit für bestimmte Lernergruppen und Bildungsziele auch eine konzeptionelle Sch. gefordert ist.

Lit.: C. Dürscheid: Medienkommunikation im Kontinuum von M.u.Sch. Theoretische und empirische Probleme. In: Zeitschrift für Angewandte Linguistik 38 (2003), 37–56. – P. Skehan: A Cognitive Approach to Language Learning. Oxford 1998.   WZ

Multiple Literacy. Traditionell wird mit *literacy* die Fähigkeit, Lesen und Schreiben zu können, gefasst. In letzter Zeit hat sich mit dem Wandel der Gesellschaft der Begriffsumfang wesentlich erweitert, z.B. wird gesprochen von *technological literacy, mathematical literacy, visual lite-* *racy* (↗Visuelle Kompetenz), *computer literacy* oder *media literacy* (↗Medienkompetenz). Die Konzeption der *m.l.* entwickelt sich seit der Publikation eines Initialaufsatzes der New London Group (1996), einer interdisziplinär zusammengesetzten zehnköpfigen Forschergruppe um Gunther Kress und Norman Fairclough, zu einem pädagogischen Konzept: *A Pedagogy of Multiliteracies. Designing Social Futures.* Die Autoren argumentieren, dass die Multimodalität der Kommunikationskanäle und die Zunahme der kulturellen und sprachlichen Vielfalt einen weiten Literalitätsbegriff benötigen, der über einen traditionell sprachlich begrenzten Ansatz hinausgeht. Eine Multiliteralitätspädagogik verfolgt zwei Ziele: Neben dem Zugang zu der sich verändernden Sprache im Arbeitsumfeld, bei der Ausübung von Macht und in der Gemeinschaft soll auch die kritische Teilhabe des Individuums an der gesellschaftlichen Zukunftsgestaltung ermöglicht werden. Damit hat das Konzept Eingang gefunden in die Debatte um Bildungsgerechtigkeit, in deren Zentrum soziale Praxen zur Konstruktion von Bedeutung stehen. Zentral ist die Befähigung der Lernenden zur Beteiligung am gesellschaftlichen Diskurs (*empowerment*), gleichwohl werden Aspekte der Chancenungleichheit von unterschiedlichen Minderheiten kritisch betrachtet. In den 1990er Jahren wurde die Rolle der Medien, unter besonderer Berücksichtigung des Einflusses des Computers auf Kommunikation und Wissenserwerb behandelt, was sich in den Konzepten von *media literacy* und *information and computer technology literacy* niederschlägt. Neuere Arbeiten betrachten den kritischen Umgang mit den Medien, insbesondere auch mit dem Internet, was sich in den Konzepten der *critical media literacy* bzw. der *critical m.l. education* zeigt (van Heertum/Share 2006, 253). Diese kritische *m.l.*-Didaktik legt einerseits Wert auf die Sensibilisierung für die Rolle von Macht und Wissen und andererseits auf die Befähigung der SuS, aktive emanzipierte Bürger zu werden. Im deutschen Diskurs der Fremdsprachendidaktik wurde der Begriff verhalten rezipiert (vgl. Kupetz 2002), zunächst häufig missverstanden und nur mit Literalität assoziiert, was dem weitergreifenden Ansatz, der sowohl Literalität als auch Oralität umfasst, nicht gerecht wird.

Lit.: R. Kupetz: The Empowerment of the Learner. FfM 2002. – New London Group: A Pedagogy of Multiliteracies. Designing Social Futures. In: Harvard Education Review 66/1 (1996), 60–92. – R. van Heertum/J. Share: A New Direction for ML Education. In: McGill Journal of Education 41/3 (2006), 246–266.
RK

Musik. Die Idee der Nutzung von M. im FU ist seit Wilhelm Viëtor in der neusprachlichen Didaktik gängig und zunehmend auch unterrichtliche Praxis geworden, zuerst im Anfangsunterricht des 5. und 6. Schuljahres (seit ca. 1882), später auch im fortgeschrittenen FU, verstärkt seit ca. 1990, vor allem durch die Nutzung von Instrumental-M. als Lern- und Kommunikationsimpuls. Das Thema ist seit den 1990er Jahren immer wieder präsent in wissenschaftlichen Veröffentlichungen sowie in Kurs- und Lernmaterialien der einzelnen Schulsprachen (einschließlich Kassetten, CDs usw.) und wird sowohl aus theoretisch-konzeptioneller als auch aus unterrichtspraktischer Sicht diskutiert – und zwar vornehmlich im Hinblick auf die Schulfremdsprachen Englisch und Deutsch als Fremd- bzw. Zweitsprache. Beispielhaft genannt seien Rupprecht S. Baurs (1990) Monographie zur Nutzung musikalisch-suggestopädischer Lehrmethoden (↗ Suggestopädie), die Anthologie von Gabriele Blell und Karl-Heinz Hellwig (1996) zum Einsatz von Bildender Kunst und (Instrumental-)M., Tim Murpheys monographische Auseinandersetzung zu *Song and Music in Language Learning* (1990), Engelbert Thalers bahnbrechendes Buch zu *M.videoclips im Englischunterricht* (1999) sowie der Band *Bild- und M.kunst im interkulturellen FU* von Camilla Badstübner-Kizik (2007).

Die Neubelebung der fremdsprachendidaktischen und unterrichtspraktischen Diskussion zur Bedeutsamkeit und den Funktionen von M. im FU ist mehrperspektivisch begründbar und insbesondere an neuere Erkenntnisse in den ↗ Bezugswissenschaften der Fremdsprachendidaktik geknüpft: (1) ↗ Spracherwerb und M.-Verarbeitung: Obwohl eine direkte spracherwerbsfördernde enge Verbindung von M.- und Sprachenlernen bis heute erst in Anfängen nachweisbar ist, gehen Kognitionswissenschaftler und Neuropsychologen mehr und mehr davon aus, dass die Verarbeitung von M. und

Sprache ähnlichen Prozessen unterliegt und damit positive Wechselwirkungen zwischen beiden zu vermuten sind. Aniruddh Patel (2008, 3 f.) stellt eine Reihe grundlegend gleicher Verarbeitungsmechanismen für Sprache und M. fest. Dazu gehören: Lautkategorien werden gelernt; statistisch relevante Regularitäten im Bereich der rhythmischen und melodischen Sequenzen werden erschlossen; rezipierte tonale Elemente (M. und Wort) werden in syntaktische Strukturen integriert; emotionale Bedeutung wird aus akustischen Signalen erschlossen; die Interpretation verläuft in beiden Bereichen ähnlich, indem komplexe akustische Sequenzen in diskret wahrnehmbare Elemente zerlegt werden, die wiederum in hierarchischen Strukturen organisiert sind, die Bedeutung bzw. Sinn übertragen. (2) Literatur- und kulturwissenschaftliche Konzepte: Die verschiedenen Paradigmenwechsel in den ↗ Literatur- und ↗ Kulturwissenschaften (*linguistic turn, iconic turn, cultural turn*) haben eine Reihe innovativer Impulse für die Fremdsprachendidaktik gebracht. Der Textbegriff wurde sukzessiv erweitert und öffnete damit auch bisher weniger beachteten Textformaten unterschiedlicher medial-musikalischer Prägung den Weg in den FU, was vielfältige neue kulturelle und (inter-)mediale ›Sinnstiftungsprozesse‹ stimulierte (↗ Intertextualität und Intermedialität). (3) ↗ *Multiple Literacy*-Didaktik: Vor dem Hintergrund der Zunahme elektronisch gestützter multimodaler Formen weltweit verbindender Kommunikation sowie aufgrund (sub-)kultureller und sozialer Diversifizierungsprozesse, hervorgerufen durch globale Migration und Multikulturalismus, wird seit geraumer Zeit eine »pedagogy of Multiliteracy« favorisiert, »[that] focuses on modes of representation much broader than language alone« (Cope/Kalantzis 2000, 5).

M. im FU effektiv zu nutzen, heißt, von einem weiten Verständnis von M. auszugehen. Demzufolge umfasst M. Lieder (Pop- und Rocksongs, Chansons usw.), Instrumental-M., Geräusche, Klänge und Klangbilder/*soundscapes*, aber auch andere akustisch-phonetische, melodieähnliche oder rhythmisch-klangliche Signale (Aussprache und Satzintonation eingeschlossen). Darüber hinaus bringen wachsende intermediale Verflechtungen von M. mit anderen Medien neue Umsetzungsmöglichkeiten für den FU: Film-M., M.videoclips, stark rhythmisch-unterlegte *dub poetry* und *sound poetry*, Tanz oder Hörspaziergänge. Im Filmunterricht z.B. eröffnet die Beschäftigung mit musikalisch-akustischen Signalen, die im Vergleich zur Bildspur zuweilen eindringlicher und emotional nachhaltiger sind, einen zusätzlichen Erkundungsraum bei der Entwicklung von Hör-Seh-Kompetenz (↗Filmkompetenz). Zur Erfassung des Funktions- und Wirkungspotenzials eines Films ist es erfahrungsgemäß hilfreich, sowohl die akustische Ebene isoliert als auch die Bild-Ton-Ebene gemeinsam zu analysieren. Die Lernenden sollten dabei vor allem erfahren (rezeptiv und produktiv), welche Funktionen Film-M. hat (z.B. paraphrasierend, polarisierend und kontrapunktierend), jedoch auch ihr Wirkungspotenzial erkunden (sensorisch, expressiv, deskriptiv). Das methodische Herangehen ist vielfältig und reicht über die Benennung von Darstellungsmitteln und Instrumenten, über Hörprotokolle, *silent viewing*, Bild-Ton-Zuordnungen bis zu Szenenvertonungen (vgl. Surkamp 2010). Im Vergleich zum Film weisen M.videoclips eine besonders große bzw. spezifische Ton-Bild-Schere auf: Sie bieten bewegte reale und animierte Bilder und verkoppeln diese mit Soundtracks in einer audiovisuellen Doppelcodierung äußerst komplexer Art. Thaler (1999) hat umfänglich dokumentiert, wie fruchtbar die Arbeit mit diesem Genre im FU ist: *lyrics-first-approach*, *sound-first-approach*, *vision-first-approach*, *vision-off-approach*, *sound-off-approach*, *lyrics-off-approach*, *all-codes-approach*. Ein weiteres interessantes musikalisches Genre für den FU sind Klangbilder (engl. *soundscapes*), die auch als akustische Nachrichten bezeichnet werden und Bedeutungen wie Licht, Bild, Raum, Form oder Gestalt assoziieren. Klangbilder aus anderen Kulturen (wie z.B. *New York in 24 Hours*) reflektieren ganz subjektive Geschichten und Werte anderer Kulturgemeinschaften und können klanglich interkulturelle ›Begegnungen‹ inszenieren. Methodische Zugänge sehen das Wahrnehmen, Erkennen und Benennen verschiedener Geräusche und Klänge (natürliche, menschliche oder technische) vor, das Verfassen von Hörgeschichten, die Kontrastierung mit verbalem oder visuellem Material und interkulturelle Vergleiche. Jedoch lässt sich auch das eigene Klangumfeld (z.B. die Schule) durch Klangspaziergänge erkunden und auswerten (Klangroute planen, Klänge vermuten, genau hinhören beim Klangspaziergang, Klänge beschreiben usw.).

Betrachtet man die unterrichtstheoretischen und -praktischen Veröffentlichungen zum Thema, wird deutlich, dass sich für den Einsatz von M. im FU folgende didaktische Grundlagen und Prinzipien bewährt haben: (1) ↗Prozessorientierung als Konzept konstruktivistischen Lernens zur Anregung von Sprach- und Sinnbildung sowie zum ästhetischen Lernen; (2) ganzheitlich-handelndes, schülerzentriertes Lernen (↗Lernerorientierung), bei dem die Lehrperson Monitor, Beraterin sowie aktiv Beteiligte ist. ↗Handlungsorientierung ist dabei das zentrale verbindende konzeptionell-didaktische Prinzip der Fremdsprachendidaktik und der angrenzenden M.pädagogik; (3) Öffnung des Lernortes Schule: Projektorientiertes Lernen (z.B. M.werkstatt) oder Hörspaziergänge (↗Lehr- und Lernort, ↗Projektarbeit); (4) ↗interkulturelles Lernen zur Entdeckung fremder akustischer Kulturen. Die folgende tabellarische Übersicht zu sprachlernunterstützenden musikalischen Aktivitäten fasst wichtige Funktionen von M. im FU zusammen (vgl. Blell 2006, 113ff.):

Seit kurzem wird auch das Schulfach M. verstärkt als mögliches Sachfach für den ↗bilingualen Unterricht diskutiert. So wie der FU bezüglich der Entwicklung von ↗Hör- und Hör-/Sehverstehen einen weiten Ansatz verfolgen sollte, wäre ein früh einsetzender bilingualer M.unterricht bestens in der Lage, Hören zu schulen und damit langfristig musikalisch-akustische Hörverstehensprozesse zu unterstützen, ohne die Sprachenlernen nicht denkbar ist (Sprachmelodie, -rhythmus, ↗Aussprache usw.). Dietrich Helms (2004) verfolgt in diesem Zusammenhang ein fächerübergreifendes Konzept einer allgemeinen Didaktik der Kommunikation, die das kognitive ↗Lernziel *communication awareness* (↗Bewusstheit/Bewusstmachung) anstrebt und »Verstehen im Kontext aller Medien und Themen« (ebd., 301) entwickeln soll. Hier könnte die Entwicklung einer übergreifenden ↗kommunikativen Kompetenz abgeleitet werden. Diese müsste dann auch einschließen, dass Lernende sich von einer musikalischen Mitteilung emotional und kognitiv angesprochen fühlen und mit einer kommunikativen Anschlusshandlung darauf reagieren. Bisher entstandene Arbeiten sprechen sich jedoch eher für

Funktionen von M. im FU	Aktivitäten im Unterricht
Psychohygienische und emotionale Funktionen	• Aufwärm- und Entspannungs-Aktivitäten • Hintergrund-M. in Prüfungssituationen, bei Rollenspielen, Interaktionsspielen sowie in kreativen Schreibsituationen • Phantasiereisen zur Einstimmung in neue Inhalte • freies Malen auf der Grundlage von M. (vorsprachliche Tätigkeit)
Sozial- psychologische Funktionen	• Tanzen nach einfachen Schrittfolgen (*square dance, rap*) • ↗ *Total Physical Response* (*rocking sheep, mirror games*) • Singen
Förderung des unbewussten Lernens	• M. zur Lernstützung in suggestopädischen Lernkonzerten (duale Stoff-präsentation) • akustische und rhythmische Erschließung von Gedichten (Klopfkonzerte, Echotechniken) • musikalische Rhythmusschulung zur unterstützenden Lyrikanalyse (z. B. $^3/_4$-Takt entspricht dem Daktylus) • Sprechen als musikalisches und rhythmisierendes Artikulieren zur Ausbildung prosodischer Elemente (Tonhöhe, Rhythmus, Pausen, Sprachfluss usw.) (Lernen von Lautkategorien) • M. als emotional-kognitives Erfahrungsmodell für die Strukturierung von Gesprächen • tanzende oder malerische Interpretation von Liedtexten (zur Förderung der Langzeitspeicherung)
Förderung (sprachlich) kognitiver Prozesse	• mehrkanalige Wortschatzarbeit • Grammatikarbeit (Arbeit an unregelmäßigen Verben durch z. B. *rap*-Rhythmen) • Vertonung kurzer Texte bzw. sprachlicher Formulierungen (Gedichte) mit einfachen Mitteln (Rassel, Triangel, Holzklangstäbe, Xylophon) oder selbst gebastelten Instrumenten (Klapperdose, Trompetenkamm) • integriertes Fach- und Sprachenlernen (*CLIL*) (bilingualer M.unterricht)
Auslöser von fremdsprachlichen Kommunikations-prozessen sowie interkulturelles Lernen	• Arbeit mit Rocklyrics (Hinführen von eher ›stimmungs‹- und ›fan‹orientierten Hörweisen zu eher kognitiv-orientierten Hörweisen (Hörverstehen) • Malen (vorsprachlich) und Sprechen (Erzählen) über M. (z. B. Orff: Der Mond; Smetana: Die Moldau) • Hörgeschichten schreiben auf der Grundlage von Programm-M. (z. B. *La Mer, The Fall of the House of Usher*) (transmediales Erzählen) • Klangbilder/*soundscapes* als Auslöser für interkulturelles Lernen (Entdecken natürlicher und industrieller Umwelt fremder Lebensräume; Entdecken von fremden ruralen und urbanen Landschaften; Entdecken von Formen kulturellen Zusammenlebens in fremden Lebensräumen) • Lieder (*chansons, popsongs*) zur Bearbeitung und Verarbeitung fremder Realitäten (ästhetischer und soziopolitischer Ansatz) • vergleichende Aufgaben auf der Grundlage von Produkten medialen Transfers (Literaturvertonungen, M.videoclips) • das ›Motiv‹ der M. in narrativen Texten (z. B. Sartre: *Les mots*; Doctorow: *Ragtime*) • M. und szenische Interpretation (Erleben musikalischer Inhalte)

Module bilingualen M.lernens aus als für bilinguale Zweige. So z.B. Daniela Bartels (2010), die die Konzeption eines Moduls zur Behandlung von Jazz auf Englisch (*Swing Music in the Third Reich*) entwickelt und evaluiert. Nach theoretischer wie empirischer Hypothesenprüfung ihrer Fallstudie kommt sie zu folgenden Verifizierungen für die Konzeption eines bilingualen Moduls: Notwendigkeit der Berücksichtigung musikalischer Lebensweltorientierungen der Lernenden und durchgängiges komparatistisches Vorgehen (deutsch-englisch, deutsch-französisch usw.); Notwendigkeit der Einbeziehung handlungsorientierter M.praxisphasen für die Einführung schwieriger Lerninhalte; Problematisierung der Einbeziehung der Notation als größte Herausforderung für den bilingualen M.unterricht. Abschließend plädiert Bartels für einen ganzheitlichen, d.h. kognitiven, affektiven und psychomotorisch-bewegten bilingualen M.unterricht. Des Weiteren nennt Carolin Seitz (2010) für ein Modul *Creative Songwriting* folgende Voraussetzungen für eine erfolgreiche Umsetzung: angemessenes fremdsprachiges Repertoire, Fähigkeit zur Metaphernbildung (basierend auf der These (fremd-)sprachlicher Metaphernbildung als ›Verbindungsstück‹ zwischen M. und Sprache), Fähigkeit zu Phantasie sowie angemessenes musikalisches Repertoire (z.B. Minimum instrumentaler Fähigkeiten, Harmonielehre).

Lit.: C. Badstübner-Kizik: Fremde Sprachen, Fremde Künste? Bild- und M.kunst im interkulturellen FU. Gdańsk 2007. – D. Bartels: Bilingualer M.unterricht. Eine englischsprachige Einheit zu Jazz/Rock/Pop. In: Blell/Kupetz 2010, 167–178. – R.S. Baur: Superlearning und Suggestopädie. Grundlagen, Anwendung, Kritik, Perspektiven. Bln u.a. ⁵1994 [1990]. – G. Blell: M. im FU und die Entwicklung von Audio Literacy. In: U.H. Jung (Hg.): Praktische Handreichung für Fremdsprachenlehrer. ⁴FfM 2006 [1992], 112–119. – G. Blell/K.-H. Hellwig (Hg.): Bildende Kunst und M. im FU. FfM 1996. – G. Blell/R. Kupetz (Hg.): M. und die Entwicklung von Audio Literacy im FU. FfM 2010. – B. Cope/M. Bill/Kalantzis (Hg.): Multiliteracies. Literacy Learning and the Design of Social Futures. Ldn 2000. – D. Helms: M. dreisprachig? Probleme und Chancen eines bilingualen M.unterrichts. In: A. Bonnet/S. Breidbach (Hg.): Didaktiken im Dialog. Konzepte des Lehrens und Wege des Lernens im bilingualen Sachfachunterricht. FfM 2004, 291–304. – T. Murphey: Song and Music in Language Learning. FfM 1990. – A. Patel: Music, Language and the Brain. Oxford 2008. – C. Seitz: Songwriting im bilingualen M.unterricht. In: Blell/Kupetz 2010, 179–190. –

C. Surkamp: Film-M., M. im Film. Die Rolle der auditiven Dimension für den fremdsprachlichen Filmunterricht. In: Blell/Kupetz 2010, 275–290. – E. Thaler: M.videoclips im Englischunterricht. Mü. 1999.   GB

Musikvideos ↗Medien, ↗Musik

Muttersprache ↗Einsprachigkeit, ↗Mehrsprachigkeit

N

Narrative Kompetenz bezeichnet die durch Erziehung vermittelte Fähigkeit, Geschichten verstehen, produzieren und erzählen bzw. Ereignisse, Erfahrungen oder Selbsterlebtes durch Erzählstrukturen wiedergeben zu können. Erzählen gilt nicht nur als ein anthropologisches Grundbedürfnis des Menschen sowie unverzichtbares Mittel der Identitäts- und Sinnstiftung, sondern zählt auch zu den zentralen Kulturtechniken, denen in der heutigen Medienkulturgesellschaft in Erziehung, Wissenschaft, Medien und Wirtschaft große Bedeutung zukommt. N.K. steht in engem Bezug zu den elementaren Kulturtechniken des ↗Leseverstehens und ↗Schreibens sowie zu Textroutinen und Wissensordnungen. Während die strukturalistische Narratologie, also die Theorie des Erzählens, davon ausgeht, dass Erzählen ein universales Phänomen ist, betonen neuere Ansätze die historische, kulturspezifische und mediale Variabilität von Erzählformen. Außerdem ist davon auszugehen, dass sich n.K. im Prozess der Medialisierung durch die Auswirkungen neuer Medientechnologien (z.B. E-Mail, Internet) verändert und dass sich im Prozess der Medialisierung neue narrative Medienformate (z.B. Blogs) herausbilden.

In ihrer Lebenswelt sind Lernende heute von Alltagserzählungen und narrativen Medienformaten unterschiedlichster Art umgeben: von *news stories* der Zeitungen und Nachrichtensender über Talkshows, ›Dokudramen‹ und Sitcoms im Fernsehen bis zu den digitalen narrativen Formen wie Hypertexten und narrativen Computerspielen. Geschichten, Erzählungen und narrative Texte aller Art (Anekdoten, Witze, Sprichwörter, Rätsel, Märchen, Kurzgeschichten sowie narrative Ganzschriften wie Romane) spielen nicht nur als beliebter Gegenstand des Literaturunterrichts seit langem eine bedeutende Rolle, sondern das Erzählen von Geschichten ist auch ein wichtiges Verfahren im ↗kommunikativen FU, um sprachliche Kompetenzen zu üben und zu fördern. Zur Förderung n.K. eignen sich vor allem Alltagserzählungen und die Textarbeit mit erzählerischen Kurzformen (vgl. Nünning/Nünning 2003).

Mindestens sechs Dimensionen von n.K. können unterschieden werden (vgl. Nünning/ Nünning 2007): (1) die passive bzw. rezeptionsästhetische Dimension: die Fähigkeit, auch komplexe Geschichten verstehen zu können; (2) die kognitive Dimension: die Kenntnis der wichtigsten Elemente und Bauformen narrativer Texte und die Fähigkeit, sie benennen zu können; (3) die gattungsbezogene Dimension: das Wissen über die wichtigsten narrativen Genres und die Fähigkeit, sie erkennen und ggf. verwenden zu können; (4) die analytische Dimension: die Fähigkeit, auch komplexe Geschichten analysieren, d.h. in ihre Elemente und Bauformen zerlegen zu können; (5) die aktive bzw. produktionsästhetische Dimension: die Fähigkeit, auch komplexe Geschichten produzieren bzw. erzeugen zu können; (6) die performative Dimension: die Fähigkeit, auch komplexe Geschichten mündlich erzählen bzw. vortragen zu können.

Das Erzählen von Geschichten fördert noch eine Reihe weiterer Kompetenzen, allen voran ↗literarische Kompetenzen und die hoch eingeschätzte ↗kommunikative Kompetenz. N.K. ist aber nicht nur für die ↗Sprach-, ↗Literatur- und ↗Kulturdidaktik in den Fremdsprachenfächern von weitreichender Bedeutung, sondern auch für die Geschichtsdidaktik, weil das Erzählen von Geschichten sowohl auf der Ebene der Quellen als auch als Medium der Darstellung historischen Wissens eine zentrale Rolle spielt. In den didaktischen Diskussionen um ↗Kompetenzen und Bildungsstandards (↗Standards) spielen n.K. und Überlegungen zum Erzählen bislang eine untergeordnete Rolle, obgleich es sich um eine der zentralen ↗Schlüsselqualifikationen handelt.

Lit.: V. Nünning/A. Nünning: N.K. durch neue erzählerische Kurzformen. In: Der Fremdsprachliche Unterricht Englisch 61 (2003), 4–10. – V. Nünning/A. Nünning: Erzählungen verstehen, verständlich erzählen. Dimensionen und Funktionen n.K. In: L. Bredella/ W. Hallet (Hg.): Literaturunterricht, Kompetenzen und Bildung. Trier 2007, 87–106.   VN/AN

Native Speaker ↗ Intercultural Speaker

Nativistische Ansätze. Die nativistische Hypothese ist im Zuge der Diskussion verschiedener Spracherwerbstheorien, die den ungesteuerten Erst-, Zweit- oder Mehrsprachenerwerb beschreiben, entstanden (↗Spracherwerb und Spracherwerbstheorien). Als nativistisch im engeren Sinne werden jene ↗Lerntheorien bezeichnet, die davon ausgehen, dass sprachliche Strukturen bzw. Kenntnisse über sprachliche Strukturierungsprinzipien angeboren sind. Kein spracherwerbstheoretischer Ansatz kommt ohne die Annahme angeborener Fähigkeiten aus (vgl. Wode 1993). Es geht lediglich darum, wie viel und welche Art von ↗Wissen über Sprache als angeboren angenommen und welche Rolle Erfahrungen und individuellen Faktoren beigemessen wird. Die Diskussion darum ist hauptsächlich über den Erwerb der Erst- und den natürlichen Erwerb der Zweitsprache geführt worden, was die Relevanz der Annahmen für Erklärungen zum Fremdsprachenlern- bzw. Fremdsprachenerwerbsprozess in gesteuerten Kontexten in Frage stellt.

Seit Beginn der 1960er Jahre hat die Spracherwerbsforschung in einer kaum zu überblickenden Fülle von Studien den Erstspracherwerb von Kindern unterschiedlicher Erstsprachen dokumentiert. Ein unstrittiges Ergebnis ist die Erkenntnis, dass Spracherwerb ein in hohem Maße systematischer Prozess ist. Der Erwerb der Erstsprache variiert offenbar nicht beliebig von Individuum zu Individuum oder von Sprache zu Sprache, vielmehr scheint es ein Grundmuster zu geben. Dieses zeigt sich, unabhängig vom Erwerbskontext, in der Aufeinanderfolge von Entwicklungssequenzen (vgl. Wode 1981; Felix 1982). Ausgelöst durch Noam Chomskys (1959) Kritik an Burrhus F. Skinner und der u.a. durch ihn in den 1960er Jahren vertretenen behavioristischen Lerntheorie, wurde ein angeborener Spracherwerbsmechanismus angenommen und Spracherwerb als Entfaltung eines genetischen Programms verstanden. Chomsky beschreibt die angeborene Universalgrammatik als Antithese zu behavioristischen Sprachlernvorstellungen. Er ging davon aus, dass Kinder genetisch mit Kenntnissen darüber ausgestattet seien, wie menschliche Sprachen beschaffen sind. Dieses genetisch vorgegebene System nannte er *LAD* (*language acquisition device*). Dabei wird eine parametrische Konzeption angenommen: Die Universalgrammatik legt fest, welche Form natürliche Sprachen überhaupt haben können. Diese Optionen nannte Chomsky (1981) Parameter (Prinzipien-und-Parameter-Theorie). Die Parameter sind zu Beginn des Spracherwerbs offen und werden je nach Sprache unterschiedlich besetzt. Die Relationen unter den Parametern legen fest, wieweit die Ausprägung des einen mit der eines anderen vereinbar ist. Die Lernaufgabe reduziert sich auf diese Weise drastisch, da nicht jedes einzelne Strukturmerkmal einer Sprache separat gelernt werden muss, und ist erst eine Struktur durch Parameterfestlegung erkannt, schließt dies das Vorkommen anderer Strukturen aus.

Kritik an den n.A.n betrifft den Universalienbegriff, der auf L1-monolinguale Lerner zugeschnitten ist. Phänomene, die aus dem Kontakt mehrerer Sprachen resultieren (↗Mehrsprachigkeit), wie das im FU der Fall ist, bleiben ausgeschlossen. Beispielsweise hat sprachlicher ↗Transfer beim Fremdsprachenlernen unbestreitbar Einfluss auf den Lernprozess. Außerdem isoliert die Universalgrammatik den Spracherwerb vollständig von anderen Einflussfaktoren, die den individuellen Lerner sowie dessen soziokulturelle Umgebung betreffen, wie z.B. dessen ↗Sprachlerneignung, ↗Motivation, Geschlecht, Alter (↗Andragogik, ↗Geragogik) usw. Mit der *Fundamental Difference*-Hypothese wird sogar die Auffassung vertreten, dass die Universalgrammatik – wenn überhaupt existent – nach abgeschlossenem L1-Erwerb gar nicht mehr verfügbar ist, und die L1- und L2-Spracherwerbstypen damit fundamental verschieden sind.

Lit.: N. Chomsky: A Review of Verbal Behavior by B.F. Skinner. In: Language 35 (1959), 26–58. – N. Chomsky: Lectures on Government and Binding. Foris, Dordrecht 1981. – S. Felix: Psycholinguistische Aspekte des Zweitsprachenerwerbs. Tüb. 1982. –

T. Harden: Angewandte Linguistik und Fremdsprachendidaktik. Tüb. 2006. – H. Wode: Learning a Second Language. An Integrated View of Language Acquisition. Tüb. 1981. – H. Wode: Psycholinguistik. Eine Einführung in die Lehr- und Lernbarkeit von Sprachen. Theorien, Methoden, Ergebnisse. Ismaning 1993.   AG

Natural Approach. Tracy Terrell entwickelte als Reaktion auf die in den USA vorherrschenden Methoden der Fremdsprachenvermittlung (insbesondere die ↗audio-linguale Methode) Ende der 1970er Jahre den *N.A.* Er nannte seine Vermittlungsmethode so, weil das Konzept auf Beobachtungen und Erforschung des natürlichen, also ungesteuerten Erstsprachenerwerbs basierte. Das charakteristischste Merkmal des *N.A.* ist, dass er ausdrücklich auf Ergebnissen der Zweitsprachenerwerbsforschung aufbaut (↗Spracherwerb und Spracherwerbstheorien). Daher lieferte auch Stephen Krashens Inputmodell die erste Grundlage des *N.A.*, und bis heute wird der *N.A.* häufig mit Krashen in Verbindung gebracht. Krashen und Terrell waren befreundet und verfassten 1983 auch gemeinsam eine Einführung in diese Methode, der Ansatz selbst wurde aber von Terrell entwickelt. Terrell schlug vor, den Unterricht aus Interaktionsformen bestehen zu lassen, in denen die Zielsprache als einziges Kommunikationsmittel verwendet wird. Dabei wird Sprache als ein System verstanden, das es dem Menschen erlaubt zu kommunizieren. Grammatik ist insofern funktional, als sie für die Kommunikation notwendig ist. Grammatikunterricht wird erst bei fortgeschrittenem Lernniveau explizit angeboten (↗Grammatik und Grammatikvermittlung).

Der *N.A.* entwickelte sich in den 1990er Jahren zur am weitesten verbreiteten Methode im universitären FU in Nordamerika (vgl. Tschirner 1996, 67). Der methodische Ansatz lässt sich mit folgenden fünf Prinzipien beschreiben: (1) Das Ziel des *N.A.* ist eine größtmögliche ↗kommunikative Kompetenz, nicht die grammatische Perfektion. (2) Zu Anfang des Unterrichts liegt der Schwerpunkt auf der Rezeption (*silent period*). Dem bzw. der Lernenden wird eine Vielfalt von leicht verständlichem Material präsentiert, das jeweils knapp über seiner bzw. ihrer jeweiligen Sprachkompetenz liegt (Input). (3) Sprachproduktion entwickelt sich in mehreren Stufen: ↗nonverbale

Kommunikation; einzelnes, isoliertes Wort; mehrere Wörter; Sätze; komplexere Äußerungen. (4) Grammatikregeln werden nur in geringem Ausmaß explizit vermittelt, ↗Fehler werden zurückhaltend korrigiert (↗Korrektur), da erwartet wird, dass die Lernenden dies über die sog. ›Monitorfunktion‹ (aus Krashens Zweitsprachenerwerbstheorie) selbst regeln. (5) Der sog. *affective filter* (aus Krashens Zweitsprachenerwerbstheorie) soll so niedrig wie möglich gehalten werden: Je weniger Druck auf die Lernenden ausgeübt wird, desto niedriger ist der *affective filter*. Dies soll einerseits dadurch erreicht werden, dass keiner der Lernenden gezwungen wird zu sprechen, bevor er sich dazu in der Lage sieht, und andererseits dadurch, dass Fehler nur dann korrigiert werden, wenn es unbedingt notwendig ist. Von der ursprünglichen Idee, dass das ↗Sprechen sich quasi naturgegeben aus dem ↗Hörverstehen entwickelt, hat Terrell später Abstand genommen. Im Einklang mit den Entwicklungen in der Zweitsprachenerwerbstheorie seit dem Ende der 1980er Jahre ging er davon aus, dass sprachliche Elemente zuerst perzeptiv und dann erneut produktiv erworben werden müssen (vgl. Tschirner 1996, 57).

Lit.: S. Krashen/T. Terrell: The N.A. Language Acquisition in the Classroom. Hayward 1983. – E. Tschirner: Spracherwerb im Unterricht. Der *N.A.* In: Fremdsprachen Lehren und Lernen (FLuL) 25 (1996), 50–69.
AG

Negotiation of Meaning ↗Kommunikativer Fremdsprachenunterricht

Neokommunikativer Fremdsprachenunterricht.

Der Begriff n. FU bezeichnet eine (offene und breit angelegte) Methodenkonzeption, die sich in Deutschland (und etwas abgewandelt auch in anderen europäischen Ländern) im Laufe der 1990er Jahre etabliert hat. Sein Vorläufer, der Anfang der 1970er Jahre entstandene ↗kommunikative FU, wurde vor allem durch Anleihen aus der Pragmalinguistik, die sprachliche Äußerungen aus der Handlungsperspektive analysiert, und durch die Wertschätzung von authentischen (oder semiauthentischen) Sprechakten, Redemitteln, Medien und Übungsformen geprägt (↗Authentizität). Der n. FU lässt sich nicht scharf von diesen Anfängen der kommu-

nikativen Methode abgrenzen; er hat ihre pragmadidaktische Orientierung und ihre Ausrichtung an den sprachlichen Grundfertigkeiten (↗Fertigkeiten) beibehalten, aber durch eine Reihe weiterer Unterrichtsprinzipien und -formen ergänzt und modifiziert.

Geprägt wurde der Terminus ›n. FU‹ 1991 von Frank G. Königs, der an einen Artikel von Hans-Eberhard Piepho (1990) anknüpfte, in dem dieser von einer beginnenden ›postkommunikativen Epoche‹ spricht. Beide Autoren thematisieren zuerst Neuentwicklungen in der fremdsprachendidaktischen Forschung und postulieren dann, dass die Zeit reif sei für neuartige Unterrichtsformen. Königs (1991, 33 ff.) erwähnt eine Verstärkung der ↗Lernerorientierung, die Anleitung zu inhaltlicher und sprachlicher ↗Kreativität, das integrierende Üben unterschiedlicher Fertigkeiten, eine veränderte Einstellung zu ↗Fehlern sowie die stärkere Beachtung von Mimik und Gestik (↗Nonverbale Kommunikation).

1998 nahmen Franz-Joseph Meißner und Marcus Reinfried den Terminus mit einer veränderten inhaltlichen Füllung wieder auf. Um den Paradigmenwechsel zum n. FU empirisch zu untersuchen, wertete Reinfried (2001, 5 ff.) die Sachregister der *Bibliographie Moderner FU* aus drei Jahrzehnten systematisch aus und zählte die Häufigkeit der Belege für rund 30 Schlagwörter zu unterrichtsmethodischen Aspekten (wie z.B. ↗Lernstrategie, holistischer Ansatz oder Selbsteinschätzung) aus. Die meisten dieser Begriffe waren um die Mitte der 1980er Jahre in die *Bibliographie* aufgenommen worden, hatten aber in der zweiten Hälfte der 1990er Jahre ihre größte Zahl an Belegen erreicht. Durch eine Gruppierung der Schlagwörter nach Inhaltsclustern werden folgende Leitprinzipien und Unterrichtsformen oder speziellere Prinzipien des n. FUs aus den untersuchten Fachbegriffen abgeleitet (ebd., 8 ff.): (1) ↗Handlungsorientierung (mit den Unterrichtsformen ↗kooperatives Lernen, kreative Arbeitsformen und ↗Lernen durch Lehren); (2) ↗fächerübergreifender Unterricht (dem der ↗Projektunterricht, die ↗Mehrsprachigkeitsdidaktik und der ↗bilinguale Unterricht zugeordnet werden); (3) ↗ganzheitliches Lernen (mit ↗Inhaltsorientierung sowie authentisches und inzidentellem, d.h. beiläufigem Lernen); (4) Lerner- und ↗Prozessorientierung (mit der ↗Individualisierung des Lernens, dem ↗ autonomen Lernen und dem reflektierten Einsatz von ↗ Lerntechniken). Inhaltliche Überschneidungen und wechselseitige Verflechtungen bei manchen dieser Konzepte (sowohl bei den Leitprinzipien als auch bei den spezielleren Unterrichtsformen) belegen die Emergenz einer neuen, breit angelegten Methodenkonzeption. Allerdings bestehen Zweifel, ob sie in ihrer ganzen Ausprägung auch im zweiten Jahrzehnt des 21. Jh.s fortbestehen wird: Die Durchsetzung von ↗ Standards und zentralen Evaluationen könnte in Verbindung mit der Tendenz, die Stundentafeln in den zweiten und dritten Schulfremdsprachen zu reduzieren, der Lernerorientierung und dem fächerübergreifenden Unterricht – vor allem im Unterricht dieser Sprachen – entgegenwirken.

Lit.: F.G. Königs: Auf dem Weg zu einer neuen Aera des FUs? Gedanken zur ›postkommunikativen Phase‹ in der Fremdsprachendidaktik. In: Taller de letras 19 (1991), 21–42. – F.-J. Meißner: ›N. FU‹. Zur Einführung in den Themenschwerpunkt. In: Fremdsprachen Lehren und Lernen 34 (2005), 3–14. – H.-E. Piepho: Kommunikativer DaF-Unterricht heute. Überlegungen zum Einstieg in die ›postkommunikative Epoche‹. In: Deutsch lernen 15 (1990), 122–142. – M. Reinfried: N. FU. Ein neues methodisches Paradigma. In: F.-J. Meißner/M. Reinfried (Hg.): Bausteine für einen neokommunikativen Französischunterricht. Lernerzentrierung, Ganzheitlichkeit, Handlungsorientierung, Interkulturalität, Mehrsprachigkeitsdidaktik. Tüb. 2001, 1–20.   MR

Nonverbale Kommunikation. Unter n.K. wird der (bewusste und unbewusste) Austausch von Informationen mit nicht-sprachlichen Mitteln verstanden. Es lassen sich zwei Gruppen unterscheiden (vgl. Scherer 1980): stimmliche und nicht-stimmliche nonverbale Mittel. Zu den stimmlichen Mitteln zählen paralinguistische Phänomene wie individuelle stimmliche Merkmale (Stimmtyp und -qualität), die Sprachmelodie (Tonart, Intonation, Betonung), zeitliche Aspekte (Sprechtempo, Rhythmus, Pausen), Artikulationsweisen (z. B. Schreien, Flüstern) und Nebengeräusche (wie Lachen oder Husten). Unter die nicht-stimmlichen Aspekte fallen die äußeren Merkmale eines Sprechers bzw. einer Sprecherin (körperliche Eigenschaften, Kleidung), physische Reaktionen (wie Erröten oder Erblassen) und eine Vielzahl kinetischer Phänomene, die sich wiederum unterteilen las-

sen in makro-kinetische (Gestik, Kopfbewegungen, Körperhaltung, Bewegung im Raum) und mikrokinetische Phänomene (Mimik, Blickverhalten).

Untersuchungen zufolge ist das, was in Gesprächen an Informationen übermittelt wird, zu 65–90 % auf unsere Körpersprache zurückzuführen (vgl. Katz/Katz 1983). Verbale und nonverbale Aspekte der ↗ Kommunikation hängen eng miteinander zusammen: Jeder Gesichtsausdruck, jede Geste bestimmt das, was im Gespräch verbal artikuliert wird. So kann ein Sprecher z. B. durch Zwinkern oder die Veränderung seiner Tonlage eine Aussage als ironisch charakterisieren. Die n.K. ist daher Untersuchungsgegenstand verschiedener Disziplinen wie der Anthropologie, der Psychologie, der Soziologie, der ↗ Sprachwissenschaft und der Kommunikationswissenschaft. Innerhalb der Fremdsprachendidaktik hat sie hingegen bislang eine nur untergeordnete Rolle gespielt – dabei ist sie nicht nur für die ↗ Sprach-, sondern auch für die ↗ Kultur- und ↗ Literaturdidaktik von großer Bedeutung.

Eines der Hauptziele des FUs ist die Förderung der ↗ kommunikativen Kompetenz der SuS in der Fremdsprache. Da ein wesentlicher Teil von Kommunikation nonverbal abläuft, kann kommunikative Kompetenz sich nicht allein auf die korrekte Verwendung verbalsprachlicher Mittel beziehen. Nonverbale Signale können auch in Gesprächen in der Fremdsprache eine Vielzahl unterschiedlicher Funktionen erfüllen: (1) eine emotive Funktion, indem sie Aufschluss über die Gefühle, Gedanken und Haltungen des Sprechers geben; (2) eine konative Funktion, indem sie die sozialen Rollen von und die Beziehung zwischen Gesprächspartnern anzeigen; (3) eine phatische Funktion, indem sie das Gespräch regulieren und die Interaktion strukturieren; (4) eine illustrative Funktion, indem sie die verbale Mitteilung antizipieren, wiederholen, ersetzen, ergänzen, akzentuieren oder in Frage stellen; (5) eine emblematische Funktion, indem sie eine feste rituelle Bedeutung haben (z. B. in den USA das Handzeichen »V« für *victory*). Wird n.K. im FU Beachtung geschenkt, kann der künstliche Charakter, der fremdsprachlichen Kommunikationssituationen im institutionalisierten Lernkontext zukommt, abgeschwächt werden (↗ Authentizität). Zudem kann die Kombination von verbaler und n.K. im Unterricht dazu beitragen, dass neue Vokabeln und sprachliche Strukturen besser erinnert werden (↗Ganzheitliches Lernen) und dass SuS lernen, n.K. sowohl bei der Sprachproduktion als auch bei der -rezeption als Kommunikationsstrategie einzusetzen, wenn sie z.B. eine Vokabel nicht parat haben oder ein Wort nicht verstehen. Auch im Hinblick auf die Ausbildung ↗interkultureller kommunikativer Kompetenz ist die Einbeziehung von n.K. in den FU wichtig (vgl. Eßer 2007). Nonverbale Phänomene wie die physische Distanz zwischen Sprechenden oder deren Blickverhalten können kulturell unterschiedlich bewertet werden und sind oftmals Quelle von Missverständnissen in interkulturellen Begegnungssituationen. Fremdsprachenlernende sollten daher für die Kulturgebundenheit n.K. sensibilisiert werden; dies bedeutet auch, dass sie sich ihres eigenen nonverbalen Verhaltens bewusst werden. Für den Literaturunterricht ist die Beschäftigung mit n.K. insofern relevant, als körpersprachliche Phänomene bei der Interpretation von literarischen Figuren eine Rolle spielen können, wenn sie z.B. Aufschluss über deren Innenleben geben.

Für die rezeptive und produktive Beschäftigung mit den verschiedenen Formen und Funktionen von n.K. im FU gibt es eine Vielzahl methodischer Möglichkeiten (vgl. auch Reimann 2000). Diese reichen vom Einsatz von ↗Bildern (z.B. Werbepostern) und audiovisuellen Materialien (↗Hörspielen, Filmen) über Methoden aus der ↗Dramapädagogik bis hin zu Videokonferenzen mit Sprecher/innen der Zielsprache und ↗Begegnungen im Schüleraustausch.

Lit.: R. Eßer: Körpersprache in Babylon. In: H.-J. Krumm (Hg.): Bausteine für Babylon. Sprache, Kultur, Unterricht. Mü. 2007, 320–332. – A.M. Katz/V.T. Katz (Hg.): Foundations of Nonverbal Communication. Readings, Exercises and Commentary. Carbondale 1983. – D. Reimann: Französisch durch Gesten. Bausteine einer Didaktik der n.K. In: Französisch heute 1 (2000), 68–82. – K.R. Scherer: The Functions of Nonverbal Signs in Conversation. In: H. Giles/R. St. Clair (Hg.): The Social and Psychological Contexts of Language. Hillsdale 1980, 225–244.

CS

Offener Unterricht. Was die historische Genese des o.U.s betrifft, gilt die ↗Reformpädagogik mit ihren mannigfachen Konzepten als die wichtigste Inspirationsquelle für das Offenheits-Paradigma (Deweys und Kilpatricks Projektmethode, Kerschensteiners Arbeitsschule, Gaudigs freie Tätigkeit, Ottos natürlicher Gesamtunterricht, Montessoris Freiarbeit, Parkhursts Dalton-Plan, Petersens Jenaplan, Steiners Waldorfschule, Freinets Arbeitstechniken). Unter den klassischen Reformpädagogiken, die sich in Deutschland von 1880 bis 1930 entfalteten und ihre tragenden Themen in den Bereichen Kultur-/Schulkritik, Lehrerrolle, Schülerrolle, Methoden, Materialien und Praxisbezug hatten, legten allerdings nur zwei Bewegungen eigenständige Entwürfe für den FU vor: die Waldorfpädagogik und die Freinet-Pädagogik. Die Reformpädagogik war jedoch nicht die einzige Quelle für o.U. (vgl. Thaler 2008). Eine häufig unterschätzte Rolle spielen philosophische und erkenntnistheoretische Ansätze (Pragmatismus, Lebensphilosophie, Kritische Theorie, Postmoderne), sozioökonomisch-politische Wurzeln (bildungspolitische Reformimpulse in den 1970er Jahren, Wandlungsprozesse der Kindheit, wirtschaftlicher Strukturwandel), lernpsychologisch-spracherwerbstheoretische Erkenntnisse (Jean Piaget, Jerome Bruner, Lev Vygotski, Konstruktivismus, Gestalttheorie, Humanistische Psychologie, Multiple Intelligenzen, Neuropsychologie) und die neuen Reformpädagogiken (*community education*, Alternativschulen). Spätestens in den 1960er Jahren wurden auch die Defizite in der konkreten Praxis des FUs immer offenkundiger und verlangten nach Änderung. Eine solche versprach die kommunikative Wende, die als vorherrschenden Lehr-Lern-Ansatz ↗kommunikativen FU beförderte, der vielerlei Merkmale einer Öffnung des Unterrichts enthielt. Am Rande des Methoden-Mainstream entwickelten sich mehrere ↗alternative Lehr-/Lernformen (*fringe methods* wie ↗*silent way*, ↗*total physical response*, ↗Suggestopädie, ↗*community language learning*), die punktuell ebenfalls Impulse für eine Öffnung bereitstellten.

Eine Definition von o.U. kann sich an zehn Parametern orientieren: kommunikative Offenheit (*message before form*, prozedurales Lernen, situative Flexibilität, lebensweltliche Aufgaben), existentielle Offenheit (ganzheitlich-multimodales Sprachhandeln), adressatenorientierte Offenheit (↗ Lernerorientierung, ↗ Differenzierung, ↗ Individualisierung), inter-personelle Offenheit (Wandel der Lehrerrolle, Schüler-Schüler-Interaktionen, Schüler-als-Lehrer-Situationen; ↗ Lehrer und Lehrerrolle), dezisionistische Offenheit (selbstbestimmtes, lernerzentriertes, ↗ autonomes Lernen), textliche Offenheit (Öffnung des ↗ Kanons, offene Auseinandersetzung mit offenen Texten), mediale Offenheit (visuelle, auditive, audio-visuelle, interaktive ↗ Medien), lokale Offenheit (außerunterrichtliches, außerschulisches Lernen; ↗ Lehr- und Lernort), globale Offenheit (geografische und inhaltliche Erweiterung der Themen, ↗ *global education*), fachtranszendierende Offenheit (↗ Fächerübergreifender Unterricht). FU ist damit tendenziell umso offener, je mehr von diesen zehn Dimensionen vorhanden sind und je intensiver die einzelne Dimension ausgeprägt ist.

Hinsichtlich der Formen kann man sechs Kategorien offener Lernarrangements unterscheiden: aufgabenorientierte Methoden (Freiarbeit, ↗ Projektunterricht, Stationenlernen, Planarbeit, *task-based approach*, ↗ *Storyline*-Methode, *participatory approach*), spielorientierte Ansätze (↗ Sprachlernspiele, szenisches Spiel, Simulationen), medienorientierte Typen (Musik-basierter Ansatz, Film-basierter Ansatz, Internet-basierter Ansatz, Selbstlernen), fertigkeitsorientierte Verfahren (extensives ↗ Lesen, kreatives ↗ Schreiben, Diskussionen, ↗ Präsentationen, ↗ Improvisationen, *narrow listening*), phasenorientierte Techniken (offene Einstiege, Pausen, überraschungstolerantes Unterrichten, offene Ausstiege) und sozialformorientierte Konzepte (↗ Kooperatives Lernen, ↗ Lernen durch Lehren). Die Vielzahl und Heterogenität dieser Konzepte und Verfahren macht deutlich, dass o.U. nicht auf die Makroebene umfassender Methodenkonzepte beschränkt bleiben muss, sondern auch die Meso- und Mikroebenen einer Unterrichtsstunde betreffen kann. Im fremdsprachendidaktischen Diskurs beanspruchen allerdings Methoden wie Projektunterricht, ↗ aufgabenorientiertes Lernen, Stationenlernen und Freiarbeit größere Aufmerksamkeit als andere Ansätze.

Die Argumente für o.U. sind ebenfalls mannigfaltig. Er kann zur Abwechslung beitragen, die Selbständigkeit fördern, die Schüleraktivität steigern (↗ Aktivierung), die ↗ Motivation erhöhen, Binnendifferenzierung und Individualisierung ermöglichen, das ↗ Sprechen fördern (Abbau von Sprechhemmungen, Freude an Sprache, authentischer Umgang mit Sprache), Kooperation anstoßen, ↗ ganzheitliches Lernen initiieren, ↗ Kreativität beflügeln, eine entspannte Lernatmosphäre schaffen und die Lehrkraft während der Durchführung entlasten. Allerdings wurden auch gravierende Probleme offenkundig (vgl. Thaler 2008): hoher Zeitbedarf für Durchführung (Leerlauf, Gruppenarbeit, langsame ↗ Progression, Stofffülle), schwierige Kontrolle der Ergebnisse (Notengewinnung, Korrekturaufwand, Überprüfung der sprachlichen Richtigkeit), Mangel an Effektivität (Erreichung von ↗ Lernzielen, Nachhaltigkeit, Ertrag), Disziplinschwierigkeiten (Lautstärke, Unruhe), Größe der Klasse (Organisation, Arbeitsatmosphäre), Ausnutzung durch unmotivierte Schüler (»Freistunde«), Vorbereitungsaufwand (Planung, unterschiedliche Aufgabenstellung), Probleme für lernschwache SuS (Überforderung, Kontrolle), Einschätzung der Individualität der SuS (Lerntempo, Interessen, Lernfortschritt), mangelnde Gewöhnung an neue Methoden, 45-Minuten-Takt der Schulstunde.

Offene Lernarrangements sind nicht per se positiv – ebenso wenig wie geschlossene Methoden per se negativ sind. Es gibt guten und schlechten Frontalunterricht, genau so wie es guten und schlechten o.U. gibt. Die Verabsolutierung eines didaktischen Prinzips muss unweigerlich scheitern. Ein reflektierter Eklektizismus im Sinne einer zielorientierten Integration diverser methodischer Bauteile, welche die verschiedenen Wissensstrukturen durch polymethodische Themenzugänge vernetzt, könnte die effektivste Unterrichtsform sein.

In den Nachbarwissenschaften der Fremdsprachendidaktik gibt es inzwischen einige Vorbilder. So propagiert z.B. in der Allgemeinen Pädagogik Hilbert Meyer (2007) sein Drei-Säulen-Modell eines schülerorientierten Unterrichts: lehrgangsmäßiger Fachunterricht, Freiarbeit (Stillarbeit, Wochenplan), Projektarbeit. In neueren Ansätzen der Erwerbspsychologie wird das konstruktivistische Erkenntnisparadigma (↗ Konstruktivismus/Konstruktion) immer stärker zugunsten einer konstruktivistischen ⟋Instruktion oder eines wissensbasierten Konstruktivismus relativiert (vgl. Reinmann-Rothmeier/Mandl 2001). In der komparatistischen Bildungsforschung plädieren Gerhard Schaefer und Ryoei Yoshioka (2000) für ein *balanced thinking*.

In Anlehnung daran empfiehlt sich für die Fremdsprachenmethodik ein *balanced teaching*, das offene ebenso wie eher geschlossene Techniken, Verfahren und Methoden verwendet (vgl. Thaler 2010). In einer empirischen Studie in 37 unterschiedlichen Schulen befürwortete die überwältigende Mehrheit der Lehrkräfte eine Kombination geschlossener (instruktivistischer, lehrerzentrierter) und offener Lernarrangements im Englischunterricht, welche die Vorzüge beider Ansätze nützt und deren Nachteile vermeidet (vgl. Thaler 2008). Die Implementierung von *balanced teaching* beinhaltet zwar gewisse Implikationen hinsichtlich Curriculum, Setting, Medien, Leistungserhebungen, Lernerrolle, Lehrerrolle, Klassenzimmerdiskurs und Lehrerausbildung. Gleichwohl lässt es sich vergleichsweise leicht umsetzen, da kein radikal neuer Ansatz dahinter steht, sondern gesunder Menschenverstand und pädagogisch-didaktisches Fingerspitzengefühl.

Lit.: H. Meyer: Unterrichtsmethoden 2. Praxisband. FfM ¹²2007 [1987]. – G. Reinmann-Rothmeier/ H. Mandl: Unterrichten und Lernumgebungen gestalten. In: A. Krapp/B. Weidenmann (Hg.): Pädagogische Psychologie. Weinheim ⁴2001 [1986], 601–646. – G. Schaefer/R. Yoshioka: Balanced Thinking. FfM 2000. – E. Thaler: Offene Lernarrangements im Englischunterricht. Mü. 2008. – E. Thaler: Balanced Teaching. Bln 2010.   ET

Online-Lernen ⟋ *E-Learning*

Orthographie. Unter O. versteht man allgemein sprachlich das normgerechte Schreiben von Wörtern in der der jeweiligen Sprache zugrundeliegenden Schrift wie auch die damit verbundene Wissenschaft. Sprachen wie das Deutsche, Französische und Englische weisen eine Alphabetschrift auf. Deren Basiseinheiten sind Buchstaben (Graphe), die in ihrer Gesamtheit als ›Alphabet‹ bezeichnet werden. Teilweise wird dieses Inventar an Schriftzeichen durch diakritische Zeichen ergänzt: wie z.B. die *cédille* in

garçon, das Trema in *Noël* oder Akzente (*accent aigu* in *élégant*, *accent grave* in *père*, *accent circonflexe* in *forêt*). Auf der Basis des Alphabets lassen sich für das jeweilige Schriftsystem die funktional relevanten Grapheme bilden. Ein Graphem ist – in Analogie zum Phonem innerhalb eines Lautsystems – die kleinste bedeutungsunterscheidende Einheit eines Schriftsystems. Während die O. die verbindlich gültige, in der Regel staatlicherseits festgelegte Schreibweise (z.B. frz. *évènement*) zum Gegenstand hat, befasst sich die übergeordnete Graphematik (auch Graphemik) ganz allgemein mit den Grundeinheiten des Schriftsystems sowie deren Verknüpfungsmöglichkeiten. In Abhängigkeit von der jeweiligen Sprache lassen sich die Basiselemente der Schrift üblicherweise zu allen möglichen Schreibweisen zusammenfügen (z.B. frz. **évainement*, **hévènement*, **évaynement*).

Je nach Sprache wird zwischen einer phonemischen und einer morphophonemischen O. unterschieden. Im ersten Fall, die auch als flache O. bezeichnet wird, kann man vereinfachend formulieren, dass einem Laut ein Buchstabe entspricht (dies ist z.B. im Türkischen der Fall). Davon unterscheidet sich die sog. tiefe O., wie sie überwiegend für das Englische, aber auch z.T. für das Französische typisch ist, wo eine Phonem-Graphem-Korrespondenz nicht gegeben ist. Neben dem phonetischen Prinzip (z.B. engl. *tell*; frz. *conter*), das in flachen O.n zum Tragen kommt, spielen bei komplexeren O.systemen nach Vladimir G. Gak (1) das morphologische Prinzip (z.B. frz. *tranquille → tranquillité* vs. *mobile → mobilité*), (2) das differentielle Prinzip (z.B. Unterscheidung engl. *no/know*, frz. *sur/sûr*), (3) das etymologische Prinzip (z.B. engl. *bright*, mittelengl. ›gh‹ als Symbol für Diphthongisierung; lat. *digitum → * frz. *doigt*) und (4) das Prinzip der Tradition eine Rolle (Beibehalten einer erlernten Schreibung, selbst wenn eine Alternative zugelassen oder eine andere Norm gesetzt ist – z.B. engl. *spatial/spacial* oder *tea-cup/teacup* bzw. dt. **daß/dass*).

Sprachabhängig ist die Unterscheidung zwischen lexikalischer, d.h. auf das Einzelwort bezogener, und grammatikalischer O. Um den letztgenannten Fall handelt es sich z.B. beim *accord* im Französischen, wenn ein Partizip an seine syntaktische Einbettung orthographisch sichtbar angepasst werden muss (frz. »Voilà la prof de lettres que j'ai eue en seconde«).

Innerhalb der Fremdsprachendidaktik wurde O. als Forschungsgegenstand lange Zeit nur selten thematisiert. Seit einigen Jahren ist jedoch ein vermehrtes Interesse an der fremdsprachlichen Schriftsprachenkompetenz festzustellen.

Lit.: N. Catach/C. Gruaz/D. Duprez: L'orthographe française. Paris ³1995 [1986]. – Ch. Dürscheid: Einführung in die Schriftlinguistik. Göttingen ³2006 [2002]. – V.G. Gak: L'orthographe du français. Essai de description théorique et pratique. Paris 1976. – J. Payne: Collins Cobuild English Guides, Bd. 8: Spelling. Ldn 1997.   JM

Output-Hypothese ↗ Spracherwerb und Spracherwerbstheorien

P

Partnerarbeit ↗ Sozialformen

Pattern Drill ↗ Audio-linguale Methode, ↗ Aussprache, ↗ Grammatik und Grammatikvermittlung

Performative Kompetenz. Das Konzept der p.K. nimmt das generelle kulturelle Phänomen der Performativität und Theatralität der Lebenswelt, des Alltagshandelns und sozialer Interaktionssituationen auf und zielt auf die Entwicklung von Fähigkeiten des Individuums, die Inszeniertheit allen sozialen Handelns zu verstehen, selbstbestimmt mitzugestalten und kritisch zu reflektieren. Als Kompetenz können solche performativen Fähigkeiten und Fertigkeiten deshalb betrachtet werden, weil sie mit der Verfügbarkeit von kognitiven Strukturen, Schemata oder, in stark ritualisierten Situationen, drehbuchartigen *scripts* verbunden sind, die die aktive und verstehende Teilnahme an (prinzipiell dramatischen und theatralen) sozialen Alltagssituationen ermöglichen und steuern. Theatral und performativ sind Alltagshandlungen in einem dreifachen Sinn (vgl. im Einzelnen

Hallet 2008): Zum ersten sind diskursiv-kommunikative Äußerungen im Sinne der Sprechakttheorie nicht nur propositionale Aussagen, sondern zugleich Akte oder Handlungen, die soziokulturelle Wirklichkeit konstituieren. Ein zweites Merkmal betrifft strukturelle Analogien zwischen dem Alltagshandeln und dem *stage drama*. Victor Turner zufolge sind soziale Alltagssituationen von ritualisierten, dramenähnlichen Formen der Interaktion gekennzeichnet (*social drama*); diese sind als ›literarische‹ Strukturgebung ethnographisch beschreibbar und ermöglichen als kognitive Strukturen regelgeleitetes, strukturiertes soziales Handeln (Turner 1986, 72 ff.). Der dritte Aspekt bezieht sich unmittelbar auf die Lebenswelt der Heranwachsenden, die zunehmend von einer umfassenden Theatralisierung aller Sphären des öffentlichen und des privaten Lebens gekennzeichnet ist, so dass ›Wirklichkeit‹ im Wesentlichen als Inszenierung erfahren wird (Fischer-Lichte 2002). In der Zusammenschau dieser Aspekte kann jegliches diskursives und soziales Agieren als performativ und jede Interaktion als inszeniert gelten.

Der FU stellt wie jeder Unterricht eine besondere Form inszenierter Wirklichkeit dar (↗ Inszenierung), die durch die in ihm getätigten Sprechakte konstituiert wird und die aufgrund der Fremdsprachigkeit der Äußerungen ein hohes Maß an Fiktionalität aufweist. Zugleich ist der FU eingebettet in und bezogen auf die soziale und mediale Inszenierung von lebensweltlichen Wirklichkeiten, die ihrerseits fremdsprachig geprägt und damit mehrsprachig sind (Hallet 2008, 406 ff.). Diese theatrale und performative Dimension von Wirklichkeit kommt im FU auf verschiedenen Ebenen zur Geltung und erlaubt aufgrund seiner Inszenierungsbedingungen und -regeln die besonders effiziente Einübung in performatives Handeln, und zwar thematisch als Gegenstand des Unterrichts, in Gestalt didaktischer szenisch-dialogischer Texte, in Gestalt literarischer dramatischer Texte, durch die Verwendung szenisch-performativer Formen und schließlich in komplexer Form durch die Inszenierung von *stage dramas*. Auch für die didaktische Kompetenz von Lehrkräften an Schule und Hochschule spielt die p.K. eine besondere Rolle. Lehrende müssen nicht nur ihren Unterricht in Form von Skripten planen und als Interaktionssituation inszenieren können, sondern auch sich selbst in ihrer Rolle als Lehrende, die die Lernenden für die Inhalte und Wege des Unterrichts gewinnen und begeistern müssen.

Lit.: E. Fischer-Lichte: Grenzgänge und Tauschhandel. Auf dem Wege zu einer performativen Kultur. In: U. Wirth (Hg.): Performanz. Zwischen Sprachphilosophie und Kulturwissenschaften. FfM 2002, 277–300. – W. Hallet: Staging Lives. Die Entwicklung p.K. im Englischunterricht. In: R. Ahrens et al. (Hg.): Moderne Dramendidaktik für den Englischunterricht. Heidelberg 2008, 387–408. – V. Turner: The Anthropology of Performance. N.Y. 1986.   WH

Persönlichkeitsbildung ↗Identität und Identitätsbildung

Perspektive und Perspektivenwechsel. Innerhalb der Fremdsprachendidaktik und insbesondere in Theorien zum ↗interkulturellen Lernen wird unter P. in Anlehnung an philosophische Einsichten (Leibniz, Nietzsche) und literaturwissenschaftliche Konzepte (Pfister, Nünning) die subjektive Wirklichkeitssicht bzw. das individuelle Voraussetzungssystem eines Menschen verstanden, die bzw. das dessen Bild von der Welt bestimmt. Die P. eines Menschen ist geprägt durch seinen biografischen Hintergrund, seine psychische Disposition, Werte und Normen, internalisierten Konventionen, kulturell geprägten Wahrnehmungs- und Deutungsschemata, Wünsche und Bedürfnisse, Kenntnisse und Fähigkeiten. Das Konzept des PW.s bezieht sich auf die grundlegende menschliche Fähigkeit, sich in die Lage einer anderen Person zu versetzen und ihre Motivation, Handlungsabsicht und Sichtweise auf ein Geschehen zu rekonstruieren. Die dadurch entstehende Verdopplung des Standpunktes zeigt, dass der zunächst eingenommene Blickwinkel nicht der einzig mögliche ist, sondern dass es von derselben Sache mehrere Ansichten geben kann.

In einem FU, der dem Leitziel der ↗interkulturellen kommunikativen Kompetenz verpflichtet ist, ist die Befähigung der SuS zum PW. ein wichtiges ↗Lernziel. Die Fähigkeit zum PW. gilt als notwendige Bedingung für soziales Handeln und ist konstitutiv für das Verständnis anderer Menschen. PW. tragen außerdem dazu bei, Lernenden die Subjektivität und Relativität der eigenen Sichtweisen bewusst zu machen und sie

zum Hinterfragen des eigenen Weltbildes anzuregen. Dies ist schon intrakulturell – d.h. im Hinblick auf das Verstehen von Menschen aus ein und derselben Kultur – von zentraler Bedeutung. Im Kontext des Erlernens einer Fremdsprache, das auf die Begegnung mit Menschen aus anderen Kulturen und auf die Konfrontation mit fremden Wirklichkeitsvorstellungen vorbereitet, erweist sich die Fähigkeit zur Überschreitung der eigenen P. jedoch erst recht als unabdingbar, um interkulturellen Missverständnissen vorzubeugen.

Beim PW. handelt es sich allerdings nicht um eine isolierte Fertigkeit, sondern um ein komplexes Bündel von kognitiv-affektiven Fähigkeiten. Präzisieren lässt sich das Konzept durch Jean Piagets Begriff der ›Dezentrierung‹. Dieser bezieht sich »auf den in der Entwicklung relativ spät auftretenden Denkakt der Differenzierung eigener und fremder Erkenntnisperspektiven« (Edelstein et al. 1982, 182). Es werden verschiedene Typen von Dezentrierung unterschieden (ebd., 184): (1) P.ndifferenzierung, d.h. das Wissen um die Differenz zweier P.n; (2) P.nübernahme, d.h. die inhaltliche Ausgestaltung der fremden P.; (3) P.nkoordinierung, d.h. die auf einer Meta-Ebene vollzogene Integration inhaltlich unterschiedlicher P.n. Im Gegensatz zur Differenzierung und Übernahme von P.n bedeutet P.nkoordinierung, »daß die Lernenden in einer Begegnung mit Fremdheit die eigenen und fremden Perspektiven erfassen, miteinander vergleichen und zwischen ihnen vermitteln können« (Schinschke 1995, 42).

In Bezug auf das Lernziel PW. hat der Umgang mit Literatur im fremdsprachlichen Klassenzimmer große Bedeutung gewonnen. Gerade fremdsprachliche Literatur bietet Lernenden die Möglichkeit, die Andersartigkeit fremder Wirklichkeitsmodelle, aber auch Parallelen zur eigenen Wirklichkeitssicht, kennenzulernen, sich auf fremde Sichtweisen einzulassen und – damit einhergehend – auch über die notwendige Begrenztheit der eigenen Weltsicht zu reflektieren. Da ↗Fremdverstehen ein kreatives Verstehen ist, bei dem es gilt, sich auf Neues einzulassen, kann zudem mit verschiedenen Formen kreativer Textarbeit (vgl. Nünning/Surkamp 2008) die Bereitschaft der Lernenden zum Nachvollzug von und zur Auseinandersetzung mit fremden P.n gefördert werden. Dies gelingt insbesondere durch handlungs- und produktionsorientierte Verfahren wie das Umschreiben einer Geschichte aus einer anderen P., das Verfassen von Tagebucheinträgen oder Briefen aus der Sicht einer literarischen Figur oder das Schlüpfen in eine Rolle (↗ Dramapädagogik).

Lit.: W. Edelstein et al.: Entwicklung sozial-kognitiver Prozesse. Eine theoretische und empirische Rekonstruktion. In: D. Geulen (Hg.): P.nübernahme und soziales Handeln. FfM 1982, 181–204. – A. Nünning/ C. Surkamp: Englische Literatur unterrichten 1. Grundlagen und Methoden. Seelze ²2008 [2006]. – A. Schinschke: P.nübernahme als grundlegende Fähigkeit im Umgang mit Fremdem. In: L. Bredella/H. Christ (Hg.): Didaktik des Fremdverstehens. Tüb. 1995, 36–50. CS

PISA-Studie (Abkürzung für *Programme for International Student Assessment*). Die P. ist eine im Dreijahresturnus (erstmalig 2000) durchgeführte OECD-Studie zur Lesekompetenz (engl. *reading literacy*), zur Problemlösekompetenz (seit 2003) sowie zur mathematischen und naturwissenschaftlichen Grundbildung (engl. *mathematical and scientific literacy*) von 15-jährigen SuS. Neben der Feststellung des Kompetenzstandes ist das primäre Ziel der Studie die Ermittlung verschiedener Indikatoren, die Kompetenzwerte mit Merkmalen von SuS (z.B. familiärer Hintergrund) und Schulen (z.B. Lehrplan) in Verbindung setzen, und somit der Vergleich der Leistungsfähigkeit der Bildungssysteme der wichtigsten Industriestaaten, auch mit dem sekundären Ziel der Politikberatung. Als Querschnittstudie ermöglicht die P. zwar keine kausalen Schlussfolgerungen und keine empirisch begründeten Handlungsanweisungen, erweitert aber das Wissen über Schule, Unterricht und Lernen. Die Definition des der Studie zugrundeliegenden, anglo-amerikanisch geprägten Konstrukts von *literacy* (↗ *Multiple Literacy*) zielt weniger auf curriculare Inhalte als auf die Funktionalität der erwähnten ↗ Kompetenzen in Hinblick auf die Bewältigung von Alltag und Berufsleben. Daher erlaubt die P. auch keine Aussagen darüber, zu welchem Grad ein Schulsystem die ihm spezifischen Ziele erreicht. Ergänzend zur internationalen P. werden in Deutschland Ländervergleiche durchgeführt (vgl. PISA-E).

Die P. erhebt in jedem teilnehmenden Land in der Regel mindestens 5000 Individualstichproben bei einer repräsentativen Auswahl von SuS. An der P. 2006, die schwerpunktmäßig die na-

turwissenschaftliche Grundbildung untersuchte, nahmen 57 Länder teil, auf die fast 90 % der Weltwirtschaft entfallen. Die von multinationalen Teams erarbeiteten Testhefte (↗ Tests) umfassen in der Regel zwanzig Aufgabenkomplexe, die mit Papier und Bleistift innerhalb einer zweistündigen Testsitzung zu bearbeiten sind. Jeder Aufgabenkomplex besteht wiederum aus einem einleitenden Lesetext, der eine lebensweltliche Situation beschreibt, sowie ein bis sieben Items, die entweder als Auswahl-Antwort-Aufgaben (Multiple Choice) oder als Fragen konzipiert sind, welche eine selbständig formulierte Antwort erfordern. Die folgende Aufgabe, die im englischen Original belassen wurde, veranschaulicht dies:

LICHEN

A result of global warming is that the ice of some glaciers is melting. Twelve years after the ice disappears, tiny plants, called lichen, start to grow on the rocks.

Each lichen grows approximately in the shape of a circle.

The relationship between the diameter of this circle and the age of the lichen can be approximated with the formula:

$d = 7.0 \times \sqrt{(t-12)}$ for $t \geq 12$

where d represents the diameter of the lichen in millimetres, and t represents the number of years after the ice has disappeared.

Using the formula, calculate the diameter of the lichen, 16 years after the ice disappeared. Show your calculation.

Insgesamt werden für eine Durchführung der Studie Testitems für ca. sieben Stunden entwickelt, wobei die von einzelnen SuS in der zweistündigen Testsitzung bearbeiteten Aufgaben variieren. Zusätzlich beantworten die SuS einen Fragebogen zum persönlichen Hintergrund.

Die Ergebnisse der P.n werden auf Leistungsskalen in Punkten dargestellt. Für jeden der drei Kompetenzbereiche wird ein Leistungswert für jedes Land berechnet. In den P.n 2000, 2003 und 2006 gehörten Finnland, Japan, Kanada, Südkorea und Australien regelmäßig zu den Ländern mit den besten Leistungen in allen Kompetenzbereichen. Es zeigte sich darüber hinaus, dass Länder mit höheren Bildungsausgaben nicht generell besser abschnitten als Länder mit niedrigeren Bildungsausgaben (wie z. B. Finnland). Das hervorragende finnische Ergebnis wird u. a. auf die gut ausgebildete finnische Lehrerschaft, das LUMA-Programm zur Förderung der mathematischen und naturwissenschaftlichen Kompetenz, geringe Klassenstärken und eine effektive Qualitätskontrolle (↗ Qualität) zurückgeführt.

Im Zeitraum 2000 bis 2006 blieben die in der Lesekompetenz erzielten Leistungen im gesamten OECD-Raum trotz einer erheblichen Steigerung der Bildungsausgaben im Großen und Ganzen unverändert; 80 % der SuS waren demnach in der Lage, grundlegende Leseaufgaben auf Kompetenzstufe 2 zu lösen, d. h. eindeutige Informationen zu finden, wenig anspruchsvolle Schlussfolgerungen zu ziehen, die Bedeutung eines Textteils herauszuarbeiten und Weltwissen zur Verständnissicherung heranzuziehen. Lediglich in zwei Staaten (Korea mit 22 % der SuS auf Kompetenzstufe 5 und Polen) war ein deutlicher Anstieg zu verzeichnen, während in einer ganzen Reihe von Ländern die Lesekompetenz rückläufig war (Spanien, Japan, Island, Norwegen, Griechenland, Australien, Frankreich, Mexiko). Zu den Testsiegern im Bereich der mathematischen Kompetenz zählten 2006 Finnland und Korea. In Mexiko, Griechenland, Indonesien und Brasilien war ein klarer Anstieg der mathematischen Kompetenz zu verzeichnen, während der Trend in Frankreich, Japan, Island und Belgien deutlich rückläufig war. Im Bereich naturwissenschaftliche Kompetenz, die 2006 schwerpunktmäßig in den Blick genommen wurde, schnitt Finnland am besten ab. In Finnland sowie in Australien, Kanada, Japan und Neuseeland erreichte jeder siebte Schüler in diesem Bereich mindestens die Kompetenzstufe 2; in Griechenland, Italien, Mexiko, Portugal, Spanien und der Türkei dagegen erreichten weniger als 5 % der SuS das entsprechende Niveau.

Die P. erlaubt auch Aussagen im Bereich der Geschlechtsspezifik. Dabei fällt auf, dass geschlechtsspezifische Unterschiede im Bereich Lesekompetenz um den Faktor drei höher sind als im Bereich mathematische Kompetenz. Mädchen schnitten im Bereich Lesekompetenz im Durchschnitt besser ab als Jungen, wobei die Differenz in zwölf Ländern mehr als 50

Punkte betrug. In der P. 2006 wurden auch die Einstellungen von SuS zu naturwissenschaftlichen Problemkomplexen ermittelt. Ein zentrales Ergebnis war, dass unter Sekundarschüler/-innen ein verbreiteter Pessimismus hinsichtlich der Umweltproblematik und nur eine geringe Motivation, naturwissenschaftliche Berufe zu ergreifen, herrschen. Je höher das naturwissenschaftliche Verständnis der SuS war, desto pessimistischer zeigten sie sich. Viel diskutiert auf Grundlage der P. wurde die Frage nach dem Zusammenhang von sozialer Herkunft und Kompetenzerwerb. Am stärksten machte sich dieser Zusammenhang in der P. 2006 in den Vereinigten Staaten, der Tschechischen Republik, Luxemburg, Belgien, der slowakischen Republik, Deutschland, Griechenland und Neuseeland bemerkbar. Die Ergebnisse von 2000 bis 2006 wiesen für Deutschland eine geringfügige, aber signifikante Verringerung des Zusammenhangs nach. Besonders auffällig war das schwache Abschneiden von in Deutschland geborenen Kindern zugewanderter Eltern, darunter insbesondere türkischer Jugendlicher. Die soziale Herkunft hat auch einen deutlichen Einfluss auf das Interesse von SuS an naturwissenschaftlichen Inhalten; am deutlichsten zeigte sich dieser Zusammenhang in Irland, Frankreich, Belgien und der Schweiz. Wenn ein Elternteil naturwissenschaftlich tätig war, war das Interesse der Kinder signifikant größer.

Kritiker weisen darauf hin, dass das utilitaristische Bildungskonzept der P. zur Standardisierung von ↗ Bildung führe, wie sie in den Bildungsstandards (↗ Standards) z. B. für den FU ihren Niederschlag gefunden haben. So stelle z. B. das Konstrukt ›Lesekompetenz‹ in der P. und den Bildungsstandards eine unzulässige Reduktion des Verstehens- und Lesevorgangs dar (↗ Leseverstehen), die z. B. die »Fähigkeit zur emotionalen Beteiligung bei der Lektüre« oder »zur Anschlusskommunikation über das Gelesene« (Hurrelmann 2004, 40) außer Acht lasse. Bildung werde als die korrekte Handhabung von Symbolen konzeptualisiert und es bestehe die Gefahr, dass der Unterricht sich allein an den Testaufgaben orientiere (*teaching to the test*); die alleinige Konzentration auf das Lehrbare und Messbare lasse höhere Bildungsziele wie das Verstehen von Humor oder eine Wachheit für letzte Fragen außer Acht. Außerdem werden die statistische Signifikanz sowie die pädagogische oder politische Relevanz geringer Punktdifferenzen in der P. in Frage gestellt (vgl. Brügelmann).

Lit.: H. Brügelmann: Fieber genau zu messen ist noch keine Diagnose, Fieber erfolgreich zu senken keine Therapie. Wie Leistungstests in ihren Leistungsmöglichkeiten durch PISA & Co überfordert werden. In: www.agprim.uni-siegen.de/printbrue/brue.08a.pisa_refpaed.pdf. – B. Hurrelmann: Sozialisation der Lesekompetenz. In U. Schiefele et al. (Hg.): Struktur, Entwicklung und Förderung von Lesekompetenz. Vertiefende Analysen im Rahmen von PISA 2000. Wiesbaden 2004, 37–60. – OECD (Hg.): Learners for Life. Student Approaches to Learning. Results from PISA 2000. Paris 2003. – OECD (Hg.): Literacy Skills for the World of Tomorrow. Further Results from PISA 2000. Paris 2003. – OECD (Hg.): Learning for Tomorrow's World: First results from PISA 2003. Paris 2004. – OECD (Hg.): PISA 2006. Science Competencies for Tomorrow's World. Paris 2007. – PISA-Konsortium Deutschland (Hg.): Pisa 2006 in Deutschland. Die Kompetenzen der Jugendlichen im dritten Ländervergleich. Münster 2008 (Zusammenfassung: http://pisa.ipn.uni-kiel.de/Zusfsg_PISA2006_national.pdf). – T. Jahnke/W. Meyerhöfer (Hg.): PISA & Co. Kritik eines Programms. Hildesheim ²2008 [2006].

DS

Plakat ↗ Poster

Planarbeit ↗ Offener Unterricht

Planung von Unterricht ↗ Unterrichtsplanung

Plenarunterricht ↗ Sozialformen

Podcast ↗ *E-Learning*

Populärkultur. Die P. war lange Zeit ein Stiefkind der Fremdsprachendidaktik. Sie galt als medial vermittelte Massenkultur – verbreitet über billige Heftchen oder Schundromane, über Kinofilme, das Kommerzfernsehen und über seriell produzierte Tonträger. P., abgelehnt als ›Volksverdummung‹ oder kulturell minderwertige Unterhaltungsware, passte zudem nicht in althergebrachte Konzepte der ↗ Landeskunde, welche sich stark auf die Vermittlung von Faktenwissen über die jeweilige(n) Zielkultur(en) in den Bereichen Geographie, Geschichte, so-

ziokulturelle Errungenschaften usw. konzentrierte und dabei auf einem traditionellen (eher elitärem) Verständnis von ↗ ›Kultur‹ (›Hochkultur‹ und ›Höhenkammliteratur‹) basierte. Selbst die ideologisch begründete Abwendung vom ›bürgerlichen‹ Bildungs- und Literaturverständnis nach der Studentenrevolte von 1968 einerseits und die fremdsprachendidaktische Hinwendung zum neuen Paradigma der ↗ kommunikativen Kompetenz in den 1970er Jahren andererseits führten zu keiner Aufwertung oder größeren Berücksichtigung der P. im kulturorientierten FU. Erst die Erweiterung der universitären Philologien von der ↗ Literaturwissenschaft zur ↗ Kulturwissenschaft oder den noch stärker der P. zugewandten *Cultural Studies* sowie die fremdsprachendidaktische Ausrichtung auf das neue Lernziel der ↗ interkulturellen kommunikativen Kompetenz hat seit den 1990er Jahren sukzessive zur positiven Neubewertung der P. im FU geführt.

Da die P. als Teil der digital-medialen Umwälzungen in den Kommunikationstechnologien omnipräsent erscheint, sie das Leben, Denken und Kommunizieren im Alltag durchdringt und unmittelbar mit Globalisierungsschüben verbunden ist, kann sich der FU den Produkten und dem Einfluss der P. nicht länger entziehen. Daraus ergibt sich eine neue Sichtweise auf die P. im FU: (1) Die P. ist als integraler Bestandteil der Zielkultur zu verstehen, den Denken, Handeln und Kommunizieren der Menschen dort (wie in der Lernerkultur) stark beeinflusst und formt. Einblicke in die P. eines Landes sind demnach fester Bestandteil des ↗ interkulturellen Lernens. (2) Da die P. eine oftmals faszinierende Mischung aus globalen Phänomenen und lokalen Praktiken der Ablehnung, Aneignung oder Eigenproduktion darstellt, lässt sie sich auch als ›dritter Raum‹ beschreiben – als hybride Zone, die zur Verhandlung von Gemeinsamkeiten und Unterschieden bei der Erzeugung kultureller Bedeutung einlädt. (3) Durch ihre vielfältigen Angebote zur Teilhabe, Identifikation oder emotionalen Reaktion (↗ Emotion) bietet die P. ein großes Motivationspotenzial (↗ Motivation), nicht allein für den Bereich des interkulturellen Lernens, sondern auch mit Bezug auf authentische Sprachmuster (↗ Authentizität), ↗ Grammatik und ↗ Wortschatz, welche dort oftmals in alltagsnahen Situationen Verwendung finden.

Mit dieser Verschiebung der Perspektive von der *big C culture* (der offiziellen oder ›hohen Kultur‹) zur *small c culture* vollzieht sich eine Hinwendung zu neuen ›Textsorten‹ und ↗ Medien. Bei der Literatur liegt der Fokus auf Unterhaltungsliteratur, Kriminalromanen, Thrillern und Bestsellern, wobei dies im Umkehrschluss nicht bedeutet, dass bei der Konzentration auf literarisch weniger anspruchsvolle Texte die ästhetische Bildung (↗ Literarische Kompetenz) ins Hintertreffen gerät. Vor allem aber gelangen teilweise oder ganz oral/aural sowie visuell bestimmte Medien(träger) in das Blickfeld: Popsongs, Musikvideoclips (↗ Musik), Filme (↗ Filmdidaktik), TV-Serien und TV-Shows (↗ TV-Didaktik), Werbung, Computerspiele sowie zunehmend die interaktiven Formate der neuen Medien, insbesondere des Web 2.0 (↗ *E-Learning*) mit Formaten wie Facebook, Blogs, Diskussionsforen, aber auch Twitter und SMS-Texte. Für sich oder im Zusammenspiel mit anderen ›Textsorten‹ vermögen sie ein facettenreiches Kaleidoskop der fremden Kultur zu entfalten und laden konstant zur Stellungnahme und Teilhabe ein. Die P. kann aber nicht allein als hauptsächlich elektronisch-medial reproduziertes und rezipiertes Phänomen verstanden werden. Sie ist zudem eine signifikante inhaltliche Komponente der Zielkultur(en), die es im globalen Vergleich oder mit Bezug auf die eigene Kultur zu betrachten gilt. In den Vordergrund treten hierbei Themenbereiche wie Sport (Fußball, American football, Rugby, Basketball usw.), populäre Feste und Rituale (Halloween, Weihnachten oder nichtchristliche Feste), Kleidung und Mode, Ess- und Trinkgebräuche (z. B. Frühstück oder Fast Food), Mediennutzung, Freizeitgestaltung, aber auch globale Erscheinungsformen der P., etwa internationale Popstars wie Madonna oder Britney Spears und deren Gender-Konstruktionen, das globale und intermediale Harry-Potter-Phänomen oder der Erfolg beliebter Fernsehformate wie *Who Wants to be a Millionaire?*

Trotz der zweifellos herausragenden Bedeutung der P. für die Identitätskonstruktion moderner Individuen (↗ Identität und Identitätsbildung) bleibt ihre Auswirkung umstritten. Pädagogen, Bildungstheoretiker und Fremdsprachendidaktiker stehen ihr nach wie vor ambivalent gegenüber. Der Amerikanist Christoph Ribbat (2005, 216) unterscheidet bei Einstellungen gegenüber der P. – mithilfe politischer Terminologie – zwischen kulturellen ›Tauben‹ (*doves*) und ›Falken‹ (*hawks*). Die ›Falken‹ lehnen die P. als banal und trivial ab und erkennen starke politisch und kulturell konservative und ›affirmative‹ Tendenz n in der P. Für sie stellt die P. eine ›mediale Hölle‹ dar. Die ›Tauben‹ hingegen erkennen vor allem das dynamische, demokratische, egalitäre und ›befreiende‹ Potenzial der P. Sie entspricht hier einem ›medialen Himmel‹ (vgl. kritisch hierzu Thaler 1999, Blell 2002). Damit ist eine nach wie vor bestehende Grundspannung bei der Rezeption wie auch beim Einsatz der Medien der P. sowie bei ihrer thematischen Behandlung im FU angesprochen. Vor allem in Deutschland existiert weiterhin eine historisch tief verwurzelte Abneigung gegenüber der P. seitens zweier sich im Grunde politisch gegenüberstehender politischer Lager: Das Lager der Kulturkonservativen, die den besonderen Wert tradierter Bildungsinhalte hervorheben und insbesondere den traditionellen literarischen ↗ Kanon privilegieren. Sie befürchten eine kulturelle Verflachung der Bildungsinhalte sowie ästhetische Verwahrlosung durch die Konzentration auf kulturell ›minderwertige‹ Texte. Das Lager der politisch eher links eingestellten Kulturkritiker operiert mit nicht unähnlichen Argumenten. In der Tradition der Frankfurter Schule (Adorno, Horkheimer, Marcuse, Habermas) wird P. als seriell massenproduzierte Gebrauchsware abgelehnt, die zudem gegenwärtige Ungerechtigkeitsstrukturen unterstütze und verfestige, lediglich eskapistische oder sedative Funktionen erfülle und so weiter zur soziokulturellen ›Entfremdung‹ des Individuums beitrage.

Derartigen Ablehnungshaltungen, welche zudem in didaktische Aufforderungen münden, der Umgang mit der P. solle primär Einsichten in deren ›Minderwertigkeit‹ und ›Manipulationsmechanismen‹ fördern, ist mit einiger Skepsis zu begegnen. Dies hat zwei Gründe: (1) Die Rezipient/innen der P. sind keinesfalls, wie von Kulturkritikern vermutet, »blinde Lurche« (Adorno), also willige Empfänger/innen von zu immer mehr Konsum auffordernden Mediensignalen. Vielmehr können sie auf gewitzte und bisweilen gegen die Intention der Produzent/innen gerichtete Weise eigene Lesarten entwickeln und sich die Produkte der P. mit Techniken des *self-empowerment* kreativ aneignen (vgl. Fiske

1989). (2) Zugleich sind viele Produkte der P. auf höchst raffinierte Weise mehrfach kodiert, d.h. mit unterschiedlichen Bedeutungsnuancen versehen, so dass sie Lesarten von unterschiedlichem Komplexitätsgrad erlauben. Wie Steven Johnson (2006) in einer aufsehenerregenden Untersuchung mit dem englischen Originaltitel *Everything Bad is Good for You* noch weitgehender ausführt, sind z.B. TV-Serien und Computerspiele der neueren Generation von einem erheblichen Komplexitätsgrad, der diffizile Denkvorgänge erfordert und dementsprechend fördert.

So erscheint es eine wesentliche Aufgabe des (Fremdsprachen-)Unterrichts, die Dialektik zwischen diesen beiden Positionen aufrecht zu erhalten (vgl. Volkmann 2007a und b). Einerseits ist das starke motivationale Potenzial, der Spaß-, Vergnügungs- und Lustfaktor der P. zu beachten und zu nutzen. Es wäre ein falsch verstandenes pädagogisches Wirken, wollte man hier SuS lediglich die Freude an der P. verderben. Andererseits ist es ein wesentlicher Teil der Medienerziehung und somit der Entwicklung von ↗ Medienkompetenz. Diese fördert bei jugendlichen Lernenden eine kritische Haltung gegenüber den Produkten der P. und dient dazu, die auf unterschiedliche Weise verbreiteten Tendenzen sensationalistischer Präsentation, des Sexismus, Materialismus oder des stereotypen Denkens (↗ Stereotyp) zu erkennen und entsprechend abzulehnen. Zugleich sind Begriffe wie Medienkompetenz oder *TV-literacy* (vgl. Sommer/Zerweck 2005) im Sinne einer Informationsbeschaffungs- und -verarbeitungskompetenz zu definieren. Sie sind darüber hinaus als ›Unterhaltungskompetenz‹ zu verstehen, die sich in einer gezielten und vernünftigen Mediennutzung ausdrückt.

Neben diesem übergeordneten Lernziel der Medienkompetenz können mit den Produkten der P. gezielt verschiedene ↗ Lernziele im Bereich interkulturelle kommunikative Kompetenz gefördert werden: (1) Im ›Spiel der Texte‹ (↗ Intertextualität und Intermedialität) kann ein zielkulturelles Thema mit ästhetisch und sprachlich anspruchsvollen Texten (Roman, Kurzgeschichte, Drama) und einer Auswahl von Texten der P. (Cartoons, Comics, Songtexte, Clips von youtube usw.) multimedial und damit multiperspektivisch präsentiert werden. (2) Zugleich kann im Sinne von ↗ Lerner- und Produktions-

orientierung die große Informationsfülle des World Wide Web bei unterschiedlichen Web-Quests – auch unter Berücksichtigung der populärkulturellen Medien – genutzt werden. (3) Spezielle Genres der P. wie Werbung bieten sich hervorragend zu interkulturellen Vergleichen oder zur Behandlung von *global issues* (↗ Global Education) an, z.B. zu Fragen der Gender-Konstruktion (↗ Genderorientierte Ansätze). Bei entsprechenden Rechercheaufgaben an die SuS lässt sich erarbeiten, wie unterschiedliche Kulturen auf ein und denselben Text (Film, Song usw.) reagieren. Hier bietet sich vor allem die Untersuchung und aktive Teilnahme an internationalen Diskussionsforen an. Schließlich kann ein im Unterricht behandelter Text in einem der üblichen Internetforen in der Fremdsprache besprochen werden (z.B. mit einer Buch- oder Filmrezension bei amazon.com). (4) Bei Medien, welche außer der Textebene auch eine zusätzliche visuelle Ebene (Comics, Cartoons; ↗ Bilder) oder auditive Ebene (Popmusik) besitzen oder diese drei Ebenen zugleich abdecken (Musikvideos), können die unterschiedlichen Wirkungsweisen dieser Ebenen fokussiert werden (z.B. mit den üblichen Verfahren des Weglassens; Comics: Text weglassen; Videos: *sound off/screen off*; vgl. Thaler 1999). Es bieten sich gleichfalls kreative Vorgehensweisen an wie das Aneinanderreihen von einzelnen *panels* bei Comics, das Erstellen von Storyboards für Filmsequenzen oder das dramatische Nachspielen bzw. die Umsetzung von Film- oder Videoszenen. (5) Da es sich bei Comics, Werbesprüchen und Popsongs um authentische Texte (↗ Authentizität) handelt, die eingängig und von Sprachwitz gekennzeichnet sind, regen diese bereits in der Unterstufe zum Nachahmen und Fabulieren an und ermöglichen somit rezeptive und produktive Erfolgserlebnisse. (6) Wie zwei Themenhefte von *Der fremdsprachliche Unterricht* (für den Unterricht in Englisch und Französisch) aus dem Jahr 2005 nahe legen, bieten Comics bzw. *Bandes Dessinées* nicht allein Einblicke in die Kulturgeschichte und Gesellschaft der jeweiligen Zielkulturen, sondern eignen sich durch die enge Verknüpfung von Text und Bild auf vorzügliche Weise für das Erlernen unbekannter Wörter, aber – aufgrund der präzisen und knappen Formulierungen – auch für das Erarbeiten typischer grammatischer Strukturen.

Die anhaltende Skepsis gegenüber der P. sollte damit einer pragmatischen Einstellung weichen. Die ↗Mediendidaktik geht inzwischen nicht mehr von der Frage aus, was die Medien mit ihren Benutzer/innen anstellen. Vielmehr lautet die neue Leitfrage, welche auch für den Unterricht gilt: Was tun die Menschen mit den Medien? Nach wie vor gilt jedoch: Eine einseitige Konzentration auf die P. im FU würde ein eindimensionales Bild der Zielkultur(en) vermitteln. Erst durch den Kontrast mit ästhetisch anspruchsvollen Texten, wie es sie selbstverständlich auch bei Filmen, Videos und Comics gibt, aber vor allem in der fiktionalen Literatur, können sich komplexere Verständniskategorien eröffnen.

Lit.: G. Blell: Musicvideoclips im Englischunterricht. ›Medialer Himmel‹ oder ›mediale Hölle‹? In: H. Decke-Cornill/M. Reichart-Wallrabenstein (Hg.): FU in medialen Lernumgebungen. FfM 2002, 195–208. – J. Donnerstag: Der globale Erfolg amerikanischer P. als Herausforderung für sprachliches und kulturelles Lernen. In: H. Decke-Cornill/M. Reichart-Wallrabenstein (Hg.): FU in medialen Lernumgebungen. FfM 2002, 181–193. – J. Fiske: Reading the Popular. Boston 1989. – G. Linke: Kulturelles Lernen mit Musicvideoclips und Film. In: Praxis FU 5 (2006), 40–45. – S. Johnson: Neue Intelligenz. Warum wir durch Computerspiele und TV klüger werden. Köln 2006. – T. O'Sullivan/B. Dutton/P. Rayner: Studying the Media. An Introduction. Ldn ³2003 [1994]. – C. Ribbat: You Can't Hide Your Love Forever. Popular Culture and the German Americanists. In: Amerikastudien/American Studies 1–2 (2005), 157–181. – R. Sommer/B. Zerweck: TV-Literacy in der Mediengesellschaft. In: Der fremdsprachliche Unterricht Englisch 75 (2005), 2–9. – E. Thaler: Musikvideoclips im Englischunterricht. Phänomenologie, Legitimität, Didaktik und Methodik eines neuen Mediums. Mü. 1999. – L. Volkmann: Popular Culture im FU. Musicvideoclips, Pop Songs, Werbung. In: W. Hallet/A. Nünning (Hg.): Neue Ansätze und Konzepte der Literatur- und Kulturdidaktik. Trier 2007a, 277–291. – L. Volkmann: Reading and Teaching the Popular. ›Empowerment‹ by Madonna and Britney Spears? In: W. Delanoy et al. (Hg.): Towards a Dialogic Anglistics. Wien u. a. 2007b, 81–104. – Themenheft »Teaching Comics« von Der fremdsprachliche Unterricht Englisch 73 (2005). – Themenheft »Bandes Dessinées und Spracharbeit« von Der fremdsprachliche Unterricht Französisch 74/75 (2005).
LV

Portfolio. Der Begriff ›P.‹ bedeutet ganz allgemein eine Sammlung verschiedener Schriftstücke und Dokumente, die das Schaffen eines Menschen über einen längeren Zeitraum dokumentieren. Der Erfolg eines P.s, d. h. seine Funktion, seine Aussagekraft und Repräsentativität, hängt maßgeblich von der gelungenen Zusammensetzung der Dokumente und der Übersichtlichkeit der Sammlung ab. Bei der Zusammenstellung eines P.s geht man in der Regel von drei wichtigen Funktionen aus: (1) Es soll eine bestimmte Lernentwicklung unter bestimmten Bedingungen in einem bestimmten Zeitraum dokumentieren (prozessdiagnostische Funktion). (2) Es soll bereits erbrachte und aktuelle Leistungen dokumentieren (produktorientierte Funktion). (3) Auf der Grundlage der gesammelten Dokumente kann es auch als Planungsinstrument für Lernende dienen (Planungsfunktion). P.s wenden sich an verschiedene Adressaten: Zum einen dienen sie natürlich dem bzw. der Lernenden selbst zur Bestandsaufnahme seiner bzw. ihrer Leistungen und als Grundlage für die weitere Lernplanung. Zum anderen informieren sie Behörden oder begutachtende Personen z. B. beim Schulwechsel, bei Beratungsgesprächen oder bei der Bewerbung um eine Stelle. Um P.s zu Evaluierungszwecken benutzen zu können, muss ein Teil der Dokumente wie Zeugnisse, Teilnahmescheine und Gutachten obligatorisch sein; ein bestimmter Prozentsatz in Eigenregie und je nach individuellem Lernweg beigefügt werden. P.s, die ausschließlich der Selbstevaluation und eigenen Planung des zukünftigen Lernwegs dienen, benötigen nicht unbedingt Gutachten und Zeugnisse.

P.s sind kein neues pädagogisches Instrument. In den USA und in Kanada werden sie seit den 1970er/80er Jahren in *writing classes* an Schulen und Colleges benutzt, um individuelle Lernwege aufzuzeigen und die Schreibfertigkeit der Lernenden als Entwicklung zu dokumentieren. Sie werden auch als Grundlage für die ↗Leistungsbewertung von SuS und Studierenden herangezogen, um eine höhere Validität als bei punktuellen ↗Tests und Klausuren bzw. ↗Klassenarbeiten zu garantieren. Auch als professionelle Dokumentensammlungen für Lehrkräfte haben P.s in den USA und Kanada einen festen Stellenwert, indem sie Studienleistungen der angehenden Lehrer/innen und die später erworbenen Qualifikationen sowohl für Bewerbungen als auch zur eigenen Reflexion der Lehrkräfte im späteren Berufsleben dokumentieren (vgl. Campbell et al. 2001, Rebel/Wilson 2002). Im europäischen Bildungswesen sind P.s seit

Ende der 1990er Jahre bekannt. Ausgehend von der Förderung der ↗Mehrsprachigkeit in Europa und in Zusammenhang mit der Entwicklung des ↗Gemeinsamen europäischen Referenzrahmens (GeR) schlug der Europarat bereits 1997 den Einsatz eines *European Language Portfolio* (Europäisches Sprachen-P.) vor, das als Lernbegleiter und Informationsinstrument angelegt ist und aus drei Teilen besteht: dem Sprachenpass, der Sprachenbiographie und dem Dossier. Der Sprachenpass bietet einen Überblick über bisher erworbene Sprachen und sprachliche ↗Kompetenzen des bzw. der Lernenden. Er ist in seinem Aussehen und seiner Struktur stark formalisiert, erfüllt eine Dokumentationsfunktion, ist berufsrelevant und eignet sich auch als Bewerbungsunterlage. Die Sprachenbiographie bietet einen Überblick über die individuelle Sprachenlernentwicklung, über zentrale interkulturelle Erfahrungen und Begegnungen des bzw. der Lernenden und enthält die Selbsteinschätzung der Kompetenzen nach den Skalen und Deskriptoren des GeR. Die zentralen Schritte des Sprachlernprozesses des bzw. der Lernenden können mit diesen Seiten ebenso verfolgt werden wie sein bzw. ihr aktueller Lernstand in einzelnen Kompetenzbereichen sowie die individuellen Lernpläne für die Zukunft. Das Dossier enthält eine repräsentative Sammlung von Arbeiten, die der bzw. die Lernende in Zusammenhang mit seinem bzw. ihrem Sprachenlernen vorstellen möchte. Auch dieser Teil eignet sich für berufliche Zwecke. Ursprünglich war das Europäische Sprachen-P. (ESP) vor allem für erwachsene Fremdsprachenlernende als Selbstevaluationsinstrument gedacht. Sie sollten ihre unterschiedlichen multikulturellen Erfahrungen und ihre in verschiedenen Sprachen diversen Sprachkenntnisse in einer formalisierten Form so dokumentieren können, dass die differierenden Lernstände in den einzelnen Kompetenzbereichen und Sprachen deutlich sichtbar würden. Sowohl bei Einstellungsgesprächen als auch bei einer Lernberatung oder bei der eigenen Lernplanung von weiteren Fremdsprachen sollte das ESP so eine ausreichende, einheitlich strukturierte und übersichtliche Basis für Entscheidungen bieten.

Abweichend von diesen ursprünglichen Aufgaben wurde der P.-Gedanke der Selbstevaluation aber auch von zahlreichen Bildungsinstitutionen aufgegriffen, die Fremdsprachen vermitteln. Ihnen wurde vom Europarat ermöglicht, eigene, dem jeweiligen Lernkontext und der individuellen Lernergruppe angepasste P.s zu entwerfen, die die urspüngliche Struktur des ESP beibehalten, um eine Akkreditierung vom Europarat zu bekommen. Akkreditierte Sprachen-P.s verfügen deshalb heute zwar über die grundlegende dreigeteilte Struktur des ESP und über denselben Sprachenpass, passen sich aber in ihren Inhalten und ihren Deskriptoren der Sprachenbiographie und auch in der formalen Gestaltung speziellen Lernergruppen und Lernkontexten an. Dies gilt auch für den schulischen Kontext der Bundesrepublik: Inzwischen gibt es sehr unterschiedliche P.s und auch elektronische Varianten, die für alle schulischen Bereiche von der Primarschule bis zur Berufsschule und zur gymnasialen Oberstufe die Selbsteinschätzung der Lernenden fördern möchten. Gerade bei sehr jungen oder jugendlichen Lernenden ist ein solches Eingehen auf die lebensweltlichen (Vor-)Kenntnisse der SuS, ihre Sehgewohnheiten und ihre oft noch kurzfristige Lernmotivation empfehlenswert, sollen die Lernenden doch das P. in Eigenregie ausfüllen.

Die Auffassung davon, was Kinder und Jugendliche sprachlich mit Hilfe eines P.s evaluieren können, hat sich in den letzten Jahren geändert. Nach Rolf Oerter und Leo Montada (2008) können wir davon ausgehen, dass sich Kinder ungefähr ab dem achten Lebensjahr explizit über Sprache unterhalten und auch darüber nachdenken können. Kinder verfügen in Bezug auf Sprache über ein Strukturwissen von beachtlicher Komplexität zu einem Zeitpunkt, zu dem sie im Bereich der logischen Operationen zu ähnlicher Komplexität noch nicht in der Lage sind. Dies bedeutet, dass auch bereits acht- bis zehnjährige SuS, also Anfänger/innen beim Fremdsprachenlernen, in der Mutter-, Zweit- und Fremdsprache durchaus auf metasprachliches Wissen zurückgreifen und dazu in altersgemäßer Weise Auskunft geben können. Sie verfügen darüber, weil sie beim Aufbau ihrer Lernersprache die Merkmale der Muttersprache (L1) und der Zielsprache (L2) zumindest intuitiv vergleichen. Junge Lernende in den Klassen 3 und 4 entwickeln zwischensprachliche Systeme, weil sie schon Erfahrungen mit dem Lernen von Sprachen gemacht haben und diese Kenntnisse als ›Trittsteine‹ auf dem Weg in die Fremdsprache nutzen können. Auch bestimmte ↗Lern- und Kommunikationsstrategien, die bereits mit der Muttersprache erlernt wurden, können von jungen Lernenden gewinnbringend eingesetzt werden. Ganz allmählich adaptiert der bzw. die Lernende seine Strategien und seine Hypothesen über Sprachregeln und nähert sich dabei der Zielsprache an (vgl. Riemer 2002, 63 f.). Es ist deshalb durchaus vertretbar, metasprachliches Wissen in einem Fremdsprachen-P. anzusprechen und in angemessener Weise zu nutzen. Dabei ist allerdings darauf zu achten, dass dies in einer für das jeweilige Alter und das damit verbundene Weltwissen passenden Weise geschieht: Ein gutes P. sollte daher in seiner Arbeitssprache anschaulich sein, d. h. es sollte für Kinder keine und für Jugendliche möglichst wenig Fachterminologie enthalten; es muss dem Weltwissen und den Erfahrungen der Lernenden entsprechen; es sollte sich auf positive Resultate richten, nicht Defizite auflisten; und es muss sich auf Lernprozesse und Kompetenzen beziehen, nicht auf bestimmte Texte oder Kapitel in einem ↗Lehrwerk. Ein Abschnitt zu *language learning awareness* (↗Bewusstheit/Bewusstmachung) gehört unbedingt in ein P.; meist findet er sich in der Sprachenbiographie, da sie zur Bestandsaufnahme des eigenen Lernverhaltens anregt, aber auch eine Planung des zukünftigen Lernwegs ermöglicht. Hier können sowohl Lerntipps zu den verschiedenen Fertigkeitsbereichen (↗Fertigkeiten) abgerufen und eigene Lerntipps ergänzt, als auch Beobachtungen eingetragen werden, die die Lernenden beim Lernen an sich selbst gemacht haben. Am besten fügt sich der Bereich *language learning awareness* parallel zu den Fertigkeitsbereichen in die Sprachenbiographie ein. Der vom P. vorgezeichnete Ablauf, zunächst die Lernenden über Lerntipps nachdenken zu lassen, dann eigenes Lernverhalten abzufragen, neue ↗Lernziele und ↗Lernstrategien planen zu lassen und schließlich die erreichten Lernziele auch zu kontrollieren, ist auch für junge Lernende schon plausibel. Er sollte sich in einem regelmäßigen, sich nicht zu weit spannenden Zeitrhythmus wiederholen, damit allmählich eine Einübung erfolgt und die Lernenden mit zunehmender Sicherheit agieren können.

Die Arbeit mit dem Sprachen-P. bedarf der genauen Vorbereitung durch die Lehrkraft. In der Grundschule (↗Früher FU) wird das P. des-

halb einmal pro Schulhalbjahr im Unterricht ausgefüllt und regelmäßig ergänzt. In der Phase des ↗Übergangs von der Primarschule in die weiterführende Schulform kann das P. den aufnehmenden Lehrkräften wichtige Informationen über den Lernstand der SuS liefern. Auch die spätere P.arbeit mit den Lernenden der Sekundarstufe I sollte einmal pro Schulhalbjahr stattfinden. Dieser Prozess, das wachsende Weltwissen und die ansteigende Spracherfahrung sorgen dafür, dass etwas ältere SuS schon mehr Sicherheit in der Selbsteinschätzung erreicht haben und nicht mehr so stark auf die Hilfe durch die Lehrkraft angewiesen sind. Da eine explizite Vorbereitung auf die P.arbeit im Unterricht für jüngere und ältere Lernende sehr wichtig ist, müssen auch die Lehrkräfte durch Handreichungen ausführlich auf die P.arbeit vorbereitet werden (vgl. Burwitz-Melzer 2006). Reflexionsfragen, ↗Unterrichtsgespräche und eventuell auch kleine ↗Sprachlernspiele oder das Vortragen von Texten, Liedern und die Wiederholung von Vokabeln können das Sprachbewusstsein der Lernenden fördern und ihnen helfen, die Deskriptoren in der Sprachenbiographie besser zu verstehen. Auch genau auf das P. abgestimmte Musteraufgaben sollten immer wieder im FU bearbeitet werden, um die oft abstrakte Sprache der Deskriptoren zu veranschaulichen. Solche Stützphasen können vor Beginn der P.arbeit bereits aufgenommen werden und sollten die P.arbeit begleiten. Eine gute Lehrerhandreichung wird ausreichend Anregungen für solche Unterrichtsphasen zur Verfügung stellen und die Lehrkräfte methodisch anleiten, P.s im FU in allen Schulformen und Jahrgangsklassen einzusetzen.

Lit.: E. Burwitz-Melzer: *Motivation durch Selbsteinschätzung. Fremdsprachen-P.s für die Klassen 3 bis 10.* In: A. Küppers/J. Quetz (Hg.): Motivation Revisited. Bln 2006, 91–102. – D. Campbell et al.: How to Develop a Professional P. A Manual for Teachers. Boston 2001. – Council of Europe: European Language P. Proposals for Development. Strasbourg 1997. – R. Oerter/L. Montada (Hg.): Entwicklungspsychologie. Ein Lehrbuch. Weinheim ⁶2008 [1982]. – K. Rebel/S. Wilson: Das Professionelle P. in der angelsächsischen Lehrerbildung aus deutscher und kanadischer Sicht. In: Forum Lehrerbildung 36 (2002), 60–77. – C. Riemer: Wie lernt man Sprachen? In: J. Quetz/G. von der Handt (Hg.): Neue Sprachen lehren und lernen. Bielefeld 2002, 49–82. EBM

Poster sind auf einer Papierseite gedruckte, grafische Erzeugnisse mit verschriftlichten und visuellen Formen der inhaltlichen Darstellung. Ihre Einsatzmöglichkeiten sind vielfältig. Sie werden in der Werbung verwendet, man setzt sie als künstlerisches Ausdrucksmittel ein oder nutzt das Format zur Präsentation kreativer Tätigkeiten. Zu finden sind P. dort, wo Inhalte einprägsam, schnell zu erfassen oder herausfordernd sein sollen (vgl. Grözinger 1994). Die P.sprache kommt ohne komplexes Vokabular aus, verschachtelte Formulierungen werden vermieden, eindeutige Botschaften überwiegen. Die Dominanz einiger weniger, mit Illustrationen kombinierter Slogans, ermöglicht als markantes Kennzeichen eines P.s die rasche Aufnahme des Dargestellten.

In Lernumgebungen entstehen P. im Rahmen selbsttätiger Schüleraktivitäten, für einige Unterrichtsinhalte gibt es vorgefertigte Verlagsprodukte. Das Potenzial von P.n für das Erreichen von ↗ Lernzielen des FUs hat die deutsche Fremdsprachendidaktik frühzeitig erkannt. Als statische Medien sind P. seit den 1830er Jahren bekannt. Großflächige Schulwandbilder zeigten Bildfolgen, detaillierte Zeichnungen und Abbildungen alltäglicher Szenerien (↗ Bilder). Die Bilder wurden für die Sprachübung und die Textarbeit gleichermaßen genutzt: Sie visualisierten Vokabeln (↗ Visualisierung), betteten Strukturübungen ein und lösten ganz allgemein wiederholende und festigende Sprachaktivitäten aus. Im modernen FU sind die Demonstration und Elizitation als wichtige didaktische Grundfunktionen erhalten geblieben (vgl. Gehring 2010). Bei der Einführung leisten P. einen ersten Überblick über das Neue und skizzieren plakativ Grobstrukturen der anvisierten eingehenden inhaltlichen Auseinandersetzung. Während der Verarbeitung von Inhalten verhelfen sie dazu, Zwischenergebnisse festzuhalten und vorzustrukturieren. In Sicherungsphasen unterstützen P. die Visualisierung von Regularitäten oder Sachzusammenhängen für Dauera̅ushänge. Demonstrations-P. können durch aktive Lerntätigkeiten sukzessive erweitert und verdichtet werden. In erster Linie produktiv ausgerichtet sind P. als Elizitationsmedien. In dieser Funktion stellen sie visuelle und/oder verbale Initiationsimpulse für sprachliche Aktivitäten dar. Das Festhalten von Resultaten auf Dokumentations-P.n dient der Speicherung von Inhalten, die durch Lernprozesse hervorgebracht worden sind. Phasen, in denen ↗ Vorwissen und

---

What are the components of a research poster?
name, grade, institution

Abstract

What is your study about?

Introduction

What did you study and why?

Methods

How did you do the study?

Results

What did you find?

Conclusion

What is the significance of your results?

Literature cited

What references did you use?

Bestandteile eines Forschungsposters (nach Gehring 2010, 137)

spontane Meinungsbilder visualisiert werden sollen, führen meist zu spontan entworfenen P.n, sie sind z.B. das Resultat einer kooperativ durchgeführten Sammelaktivität. Im weiteren Verlauf können die schriftlich fixierten Punkte Änderungen erfahren. Höhere Anforderungen an Inhalt und Gestaltung verbindet man mit P.n, die über Ergebnisse einer Aufgabe oder eines Projekts informieren. Dokumentations-P. erlauben nicht nur die Darbietung von Sachzusammenhängen. Auch Perspektiven und Strategien, Interpretationen und Zugriffsformen können in die Klassengemeinschaft kommuniziert werden (Gudjons 1998, 111 f.). Demonstration, Dokumentation und Elizitation vereinen sich funktional im Forschungs-P. (vgl. Abb. sowie Gehring 2010, 137).

Authentische Umgebungen sind wissenschaftliche Tagungen und Konferenzen, wo Forschungs-P. im Rahmen einer P.session präsentiert werden. Hinsichtlich des Aufbaus der IMRaD-Struktur folgend (*introduction, methods, results a(nd) discussion*) wird im P. das Forschungsdesign abgebildet, wesentliche Schrittfolgen, Resultate und Erkenntnisse sind festgehalten. Die Betrachter/innen soll das P. anregen, Fragen zu stellen oder P.aspekte zu kommentieren und zu diskutieren.

P. erweisen sich in einem FU als besonders geeignet, dem es auf ↗ situiertes Lernen, praktisches Lernen und forschendes bzw. ↗ entdeckendes Lernen ankommt. P. unterstützen Bemühungen, selbstgesteuertes Lernen im Unterricht zu realisieren, die Verwendungen der Fremdsprache in einen authentischen Handlungsrahmen zu integrieren und sie als Arbeitsmittel zur Problemlösung einzusetzen. Nicht zuletzt der ↗ bilinguale Unterricht kann von der funktionalen Vielfalt der P. in sachorientierten Diskursen profitieren.

Lit.: W. Gehring: Unterrichtsposter als Lehr- und Lernmedien für fremde Sprachen. In: C. Hecke/ C. Surkamp (Hg.): Bilder im FU. Neue Ansätze, Kompetenzen und Methoden. Tüb. 2010, 127–145. – K. Grözinger: Gestaltung von Plakaten. Mü. ²2000 [1994]. – H. Gudjons: Didaktik zum Anfassen. Bad Heilbrunn ³2003 [1998]. WG

Präsentation. Die P. realisiert zentrale Ziele eines handlungsorientierten Unterrichts (↗ Handlungsorientierung) und wird als Basisqualifikation in schulischen wie außerschulischen Kon-

texten gefordert. Ziel einer P. ist es, vermittelt durch eine oder mehrere präsentierende Personen, Wissen, Informationen und Inhalte ziel- und lerngruppenorientiert unter Nutzung von Medien, P.shilfen oder szenischen Darstellungen weiterzugeben. Der Kommunikationsprozess zwischen Präsentierenden und Zuschauenden bzw. -hörenden kann darauf abzielen, Wissenstransfer zu sichern, Diskussionen anzuregen oder Rezipient/innen zu überzeugen; er bezieht die Zuhörenden aufnehmend, nachfragend oder aktiv handelnd ein. Die zu vermittelnden Inhalte sollen anschaulich, leicht verständlich und dabei Interesse und Neugier weckend aufbereitet und dargeboten werden. P.en entsprechen der globalen Zielprojektion des Lehrens und Lernens in den neuen Sprachen, die eine integrale Vermittlung ↗ kommunikativer, ↗ interkultureller und methodischer Kompetenzen (↗ Methodenkompetenz) fordert. Sie werden im fachspezifischen wie im fachübergreifenden Kontext der Bildungsstandards (↗ Standards) als eine zentrale Qualifikation gesehen, die im Rahmen geeigneter Aufgaben sowohl vielfältige Möglichkeiten der Sprachanwendung und -entwicklung als auch der Förderung methodisch-strategischer Kompetenzen und des ↗ autonomen Lernens eröffnet.

Die weitgehend selbständige schrittweise Erarbeitung einer P. erfordert von Lernenden folgende Arbeiten und Denkleistungen: Ideen zur Bearbeitung des Themas sammeln, auswählen und strukturieren; einen Arbeits- und Zeitplan erstellen; in alten und neuen ↗ Medien aufgabenbezogen recherchieren; Informationen aus fremdsprachigen Quellen verstehen, auswählen und aufbereiten; passende P.shilfen und Zusatzmaterialien ausarbeiten (auch unter Zuhilfenahme von ↗ Visualisierungen); die P. kompetent und zieladäquat in der Fremdsprache realisieren; Fragen beantworten bzw. in einer Diskussion erörtern und den Erarbeitungsprozess und die Ergebnisse reflektieren und bewerten. Die korrespondierenden methodisch-strategischen Kompetenzen beziehen sich auf die Aufnahme, Verarbeitung und Weitergabe von Informationen, Techniken des Gliederns und Strukturierens oder der Zusammenfassung von Informationen und auf handwerkliche Grundtechniken wie die Gestaltung und Nutzung von P.shilfen und -medien sowie Vortragstechniken und Techniken der Gesprächsführung und des

Zuhörens. Darüber hinaus sind Strategien der planvollen Zusammenarbeit und der Arbeits- und Zeitplanung relevant sowie unterschiedliche Formen der Selbst- und Fremdeinschätzung von Lern- und Arbeitsergebnissen und -prozessen (vgl. Fritsch 2005a, 4).

Die Kompetenzen für eine P. im FU, die möglichst viele dieser Techniken und Strategien effektiv nutzt, entwickeln sich erst im Verlauf eines Lernprozesses in der Fremdsprache. Sie sind immer in Abhängigkeit zum jeweiligen Grad der Sprachkompetenz zu sehen, tragen aber auch stets zu deren Entwicklung bei. So kann der Vortrag eines Schülers in Klasse 5, der sein Haustier auf einem Plakat vorstellt, ebenso wie eine in einer Vernissage (*gallery walk*) dargebotene Plakatausstellung in Klasse 11 die Ansprüche an eine gelungene P. in der Fremdsprache erfüllen. Die Entwicklung der notwendigen Kompetenzen muss als Gesamtprozess gesehen werden, der sich alters- bzw. leistungsadäquat geordnet in einem sich stetig erweiternden und vertiefenden Verfahren abbilden lässt und der curricular festgeschrieben werden sollte. In einem spiralförmig aufgebauten Curriculum für das Präsentieren können für jeden Jahrgang spezifische P.en und mögliche Lernprodukte festgelegt und gezielt zu vermittelnde methodische-strategische Kompetenzen ausgewiesen und in einem ↗Portfolio erfasst und dokumentiert werden. Wenn das grundlegende Kompetenzrepertoire für die selbständige Vorbereitung und Durchführung einer P. einmal gefügt ist, kann es in unterschiedlichen Lernarrangements und Aufgaben genutzt werden. Darüber hinaus sollte die Unterrichtstätigkeit der Lehrperson angemessenes Präsentieren durch den konsequenten Einsatz von Moderations- und Visualisierungstechniken und die Nutzung unterschiedlicher Medien bei der Vermittlung von Unterrichtsinhalten immer wieder konkret handelnd ausweisen.

In der Nutzung der Fremdsprache bei P.en gibt es im Bereich der übergreifenden methodischen Kompetenzen sprachenspezifische Unterschiede. Während in Englisch bereits in Klasse 5 einfache Regeln des guten Vortrags, der Nutzung von Stichwortkarten oder der Plakatgestaltung (↗Poster) zum Gegenstand des Unterrichts und der Reflexion in der Zielsprache werden können, muss in anderen Fremdsprachen in der Regel stärker unterstützt oder auf die Muttersprache zurückgegriffen werden.

Zur schrittweisen Ausarbeitung einer spezifischen P. sind Leitfäden ein hilfreiches Instrument, das bedarfsbezogen dem Lernstand angepasst, durch gezielte methodische und linguistische Hilfen ergänzt und durch Video-Dokumente veranschaulicht werden kann. Die notwendigen Planungsschritte werden den SuS vorgestellt und praktisch erprobt, z.B. durch das Formulieren eines *attention-getters*, das Sammeln von sprachlichen Mitteln zur Strukturierung eines Vortrages oder durch Sprechübungen in Verbindung mit dem Einsatz von Visualisierungen. Rückmeldungen durch andere SuS und Lehrpersonen helfen Lernenden einzuschätzen, wieweit es gelungen ist, eine P. entsprechend der Planungen umzusetzen. Feedback-Rituale und unterschiedliche Instrumente der Selbst- und Fremdeinschätzung sollten so früh wie möglich eingeführt werden. Dabei sollen P.en als Erfolgserlebnisse und Quellen des Lernzuwachses für Beurteilte und Beurteilende erlebt werden. Das Präsentieren verlangt Formen der ↗Leistungsbewertung, die fachbezogene und fachübergreifende Kompetenzen integrieren. Dazu können standardisierte Kompetenzraster (*rubrics*) oder mit SuS erarbeitete Beobachtungs- und Bewertungsbögen genutzt werden (vgl. Fritsch 2005b, 33), die den Arbeitsprozess, das Produkt und seine Darstellung einbeziehen.

Lit.: Friedrich-Verlag: DVD Mündlichkeit/Präsentieren. Seelze ²2007. – A. Fritsch: Präsentieren im Englischunterricht. In: Der fremdsprachliche Unterricht Englisch 76 (2005a), 2–11. – A. Fritsch: Präsentieren, beobachten, rückmelden. Durch Feedback zum Lernerfolg. In: Der fremdsprachliche Unterricht Englisch 76 (2005b), 30–36. – A. Pauley/K. Ryan: Speak Well? Of Course You Can!!! Resources and Exercises for School Oral Presentations. Northgate 2003.   AF

Pragmatische Kompetenz ↗Kommunikative Kompetenz

Primarbereich ↗Früher Fremdsprachenunterricht

Produktionsorientierung ↗Handlungsorientierung

Produktorientierung ist ein wichtiger Aspekt der ↗Handlungsorientierung, die wiederum ein zentraler Bestandteil des Konzepts der ↗Lernerorientierung ist. Handlungsorientierung zielt im FU darauf ab, Lernsituationen zu schaffen, in denen die Lernenden Gelegenheit erhalten, ihre Intentionen durch Sprach-Handeln zu realisieren (vgl. Bach/Timm 2009). Im aktiven Vollzug sprachlicher Kommunikation wird bei hoher ↗Motivation und mit großer Nachhaltigkeit ↗kommunikative Kompetenz aufgebaut. Das Lernen wird zusätzlich intensiviert, wenn die Handlungsorientierung mit P. verknüpft wird. Es kommt zu einem ↗ganzheitlichen Lernen, zu einer engen Verbindung von Denken und Handeln, wenn die SuS im Unterricht (und auch in häuslicher Vor- und Nacharbeit) Produkte (z.B. Gedichte, Hörspiele, Collagen, Umfragen, Internet-Recherchen) erstellen. Die bloße Produktion bringt allerdings keine Bereicherung des FUs. Die Herstellung von Popcorn im Unterricht z.B. mag zwar einen Motivationsschub bewirken, doch ohne eine enge Verbindung der Handlungen mit Sprach-Handeln ist kein Lernzuwachs für die Kommunikationsfähigkeit zu erwarten. Es muss zu einem Lernen durch Interaktion kommen. Die Planung, Vorbereitung, Durchführung und Auswertung der Aktion muss begleitet werden von einer fortwährenden Inter-Aktion der Lernenden; dies wird durch den Einsatz der Unterrichtsformen Partner- und Gruppenarbeit (↗Sozialformen) gewährleistet. P. tritt immer wieder im Zusammenhang mit ↗Projektunterricht auf. Dort ist der zentrale Ort, um durch die Verbindung von Denken, Sprechen und Handeln allgemeine und fachspezifische ↗Lernziele zu erreichen. Man kann P. aber auch in kleinerem Rahmen in den Unterricht integrieren, ohne zu warten, bis ein so komplexes Verfahren wie ein Projekt ansteht (vgl. Schiffler 1998).

Lit.: G. Bach/J.-P. Timm (Hg.): Englischunterricht. Tüb./Basel ⁴2009 [1989]. – L. Schiffler: Learning by Doing im FU. Handlungs- und partnerorientierter FU mit und ohne Lehrbuch. Ismaning 1998.　　MA

Progression. Allgemein versteht man unter P. die allmähliche Entwicklung oder die Steigerung eines Zustandes und seine Überführung in einen anderen Zustand bzw. die Reihung oder Abfolge von Zuständen. In der Didaktik des institutionalisierten Fremdsprachenerwerbs ist damit die Auswahl und Anordnung des Lern- und Lehrstoffs gemeint, die sich an den jeweiligen Profilen einer Schulkategorie ausrichten. Die sukzessive Abfolge der Lerninhalte orientiert sich dabei an der zur Verfügung stehenden Unterrichtszeit und an den angestrebten ↗Kompetenzen, über die die Lernenden am Ende ihrer Schulzeit verfügen sollen. Im Gegensatz zum ungesteuerten Fremdsprachenerwerb außerhalb von Lerninstitutionen sind beim schulischen Fremdsprachenlernen eine Vielzahl an P.en bzw. P.ssträngen zu bedenken, die aufgrund von Lehrplanvorgaben (↗Lehrplan) vor allem in den ↗Lehrwerken zu erkennen sind. Das äußerst komplexe Bündel an P.ssträngen kann man dort entsprechend der vier Teilbereiche, die die ↗kommunikative Kompetenz ausmachen, unterteilen: (1) P. in den sprachlichen Systemen (↗Wortschatz, ↗Grammatik, ↗Aussprache, ↗Orthographie), (2) P. bei den Fertigkeiten (↗Hörverstehen, ↗Sprechen, ↗Leseverstehen, ↗Schreiben, ↗Sprachmittlung), (3) P. im sozio-kulturellen Bereich, d.h. beim ↗interkulturellen Lernen und (4) P. im strategischen Bereich. Beim Wortschatzerwerb (1) sollte eine deutliche P. verfolgt werden, die eine eigenverantwortliche Verwaltung der Wortschatzinventare anstrebt und die Einsichten in die Wortbildung ermöglicht. Die grammatische P. führt die Lernenden zum selbständigen Erkennen grammatischer Regelhaftigkeiten. Sie ist bis dato linguistisch nicht überzeugend begründet und steht in einer eher wenig überzeugenden Schulbuchtradition. Um eine ausreichende Aussprache- und Rechtschreibsicherheit zu garantieren, müssen die einschlägigen Lerninhalte in eine orthographisch-phonetische P. gebracht werden. Leider werden beide Bereiche oftmals nur marginal im Unterricht behandelt. Die P.sstränge in den Fertigkeiten (2) müssen lernpsychologisch akribisch genau auf die angestrebten Kompetenzprofile ausgerichtet sein. So steht am Ende der Hör-Sehverstehensschulung die Fähigkeit, authentisches Englisch/Französisch/Spanisch usw. (Merkmale der gesprochenen Sprache) und die ↗nonverbale Kommunikation zu verstehen. Die kommunikative P. im Bereich des Mündlichen zielt auf die Fähigkeit, komplexere spontansprachliche Äußerungen frei zu generieren. Eine überlegte P. in der Entwicklung des Leseverstehens soll die Lernenden zur selbständigen

Textentschlüsselung führen, die Fähigkeit entwickeln, unbekannte Redemittel aus dem Kontext zu dekodieren (↗Kontextualisierung), und zum Einsatz unterschiedlicher Lesestrategien für verschiedene Textsorten befähigen. Die Entwicklung der Schreibfähigkeit endet mit dem deklarativen und prozeduralen ↗Wissen um Textgenres und der Fähigkeit, lernerrelevante Textsorten zu produzieren. Eine deutliche P. im Bereich der Sprachmittlung fokussiert auf die Fähigkeit der Lernenden, die passenden Translationstechniken anzuwenden, die eine Sprachmittlungsaufgabe erfordert. Auch im sozio-kulturellen Bereich (3) wurden P.en ausgearbeitet, die in der Grundschule mit den sichtbaren Unterschieden im Alltag gleichaltriger SuS im Zielsprachenland (im Hinblick auf Erziehung, Essen, Kleidung usw.) beginnen und dann beispielsweise zur vertieften Reflexion über die Wertekultur anregen. Die hohe Bedeutung des strategischen Vorgehens beim Fremdsprachenerwerb (4) zeigt sich heute sehr deutlich in einem reichen Angebot an Lerner- und Kommunikationsstrategien, die im Unterricht vorgestellt und erprobt werden. Auch diese Teilkompetenz kann gezielt progressierend beschrieben werden.

Auch die Übungskorpora (↗Übung) unterliegen einer P., die eine Steigerung in der Komplexität, in der Steuerung durch Lernhilfen (↗*Scaffolding*) und durch die Integration unterschiedlicher *skills* einfordern (Aufgabenprogression). Schließlich wird in der jüngsten schulpolitischen Diskussion auch eine P. nach Lernarten diskutiert, durch die sich die jeweiligen Lernjahre schwerpunktmäßig unterscheiden, z.B. Lernjahre 1 bis 4: multisensorisches, spielerisches und ↗ganzheitliches Lernen; Lernjahre 5 und 6: stärker lehrwerkorientiertes Lernen mit Kurscharakter; Lernjahre 7 und 8: projektorientiertes, bilinguales, auch mehrsprachiges Lernen (↗Projektunterricht, ↗Bilingualer Unterricht, ↗Mehrsprachigkeit); Lernjahre 9 und 10: stärker berufsorientiertes und multimediales Lernen; weitere Lernjahre: ↗autonomes Lernen. Abschließend sei betont, dass der schulische Fremdsprachenerwerb immer auf reflektiert erstellte P. angewiesen ist. Dies rechtfertigt allerdings keine lineare Zementierung, die kreatives (↗Kreativität) und ↗situiertes Lernen verhindern würde.

Lit.: K.-R. Bausch et al. (Hg.): FU im Spannungsfeld von Inhaltsorientierung und Kompetenzbestimmung. Tüb. 2009.   WK

Projektunterricht ist eine Unterrichtsform, die den Lernenden bei der Festlegung der Themen und Arbeitsweisen ein hohes Maß an Mitbestimmung zuweist und auf arbeitsteilig kooperative Formen der Problemstellung, Problemlösung und Ergebnispräsentation setzt (↗Kooperatives Lernen). Sie berücksichtigt die Interessen der Lernenden und stärkt ihren Ausdruckswillen, schließt aber die Möglichkeit pädagogischer Interventionen der Lehrkraft nicht aus. Planung und Realisierung von P. erfordern kontinuierliche Aushandlungen aller Beteiligten. In der Fremdsprachendidaktik beginnt die Diskussion um P. mit der kommunikativen Wende als Teil der gesellschaftlichen Reformprozesse der 1970 und 1980er Jahre, die sich u. a. für die Demokratisierung von Bildung und Gesellschaft stark machten (↗Kommunikativer FU). Seine philosophisch-pädagogischen Wurzeln reichen jedoch in die ↗Reformpädagogik und den amerikanischen Pragmatismus (John Dewey, William Heard Kilpatrick) zurück (vgl. Hänsel 1999).

Als Beispiel für fremdsprachlichen P. gilt das *Airport-Projekt*, bei dem SuS einer 6. Gesamtschulklasse ihre Sprachkompetenz auf einem internationalen Flughafen testen, nachdem sie sich durch Training der sprachlichen, medialen und sozialen ↗Fertigkeiten auf den kommunikativen Ernstfall vorbereitet haben. Die von Kleingruppen auf dem Flughafen durchgeführten und aufgezeichneten Interviews in englischer Sprache werden dann im Unterricht mit Unterstützung der Lehrkraft sprachlich weiter bearbeitet, in Lernertexten (Berichten, Plakaten, collagierten Kurzporträts) dokumentiert sowie schließlich präsentiert und bewertet (vgl. Legutke 2006).

In der Fachdiskussion wird zu Recht der inflationäre Gebrauch des Begriffs moniert, dessen Inhalt und Umfang vielfach vage bleibt (vgl. Schart 2003). Andererseits sind in der Literatur zahlreiche Beispiele dokumentiert, die die Grenzen fremdsprachlichen P.s kritisch ausloten und zugleich sein Potenzial zur Entwicklung und Förderung ↗kommunikativer Kompetenzen deutlich machen (vgl. Legutke/Thomas 1991). P. kann sowohl ausschließlich auf Texte rekurrieren (fiktionale Texte, Sachtexte, Webtexte) als auch direkte Begegnungen mit Sprecher/innen der Zielsprache (Flughafen) bzw. medial vermittelte Begegnungen (klassische wie digitale ↗ Korrespondenz und Telekollaboration) einschließen. Um überhaupt als Projekt gelten zu können, müssen Unterrichtprozesse zumindest klar erkennbare Phasen der gemeinsamen Themenkonkretisierung, der Planung, der arbeitsteiligen Bearbeitung von Fragestellungen, der Vorbereitung von ↗ Präsentationen, der Ergebnispräsentation und der Evaluation aufweisen, die je nach Projekt, Altersstufe und Sprachkompetenz unterschiedlich komplex ausfallen können (vgl. Frey 2005, Stoller 2002).

Galt der P. lange Zeit als marginale Unterrichtsform, so erfreut er sich steigender Beachtung. Dazu trägt nicht nur die von der digitalen Revolution im Bildungsbereich erzwungene Neubestimmung des ↗ Lehr- und Lernorts Klassenzimmer bei, sondern in gleicher Weise die Debatte um ↗ Schlüsselqualifikationen: Teamfähigkeit und selbständige Problemlösungskompetenz können sich eher im P. entfalten als in einem zentral von der Lehrkraft gesteuerten Lehrgang (↗ Lehrerzentrierung). Das gestiegene Interesse am P. erfordert ein verstärktes Bemühen um die von der Forschung wenig beachteten Brennpunkte der Unterrichtsform. Diese betreffen u. a. die Projektkompetenz der Lehrkräfte, die Aufgaben (↗ Aufgabenorientiertes Lernen) und ihre Verschränkung mit ↗ Übungen in den Projektphasen sowie die ↗ Leistungsermittlung und ↗ Leistungsbewertung unter Einbeziehung der Lernenden.

Lit.: K. Frey: Die Projektmethode. Weinheim/Basel ¹⁰2005 [1982]. – D. Hänsel (Hg.): Handbuch P. Weinheim ²1999 [1997]. – M. Legutke: Projekt Airport Revisited. Von der Aufgabe zum Szenario. In: A. Küppers/J. Quetz (Hg.): Motivation Revisited. Bln 2006, 71–80. – M. Legutke/H. Thomas: Process and Experience in the Language Classroom. Harlow 1991. – M. Schart: Was ist eigentlich P.? Ein fiktives Gespräch über eine vage Idee. In: Info DaF 30/6 (2003), 576–593. – R. Stoller: Project Work. A Means to Promote Language and Content. In: J. Richards/W. Renandya (Hg.): Methodology in Language Teaching. An Anthology of Current Practice. Cambridge 2002, 107–119.
ML

Prozessorientierung heißt, dass auf die empirisch nachweisbare Natur von Lernprozessen geachtet und den Lernenden gezeigt wird, wie sie Lernprobleme selbst bewältigen können. Die P. wendet sich damit gegen Lehrverfahren, die vorschreiben, wann welche Formen und In-

halte gelehrt werden, sich aber nur an einer idealen Korrektheit dieser Formen und Inhalte orientieren und ignorieren, dass nicht jederzeit alles, was gelehrt wird, auch gelernt werden kann. Die P. plädiert für die Förderung von ↗ autonomem Lernen und ↗ Lernstrategien, die beachten, dass Lernende von ihrem ↗ Vorwissen ausgehend dahin finden, sich selber neues ↗ Wissen zu erschließen. Das Konzept der P. hat seinen Hintergrund zum einen in rezeptionstheoretischen und konstruktivistischen Lern- und Verstehenstheorien (↗ Konstruktivismus/ Konstruktion), zum anderen in Erkenntnissen der Zweitspracherwerbsforschung (↗ Spracherwerb und Spracherwerbstheorien), die zeigen, dass es die Sprachverarbeitungsmöglichkeiten des Gehirns sind, die darüber entscheiden, wann welche Sprachformen korrekt verwendet werden können. Ein Blick auf heutige ↗ Lehrpläne zeigt, dass sowohl herkömmliche formorientierte als auch neuere kompetenzorientierte (↗ Kompetenz) Lehrpläne (↗ Gemeinsamer europäischer Referenzrahmen) eine P. in ihre Empfehlungen einschließen.

Aus literatur- und kulturdidaktischer Sicht (↗ Literaturdidaktik, ↗ Kulturdidaktik) korrespondiert P. mit der aus der Verstehensforschung bekannten Einsicht, dass Verstehensprozesse prinzipiell nicht abschließbar sind (↗ Verstehen). Verstehenstheorien gehen von einem Wechselspiel von Vorwissen und Erfahrungen aus; dabei können neue Erfahrungen nach dem jeweilig vorhandenen Vorwissen unterschiedlich verarbeitet werden, das Vorwissen aber auch verändern (hermeneutischer Zirkel). Ein prozessorientierter Literaturunterricht trägt dem Rechnung, indem er die Lernenden durch entsprechende Aufgaben im *bottom-up* und *top-down processing* unterstützt, damit sie befähigt werden, Texte selbständig zu erschließen (vgl. Bredella 1987). Ähnlich wie beim ↗ Leseverstehen handelt es sich auch beim ↗ Fremdverstehen um einen Bildungsprozess, bei dem die Fähigkeit zum Perspektivenwechsel (↗ Perspektive und Perspektivenwechsel) eine große Rolle spielt und bei dem sich der Verstehende selbst verändern kann: »Einmal geht es darum zu erkennen, wie der andere die Dinge sieht, und zum anderen darum, wie mich diese Sichtweise anspricht und herausfordert« (Bredella 1995, 20). Das jedoch verlangt, dass im FU – über ein direktes Verstehen hinausgehend, das Texte und

Ereignisse nur im Sinne der eigenen Weltsicht interpretiert, – auch ein reflexives Verstehen erreicht wird. Dieses soll dazu dienen zu ergründen, warum andere Menschen die Welt nach anderen Kategorien und Werten beurteilen als man selbst. Der Wert der P. liegt darin, dass sie auf eine verständigungsorientierte Auseinandersetzung mit Perspektivendifferenzen vorbereitet, indem sie diese praktiziert. Sie kann Probleme nicht absolut lösen, kann aber die Vorteile einer toleranten Aufgeschlossenheit gegenüber Anderen ebenso deutlich machen wie die Notwendigkeit einer Identitätsfindung und Identitätsbewahrung (↗ Identität und Identitätsbildung).

Was die ↗ Sprachdidaktik betrifft, so hat Manfred Pienemann (1998) in seiner *Processability Theory* nachgewiesen, dass sich der Zweitspracherwerb in einer »hierarchy of processing stages« vollzieht, die für alle Sprachen gilt. Es muss jedoch hervorgehoben werden, dass die Stufen dieses Erwerbsprozesses sich von denen der lehrbuchmäßigen Grammatikprogression (↗ Progression) grundsätzlich unterscheiden. Letztere verlangt im Prinzip, dass die Lernprozesse vom Beherrschen einfacher zum Beherrschen komplexer Strukturen fortschreiten. Formfehler können nicht toleriert werden, weil sie spätere Lernerfolge verhindern würden. Im Kontrast dazu gilt für die kommunikationsorientierte *Processability Theory* ein anderer Fehlerbegriff (↗ Fehler). Die von ihr beschriebenen Spracherwerbsstufen legen nahe, dass in der (schnellen) Sprachproduktion die inhaltlichen Aussageabsichten immer ihrer formal-korrekten Formulierbarkeit vorausgehen. Deshalb fördert es auch nicht die ↗ kommunikative Kompetenz, wenn man didaktisch auf das Vermeiden von Formfehlern bedacht ist, die auf der je erreichten Sprachlernstufe von Lernenden nicht vermeidbar sind. Fehler werden erst dann vermeidbar, wenn die mentalen Verarbeitungsprozesse so weit automatisiert sind, dass sie Aussagen in einer fehlerfreien Form ermöglichen. Die *Processability Theory* macht dazu konkrete Angaben. Sie plädiert nicht für eine vage definierte Fehlertoleranz, sondern verdeutlicht, wann in kommunikationsorientierten Äußerungen welche Fehler keinen Anlass zur Sorge geben und ab welchen Stufen bestimmte Fehler nicht mehr geduldet werden sollten, weil sie spätere Lernfortschritte gefähr-

den würden. Ein Beispiel dafür ist das ›s‹ der 3. Person Singular des Englischen *simple present*, das erst auf einer späten Spracherwerbsstufe formal korrekt beherrscht werden kann. Sprachdidaktisch zeigt das, dass wichtige Lernzeit gespart werden kann, wenn man auf nutzlose Formübungen verzichtet. Es macht auch deutlich, warum einem Begriff vom Spracherwerb, der auf die in der Kommunikation beobachtbaren Lernprozesse achtet, Lehr- und Lernverfahren entsprechen, die auf ein ↗ aufgabenorientiertes Lernen setzen, das inhaltsorientiert ist (↗ Inhaltsorientierung), in seinen drei Zyklen von *pre-*, *while-* und *post-*Aufgaben (z. B. beim Lesen oder der ↗ Projektarbeit) aber Vorkehrungen für eine sowohl inhalts- wie formorientierte Reflexion von Aktivitäten trifft. Unterrichtet werden sollte also nach den Mottos »teach what is teachable« und »you cannot force learners to jump stages«.

Kritiker/innen des Konzepts meinen, dass P. eher für den Zweitspracherwerb als für den FU in Schulen geeignet ist, weil selbständiges Problemlösen Zeit und ein anregungsreiches Lernumfeld erfordert, die Schulen nicht zur Verfügung stehen. Wie die Arbeiten von Leni Dam (1995) jedoch zeigen, kann P. auch an Schulen und in Anfängerkursen erfolgreich praktiziert werden. In der schulischen Praxis haben sich heute Kompromissvarianten wie das ↗ aufgabenorientierte Lernen durchgesetzt (vgl. Müller-Hartmann/Schocker-von Ditfurth 2005).

Lit.: L. Bredella: Die Struktur schüleraktivierender Methoden. Überlegungen zum Entwurf einer prozeß-orientierten Literaturdidaktik. In: Praxis des Neu-sprachlichen Unterrichts 34/3 (1987), 233–248. – L. Bredella: Verstehen und Verständigung als Grundbegriffe und Zielvorstellungen des Fremdsprachenlehrens und -lernens? In: Ders. (Hg.): Verstehen und Verständigung durch Sprachenlernen? Bochum 1995, 1–34. – L. Dam: Learner Autonomy. From Theory to Classroom Practice. Dublin 1995. – A. Müller-Hartmann/M. Schocker-von Ditfurth (Hg.): Aufgabenorientierung im FU. Tüb. 2005. – M. Pienemann: Language Processing and Second Language Development. Processability Theory. Amsterdam 1998. UM

Psychodramaturgie ↗ Alternative Lehr-/Lernformen, ↗ Dramapädagogik

Q

Qualität manifestiert sich im Hinblick auf Unterricht auf vier Ebenen. Diese sind das Bildungssystem, der Unterrichtsprozess, die Einsicht der Lehrkräfte und Erzieher/innen in Verläufe des Sprachlernens sowie ethische und pädagogische Prinzipien. Q.s-Management und Q.s-Hindernisse sind Faktoren, die besonders bei Schulversuchen beachtet werden müssen. Konnotationen zu Q. sind ›guter Unterricht‹, ›good practice‹ und ›best practice‹. Die beiden letzteren meinen ursprünglich reibungslose Abläufe in Unternehmen. Dass der Q.s-Begriff in Deutschland seit einigen Jahren verstärkt in der Diskussion erscheint, Q. systematisch entwickelt und durch regelmäßige Evaluationen überprüft werden soll, ist als eine Folge der ⟋ PISA-Studie und anderer internationaler Vergleichsstudien zu sehen. Der institutionalisierte FU ist eingebunden in diese Entwicklung. Speziell für ihn hat der ⟋ Gemeinsame europäische Referenzrahmen für Moderne Sprachen eine Rolle gespielt. Denn die Frage nach der Bestimmung und Erreichung von Kompetenzstufen ist auch mit Q. verbunden.

In der Q.s-Diskussion laufen zwei Stränge nebeneinander und miteinander – der eine eher aus den Konzepten der fremdsprachlichen Bildung kommend, der andere dem Rechenschaft Ablegen, Vergleichen und sinnvollen Verteilen von finanziellen Ressourcen verpflichtet. Q. ergibt sich aus der Anzahl der Merkmale, durch die der FU bestimmte gesetzte Anforderungen erfüllt. Immer ist bei der Beschreibung und Bewertung dieser Merkmale zu fragen, wer die Anforderungen vorgegeben hat, und um welche Ebenen es sich handelt: Wenn die Lehrkraft erreicht, dass die schwächeren SuS keine Angst vor mündlicher Rede haben, so geht es um Q. auf der Ebene des Unterrichtsprozesses. Die Anforderung kann die Lehrkraft sich selbst gestellt haben und/oder es kann sich um eine Neuorientierung im ⟋ Lehrplan handeln. Wenn ein Ministerium zusätzliche Lehrerstunden finanziert, damit Fremdsprachenklassen geteilt werden können, so soll Q. auf der Systemebene verbessert werden. Die Anforderung kann auf eine neue Bildungspolitik oder z.B. auf Elterndruck zurückgehen.

Mit der Erfassung von Q. ist ein Werturteil verbunden. Die private und professionelle Biographie und gesellschaftliche Setzungen und Anforderungen spielen eine Rolle. Deshalb ist jeweils der politische und pädagogisch-fachdidaktische Hintergrund zu eruieren, auch wenn Kriterienkataloge für Q. verwendet werden. Q. kann durch verschiedene Wege erfasst werden:

- durch persönliche Wahrnehmung und Interpretation allein: Ein Schüler kann z.B. der Meinung sein, dass sein Italienischlehrer gut erklärt.
- dialogisch im Rahmen der Schulentwicklung: Das Team der Fremdsprachenlehrenden kann sich selbst Ziele setzen und sie mit Hilfe eines Logbooks verfolgen. Aktionsforschung kann ein Verfahren sein, das sie zur Q.s-Verbesserung wählen. Schulinterne Fortbildung kann durch Zusammenarbeit mit Experten erfolgen oder indem ein in einem auswärtigen Kurs fortgebildeter Lehrender sein neues Wissen weitergibt. Auch die Zusammenarbeit mit Eltern, interessierten SuS oder anderen Partnern ist zu nennen.
- durch Indikatoren: Diese können von Schulbehörden (ggf. in Kooperation mit Wissenschaftlern) entwickelt werden. Vor der Feststellung der Ausprägung der Indikatoren an einer Schule müssen einerseits die erwarteten ⟋ Kompetenzen (in Lehrplänen, Bildungsstandards oder Schulprofilen) beschrieben, andererseits Deskriptoren formuliert werden. Wer mit Indikatoren Q. erfasst, benötigt vorher ein Training. Instrumente, die eingesetzt werden, sind unter anderem Checklisten, Interviews mit Lehrenden, Lernenden und Eltern sowie Unterrichtsbeobachtungen mit Hilfe von Kriterien.
- durch Forschung: Als angewandte Forschung soll sie im Zusammenhang der Q.s-Entwicklung eine Rolle spielen. Zu nennen sind u.a. Begleitforschung zu Bildungsinnovationen wie der Einführung des Frühbeginns (⟋ Früher FU), Theoriebildung (z.B. kommunikative Didaktik, Spracherwerbsforschung in Bildungseinrichtungen), experimentelle Studien wie z.B. die Eignung von Methoden zur Erhöhung der Behaltensfähigkeit von Wortschatz, breiter angelegte Studien zur Erfassung des tatsächli-

chen Kompetenzstandes von SuS, von denen bisher die größte die ↗DESI-Studie mit ihrer deutschlandweiten Messung der Englischleistungen in der 9. Klasse war.

Auf Systemebene sind die Postulate »Englisch für alle, auch die Hauptschüler«, »Frühbeginn in Sprachen«, »Förderung der Sprachenvielfalt« Beispiele für Q.s-Entwicklung. Die jeweiligen Postulate sind in Abhängigkeit von gesellschaftlichen Entwicklungen zu sehen. Q. des Systems kann durch Indikatoren erfasst werden (vgl. Edelenbos et al. 2006 für den Frühbeginn und Niedersächsische Schulinspektion 2008 für Primar- und Sekundarstufe unter Einschluss von Englisch). Die Indikatoren können sehr zahlreich sein, jedoch kann auch ein einzelner Wert als Q.s-Indiz genommen werden, wie die Anzahl der SuS, die bei Fremdsprachenwettbewerben mitmachen, oder derjenigen, die eine Fremdsprache nicht abwählen, oder die Anzahl von Schulpartnerschaften in einer Stadt/Region. Ein Vergleichsmaßstab ist nötig. Untersuchungen der Q. des Systems haben in Deutschland durch die PISA-Studie öffentliche Aufmerksamkeit gewonnen und zahlreiche Verbesserungsprogramme in Gang gesetzt, im Sprachenbereich besonders deutlich in der Vorschulerziehung in Deutsch als Zweitsprache. Ferner zu nennen sind die Bildungsstandards (↗Standards) für Französisch und Englisch (2003) für den mittleren Schulabschluss sowie für den Hauptschulabschluss (2004). Das Fremdsprachensystem eines ganzen Landes beschreiben die sog. *Language Education Policy Profiles* des Europarats (www.coe.int/lang) und die Eurybase Website der EU. Eine sehr ausführliche Indikatorenliste wurde für die nach niederländischem Vorbild neu geschaffene Schulinspektion Niedersachsen entwickelt. Hierbei handelt es sich um eine externe Q.s-Überprüfung. Im ersten Bericht von 2008 wurden im Fall von Englisch die Indikatoren ›Anregung zum selbsttätigen Lernen‹ und ›Binnendifferenzierung‹ schulartübergreifend als nicht genügend umgesetzt eingeschätzt. Ferner wurde festgestellt, dass Englisch an Förderschulen in keinem der Teilkriterien oberhalb der Bewertungskurve eines anderen Förderschul-Faches lag (↗Förderunterricht).

Für die Q. des pädagogischen Prozesses kann eine weitgehend konsensuale Definition gegeben werden: Der Unterricht hat Q., wenn möglichst viele SuS in der Klasse/Lerngruppe möglichst schnell und möglichst mühelos Kompetenzen in der Fremdsprache und ihrem Gebrauch sowie ↗interkulturelle kommunikative Kompetenzen aufbauen. Für den FU kommen hier sowohl allgemeinpädagogisch-empirisch und effektiv erfasste als auch fachspezifische Merkmale zusammen. Die allgemeinen Merkmale finden sich z.B. in den Kriterien von Robert Slavin: Der Unterricht ergibt für die Lernenden einen Sinn, er interessiert sie, und sie können die eingeführten Inhalte behalten und anwenden (vgl. Göbel 2007). Vorhanden sind u.a. Klarheit der Instruktion (↗Instruktivismus/ Instruktion) und Adaptivität (Fähigkeit der Lehrkraft, die Schwierigkeit des Stoffes anzupassen und auf die SuS einzugehen). Merkmale im FU sind u.a. die tatsächliche aktive Lernzeit (*time on task*), mindestens 3 Sekunden Warten auf die Schülerantwort, positives korrigierendes ↗Feedback, Möglichkeiten zum Sprachgebrauch, Kontakt mit einem Muttersprachler bzw. einer Muttersprachlerin.

Q. als Folge von Einsicht in Verläufe des Sprachenlernens kann mit dem Begriff ›diagnostische Kompetenz‹ umschrieben werden. Diese soll ermöglichen, dass SuS besser gefördert werden. Seit etwa 2004 ist sie als Aus- und Fortbildungsbaustein stärker in den Vordergrund der deutschen fremdsprachendidaktischen Diskussion gerückt. Sie beginnt mit dem Bewusstsein der Lehrkräfte für die Notwendigkeit einer genauen Beobachtung des fremdsprachlichen Lernzuwachses einzelner SuS und schließt die Fähigkeit ein, diesen zu interpretieren und in Reaktion darauf den Lernenden adäquate Hilfe zu geben. Der geschickte Einsatz von ↗Tests und Einschätzungsmaterial wird Teil der Kompetenz. Für diagnostische Kompetenz ist eine den SuS zugewandte pädagogische Haltung die Voraussetzung. Folgende Fähigkeiten und Fertigkeiten müssen vorhanden sein oder entwickelt werden: hermeneutische Fähigkeiten (genaues Hinsehen, Vergleichen, Deuten, Sprache evozieren, Selbstdistanz und Offenheit), Fertigkeiten in der Auswahl und Anpassung von Testmaterial, in der Durchführung von Lernkontrollen und ↗Leistungsermittlungen. Die Unterstützung des individuellen Lernprozesses ist dann die Anwendung der diagnostischen Kompetenz (vgl. Edelenbos/Kubanek 2009).

Q. wird beschrieben und entwickelt in Abhängigkeit von ethischen und pädagogischen Prinzipien einer Gesellschaft. Ist der selbstverantwortliche Bürger, der in einer unübersichtlichen Welt zurechtkommt, das Ideal, dann ist ↗autonomes Lernen hoch angesetzt. Entsprechend gelten Methoden, die dieses fördern, als gut wie z.B. Stationenlernen, Wochenplan-Arbeit, ↗Präsentationen, Internetrecherchen, produktive Medienarbeit, z.B. die Erstellung eines Films (↗Filmdidaktik). Ist der seine Meinung argumentativ vertretende Bürger ein Wertmaßstab, so wird der ↗kommunikative FU als qualitativ hochwertig angesehen und das freie ↗Sprechen der SuS als gut bezeichnet. Wenn interkulturelle Kompetenz das oberste Ziel ist, dann sind Kenntnisse über andere Kulturen sowie die Entwicklung von Empathie und der Fähigkeit zum toleranten Dialog in der Fremdsprache wichtig. Die EU als supranationales System sieht in der Förderung der ↗Mehrsprachigkeit und Sprachenvielfalt ein Q.s-Merkmal der Staaten, Regionen und Städte.

Ohne Q.s-Management können Verbesserungen nicht umgesetzt werden. Q.s-Management ist schon vorhanden, wenn eine Schule bei einer Stiftung Finanzmittel für neuartige Fremdsprachenprojekte einwirbt; hier geht der Blick eher zur Systemebene, wie Zuweisung von Bildungsbudgets und staatliche Vorgaben wie Lehrpläne und Bildungsstandards. Q.s-Management geschieht in Demokratien im Gespräch mit den Akteuren. Für die Ebene der Schulen können die sog. Vergleichsarbeiten als eine Form des Eingreifens der Behörden angesehen werden. Durch sie soll ein einheitlicheres Bild von Schülerleistungen ermöglicht und ein mittleres Leistungsniveau für ein Bundesland klarer aufgezeigt werden. Außerdem sollen diese Arbeiten Schwächen der SuS so rechtzeitig in der Schullaufbahn aufzeigen, dass noch vor Schulabschluss unterstützende Maßnahmen möglich sind. Regelungen zur Anzahl der möglichen Sprachen an einer Schule sind ebenfalls hier zu nennen. Vorschriften und Anregungen zu Fortbildungen sind Formen, mit denen die Behörden Q. fördern möchten. Auf Hochschulebene ist der Sprachtest vor Zulassung zum Studium anzuführen (↗Zertifikate). Ferner ist Öffentlichkeitsarbeit zu nennen, im Fall von Deutsch als Fremdsprache z.B. die Kampagnen zur Förderung des Interesses an Deutsch in Frankreich

oder den Niederlanden. Neben den Berichten von Schulinspektionen gibt es z.B. durch externe Evaluation vergebene Q.s-Siegel für Sprachreise-Anbieter und das Europäische Sprachensiegel für vorbildhafte Initiativen zur Förderung von Mehrsprachigkeit an Schulen und anderen Bildungseinrichtungen.

Bei der Einschätzung von Q. in Bezug auf Fremdsprachenkompetenzen sind hindernde soziodemographische und geschichtliche Faktoren in Rechnung zu stellen. Ein Staat kann geringe Ressourcen haben, das Bildungsbudget kann im Vergleich zu anderen Etats gering ausfallen, politische Unruhen können zum Ausfallen von Unterricht führen, ↗Sprachenpolitik kann Sprachen bevorzugen und verbieten, geographische Spezifika können hinderlich sein oder z.B. durch ↗Fernunterricht überwunden werden, der Grad der Bürokratie kann Lehrende an grenzüberschreitenden Klassenfahrten hindern. Im Fall des Fremdsprachenfrühbeginns gelten der Unterricht durch Lehrkräfte, die nicht die Fremdsprache studiert haben, und die unzureichende Lösung des ↗Übergangs an die weiterführende Schule (d.h. inadäquates Nutzen der Vorkenntnisse der Kinder) als problematisch. Für Lehrende selbst sind Burnout und sehr hohe Heterogenität von Klassen Faktoren, die die Q. des FUs beeinträchtigen können. Die Hindernisse müssen jeweils vor Ort erfasst und Lösungsmöglichkeiten gesucht werden.

Einerseits ist festzuhalten, dass es in Deutschland weitgehend ein dem Sprachenlernen günstiges Klima gibt. Eltern wünschen, dass ihre Kinder früh eine Sprache lernen, SuS kommen z.B. aufgrund ihrer Internetnutzung auch außerschulisch mit Englisch in Kontakt. Es existieren bilinguale Programme (↗Bilingualer Unterricht). Mit Hilfe der Finanzierung durch Interreg (eine Gemeinschaftsinitiative des Europäischen Fonds für regionale Entwicklung) konnte ein Ausbau von zweisprachigen Initiativen entlang der Grenzen erfolgen, der noch fortgesetzt wird. Zugleich ist aber die Verbesserung auf allen Ebenen permanente Aufgabe, sei es durch neue Technologien, sei es durch die tatsächliche Nutzung von Formen schülerfreundlichen Lernens. ↗Differenzierung und Erkennen und Fördern von SuS mit Lernproblemen in der Fremdsprache ist eine große Herausforderung. Zu wenig SuS bekommen im Lauf der ersten Lernjahre die Gelegenheit, die

Sprache selbst außerhalb der Schule anzuwenden oder mit Gästen innerhalb der Klasse zu erproben. Für das übergeordnete Prinzip von interkulturellem Verständnis besteht ein Widerspruch zwischen deutlich genannter Wichtigkeit und der geringen Zahl von empirischen Studien (↗ Empirie), wie dieses sich via FU und Austausch konkret vollzieht. Die EU wiederum sieht als weiterhin zu bewältigende Aufgabe an, noch mehr Interesse an Sprachenlernen zu wecken und Lehrermobilität zu verstärken. Die ↗ Lehrerbildung spielt eine entscheidende Rolle. Zu fragen ist, inwieweit Studierende der neuen Bachelor- und Master-Studiengänge genügend fachdidaktische Bausteine haben. Ein Auslandsaufenthalt für Studierende mit Ziel Master of Education ist in Deutschland nicht generell vorgesehen. Fortbildungen wiederum führen nicht notwendig zu tatsächlich verändertem Lehrerverhalten. Q.s-Sicherung und -Entwicklung sind persönliche Aufgaben der Lehrkraft, welche aber durch ein motivierendes und stützendes (gesellschaftliches) Umfeld erleichtert werden.

Lit.: P. Edelenbos/R. Johnstone/A. Kubanek: The Main Educational Principles Underlying the Teaching of Young Learners. Studie für die Europäische Kommission. Brüssel 2006. (http://cc.europa.eu/education/policies/lang/doc/young_en.pdf) – P. Edelenbos/A. Kubanek: Gute Praxis im Frühen FU. Braunschweig 2009. – K. Göbel: Q. im interkulturellen Englischunterricht. Münster 2007. – Niedersächsische Schulinspektion (2008): Periodischer Bericht. Bad Iburg. AK

R

Rahmenrichtlinien ↗ Lehrplan

Rechtschreibung ↗ Orthographie

Reformpädagogik. Der Terminus bündelt eine Reihe von allgemein pädagogischen und fachdidaktischen Bestrebungen der Jahre vor dem Ersten Weltkrieg sowie der Weimarer Republik, deren gemeinsames Ziel es war, die nicht mehr zeitgemäßen Sichtweisen der post-neuhumanistischen Periode abzulösen. Manche der Reformansätze nehmen heutige Positionen vorweg. So ist selbstbestimmtes Lernen im Projekt (↗ Projektarbeit) eine Entwicklung der Jahre nach 1915, das Prinzip selbsttätiger Lebensnähe (Arbeitsunterricht) wird bereits 1901 verwirklicht (Georg Kerschensteiner), und von ↗ Individualisierung des Lernens, von Kommunikationsorientierung und in gewisser Weise sogar von ↗ interkulturellem Lernen ist in den 1920er Jahren immer wieder die Rede. Die Gleichschaltungs-Ideologie des Dritten Reichs machte die reformpädagogischen Ansätze dann wieder zunichte.

Die Pädagogik des frühen 20. Jh.s versteht sich in bewusster Abgrenzung zu den idealistischen, einseitig intellektualistischen Konzepten der vorausgehenden Ära als eine Pädagogik vom Kind aus. Lernstoffe sollen anschaulich dargeboten werden, die Lernenden sollen durch ↗ entdeckendes bzw. forschendes Lernen »mit Kopf, Herz und Hand« (Johann Heinrich Pestalozzi) zu ihren Erkenntnissen und ↗ Fertigkeiten gelangen (↗ Ganzheitliches Lernen). Dabei stehen, zumindest in der R. der Weimarer Republik (Peter Petersen, Jenaplan, Schule als freie, allgemeine Lebensgemeinschaft), lebensnahe komplexe Lernaufgaben und Gruppenarbeit (↗ Sozialformen) im Mittelpunkt.

Im fremdsprachlichen Bereich beginnt die Reformzeit mit dem 1882 zunächst unter Pseudonym (Quousque Tandem) publizierten Pamphlet des Marburger Anglisten Wilhelm Viëtor »Der Sprachunterricht muss umkehren«. Viëtor plädiert für eine Abkehr von der ↗ Grammatik-Übersetzungs-Methode; er wünscht sich einen weitgehend einsprachigen Unterricht (↗ Direkte Methode), eine umfassende phonetisch-prosodische Schulung (↗ Aussprache), einen Verzicht auf die Übersetzung in die Fremdsprache als Übungs- und Prüfungsform (↗ Sprachmittlung) sowie die Lektüre von längeren zusammenhängenden Texten (anstelle der hergebrachten Übungssatz-Pakete). Seine aus heutiger Sicht bescheidenen Forderungen lösen eine Spaltung der Lehrerschaft aus: Bis zur Beilegung des Streits 1908 (nicht die ›direkte Methode‹ setzt sich durch, sondern eine ›vermittelnde‹ mit Rekurs auf Muttersprache, Übersetzung und Grammatiklernen) werden Tausende Artikel pro und kontra publiziert, wobei es nicht nur um ideologische Festlegungen geht, sondern auch um handfeste Überlebensfragen: Viele Lehrer sind weit davon entfernt, einsprachig unterrichten zu können, schon weil ihre Phonetik und Prosodie sie unverständlich macht. Viëtor gründet 1893 mit Gleichgesinnten die Zeitschrift *Die Neueren Sprachen*; sie wird zum inoffiziellen Organ des 1886 gegründeten Allgemeinen Deutschen Neuphilologen-Verbandes, einem Sammelbecken reformorientierter Lehrkräfte.

Zu den großen Themen der Fremdsprachendidaktik vor dem Ersten Weltkrieg gehört die Lektürearbeit, durchaus schon mit dem Ziel eines ganzheitlichen Texterlebnisses (↗ Literaturdidaktik): Die Gestaltpsychologie wirft ihre Schatten voraus; sie löst das Zeitalter des Positivismus ab, gerade in den Bereichen Literatur(geschichte) und ↗ Landeskunde (›Realienkunde‹). Der Ruf nach einer ganzheitlichen kulturkundlichen Betrachtungsweise ertönt spätestens 1913; die ›Kulturkunde‹ als holistischer, Kulturen vergleichender Ansatz, freilich mit dem Anspruch einer (politisch pervertierbaren) ›Wesensschau‹, beherrscht die 1920er Jahre. Die Verwerfungen des Ersten Weltkriegs begünstigen die Ablösung von angestammten pädagogischen Positionen. So sind die 1920er Jahre eine hohe Zeit des pädagogischen Experiments, nicht zuletzt auch in den seit 1919 gegründeten Waldorf-Schulen mit ihrer eigenen, der Eurhythmie verpflichteten Fremdsprachenpädagogik. Angesichts von sozialer Not und Zerrüttung in vielen Familien muss Schule zum sicheren Hafen werden, zur Heimat, die ein ›Wachsen lassen‹ zulässt. Sie muss ersetzen, was das Elternhaus nicht mehr zu geben vermag. Nach 1933 ist individualisiertes, selbstbestimmtes Lernen nicht mehr gefragt, Gleichrichtung der Aktivitäten und Gemüter ist pädagogisches Ziel. Ganzheitliche Ansätze werden pervertiert: aus Kulturkunde werden Rassenkunde und Volkslebenslehre, aus individuellem Texterleben kollektiver völkischer Heldenkult und nationale Selbstverherrlichung.

Lit.: T. Litt: Führen oder Wachsenlassen. Eine Erörterung des pädagogischen Grundproblems. Stgt ¹³1967 [1927]. – K. Schröder (Hg.): Wilhelm Viëtor, »Der Sprachunterricht muss umkehren«. Ein Pamphlet aus dem 19. Jh. neu gelesen. Mü. 1984. – K. Schröder: 100 Jahre Fremdsprachendidaktik. 100 Jahre ›Die Neueren Sprachen‹. In: Die Neueren Sprachen 93 (1994), 6–44.
KoSch

Reihenplanung ↗ Unterrichtsplanung

Rollenspiel ↗ Dramapädagogik

Romandidaktik ↗ Literaturdidaktik

Rückmeldung ↗ Feedback

Sachanalyse ↗ Unterrichtsplanung

Scaffolding (dt. ›Gerüst‹). Der Begriff des *s.* findet sich erstmalig bei Jerome Bruner (1983), demzufolge sich die Eltern/Kind-Kommunikation und damit der ↗ Spracherwerb, die kognitive Entwicklung und das Sachlernen des Kindes im Rahmen situativ eingebetteter, kooperativer Handlungsmuster (engl. *formats*) vollziehen. Diese Interaktionsstrukturen (z. B. über Nachfragen, Paraphrasen, Elaborationen, Betonung, Gesten) wirken für einen Anfänger als Unterstützungssysteme, sukzessiv höhere, komplexere und eigenständigere Leistungen verbaler und nonverbaler Art (↗ Nonverbale Kommunikation) zu erbringen. Sprache repräsentiert damit das wichtigste kognitiv-symbolische Werkzeug zur Erschließung von Welt. Diese Einsicht, Lernenden sprachliche und grafische ›Stützgerüste‹ zu geben, hat zunehmend Eingang in die konzeptuellen Überlegungen zu einer integrierten bilingualen Didaktik gefunden. Da es beim ↗ bilingualen Unterricht zuallererst um den Wissens- und Kompetenzerwerb von Inhalten und Methoden schulischer Sachfächer mittels einer fremden Arbeitssprache geht, wird nach verbalen wie visuell-grafischen Hilfen gesucht, die Lernende dabei unterstützen können, sowohl das fachliche Denken und Wissen als auch das fremdsprachlich-diskursive Können und Handeln bildungszielgerecht entwickeln zu können.

Das Verstehen von Fachtexten lässt sich erheblich erleichtern und vertiefen, wenn die thematische Progression bzw. das rhetorische Muster des jeweiligen Textes über grafische Schemata veranschaulicht wird (vgl. die *visual organizers* in Zydatiß 2007, 455 f.). Die Fachkommunikation kennt u. a. folgende Textschemata: Problem – Lösung, Annahme – Begründung, Theorie vs. Praxis/Realität, Für und Wider, Vorher und Nachher, lineare vs. zyklische Abläufe, die Chronologie von Ereignissen. Dafür lassen sich sachlogische Strukturgitter finden: z. B. hierarchisch gestufte Klassifikationen für Taxonomien, feldartige Abbildungen für vernetzte Prozesse, Tabellen oder Matrizes zum Vergleichen von Phänomenen bzw. stufenförmige Darstellungen für Phasen oder Etappen zeitlich geordneter Geschehnisse. Josef Leisen (2005) hat speziell auf den »Wechsel des Abstraktionsniveaus« verwiesen, um alle SuS beim Übergang vom intuitiven Alltagswissen zum stärker abstrakten und theoriegeleiteten Fachwissen zu erreichen und mitzunehmen. Als Repräsentationsebenen nennt er: die gegenständliche oder bildliche Darstellung (Realia, Handlungen und Experimente bzw. Foto, Film oder Zeichnung), verbal-symbolische und grafische Modalitäten (etwa *mindmaps*, Gliederungen oder Cluster bzw. Diagramme, Kurven oder Karten) sowie (als höchste Abstraktionsstufe) Formeln oder Gesetze. Eine wichtige Rolle haben im Fachunterricht die sog. akademischen Diskursfunktionen, d. h. kognitive Operationen wie Benennen, Identifizieren, Definieren, Begründen, Vergleichen, Hypothesen bilden, Ursache und Wirkung erkennen, Prioritäten oder Argumente gewichten und bewerten (vgl. Zydatiß 2007, 447 f., 465 ff.). Hierfür sollten den SuS zum einen (als *language support*) objektsprachliche Redemittel verfügbar gemacht werden, und zum anderen können ihnen visuelle Hilfen angeboten werden, die diese hochgradig transferfähigen Denkschemata transparent machen (↗ Visualisierung).

Lit.: J. Bruner: Child's Talk. Learning to Use Language. Oxford 1983. – J. Leisen: Wechsel der Darstellungsformen. In: Der fremdsprachliche Unterricht Englisch 78 (2005), 9–11. – W. Zydatiß: Deutsch-Englische Züge in Berlin (DEZIBEL). FfM 2007.   WZ

Schema(theorie) ↗ Hörverstehen, ↗ Leseverstehen, ↗ Verstehen

Schlüsselqualifikationen, auch als ›Schlüsselkompetenzen‹, ›Kernkompetenzen‹ bzw. ›*soft skills*‹ bezeichnet, ist ein Sammelbegriff zur Bezeichnung des gesamten Spektrums allgemeiner berufsqualifizierender ↗ Kompetenzen. Obgleich diese Begriffe seit einiger Zeit Hochkonjunktur haben, mangelt es bislang an klaren Definitionen. Unter den genannten Begriffen wird eine Vielzahl unterschiedlicher kognitiver Fähigkeiten, praktischer Fertigkeiten, Einstellungen und Kenntnisse subsumiert. Zu Recht ist daher kritisiert worden, dass der Begriff »eine Tendenz zur Ausuferung« (Honolka 2003, 7) besitze. S. zeichnen sich vor allem durch drei Merkmale aus: Erstens unterscheiden sie sich von fachlichen Fähigkeiten und Kenntnissen dadurch, dass sie sich nicht auf eine bestimmte Disziplin oder einen beruflichen Sektor beziehen, sondern dass es sich um disziplinen- und berufsübergreifende Kompetenzen handelt. Zweitens versteht man darunter solche Fähigkeiten und Einstellungen, die transferierbar sind. Drittens zeichnen sich S. dadurch aus, dass sie Individuen daher für eine Vielzahl unterschiedlicher Anforderungen, Berufe, Funktionen und Positionen qualifizieren.

S. geben denjenigen, die über sie verfügen, gleichsam einen Schlüssel in die Hand, der ihnen im Studium und Berufsleben viele Türen öffnen kann. Während reines Fachwissen und bestimmte wissenschaftliche Methoden zumeist auf das jeweilig studierte Fach beschränkt sind, eröffnen S. aufgrund ihrer Übertragbarkeit vielfältige Berufsperspektiven. S. sind somit »relativ lange verwertbare Kenntnisse, Fähigkeiten, Fertigkeiten, Einstellungen und Werthaltungen zum Lösen gesellschaftlicher Probleme. Als Berufsqualifikationen sind es funktions- und berufsübergreifende Qualifikationen zur Bewältigung beruflicher Anforderungssituationen. Diese Fähigkeiten, Einstellungen und Haltungen reichen über die fachlichen Fähigkeiten und Kenntnisse hinaus und überdauern sie. Qualifikationsziel ist die berufliche Flexibilität und Mobilität« (Beck 1993, 17 f.). Bei S. handelt es sich insofern um eine Form von Metakompetenzen, als sie Menschen die kognitiven, kommunikativen und sozialen Werkzeuge an die Hand geben, um sich selbständig weitere neue Bereiche, Fähigkeiten und Qualifikationen zu erarbeiten bzw. zu erschließen (vgl. Honolka 2003, 5).

Während es zu bestimmten S. (z. B. zu den Themen ›wissenschaftliches Schreiben‹ und

›Techniken des wissenschaftlichen Arbeitens‹) eine kaum überschaubare Vielzahl an Publikationen und Ratgebern gibt, werden andere S., die für eine erfolgreiche Karriere in der Schule, im Studium und für den Berufseinstieg nicht minder wichtig sind, seltener behandelt. Beispiele dafür sind etwa didaktische Kompetenzen, die nicht nur in Lehrberufen, sondern in der modernen Wissensgesellschaft in fast allen Bereichen von zentraler Bedeutung sind (vgl. Hallet 2006), Präsentationskompetenzen, interkulturelle Kompetenzen, ↗narrative Kompetenz, rhetorische Schlüsselkompetenzen wie Reden, Argumentieren und Überzeugen sowie Projekt- und Zeitmanagement (für einen Überblick über die wichtigsten S. vgl. Nünning 2008). Besonders deutlich lässt sich der gestiegene Stellenwert von S. zum einen an den Konzepten des lebenslangen Lernens und der Wissensgesellschaft, zum anderen an den bundesweit eingeführten neuen B.A./M.A.-Studiengängen ablesen. Diese Umstellung geht außerdem einher mit der Einrichtung von ›Zentren für S.‹ und neuen Veranstaltungen, die auf die Vermittlung von S. bzw. sog. ›Allgemeinen Berufsqualifizierenden Kompetenzen‹ abzielen, sowie mit einer grundlegenden Neuorientierung, die den Akzent von den Lehr- und Studieninhalten auf die S. bzw. Kompetenzen (bzw. *learning outcomes*) verlagert, die Studierende in den jeweiligen Lehrveranstaltungen erwerben. Forciert wird diese Entwicklung durch die allseits erhobene Forderung nach einer stärkeren Praxis- und Berufsfeldorientierung.

Lit.: H. Beck: S. Bildung im Wandel. Darmstadt ³1997 [1993]. – W. Hallet: Didaktische Kompetenzen. Lehr- und Lernprozesse erfolgreich gestalten. Stgt ⁴2009 [2006]. – H. Honolka (Hg.): S. Das Plus eines universitären Studiums. Informationen für Studierende, Lehrende und Arbeitgeber. Mü. 2003. – V. Nünning (Hg.): S. Qualifikationen für Studium und Beruf. Stgt/Weimar 2008.   VN/AN

Schreiben zählt zu den produktiven fremdsprachlichen ↗Fertigkeiten und kann im FU zahlreiche Funktionen innehaben. Es kann eingesetzt werden, um den Lernprozess zu unterstützen. Dies ist z.B. beim Notizenmachen oder bei einem Diktat der Fall. Das S. dient hierbei der Sicherung eines bestimmten, zu lernenden Inhalts oder zu lernender sprachlicher Strukturen. Seine zentrale Bedeutung und Funktion erhält es allerdings in kommunikativen Zusammenhängen: Es wird ein schriftlicher Text produziert, um einen Inhalt angemessen zu kommunizieren. Dabei bedient sich der bzw. die Schreibende unterschiedlicher Textsorten, deren Auswahl sich an der jeweiligen Funktion orientiert, die mit dem S. erfüllt werden soll: Werner Kieweg (2009, 3) unterscheidet in diesem Zusammenhang emotives, informatives, argumentatives, unterhaltsames bzw. kreatives S. sowie das S. zum Erhalten bzw. Aufrechterhalten persönlicher Kontakte. Demgegenüber differenziert Ina Schreiter (2002) zunächst zwischen dem gelenkten und dem freien S., wobei sie überwiegend dem letztgenannten eine kommunikative Funktion zuschreibt. Bei Ulrike Pospiech (2005) liegt der Akzent stärker auf der selbst verantworteten Abfassung und Strukturierung schriftlicher Texte als einer Form der Wissensverarbeitung, wohingegen die reine Wissensweitergabe – gerade bei Schreibanfängern – eine Aneinanderreihung dessen darstellt, was dem bzw. der Schreibenden zu der jeweiligen Thematik in den Sinn kommt.

Die Vielfalt unterschiedlicher Begrifflichkeiten zum S. spiegelt auch die Entwicklung wider, die das S. im FU durchlaufen hat. War in vorausgehenden Jahrhunderten das S. stark instrumentalisiert – sei es als Befolgen eines strikten Regelkatalogs mit normative Inhaltsorientierung, sei es als Herübersetzung fremdsprachlicher Texte im FU – so setzt sich im 20. Jh. stärker die freie Textproduktion als Ziel des S.s durch. Der traditionelle Aufsatz diente der Niederschrift von sachlichem Wissen, die ihrerseits die Grundlage für das Lehren, Lernen und Bewerten bildete. Diese aus dem Muttersprachenunterricht stammende Funktion des S.s geriet im FU eher ins Hintertreffen, da zahlreiche Vermittlungsmethoden dem S. entweder keine Bedeutung beimaßen oder es nur in einer Hilfsfunktion für das Lernen sahen. Mit der kommunikativ-pragmatischen Wende in den 1970er Jahren veränderte sich auch der unterrichtliche Blick auf das (fremdsprachliche) S. Fortan rückte die Person des bzw. der Schreibenden stärker in den Blickpunkt, und das S. wurde als wichtige Möglichkeit der Spracherweiterung und als ein wesentliches Merkmal der fremdsprachlichen Kommunikativität angesehen. Dabei begann man, das S. auch als bedeutsames Instrument der Persönlichkeitsentwicklung zu sehen. Gleichzeitig wurde die Aufmerksamkeit durch (muttersprachlich orientierte) Arbeiten aus der Psycholinguistik verstärkt auf den Schreibprozess gelenkt. Aus den dabei entstandenen Modellierungen (z. B. Bereiter/Scardamelia 1987 oder Hayes/Flower 1980) erwuchs die Einsicht in die Komplexität des S.s, das sich gerade nicht linear vollzieht, sondern aus planerischen und korrektiven Schleifen besteht. Gleichzeitig erwuchsen daraus Einsichten in den fremdsprachlichen Aneignungsprozess sowie Impulse für die Gestaltung des FUs (vgl. Portmann 1991, Börner/Vogel 1992).

Die Schreibforschung hat kompetente Schreiber als Personen beschrieben, in denen Welt-, Sprach-, Adressaten- und Diskurswissen zusammenfließen. Im Rahmen eines komplexen Miteinanders von Planungs- und Ausführungskomponenten, das sich in miteinander verwobenen, aber keineswegs linear ablaufenden Planungs-, Formulierungs- und Bearbeitungsphasen unter der Kontrolle des schreiberseitigen Bewusstseins vollzieht, gelangen Schreibende schließlich zu einem Textprodukt. Dabei wird für den FU zu Recht darauf hingewiesen, dass die einzelnen Komponenten eines erfolgreichen Schreibvorgangs zunächst aufgebaut und geübt werden müssen, wobei zu Übungszwecken eine gewisse Isolation dieser Komponenten in Kauf genommen wird. Mit Tricia Hedge (2005) lassen sich diese Komponenten wie folgt benennen: Das *composing* umfasst die Ideengenerierung, z. B. durch Brainstorming, in deren Verlauf Lernende die inhaltlichen Konturen des zu schreibenden Textes aufbauen. Beim *communicating* nehmen die Lernenden Bezug zum Adressaten ihres Textes und richten ihre sprachliche Planung auf ihn aus. Die konkrete Erstellung eines Textes, das *crafting*, beinhaltet auch die textuelle Kohärenz der Argumentation. Im *improving* nehmen die Schreibenden ggf. Verbesserungen und Korrekturen vor. Diese vier Komponenten interagieren – wie die Schreibforschung gezeigt hat – in vielfältiger Weise und stellen folglich keine lineare Abfolge dar. Ihr geht die Schulung der instrumentellen Schreibfertigkeit in gewisser Weise voraus – man kann das *composing* nur dann erfolgreich gestalten, wenn man in der Lage ist, die gesammelten Ideen unter Verwendung der orthographischen Kenntnisse (↗ Orthographie) niederzuschreiben. Gleichwohl hat die analytische Trennung ihre

Berechtigung, nicht zuletzt mit Blick auf den FU. In ihm können unterschiedliche Verfahren zum Einsatz kommen, um die mit den jeweiligen Komponenten verbundenen ↗ Kompetenzen zu fördern. In Anlehnung an Otto-Michael Blume (2007) helfen z. b. unterschiedliche Verfahren des Sammelns und Ordnens von Ideen den Lernenden bei der inhaltlichen Planung des Schreibvorgangs; neben dem Brainstorming kommen hier Mindmaps, Tabellen oder die Spiegelstrichtechnik ebenso in Betracht wie das *clustering*, bei dem das – zum Teil assoziative – Verknüpfen von Ideen zu Ideennetzen im Vordergrund steht. Diese Verfahren unterscheiden sich insbesondere nach dem Grad der Ordnung, mit denen die gesammelten Ideen mit Blick auf die Aufgabenstellung sortiert werden. Die Bedeutung, die den zukünftigen Leser/innen für die Textproduktion zukommt, kann durch textanalytisches Arbeiten mit unterschiedlichen Textsorten veranschaulicht werden, wobei diese durchaus in eine dem Lernstand angemessene ↗ Progression gebracht werden können: Briefe oder Mails dürften deutlich früher Verwendung im FU finden als appelative oder argumentierende Texte. Lückenhafte Texte und verfremdete Texte können dazu beitragen, die textsortenspezifischen Merkmale in das lernerseitige Bewusstsein zu heben (↗ Bewusstheit/Bewusstmachung) und damit den Schreibvorgang zu optimieren.

Die Auffassung vom S. als einem zyklisch-rekursiven Vorgang schließt ein, dass sich die Prozesse des Suchens, Entwerfens und Überarbeitens zur Erstellung eines Textes wiederholen (müssen). Um die Fremdsprachenlernenden an die dafür notwendigen Kompetenzen heranzuführen, ist es aus didaktischer Sicht notwendig, die oben beispielhaft erwähnten Aktivitäten in eine systematische Progression zu integrieren, die es den schreibenden Lernenden erlaubt, mit zunehmender Kompetenz immer mehr Verantwortung für den eigenen Schreibprozess zu übernehmen. Durch Aufgaben, die vor, während und nach der schriftlichen Textproduktion bearbeitet werden, soll einerseits der Schreibvorgang selbst entlastet werden; andererseits sollen dadurch aber auch die einzelnen Komponenten der schriftlichen Textproduktion in das Bewusstsein der Lernenden gehoben werden, um so zu einer Optimierung des Produktions- und des Lernvorgangs beizutragen. Dies kann auch im Rahmen von kooperativem S. geschehen, bei dem mehrere Lernende gemeinsam an einer Textproduktion arbeiten und diese interaktiv aushandeln (vgl. z. B. Faistauer 1997).

Im Zusammenhang mit dem S. finden sich begriffliche Nuancierungen und Konzepte wie das ›freie S.‹, das ›kreative S.‹ oder – als Unterform des freien S.s – das ›personale S.‹. Im freien S. können bzw. sollen Lernende ihre eigenen Interessen und Gedanken versprachlichen und diesbezügliche Informationen übermitteln. Dabei soll das freie S. nicht nur zur stärkeren Durchdringung der fremdsprachlichen Strukturen beitragen, sondern es wirkt sich auch positiv auf andere Fertigkeiten aus und hilft zudem den Lernenden bei der Strukturierung geistiger Handlungen. Während des Schreibprozesses reifen Ideen und Gedanken, und das S. hilft dabei, Ordnung und Struktur in diese Gedanken und Ideen zu bringen. Dies ist besonders dann der Fall, wenn die zu bearbeitende Schreibaufgabe nicht vorlagengebunden ist (*independent authorship*) und die Schreibenden weitgehend frei von lenkenden Auflagen und Beschränkungen bei der Textproduktion sind. Damit trägt das freie S. dazu bei, dass Lernende die Kompetenz erlangen, mit sich selbst, der Gesellschaft und ihren Konventionen umzugehen. Es ist damit Bestandteil des schulischen Bildungsauftrags und hilft bei der Orientierung in einer komplexen Welt. Freies S. gilt als stärker affektgeladen und unterstützt zudem die Ausprägung von Lernerautonomie (↗Autonomes Lernen) dadurch, dass die Schreibenden als handelnde Subjekte im Mittelpunkt stehen. Bei einer stärkeren Vorlagegebundenheit (*dependent authorship*) liefern dagegen Textvorlagen den Impuls für das Verfassen von Texten; dies ist z. B. der Fall, wenn literarische Texte umgeschrieben werden sollen. Diesbezügliche Aufgabenstellungen fordern beispielsweise zu einer Änderung der Erzählperspektive auf, zum Umschreiben der Handlung oder zur Entwicklung inhaltlicher Alternativen. Im personalen S. stellen die Schreibenden ihre innere Sprache in den Vordergrund, ohne an formale oder inhaltliche Vorgaben gebunden zu sein. Seine Integration in den schulischen FU dürfte den Ausnahmefall darstellen, da schulische Rahmenbedingungen und damit verbunden nicht zuletzt die Frage der Bewertung einem echten personalen S. eher entgegenstehen. Beim kreativen S. steht die Schöpferkraft der Schreibenden im Mittelpunkt: Bereits ab einer sehr frühen Stufe der Sprachaneignung können Lernende dazu ermuntert werden, Spaß am spielerischen Umgang mit der Fremdsprache zu finden und kreativ schreibend zu handeln.

Die Entwicklung einer umfassenden Schreibkompetenz kann man sich auf einem Kontinuum vorstellen, das bei Lernanfängern mit der schriftlichen Fixierung und Reproduktion von Wörtern, Strukturen oder kleinen Texten beginnt und bei der freien Textproduktion endet, mit der eine umfassende Schreibkompetenz in der Fremdsprache einhergeht. Auf diesem Kontinuum verändern sich gleichzeitig die Zielsetzungen, die mit dem S. verbunden werden (können): Von der Initiierung oder Unterstützung des Lernprozesses bis zur Entstehung, Bearbeitung und Verfestigung der Gedanken beim S. und ihrer freien bzw. kreativen schriftlichen Versprachlichung. Damit verschiebt sich auch die Grundlage für die Begleitung und Bewertung des Textprodukts durch die Lehrenden: Stehen am Anfang dieses Kontinuums sprachliche Parameter deutlich im Fokus, so gewinnt die inhaltliche Dimension mit zunehmender Kompetenz der Lernenden an Bedeutung für die Bewertung. Zu Recht wird daher darauf hingewiesen, dass Lehrende damit je nach Kompetenzgrad der SuS und je nach Zielsetzung, die mit der Aufgabenstellung verbunden ist, unterschiedliche, sich zum Teil ergänzende Funktionen übernehmen (vgl. Hyland 2003): *controller*, *assessor*, *resource*, *prompter*, *organizer*, *participant*, *observer* und *tutor*. Das Spektrum der Rollen, die der Lehrkraft hier zugeschrieben werden (↗Lehrer und Lehrerrolle), erinnert an dasjenige, das für das ↗aufgabenorientierte Lernen typisch ist: Die Lehrkraft wirkt auf allen Ebenen darauf hin bzw. trägt dazu bei, dass Lernende ihnen wichtige Bedeutungen in einem kommunikativen Zusammenhang aushandeln, ggf. auch entwickeln und an Gesprächs- bzw. Kommunikationspartner weiterleiten. Die im Zusammenhang mit dem S. an die Lehrkraft gestellten Herausforderungen ähneln zudem denjenigen, die sich als Charakteristika des ↗offenen Unterrichts herausarbeiten lassen, in dessen Zentrum die Möglichkeit für die Lernenden steht, sich Lerngegenstände in ihrer Bedeutung für die Alltags- und Lebensbewältigung sowie für den aktuellen Lernprozess selbst zu erschließen.

Bei der Entwicklung der fremdsprachlichen Schreibkompetenz spielen die kulturell geprägten Erfahrungen mit der schriftlichen Textproduktion in der Muttersprache eine wichtige Rolle. Arbeiten zu Deutsch als Fremdsprache (vgl. exemplarisch Eßer 1997, Venohr 2007) zeigen z.B., in welchem Umfang die kulturelle Prägung durch muttersprachliche Textsortenkonventionen die Erstellung eines fremdsprachlichen schriftlichen Textes beeinflusst. Der ↗ Gemeinsame europäische Referenzrahmen für Sprachen ermuntert dazu, die schriftlichen Produktionen in der Fremdsprache differenziert zu schulen und zu betrachten, weist aber auch darauf hin, dass die muttersprachlichen Prägungen es erforderlich machen, den fremdsprachlichen Schreibprozess und das Bewusstsein über das Zustandekommen schriftlicher Produkte in der Fremdsprache zum Unterrichtsgegenstand zu machen.

Lit.: C. Bereiter/M. Scardamelia: The Psychology of Written Composition. Hillsdale 1987. – O.-M. Blume: Sprechen und S. fördern. In: H.-K. Krechel (Hg.): Französischmethodik. Handbuch für die Sekundarstufe I und II. Bln 2007, 139–189. – W. Börner/K. Vogel: S. in der Fremdsprache. Bochum 1992. – R. Eßer: »Etwas ist mir geheim geblieben am deutschen Referat.« Kulturelle Geprägtheit wissenschaftlicher Textproduktion und ihre Konsequenzen für den universitären Unterricht von Deutsch als Fremdsprache. Mü. 1997. – R. Faistauer: Wir müssen zusammen schreiben! Kooperatives S. im fremdsprachlichen Deutschunterricht. Innsbruck 1997. – J. Hayes/L. Flower: Identifying the Organization of Written Processes. In: L.W. Gregg/E.R. Steinberg (Hg.): Cognitive Processes in Writing. Hillsdale 1980, 3–32. – T. Hedge: Writing. Oxford/Bln 2005. – K. Hyland: Second Language Writing. Cambridge 2003. – W. Kieweg: Schreibprozesse gestalten, Schreibkompetenz entwickeln. In: Der fremdsprachliche Unterricht Englisch 43/97 (2009), 2–8. – P. Portmann: S. und Lernen. Grundlagen der fremdsprachlichen Schreibdidaktik. Tüb. 1991. – U. Pospiech: Schreibend S. lernen. Über die Schreibhandlung zum Text als Sprachwerk. Zur Begründung und Umsetzung eines feedbackorientierten Lehrgangs zur Einführung in das wissenschaftliche S. FfM 2005. – I. Schreiter: Schreibversuche. Kreatives S. bei Lernern Deutsch als Fremdsprache. Themenvorschläge, Arbeitsempfehlungen und viele authentische Beispiele für phantasievolle Texte. Mü. 2002. – E. Venohr: Textmuster und Textsortenwissen aus der Sicht des Deutschen als Fremdsprache. Textdidaktische Aspekte ausgewählter Textsorten im Vergleich Deutsch-Französisch-Russisch. FfM 2007.   FGK

Schriftlichkeit ↗ Mündlichkeit und Schriftlichkeit

Schüleraustausch ↗ Begegnung und Begegnungssituationen

Schülerkorrespondenz ↗ Korrespondenz

Schülerorientierung ↗ Lernerorientierung

Sehverstehen ↗ Visuelle Kompetenz

Selbstgesteuertes Lernen ↗ Autonomes Lernen

Signalgrammatik ↗ Grammatik und Grammatikunterricht

Silent Way. Die Methode des *s.w.* wurde von dem ägyptischen Mathematiker und Psychologen Caleb Gattegno in den frühen 1960er Jahren zunächst für Mathematik und später für Sprachen entwickelt. Sie postuliert, dass die Lehrkraft so wenig wie möglich sprechen, dagegen die Lernenden ermutigen sollte, so viel wie möglich zu produzieren. Wesentliche Bestandteile der Methode sind neben der stummen Lehrperson, welche die Handlungen der Lernenden mit Hilfe eines metallenen Zeigestabs dirigiert, drei Medien: (1) *fidels*, d.h. farbig kodierte Lauttafeln mit den graphischen Symbolen des Phoneminventars der Mutter- (L1) und Zielsprache (L2); (2) ein Set von Wandkarten mit Listen von Grammatik und einem L2-Grundvokabular; (3) eine Sammlung von Cuisenaire-Stäbchen, d.h. kubischen Stäbchen unterschiedlicher Länge und Farbe, die zur Einführung grammatischer Strukturen und Darstellung kommunikativer Situationen verwendet werden. Die Entwicklung fremdsprachlichen Könnens erfolgt hier in einem Prozess des *trial and error*, bei dem die Lernenden immer wieder Hypothesen aufstellen, testen, bestätigen, abändern oder verwerfen. Lernen wird als ↗ entdeckendes Lernen, als kreatives, Problem lösendes Verfahren betrachtet. Da die

Lehrkraft das ganze Unterrichtsgeschehen mittels diverser Materialien lenkt, ist in der Praxis der Freiraum für ↗Kreativität und Eigeninitiative der Lernenden allerdings eingeschränkt. Das Schweigen der Lehrkraft dient als Instrument, die ↗Aufmerksamkeit und ↗Bewusstheit der Lernenden zu steigern. Die zumindest verbale Zurückhaltung der Lehrkraft soll dazu führen, dass die Lernenden für ihr persönliches Lernen selbst Verantwortung übernehmen und voneinander lernen. Sie müssen genau zuhören, was ihre Mitschüler/innen sagen, um ihren eigenen Lernfortschritt steuern zu können. ↗Fehler gelten dabei als notwendig und natürlich, denn sie sind vor dem Hintergrund der ↗*interlanguage* willkommenes Feedback über den eigenen Lernstand und Anleitung zu zukünftigem Lernen. Der Ansatz des *s.w.* geht über das Ziel reiner Sprachbeherrschung hinaus, denn der Erwerb einer Sprache dient der Entwicklung der gesamten Persönlichkeit, wobei Unabhängigkeit, Autonomie und Verantwortlichkeit besondere Beachtung finden. Der *s.w.* gilt als Randmethode und wird heute kaum praktiziert.

Lit.: C. Gattegno: Teaching Foreign Languages in Schools. The S.W. N.Y. ²1972 [1963].   ET

Simulation ↗Lehr- und Lernort, ↗*Simulation Globale*

Simulation Globale ist ein inhaltsbezogenes Unterrichts- bzw. Lernarrangement, in dem Lernende über einen längeren Zeitraum hinweg (ca. 10 bis 60 Unterrichtsstunden) einen thematischen Rahmen sprachlich handelnd ausgestalten. Die wesentlichen Planungsachsen sind hierbei der Komplex ›Ort und Thema‹ sowie die darin handelnden Personen. Beispiele für eine *s.g.* sind mehr oder weniger in sich geschlossene, abgrenzbare Räume, wie z.B. das bekannte *immeuble* (dt. Wohnblock), aber auch andere Orte wie eine Oase, Ferienkolonie, Jugendzeltlager, Lehrerzimmer, Reisegesellschaft, Hotel usw.

Francis Yaiche (1996) gliedert die Chronologie einer *s.g.* grob in drei Schritte: (1) Etablierungsphase, (2) Gestaltungsphase, (3) Interventionsphase. Im ersten Schritt (1) definieren die Lernenden kooperativ den Handlungsraum, situieren ihn räumlich wie zeitlich und geben sich jeweils eine in diesem Kontext relevante fiktive Identität. Für die *s.g.* ›Reisegesellschaft‹ kann die Lerngruppe z.B. vereinbaren, dass man sich in einem Reisebus oder auf einem Langstreckenflug, auf einem Kreuzfahrtschiff oder zu Fuß auf dem Jakobsweg durch die Pyrenäen befindet. Je nach Lenkung durch die Lehrperson wählen die Lernenden frei oder angeleitet eine fiktive Identität, z.B. bezogen auf die *s.g.* ›Kreuzfahrt‹ den Kabinensteward, die Millionärsgattin, den Schiffskoch usw. Die in dieser Phase gestaltete Realität kann in unterschiedlichster Weise variiert werden (historisch, phantastisch) und muss nicht einem Abbild der Wirklichkeit entsprechen. In einem zweiten Schritt (2) arbeiten die Lernenden diesen Rahmen aus, wobei innerhalb des vorgegebenen Kontextes schriftliche und mündliche Sprachprodukte entstehen, die die Personen (Namen, Alter, Beruf, Eigenschaften, Vorlieben usw.) identifizierbar machen (z.B. durch Erstellen eines Reisepasses, Notizen eines Kabinenstewards über die Vorlieben der Passagiere usw.), den thematischen Handlungsraum definieren (Reiseroute, Essenszeiten, Speiseplan, Plan des Schiffs, Animationsprogramm, Wetter usw.) und den darin agierenden fiktiven Personen Bezugsnormen für ihr Handeln geben. Ein weiterer Bestandteil dieser Phase ist die Ausarbeitung von Routineinteraktionen innerhalb des Handlungsrahmens (z.B. Begrüßungsszenen beim Gang in den Frühstückssaal, Präsentation des Menüs durch den Kellner, Wahl der Getränke beim abendlichen Dinner, Vorbereitung auf den Landausflug usw.). Die dritte Phase (3) umfasst spontane, vielfach kürzere Handlungen, auf die die Lerngruppe innerhalb ihrer unterschiedlichen Rollen reagieren muss. Diese Ereignisse oder Zwischenfälle können durch die Lehrperson oder von der Lerngruppe selbst eingebracht werden: ein nahender Sturm, eine Beschwerde, der vermisste Passagier nach dem Landausflug usw. Keine eigene Phase im eigentlichen Sinne stellt der Schluss der *s.g.* dar. Die Rückkehr aus der gestalteten Wirklichkeit lässt sich z.B. durch ein Endereignis realisieren (Ankunft im Zielhafen, Abschiedsfest).

Die *s.g.* wurde in den 1970er Jahren in Frankreich von Francis Debyser, Jean-Marc Caré und Francis Yaiche im Zuge der Kritik an einer eng am ↗Lehrwerk basierten Spracharbeit entwickelt. Im Rahmen der damals weit verbreiteten ↗audio-visuellen Methode, die der eigenen Phantasie und ↗Kreativität der Lernenden keinen Raum ließ, war das Sprachenlernen sowohl auf die Sprachform bezogen als auch inhaltlich eng gelenkt. Inspiriert durch die Bewegung OULIPO (*Ouvroir de Littérature Potentielle*), die den (Form-)Zwang (im Sinne von Einschränkung) in den Mittelpunkt ihrer Arbeiten stellt, übernahmen die Begründer der *s.g.* diese Idee für ihr innovatives methodisches Konzept. Ihr Ziel war es, die Gestaltungskraft der Lernenden im Spannungsfeld von Offenheit und Begrenzung zur Entfaltung kommen zu lassen, wodurch die Sprache als Werkzeug und nicht als Lerngegenstand ins Zentrum gerückt, die Lernmotivation (↗Motivation) positiv beeinflusst und letztlich sprachliche Lernprozesse initiiert und gefördert und den Lernenden ein »kommunikatives Experimentierfeld« (Sippel 2002, 40) bereitgestellt werden sollten. Eine weitere Entwicklungslinie der *s.g.* ist auf reformpädagogische Einflüsse zurückzuführen (↗Reformpädagogik); ein wesentlicher Wegbereiter darf in Célestin Freinet gesehen werden, dessen kindzentrierte Pädagogik, Vorstellung einer Arbeitsschule und Arbeits- und Spielbegriff sich im Konzept und in diversen Arbeitsformen der *s.g.*, wie z.B. dem freien Schreiben, wiederfinden.

Lit.: F. Debyser/F. Yaiche: L'immeuble. Paris 2007 [1986]. – S. Mutet: S.g. et formation des enseignants. Tüb. 2003. – V. Sippel: Ganzheitliches Lernen im Rahmen der s.g. Tüb. 2002. – F. Yaiche: Les s.s g.s, mode d'emploi. Paris 1996.   JM

Situiertes Lernen ist weniger eine Methode als eine komplexe Forderung an die Gestaltung von Lernprozessen in Schule und Beruf. Im Gegensatz zu der nicht länger haltbaren Vorstellung von einem erfolgreichen lehrerseitig gesteuerten Wissenstransport (↗Lehrerzentrierung) erfordert das s.L. einen individuell aktiven Wissenserwerb, bei dem einige grundlegende Prinzipien zu beachten sind. Ausgangspunkt ist in der Regel eine übergeordnete nichtsprachliche Tätigkeit in einem situierten Kontext, zu deren Durchführung sprachliche Äußerungen (schriftlich oder mündlich) erforderlich sind. Um beispielsweise ein neues Gerät erfolgreich einsetzen zu können, muss zuerst die Gebrauchsanweisung exakt studiert und die manuelle Handhabung stufenweise erprobt

werden. Weitere Prinzipien für ein erfolgreiches s.L. sind das selbstgesteuerte ↗entdeckende Lernen, die gezielte Förderung des Handlungswissens (prozedurales ↗Wissen), konstruktive bzw. kreative Aufgabenstellungen und die Reflexion über das lernstrategische Vorgehen im sozialen Austausch mit Lernpartnern. Diese Forderungen erinnern zum einen an die didaktische Reformpraxis von John Dewey als den eigentlichen Erfinder des Projektlernens (↗Projektunterricht) und zum anderen an die in den USA erprobten Methoden des *cognitive apprenticeship* (Bewusstmachen von ↗Lernstrategien), der *anchored instruction* (Steigerung der Wissensnutzung), des *problem-based learning* (Lernen durch Problemlösen), der *cognitive flexibility* (Erhöhung des Anwendungstransfers), des ↗kooperativen Lernens und der ↗Metakognition (Bewusstmachung und Reflexion von mentalen Vorgängen).

S.L verläuft in transparenten Lernepisoden sozial interaktiv, handlungs- und aushandlungsorientiert (↗Handlungsorientierung) und schafft eine ganzheitliche Erlebnisqualität (↗Ganzheitliches Lernen). Das s.L. ist nicht nur in der Arbeitswelt von Bedeutung, sondern spielt auch im schulischen FU eine immer bedeutsamere Rolle. So soll beispielsweise die Sprachgenerierung nicht länger situationsentbunden oder der Grammatikalität wegen ablaufen, sonder vermehrt in ein Handlungskontinuum eingebettet sein (Sprechen und konkretes Tun), das von nonverbalen Elementen situationsadäquat begleitet wird (↗Nonverbale Kommunikation). Im FU wird auf den Aspekt der Tätigkeitssituation noch zu wenig Bezug genommen, noch immer dominiert dort zu häufig die Kommunikation um ihrer selbst willen. Sprache und Handlung zusammen ermöglichen durch die dadurch erreichte Mehrfachkodierung der Lerninhalte ein multisensorisches Lernen (mit mehreren Sinnen), was zu einer erhöhten Behaltensleistung im episodischen Gedächtnis führt. Für die Lernenden ist s.L. im Unterricht folglich immer dann möglich, wenn sie an realistischen Problemen in authentischen Situationen arbeiten können. Dazu müssen die Lernaufgaben mit vielfältigen Anwendungskontexten bzw. realistischen Situationsbezügen verknüpft sein. Kooperatives Problemlösen und die unterstützende Arbeit mit Experten sind hierbei wichtige Faktoren.

Lit: J. Lave/E. Wenger: Situated Learning. Legitimate Peripheral Participation. N.Y. 1991.   WK

Software ↗ Lernsoftware

Song ↗ Musik

Sozialformen. Unter S. werden die verschiedenen personellen Konstellationen bei der Gestaltung von Lehr-Lern-Prozessen verstanden. S. beschreiben, in welchen Beziehungsstrukturen im Unterricht gelernt wird. Dabei lassen sich vier Möglichkeiten unterscheiden: (1) der Lerner arbeitet allein: Einzelarbeit; (2) der Lerner arbeitet mit einem Partner: Partnerarbeit; (3) der Lerner arbeitet mit mehreren Partnern: Gruppenarbeit; (4) die gesamte Lernergruppe arbeitet gemeinsam: Plenarunterricht. Unterschiedliche S. entstammen unterschiedlichen Epochen bzw. hatten zu unterschiedlichen Zeiten, bedingt auch durch bildungspolitische Schwerpunktsetzungen, Konjunktur.

Für den Unterricht mit der gesamten Lerngruppe (= Schulklasse) gibt es eine Vielzahl unterschiedlicher Bezeichnungen. So finden wir häufig die Begriffe ›Klassenunterricht‹, ›Frontalunterricht‹ oder auch ›Direkte Instruktion‹ (↗ Instruktivismus/Instruktion). Viele dieser Begriffe sind nicht klar und trennscharf definiert. ›Klassenunterricht‹ ist missverständlich, da der klassische Fachunterricht immer im Rahmen der Schulklasse stattfindet, unabhängig von der initiierten sozialen Substruktur. ›Frontalunterricht‹ fokussiert rein auf die räumliche Konstellation im Klassenzimmer. Das heißt, eine frontale Situation tritt auch ein, wenn ein Schüler oder eine Schülergruppe die Lenkung der Unterrichtssequenz übernimmt. Der Begriff der ›direkten Instruktion‹ dagegen nimmt lediglich die Art der Steuerung der Lernprozesse in den Blick. Aufgrund der terminologischen Unklarheit wird im Folgenden der Begriff ›Plenarunterricht‹ favorisiert. Dieser lässt sich durch folgende Merkmale definieren: (1) Der unterrichtliche Lehr-Lern-Prozess bezieht alle SuS einer Klasse ein. (2) Der gesamte Ablauf der Lehr-Lern-Prozesse wird in zentraler Weise durch eine, selten mehrere Personen gesteuert. (3) In der Regel übernimmt diese Steuerungsfunktion

die Lehrperson. Es gibt allerdings Sonderformen des Plenarunterrichts, in denen SuS oder Schülergruppen die Lenkung des Unterrichts von der Lehrperson übertragen bekommen (↗ Lernen durch Lehren). (4) Effektivität und Effizienz fachlicher/disziplinärer ↗ Lernziele sind zentrale Kriterien für den Unterrichtserfolg. Dabei wird besonders die Erreichung kognitiver Lernziele im reproduktiven Bereich betont. Plenarunterricht beinhaltet in der Regel eine Reihe klar strukturierter Unterrichtsschritte: (1) Präsentation des Unterrichtsziels durch den Lehrer/Schüler, (2) gelenkte Präsentation des Unterrichtsgegenstands in einem situativen Kontext, (3) gemeinsames und strukturiertes Üben in der Klasse (im Plenum), (4) individuelles Üben (allein, mit einem Partner oder in Gruppen), (5) Transfer des Unterrichtsgegenstandes auf einen neuen situativen Kontext.

Die Vorteile des Plenarunterrichts für den FU liegen klar auf der Hand: Durch das hohe Maß an Planbarkeit entsteht Sicherheit für die Lehrperson. Dies ist gerade für Berufsanfänger/innen und Lehrende mit geringer Berufspraxis ein nicht zu unterschätzender Vorteil. Die Sprache des Lehrenden hat Vorbildfunktion für die Sprache der Lernenden (z. B. Vorträge, Referate, ↗ Präsentationen). Für den Erwerb zu reproduzierenden Wissens hat sich die direkte Instruktion als die effizienteste Methode erwiesen. Andererseits hat der Plenarunterricht auch eine Reihe von Nachteilen: Die dominante und kleinschrittige Lenkung durch die Lehrperson verhindert häufig selbstgesteuertes und selbständiges Lernen. Zeitlich und inhaltlich genau festgelegte Lehrprozesse lösen nicht bei allen Schüler/innen gleiche Lernprozesse aus. Die individuelle Entwicklung des einzelnen Schülers bzw. der einzelnen Schülerin findet zu wenig Berücksichtigung. Häufig wird das ↗ Vorwissen der Lernenden aufgrund der detaillierten Vorausplanung des Unterrichts nicht genügend berücksichtigt. Fremdsprachliche Kommunikation zwischen den SuS findet nicht ausreichend statt. Daraus resultierend ist die individuelle Sprechzeit der einzelnen Lernenden zu gering. Die produktiven Fertigkeiten wie ↗ Sprechen oder kreatives ↗ Schreiben werden nicht ausreichend berücksichtigt. Soziales Miteinander und die Entwicklung von ↗ Sozialkompetenz kommen zu kurz. Eine Weiterentwicklung des klassischen lehrergelenkten Plenarunterrichts sind, wie bereits erwähnt, Methoden wechselseitigen Lernens und Lehrens (WELL). Hierbei übernehmen Schüler/innen oder Schülergruppen die Lenkungs- und Steuerungsfunktion der Lehrperson. All diesen Methoden sind folgende Merkmale gemein: (1) Die SuS erarbeiten sich Lernstoff selbständig. (2) Die SuS stellen diesen Stoff ihren Mitschüler/innen vor. (3) Die SuS erstellen Übungs- und Testaufgaben für ihre Mitschüler/innen.

Unter Einzelarbeit (auch Stillarbeit oder Alleinarbeit) wird das nicht unter der direkten Lenkung der Lehrperson stehende selbständige und selbsttätige Arbeiten des individuellen Schülers verstanden. Einzelarbeit kann reproduktiv (↗Übung) oder produktiv (selbständige Bewältigung einer komplexen Aufgabe) erfolgen. In der Regel werden Einzelarbeitsphasen zur Vorbereitung einer kooperativen Unterrichtssequenz (z. B. vorbereitende ↗Hausaufgabe, Erkundung, Recherche), zur selbständigen Erarbeitung neuer Unterrichtsgegenstände oder zur Nachbereitung kooperativer Unterrichtssequenzen (nachbereitende Hausaufgabe, selbständige Reproduktion, selbständiger ↗Transfer) eingesetzt. Einzelarbeitsphasen bieten dabei immer die Möglichkeit der ↗Individualisierung durch spezielle auf den einzelnen Lerner oder auf Lernergruppen zugeschnittene differenzierte Anforderungen (↗Differenzierung). Von besonderer Bedeutung für effiziente Einzelarbeit ist die Qualität der gestellten Aufgaben (↗Aufgabenorientiertes Lernen).

Gruppenarbeit (auch Gruppenunterricht) ist ein arbeitsteiliges Verfahren. Innerhalb eines geplanten Themas findet dabei kooperative und produktive Selbsttätigkeit statt (↗Kooperatives Lernen). Gruppenarbeit kann themengleich oder themenverschieden stattfinden. Gelegentlich wird in Abhängigkeit von der Anzahl der Partner/innen zwischen der Arbeit in Klein- und Großgruppen unterschieden. Gruppengrößen zwischen drei und sechs Schüler/innen haben sich in der Praxis als am günstigsten erwiesen. Gruppenarbeit ist wie die Partnerarbeit auch ein Mittel zur Förderung der sozialen Kompetenz und trägt zur Entwicklung wichtiger Persönlichkeitsmerkmale wie Selbst- und Mitbestimmungsfähigkeit, Eigen- und Mitverantwortung, ↗Kreativität, Toleranz und Solidarität bei. Für den FU ist besonders bedeutsam, dass

durch Gruppenarbeit die individuelle Sprechzeit der Lernenden deutlich erhöht werden kann. Allerdings zeigt sich in der Praxis auch, dass SuS mit geringer Selbststeuerungskompetenz von Gruppenarbeit weniger profitieren als SuS mit hoher Selbststeuerungskompetenz. Daraus ergeben sich zwei Konsequenzen: Erstens kann Gruppenarbeit nicht das unorganisierte Miteinanderarbeiten mehrerer SuS sein; Gruppenarbeit muss gut geplant und klar strukturiert werden, um alle SuS zu involvieren und zu aktivieren. Zweitens ist die Entwicklung von ↗Methodenkompetenz der SuS und damit die Erhöhung ihrer Fähigkeit zur Selbstorganisation eine wichtige Voraussetzung für funktionierende Gruppenarbeit. Gruppenarbeit ist immer dann besonders effizient, wenn es gelingt, dass die SuS Verantwortung für das eigene Lernen und für das Lernen der Gruppe übernehmen. Aus dem Konzept des kooperativen Lernens ist die Idee des Schaffens positiver Abhängigkeiten (positive Interdependenzen) übernommen. Norm und Kathy Green (2005) nennen folgende Formen positiver Abhängigkeiten: (1) Zielabhängigkeit: Einer ist erfolgreich, wenn alle erfolgreich sind; (2) Belohnungsabhängigkeit: Alle Teammitglieder erhalten die gleiche Belohnung, wenn jedes Teammitglied erfolgreich ist; (3) Abhängigkeit von äußeren Einflüssen: Gruppen konkurrieren mit anderen Gruppen; (4) Reihenfolgeabhängigkeit: Die Gesamtaufgabe wird in kleinere Einheiten unterteilt und in einer festgelegten Reihenfolge erledigt; (5) Abhängigkeit von der Umgebung: Gruppenmitglieder sind durch die physische Umgebung verbunden; (6) Rollenabhängigkeit: Jedem Gruppenmitglied wird eine mit den anderen verbundene Rolle zugewiesen. Hierbei haben sich für den FU folgende Rollen als vorteilhaft herausgestellt: *task manager*, *language monitor*, *time monitor*, *recorder*, *presenter*, *emissary* (vgl. Grieser-Kindel/Henseler/Möller 2006, 12); (7) Identitätsabhängigkeit: Teamkameraden entwickeln eine Gruppenidentität; (8) Simulationsabhängigkeit: Teammitglieder bearbeiten gemeinsam eine hypothetische Situation; (9) Ressourcenabhängigkeit: Die Teammitglieder müssen mit einem Satz Materialien pro Gruppe auskommen.

Eine Gruppenarbeitsphase folgt in der Regel einer klaren Ablaufstruktur. Dabei lassen sich folgende Ablaufschritte unterscheiden: (1) Auswahl und Spezifizierung eines Themas durch die Lehrperson oder durch Lehrperson und Lernende gemeinsam, (2) Strukturierung in Teilthemen, (3) Gruppenbildung, Bearbeitung der Teilthemen in den Gruppen, (4) Präsentation der Ergebnisse, (5) Beurteilung der Leistungen von Einzelnen bzw. Gruppen (*self-*, *peer-* oder *teacher evaluation*). Einen entscheidenden Einfluss auf Erfolg oder Misserfolg der Gruppenarbeit hat besonders die Phase der Gruppenbildung. Dabei sind prinzipiell drei unterschiedliche Verfahrensweisen möglich: (1) Gruppenbildung durch Entscheidung der SuS: Entscheidungskriterien können dabei das Interesse am Thema oder Sympathie zu Mitlernenden sein. In der Regel haben die SuS bei dieser Art der Gruppenbildung das Gefühl einer hohen Partizipation. Sie fühlen sich von der Lehrperson ernst genommen, was sich in einer höheren Arbeits- und Leistungsmotivation niederschlagen kann (↗ Motivation). (2) Gruppenbildung durch Entscheidung der Lehrperson: Hier sind didaktische Erwägungen der Lehrperson die Entscheidungsgrundlage (homogene vs. heterogene Gruppierung, Gruppierung nach Leistung, Geschlecht, Ethnie usw.). Der Vorteil ist, dass die Gruppen passgenau zur Lehrintention zusammengestellt werden können. (3) Gruppenbildung per Zufall: Hierfür gibt es zahlreiche Möglichkeiten (Farben, Zahlen, Bilder, Teile kurzer Texte, Süßigkeiten usw.). Der besondere Vorteil dieses Verfahrens ist, dass die SuS das Gefühl haben, es sei besonders fair zugegangen. Gerechtigkeit und Fairness zählen zu den von SuS höchstgeschätzten Eigenschaften von Lehrkräften. Alle Varianten der Gruppenbildung können in Abhängigkeit vom situativen Kontext und der Lehrintention sinnvoll und richtig sein. Wichtig ist allerdings, zu berücksichtigen, dass eine, nach welchen Kriterien auch immer, zusammengestellte Gruppe noch kein arbeitsfähiges Team darstellt. Gruppendynamische Prozesse finden in Arbeitsgruppen immer statt und dürfen von der Lehrperson nicht ignoriert werden. Vielmehr gilt es, diese durch teambildende Maßnahmen zu unterstützen. Eine wesentliche Motivation funktionierender Gruppenarbeit erwächst aus ihrem Wettbewerbscharakter. Wenn sich die Gruppenmitglieder mit ihrem Team identifizieren, grenzen sie sich dabei natürlich gegen die Mitglieder der anderen Teams ab. Bei einer länger

andauernden Arbeit in festen Gruppen kann dies zu unerwünschten Substrukturen in der Gesamtlernergruppe (Klasse) führen. Hier liegt es in der Verantwortung der Lehrkraft, sensibel zu erkennen, wann der Zeitpunkt für eine Neustrukturierung der Klasse gekommen ist.

Mit Partnerarbeit ist die zeitweilige, meist kurzphasige Zusammenarbeit zweier Schüler/-innen gemeint. Partnerarbeit kann in jedem Falle, wie Gruppenarbeit auch, zur Entwicklung von Teamfähigkeit als ↗ Schlüsselqualifikation im Rahmen einer umfassenden Allgemeinbildung beitragen. Im Prinzip trifft die Mehrzahl der für die Gruppenarbeit gemachten Aussagen auch auf die Partnerarbeit zu. Als Vorteile von Partnerarbeit gegenüber der Gruppenarbeit wären zu nennen: Der Vorbereitungsaufwand von Partnerarbeit ist geringer als bei Gruppenarbeit bei gleichzeitiger hoher Schüleraktivierung (↗ Aktivierung). Partnerarbeit bedarf keiner so großen Einübung. Für den FU ist besonders relevant, dass die individuelle Sprechzeit bei Partnerarbeit noch höher ist als bei Gruppenarbeit. Um annähernd authentische Kommunikationsbedürfnisse zu evozieren, haben sich zwei methodische Konzepte als geeignet erwiesen: ↗ *information-gap* und *opinion-gap activities*. Dabei erhalten beide Partner materialgesteuert unterschiedliche Informationen zu einem Thema. Dieses künstlich provozierte Informationsdefizit bei beiden Partnern führt im günstigsten Falle zu einem Kommunikationsbedürfnis, welches dann durch Kommunikation ausgeglichen wird.

Modernere Unterrichtskonzepte kombinieren die klassischen S. in strukturierter, für Lehrende und Lernende gleichermaßen transparenter Form, was zu hoher Effizienz führt. So besteht der Dreischritt des kooperativen Lernens in der Regel aus einer Phase der Einzelarbeit (*Think!*), der Partner- oder Kleingruppenarbeit (*Pair!*) und einer abschließenden Phase der Plenararbeit (*Share!*). Eine solche Kombination unterschiedlicher S. und damit auch unterschiedlicher Lern- und Arbeitsformen weist eine Reihe von Vorteilen auf: Leistungsschwächere oder kommunikationsängstliche SuS erhalten durch die bewusste Nachdenkphase und durch die Kommunikation zunächst mit nur einem Partner größere Sicherheit. Die Lerninhalte werden kognitiv besser durchdrungen. Die SuS sind praktisch gezwungen, Verantwor-

tung für das gemeinsame Lernergebnis zu übernehmen. Die kommunikativen Fähigkeiten und
Fertigkeiten werden durch Erhöhung der Kom-
munikationszeit gefördert. Durch die klare
Konturierung und Strukturierung des Unterrichts reduzieren sich Störungen. Die innere
Aktivierung und Beteiligung der SuS wird größer (vgl. Green/Green 2005). Folgende Schritte
sollten in einem auf Integration unterschiedlicher S. ausgerichteten Unterricht vorhanden
sein (vgl. Brüning/Saum 2006, 157 ff.): Vorbereitung von Materialien; Herrichtung des Raumes; Schaffung von Aufmerksamkeit (Begrü-
ßung, Herstellen von Präsenz und Konzentration, Motivation); Schaffung von Transparenz
hinsichtlich der geplanten Lernziele, -inhalte
und -methoden; (Re)Aktivierung von Vorwissen und Vorerfahrungen; Vorstellung des zentralen Problems; Erklären der Aufgabe und
Stellen des Arbeitsauftrags; Erläuterung der erwarteten Verhaltensweisen und der Leistungs-
kriterien; evtl. Vorstellung eines Modells; Organisation und Begleitung der Einzel-, Gruppen-
und Plenararbeit; Sicherung der Ergebnisse;
Beurteilung der SuS und der Gruppen; Organisation der Metareflexion; Herbeiführen eines
Abschlusses. Dabei ist denkbar, dass die Lenkung und Steuerung des Unterrichtsprozesses
allein durch die Lehrperson, durch Lehrperson
und (ausgewählte) Schüler/innen gemeinsam
oder durch Schüler(gruppen) erfolgt. Zusammenfassend lässt sich folgendes Fazit ziehen:
Keiner S. gebührt eine bevorzugte Stellung per
se. Das entscheidende Qualitätskriterium
(↗Qualität) für guten Unterricht ist der intentionale (d.h. der den Rahmenbedingungen, den
Lernervoraussetzungen und den Lehrintentio-
nen gerecht werdende) und integrative Einsatz
der unterschiedlichen S.

Lit.: N. Green/K. Green: Kooperatives Lernen im
Klassenraum und im Kollegium. Das Trainingsbuch.
Seelze ⁵2010 [2005]. – Ch. Grieser-Kindel/
R. Henseler/S. Möller: Method Guide. Schüleraktivie-
rende Methoden für den Englischunterricht in den
Klassen 5–10. Paderborn 2006 – L. Brüning/T. Saum:
Erfolgreich unterrichten durch Kooperatives Lernen.
Strategien zur Schüleraktivierung. Essen ³2007 [2006]. –
Friedrich Jahresheft: Individuell lernen, kooperativ
arbeiten. Seelze 2008.   FH

Sozialkompetenz. Ausgelöst durch die ↗PISA-
Studie und weitere Leistungsvergleiche, aber
zuvor bereits angelegt durch gesellschaftliche
Entwicklungen, entstanden zu Beginn des
21. Jh.s zwei pädagogische Trends, die für die
Herausbildung von S. entscheidend wurden:
zum einen die Verschiebung von der Input- zur
Output-Orientierung mit der Folge, dass Bildungsstandards (↗Standards) die Entwicklung
der für das künftige Erwachsenenleben erforderlichen ↗Kompetenzen bei SuS in den Mittelpunkt rücken; zum anderen der Versuch, die
Wissensflut unserer Zeit dadurch zu bewältigen, dass nicht der abfragbare Erwerb von
Faktenwissen ↗Bildung ausmacht, sondern der
lebendige Zusammenhang von ↗Wissen, Kompetenzen und Können. Benötigt werden heute
neben den inhaltlichen Kompetenzen bereichsübergreifende kognitive, motivationale, volitionale und soziale Kompetenzen.

Das Konzept von S. entstand vor allem im
Zusammenhang mit sozialer Intelligenz, wobei
Edward Lee Thorndike 1920 den entscheidenden Schritt zur Begriffsprägung auch durch
Abgrenzung des neuen Begriffs von akademischer und praktischer Intelligenz tat. Heute
sind in der Fachliteratur vielfach unterschiedliche Konkretisierungen der S. zu finden. Ausgehend von der sozialen Intelligenz (d.h. der Fähigkeit, Menschen zu verstehen und mit ihnen
umzugehen sowie in sozialen Beziehungen klug
zu handeln) bezeichnet ihre Weiterentwicklung
zur S. den Komplex all der persönlichen Fähigkeiten und Einstellungen, die dazu beitragen,
das eigene Verhalten von einer nur individuellen auf eine gemeinschaftliche Handlungsorientierung hin auszurichten. Sozial kompetentes
Verhalten verknüpft die individuellen Hand-
lungsziele von Personen mit den Einstellungen
und Werten einer Gruppe. Demgegenüber beziehen sich personale Kompetenzen auf die
subjektive Welt und beinhalten Aspekte und
Fähigkeiten, mit sich selbst klar zu kommen.
Die Unterscheidung zwischen personaler und
sozialer Kompetenz ist nicht immer trennscharf.
Noch konkreter kann man sagen: S. umfasst
Kenntnisse, Fertigkeiten und Fähigkeiten, die
dazu befähigen, in den Beziehungen zu Menschen situationsgerecht zu handeln. Dazu gehören z.B. die Kommunikationsfähigkeit (Kann
ich auf andere zugehen? Wie wirke ich?), Ko-
operationsfähigkeit (Kann ich mit anderen zu-
sammenarbeiten, andere Ideen akzeptieren?),
Konfliktfähigkeit (Wie verhalte ich mich bei

Problemen?), Einfühlungsvermögen (Merke ich, was andere empfinden?), emotionale Intelligenz (Wie bewusst gehe ich mit eigenen und fremden Gefühlen um?) usw.

S. ist nicht angeboren; sie muss vom Individuum entwickelt und so früh wie möglich durch Erziehung und Bildung gefördert werden. Wenn wir von S. in Unterrichtssituationen sprechen, kann das ↗kooperative Lernen eine Schlüsselrolle spielen, weil wir wissen, dass Zusammenarbeit für die Entwicklung von S. ein unverzichtbares Element ist. Kooperatives Lernen kommt voll zum Zuge in einem handlungsorientierten Unterricht (↗Handlungsorientierung). Ebenso wichtig für die Förderung von S. ist die Ausrichtung des modernen FUs auf die Entwicklung von ↗interkultureller kommunikativer Kompetenz als wichtigem Teilaspekt von S. Die Umsetzung in konkretes Unterrichtsgeschehen setzt eine sich allmählich entwickelnde ↗Methodenkompetenz voraus, also Kenntnisse, Fertigkeiten und Fähigkeiten, die es ermöglichen, Aufgaben und Probleme leichter gemeinsam zu bewältigen, indem sie die Auswahl, Planung und Umsetzung sinnvoller Lösungsstrategien ermöglichen durch Analysefähigkeit, ↗Kreativität, Lernbereitschaft, Denken in Zusammenhängen, Rhetorik usw. Schließlich muss die bereichsübergreifende Kompetenzentwicklung verbunden werden mit der Entwicklung einer Selbstkompetenz, also Fähigkeiten und Einstellungen, in denen sich die individuelle Haltung zur Welt und insbesondere zur Arbeit ausdrückt. Die Schnittmenge der verschiedenen Kompetenzbereiche ist die individuelle Handlungskompetenz einer Person: also die Befähigung eines Menschen, sich situativ angemessen zu verhalten, selbstverantwortlich Probleme zu lösen, bestimmte Leistungen zu erbringen und mit anderen Menschen angemessen umzugehen.

Lit.: W. Roth: S. fördern in Grund- und Sekundarschulen auf humanistisch-psychologischer Basis. Bad Heilbrunn 2006. – K. Rebel (unter Mitarb. von W. Saßnick-Lotsch): Lernkompetenz entwickeln. Modular und selbstgesteuert. Braunschweig 2008.   KR

Soziokulturelle Ansätze ↗Spracherwerb und Spracherwerbstheorien

Spiele ↗Sprachlernspiele

Sprachbewusstsein ↗Bewusstheit/Bewusstmachung

Sprachdidaktik. Als ein Teilbereich der Fremdsprachendidaktik befasst sich die S. mit Lehr- und Lernprozessen bei der Vermittlung von Fremdsprachen. Die verschiedenen Unterbereiche umfassen sowohl den Gegenstand, die beteiligten Personen und Prozesse und die involvierten Institutionen; außerdem schließen sie die folgenden Gebiete ein: die linguistische Sprachanalyse und Sprachreflexion, die Erforschung von ↗Spracherwerb, Formen sprachlichen Wissens, die Theorie und Praxis der Methoden im Sprachunterricht, die Vorbereitung auf das Berufsfeld Schule bzw. Hochschule. Die S. ist eine Wissenschaft zwischen Theorie und Praxis, die einerseits mit empirischen Methoden den Sprachunterricht beschreibt und daraus entscheidende Theorien und Modelle ableitet bzw. etabliert und andererseits diese Modelle im Sprachunterricht praktisch anwendet. In diesem Kreislauf von Wissenserwerb und Wissensvermittlung stehen folgende Aspekte im Mittelpunkt: (1) Das ›Was‹ des Fremdsprachenlehrens und -lernens: Was ist der Gegenstand des Lernens und Lehrens? Präziser: Was ist Sprache und was ist ↗Kommunikation? Was genau verstehen wir unter Sprachstruktur und Sprachgebrauch? Für die beteiligten Lehrenden ist es dabei nicht nur wichtig zu wissen, wie die zu erwerbende Sprache beschrieben werden kann, sondern vor allem auch kontrastiv die Unterschiede zwischen der Zweit- und der jeweiligen Erst- bzw. Muttersprache ihrer Lernenden zu kennen. (2) Die am institutionalisierten Fremdsprachenerwerb beteiligten Personen (›Wer‹): Welche Personen sind in Sprachlern- und -lehrprozessen involviert? Wie setzen sich die Lernenden zusammen hinsichtlich Muttersprache, sprachlichem ↗Vorwissen, Sprachlernbiographien, kognitiver und sozialer Variablen? Inwieweit spielen die spezifischen Fähigkeiten und Lehr-/Lernbiographien der Lehrenden eine Rolle bei der Vorbereitung, Durchführung und Interaktion des Sprachunterrichts? (3) Das ›Wie‹ des Fremdsprachenlehrens und -lernens: Wie wird Sprache erworben und vermittelt? Welche Faktoren spielen eine entscheidende Rolle bei der Frage, wie Lernende erfolgreich Sprache erwerben und verwenden können?

Gibt es verschiedene ↗Lernertypen, ↗Lernstrategien und andere kognitive und soziale Variablen, die im Zusammenspiel je nach Lernerzusammensetzung verschieden stark berücksichtigt werden müssen? (4) Fragen der Didaktik und ↗Methodik: Mit welchen Lernformen, Materialien, Abläufen, ↗Lehrplänen, Kontexten (↗Kontextualisierung), Institutionen, Schularten usw. können die ↗Lernziele des FUs erfolgreich umgesetzt werden?

In der S. wird der Gegenstand ›Sprache‹ in nicht immer einheitlicher Definition behandelt. Dadurch werden jeweils spezifische und verschiedene Eigenschaften bei der Beschäftigung mit Sprache in den Mittelpunkt gestellt und so eine Reihe von Untersuchungsfeldern eröffnet: die Systemhaftigkeit auf den linguistischen Ebenen der Phonologie, Syntax und Semantik; die Symbolhaftigkeit im Verhältnis von Sprache, Realität und historischer Entwicklung; die physikalisch messbaren Eigenschaften in der Artikulation und Perzeption; die kognitiven Grundlagen, die Kommunikationssysteme wie Sprecher-Hörer-Interaktion; die soziolinguistischen Ebenen wie Sprachvarietäten und ↗Kultur; die menschliche und nicht-menschliche Kommunikation; die sprachlichen Universalien, die besonders im Spracherwerb eine Rolle spielen. Im englischen Sprachgebrauch wird für die Bezeichnung von S. ein Teilbereich der sog. Angewandten ↗Sprachwissenschaft verwendet – nämlich »learning and teaching of languages«. Die Bedeutung von Linguistik für diesen Bereich wird als »core feature« dieser Disziplin betrachtet (vgl. Kaplan 2002).

Historisch betrachtet, hat sich der Einfluss der Linguistik auf die S. entsprechend der dort und in der Lernpsychologie entstandenen Schulen entwickelt. Am Anfang des 20. Jh.s und dann wieder intensiv in den 1940er und 1950er Jahren beeinflussten der Strukturalismus aus der Linguistik und der Behaviorismus aus der Psychologie zusammen die Entstehung der ↗audio-lingualen Methode, die mit der Beschreibung der Performanzebene und den Themen Empirismus, Konditionierung und Verstärkung einen starken Impuls für den FU erzielte. Der Einfluss der Muttersprache wurde in der kontrastiven Hypothese einseitig negativ dargestellt, so dass auftauchende Probleme bevorzugt durch eine Abweichung bei muttersprachlicher und fremdsprachlicher Struktur erklärt wurden

(↗Interferenz, ↗Transfer). In den 1960er und 1970er Jahren führte insbesondere die durch Noam Chomsky eingeleitete Entwicklung der generativen Transformationsgrammatik bis hin zur Universalen Grammatik mit der Annahme einer zugrundeliegenden Kompetenzebene, der *Innateness-Hypothesis*, und dem Konzept des Universalismus zu einem langsamen Abbau der audio-lingualen Methode und vor allem in den USA zu einem Input-orientierten Ansatz, der auf den Ergebnissen in der Spracherwerbsforschung (hier vor allem Stephen Krashen) basierte. Entscheidend für die Entwicklung in der S. war die Annahme der Systemhaftigkeit bei der Lernersprache, der sog. ↗*interlanguage*, d. h., die bisher als Probleme oder insbesondere ↗Fehler geahndeten Abweichungen in der Zielsprache erhielten dadurch einen anderen Stellenwert, dass sie den Lehrenden Anhaltspunkte für einen natürlich ablaufenden Spracherwerbsprozess lieferten. In den 1980er und insbesondere 1990er Jahren setzten die Schulen des ↗Konstruktivismus und Funktionalismus neue Akzente und erweiterten die Sichtweise auf die *interlanguage*, indem sie die Variabilität der *interlanguage* aufzeigen konnten, da nun nicht nur die Form der Sprache, sondern insbesondere der Gebrauch von Sprache in den Mittelpunkt der Forschung rückte, so dass eine pragmatische Ebene (der *speech act theory* folgend) und soziokulturelle Variablen in das Erklärungsbild aufgenommen wurden. Seit dieser Zeit wird fortlaufend versucht, diese Ansätze im ↗kommunikativen FU umzusetzen, indem nicht nur die grundlegenden linguistischen ↗Kompetenzen, sondern ebenfalls pragmatische, soziokulturelle und diskursive Kompetenzen vermittelt und trainiert werden. In der Umsetzung werden die vier Fertigkeiten ↗Sprechen, ↗Hörverstehen, ↗Leseverstehen und ↗Schreiben gefördert, wobei allerdings zumindest theoretisch eine deutlich steigende Wichtigkeit auf das Sprechen als Grundlage menschlicher Kommunikation gelegt wird. Inwieweit diese Wichtigkeit auch im FU umgesetzt wird, gehört zu den neueren Forschungsvorhaben innerhalb der S. Bei dieser Umsetzung werden nicht nur auf der inhaltlichen Ebene (Sprache wird in erster Linie als Gegenstand der Kommunikation betrachtet), sondern vor allem für den Bereich der Unterrichtsform neue Wege beschritten: Neben dem ehemals frontal ausgerichteten lehrerzentrierten Unterricht (↗Lehrerzentrierung) werden andere ↗Sozialformen installiert (Partner- und Gruppenarbeit, Lernzirkel, Stationenlernen). Durch diese neuen Lernformen (↗Offener Unterricht) und entsprechend entwickeltes Material knüpft das so initiierte ↗autonome und eigenverantwortliche Lernen an die Grundannahmen des Konstruktivismus an.

In der Methodik der S. werden die Schulen der Linguistik und Psychologie zum Teil widergespiegelt, d.h., sie baut auf ihnen auf, mischt verschiedene Ansätze und führt so zu einer Vielzahl von Möglichkeiten, die aus mehreren Teilkomponenten bestehen: Lehr- und Lernmethoden, Lehrinhalte, Curriculum, Materialentwicklung, Prüfungen, ↗Tests und Evaluation (↗Leistungsermittlung, ↗Leistungsbewertung). Die Methodik umfasst hierbei sowohl die praktische Umsetzung von theoriegeleiteten Verfahren als auch den empirischen Ansatz (↗Empirie) zur Theorieentwicklung (Methodologie), in der seit längerem zunehmend qualitative ↗Forschungsmethoden (teilnehmende Beobachtungen, ethnographische Ansätze, Interviews usw.) zum Einsatz kommen und die eher quantitativen Untersuchungen (Fragebogen, Korpuslinguistik, statistische Erhebungen und Auswertungen) ergänzen. Es geht nicht mehr nur darum, wie häufig von einem Lerner etwas geäußert wurde oder wie oft ein Lehrer auf eine Äußerung reagiert, sondern um das Zusammenfügen einer Variablenkonstellation individueller Lernender oder Lehrender, die Aufschluss darüber gibt, wie komplex sich das Lehr- und Lerngefüge im FU darstellt (z.B. auch im *action research*).

Lit.: H.D. Brown: Principles of Language Learning and Teaching. Oxford ⁵2007 [1980]. – R. Kaplan (Hg.): The Oxford Handbook of Applied Linguistics. Oxford 2002.   AnH

Sprachenbiographie ↗Portfolio

Sprachenpass ↗Portfolio

Sprachenpolitik. Der Terminus S. richtet sich auf zwei große Bereiche: auf den politischen Umgang mit der Landessprache bzw. den Landessprachen im Innern und nach außen (mitunter auch Sprachpolitik genannt) sowie auf den politischen Umgang mit fremden Sprachen (etwa im Bildungswesen). Der Begriff wird im Kontext nationaler und übernationaler Bestrebungen und Festlegungen benutzt, sowohl in historischer Perspektive (etwa: die S. Frankreichs im Zeitalter Ludwigs XIV.) als auch bezogen auf die Gegenwart (die interne S. der EU). Innerhalb der Europäischen Union ist S. ein eigener Politikbereich, der bei einer der Generaldirektionen (Bildung und Kultur, Abteilung Mehrsprachigkeit) angesiedelt ist, und für den es derzeit einen eigenen Kommissar für Mehrsprachigkeit gibt.

Menschen sind durch Sprache identifizierbar: Das Alte Testament berichtet, dass bei den Jordanfurten 42.000 Efraimiter erschlagen wurden, weil sie das Wort ›Schibbolet‹ als ›Sibbolet‹ aussprachen (Buch der Richter 12, 5ff.). Da die eigene Sprache die wohl intimste Form der Selbstidentifikation des Menschen ist, ist die Unterdrückung von Sprachen zu allen Zeiten ein probates Mittel der Gewaltausübung und Bestrafung. Das Jiddische hat dieses Schicksal in den vergangenen 800 Jahren immer wieder erlebt und dann auch das Deutsche in Ostmitteleuropa und in der Sowjetunion nach 1945. Der Umgang mit den Sprachen der Besiegten, die Implantation des eigenen Idioms in eroberten Gebieten (auf dezente Weise als erste Schulfremdsprache oder aber mit Feuer und Schwert), die Zurückdrängung oder gar Ausschaltung konkurrierender Sprachen oder eindringender Fremdsprachen auf dem eigenen Territorium, die Handhabung von Regional-, ↗Minderheiten- und Migrantensprachen, die Entscheidung über Sprachwahl und Sprachenfolge im Schulwesen: Das alles sind Erscheinungsweisen von S. Damit ist S. eng verflochten mit anderen politischen Ressorts, etwa der Innen- und Außenpolitik, aber auch der Wirtschaftspolitik. Sie kann aggressiv, expansiv, defensiv oder aber auch demokratisch abwägend sein. Da Sprache und Kultur in enger Beziehung zueinander stehen – Sprache ist Wort gewordene Kultur, und Kultur spiegelt Sprache – muss S. immer auch als eine besondere Form der Kulturpolitik gesehen werden.

Die europäischen Nationalstaaten haben, mehr oder minder fühlbar, S. betrieben, seit sie existieren. Der Erlass des französischen Königs Franz I. von Villers-Cotterêts (1539), der Französisch als Sprache der Staatsverwaltung und Rechtsprechung zwingend vorschreibt, ist der

Ausgangspunkt für die Entwicklung des Französischen zur internationalen Sprache des 18. Jh.s. Der Friedensschluss von Münster (1648) wird um Monate verzögert, weil die französische Abordnung behauptet, nur französisch zu verstehen, während die deutsche Delegation auf Latein als der Sprache des Heiligen Römischen Reiches beharrt – im Unterschied zu Frankreich ist Deutschland damals noch kein Nationalstaat. (Dabei verstehen und sprechen die Emissäre beider Seiten Latein und Französisch.) Die Niederlage Napoleons (1813, 1815) besiegelt den Niedergang des Französischen, auch wenn sich das Schulfach noch mehr als 100 Jahre lang als erste moderne Fremdsprache zu halten vermag (↗Geschichte des FUs). Als Reaktion auf Waterloo wird Französischunterricht an den Höheren Schulen Preußens zunächst einmal verboten.

Innerhalb der Europäischen Union wird S. in erster Linie im Kontext der Entwicklung der europäischen Sprachenfrage diskutiert: Angesichts der Tatsache, dass die Union ein Zusammenschluss von Staaten und Kulturräumen mit eigenen Traditionen ist, gehört die Erhaltung der Regionalkulturen Europas zu den Grundvoraussetzungen innerer Stabilität. Die kulturelle Vielfalt kann aber nur erhalten werden, wenn die Sprachen, die die Kulturen tragen, selbst erhalten bleiben. Vor diesem Hintergrund hat sich die Union von ihren Anfängen an auf eine Politik der ↗Mehrsprachigkeit festgelegt (vgl. Artikel 22 der Europäischen Grundrechtecharta: »Die Union respektiert kulturelle, religiöse und sprachliche Vielfalt«). Alle Amtssprachen der Union sind gleichberechtigt und gelten zugleich als Arbeitssprachen. Die Union erkennt an, dass es internationale Sprachen geben kann, sie gibt ihnen aber keinen Sonderstatus, und sie benennt Englisch oder eine andere Sprache in dieser Funktion nicht. Der Übergang von einem Europa der Vaterländer in der Gaullistischen Ära zu einem Europa der Regionen hat auch den Regional- und Minderheitensprachen zunehmende Beachtung gebracht. Zu ihrer Förderung wurde am 5.11.1992 die unter der Schirmherrschaft des Europarates entstandene Europäische Charta für Regional- und Minderheitensprachen als internationales Regelwerk in Straßburg verabschiedet. Die Charta definiert Regional- und Minderheitensprachen als »jene Sprachen, die herkömmlicherweise von einem Teil der Bevölkerung in einem Staat gesprochen werden, die aber weder Dialekte der Amtssprache, Sprachen von Zuwanderern noch künstliche Sprachen sind«. Gegenwärtig hat die Union 23 Amtssprachen (damit 506 Übersetzungsrichtungen); hinzu kommt eine nicht festgelegte Zahl von Regional- und Minderheitensprachen (je nach Zählung zwischen etwa 40 und etwa 70). Politisch besonders problembeladen sind die Migrantensprachen (mehrere hundert, großenteils nicht-europäischen Ursprungs), von denen man früher meinte, dass man sich nicht um sie kümmern müsse, da geschlossene Siedlungsräume nicht vorhanden seien. Inzwischen sind sie vorhanden, vielfach in Gestalt von Ghettos. Da sich die Union im Übrigen sprachlich und kulturell nicht vom Rest Europas abzuschotten gedenkt, spielen auch Nachbarsprachen jenseits der Unionsgrenzen eine Rolle, besonders dann, wenn die betreffenden Staaten mittelfristig eingebunden werden sollen (Beispiele: Isländisch, Norwegisch, Kroatisch – letztere Sprache ist ohnehin Migrantensprache), aber eben auch, wenn diese mittelfristige Perspektive weniger gegeben ist (Beispiele: Russisch, Ukrainisch, Türkisch – Russisch ist zugleich eine der quantitativ bedeutendsten Migrantensprachen).

Auch wenn die Kosten der Sprachenvielfalt angesichts der hohen Zahl der Unionsbürger (etwa 500 Mio.) lediglich mit wenigen Euro pro Jahr und Individuum zu Buche schlagen (das Dolmetschen in insgesamt etwa 11.500 EU-Sitzungen kostete den Unionsbürger 2008 rund 45 Cent) und die Übersetzungs- und Dolmetschdienste durch Terminologiebanken und elektronische Übersetzungsprogramme gestützt werden, gerät das auf Sprachenvielfalt gegründete System in jüngster Zeit dennoch an seine Grenzen, und pragmatische Lösungen werden, auch im Zusammenhang mit der Frage von Unionsreformen, diskutiert. Das Englische, als internationale Sprache innerhalb der Union faktisch längst Realität, findet zunehmend Anerkennung. Im Alltag der politischen Zusammenarbeit finden Absprachen statt, die von Fall zu Fall die Zahl der benutzten Sprachen reduzieren. Dennoch müssen grundlegende Dokumente (etwa das EU-Amtsblatt) auch weiterhin in alle EU-Sprachen übersetzt werden, und auch das Europäische Parlament arbeitet in allen EU-Sprachen.

Die sprachenpolitischen Gegebenheiten Europas werden vom Europarat begleitet, der in den vergangenen Jahren mit dem ↗ Gemeinsamen europäischen Referenzrahmen, dem ↗ Portfolio-Format und Verlautbarungen zu den S.en in Europa das Fremdsprachenlernen und den FU maßgeblich beeinflusst und von innen heraus verändert hat. Das Weißbuch der Europäischen Union »Lehren und Lernen. Auf dem Weg zur kognitiven Gesellschaft« der Jahre 1995/96 fordert plurilinguale Unionsbürger für ein multilinguales und plurikulturelles Europa. Dies soll verwirklicht werden im Rahmen einer Dreisprachigkeit, die ↗ Kompetenzen und Fähigkeiten in der Muttersprache, in mindestens einer Nachbarsprache und in einer internationalen Sprache (Englisch) umfasst (für Migrantenpopulationen: Herkunftssprache, Sprache der Gastnation, internationale Sprache). Dabei sind Teilkompetenzen auf unterschiedlichen Niveaus durchaus möglich; der Referenzrahmen des Europarats, ein Instrument, das u.a. sprachliche Kompetenzen und Teilkompetenzen auf sechs Kompetenzniveaus beschreibt, erkennt den Wert eines teilweisen Könnens in seinen Skalen ausdrücklich an. Damit aber unterscheidet sich die europäische Idee von *plurilinguisme* von der traditionellen Sicht auf das Fremdsprachenlernen: Europäische Mehrsprachigkeit wird teilweise im Unterricht (Schule, Erwachsenenbildung) erworben, teilweise aber auch über alle erdenklichen Immersionssituationen (↗ Immersion) wie Partnerschaften, Auslandsaufenthalte, Sprach-Tandems (↗ Tandemlernen) und ↗ autonomes Lernen mit ↗ Medien. Dabei kann die Tatsache genutzt werden, dass weitaus die meisten europäischen Sprachen innerhalb von drei Sprachfamilien angesiedelt sind (der germanischen, der romanischen und der slawischen), wodurch sich weitreichende verwandtschaftliche Beziehungen ergeben. Zwei weitere, kleinere Familien umfassen die (agglutinierenden) finno-ugrischen Sprachen (Estnisch, Finnisch, Ungarisch) sowie den keltischen Sprachzweig (Bretonisch, Walisisch, Gälisch – letzteres wird in Irland auch als Irisch bezeichnet). Da bleiben als quasi ›isolierte‹ Amts- bzw. Regionalsprachen nur Baskisch, Maltesisch, Litauisch und Lettisch. Angesichts dieser Sprachverwandtschaften verfügen weitaus die meisten Europäer ohnehin über Zweit- und Fremdsprachenkenntnisse,

zumindest im rezeptiven Bereich, auch wenn ihnen dies nicht bewusst ist (Beispiel: Lesekompetenz Niederländisch auf Niveau A1/A2 des Referenzrahmens bei deutschen Muttersprachler/innen). Gerade in den grenzüberschreitenden Euregiones mit ihren multiplen Vernetzungen spielen auf Sprachverwandtschaften basierende Formen des *plurilinguisme* eine wichtige Rolle im Sinne einer besonderen ›Grenzkompetenz‹, einer *compétence transfrontalière*, wobei diese natürlich auch plurikulturelle Bezüge hat.

Die europäische Mehrsprachigkeitspolitik impliziert einen breit angelegten, in Sprachenwahl und Sprachenfolge diversifizierten FU in Europa. Dennoch ist der FU in zahlreichen europäischen Schulsystemen zum Ende des 20. und Beginn des 21. Jh.s eher zurückgefahren worden, trotz Ausweitung des Fremdsprachenlernens in die Grundschulen hinein (↗ Früher FU) und trotz fremdsprachlichen Sachfachunterrichts (↗ Bilingualer Unterricht). Schon angesichts dieser Tatsache setzt Europa heute auf den lebensbegleitenden Umgang mit Sprachen und Kulturen, auf den der FU des Primar- und Sekundarschulwesens dann vorbereiten muss. Da Englisch mittlerweile praktisch in allen nicht-anglophonen EU-Staaten erste Fremdsprache ist, gerät der Englischunterricht in die Rolle eines *gateway to languages*, was ihn in seiner thematischen und methodischen Gestalt modifiziert. Der Unterricht muss in Zukunft kognitive und affektive Vorleistungen erbringen für späteres schulisches oder auch im Erwachsenenbereich angesiedeltes Fremdsprachenlernen (↗ Andragogik, ↗ Geragogik), etwa durch Sprachenvergleich (Öffnung von Fenstern zu anderen Sprachen, Einbindung der im Klassenzimmer vorhandenen Sprachen), Rekurs auf sprachsystematische und kommunikative Universalien und Weckung sprachlicher und kultureller Neugier.

Die EU-Mitgliedsstaaten und auch einige autonome Regionen haben ihrerseits Maßnahmen ergriffen, um den Bestand ihrer Sprachen zu schützen. Dabei spielen unterschiedliche Maßnahmen eine Rolle, von einer eigenen Sprachgesetzgebung (Frankreich) bis hin zur staatlich gewollten und (ko-)finanzierten Entwicklung von Sprachenzertifikaten (↗ Zertifikate) auf den sechs Kompetenzniveaus des Referenzrahmens. Sprachzertifikate können dann auch im Sinne von Eingangsqualifikationen (im Rahmen der Ausbildung, aber beispielsweise auch für den

Zugang zum Arbeitsmarkt) genutzt werden. Insofern sind sie sehr wohl ein politisches Instrument, das europäische Freizügigkeiten zu unterlaufen vermag.

Auch wenn die Anerkennung des Englischen als der internationalen Sprache in der Europäischen Union und auch weltweit in den kommenden Jahrzehnten zunehmen wird, ist weltweite Einsprachigkeit nicht in Sicht und auch nicht wünschbar. Weltweit ist Mehrsprachigkeit die Regel, nicht die Ausnahme, wobei auch Diglossie-Situationen (etwa: Hochsprache und Dialekt) Mehrsprachigkeit stiften. Die ökonomische Globalisierung der Welt und der Trend hin zu größeren Staatsverbünden begünstigt wenige internationale Sprachen, führt aber gleichzeitig auch zu einem Verlangen nach regionaler Geborgenheit, was sich kulturell und sprachlich auswirkt. Insofern sind gegenläufige Kräfte am Werk. Naive sprachenpolitische Modelle nach dem Motto *English as the language of freedom and democracy in a wonderfully small world* funktionieren nicht, und sie sind auch gefährlich. *Meltingpot*-Ideologien, wie sie jahrzehntelang in den USA vertreten worden sind, haben sich als zumindest partiell wirkungslos erwiesen. Für Europa gilt in letzter Konsequenz: Ein *English only*-Europa ist in Zeiten innerer Unrast (mögliche politische, ökonomische, ökologische, wirtschaftliche Krisen) in letzter Konsequenz ein vom Zerfall bedrohtes Gebilde, weil die Menschen in den Regionen den mit der Festlegung auf Englisch verbundenen Sprachverlust als kulturelle Deprivation deuten werden. Die zahlreichen bewaffneten Regionalkonflikte in Europa seit 1945 (etwa: Irland, Baskenland, Südtirol, Bosnien, Kosovo) haben stets eine deutliche sprachliche und kulturelle Komponente gehabt. Insofern gibt es zu der Mehrsprachigkeitspolitik der Europäischen Union keine Alternative.

Lit.: R. Ahrens (Hg.): Europäische S. European Language Policy. Heidelberg 2003. – Europäische Kommission: Lehren und Lernen. Auf dem Weg zur kognitiven Gesellschaft. Weißbuch zur allgemeinen und beruflichen Bildung. Luxemburg 1996. – T. Finkenstaedt/K. Schröder: Sprachen im Europa von morgen. Mü. 1992. – R. Hoheisel: Europäische Mehrsprachigkeit. Sprachwirklichkeit in den Organen der Europäischen Union am Vorabend der Osterweiterung. In: Neusprachliche Mitteilungen aus Wissenschaft und Praxis 58, Doppelheft 1/2 (2005), 5–17. – K. Schröder: Dreisprachigkeit der Unionsbürger. Ein europäischer Traum? In: Zeitschrift für Anglistik und Amerikanistik 47 (1999a), 154–163. – K. Schröder: Den FU euro-

patauglich machen. In: Fremdsprachenunterricht 43 (1999b), 1–8.   KoSch

Sprachenportfolio ↗ Portfolio

Sprachenübergreifendes Unterrichten meint die Abstimmung von mutter- oder zweit- bzw. fremdsprachlichem Unterricht vor allem unter der Zielvorgabe einer planbaren ↗ Mehrsprachigkeit, wie sie im Konzept des (individuellen) *plurilingualism* im Gegensatz zur (sozialen) Vielsprachigkeit (*multilingualism*) entgegentritt. Erhofft werden von einer solchen sprachenübergreifenden Didaktik lernökonomische Effekte. Dem liegt die seit Jahrzehnten bekannte Erkenntnis zugrunde, dass das lernrelevante ↗ Vorwissen ein entscheidender Faktor für den Lernerfolg ist, was eine entsprechende pädagogische Passung verlangt. Gilt das Gebot des vernetzenden Lernens im Prinzip für alle Lerngegenstände, so besonders für Sprachen, und zwar weil diese systemisch sind und in unserem ↗ mentalen Lexikon in Gestalt von ↗ Inferenz und ↗ Interferenz miteinander interagieren. Dies ist besonders dann der Fall, wenn ihre Bestände einander ähneln.

Historisch sind interlinguale Ähnlichkeiten dem Sprachenkontakt, vor allem der Sprachverwandtschaft, geschuldet; psycholinguistisch verlangen Ähnlichkeiten von den Lernenden, dass sie diese in den ihnen bekannten Sprachen gegeneinander abgleichen, um sie zu disambiguieren (↗ Interkomprehension). In der Literatur gelten ›gute Sprachenlerner‹ als gute Vergleicher sprachlicher bzw. zwischensprachlicher Schemata.

Selbstredend sollten Lernende schon zu einem möglichst frühen Zeitpunkt zum zielführenden Vergleichen zwischen Sprachen befähigt werden. Ein lernerorientierter Unterricht (↗ Lernerorientierung) muss dazu das (mehr)sprachliche und relevante Vorwissen der Lernenden ebenso berücksichtigen wie die weitere plurilinguale ↗ Progression (soweit diese planbar ist). Da die EU als Ziel fremdsprachlicher Bildung die Mehrsprachigkeit im Sinne von ›Muttersprache plus mindestens zwei Fremdsprachen operabel beherrschen‹ vorgibt, muss der FU sprachenübergreifend sowohl das zu einem gegebenen Zeitpunkt lernerseitig vorhandene relevante Vorwissen identifizieren als auch dessen Vernetzung mit den noch zu lernenden Sprachen vorbereiten. Spätestens wenn die Orientierung an einem Gesamtsprachencurriculum realisiert ist, ist Sprachenlernen mehrsprachlich-vernetzt bzw. sprachenübergreifend.

Im Zentrum des s.U.s stehen Transferprozesse (↗Transfer). Die Didaktik unterscheidet zwischen einem intra- und interlingualen Transfer, einem Identifikations- und Produktionstransfer sowie nach Transferrichtungen: proaktiv (auf die neue Zielsprache) und retroaktiv (von der Zielsprache auf eine Brückensprache). Des Weiteren wird zwischen den genannten lingualen Transfertypen und dem Transfer von Lernerfahrungen bzw. dem didaktischen Transfer unterschieden. All dies erklärt, weshalb das Bildungsziel ›Mehrsprachigkeit‹ nach Meinung der meisten Expert/innen integrativ-sprachenübergreifend und nicht isoliert additiv-einzelsprachlich angegangen werden muss. Ein nützliches Instrument für kompetenzorientiertes (↗Kompetenz), autonomisierendes und s.U. liefert der *Referenzrahmen für Plurale Ansätze zu Sprachen und Kulturen* (RePA 2009).

Die geschilderte Fundierung begründet den inzwischen empirisch nachweisbaren Erfolg von miteinander verwandten Konzepten wie ↗Mehrsprachigkeitsdidaktik, Interkomprehensionsdidaktik, integratives Sprachenlernen, Gesamtcurriculum Fremdsprachen, integrative Didaktik (*didactique intégrée*) und andere mehr, die sich unter s.U. subsumieren lassen (vgl. Meißner 2005). Es würde jedoch zu kurz greifen, wollte man das s.U. auf den lingualen Transfer begrenzen, denn im Kern ist die Mehrsprachigkeitsdidaktik auch eine Mehrkulturalitätsdidaktik (vgl. Byram 2010): Auch die Vernetzung von (kulturellen) Inhalten gehört zum s.U. (↗Interkulturelles Lernen, ↗Kulturdidaktik).

Zu Anfang wurde die Komplementarität des Muttersprachen-, Zweitsprachen- und Fremdsprachenunterrichts betont. Diese Trias ist insofern unzureichend, als sie die Herkunfts- und Umgebungssprachen ausblendet. Bislang fehlen EU-weit gangbare Konzepte, um die migrationsbedingte Mehr- und Vielsprachigkeit zu nutzen. Das s.U. wird dazu beitragen können, die augenfällig notwendige Erweiterung des Fremdsprachenkonzepts herbeizuführen, sofern auch hier die notwendige Grundlagenforschung erfolgt.

Lit.: M. Byram: Intercomprehension, Intercultural Competence and Foreign Language Teaching. In: P. Doyé/F.-J. Meißner (Hg.): Lernerautonomie durch Interkomprehension/Promoting Learner Autonomy Through Intercomprehension/L'autonomisation de l'apprenant par l'intercompréhension. Tüb. 2010, 53–50. – F.-J. Meißner: Mehrsprachigkeitsdidaktik revisited. Über Interkomprehensionsunterricht zum Gesamtsprachencurriculum. In: Fremdsprachen Lehren und Lernen 34 (2005), 125–145. **FJM**

Spracherwerb und Spracherwerbstheorien. Die S.s-Forschung untersucht die Aneignung von Fremd- und Zweitsprachen und damit verbundene Lern- und Erwerbsprozesse und sich entwickelnde (lerner-)sprachliche Systeme. Der Terminus ›L2‹ wird als neutraler Oberbegriff für Fremdsprache und Zweitsprache verwendet. Aber auch ›Fremdsprache‹ wird im deutschen Sprachraum häufig als Oberbegriff benutzt, während in der englischsprachigen Terminologie *second language* mitunter als Oberbegriff fungiert. Im engeren Sinn spricht man dann von ›Fremdsprache‹, wenn die Aneignung der L2 außerhalb des zielsprachigen Raums stattfindet, z.B. wenn Jugendliche Englisch lernen. Mit ›Zweitsprache‹ hingegen werden Sprachen bezeichnet, deren Aneignung innerhalb des zielsprachigen Raums erfolgt und zwar vorrangig ungesteuert durch Kontakt mit der L2 in Begegnungssituationen (↗Begegnung und Begegnungssituationen). In der Zweitsprachenerwerbsforschung stehen vorrangig ungesteuerte S.s-Prozesse im Zentrum, während sich die Fremdsprachenforschung vor allem für die Aneignung von Fremdsprachen im Unterricht interessiert. Dass Fremdsprachen- und Zweitspracherwerb aber nicht trennscharf voneinander unterschieden werden können, wird im Fall von Zweitsprachenunterricht (z.B. Sprachkurse für Migrant/innen in Deutschland im Rahmen sog. Integrationskurse) besonders einsichtig.

Klassischerweise wird der Erwerb von L2-Sprachen zunächst vom Erwerb von Erstsprachen (L1) unterschieden, wobei hier folgende Unterschiede besonders auffällig sind: Im Rahmen des Erst-S.s werden kulturelles Wissen und Weltwissen parallel miterworben, während der L2-Erwerb auf L1-geprägtes kulturelles Wissen und Weltwissen zurückgreifen kann – und auf die L1 selbst. Erfolgt der L1-Erwerb (vermeintlich) mühelos – was aber mehrere Jahre in Anspruch nimmt –, so ist der L2-Erwerb dadurch gekennzeichnet, dass Fremd- und Zweitsprachen je nach Ausgangssprache als unterschiedlich schwer wahrgenommen und in der Regel nur unvollkommen erworben werden. In Bezug auf das erreichbare Sprachniveau sind im L2-Erwerb – anders als im L1-Erwerb – erhebliche individuelle Unterschiede festzustellen, deren Ursachen in Lernervariablen wie ↗Motivation, Einstellungen, ↗Lernertyp und ↗Sprachlerneignung sowie in der Ausgestaltung des sozialen Kontextes/Lernkontextes gesehen werden. Auf der anderen Seite gibt es Parallelen und Ähnlichkeiten zwischen L1- und L2-Erwerb und auch zwischen Fremd- und Zweitsprachenerwerb. So sind z.B. bei Kleinkindern im Rahmen des L1-Erwerbs und bei erwachsenen Lernern im FU ganz ähnliche ↗Fehler zu beobachten. Zur Erklärung dieser zentralen Unterschiede und Ähnlichkeiten zwischen L1- und L2-Erwerb existieren unterschiedliche, kontrovers diskutierte lerntheoretische Ansätze, wobei behavioristische mit nativistischen, kognitiven, konstruktivistischen, interaktionistischen und soziokulturellen Ansätzen konkurrieren (↗Lerntheorien). Diese Ansätze sind teilweise aus der Kritik jeweils bestehender lerntheoretischer Auffassungen entstanden. Sie sind nicht durchgehend und systematisch miteinander vergleichbar, da sie unterschiedliche Schwerpunkte setzen, und sie sind auf unterschiedliche Weise empirisch belegt bzw. belegbar. Widersprüchlichkeit und Komplementarität der Erklärungsansätze und Teilhypothesen sind gleichermaßen festzustellen. Die Ansätze geben unterschiedliche Antworten auf zentrale Fragen der S.s-Forschung, ob L2-Erwerb ein eher bewusster oder eher unbewusster Prozess ist bzw. ob vorrangig bewusste Lernprozesse oder unbewusst ablaufende Mechanismen den S. steuern. In neueren Ansätzen werden die seit den 1990er Jahren dominanten kognitionspsychologischen Ansätze mit soziokulturellen Perspektiven verknüpft.

Behavioristische Spracherwerbstheorien (ST.) waren in den 1940er Jahren bis in die 1970er Jahre der vorherrschende lerntheoretische Ansatz zur Erklärung des L2-Erwerbs. Lernen wird als ein Prozess der Konditionierung über viele klein(st)e Teilstadien aufgefasst, bei dem die gewünschte Reaktion (*response*) auf einen spezifischen Reiz (*stimulus*) antrainiert wird,

indem ›richtiges‹ Verhalten durch positives ↗Feedback so lange verstärkt wird, bis es zur Gewohnheit wird. Lernen wird als vorrangig imitativer Prozess beschrieben. Besonders nachhaltig hat sich die behavioristische Lerntheorie in der ↗audio-lingualen Methode niedergeschlagen. Nach dieser Methode war der FU vor allem auf das ständige Wiederholen und Variieren von Mustersätzen innerhalb eines strikt sequenzierten Unterrichts reduziert, was zu mühelosem Abruf solcher Satzmuster bei der Sprachverwendung führen sollte. Eine negative Sicht auf Fehler (die im FU sofort zu korrigieren oder besser im Vorfeld zu verhindern sind) und die Annahme, dass die meisten Fehler durch ↗Interferenz aus der L1 verursacht sind, sind zwei zentrale Merkmale dieser frühen lerntheoretischen Ansätze. Sie finden ihren Widerhall in der Kontrastivhypothese, die linguistische Erscheinungen (von L1 und L2) mit psycholinguistischen Prozessen gleichsetzt und immer dort, wo Strukturunterschiede zwischen L1 und L2 vorliegen, Interferenzen, d.h. proaktive Lernhemmungen prognostiziert, die sich in Lernschwierigkeiten und Fehlern manifestieren. Diese starke Version der Kontrastivhypothese darf heute als widerlegt gelten; angemessener ist der Ansatz, bestimmte lernersprachliche Erscheinungen (↗*Interlanguage*) mit Transferprozessen (↗Transfer) aus der L1 in Verbindung zu bringen (*interlanguage*-Hypothese). Zusammenfassend kann gesagt werden, dass behavioristische Ansätze die Frage nach den Schwierigkeiten des L2-Erwerbs mit Hinweisen auf störende L1-Transferprozesse und nicht ausreichend erfolgte Konditionierungsprozesse beantworten.

Nativistische ST. entstanden zunächst in der Erstspracherwerbsforschung (↗Nativistische Ansätze). In Abkehr zu behavioristischen Ansätzen und mit dem Argument, S. sei nicht vorrangig durch Nachahmungsprozesse zu erklären, da Kinder u.a. quantitativ und qualitativ nicht ausreichenden Input zur Verfügung hätten und trotzdem sprachliche Strukturen entwickeln würden, die nicht in der sprachlichen Umgebung zu beobachten seien (logisches Problem des L1-Erwerbs), postulierte Noam Chomsky eine angeborene sprachspezifische kognitive Ausstattung, die den Menschen zum S. befähige – eine angeborene Universalgrammatik. Durch Kontakt mit der L1 wird dieser

Mechanismus in Gang gesetzt. Untersuchungen, bei denen festgestellt wurde, dass Kinder, die die L1 erwerben, und Erwachsene, die dieselbe Sprache als L2 lernen, ähnliche bzw. dieselben Fehler machen und auch durch gleiche Erwerbsstadien gehen, und die außerdem Hinweise dafür liefern, dass viele Fehler von Fremdsprachenlernern nicht auf L1-Transferprozesse zurückzuführen sind, wurden dahingehend interpretiert, dass dieser S.s-Mechanismus auch den L2-Erwerb steuert. In diesem Zusammenhang wurde die Identitätshypothese aufgestellt, die die prinzipielle Ähnlichkeit von L1- und L2-Erwerb behauptet und diese auf den Zugriff auf die angeborene spracherwerbsspezifische Ausstattung zurückführt. Es gibt heute mehrere konkurrierende Erklärungsansätze, die die Relevanz und den Anteil eines sich während des L2-Erwerbs entfaltenden angeborenen Programms und der allgemeinen (nicht sprachspezifischen) kognitiven Fähigkeiten des Lerners unterschiedlich einschätzen. Dass im Normalfall der L2-Erwerb nicht in einer muttersprachenähnlichen Kompetenz resultiert, kann jedoch als Hinweis auf einen zumindest nicht vollständigen oder mühelosen Zugriff auf die Universalgrammatik beim L2-Erwerb interpretiert werden.

In Abkehr von behavioristischen Lerntheorien betrachten kognitive ST. den S. als einen kreativen Prozess, in dem Lernende sich die L2 vor allem über den Einsatz von bewussten und unbewussten Strategien und mentalen Handlungen erschließen. Kognitive Ansätze setzen nicht per se ein sprachspezifisches Modul voraus; es gibt Ansätze, die eng mit nativistischen Modellen verbunden sind, andere kommen in ihren Erklärungsansätzen ohne einen solchen Zugriff aus. Die kognitive ST. betrachtet den L2-Erwerb als kreativen Informationsverarbeitungsprozess, bei dem Lernende Input aus der sprachlichen Umgebung aufnehmen, verarbeiten, speichern und automatisieren (↗ Automatisierung). Wichtig dabei ist die Annahme, dass die Lernprozesse sowohl bewusst als auch unbewusst ablaufen und immer kognitiven Kapazitätsbeschränkungen unterliegen. L2-Lerner werden als ›Informationsverarbeitungssysteme‹ verstanden, die Input auf der Basis ihres sich ständig erweiternden Erfahrungshintergrunds verarbeiten. Erworbenes ↗ Wissen wird dabei so gespeichert, dass es möglichst schnell und effizient abgerufen werden kann. Gespeichertes Wissen muss regelmäßig restrukturiert und an neues Wissen angeglichen werden. Diese Entwicklung fällt zusammen mit der gestiegenen Bedeutung psycholinguistischer Ansätze in der S.sforschung.

Mit der Entdeckung von Erwerbssequenzen in spezifischen kerngrammatischen Bereichen (prominente Belege sind: Negation im Englischen, Satzmodelle im Deutschen), die von der L1 und anderen Variablen wie Alter und Lernumfeld unabhängig sind, und dem Befund von Fehlern, die eher mit Bezug auf die Ziel- und nicht die Ausgangssprache erklärt werden konnten, bildeten sich u.a. die *Monitor*-Hypothese (Stephen Krashen), die Lernersprachen-Hypothese (Larry Selinker) und die *Teachability*-Hypothese (Manfred Pienemann) heraus. Im Rahmen seiner *Monitor*-Hypothese, die auch nativistische Elemente hat, unterscheidet Krashen zwei unterschiedliche Arten von Sprachaneignungsprozessen: unbewusste (Erwerb) und bewusste Prozesse (Lernen). Erlerntes Wissen ist nach dieser Auffassung nicht unmittelbar für die Sprachproduktion in der L2 zugänglich, ihm wird lediglich eine eingeschränkte und nur begrenzt einsetzbare Funktion (die Korrekturfunktion) zuerkannt. Nach Krashen kann erlerntes Wissen nicht in erworbenes Wissen überführt werden. Diese Position ist heute so nicht mehr zu halten. Es gibt Ansätze, wonach gelerntes (= explizites) Wissen durchaus durch Anwendung (↗ Übung) zu implizitem Wissen werden kann, das bei der Sprachproduktion ohne kognitive Anstrengung einsetzbar ist. Demgegenüber gibt es Ansätze, die besagen, dass zunächst implizites Wissen (das z.B. beiläufig in ungesteuerten Spracherwerbssituationen erworben wurde) durch Reflexion und analytischen Zugriff des Lernenden zu explizitem Regelwissen werden kann. In der aktuellen kognitiven Zweitspracherwerbsforschung stehen Fragen nach der genaueren Erfassung und den Bedingungen von Prozessen der Automatisierung in der L2 im Zentrum. Eine bis heute höchst einflussreiche Hypothese ist die von Selinker aufgestellte Lernersprachen-Hypothese (*interlanguage hypothesis*). Danach entwickeln Lernende beim Erlernen einer Zielsprache spezifische Sprachsysteme (= Lernersprachen), die Merkmale von Erstsprache und Zielsprache, aber auch eigenständige, von Erst-

und Zielsprache abweichende Merkmale enthalten, und die die folgenden psycholinguistischen Prozesse widerspiegeln: Transfer aus anderen Sprachen (L1 und zuvor gelernte L2); Transfer aus der Lernumgebung (z. B. ungeeignete Lernmaterialien oder Übungssequenzen); ↗ Lern- und Kommunikationsstrategien, die Lernende bewusst und unbewusst einsetzen, um ihr Lernen voranzutreiben bzw. um akute Kommunikationsprobleme zu lösen; ↗ Übergeneralisierungen zielsprachlicher Regeln. Die *Teachability*-Hypothese, die Pienemann später im Rahmen seiner *processability theory* psycholinguistisch mit der Verarbeitbarkeit zielsprachlicher Strukturen begründet, greift Erkenntnisse der Erwerbssequenzforschung auf und behauptet zusammenfassend, dass spezifische kerngrammatische Strukturen sich natürlich entwickeln, aber nicht lehrbar, geschweige denn immer sofort lernbar sind. Die Hypothese behauptet auf der Basis empirischer Belege, dass trotz gezielter Instruktion (↗ Instruktivismus/Instruktion) im FU Lernende diese Sprachstrukturen nur in der Abfolge der Erwerbssequenz erwerben (können). Es kann sogar zu Lernhemmungen kommen, wenn der Unterricht versucht, der natürlichen Erwerbsreihenfolge entgegenzusteuern. Auch wenn die Forschungslage immer noch Fragen offen lässt, so kann diese Hypothese zumindest teilweise erklären, warum Lernende trotz intensiven Übens hartnäckig und lange Zeit in freien Sprachproduktionen bestimmte Grammatikfehler begehen.

Seit den 1990er Jahren wurden kognitive Lerntheorien zunehmend ausdifferenziert, wobei in Psycholinguistik und Fremdsprachendidaktik unterschiedliche Schwerpunkte und Erkenntnisinteressen verfolgt werden. So berufen sich viele aktuellere Überlegungen zum FU – insbesondere zur Förderung des ↗ autonomen Lernens – auf die konstruktivistische Lerntheorie (↗ Konstruktivismus/Konstruktion), die eine Weiterentwicklung der kognitiven Lerntheorie darstellt. Lernen wird als autonomer Konstruktionsprozess aufgefasst, bei dem Lernende allein auf der Grundlage ihres individuellen Wissens und ihrer Erfahrungen operieren. Diese Annahme impliziert, dass der Lernprozess bei jedem Individuum anders verläuft, dass es also denkbar ist, dass jeder Lernende bei gleichem Input etwas anderes lernt. Eine weitere Grundannahme des Konstruktivismus ist die, dass

Lernen in hohem Maße auf Kooperation zwischen Menschen angewiesen ist und daher Interaktion und gemeinsame Arbeit in Gruppen als besonders lernfördernde Bedingungen verstanden werden (↗ Kooperatives Lernen). Letztere Annahme prägt ebenfalls interaktionistische und soziokulturelle Ansätze. Interaktionistische Ansätze betonen die Relevanz des zielsprachigen Angebots (= Input), dessen interaktive Aushandlung und schließlich Anwendung bei der Sprachproduktion, wobei in den letzten Jahren immer mehr die Bedeutung des bewussten Wahrnehmens von L2-Phänomenen in der Interaktion herausgearbeitet wird. In nativistischen Ansätzen hat Input noch keine erklärende Funktion, sondern wird lediglich als Auslöser betrachtet, der den Spracherwerbsmechanismus in Gang setzt. Dagegen führen Vertreter der Input-Hypothese die Art und Weise des S.s (Wahrnehmung, Verstehen, Sprachgebrauch) auf Veränderungen im Input zurück, z. B. auf die Häufigkeit spezifischer sprachlicher Formen (Frequenz), ihre Auffälligkeit (Salienz) oder die Modifikation des Inputs (z. B. *teacher talk*, *foreigner talk*). Nach der Output-Hypothese (Merrill Swain) reicht aber Input für den S. nicht aus, sondern die zu erlernende Sprache muss aktiv verwendet werden. Nach dieser Auffassung ist die mit der Sprachproduktion verbundene Anstrengung, vorhandene lernerseitige Annahmen über die Sprache zu überprüfen und dabei die gelernten zielsprachlichen Ausdrucksmittel anwenden zu müssen, eine zwingende Voraussetzung für den Erwerb vor allem der L2-Grammatik. Außerdem ist Output eine Voraussetzung für interaktives Feedback. Die Interaktionshypothese (Michael Long) beruht auf der Annahme, dass Input gerade durch interaktive Prozesse unter aktiver Beteiligung der Lernenden modifiziert wird und so überhaupt erst für die Lernenden verständlich wird. Dieser Hypothese zufolge ist die Art und Weise, wie Lehrende und Lernende (oder Muttersprachler und Nichtmuttersprachler oder Nichtmuttersprachler untereinander) bei der Verarbeitung des Inputs miteinander umgehen – ob sie gemeinsam Bedeutungen ›aushandeln‹ und Verstehen sicherstellen (*negotiation of meaning*) –, ein entscheidender Faktor beim S. Solche interaktiven Prozesse finden z. B. im Rahmen von Feedback-/Reparaturprozessen, Verständnisüberprüfungen, Klärungen und

Umformulierungen statt. Es liegen Hinweise vor, dass solche interaktiven Prozesse in der Tat spracherwerbsförderlich sind, dass aber der Grad an Explizitheit von Feedbackverfahren und Aushandlungsprozessen von erheblicher Bedeutung ist. Die Aufmerksamkeitshypothese betont darüber hinaus, dass die Wahrnehmung des Inputs Voraussetzung für dessen Verarbeitung und damit für den Fremdsprachenerwerb ist. Damit Lernende spezifische fremdsprachliche Merkmale des Inputs erkennen (*noticing*), ist es nötig, dass sie ihre ⁊ Aufmerksamkeit darauf fokussieren und ihre eigenen sprachlichen Produkte mit denen von Muttersprachler/innen vergleichen und dabei Abweichungen feststellen (*noticing the gap*). Dieser Ansatz, der interaktionistische und kognitive Perspektiven integriert, erklärt, warum interaktive Prozesse z.B. im Rahmen impliziter ⁊ Korrekturen von Grammatikfehlern nicht sicher in S. münden, da sie vom Lernenden häufig nicht wahrgenommen werden. Nicht direkt verbunden mit der Tradition der Interaktionshypothese sind die jüngst stark diskutierten soziokulturellen Ansätze. Diese Ansätze betrachten Sprachenlernen als einen im durch Interaktionen geprägten sozialen Miteinander stattfindenden Prozess, der dann seinen Widerhall in der Kognition findet. In der Tradition von Lev Vygotski werden die Ursprünge mentaler Prozesse auf der sozialen Ebene gesehen. Wichtiges Konzept dabei ist die sog. *zone of proximal development*, in der Lernen durch problemlösende Aktivitäten der Lernenden möglich ist, wenn diese unter Betreuung oder in Kooperation mit anderen agieren können. Lernervariablen und Variablen des Lernmilieus werden im Rahmen soziokultureller Ansätze eine gewichtige Rolle beim S. zugesprochen.

Lit.: W.J. Edmondson/J. House: Einführung in die Sprachlehrforschung. Tüb./Basel ³2006 [1993]. – R. Ellis: The Study of Second Language Acquisition. Oxford ²2008 [1994]. – S.M. Gass/L. Selinker: Second Language Acquisition. An Introductory Course. N.Y./Ldn ³2008 [1994]. – P.M. Lightbown/N. Spada: How Languages are Learned. Oxford ³2006 [1993]. – R. Mitchell/F. Myles: Second Language Learning Theories. Ldn ²2004 [1998]. – B. VanPatten/J. Williams (Hg.): Theories in Second Language Acquisition. An Introduction. Mahwah, NJ/Ldn 2007. – D. Wolff: Fremdsprachenlernen als Konstruktion. Grundlagen für eine konstruktivistische Fremdsprachendidaktik. FfM 2002. CR

Sprachgefühl. In der linguistischen Forschung wird der Begriff des S.s nicht einheitlich beschrieben. Konsens besteht jedoch in der Definition des S.s als Kompetenz Sprechender, in der Regel Muttersprachler/innen, über die (Un-)Richtigkeit einer verbalen Äußerung ein intuitives Urteil abzugeben. Das S. kommt auf der lexikalischen, morpho-syntaktischen oder auch stilistischen Ebene zum Ausdruck und zeigt sich bezogen auf grammatische oder lexikalische Phänomene in Urteilen wie ›richtig‹ oder ›falsch‹, bezogen auf Stilfragen in Urteilen wie ›angemessen‹ oder ›unangemessen‹. S. bezieht sich auf Elemente der Sprache wie Texte, Textabschnitte, Sätze, Satzglieder oder Flexionsformen, niemals aber auf die gesamte Sprache. S. ist im Unterschied beispielsweise zum spontanen Angst- oder Hungergefühl eine relativ konstante Größe, kann sich jedoch im Laufe der Jahre analog zum allgemeinen Sprachwandel weiterentwickeln. Das S. als subjektive Größe wird von Faktoren wie Alter, Geschlecht, sozialer Zugehörigkeit, regionaler Herkunft und Bildungsgrad bzw. Beruf beeinflusst.

Da es sich beim S. nicht um einen unmittelbar zugänglichen Forschungsgegenstand handelt, lassen sich die Daten für die Bestimmung des S.s nur durch Introspektion gewinnen. Psycho- und Soziolinguistik haben empirische Untersuchungsmethoden entwickelt, um aus Akzeptanzurteilen von Informanten auf das zugrunde liegende S. zu schließen. Es ist problematisch, sich im FU auf das S. zu berufen. Fremdsprachenlernende erwerben zwar die lexikalischen und grammatischen Strukturen der Zielsprache, jedoch basieren ihre Grammatikalitäts- bzw. Stilurteile auf Reflexion und Einbeziehung der Regelkenntnisse, nicht auf Intuition. Lediglich bei fortgeschrittenen Lernenden kann das S. ein Kriterium für die Beurteilung fremder oder eigener verbaler Produktionen sein.

Lit.: H.-M. Gauger et al.: Sprachgefühl? Vier Antworten auf eine Preisfrage. Heidelberg 1982. – E. Molitor: S. und Sprachbewußtsein am Beispiel des Subjonctif nach ›après que‹. Eine empirische Untersuchung. Göttingen 2000. EM

Sprachlabor ⁊ Aussprache, ⁊ Lehr- und Lernort, ⁊ Medien

Sprachlehrforschung. Die S. versteht sich als die wissenschaftliche Disziplin, die das Lehren und Lernen fremder Sprachen in unterrichtlichen Kontexten untersucht. Sie tut dies mit dem Ziel, Einsichten in den fremdsprachlichen Lernvorgang zu erzielen und daraus begründete Vorschläge für die Gestaltung des FUs und die Optimierung des fremdsprachlichen Lernvorgangs abzuleiten. Dabei begreift sie den FU als einen spezifischen Gegenstand, der sich durch das Zusammenspiel einer Vielzahl von Faktoren konstituiert.

Die Entstehung der S. geht auf die Unzufriedenheit mit einer rezeptologisch anmutenden Fremdsprachendidaktik ebenso zurück wie auf die Einschätzung, dass eine ausschließlich oder überwiegend an der ↗Sprachwissenschaft orientierte Beschäftigung mit dem Lehren und Lernen von Fremdsprachen wichtige Aspekte ausblendet, die zur Erfassung fremdsprachlicher Lehr- und Lernprozesse unabdingbar sind. Den genannten Ansätzen stellt sie ein empirisch ausgerichtetes Forschungskonzept (↗Empirie) entgegen: Aus der unterrichtlichen Praxis erwachsende Probleme und Fragestellungen werden mit einem umfassenden untersuchungsmethodischen Anspruch empirisch erforscht. Die dabei gewonnenen Erkenntnisse sollen zu einer begründeten Verbesserung des FUs führen, die ihrerseits wiederum Gegenstand der empirischen Überprüfung ist bzw. werden kann.

Die Etablierung einer wissenschaftlichen Disziplin geschieht nicht selten aus einem deutlichen Abgrenzungsverhalten heraus. Für die S. lässt sich diese Abgrenzung zum einen gegenüber der Linguistik konstatieren. Die bloße linguistische Beschreibung der zu lernenden Sprache allein wurde deshalb als unzureichend angesehen, da (kontrastiv-)linguistische Analysen zwar wichtige Hinweise auf die Gemeinsamkeiten und Unterschiede von Sprachen lieferten, jedoch kaum in der Lage waren bzw. sind, fremdsprachliches Lernverhalten tatsächlich zu erklären. Dies gilt nicht zuletzt angesichts der Tatsache, dass in ihnen die unterrichtskonstituierenden Variablen weitgehend ausgeblendet werden. Prägender für die Entstehung der S. waren die Impulse aus der Psycholinguistik, die sich um die Erfassung menschlicher Sprachverarbeitung bemüht. Insbesondere das Konzept der ↗*interlanguage* wurde in diesem Zusammenhang für die S. bedeutsam, weil mit ihm der

Blick stärker auf das lernende Individuum gelenkt wurde, ohne dabei das Sprachsystem selbst gänzlich aus dem Auge zu verlieren. Die Auffassung, dass Fremdsprachenlernende ein ihnen eigenes sprachliches System mit bestimmten Gesetzmäßigkeiten und vor dem Hintergrund strategischen Verhaltens ausbilden, führte in der S. zum Prinzip der ↗Lernerorientierung: Wichtiger als die Frage nach der Modellierung des sprachlichen Inputs allein wurde fortan die Frage, was Lernende tun, wenn sie im und durch Unterricht mit dem Lerngegenstand konfrontiert werden, dessen Aneignung sie anstreben. Damit rückte der bzw. die Lernende in das Zentrum der S. und ersetzte dort eine nach sprachwissenschaftlichen Prinzipien erfolgende Beschreibung des Lerngegenstandes, dem damit zwar eine wichtige dienende, aber eben keine alleinige Funktion für die Erforschung des FUs beigemessen wurde (vgl. dazu z. B. die Diskussion um die Didaktische ↗Grammatik).

Die stärkere Orientierung an der Psycholinguistik und damit am Lernen und am Lerner führte zum Konzept der Faktorenkomplexion, die als Zusammenwirken aller den FU konstituierenden Faktoren einschließlich der in ihm handelnden Personen zunächst konzeptuell umrissen (vgl. Koordinierungsgremium 1983) und auch ausführlich beschrieben wurde (vgl. Königs 1983). Ihr liegt die Annahme zugrunde, dass fremdsprachliches, durch Unterricht hervorgerufenes oder begleitetes Lernen durch die jeweils spezifische Wirkung aller Faktoren zustande kommt, die den Unterricht ausmachen, also Lehrer, Lerner, Lerngegenstand, Methode, Lernziel und institutionelle Rahmenbedingungen. Den Versuchen, die Aneignung einer fremden Sprache als kontextunabhängigen generalisierbaren Vorgang in Unabhängigkeit von der Situation und den Bedingungen zu beschreiben, unter denen sie stattfindet, und ohne Berücksichtigung lernerindividueller Faktoren, begegnete die S. damit zunächst konzeptuell-programmatisch, dann auch empirisch belegt mit großer Skepsis. Aus dieser Skepsis und den ermittelten Befunden resultierte eine weitere Abgrenzung, nämlich diejenige gegenüber einer Zweitsprachenerwerbsforschung (↗Spracherwerb und Spracherwerbstheorien), sofern diese mit einem universalistischen Anspruch antrat und die Bedeutung unterrichtskonstituierender

Elemente für das Zustandekommen von fremdsprachlichem Lernen leugnete, ignorierte oder als wenig konstitutiv für fremdsprachliches Lernen einstufte. Die S. wendete sich damit nicht so sehr gegen die Ergebnisse dieser Zweitsprachenerwerbsforschung, die auch für die Erforschung des FUs sehr wohl anregend und interessant sein können (zu dieser Argumentation vgl. Königs 1992; zu einer Übersicht von in der S. bearbeiteten Themen vgl. exemplarisch Helbig et al. 2000), wohl aber gegen die Generalisierbarkeit von Befunden und Theorien, die im und für den außerunterrichtlichen Kontext erhoben und entwickelt und dann für den FU als gleichermaßen gültig angenommen wurden. Sie favorisiert demgegenüber Hypothesen, die der Individualität des unterrichtlich beeinflussten Aneignungsvorgangs Rechnung tragen (vgl. dazu z.B. die Einzelgängerhypothese von Riemer 1997) und orientiert sich demzufolge an einem Verständnis von fremdsprachlichem Lernen, bei dem der Lerner auf sein vorhandenes ↗Wissen rekurriert und die neu eingehenden Informationen auf der Grundlage vorangehender Erfahrungen mit Lernen und dem Lerngegenstand verarbeitet. Dies ist z.B. in empirischen Arbeiten dokumentiert, in denen diese Lernprozesse beobachtet, analysiert und in Kooperation mit den Lernenden in deren Bewusstsein gehoben wurden (vgl. z.B. Schmelter 2004, Hoffmann 2008). Lernen wird damit als ein umfassender, erfahrungsgeleiteter Prozess der Informationsverarbeitung (vgl. ausführlich Wolff 2002) verstanden, wobei die Auffassung von Lernen als Konstruktion allerdings im Rahmen der S. nicht zwangsläufig eine Orientierung am (Radikalen) ↗Konstruktivismus bedeuten muss, wie zahlreiche kritische Diskussionen zu diesem lerntheoretischen Ansatz in der S. immer wieder gezeigt haben (vgl. exemplarisch die Diskussion in der *Zeitschrift für Fremdsprachenforschung* 2002). Gleichwohl spielt in der S. die Vorstellung von der Autonomie des Lerners eine zentrale Rolle (↗Autonomes Lernen). Gleichzeitig machte die Fokussierung auf die empirische Erfassung fremdsprachlicher Aneignungsvorgänge die Auseinandersetzung mit und die Entwicklung von gegenstandsadäquaten untersuchungsmethodischen Instrumentarien notwendig, die es ermöglichen, der Vielfalt der Einflussvariablen wenigstens annäherungsweise Rechnung zu

tragen; eine Kontrolle aller in Frage kommenden Variablen dürfte beim gegenwärtigen Forschungsstand eher Wunsch als Realität sein. Dabei darf festgehalten werden, dass sich die Untersuchungsinstrumente – auch unter Bezug auf Erfahrungen aus Disziplinen wie der Psychologie oder den Sozialwissenschaften – verfeinert und differenziert haben (vgl. z.B. Grotjahn 1999, Riemer 2004). Mehrheitlich dürfte – den jeweiligen Erkenntnisinteressen folgend – qualitativen Methoden bzw. mehrmethodischen Ansätzen der Vorzug vor rein quantitativen Untersuchungsverfahren gegeben werden.

Gegenüber der Fokussierung auf den Lerner und den Lernvorgang ist die wissenschaftliche Beschäftigung mit der Rolle des Fremdsprachenlehrers in der Entwicklung der S. etwas in den Hintergrund geraten. Dieser Umstand dürfte weniger auf die Geringschätzung des Faktors ›Lehrer‹ (↗Lehrer und Lehrerrolle) im Kontext der fremdsprachenunterrichtlichen Faktorenkomplexion zurückzuführen sein als auf die Tatsache, dass die zur Verfügung stehenden (personellen und materiellen) Ressourcen für derartige Forschungsvorhaben nicht unbegrenzt sind und dass die Erforschung fremdsprachlicher Lernvorgänge als vordringlicher erschien. Dass auch die wissenschaftliche Erforschung der Lehrerseite für die S. von Bedeutung ist, kann man an Arbeiten zu subjektiven Theorien von Fremdsprachenlehrenden ebenso ablesen (vgl. z.B. Caspari 2003) wie an vielfältigen Aktivitäten zur Reform der fremdsprachlichen ↗Lehrer(aus)bildung. Allerdings macht gerade diese Diskussion deutlich, dass die S. sich in der Vergangenheit stärker mit linguistischen und lerntheoretischen bzw. lernpsychologischen Ansätzen beschäftigt hat als mit allgemein didaktischen oder schulpädagogischen. Gleichzeitig steht die S. damit auch dem angelsächsischen Verständnis der *applied linguistics* näher, das sich stärker mit der Aneignung von Sprachen beschäftigt, als es umgekehrt für die deutsche Angewandte Linguistik zutrifft, die Sprache deutlich intensiver in außerunterrichtlichen Anwendungskontexten untersucht.

Entstehung und Entwicklung der S. haben in Deutschland auch institutionelle Konsequenzen hervorgerufen: An einigen Studienstandorten (z.B. Bochum und Hamburg) entstanden eigene Studiengänge, die sich schwerpunktmäßig dem Lehren und Lernen von Fremdsprachen sowie seiner Erforschung widmen; mittlerweile sind diese Studiengänge im Zuge der Änderung der Studiengangsformate (Umstellung auf Bachelor und Master) zumeist in neue Formate überführt und dabei auch in andere thematische Fokussierungen eingepasst worden. Die Denominationen von ehemals fremdsprachendidaktischen Professuren weisen heute häufig entweder das Etikett ›S.‹ aus oder beziehen sich explizit auf ein so bezeichnetes Lehr- und Forschungsgebiet. Aus dem Forschungsansatz der S. ist die Frühjahrskonferenz zur Erforschung des FUs hervorgegangen, die sich seit 1980 jährlich mit einem aktuellen Thema des Faches befasst und die Ergebnisse dazu regelmäßig vorlegt; die Dokumentation der 29. Frühjahrskonferenz enthält eine Liste der bisher erschienenen Bände (vgl. Bausch et al. 2009).

Lit.: K.-R. Bausch et al. (Hg.): FU im Spannungsfeld von Inhaltsorientierung und Kompetenzbestimmung. Tüb. 2009. – D. Caspari: Fremdsprachenlehrerinnen und Fremdsprachenlehrer. Studien zu ihrem beruflichen Selbstverständnis. Tüb. 2003. – R. Grotjahn: Thesen zur Forschungsmethodologie. In: Zs. für Fremdsprachenforschung 10/2 (1999), 133–158. – B. Helbig/K. Kleppin/F.G. Königs: S. im Wandel. Beiträge zur Erforschung des Lehrens und Lernens von Fremdsprachen. Tüb. 2000. – S. Hoffmann: Fremdsprachenlernprozesse in der Projektarbeit. Tüb. 2008. – F.G. Königs: Normenaspekte im FU. Ein konzeptorientierter Beitrag zur Erforschung des FUs. Tüb. 1983. – F.G. Königs: ›Lernen‹ oder ›Erwerben‹ Revisited. Zur Relevanz der Zweitsprachenerwerbsforschung für die S. In: Die Neueren Sprachen 91/2 (1992), 166–179. – Koordinierungsgremium im DFG-Schwerpunkt S. (Hg.): Sprachlehr- und Sprachlernforschung. Begründung einer Disziplin. Tüb. 1983. – C. Riemer: Individuelle Unterschiede im Fremdsprachenerwerb. Die Wechselwirkung ausgewählter Einflußfaktoren. Baltmannsweiler 1997. – C. Riemer: Zur Relevanz qualitativer Daten in der neueren L2-Motivationsforschung. In: W. Börner/K. Vogel (Hg.): Emotion und Kognition im FU. Tüb. 2004, 35–65. – L. Schmelter: Selbstgesteuertes und potenziell expansives Fremdsprachenlernen im Tandem. Tüb. 2004. – D. Wolff: Fremdsprachenlernen als Konstruktion. Grundlagen für eine konstruktivistische Fremdsprachendidaktik. FfM 2002. FGK

Sprachlerneignung ist die Fähigkeit eines Individuums, eine Fremdsprache zu lernen oder zu erwerben. Es wird angenommen, dass sich diese Fähigkeit durch Bildung, Erfahrung und kognitive Reifung nicht verändert. Das Konzept ist abzukoppeln von Faktoren wie ↗Motivation, Anstrengung, Einstellung, ↗Lernstrategien oder Intelligenz, auch wenn Interaktion zwischen diesen weiteren internen Variablen, S. und Lernerfolg stattfindet. John B. Carroll (1991) hat ursprünglich folgende vier Fähigkeiten in seinem einflussreichen S.s-Modell vorgeschlagen: die Fähigkeiten, auditive Diskriminierungen durchzuführen, grammatische Funktionen zu deuten, grammatische Muster intuitiv zu erkennen und mit fremdsprachlichen Materialien schnell und erfolgreich assoziativ zu lernen. Die Grundlage dieses Modells ist teils linguistisch, teils behavioristisch. In Peter Skehans (2002) Modell werden Aspekte des Konzepts in Verbindung mit sequentiellen Aspekten des Spracherwerbs gebracht, nämlich phonologische ↗Aufmerksamkeit, strukturelle Wahrnehmung (sprachanalytische Fähigkeiten), Kontrolle (Speicherung im und Abruf vom Gedächtnis) und Lexikalisierung. Somit wird das Konzept S. in einem Sprachlernmodell neu konzipiert, und es wird möglich, dass verschiedene Aspekte des Konzepts in unterschiedlicher Stärke bei bestimmten Individuen auftreten. Die Frage bleibt offen, ob das Konzept der S. theoretisch akzeptabel ist. Aus einer Sprachlehrperspektive scheint das ursprüngliche Konzept nicht fruchtbar zu sein, da die Annahme unterschiedlicher Lernfähigkeiten in einer Lerngruppe jedem Bildungssystem zugrundeliegt.

Lit.: J.B. Carroll: Cognitive Abilities in Foreign Language Aptitude. Then and Now. In: T. Parry/C. Stansfield (Hg.): Language Aptitude Reconsidered. Englewood Cliffs 1990, 11–29. – P. Skehan: Theorising and Updating Aptitude. In: P. Robinson (Hg.): Individual Differences and Instructed Language Learning. Amsterdam 2002, 69–93. WE

Sprachlernspiele. Der komplexe und vielschichtige Charakter von Spielen in verschiedenen gesellschaftlichen und institutionellen Kontexten hat dazu geführt, dass der Begriff des Lernspiels kaum eindeutig bestimmt werden kann (vgl. Hansen/Wendt 1990, Kleppin 1980). Für den Kontext des Lernens und Lehrens von Fremdsprachen gilt, dass S. vom Lehrenden mit einer didaktischen Funktion eingesetzt oder vom Lernenden mit der Intention ausgewählt werden, Spiel- und Lerntätigkeit miteinander zu verbinden. Bezeichnungen wie Rollenspiel, Simulation (↗ *Simulation Globale*), szenisches Spiel, freies Spiel, Diskussionsspiel, Gesellschaftsspiel, darstellendes Spiel, Computerspiel (↗Lernsoftware) oder Ratespiel treten ebenfalls in diesem Kontext auf; sie stellen meist besondere Spielformen dar. Eine Klassifikation verschiedener Lernspieltypen wurde zwar immer wieder diskutiert (vgl. z.B. Kilp 2003), doch selbst in vielen Spielesammlungen (vgl. z.B. Oberbeil 1992; Rinvolucri/Davis 1999) sind sie häufig nur dem Spielnamen nach geordnet.

S. sind in vielen Vermittlungsansätzen und -methoden verankert. Einen besonderen Stellenwert nahmen sie zur Zeit des ↗kommunikativen FUs ein (vgl. Dauvillier/Lévy-Hillerich 2004; Klippel 1980). Mittlerweile kann man sie dem Unterrichtsprinzip des ↗aufgabenorientierten Lernens zuordnen; viele der unten aufgeführten Kriterien für S. gelten auch für jegliche Art von Lernaufgaben in Abgrenzung zu ↗Übungen. Notwendige Kriterien für S. können folgendermaßen zusammengefasst werden:

- S. müssen vor allem ein Spielziel haben, nicht nur ein ↗Lernziel.
- Sie müssen so konzipiert sein, dass sie zur Lust an der Erfindung, am Entdecken, am Darstellen und an der konkreten Betätigung anregen.
- Sie müssen einen Spannungsbogen enthalten.
- Sie müssen offen sein, d.h. ihr Ausgang und die konkrete Ausgestaltung dürfen nicht vorgeschrieben werden.
- Sie müssen ihren eigenen Bewertungscharakter haben und die Möglichkeit zur Selbstevaluation bieten.
- Sie können Wettbewerbscharakter haben und müssen dann Gewinn- und Verlierkriterien besitzen; das Spielziel kann aber auch allein durch Kooperation mit anderen zu erreichen sein.
- S. sollten in der Regel nicht von der Lehrkraft bewertet oder benotet werden, sie sind sanktionsfrei. Mittlerweile werden zumindest Rollenspiele jedoch auch im Bereich des Testens und Prüfens eingesetzt.

S. sind in allen Lern- und Unterrichtsphasen (Aufnahme und Verarbeitung neuen Materials, Festigen, Anwenden, Wiederholen), in allen ↗Sozialformen und medienunterstützt (per Video, Internet) einsetzbar. Es besteht eine Bandbreite zwischen lustbetontem, spielorientiertem Selbstzweck und Mittel zum Fremdsprachenlernen. Aufgrund ihres offenen und ambivalenten Charakters sind S. auch interessant für die Förderung von ↗Differenzierung und ↗autonomem Lernen. Obgleich viele Überschneidungen möglich sind, können S. grundsätzlich in folgenden Zielbereichen eingesetzt werden:

- Teilbereiche des sprachlichen Systems (Phonetik/Phonologie, Lexiko-Semantik, Morpho-Syntax, Pragmatik).
- Einzelne Teilkompetenzen bzw. ↗Fertigkeiten (Hören, Sprechen, Lesen, Schreiben, Übersetzen).
- Entwicklung einer positiven Einstellung zur Fremdsprache und zum Unterricht durch Spaß am Spiel oder auch durch Erfolgserlebnisse (Gewinnen eines Spiels, Meistern einer Situation).
- Antizipation von Situationen, in die Lernende in der realen Kommunikation mit Muttersprachler/innen kommen können, Ausprobieren von Handlungsalternativen.
- Kulturelles und landeskundliches Wissen, wofür auch über das Internet zugängliche Spiele für Fremdsprachenlernende geeignet sind (vgl. z.B. http://www.goethe.de/oe/mos/odyssee/deintro.htm).
- Einsatz und Erprobung von Kommunikationsstrategien. Vor allem in Rollenspielen dienen Kommunikationsstrategien dazu, in der fiktiven Situation zurechtzukommen, z.B. durch Gestik/Mimik, Paraphrasierungen, Einsatz anderer Sprachen. Kommunikationsstrategien können durch spezielle Anweisungen elizitiert werden, z.B. durch solche, die in ihrem Herausforderungsgrad oberhalb des aktuellen Leistungstands liegen.
- Einsatz und Erprobung von ↗Lernstrategien. In der Regel führt der Einsatz von Kommunikationsstrategien im Unterricht dazu, dass Lehrende auf die entsprechenden sprachlichen Lücken reagieren können oder sogar direkt von den Lernenden zu Rate gezogen werden. Dadurch können sich Kommunikationsstrategien gleichzeitig auch zu Lernstrategien entwickeln, die grundsätzlich verwendet werden (z.B. gezieltes *code switching* oder konkrete Lernerfragen).

- Selbständigkeit und Selbststeuerung des Lerners bzw. der Lernerin. Die Lehrerrolle verändert sich in S.n: Die Lehrperson wird als Helfer/in benötigt und reagiert auf Fragen und Bitten um Hilfen oder um (Vorab-) Korrekturen.
- Kooperation mit anderen. SuS lernen in S.n, die z.B. in Parallelgruppen (auch über das Internet) realisiert werden, mit- und voneinander. Durch ein gemeinsames Erfolgserlebnis in der Gruppe kann auch das Selbstbild des Einzelnen positiv beeinflusst werden.
- Rollenflexibilität und Empathiefähigkeit durch Übernahme unterschiedlicher Rollen, was z.B. für ↗ interkulturelles Lernen und interkulturelle Kommunikation unabdingbar ist.
- Lernen mit allen Sinnen (↗ Ganzheitliches Lernen) durch Einbeziehung des gesamten Körpers und ↗ nonverbaler Kommunikation in die Spielhandlung.

Bei der Durchführung von S.n sollte darauf geachtet werden, dass die Spielanweisung, um selbstbestimmtes Lernen zu fördern, transparent machen sollte, welche Ziele mit dem Spiel verbunden werden können; denn Lernende wissen selbst dann, wenn ihre Aufmerksamkeit von einem Spiel absorbiert wird, dass sie sich in einer Lernsituation befinden. Sie werden die Spielsituation nicht weniger genießen, wenn zusätzlich zu erwarten ist, dass sie in dieser Situation etwas hinzulernen können.

Für die Durchführung von S.n sind von der Lehrkraft und den Lernenden Entscheidungen zu treffen, wie z.B., wer eine Spielleiterfunktion übernimmt, welche Hilfen von der Lehrkraft eingefordert werden können oder ob die Lehrkraft als Mitspieler/in fungiert. Es ist zu überlegen, ob eine Verschriftlichung z.B. eines Dialogs sinnvoll ist oder ob ein spontanes Spiel entstehen kann, ferner welchen Wert die Spieler/innen auf die Korrektheit der Sprache legen möchten und wie sie ↗ Korrekturen der Lehrkraft einfordern wollen. Wichtig ist außerdem, darauf zu achten, dass z.B. bei Wettbewerbsspielen nicht sprachlich Schwächere immer zuerst ausscheiden, sondern dass der Zufall oder auch das Können auf anderen als sprachlichen Gebieten den Spielausgang beeinflussen können. Nach der Durchführung ist eine Nachbereitungsphase

(z.B. Umformung eines Rollenspiels in eine schriftliche Erzählung) als Weiterführung des Spiels möglich. Auch eine Korrekturphase mit Übungsmaterialien zu häufig aufgetretenen ↗ Fehlern ist denkbar. Selbst in einer solchen Korrekturphase können wiederum S. eingesetzt werden, wie z.B. ein Wettbewerb, welche Gruppe die meisten Fehlerursachen identifizieren kann.

Arbeits- und Übungsformen sind abhängig von Lernerfaktoren wie Alter, Lernstufe und Spielerfahrung, von Gruppengröße und -zusammensetzung sowie vom gewählten Spiel. S. haben eine Reihe von Vorteilen und sind flexibel einsetzbar. Sie können ihr Anregungspotenzial allerdings nur dann entfalten, wenn sie nicht als reine ›Motivierungstechnik‹ eingesetzt werden, sondern wenn sie aufgrund ihres Spielziels und ihrer – möglicherweise auch von den Lernenden gewünschten – Zielorientierung, ihrer Thematik, ihres Tätigkeitsfeldes oder ihres Spannungsbogens zum Mitspielen einladen.

Lit.: C. Dauvillier/D. Lévy-Hillerich: Spiele im Deutschunterricht. Bln u.a. 2004. – M. Hansen/M. Wendt: S. Grundlagen und annotierte Auswahlbibliographie unter besonderer Berücksichtigung des Französischunterrichts. Tüb. 1990. – E. Kilp: Spiele für den FU. Aspekte einer Spielandragogik. Tüb. 2003. – K. Kleppin: Das Sprachlernspiel im FU. Untersuchungen zum Lehrer- und Lernerverhalten in S.n. Tüb. 1980. – F. Klippel: Lernspiele im Englischunterricht. Mit 50 Spielvorschlägen. Paderborn 1980. – M. Oberbeil: Living Classes. Vergnüglicher Englischunterricht. 999 Spiele, Übungen, Kopiervorlagen und Tips für den Englischlehrer. Mü. 1992. – M. Rinvolucri/P. Davis (Hg.): 66 Grammatikspiele (für Deutsch als Fremdsprache, Englisch, Französisch). Stgt/Dresden 1999.

KK

Sprachmittlung. Der Begriff ›S.‹ stellt in der Fremdsprachendidaktik eine Art Sammelbegriff dar, der das Übersetzen und Dolmetschen ebenso umfasst wie das sinngemäße Übertragen. Er ist einerseits aus der Betrachtung übersetzungswissenschaftlicher Forschung entstanden (vgl. z.B. Jäger 1975), findet sich in jüngerer Zeit aber auch verstärkt im Kontext des Lehrens und Lernens fremder Sprachen (z.B. im ↗ Gemeinsamen europäischen Referenzrahmen). Der Bedeutungsgehalt ist in beiden Kontexten allerdings unterschiedlich: Wird der Begriff im erstgenannten Fall als Oberbegriff für vorlagengebundenes Übersetzen und Dolmetschen verwendet, so bedeutet er in der Fremdsprachendidaktik darüber hinaus auch die nicht textgebundene Form der Übertragung von Inhalten von einer Sprache in eine andere. Bisweilen findet man den Begriff ›Sprachmediation‹. Dieser Begriff ist irreführend, denn der Terminus ›Mediation‹ bezeichnet eigentlich die Konfliktvermeidung bzw. -behebung; er sollte daher im Zusammenhang mit dem Sprachmitteln keine Anwendung finden.

In der Geschichte der Fremdsprachendidaktik hat das Übersetzen eine wechselvolle Geschichte hinter sich; das Dolmetschen ist demgegenüber seltener Gegenstand der Betrachtung gewesen. Die Kritik am Übersetzen und am Einsatz von Übersetzungsübungen (↗Übung) im FU hat mehrere Ursachen und geht auf durchaus unterschiedliche Ansätze zurück: Von der Übersetzungswissenschaft wurde eingewandt, dass die Übertragung von Einzelsätzen kein Übersetzen im Sinne der Übersetzungswissenschaft sei, die Übersetzen als vorlagengebundene Übertragung von Texten versteht. Und mit dieser Form der S. sei der FU aus mehreren Gründen überfordert. Die kritischen Stimmen aus der Fremdsprachendidaktik resultieren aus einer – jahrzehntelang gewachsenen – Skepsis gegenüber dem Einsatz der Muttersprache und bemängeln dabei u.a., dass es zur Bewusstmachung (↗Bewusstheit/Bewusstmachung) fremdsprachiger Strukturen geeignetere Wege als den Vergleich mit der Muttersprache gebe, der die Gefahr eines negativen ↗Transfers erhöhe. Außerdem seien SuS im FU mit der Übersetzung in die Fremdsprache (Hinübersetzung) überfordert; die Übersetzung aus der Fremdsprache (Herübersetzung) könne zwar zur Überprüfung des Textverständnisses durchaus Bedeutung erlangen, aber auch da gebe es Alternativen, die didaktisch mindestens ebenso geeignet seien. Als Testform (↗Tests) sei das Übersetzen – wiewohl in einigen Bundesländern in der Schule und in philologischen Studiengängen häufig praktiziert – insofern ungeeignet, als es nicht wie beabsichtigt die fremdsprachliche, sondern vielmehr die translatorische Kompetenz abprüfe, die mit der ersten jedoch keineswegs identisch ist. Selbst Befürworter des Einsatzes der Übersetzung im FU (vgl. Weller 1991) kritisieren die Form, in der sich z.B. in fremdsprachlichen ↗Lehrwerken Übersetzungsübungen finden. Diese bestünden allzu häufig aus Einzel-

sätzen, die bisweilen zudem noch in enger Anlehnung an Lektionstexte geschrieben seien und damit keine wirkliche kommunikative Funktion besäßen. Befürworter des Einsatzes von Übersetzen betonen dagegen, dass die Muttersprache bei der Aneignung einer fremden Sprache gar nicht auszuschalten sei (vgl. z.B. Butzkamm 2004) und dass von daher der Einsatz von Übersetzungen durchaus lernfördernd sei, weil er zur bewusstmachenden Durchdringung der fremdsprachlichen Struktur beitrage. Vor allem sei S. ein natürlicher Bestandteil der außerunterrichtlichen Interaktion, wenn z.B. zwischen Kommunikationspartnern ›gemittelt‹ werden müsse, die nicht über eine gemeinsame Sprache verfügen. S. sei von daher notwendiger Bestandteil einer umfassenden fremdsprachlichen ↗kommunikativen Kompetenz, wobei die Vorlagengebundenheit je nach Situation und Kommunikationsziel in ihrer Bedeutung abnehmen könne, da es um das Mitteln von Inhalten gehe und nicht zwangsläufig um die Schaffung eines textuellen Äquivalents (zu einer Zusammenstellung der Gründe für und wider das Übersetzen vgl. Königs 2001). Der Gemeinsame europäische Referenzrahmen hat vor diesem Hintergrund die S. in die Beschreibung der unterschiedlichen fremdsprachlichen Niveaustufen integriert und als wichtiges Element der fremdsprachlichen Kompetenz in seine Beschreibung von Zielen, Inhalten und Methoden des FUs integriert. Gegenüber der auch aus traditioneller fremdsprachendidaktischer Sicht notwendigen Differenzierung zwischen dem (schriftlichen) Übersetzen und dem (mündlichen) Dolmetschen, das allerdings seltener in didaktische Konzepte eingemündet ist als das Übersetzen, gibt der Begriff der S. diese den Produktionsmodus betreffende Unterscheidung weitgehend auf und stellt stattdessen den kommunikativen Gehalt bei der Übermittlung von Inhalten aus einer Sprache in eine andere in den Mittelpunkt.

Neuere fremdsprachliche Lehrwerke öffnen sich gegenüber der S. deutlicher und nachhaltiger, als dies in vorangehenden Lehrwerkgenerationen der Fall war. Als Beispiel dient die folgende Aufgabe aus dem Lehrwerk *English 2000 A5* (Workbook, S. 4): »Tom is a British student with you. He hasn't studied German and your father doesn't speak English. Complete the conversation. If you don't know a word, don't look it up, but paraphrase.« In einigen Fällen wird auf die Situation von Lernenden mit einer anderen Muttersprache Bezug genommen, z. B. bei Aufgabenstellungen wie der folgenden: »Make a brochure about the area YOU live in. [...] Remember you want people from foreign countries to come and see these places. So write your brochure in at least two languages: English and German, French, Italian, Turkish, Polish....« (*Notting Hill Gate Textbook 4B*, S. 49). Ziel ist dabei neben der Textproduktion und dem sprachmittlerischen Handeln auch die Reflexion über die strukturellen Merkmale der anvisierten Textsorte. Aufgabenstellungen wie diese unterstreichen ein Charakteristikum der integrativen S.saufgaben, die sich u. a. dadurch auszeichnen, dass in ihnen gezielt, systematisch und realitäts- sowie situationsbezogen unterschiedliche ↗Fertigkeiten aufgabenorientiert miteinander verzahnt werden (↗Aufgabenorientiertes Lernen), wie es in der außerschulischen Sprachverwendung üblich ist. Damit lässt sich die S. auch im Kontext der ↗Mehrsprachigkeitsdidaktik als wichtige, den vorhandenen Sprachbesitz der Lernenden aufgreifende Aufgaben- und Übungsform einsetzen.

Aus der wissenschaftlichen empirischen Beschäftigung mit lernerseitigem Verhalten beim Übersetzen sind für die Forschung Impulse entstanden und zahlreiche Hinweise darüber erwachsen, welche mentalen Aktivitäten Lernende vollziehen, wenn sie mit Übersetzen konfrontiert sind und welche möglichen Effekte für die Fremdsprachenaneignung daraus zu erwarten sind (vgl. z. B. Krings 1986, Königs 1987).

Lit.: W. Butzkamm: Lust zum Lehren, Lust zum Lernen. Eine neue Methodik für den FU. Tüb./Basel 2004. – G. Jäger: Translation und Translationslinguistik. Halle 1975. – F.G. Königs: Was beim Übersetzen passiert. Theoretische Aspekte, empirische Befunde und praktische Konsequenzen. In: Die Neueren Sprachen 86/2 (1987), 162–185. – F.G. Königs: Übersetzen im FU. Theoretische Erwägungen und praktische Anregungen. In: U.O.H. Jung (Hg.): Praktische Handreichung für Fremdsprachenlehrer. FfM ³2001 [1992], 95–101. – P. Krings: Was in den Köpfen von Übersetzern vorgeht. Eine empirische Untersuchung zur Struktur des Übersetzungsprozesses an fortgeschrittenen Französischlernern. Tüb. 1986. – F.-R. Weller: Vom Elend schulischer Übersetzungslehre. Anmerkungen zur Rolle der Übersetzung in den neuen Lehrwerken für den Französischunterricht. In: Die Neueren Sprachen 90/5 (1991), 497–523.   FGK

Sprachwissenschaft oder das Synonym ›Linguistik‹ bezeichnet allgemein die wissenschaftliche Beschäftigung mit Sprache, die von sehr verschiedenen Perspektiven und mit unterschiedlichen Zielen vollzogen werden kann und daher zu einer Reihe von Teil- bzw. Unterdisziplinen geführt hat. S. versucht, die beiden folgenden Fragen zu beantworten, nämlich »Was ist Sprache?« und »Wie funktioniert Sprache?« S. ist nicht präskriptiv, sondern deskriptiv, d. h., linguistische Forschung beschreibt, was tatsächlich gesprochen (bzw. geschrieben) wird, und nicht, was gesprochen werden sollte. In der Wissenschaft und in der Literatur gehen die Meinungen über die Einteilung des Gebietes der S. in Anbetracht unterschiedlicher Schwerpunktsetzungen und unterschiedlicher Auffassung über den Gegenstandsbereich Sprache auseinander. Im Alltagsgebrauch wird Sprache sowohl als ein Gegenstand der ↗Kommunikation betrachtet, der die Menschen von anderen Lebewesen unterscheidet und ihnen ermöglicht, eine spezifische Sprache zu lernen und zu sprechen, als auch als Einzelsprache, wie sie in einer Sprachgemeinschaft verwendet wird, wie z. B. Deutsch oder Französisch. Während wie im englischen Wort *language* beide Bedeutungen zusammenfallen, gibt es in den romanischen Sprachen unterschiedliche Bezeichnungen, wie z. B. im Italienischen *lingua* für eine Einzelsprache und *linguaggio* für Sprache im Allgemeinen. Für die wissenschaftliche Definition von Sprache lassen sich je nach wissenschaftlichem Standort verschiedene Auffassungen über Sprache anführen, wie z. B. »ein Zeichensystem zur (menschlichen) Kommunikation« (Edward Sapir), »die Gesamtheit aller möglichen Äußerungen in einer Sprachgemeinschaft« (Leonard Bloomfield), »eine (endliche oder unendliche) Menge [*set*, math.] von Sätzen« (Noam Chomsky), »eine Aktivität, die aus Sprechen, Hören, Schreiben und Lesen besteht« (Michael Halliday). Eine kompakte Definition liefern William O'Grady et al. (1997, 13 f.): »Human language is characterized by *creativity*. Speakers of a language have access to a *grammar*, a mental system that allows them to form and interpret familiar and novel utterances. The grammar governs the articulation, perception, and patterning of speech sounds, the formation of words and sentences, and the interpretation of utterances. All languages have grammars that are equal in their expressive capacity, and all speakers of a language have (subconscious) knowledge of its grammar. The existence of such linguistic systems in humans is the product of unique anatomical and cognitive specialization.«

Die historische Entwicklung der modernen S. begann am Anfang des 20. Jh.s mit der Entwicklung des Strukturalismus (Ferdinand de Saussure), der sich auf Segmentierung, Klassifizierung und Beschreibung von Sprachdaten stützte und vor allem in der Tschechoslowakei mit Zentrum Prag, Russland und Frankreich etabliert wurde und in den 1940er und 1950er Jahren insbesondere auch in den USA aufblühte. Ende der 1950er Jahre setzte als Reaktion auf den amerikanischen Strukturalismus und auf den Behaviorismus (in der Psychologie), der sich auf beobachtbares Verhalten konzentrierte, eine kognitive Wende ein. In den 1960er und 1970er Jahren führte insbesondere die durch Chomsky eingeleitete Entwicklung der generativen Transformationsgrammatik bis hin zur Universalen Grammatik mit der Annahme einer zugrunde liegenden Kompetenzebene, der *Innateness-Hypothesis* und dem Konzept des Universalismus zu einer veränderten Ausrichtung der Linguistik. Als Ergänzung und Gegenpol zur generativen Grammatik im Sinne Chomskys, die von einer sprachspezifischen

menschlichen Kognition ausgeht, also annimmt, dass ein spezieller Teil des Gehirns mit besonderen Strukturen nur und ausschließlich für Sprache zuständig ist (vgl. Aarts 2008), entwickelte sich in der kognitiven Linguistik die allgemein kognitive Richtung, die sprachliche Prozesse und sprachliches Wissen mit den gleichen Mechanismen und Prinzipien erklären will, wie andere menschliche Kognitionsbereiche (logisches Denken usw.) (vgl. Ungerer/Schmid 2006). Durch die Weiterentwicklung funktionalistischer Ansätze von Halliday wird die kognitive Perspektive durch eine soziale ergänzt, die den Sprachgebrauch und nicht die Sprachform oder die mentalen Strukturen bei ⟋Spracherwerb, -gebrauch und -verlust im Auge hat.

Im Folgenden wird eine systematische Beschreibung der S. mit ihren Teildisziplinen bzw. Unterteilungen vorgenommen, die insbesondere für die Bereiche der Philologien, der ⟋Sprachlehr- und -lernforschung und der Fremdsprachendidaktik in Theorie und Praxis von Bedeutung sind. (1) Die erste systematische Einteilung in der S. unterscheidet zwei unterschiedliche Herangehensweisen, nämlich die synchrone S. und die diachrone bzw. historische S. (s. Abb. unten). In der synchronen S. wird eine syntagmatische Herangehensweise an Sprache vollzogen, d.h., alle sprachwissenschaftlichen Fragestellungen und Untersuchungen beziehen sich

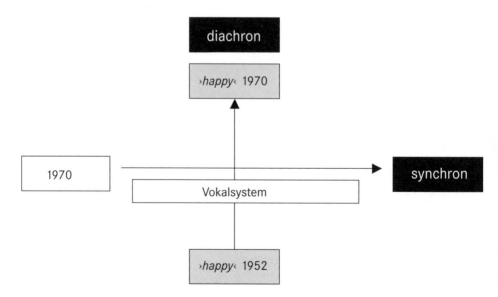

auf einen festen Zeitpunkt, der heute sein kann oder z.B. zur Zeit Shakespeares stattfand. Dabei können die Fragestellungen sehr heterogen sein, von Fragen wie: Welches Englisch wird heute in der BBC gesprochen? Welches morphologische System bestimmte das Italienische in 19. Jh.? Wie werden Tempus und Aspekt im Russischen realisiert? bis hin zu: Welche Verteilung der Sprachen im Internet kann heute beschrieben werden? In der synchronen S. wird also ein Querschnitt durch die zu untersuchende Sprache bzw. Sprachen zu einem festen Zeitpunkt vorgenommen, wobei mögliche Veränderungsprozesse vor oder nach dieser Zeit nicht in die Fragestellung bzw. Untersuchung eingehen. In der diachronen S. geht demgegenüber der Zeitfaktor in die paradigmatische Vorgehensweise ein, d.h., einzelne herausgegriffene sprachliche Phänomene werden in ihrem historischen Verlauf untersucht. Dabei wird z.B. beantwortet, wie sich der Vokal /æ/ in dem Wort ›happy‹ in der Aussprache der Queen in den Weihnachtsansprachen von 1952 bis heute verändert hat (vgl. Harrington 2006).

(2) Die zweite grundlegende traditionelle Unterteilung der S. führt zu den beiden folgenden Teilbereichen: Theoretische oder Allgemeine Linguistik (engl. *theoretical linguistics*) und Angewandte Linguistik (engl. *applied linguistics*). Während sich die Theoretische Linguistik mit der Analyse der sprachlichen Ebenen beschäftigt, widmet sich die Angewandte Linguistik den Gebieten, in denen der Bereich ›Sprache‹ und die Anwendung auf andere Bereiche im Fokus stehen bzw. dieses Zusammentreffen analysiert wird. Beide Bereiche können sprachübergreifende Fragen aufnehmen (z.B. nach universalen Prinzipien suchen) bzw. sich auf einzelne Sprachen bzw. Sprachfamilien konzentrieren und dann als Englische S., Romanische S. usw. bezeichnet werden. Die klassischen Bereiche der theoretischen Linguistik umfassen folgende Teildisziplinen: Phonologie,

Morphologie, Syntax, Semantik und Pragmatik (s. Abb. unten). Jede Teildisziplin untersucht Sprache auf verschiedenen Ebenen: Die Phonologie beschäftigt sich auf der segmentalen Ebene sowohl mit den Lauten als Einheiten im System einer Sprache (Phoneme = kleinste bedeutungsunterscheidende Einheiten) als auch mit der Beschreibung der Realisierungen dieser Laute (Phone) im phonetischen Teilbereich der Phonologie. Auf der suprasegmentalen Ebene wird die Bedeutung von Intonation, also Wort- und Satzakzent, Rhythmus, Sprechmelodie (Prosodie) untersucht. Die nächst ›höhere‹ sprachliche Ebene – nämlich die Wortformen – steht im Mittelpunkt der Untersuchungen in der Morphologie. Hier werden Wörter in ihre Bestandteile segmentiert (das Ergebnis sind Morphe), die dann je nach ihrer Bedeutung klassifiziert werden (Morpheme = kleinste bedeutungtragende Elemente). Die beiden Methoden der Klassifizierung und Segmentierung charakterisieren das Methoden- und Forschungsprogramm des Strukturalismus. Die Syntax (auch Satzlehre genannt) widmet sich der Behandlung von Mustern und Regeln, nach denen Wörter zu größeren formalen Einheiten wie Phrasen und Sätzen zusammengestellt und Beziehungen und Abhängigkeit zwischen diesen formuliert werden. Auf der funktionalen Ebene werden Wörtern Funktionen zugeordnet (Wortklassen), während Phrasen auf die größeren funktionalen Einheiten wie Subjekt, Prädikat, Objekt usw. abgebildet werden (strukturalistischer Ansatz). Im deutschen (Schul-)Sprachgebrauch wird für die Kombination der beiden Bereiche Morphologie und Syntax häufig der Begriff ›Grammatik‹ verwendet, während in der theoretischen Linguistik insbesondere in dem nativistischen Ansatz von Chomsky mit *grammar* die Kombination aus Phonologie, Syntax und Semantik bezeichnet wird, deren Grundprinzipien allen Menschen und nur den Menschen angeboren sind (*generative grammar*

Bereich	Phonologie	Morphologie	Syntax	Semantik	Pragmatik
Inhalt	Sprachlaute: einzeln und zusammenhängend	Bestandteile eines Wortes	Phrasen und Sätze	Wort- und Satzbedeutung	Bedeutung im Kontext

bzw. *universal grammar*). Die Modelle in der Syntaxforschung stehen seit vielen Jahrzehnten in Konkurrenz und umfassen neben den strukturalistisch geprägten traditionellen Ansätzen der Schulgrammatik und den universalistischen Prinzipien der generativen Grammatik auch allgemein kognitive und funktionale Ansätze. Auf der Ebene der Semantik (Bedeutungslehre) steht die Zuordnung Form → Bedeutung im Mittelpunkt der Wissenschaft, d. h., die sprachlichen Zeichen werden auf der Wortebene (lexikalische Semantik) bzw. Satzebene (Satzsemantik) auf ihre Bedeutung hin untersucht. Grundanliegen der lexikalischen Semantik sind Bedeutungen von Wortteilen, Wörtern, Zusammensetzungen von Wörtern, Stellungen in Wortfeldern und Bedeutungsbeziehungen zwischen Wörtern mit z. B. gegenteiliger Bedeutung (Antonymie), mit gleicher Aussprache und verschiedener Bedeutung (Homophonie), mit gleicher Schreibung und unterschiedlicher Bedeutung (Homographie) und mit unterschiedlichen Formen und gleicher Bedeutung (Synonymie). Während es bei der Semantik darum geht, was gesagt wird, steht bei der Pragmatik eher das Wie im Mittelpunkt des Interesses: Nicht was gesagt, sondern was gemeint ist, wird hier untersucht. Wenn in einem Londoner Doppeldeckerbus eine Reisende steht und der Busfahrer sagt: »You *may* sit down«, so meint er keinesfalls, dass es eine echte Option gibt zu stehen oder zu sitzen. Vielmehr bedeutet es: »You *must* sit down!«, aber seine sprachliche und kulturelle Eingebundenheit und damit seine Höflichkeitserziehung erlauben es ihm nicht, diese direkte Anweisung auch direkt zu formulieren. Zu den bekanntesten Ansätzen gehören neben der Höflichkeitstheorie (Vertreter sind z. B. Stephen Levinson und Geoffrey Leech), die Sprechakttheorie von John Austin und John Searle und die Konversationsmaxime von Paul Grice.

In der Angewandten S. wird die Linguistik interdisziplinär in ihrer Wirkung auf oder im Zusammenspiel mit anderen Disziplinen betrachtet und arbeitet an sog. *real-world problems*, an denen Sprache beteiligt ist – am Individuum, in Gesellschaft, Politik und Wirtschaft. Die wissenschaftlichen Fragestellungen können ebenfalls synchron oder diachron ausgerichtet sein. Die Anzahl der Bereiche, in denen die Sprache eine erhebliche Rolle spielt, hat in den letzten Jahren ständig zugenommen, so dass

hier nur eine Auswahl an Gebieten und Disziplinen gegeben werden kann. Eine der grundsätzlichen Unterteilungen liefert das Zusammenspiel von Sprache und Gehirn (Kognitive Linguistik, Psycholinguistik, Neurolinguistik, Patholinguistik), von Sprache und Gesellschaft (Soziolinguistik, Sprachenpolitik, Interkulturelle Kommunikation), von Sprache und Computer (Computerlinguistik, Korpuslinguistik) und von Sprache und Lehren bzw. Lernen (Lehr- und Lernforschung, ↗Sprachdidaktik). Die Kognitive Linguistik wird hier als angewandt verstanden, da sie die Bereiche Sprache und Gehirn untersucht, obwohl sie auch in dem Bereich der theoretischen Linguistik einen Platz hat, da sie als Oberbegriff und Folge der kognitiven Wende die Systemhaftigkeit von Sprache untersucht. In der Angewandten S. werden so unterschiedliche Fragen gestellt wie: Wie kommt es, dass Kinder mit sehr unterschiedlichen Muttersprachen eine sehr vergleichbare Reihenfolge von Strukturen erwerben? Kann Sprachverlust nach einem Unfall reversibel sein? Unterscheidet sich der Gebrauch von Englisch als *lingua franca* in einem deutschen Unternehmen von der Verwendung in Italien? Sprechen Frauen mehr als Männer? Verfällt die deutsche Sprache durch die Zunahme von Anglizismen? Ist Katalanisch eine regionale Varietät des kastilischen Spanisch? Wie kann ein/e Sprecher/in einer lautlichen Produktion eindeutig zugeordnet werden? Wird im amerikanischen Englisch die Zeit *past tense* häufiger verwendet als im britischen Englisch? Warum sprechen SuS nicht das nach, was Lehrende vorsprechen? Die Tabelle auf der nächsten Seite liefert eine Übersicht.

Bei der Ein- und Zuteilung gibt es allerdings in der Wissenschaft sehr unterschiedliche Vorgehensweisen, z. B. werden die Psycholinguistik und die Spracherwerbsforschung häufig als Unterbereiche der kognitiven Linguistik aufgefasst. Letztlich spielen diese Zuordnungen keine Rolle, denn es geht um die Gesamtbedeutung von Sprache in unserer Welt, die von der Angewandten S. erforscht wird.

Lit.: B. Aarts: English Syntax and Argumentation. Ldn ³2008 [1997]. – J. Aitchison: Linguistics. An Introduction. Ldn 1995. – H.D. Brown: Principles of Language Learning and Teaching. Oxford ⁵2007 [1980]. – H. Glück (Hg.): Metzler Lexikon Sprache. Stgt/Weimar ⁴2010 [1993]. – M.A.K Halliday/A. McIntosh/P. Strevens: The Linguistic Sciences and Language

Sprache plus Bereich	Teilbereiche und Aufgabengebiete
Sprache und Gehirn	*Psycholinguistik/Sprachpsychologie*: Erwerb von Sprache, Produktion von Sprache, Verständnis von Sprache, Verlust von Sprache *Kognitive Linguistik*: Sprache und Denken *Neurolinguistik*: Verarbeitung von Sprache und neuronale Strukturen *Patholinguistik*: Probleme bei Produktion, Perzeption und Verarbeitung
Sprache und Gesellschaft	*Soziolinguistik* *Varietätenlinguistik*: Regionale (Dialekte) vs. soziale Varietäten (Soziolekte) *Sprachenpolitik/Forensische Linguistik*: Sprache, Gesetz und Verbrechen *Interkulturelle Kommunikation*
Sprache und Computer	*Computerlinguistik*: Spracherkennung, Künstliche Intelligenz, Computersprachen, Mensch-Computer-Interaktion *Korpuslinguistik*: Theorie und Gebrauch von Sprache durch Textkorpora
Sprache und Lehren/ Lernen	*Sprachlehr- und -lernforschung*: Verhalten von Sprachlehrenden und -lernenden, Sprachlern- und -lehrprozesse *Sprachdidaktik*: Interaktion von Inhalten, Personen und Prozessen im Sprachunterricht

Teaching. Ldn 1964. – J. Harrington: An Acoustic Analysis of ›Happy-Tensing‹ in the Queen's Christmas Broadcasts. In: Journal of Phonetics 34 (2006), 439–457. – R. Kaplan (Hg.): The Oxford Handbook of Applied Linguistics. Oxford 2002. – S.C. Levinson: Pragmatik. Tüb. ³2000 [1994]. – W. O'Grady/M. Dobrovolsky/F. Katamba: Contemporary Linguistics. An Introduction. Ldn u.a. ³1997 [1987]. – A. Stein: Einführung in die französische S. Stgt/Weimar ³2010 [1998]. – F. Ungerer/H.-J. Schmid: An Introduction to Cognitive Linguistics (Learning about Language). Ldn ²2006 [1996].   AnH

Sprachzertifikate ↗ Zertifikate

Sprechen. Im Zusammenhang mit der Förderung der ↗ kommunikativen Kompetenz als übergeordnetem Ziel heutigen FUs kommt der Fertigkeit des S.s eine besondere Rolle zu. Das Primat des Mündlichen (↗ Mündlichkeit und Schriftlichkeit) wurde insbesondere seit der ›pragmatischen Wende‹ in den 1970er Jahren stark betont und führt zu Beginn des 21. Jh.s im Kontext der ↗ DESI-Studie zu neuen didaktisch-methodischen Reflexionen. Eine fremde Sprache sprechen zu können, wird häufig als zentrales Ziel des FUs bezeichnet und ist dennoch als eine der sog. produktiven ↗ Fertigkeiten unter den Bedingungen institutionalisierten FUs nicht immer leicht umsetzbar. Sprech- und Handlungsrollen im Klassenzimmer sind häufig nicht identisch mit außerschulischen Kommunikationssituationen (vgl. Doff/Klippel 2007, 92) und durch pädagogische und institutionelle Zwänge des Unterrichts eingeschränkt. Insbesondere spontanes fremdsprachliches S. in authentischen (↗ Authentizität) interaktiven Kommunikationssituationen ist im schulischen Kontext nur schwer simulierbar.

Sprachliche Handlungskompetenz darf sich nicht auf die Realisierung einzelner Sprechabsichten und die Beherrschung geeigneter Redemittel beschränken (vgl. Vollmer 1998, 237), sondern muss die Dynamik von Interaktionen einschließen. Die in der Praxis immer noch häufig zu beobachtende Dominanz des Schriftlichen gegenüber dem Mündlichen im FU ist nicht nur hinsichtlich einer Gleichgewichtung der vier Fertigkeiten ↗ Hörverstehen, S., ↗ Leseverstehen und ↗ Schreiben in den aktuellen Referenzwerken modernen FUs – ↗ Gemeinsamer europäischer Referenzrahmen (GeR), KMK-Bildungsstandards (↗ Standards) – zu bemängeln. Sprache wird zu 95 % gesprochen und nur zu 5 % geschrieben, und im späteren beruflichen Kontext der heutigen Lernenden spielt mündliche Fremdsprachenkompetenz häufig eine dominierende Rolle. Die mentalen Prozesse, die bei mündlicher und schriftlicher Sprachproduktion ablaufen, sind zudem sehr unterschiedlich.

Mündliche Sprachproduktion lässt sich aufgrund der spezifischen Kommunikationssituation – sei es in monologischer, dialogischer oder Gruppenkommunikation – nicht mit der individuell leichter planbaren und zeitlich verzögerbaren schriftlichen Sprachproduktion vergleichen. S. ist zudem an bestimmte Gesprächskonventionen geknüpft (z.B. *turn-taking*), erfordert kommunikative Spontaneität mit Blick auf unvorhergesehene verbale Äußerungen und steht daher im engen Zusammenhang mit fremdsprachlichem Hörverstehen. S. ist aber ebenfalls mit suprasegmentalen Elementen (Prosodie, Sprechgeschwindigkeit, Lautstärke) und nonverbalen Äußerungen (Gestik, Mimik) verbunden (↗Nonverbale Kommunikation). Besonderheiten gesprochener Sprache, die für die Schulung des fremdsprachlichen S.s nicht außer Acht gelassen werden dürfen, umfassen u.a. Füllwörter (z.B. engl. *well, erm*), *contracted forms* (*You've...where's*) oder *discourse markers* (*okay, I see*), deren Kenntnis für die meisten dialogischen Kommunikationssituationen unerlässlich ist (vgl. Taubenböck 2007, 4).

Fremdsprachliches S. im Sinne einer interaktiven Gesprächsfähigkeit bzw. allgemeinen sprachlichen Handlungskompetenz kann mit Wolfgang Pauels (2007, 302) als das Vermögen der Lernenden definiert werden, »Äußerungen adressatengerecht im sozialen Interaktionsprozess so zu verwenden, dass eine Verständigung gewährleistet ist«. Nicht nur die Adressatenangemessenheit und der Ausdruck eigener Bedürfnisse spielen hier eine zentrale Rolle, sondern ebenso die Fähigkeit, sowohl eine initiierende als auch eine reagierende Sprecherrolle einzunehmen. Der Sprung zur freien Gesprächsführung setzt die Bereitschaft voraus, sich auf längere, »von mehrfachem Sprecherwechsel geprägte Gesprächssequenzen einzulassen, zum anderen die Vermittlung und Übung wesentlicher Merkmale der Interaktionsstruktur von Gesprächen« (Vollmer 1998, 246).

Bei der Sprachproduktion im Kompetenzbereich S. ist die Phase der Makroplanung, bei der Planungen über den Inhalt mit Überlegungen zur Redeorganisation verbunden werden, zu unterscheiden von der Phase der Mikroplanung, bei der Wörter und lexikalische Strukturen aus dem ↗mentalen Lexikon abgerufen werden. Schließlich wird in einer Phase der Formulierung die mündliche Umsetzung der Sprechabsicht konkret realisiert (vgl. Levelt 1989). Lernende werden dabei vor besondere sprachliche und psychologische Herausforderungen gestellt, die in den Bereichen ↗Aussprache, Satzbau (↗Grammatik und Grammatikvermittlung), Wahl der Lexik (↗Wortschatz und Wortschatzvermittlung) unter Berücksichtigung der Kommunikationssituation zu komplexen und gleichzeitig auch spontanen Entscheidungen führen (vgl. Leupold 2009, 91 f.).

Einerseits setzt dies bei Lernenden die Bereitschaft und den Willen voraus, sich aktiv am unterrichtlichen Handeln zu beteiligen (vgl. Hohmann 2006, 152). Diese Bereitschaft sollte durch methodisch geschickt gesteuerte Impulse, durch eine kommunikationsfreundliche und motivierende Situation (↗Motivation) sowie lernerorientierte, aktivierende Verfahren (↗Lernerorientierung, ↗Aktivierung) unterstützt werden. Andererseits muss auch berücksichtigt werden, dass Lernende im FU häufig eine Diskrepanz zwischen ihrer Kommunikationsabsicht und ihrem eingeschränkten Ausdrucksvermögen in der Fremdsprache empfinden. Eine Reihe von didaktisch-methodischen Schlussfolgerungen lässt sich daraus ableiten. So ist es ratsam, die Frustrationstoleranz der Lernenden mit Blick auf diese Diskrepanz zu verbessern, damit unrealistische Zielvorstellungen von flüssigem S. vermieden werden. Heinz-Otto Hohmann spricht in diesem Zusammenhang vom Bewusstsein einer *normal non-fluency*, der Einsicht in eine gewisse Unvollkommenheit spontaner (fremd)sprachlicher Kommunikation (vgl. ebd., 153).

Die beständige Arbeit am Wortschatz und die Entwicklung der mündlichen Sprechfertigkeit sollten miteinander verbunden sein. Insbesondere die lexikalisch-idiomatische Arbeit mit Satzeinheiten, die kommunikativ flexibel verwendbare Wendungen und Konstruktionen für die mündliche Sprachanwendung bereitstellen, spielt eine wichtige Rolle, da die lexikalische Routinisierung zur Entlastung der Lernenden im Prozess der mündlichen Sprachproduktion beitragen kann. Zur Verbesserung der Sprechbereitschaft der Lernenden können weitere didaktisch-methodische Maßnahmen beitragen, z.B. die Entwicklung eines aktiven Gesprächsverhaltens, das wegführt von schnellen Frage-Antwort-Abfolgen im ↗Unterrichtsgespräch. Ein Ziel sollte darin bestehen, Lerneraktivität beim S. zu initiieren und dabei eine kommunikative Gesamtsituation zu schaffen, die Raum lässt für Formulierungspausen und Reflexionsphasen, die Lernende zum aktiven Nachfragen anregt und dabei auch die Rolle der mündlichen Fehlerkorrektur (↗ Fehler, ↗ Korrektur) genau in den Blick nimmt (vgl. ebd.). In einem frühen Lernstadium dominiert zumeist noch der sprachliche ↗ Transfer bekannter Sprachmittel in ähnliche Gesprächssituationen bei einer relativ engen Steuerung der Inhalte und Kontexte, z. B. in Form von teilstrukturierten Kurzdialogen. Die systematische Arbeit an der ↗ Progression nicht nur der lexikalischen Strukturen und der Komplexität der Kommunikationssituation, sondern vor allem auch an der Entwicklung der Eigenständigkeit in der Initiierung fremdsprachlicher Diskurse stellt eine besondere Herausforderung dar.

Unterschiedliche Formen mündlicher Sprachverwendung sollten daher zielgerichtet differenziert eingesetzt werden. Sabine Doff und Friederike Klippel (2007, 100) unterscheiden zwischen den folgenden mündlichen Äußerungsformen: (1) Nachsprechen: Die Korrektheit in der Aussprache und Intonation stehen im Vordergrund. Einzelarbeit oder Klassenunterricht sind die ↗ Sozialformen, die hier in der Regel zum Einsatz kommen. Gedichte, Reime oder Abzählreime werden insbesondere im ↗ frühen FU eingesetzt, um Freude am S. in seiner Klanglichkeit zu fördern. (2) Rezitation: Die ästhetische Sprachverwendung spielt bei der Rezitation von Gedichten, Monologen oder anderen Texten eine Rolle. Ohne die Notwendigkeit, selbständig und spontan formulieren zu müssen, kann Sprache deklamatorisch erprobt werden. (3) Reproduzierendes S.: Reproduzierendes S. ist häufig gesteuert und orientiert sich an Satzmustern, die gezielt zur Übung eingesetzt werden können. Hier geht es vor allem um Korrektheit im Gebrauch der sprachlichen Strukturen. (4) Zusammenhängendes S.: Hier stehen Komplexität, Kohärenz und Flüssigkeit im Vordergrund. Es können z. B. Kurzvorträge zu vorgegebenen Themen mit begrenzter Sprechzeit vorbereitet werden (sog. *timed topic talks* oder *30-second stimulus talks*). (5) Interaktives S.: Das eigentliche Ziel besteht in der Förderung des sprachlichen Miteinanders in der mündlichen Kommunikation. Die Fähigkeit zur Interaktion, zum Zuhören und zum ad-

äquaten Reagieren unter Berücksichtigung kultureller Aspekte sollte durch einen Wechsel unterschiedlicher Übungsformate (↗ Übung) angeregt werden (vgl. ebd., 105).

Die kommunikative Qualität des FUs wird in neueren Publikationen methodisch perspektiviert (vgl. Siebold 2004, 19 sowie Staatsinstitut für Schulqualität und Bildungsforschung 2005). Das Üben und Kommunizieren sind aufeinander bezogen und gehen auseinander hervor, um eine umfassende Entwicklung der Sprechfertigkeit systematisch, aber auch mit Blick auf die Progression fremdsprachlichen S.s zu unterstützen (vgl. Siebold 2004, 21). Dabei ist die Unterscheidung von textgebundenem und textungebundenem S. zu berücksichtigen, da diese jeweils andere methodische Vorgehensweisen bedingen (vgl. Hohmann 2006, 158). Insbesondere freie Gespräche erfordern neben der grundsätzlichen Gesprächsbereitschaft immer auch die Verfügung über metasprachliche und themenspezifische Ausdrucksmittel sowie eine grundlegende sprachliche Flexibilität, die systematisch entwickelt werden muss. Eine Reihe von Lehrtechniken, die die fremdsprachliche Sprechfähigkeit systematisch unterstützen (z. B. Lesegemurmel, Fragewettstreit, Informationsabgleich, Wuseln, Improvisationen usw.) finden sich bei Werner Kieweg (2007) und Jörg Siebold (2004). Guter FU lebt nach Siebold von einer Spannung zwischen mitteilungsbezogener und sprachbezogener Kommunikation (*message-oriented* vs. *medium-oriented communication*), d. h. vom Pendeln zwischen eigentlichem Kommunizieren und dem Üben. S. in der Fremdsprache kann daher in verschiedenen Unterrichtsphasen unterschiedlich initiiert und realisiert werden, um gezielt zur Verbesserung der kommunikativen Qualität des FUs beizutragen. Damit langfristig kommunikativ-handelnde, mitteilungsbezogene Phasen gefördert werden, die zum freien S. hinführen, ist eine möglichst weitgehend fremdsprachliche Organisation des Unterrichts erforderlich. Funktionale Fremdsprachigkeit (Siebold 2004, 147) bedeutet, dass die Fremdsprache die tragende und regelnde Verkehrssprache und auch im Unterrichtsgeschehen entsprechend verankert ist. Der interaktive Wechsel der Gesprächsanteile spielt dabei eine besondere Rolle (vgl. Yulc 1994).

Der GeR definiert Diskurskompetenz als Teil der pragmatischen Kompetenzen und benennt

Aspekte wie Flexibilität, Sprecherwechsel, Themenentwicklung, Kohärenz und Kohäsion. Hier wird deutlich, dass eine erfolgreiche kommunikative Situation nicht nur sprecherzentriert, sondern vor allem auch hörerorientiert sein muss (vgl. Siebold 2004, 151). Insbesondere sog. ›kommunikativer Stress‹ kann im FU »a general disfluency in performance« (Yule 1994) bewirken und so zu der im Gefolge der DESI-Studie häufig beklagten Sprachlosigkeit der SuS im FU beitragen. Die Entwicklung mündlicher Kompetenz im FU erfordert sowohl unterrichtsmethodische Vorüberlegungen, die auch den differenzierten Umgang mit Fehlern, die Analyse von Anschauungsmaterial und die Entwicklung von Kriterien für gute mündliche Beiträge umfassen. Die Gelegenheit zur Übung anhand adäquater Aufgabenformate sowie die systematische Vorbereitung auf mündliche Prüfungen, die der Fertigkeit des S. einen höheren Stellenwert im FU einräumen, sind hier unerlässlich (vgl. Taubenböck 2007, 5). Nur wenn mündliche Kommunikationsfähigkeit verlässlich evaluiert wird und dabei eine kriterienorientierte Bewertung mit altersgerechten Aufgabenformen entwickelt wird, kann der Stellenwert des Mündlichen im FU angemessen gestärkt werden. Mündliche Prüfungen ab der Unterstufe können bereits systematisch die Entwicklung der fremdsprachlichen Diskursfähigkeit unterstützen. Mit der Formulierung des Ziels einer interkulturellen fremdsprachlichen Gesprächskompetenz (vgl. Vollmer 1998, 248) wird zudem deutlich, dass es sich beim S. nicht nur um eine kommunikativ-funktionale Fertigkeit handelt, sondern um eine komplexe, interaktionale Kompetenz in der Fremdsprache, die die Lernenden langfristig zu ↗intercultural speakers macht.

Lit.: S. Doff/F. Klippel: Englischdidaktik. Praxishandbuch für die Sekundarstufe I und II. Bln ²2009 [2007]. – H.-O. Hohmann: Entwicklung der Sprechfertigkeit im fortgeschrittenen FU. In: U.O.H. Jung (Hg.): Praktische Handreichung für Fremdsprachenlehrer. FfM ⁴2006 [1992], 152–159. – W. Kieweg: Sprechaufgaben konzipieren. In: Der fremdsprachliche Unterricht Englisch 41/90 (2007), 14–17. – E. Leupold: Miniglossar FU. Seelze 2009. – W. Levelt: Speaking. From Intention to Articulation. Cambridge, Mass. 1989. – W. Pauels: Kommunikative Übungen. In: K.-R. Bausch et al. (Hg.): Handbuch FU. Tüb./Basel ⁵2007 [1989], 302–305. – J. Siebold (Hg.): Let's Talk. Lehrtechniken. Vom gebundenen zum freien S. Bln 2004. – Staatsinstitut für Schulqualität und Bildungsforschung (Hg.): Time to talk! Parlons! Parliamo! ¡Tiempo para hablar! Pora pogovoritj! Eine Handreichung zur Mündlichkeit im Unterricht der modernen Fremdsprachen. Bln 2005. – A. Taubenböck: Sprache kommt von Sprechen. Ein Plädoyer für mehr Mündlichkeit im Englischunterricht. In: Der fremdsprachliche Unterricht Englisch 41/90 (2007), 2–8. – H.-J. Vollmer: Sprechen und Gesprächsführung. In: J.-P. Timm (Hg.): Englisch lernen und lehren. Didaktik des Englischunterrichts. Bln 1998, 237–249. – G. Yule: Second Language Processing. In: R.E. Asher (Hg.): The Encyclopedia of Language and Linguistics. Bd. 7. Oxford ²2006 [1994], 3778–3781.   ChL

Standards. Wie es die Pluralform des Eintrags nahelegt, wird der Begriff ›Standard‹ im Kontext von Bildung und Ausbildung häufig im Plural verwendet, was auf die zahlreichen Dokumente zurückzuführen ist, die den Ausdruck ›S.‹ als Pluralform im Titel tragen (vgl. *Bildungsstandards* oder *Standards für die Lehrerbildung*). Eine adäquate Definition des Standardbegriffs kann auf Grundlage des Benchmark-Begriffs erfolgen. Benchmarks markieren konkrete Zielvorgaben, anhand derer Leistungen gemessen werden. Sie sind deskriptive Vergleichsgrößen ohne normative Bedeutung und auf die jeweilige Bezugsgruppe anzuwenden. Wird eine solche Vergleichsgröße zu einer Normgröße erhoben, spricht man von einem Standard. Ein Standard ist eine möglichst präzise Beschreibung von Eigenschaften, die vorliegen müssen, um bestimmten definierten Qualitätskriterien zu genügen. S. sind verbindliche Leistungserwartungen, die aus den Kernideen und Anwendungsformen eines Faches (akademisch oder schulisch) erwachsen. Durch Standardsetzungen werden Bildungsprozesse, Ausbildungsprogramme, Lehrpläne (↗Lehrplan) und Prüfungsordnungen standardisiert. S. sind als Bezugsnorm nötig, um den Ausprägungsgrad von ↗Kompetenzen erfassen und beschreiben zu können, während Kompetenzen Wissen, Fähigkeiten und Fertigkeiten einer Person umfassen. Das Bildungssystem orientiert sich an gesetzten S. und bindet diese funktional in die Gestaltung und Überprüfung von Bildungsprozessen und Bildungszielen im institutionellen Kontext ein. Für die Fremdsprachen bezeichnet der Kompetenzbegriff den jeweiligen sprachlichen Beherrschungsgrad, der sich ebenfalls an einem gesetzten Standard misst.

S. im Bildungssystem und damit auch im FU können unterschiedlicher Natur sein. So ist zwischen Entwicklungs-S., Qualitäts-S., *Opportunity-to-learn-S.* und Leistungs-S. zu differenzieren. Entwicklungs-S. berücksichtigen den Ausgangspunkt einer Lerngruppe oder einer Einzelperson und betrachten den Lernzuwachs nach einer bestimmten Entwicklungsphase. Mit der Implementierung von Qualitäts-S. (↗ Qualität) wird eine Standardsetzung im Bildungssystem intendiert, durch die alle SuS der Bundesrepublik die gleichen Bildungschancen erhalten und keine Benachteiligung erfahren. *Opportunity-to-learn-S.* beziehen sich auf die Inhalte und die Prozesse schulischen Lernens, durch die bestmögliche Wirksamkeitsbedingungen sichergestellt werden sollen. Leistungs-S. sind Produkt-S., die Merkmalsausprägungen definieren und für eine bestimmte Qualifikation festschreiben. Sie widmen sich nicht dem Prozess des Lernens, sondern nehmen ausschließlich Bezug zum Output des Lernens. Unter Leistungs-S. werden die Kategorien Mindest-S., Regel-S. und Maximal-S. subsumiert. Unabhängig von der Lernerdisposition oder anderen Ausgangsbedingungen markieren Mindest-S. Mindestleistungen von allen SuS. Während Regel-S. ein mittleres Anforderungsniveau beschreiben, das von möglichst vielen SuS erreicht werden sollte, definieren Maximal-S. ein ideales, theoretisch erreichbares Höchstniveau. ↗ Leistungsbewertung erfolgt im Schulsystem durch den Vergleich der gezeigten Kompetenzniveaus der SuS mit den zu erwartenden Niveaus, die durch S. markiert werden. Ingo Richter (1999) geht in seinem Modell zur Leistungsbewertung noch einen Schritt weiter, wenn er S. für die Leistungsbewertung von SuS vorschlägt, die vier Dimensionen berücksichtigen, nämlich den absoluten Leistungsmaßstab (Leistung einzelner SuS gemessen an S.), den relativen Leistungsmaßstab (Leistung einzelner SuS im Vergleich mit der Gruppe/Klasse/dem Jahrgang), den individuell retrospektiven Leistungsmaßstab (Leistung einzelner SuS mit Bezug zur Entwicklung in der Vergangenheit) und den individuell prognostischen Leistungsmaßstab (Prognose zur Leistungsentwicklung der SuS). Im Jahr 1995 gab die Kultusministerkonferenz (KMK) zum ersten Mal S. für den Mittleren Schulabschluss in den Fächern Deutsch, Mathematik und erste Fremdsprache heraus.

Die Bedeutung dieser S. für die Bildungspolitik und die Auswirkungen auf den konkreten Unterricht sind allerdings als niedrig einzustufen. Als die KMK 1997 die Teilnahme an der ↗ PISA-Studie beschloss, folgte man in der Bildungspolitik in Deutschland dem Konzept der Inputorientierung. Hierbei werden Inhalte und Unterrichtsverfahren vorgegeben, die bestimmten Altersstufen und der jeweiligen Lernprogression (↗ Progression) zugewiesen werden. Nach dem ›PISA-Schock‹, der zu Beginn des neuen Jahrtausends eine Reform des Bildungswesens initiierte, die das Bildungsniveau in der Bundesrepublik anheben und Verbindlichkeit, Einheitlichkeit und Vergleichbarkeit in das Bildungssystem integrieren wollte, beauftragte die KMK 2002/2003 eine Steuerungsgruppe mit der Entwicklung neuer Bildungs-S. Diese Gruppe publizierte das Dokument *Zur Entwicklung nationaler Bildungsstandards* (Klieme et al. 2003), das nach seinem Erscheinen meist *Klieme-Expertise* genannt wurde. Die von der Kommission empfohlenen Bildungs-S. sind Leistungs-S. in Form von Mindest-S. Die Kommission empfiehlt, dass die Bildungs-S. Bildungsziele aufgreifen und festlegen, welche Kompetenzen SuS bis zu einer bestimmten Jahrgangsstufe mindestens erworben haben sollen. Die Beschreibungen der Kompetenzen sind so konkret vorzunehmen, dass sie in Aufgabenstellungen umgesetzt und überprüft werden können. Auch werden in der *Klieme-Expertise* Empfehlungen darüber gegeben, dass Bildungs-S. in ein systematisches und standardisiertes Gesamtkonzept von schulischem Unterricht zu integrieren sind, wobei sich der Unterricht Überprüfungen unterziehen muss. Die Bildungs-S. fungieren also nach Einschätzung der Autor/innen als Steuerungsinstrumente von Unterricht und beschreiben zu erreichende Ergebnisse desselben. Sie sollen aus Kompetenzkatalogen bestehen und formulieren bereichsspezifische Leistungserwartungen an die SuS. Nach Veröffentlichung der *Klieme-Expertise* wurden von der KMK unter Mitwirkung des Instituts für Qualitätsentwicklung im Bildungswesen (IQB) in den Jahren 2003 Bildungs-S. für den Mittleren Schulabschluss für die Fächer Deutsch, Mathematik, erste Fremdsprache und die Naturwissenschaften und 2004 Bildungs-S. für den Hauptschulabschluss sowie den Primarbereich in den entsprechenden Fächern herausgegeben.

Diese in der Bundesrepublik eingeführten Bildungs-S. sind faktisch Leistungs-S. in Form von abschlussbezogenen Regel-S., die sich an fachspezifischen Kompetenzmodellen und im Falle der Fremdsprachen an der kompetenzorientierten Konzeption und den Referenzniveaus des ↗ Gemeinsamen europäischen Referenzrahmen für Sprachen (GeR) von 2001 orientieren. Dieser legt einheitliche Sprachkompetenzniveaus fest, die seit seiner Veröffentlichung allgemein anerkannt sind. Die KMK geht davon aus, dass die vorliegenden Bildungs-S. allgemeine Bildungsziele und Kernbereiche eines Faches aufgreifen und Kompetenzen aufführen, die SuS bis zu einer bestimmten Jahrgangsstufe erworben haben. Die fremdsprachlichen Bildungs-S. stellen eine Basis für die outputorientierte Unterrichtsgestaltung dar, veranschaulichen ihre Konzeption durch Aufgabenbeispiele und weisen ein mittleres Anforderungsniveau aus. Durch Kann-Formulierungen in den Deskriptoren zu den einzelnen Kompetenzbereichen (funktionale ↗ kommunikative Kompetenzen, ↗ interkulturelle kommunikative Kompetenzen und ↗ Methodenkompetenzen) kommt es in den Bildungs-S. eher zu einer Würdigung sprachlicher Leistungen bei der Leistungsbeurteilung als zu einer Mängelermittlung.

Die fremdsprachlichen Bildungs-S. sind Kompetenz-S., die S. für die Kompetenzbereiche der ersten Fremdsprache subsumieren. Dies sind die kommunikativen ↗ Fertigkeiten (Hör- und Hör-/Sehverstehen, Leseverstehen, Sprechen, Schreiben, ↗ Sprachmittlung), die sprachlichen Mittel (↗ Wortschatz, ↗ Grammatik, ↗ Orthographie), interkulturelle Kompetenzen und Methodenkompetenzen (Textrezeption, Interaktion, Textproduktion, ↗ Lernstrategien, ↗ Präsentation und Medien, Lernbewusstheit und Lernorganisation). Die Aufgaben der Bildungs-S. und damit des fremdsprachlichen Unterrichts sollen schülerrelevant und realitätsbezogen sein und authentischen Sprachgebrauch ermöglichen. Damit ist die Qualität von Aufgaben der Schlüssel zu guten Unterrichtsprozessen und guten Unterrichtsergebnissen. Dies sind in erster Linie Lernaufgaben, die sich von den Test- oder Evaluationsaufgaben dahingehend unterscheiden, dass letztere im Kontext von Vergleichsarbeiten verwendet werden. Die funktionale Einbindung von Lern- und Testaufgaben in den Lernprozess und die Lerndiagnostik sind unterschiedlich: Lernaufgaben begleiten pädagogisch den Lernprozess, die Kompetenzentwicklung der SuS und den Implementierungsauftrag der Bildungs-S., wohingegen Testaufgaben psychometrischen Anforderungen standhalten müssen und eine Leistung zu einem bestimmten Zeitpunkt feststellen.

Die Betonung der Aufgabenorientierung im standardorientierten Unterricht (↗ Aufgabenorientiertes Lernen) ist insofern relevant, als dass das IQB Aufgaben entwickelt, mit denen Vergleichsarbeiten durchgeführt werden. Diese Vergleichsarbeiten können sich auf Klassen-, Schul-, Regional-, Bundeslandebene, aber auch auf eine nationale Ebene des Vergleichs beziehen. Für die nationale Bildungsberichterstattung auf Grundlage dieser Überprüfungen wird das IQB vom Deutschen Institut für Internationale Pädagogische Forschung (DIPF) in Zusammenarbeit mit dem Hochschul-Informations-System (HIS) unterstützt. Die Implementierung von Bildungs-S. ist also eng an Bildungsmonitoring geknüpft. Da Bildung in Form des Kompetenzerwerbs nach diesem Verständnis standardisierbar und messbar ist, haben Überprüfungen mit ihren entsprechenden Aufgabentypen eine diagnostische Funktion, eine Rückmeldefunktion, eine Selektionsfunktion und eine Bildungsmonitoringfunktion.

Die Bildungs-S. stellen aufgrund ihrer eindeutig outputorientierten Konzeption keine Formen von Input (Inhalten) bereit. Die Kompetenzen und damit die S. bilden also nur einen Teil dessen ab, was fremdsprachliche ↗ Bildung umfasst. Ein explizites Wissen über die Sprache, Literatur und Kultur der Zielsprachenländer wird in den S. nicht aufgegriffen, die Bedeutung dieser Bereiche aber anerkannt. Die eingeführten Bildungs-S. als Kompetenz-S. weisen S. von Sprache in Form von Kompetenzbeschreibungen und nicht Bildung im traditionellen Sinn aus. Faktisch kann der kompetenz- und standardorientierte FU nur durch eine systematische Kopplung an bildungsrelevanten Input erfolgen.

Auf Grundlage der Ergebnisse einer beauftragten Arbeitsgruppe hat die KMK im Jahr 2004 verbindliche S. für die Lehrerbildung in den Bildungswissenschaften herausgegeben. Diese beschreiben die Aufgaben des Lehrerberufs und die ↗ Lehrerbildung. Hierbei formulieren sie Kompetenzen zu den Kompetenzbereichen Unterrichten, Erziehen, Beurteilen und Innovieren und nennen S. als Maßstab für die Ermittlung des Kompetenzentwicklungsgrades einer Lehramtsanwärterin oder eines Lehramtsanwärters. Auch diese S. wurden mit dem Ziel, die Qualität schulischer Bildung zu sichern, erstellt. Die S. für die Lehrerbildung waren ab dem Ausbildungsjahr 2005/06 in allen Bundesländern als Grundlage für die universitäre Lehrerausbildung und den Vorbereitungsdienst zu übernehmen. Insgesamt ist festzustellen, dass die Entwicklung von standard- und kompetenzorientierten fremdsprachlichen Konzepten grundlegende Denkanstöße und Neuorientierungsprozesse innerhalb der Forschung, Fortbildung, Test- und Bewertungskultur im Bildungswesen eingeleitet hat (↗ Tests).

Lit.: R. Beer: Bildungs-S. Einstellungen von Lehrerinnen und Lehrern. Wien 2007. – E. Drieschner: Bildungs-S. praktisch. Perspektiven kompetenzorientierten Lehrens und Lernens. Wiesbaden 2009. – C. Gnutzmann: Bildungs-S. Eine neue Perspektive für das Lehren und Lernen fremder Sprachen?. In: K.-R. Bausch et al. (Hg.): Bildungs-S. für den FU auf dem Prüfstand. Arbeitspapiere der 25. Frühjahrskonferenz zur Erforschung des FUs. Tüb. 2005, 105–112. – E. Klieme et al.: Zur Entwicklung nationaler Bildungs-S. Eine Expertise. Bonn 2003. – I. Richter: Die sieben Todsünden der Bildungspolitik. München 1999. – A. Rössler: S. ohne Stoff? Anmerkungen zum Verschwinden bildungsrelevanter Inhalte aus den curricularen Vorgaben für den Französisch- und Spanischunterricht. In: H.-H. Lüger/Dies. (Hg.): Wozu Bildungs-S.? Zwischen Input- und Outputorientierung in der Fremdsprachenvermittlung. Beiträge zur Fremdsprachenvermittlung, Sonderheft 13 (2008), 35–58. – Sekretariat der ständigen Konferenz der Kultusminister der Länder in der BRD (Hg.): Bildungs-S. für die erste Fremdsprache (Englisch/Französisch) für den Mittleren Schulabschluss. Neuwied 2004. – Sekretariat der ständigen Konferenz der Kultusminister der Länder in der BRD (Hg.): Bildungs-S. für die erste Fremdsprache (Englisch/Französisch) für den Hauptschulabschluss. Neuwied 2004. – Sekretariat der ständigen Konferenz der Kultusminister der Länder in der BRD (Hg.): S. für die Lehrerbildung. Bildungswissenschaften. In: Erziehungswissenschaft 16 (2005), 36–47. NSF

Standardsprache. Bei der S. handelt es sich um eine Varietät der Sprache, deren Lexik und Grammatik in Wörterbüchern und Grammatiken normiert und kodifiziert ist und die sich gegenüber anderen Varietäten einer Sprache durch ihre überregionale Verständlichkeit auszeichnet. Die S. umfasst sowohl den mündlichen als auch den schriftlichen Sprachgebrauch, ist jedoch größtenteils in der schriftlichen Kommunikation etabliert. Sie wird vorwiegend von staatlichen Institutionen (Behörden, Gerichten, Ämtern) sowie öffentlichen Medien verwendet und durch das Bildungssystem vermittelt. Verstöße gegen die Regeln der S. werden als Abweichung von der sprachlichen Norm wahrgenommen und folglich als ↗ Fehler bewertet. Der großen Zahl derjenigen, die die S. verstehen, steht in der Regel eine Minderheit von Sprecher/innen gegenüber, die im Mündlichen aktiv Gebrauch von ihr machen (z.B. Nachrichtensprecher/innen). Als prestigeträchtigste Varietät einer Sprache ermöglicht die S. ihren Nutzern Zugang zu Bildung sowie Teilhabe am öffentlichen Diskurs. Da mit den Sprechern der S. häufig die Zugehörigkeit zu einer bestimmten sozialen Schicht assoziiert wird und sie aus linguistischer Sicht nicht besser oder schlechter als andere Varietäten einer Sprache ist (funktionale Äquivalenz), betont man heute den deskriptiven Charakter der S. Aufgrund ihrer überregionalen Verständlichkeit und dem damit verbundenen hohen kommunikativen Nutzen ist der Wert der S. jedoch insbesondere in fremdsprachlichen Lernkontexten offensichtlich, denn sie bietet Lehrenden und Lernenden Orientierung. Vor allem bei Sprachen wie dem Englischen, das als Folge von Kolonisations- und Globalisierungsprozessen in verschiedenen Teilen der Welt gesprochen wird und zum Teil erhebliche regionale Unterschiede aufweist, aber auch im Hinblick auf die internationale Kommunikation, für die eine kodifizierte Form von *World Standard English* noch nicht vorliegt, stellt die S. ein sinnvolles Leitbild für den (Fremd-)Sprachenunterricht dar. Der Diversifizierung des Englischen und seiner Bedeutung als ↗ *lingua franca* Rechnung tragend, sollten jedoch auch andere Varietäten angemessene Berechtigung im Klassenzimmer haben und Teil der Ausbildung der rezeptiven Fähigkeiten der Lernenden sein.

Lit.: T. Bex/R.J. Watts (Hg.): Standard English. The Widening Debate. Ldn/N.Y. 1999. JJ

Stationenlernen ↗ Offener Unterricht

Stereotyp. S.e sind vereinfachende Verallgemeinerungen. Lange wurden die Begriffe ›S.‹ und ›Vorurteil‹ synonym für negative Generalisierungen verwendet. Das Vorurteil gilt jedoch seit den 1970er Jahren eher als gefühlsmäßig unterbaut, als verhaltens- und daher diskriminierungsrelevant, das S. dagegen als eher kognitiv, als eine Art schematische Denk- oder Wahrnehmungshilfe, ohne die der Mensch mit der Vielfalt der auf ihn einwirkenden Reize nicht zurechtkommt. Nach dem Zweiten Weltkrieg hatte sich die sozialwissenschaftliche Diskussion um Vorurteile und S.e, ausgelöst durch den Rassismus im Faschismus, fast ausschließlich auf sie als negative Phänomene konzentriert, die in aufklärerischer Tradition abgebaut werden sollten. Die Bedeutung von S.en für die Denkökonomie, auf die Walter Lippmann bereits 1922 aufmerksam gemacht hatte, trat dagegen in den Hintergrund. Erst im Anschluss an Gadamers Anerkennung der »wesenhaften Vorurteilshaftigkeit alles Verstehens« wurden S.e wieder als spezifische Wahrnehmungsmuster von Personengruppen jeglicher Art – ethnischen und nationalen Gruppen, aber auch Berufsgruppen, Alters- und Geschlechtergruppen usw. – Gegenstand einer differenzierenden Diskussion.

Individuen und Gruppen haben nicht nur Bilder und Vorstellungen von anderen Gruppen (Fremdbilder oder Hetero-S.e), auch von der eigenen Gruppe besitzen sie identitätsstiftende und -fördernde Vorstellungen (Eigenbilder oder Auto-S.e), die Funktionen bei der Gruppenbildung und -abgrenzung haben. Die S.e, die jede Gruppe über andere Gruppen hat, gehören zum kulturellen Wissen; selbst diejenigen, die von sich behaupten, sie verwendeten keine S.en, kennen die, die in ihrer Gruppe vorherrschen. S.e können dazu führen, dass das Reduzierte für das Ganze genommen wird, ohne dass es durch Erfahrung modifiziert wird, aber sie sind nicht zwangsläufig starr, sie werden von Individuen verschieden stark modifiziert. Ein neutraleres, die kognitive Funktion von S.en betonendes Konzept führt nicht dazu, dass negative S.e verharmlost werden. Mit ihm ist es aber möglich, mehr Licht auf die Wirkungsweise von S. insgesamt zu werfen.

Neben der Sozialpsychologie beschäftigen sich weitere Disziplinen mit dem S.: die ↗ Sprachwissenschaft, die Geschichtswissenschaft und in der ↗ Literaturwissenschaft vor allem die komparatistische Imagologie, die sich mit Darstellungen von nationalen oder ethnischen Gruppen in der Literatur und mit den Annahmen und Bedingungen, die den Darstellungen zugrunde liegen, beschäftigt (vgl. Beller/Leerssen 2007). In der Fremdsprachendidaktik ist ein gewisses Dilemma im Hinblick auf den Umgang mit S.en auszumachen. Auf der einen Seite gehören sie eindeutig zum sog. ↗ ›Vorwissen‹ der Lernenden, das bei jedem Thema aktiviert werden soll, sie sind besonders für den Anfangsunterricht ein attraktiver Gegenstand. Allerdings besteht gerade im Anfangsunterricht mit seinen begrenzten sprachlichen Mitteln die Gefahr, dass S.e lediglich aufgerufen und evtl. gar gefestigt werden. Dieses vermeintliche Dilemma kann aufgehoben werden, wenn über die Kenntnis von Eigenbildern, Fremdbildern und von den bei der anderen Gruppe vermuteten Fremdbildern über die eigene Gruppe hinausgehend auch die kognitive Funktion von S.en zum Thema gemacht wird (zum produktiven Umgang mit Auto- und Hetero-S.en im Landeskundeunterricht vgl. z. B. Nünning 1994, Husemann 1995) oder auch wenn in der Auseinandersetzung mit literarischen Texten nicht nur das jeweils vorhandene Bild, sondern auch die verschiedenen Funktionsweisen von S.en thematisiert werden (vgl. O'Sullivan/Rösler 1999).

Lit.: M. Beller/J. Leerssen (Hg.): Imagology. The Cultural Construction and Literary Representation of National Characters. A Critical Survey. Amsterdam, NY 2007. – H. Husemann: Stereotypes. Shall We Join Them if We Cannot Beat Them? In: C. Cedric Cullingford/H. Husemann (Hg.): Anglo-German Attitudes. Aldershot u. a. 1995, 19–37. – A. Nünning: Das Image der (häßlichen?) Deutschen. Möglichkeiten der Umsetzung der komparatistischen Imagologie in einer landeskundlichen Unterrichtsreihe für den Englischunterricht. In: Die Neueren Sprachen 93/2 (1994), 160–184. – E. O'Sullivan/D. Rösler: S.e im ›Rückwärtsgang‹. Zum didaktischen Umgang mit Hetero-S.en in kinderliterarischen Texten. In: L. Bredella/W. Delanoy (Hg.): Interkultureller FU. Tüb. 1999, 312–321. EOS/DR

Storyline-Methode. Die *S.*-M. nahm ihren Ausgangspunkt in den 1960er Jahren an schottischen Grundschulen. Im Zuge einer curricularen Neuorientierung hin zu ↗ ganzheitlichem Lernen und ↗ fächerübergreifendem Unterricht wurde ab 1967 am Jordanhill College of Education in Glasgow ein lehrwerkunabhängiges, themenzentriertes, integratives Verfahren entwickelt. Die Ideen von Steve Bell wurden in Deutschland vor allem an der PH Freiburg von Klaus-Dieter Fehse, Doris Kocher und Marita Schocker-von Ditfurth weiterentwickelt und mit Studierenden an regionalen Schulen erfolgreich getestet. Im Gegensatz zu Skandinavien ist dieser Ansatz jedoch bislang in Deutschland nicht sehr verbreitet. Bei der *S.-M.* wird ein Unterrichtsthema mit Hilfe einer zusammenhängenden Geschichte durch die Lehrkraft und die Lernenden gemeinsam erarbeitet (*collaborative story making*). Das Konzept orientiert sich an der narrativen Form einer Geschichte mit verschiedenen Episoden, die den Rahmen für das *narrative outline* (Einleitung – Entwicklung durch Setting, Einführung der Personen, Gestaltung der Lebensumstände – *incidents/* Schlüsselereignisse – Schluss) und das *pedagogical outline* darstellt (Strukturierung und Erforschung der Probleme durch Schlüsselfragen, Aufgaben, Aktivitäten, Medien, Kooperation und Interaktion). Als Ziele gelten die inhaltsorientierte Auseinandersetzung mit der Sprache (↗Inhaltsorientierung), die aktive Mitgestaltung des Lernprozesses, die Förderung kreativen Arbeitens, ganzheitlich-handlungsorientiertes Lernen (↗Handlungsorientierung) sowie praktisches und ↗entdeckendes Lernen. Zu den charakteristischen Arbeitstechniken zählen besonders drei: Collagen (Gestaltung zwei- oder dreidimensionaler Figuren und ihrer Lebensumgebung), Wandfries (Präsentation der Einzel- und Gruppenprodukte auf Stellwänden) und *wordbanks* (systematisch strukturierte Listen mit thematisch relevantem Wortschatz, als ↗Poster im Klassenzimmer aufgehängt). Die *S.-M.* nimmt eine Zwischenstellung ein zwischen ↗Lehrerzentrierung und ↗autonomem Lernen und kann dazu beitragen, das Lernen aktiver, schülernäher und kreativer zu machen.

Lit.: D. Kocher: Das Klassenzimmer als Lernwerkstatt. Medien und Kommunikation im Englischunterricht nach der S.-M. Hbg 1999. ET

Suggestopädie. Durch die Verbindung der Begriffe ›Suggestion‹ und ›Pädagogik‹ entsteht die Bezeichnung eines methodischen Ansatzes, der auf den bulgarischen Psychotherapeuten Georgi Lozanov zurück geht. Lozanov stellte bei Versuchen in den 1960er Jahren fest, dass durch den Einsatz verschiedener suggestiver Verfahren erstaunliche Behaltensleistungen bzw. Lernresultate erzielt werden können (vgl. Baur 1996, 106). Durch die Erprobung bestimmter Abfolgen von suggestiven Verfahren entwickelte sich Anfang der 1970er Jahre allmählich der Ansatz der suggestopädischen Methode in der Fremdsprachenvermittlung. Eine Abfolge besteht aus Präsentations- und Aktivierungsphasen. In der ersten Präsentationsphase wird der Text in der Zielsprache vorgelesen, der bzw. die Lernende kann ihn in der Zielsprache oder in der Übersetzung mitlesen. In der zweiten Präsentationsphase, dem ›aktiven Konzert‹, wird der Text in einem emotional-expressiven Stil erneut vorgelesen, passend zu emotional-expressiver ↗Musik, welche bei normaler Lautstärke abgespielt wird. In der dritten Präsentationsphase, dem ›passiven Konzert‹, erfolgt das Lesen vor dem Hintergrund einer langsamen Musik, die leise in entspannter Atmosphäre abgespielt wird. In den folgenden Tagen werden Aktivierungsphasen (↗Aktivierung) durchlaufen. Dabei werden teilweise traditionelle, aber auch spielerische und kreative ↗Übungen durchgeführt. Wie Baur zeigt (ebd., 112), gibt es keine Versuche, die eine spezifische Wirkung der intonatorischen und musikalischen Komponenten nachgewiesen hätten. Die S. wurde in den 1980er Jahren an verschiedenen Orten ausprobiert und weiterentwickelt. Dabei entstanden Varianten wie die des *superlearning*. Unter dem Begriff wurde eine mit Entspannung arbeitende Methode bekannt, die mit Lehrmedien wie Text und Audiofiles, jedoch ohne Lehrkraft arbeitet. Auch wenn der Begriff *superlearning* nicht auf Lozanov zurückgeht und einige Elemente der S. hier nicht auftauchen, weisen die Ansätze dennoch Gemeinsamkeiten auf.

Lit.: R. Baur: Die S. In: Fremdsprachen Lehren und Lernen (FLuL) 25 (1996), 106–137. – L. Schiffler: S. und Superlearning empirisch geprüft. Einführung und Weiterentwicklung für Schule und Erwachsenenbildung. FfM 1989. AG

Superlearning ↗ Suggestopädie

Szenische Interpretation ↗ Dramapädagogik

Szenarien-Didaktik ↗ Inszenierung

T

Tafel, Tafelbild und Tafelanschrieb. Neben dem Lehrbuch ist die T. das klassische Medium auch des modernen FUs. Weder der Arbeitsprojektor noch die PowerPoint-Präsentation haben sie verdrängen können. Zu unterscheiden sind hinsichtlich Oberfläche, Informationsmenge und Einsatzmöglichkeiten Einflächen-, Wende-, Schiebe-, Säulen- und Klapp-T.n. Gemeinsam ist ihnen, dass die transportierten Inhalte am Ende der Stunde wieder entfernt werden. Als T.bild wird das Konzept der Lehrperson zu Beginn des Unterrichts bezeichnet; der T.anschrieb ist das, was nach Ende des Unterrichts daraus geworden ist. Die intervenierende Variable ist die Interaktion mit Stoff und Lernenden, so dass sich T.bild und T.anschrieb deutlich unterscheiden können.

In der Fachliteratur der vergangenen 50 Jahre finden sich etwas mehr als 800 fertige T.bildentwürfe für die Sprachen Englisch (N = 358), Deutsch (N = 263) und Französisch (N = 191). Dabei kommt es zu inhaltlichen Schwerpunktsetzungen. Die Interpretation literarischer Werke führt die Liste mit 399 T.bildentwürfen an, die Grammatikarbeit folgt mit 254. Alle anderen Gegenstände (Text-, Fernseh- und Filmarbeit, Musik und Lieder, Landeskunde, Wortschatzarbeit, Bildbetrachtung) teilen sich den schmalen Rest. In all diesen Fällen geht es um die praktische Bewältigung von ganz spezifischen Unterrichtssituationen, ohne dass vom Einzelfall abstrahiert und auf die generellen Leistungen von T.bildern für die Erreichung von ↗ Lernzielen geschlossen würde. So gesehen, sind sie – trotz ihrer zentralen Rolle im FU – die Stiefkinder der Fachdidaktik (vgl. Jung 2010).

Für die Arbeit an der T. sind schon früh Regeln aufgestellt worden (vgl. Münnich 1969), die auch heute noch befolgt werden. Damit SuS z.B. von einem Positionseffekt profitieren können, sollten bestimmte Informationen (Spontannotizen, Hausaufgabe, neue Lexik, Grammatik) routinemäßig immer an einer ganz bestimmten Stelle platziert werden. Dadurch vermindert sich die Gefahr, dass unverzichtbare Strukturelemente übersehen oder vergessen werden. Weitere Regeln sind: erst sprechen, dann schreiben; lesbar schreiben; Farbe verwenden; über dem Kopf schreiben; den Anschrieb nicht verdecken; genügend Zeit zum Abschreiben lassen. Die Zeichenschulen der Verlage gehen davon aus, dass Lehrende schon wissen, was sie zeichnen wollen, und z.B. nur noch lernen müssen, wie man aus Kreisen und Geraden jene Strichmännchen macht, an deren Bewegung die Progressivform von Verben erläutert werden kann. Lehrende müssen aber nicht primär zu Zeichenkünstlern ausgebildet werden, sondern sie müssen lernen, die möglichen Funktionen von T.anschrieben zu nutzen bzw. Dysfunktionen zu vermeiden. Lehrende, die (von SuS) schlecht ausgesprochene Wörter und Sätze z.B. an die T. schreiben, anstatt eine Korrektur einzufordern, schreiben der T. bzw. dem geschriebenen Wort eine kompensatorische Funktion zu, die dann fehl am Platz ist, wenn die ↗ Aussprache geübt werden soll. Der T.anschrieb erfüllt eine Motivationshilfe, wenn Lehrende ihre SuS in die Arbeit mit einbeziehen und den T.anschrieb erläutern, ergänzen, vervollständigen oder gar korrigieren lassen. Die T. selbst entpuppt sich dabei als ein den Unterrichtsrhythmus mitbestimmendes Instrument. Der T.anschrieb erfüllt eine Erkenntnishilfe, wenn mit visuellen Stützen (Unterstreichungen, Wellenlinien, Kreisen, Quadraten, Rechtecken, Dreiecken, Klammern, Pfeilen und Bögen) oder Farbe und Schriftgröße Zusammenhänge verdeutlicht werden. Die Gebilde an der T. können – auch in Abhängigkeit von der Schulstufe – unterschiedlich komplex sein. Einfache Merksätze stehen neben Flussdiagrammen oder Substitutions-T.n, die bei Ausfall eines der redundanten Items nicht defekt werden, sondern nur defektiv. Die übrig gebliebenen Stücke ›erläutern‹ die Regel trotz des Ausfalls. Strukturdiagramme (vgl. Walter 1982) hingegen, die z.B. das Beziehungsgeflecht der Figuren in literarischen Texten darstellen, können für Außenstehende, die dem Entstehungsprozess nicht beigewohnt haben, undurchschaubar werden. Der T.anschrieb erfüllt eine (Re-)Produktionshilfe, wenn es gelingt, einzelne Elemente zu Übungszwecken (↗ Übung) einzusetzen oder neue sprachliche Verbindungen aus ihnen zu generieren. Vor allem aber erfüllt der T.anschrieb eine Protokollfunktion, wenn der zurückgelegte Weg gegen Ende der Stunde noch einmal abgeschritten wird oder die Lernenden zu Hause ihr

Unterrichtsprotokoll hervorholen, weil die Lehrperson eine Hausaufgabe gestellt hat, die ihren Ausgangspunkt beim während der Stunde gefertigten T.anschrieb hat. Schließlich ist da noch die Vorbildfunktion des T.anschriebs: Die am T.anschrieb ablesbare Reduktion auf das Wesentliche und die anschauliche Darstellung seiner Strukturelemente helfen den Lernenden später, selbständig brauchbare Notizen anzufertigen.

Die genannten Prinzipien gelten auch für die Gestaltung von Folien für den Arbeitsprojektor, der, obwohl er im Vergleich mit der mehrflügeligen T. viel weniger Information gleichzeitig aufnehmen kann, in Konkurrenz zur T. steht. Auch computerbasierte Verfahren der Informationsvermittlung mittels *Mapping*-Technik (vgl. Bernd et al. 2000, 17) rekurrieren auf die didaktische Tradition der T.bilder. Zwischen T. anschrieb, Plakat bzw. ⁊ Poster und Wandbild besteht ebenfalls eine enge Verwandtschaft. Durch wiederholte Verwendung von Folie und Arbeitsprojektor kann der T.anschrieb in ein Poster oder Wandbild umgewandelt werden. Dauerhaftigkeit bzw. Reproduzierbarkeit erreicht der T.anschrieb jedoch erst dann vollständig, wenn auf interaktive Whiteboards (vgl. Weißer 2007) projizierte Schaubilder auf der Festplatte des Computers gespeichert und wieder aufgerufen werden können. Mit den auch internetfähigen Whiteboards lassen sich Prozesse augenfällig machen. Die T.n können mit elektronischen Stiften beschrieben werden. Was für den Unterricht aber noch viel wichtiger ist: Farblich gestaltete und zueinander in Beziehung stehende Informationsblöcke können durch Berühren mit dem Finger in ihrer Position verschoben werden. Erste Erfahrungsberichte deuten darauf hin, dass diese Whiteboards ein größeres schüleraktivierendes (⁊ Aktivierung) Potenzial haben als die T. Dabei kommt es jedoch entscheidend darauf an, die für den Zweitsprachenerwerb so wichtige verbale Interaktion der SuS in den Vordergrund zu stellen. Der manipulative Umgang mit der Technik hat dagegen zurückzustehen.

Lit.: H. Bernd et al.: Durcharbeiten von Begriffsstrukturen in unterrichtlichen und computergestützten Lernumgebungen. In: H. Mandl/F. Fischer (Hg.): Wissen sichtbar machen. Göttingen 2000, 15–36. – U.O.H. Jung: T.bild und T.anschrieb. Stiefkinder der Fachdidaktik. In: C. Hecke/C. Surkamp (Hg.): Bilder im FU. Neue Ansätze, Kompetenzen und Methoden. Tüb. 2010, 111–126. – U.A. Münnich: Zehn Regeln für den T.anschrieb im Sprachunterricht. In: Die Unterrichtspraxis/Teaching German 2/1 (1969), 30–33. – H. Walter: Das Strukturdiagramm als Interpretationshilfe im Englischunterricht. In: Der Fremdsprachliche Unterricht 64 (1982), 258–269. – M. Weißer: Interaktive Whiteboards im Unterricht. Hamburg, Landesinstitut für Lehrerbildung und Schulentwicklung. http://www.li-hamburg.de/fix/files/doc/Smart-Erfahrungsbericht.pdf.   UJ

Tandemlernen. Beim T. kommen zwei Lernende unterschiedlicher Muttersprache zusammen, um miteinander zu kommunizieren und sich gegenseitig beim Erlernen der Sprache des anderen zu unterstützen, wobei die Muttersprache des einen die Zielsprache des anderen ist (vgl. Bechtel 2003). Das auf den Prinzipien der Gegenseitigkeit und der Lernerautonomie (⁊ Autonomes Lernen) beruhende T. ist eine Mischform aus ungesteuertem ⁊ Spracherwerb und gesteuertem Sprachenlernen (vgl. Herfurth 1993). Einerseits eröffnet der Kontakt mit Muttersprachler/innen Möglichkeiten des authentischen, spontanen Austauschs, so wie man es außerhalb von Unterricht im Zielsprachenland antrifft. Andererseits findet die ⁊ Kommunikation in einem Lehr-/Lern-Kontext statt, in dem die Tandempartner abwechselnd die Rolle der Lernenden der Fremdsprache und die der Lehrenden für die eigene Muttersprache einnehmen. Einen Teil der zur Verfügung stehenden Zeit kommunizieren beide Tandempartner in der einen Sprache (idealerweise die Hälfte), den anderen Teil der Zeit in der anderen Sprache. In der Rolle der Fremdsprachenlernenden wenden die Tandempartner die Fremdsprache an, bitten um Hilfe bei Formulierungsschwierigkeiten oder fragen nach bei Verständnisproblemen. In der Rolle des Muttersprachlers ist der Tandempartner Lehrender in dem Sinn, dass er zum einen den Lernpartner korrigieren und auf sprachliche Formulierungsalternativen hinweisen kann. Zum anderen dient er seinem Lernpartner durch eigene muttersprachliche Beiträge als sprachliches Vorbild und kann bei Verständnisschwierigkeiten helfen. Zur Aufgabe der Muttersprachler/innen gehört beim T. dagegen nicht, ⁊ Lernziele und Lernwege für die Partner festzulegen. Dem Prinzip der Lernerautonomie folgend, sind es die Lernenden, die festlegen (bzw. lernen festzulegen), wozu, was und wie sie lernen möchten. Der direkte Kontakt mit Muttersprachler/innen und die Beidseitigkeit des Lerninteresses machen aus dem T. eine besondere Form interkultureller Kommunikation, die neben der Anwendung der Fremdsprachenkenntnisse auch Möglichkeiten zum ⁊ interkulturellen Lernen bietet.

Beim T. kann man zwei Ausprägungen (Einzeltandem und Tandemkurs) und zwei Modi (Präsenztandem und Distanztandem) unterscheiden (vgl. Brammerts et al. 2001). Von Einzeltandem spricht man, wenn sich zwei Tandempartner außerunterrichtlich in der Freizeit treffen. Die Vermittlung der Tandempartner erfolgt durch eine Tandemvermittlungsstelle oder über Schwarze Bretter. Die Tandempartner entscheiden allein, wo, wann und wie lange sie sich treffen, auf welche Weise und worüber sie sich unterhalten. Die Vermittlungsstelle übernimmt lediglich die Auswahl und Vermittlung der Tandempartner, darüber hinaus gibt sie Ratschläge und didaktische Tipps für das gemeinsame Arbeiten (Prinzipien der Tandemarbeit, Tandemaufgaben, ⁊ Lernstrategien im Tandem). Anders als bei Einzeltandems kommen bei Tandemkursen zwei zahlenmäßig (möglichst) gleich große Lernergruppen unterschiedlicher Muttersprache zu einem Kurs zusammen, der innerhalb eines institutionellen Rahmens von einer Lehrperson (oder einem Lehrteam) geleitet wird und somit einer didaktischen Planung und Ausgestaltung unterliegt. Im Rahmen von Tandemkursen stellt die Arbeit im Tandem nicht die einzige ⁊ Sozialform dar, sondern ist lediglich eine der möglichen, sie nimmt jedoch eine zentrale Rolle ein. Von ›Präsenztandem‹ spricht man, wenn beide Tandempartner gleichzeitig am selben Ort anwesend sind, der Austausch erfolgt von Angesicht zu Angesicht, zeitlich synchron und mündlich. Seit der Verbreitung des Internet findet T. zunehmend auch im Distanzmodus statt. Die Tandempartner sind dabei räumlich voneinander getrennt und kommunizieren mit Hilfe eines elektronischen Kommunikationsmittels. Bei E-Mail-Tandems, dem bislang am meisten genutzten Distanzmodus, findet der Austausch zeitlich asynchron und schriftlich statt. Ein Teil der E-Mail wird dabei in der einen Sprache, der andere Teil in der anderen Sprache verfasst. Als Anregung für die Arbeit im Tandem dienen Tandemarbeitsbögen, die zu unterschiedlichen Themen tandemspezifische Aufgaben und ggf. Bild- und Textmaterial enthalten. Sie können sowohl von Einzeltandems genutzt als auch im Rahmen von Tandemkursen eingesetzt werden. Die umfangreichste Sammlung von Tandemaufgaben für unterschiedliche Sprachen, Sprachniveaus, Themen und Lernziele bietet der Tandem-Server der Universität Bochum, weitere Aufgaben finden sich im Band des Deutsch-Französischen Jugendwerkes (Baumann 1999).

Lit.: I. Baumann: Die Tandemmethode. Theorie und Praxis in deutsch-französischen Sprachkursen. Stgt 1999. – M. Bechtel: Interkulturelles Lernen beim Sprachenlernen im Tandem. Eine diskursanalytische Untersuchung. Tüb. 2003. – H. Brammerts/K. Kleppin (Hg.): Selbstgesteuertes Lernen im Tandem. Ein Handbuch. Tüb. 2001. – H.-E. Herfurth: Möglichkeiten und Grenzen des Fremdsprachenerwerbs in Begegnungssituationen. Zu einer Didaktik des Fremdsprachenlernens im Tandem. Mü. 1993. MB

Task-Based Learning ⁊ Aufgabenorientiertes Lernen

Tertiärsprachendidaktik ⁊ Mehrsprachigkeitsdidaktik

Tests werden für eine ganze Reihe von Einsatzmöglichkeiten entwickelt. Dazu gehören z.B. die Vorhersage von zukünftigem Schulerfolg und beruflichem Erfolg, Examina und die Evaluation von Unterrichtserfolg (individuell, auf Klassen-, Regional- oder Landesebene). Immer muss man im Auge behalten, wofür ein Test entwickelt wurde, d.h. welche Funktion er hat. Testentwickler entscheiden sich aufgrund von inhaltlichen, psychologischen, methodisch-technischen und finanziellen Überlegungen für eine bestimmte Form, z.B. für Fragen mit mehreren Antworten (Multiple-Choice-T.), offene Fragen oder ein Gespräch mit Beurteilung anhand von Kriterien. Die Wahl von Form und Funktion eines Tests kann mehr oder weniger gelungen sein. Dies zeigt sich durch die wissenschaftliche Beurteilung des Tests oder durch seinen Gebrauch in der täglichen Praxis. So werden die Qualitäten und Einschränkungen von T. über eine bestimmte Zeitspanne deutlich. Die Durchführung psychologischer T. ist einem qualifizierten Psychodiagnostiker vorbehalten, ebenso ein psychologischer Fragebogen, eine (klinische) Beurteilungsskala und Einschätzungsskalen. Beobachtungsskalen, T. in Schulen, Instrumente wissenschaftlicher Begleitung und Evaluationsbögen werden auch anderen Personen zur Durchführung anvertraut.

Ein Test ist ein systematisches Klassifikations- oder Messverfahren, mit dem Aussagen über eine oder mehrere empirisch-theoretisch fundierte Eigenschaften von einer oder mehreren Personen mit unterschiedlichen Hintergründen möglich werden. Das geschieht durch objektive, vergleichende Aufarbeitung von Reaktionen auf eine Anzahl von standardisierten, sorgfältig gewählten Stimuli. Ein Test besteht aus einer Zusammenstellung von verbal, handelnd und/oder motorisch an einem Objekt zu lösenden Aufgaben. Die Komponenten eines Tests heißen ›Sub-Tests‹. Diese bestehen aus Items, womit die einzelnen Teile des Kriteriums gemessen werden, um sich somit an das schwierig zu erfassende Gesamtkonzept anzunähern. Die Items sind vor allem Fragen, aber auch Aussagen. Sie müssen mehreren Kriterien genügen: (1) Relevanz der Fragen oder Aussagen im Hinblick auf das Ziel: Wenn z.B. ↗Sprechen als kommunikativer Akt erfasst werden soll, kann sich der Test der Sprechfertigkeit nicht auf das Wissen über ↗Grammatik in den Sprechakten richten. (2) Typen der Fragen: Wenn es um das Testen von ↗Wissen geht, sind die Fragen anders, als wenn man Einsicht testet oder unabhängige Sprachverwendung im Alltag. (3) Effizienz: Dieses Kriterium meint das Gleichgewicht zwischen der Notwendigkeit, objektive Informationen zu erhalten, und dem Ausmaß von Zeit und Energie, die man zur Testentwicklung benötigt. (4) Objektivität: Es muss gefragt werden, ob die als korrekt eingestuften Antworten wirklich objektiv korrekt sind. Eine Möglichkeit zur Erfüllung dieses Kriteriums ist, dass Expert/innen sich über die richtige Antwort einig sind. (5) Spezifische Eignung: Dies meint, dass vorher definierte Inhalte gemessen werden sollen und nicht globales Wissen, das eventuell außerhalb des Unterrichts erworben wird. (6) Schwierigkeitsniveau des Tests: Wenn es das Ziel des Unterrichts ist, dass jede/r Lernende Minimalziele erreicht, dann ist eine hohe Prozentzahl an richtigen Antworten wünschenswert. Wenn der Test dazu dienen soll, Unterschiede zwischen SuS zu erfassen, dann ist eine hohe Anzahl richtiger Antworten nicht

wünschenswert. (7) Trennschärfe/Diskrimination: Dieses Kriterium bezieht sich auf den Grad, zu dem die Items zwischen besseren und schwächeren SuS trennen. (8) Reliabilität: Dieses Kriterium besagt, wieweit man auf die Testwerte vertrauen kann. Je größer der Einfluss von Zufall oder nicht berechenbaren Faktoren ist, desto mehr ist die Reliabilität gefährdet. (9) Fairness gegenüber den SuS: Dieses Kriterium bezieht sich auf den vorangegangen Unterricht. Welche Fragen sind angemessen, wenn man die ↗Qualität des Unterrichts in Rechnung stellt? Was war Teil des Curriculums und was wird abgefragt, das eigentlich nicht zum Lehrstoff gehört?

Neben der Untersuchung der einzelnen Items ist es für die Beurteilung der Qualität eines Tests möglich, den Test als Ganzes zu betrachten. Als erstes schaut man darauf, was der Test zu messen vorgibt. Ein Beispiel: In der vorletzten Klasse des Gymnasiums kann man nicht die Abiturfragen des vergangenen Jahres benutzen, um über die Noten in Englisch und Französisch zu entscheiden. Der zweite Aspekt ist die Zielgruppe (Population) für den Test. Ein Hörverstehenstest für jüngere Kinder (z.B. im Alter von 4 bis 6 Jahren) sollte fundamental anders gestaltet sein als ein Test, der das ↗Hörverstehen von 12-jährigen messen möchte. Drittens sollte berücksichtigt werden, für welchen Zweck ein Test gestaltet wird und wo die erzielten Resultate gebraucht werden. Ein Test, mit dem man das Interesse an den kulturellen Aspekten des Sprachenlernens einschätzt, kann nicht für die Notengebung zum Hörverstehen benutzt werden.

Die Qualität des Testmaterials ist besonders zentral, wenn ein standardisierter Test verwendet wird. Die Lehrkraft sollte den Test leicht anwenden können und in der Lage sein, die Daten, die sie erhält, zu interpretieren. Das gleiche gilt für die Qualität der Anleitung: Diese sollte angemessen und leicht lesbar sein, in konzentrierter Form die wichtigsten Informationen enthalten und denjenigen, der den Test einsetzt, unterstützen. Wenn ein standardisierter Test verwendet wird, sollten die Standards für das Bestehen und Nichtbestehen klar sein. Weiterhin sollte deutlich sein, inwieweit der Test zuverlässig und valide ist. Die Zuverlässigkeit eines Tests meint die Präzision des Tests, die zum Testen vorgesehene ↗Kompetenz auch wirklich zu messen. Generell drückt die Validität eines Tests aus, ob der Test in seinem Kern die vorgesehene Kompetenz misst.

Die drei wichtigsten Formen von T. im FU sind: (1) ↗Klassenarbeiten, (2) standardisierte T. und (3) Examina. (1) Eine Klassenarbeit ist ein systematisches Klassifikations- oder Messverfahren, denn die SuS werden alle einer Prozedur unterzogen. Jede/r Lernende wird durch eine Note klassifiziert. In der Praxis der Sekundarstufe nehmen Lehrende die Inhalte einer Unterrichtseinheit und stellen dazu Aufgaben. Es werden also mehrere Indizien benutzt, um eine Variable zu messen, in diesem Fall die Kenntnisse der SuS über die in der Einheit erarbeiteten Inhalte. Über die Formen und vor allem über die Qualitäten von Klassenarbeiten ist wenig bekannt. Folgendes kann festgestellt werden: Klassenarbeiten haben meistens eine hohe Inhaltsvalidität, weil die Lehrenden die Inhalte gut kennen, mit den SuS die Aufgaben durchgearbeitet haben und bei der Zusammenstellung der Klassenarbeit darauf geachtet haben, dass die wichtigsten Teile aus dem Unterrichtsstoff im Test aufgenommen sind. Auch wenn jedes Jahr gleiche Klassenarbeiten verwendet werden, sind diese in der Regel nicht standardisiert. Objektivität ist großteils durch die Professionalität der Lehrkraft garantiert; anderseits müssen die Lehrenden Entscheidungen treffen und Beurteilungen geben. Dies ist schwierig und kann sich auf die Objektivität auswirken. Meistens werden globale Urteile abgegeben. Der bzw. die Lernende bekommt eine Note zwischen 1 und 6. Die Objektivität der Beurteilung kann gesteigert werden: wenn die Lehrkraft (als Beurteilende) den SuS explizit erklärt, was die zu testende Kompetenz im Einzelnen beinhaltet; wenn die SuS wissen, was von ihnen erwartet wird; wenn die Lehrkräfte sich im Team über Definitionen der zu testenden Kompetenzen einigen; wenn ein zweiter Beurteiler hinzugezogen wird; wenn standardisierte Beurteilungsskalen benutzt werden. In der täglichen Praxis wird die Zuverlässigkeit einer Klassenarbeit nie beurteilt. Dafür fehlen Zeit und Möglichkeiten. Kurz zusammengefasst kann gesagt werden, dass ein Test umso zuverlässiger wird, je weniger die Endnote durch Zufallsfaktoren beeinflusst wird. Dies wird verbessert durch maximale Standardisierung, durch maximale Objektivität, gute Repräsentation des Inhalts und durch eine optimale Länge.

Das Kriterium der optimalen Länge ist immer abhängig von den Charakteristika der Zielgruppen, der zur Verfügung stehenden Zeit und dem Zweck des Tests.

(2) Ein standardisierter Test ist ein Test, der explizit für ein genau definiertes Konzept oder ein Merkmal eines Lernenden, mit einem bestimmten Zweck und mit einer sehr spezifischen Zielgruppe vor Augen entwickelt wird. Die Testmaterialien und Anleitungen sind einleuchtend und klar. Die psychometrischen Qualitäten standardisierter T. sind gründlich erforscht und dokumentiert. Der Einsatz eines solchen Tests liefert Informationen über die relative Position des Getesteten in Bezug zu einer vergleichbaren Population. Am Beispiel eines Wortschatz-Tests für die Grundschule kann die Entwicklung standardisierter T. erläutert werden: Die Lehrenden ermitteln normalerweise ein Bild der Fremdsprachenkenntnisse ihrer SuS durch Beobachtung und durch Einschätzung der Leistungen auf ↗Arbeitsblättern zum Buch bzw. anderen Materialien. Möchte man für diese Altersgruppe einen standardisierten Test entwickeln, ist zunächst der Gegenstand zu wählen. ↗Wortschatz scheint ein einfacher Testgegenstand zu sein; über das Messen von Wortschatz laufen die Meinungen von Experten allerdings auseinander (vgl. Meara/Fitzpatrick 2000, Read 1993). Ein Wortschatztest in der Grundschule muss verschiedene Ansprüche befriedigen: Er muss zum Curriculum des Frühbeginns passen (↗Früher FU), Kriterien der Kindgemäßheit berücksichtigen (vgl. z. B. Kubanek-German 2003) und die Kenntnisse von Sprachanfänger/innen in jungem Alter erfassen. Zugleich soll er für Lehrende nützlich sein, d. h. auch eine diagnostische Funktion haben. Deshalb wurde der Wortschatztest von Peter Edelenbos und Angelika Kubanek (2007) in sechs Stufen für Klasse 3 und weitere sechs Stufen für Klasse 4 unterteilt. So können Lehrende die Testebene, bei der sie einsteigen, gemäß ihrer Vermutung über den Kenntnisstand in ihrer Klasse individuell auswählen. Jede Stufe ist gleich aufgebaut, aber in Klasse 4 werden leicht geänderte Aufgaben verwendet, um die Herausforderung gegenüber dem Test für Klasse 3 etwas zu erhöhen. Die einfachste Stufe (Ebene 1) bestimmt das ↗Vorwissen am Beginn des Unterrichts in Klasse 3, das bei vielen Kindern durch freiwillige Angebote in den ersten

beiden Schuljahren, ggf. Englisch im Kindergarten sowie durch unseren von Englisch geprägten Alltag bereits vorhanden ist. Wenn die ineinander greifenden Entwicklungsprozesse beim Wortschatz erfasst werden sollen, muss ein Test mehrdimensional angelegt sein; der hier vorgestellte hat drei Bausteine: wie Kinder mit Wörtern umgehen und ihre eigenen Kenntnisse einschätzen (Baustein 1: Selbsteinschätzung), wie sie Wörter verankern (Baustein 2: Semantik), wie sie Sprachbewusstsein (↗Bewusstheit/Bewusstmachung) entwickeln (Baustein 3: *language awareness*).

Baustein 1: Die Anzahl der Wörter = Fähigkeit der Kinder, Einzelwörter zu beherrschen

---

Aufgabe 1: Selbsteinschätzung

Kennst du das Wort?
green   ☐ ja   ☐ nein
superman   ☐ ja   ☐ nein
....   ☐ ja   ☐ nein

Aufgabe 2: gehörtes Wort einem Bild zuordnen
Aus der Liste bereits gehörter Wörter werden nun einige einem Bild zugeordnet. Der bzw. die Lernende schreibt die Nummer des gehörten Wortes neben das Bild. Dies ist ein klassischer Testtyp. Er ist kurz, um die ↗Aufmerksamkeit zu erhalten.

Baustein 2: Semantik und Gebrauch von Wörtern im Kontext = Fähigkeit der Kinder zu erfassen, was ein Wort bedeutet; Fähigkeit, ein Wort anzuwenden
Vier Niveaus der Verankerung (= Wortbeherrschung) werden angenommen:

Aufgabe: Was bedeutet das Wort?

green

☐ niemals gehört
☐ ich kenne das Wort, aber weiß nicht, was es bedeutet
☐ es bedeutet _____
☐ ich schreibe einen Satz

_____

Die Übersetzung (Kästchen 3) ist eine Form der Beherrschung (↗Sprachmittlung). Zum Teil können Kinder auf Schriftähnlichkeit setzen.

Baustein 3: Sprachbewusstsein (language awareness) = Fähigkeit, Wortgrenzen zu erkennen; Fähigkeit, Wörter zu segmentieren; Fähigkeit, die Logik eines Satzes zu erkennen

---

Aufgabenbeispiel: Versteckte Wörter
z. B.
football: foot, ball, all
superman: super, man, an

Die Ergebnisse werden mit einer Software visuell dargestellt. Für jeden Schüler bzw. jede Schülerin ergibt sich ein individuelles Profil. Zugleich können Klassenwerte ermittelt und mit den Durchschnittswerten verglichen werden. Zu dem Test gehört ein Informationskapitel, das die Spracherwerbsstufen erläutert und Unterrichtsvorschläge zur ↗Differenzierung und zum Fördern macht.

(3) Als dritte Gruppe von T. im FU nehmen Examina einen wichtigen Platz im komplexen deutschen Bildungssystem ein. Die Prüfung am Ende der oberen Sekundarstufe kann zentral organisiert sein (↗Zentralabitur). In der Regel werden die Aufgaben im Abschlussexamen an der Schule von erfahrenen Lehrenden zusammengestellt; wo es in einem (deutschen) Bundesland ein Zentralabitur gibt, werden die Fragen in Zusammenarbeit mit den Curriculum-Instituten dieses Bundeslandes zusammengestellt. Angesichts der großen Diversität in Deutschland aufgrund der Kulturhoheit der Länder ist es äußerst schwierig, übergreifende Aussagen über Form und Qualität von Abschluss-T. zu machen. Die Praxis der Abschlussprüfungen in Europa ist sehr unterschiedlich. Portugal, die Slowakei und Litauen halten nur am Ende der Oberstufe landesweite Prüfungen ab. Frankreich, Luxemburg und Malta halten sowohl am Ende des ersten und des zweiten Zyklus der Sekundarstufe landesweite Prüfungen ab. In Schweden werden landesweite Prüfungen während der Sekundarstufe durchgeführt, aber diese sind nicht verpflichtend für die SuS, und Lehrende haben die Wahl, ob sie sie einsetzen oder nicht (vgl. Edelenbos 2005).

Zwei weitere Aspekte, die die Praxis von T. bestimmen, sind die Passung von T. und dem ↗Gemeinsamen europäischem Referenzrahmen für Sprachen (GeR) sowie neuartige Sprach-T. aufgrund von technischen Entwicklungen. Der FU und auch die ↗Leistungsbewertung im FU werden momentan in nahezu allen Ländern Europas nach dem GeR ausgerichtet. Dies ist ein deutlicher Vorteil, denn Lehrende in der ⁊ Lehrerbildung, Lehrkräfte, Lehrplanentwickler/innen (⁊ Lehrplan), Forscher/innen, Studierende und SuS haben nun einen gemeinsamen Bezugspunkt. Der GeR ist bisher jedoch nicht mehr als ein Rahmen. Das Feld des FUs macht sich ihn nur dann zunutze, wenn in einem Lehrplan in Bezug auf linguistische Kenntnisse und ⁊ Fertigkeiten ganz konkret eingetragen wird, was die SuS erbringen sollen. Das wurde in den Bildungssystemen Europas für viele Sprachen schon für die Niveaus A1, A2, B1 und B2 gemacht. Es kann beobachtet werden, dass viele Bildungseinrichtungen behaupten, die verwendeten T. oder aber ihre Prüfungen würden sich auf den GeR beziehen. J. Charles Alderson (2006) hat jedoch aufgezeigt, dass bei dem Prozess der Übertragung des GeRs auf eine bestimmte Region, ein bestimmtes Land oder einen bestimmten Schultyp Interpretationsspielräume existieren. Um diese zu verringern, wurde das GRID-Projekt durchgeführt. Es sollte eine Datenbank erstellt werden, anhand der Testentwickler nachschauen und überprüfen können, welche Deskriptoren (Beispiele) es für die einzelnen Dimensionen des GeRs auf den jeweiligen Stufen gibt. Damit soll die Übertragung erleichtert werden und zuverlässiger sein.

Auch technische Entwicklungen haben Einfluss auf die Erstellung und Durchführung von Sprach-T. Das PhonePassTM SET-10-System bietet z. B. automatisierte T. via Telefon. SET-10 ist ein Test, der in zehn Minuten interaktive Sprech- und Hörfertigkeit in Englisch misst. Die T. werden automatisch durch ein computerbasiertes System bewertet. Jedes Item verlangt, dass der Kandidat bzw. die Kandidatin eine gesprochene Äußerung versteht und darauf eine Antwort gibt. Die mündlichen Leistungen werden zu 60 % nach dem sprachlichen Inhalt der Äußerungen bewertet und zu 40 % nach der Art und Weise der Produktion. Die letzteren Werte werden aus einem Set von akustischen Grundmessungen zu Wortsegmenten, Wörtern und Wendungen berechnet. Die PhonePass-T. messen die Leichtigkeit in der Verwendung des gesprochenen Englisch, einschließlich beim Verstehen und Produzieren von einfachem Konversationsenglisch. Sie messen Kernfertigkeiten, mit denen eine Person mündliche Sprache versteht, die sich auf Alltagsthemen bezieht und mit denen sie verständlich in einem Muttersprachler orientierten Tempo antworten kann.

Lit.: J.Ch. Alderson (Hg.): Analysing Tests of Reading and Listening in Relation to the Common European Framework of Reference. The Experience of The Dutch CEFR Construct Project. In: Language Assessment Quarterly 3/1 (2006), 3–30. – L. Bachman/A. Palmer: Language Testing in Practice. Oxford 1996. – P. Edelenbos: Foreign Language Assessment Cultures. Policies and Practices in European Union Countries. Groningen 2005. – P. Edelenbos/A. Kubanek: Wortschatztest Englisch in der Grundschule. Teil 1: Klasse 3. Mü. 2007. – A. Kubanek-German: Kindgemäßer FU. Bd. 2. Münster 2003. – P. Meara/T. Fitzpatrick: Lexi30. An Improved Method of Assessing Productive Vocabulary in an L2. In: System 28/1 (2000), 19–30. – J. Read: The Development of a New Measure of L2 Vocabulary Knowledge. In: Language Testing 10/3 (1993), 355–371. – E. Shohamy/N.H. Hornberger (Hg.): Encyclopedia of Language and Education. Bd. 7: Language Testing and Assessment. Dordrecht 2010.
PE

Textauswahl ⁊ Kanon

Third Space ⁊ Kulturdidaktik, ⁊ Transkulturelles Lernen

Top-down Processing ⁊ Hörverstehen, ⁊ Leseverstehen, ⁊ Verstehen

Total Physical Response (TPR) ist eine Vermittlungsmethode, die in den 1960er Jahren von dem Psychologen James Asher entwickelt wurde. Die Grundannahme ist, dass der Fremdsprachenerwerb durch einen sprach-sensorisch-kinästhetischen Ansatz erleichtert und gefördert wird. Dieser Ansatz geht von der Beobachtung aus, dass beim Erstspracherwerb das Sprachverstehen vor der Sprachproduktion kommt. Kinder weisen eine sog. *silent period* auf, bevor sie selbst eigene Wörter produzieren. Eine ganz besondere Rolle spielen daher bei dieser Methode das ⁊ Hörverstehen und die daraus resultierenden körperlichen Reaktionen. Da Asher außerdem davon ausging, dass man eine Sprache am besten lernt, wenn die sprachliche Form mit einer Handlung assoziiert wird, folgen den im Unterricht erteilten Anweisungen bzw. Anweisungssequenzen Handlungen oder Handlungssequenzen seitens der SuS. Die Rollen zwischen Lernenden und Lehrenden können immer wieder gewechselt werden, um später die Lernenden stärker zu eigenen Sprachhandlungen zu führen.

Der grundlegende methodische Dreischritt besteht aus den Phasen *demonstration, instruction, jumbled order*. Zunächst begleitet die Lehrkraft eine sprachliche Äußerung durch eine eigene Handlung (›sit down‹ wird begleitet durch die entsprechende Handlung). Dann folgt die Phase der ↗Instruktion. Die Lehrkraft spricht die Aufforderungen aus, ohne die gewünschten Handlungen vorzumachen. Die SuS führen die geforderten Handlungen nun selbständig aus. In der dritten Phase nennt die Lehrkraft die Aufforderungen in vermischter Reihenfolge (*jumbled order*). TPR wird in Deutschland meist im ↗frühen FU in der Primarstufe praktiziert. Die Methode bietet den Vorteil, dass Aktionen immer unmittelbar mit den entsprechenden fremdsprachigen Bezeichnungen verknüpft sind. Dennoch ist der Anwendungsbereich im Unterricht eher beschränkt, da Aktivitäten wie das Aufstehen und Setzen natürliche Grenzen haben. Außerdem decken Anweisungen und Anweisungssequenzen nur einen sehr kleinen Teil dessen ab, was unter ↗kommunikativer Kompetenz verstanden wird. Einzelne Übungselemente z.B. bei der Wortschatzvermittlung (↗Wortschatz und Wortschatzvermittlung) sind sicher gut in den FU zu integrieren.

Lit.: J. Asher: Learning Another Language through Actions. The Complete Teacher's Guidebook. Los Gatos, CA 1986.   AG

Transfer. Für den Terminus T. lassen sich mehrere Definitionen anführen: (1) Übertragung von Ausdrücken, Bedeutungen, affektiven Konnotationen, grammatischen Funktionen oder pragmatischen Konzepten (a) von einer Sprache in eine andere Sprache (interlingualer T.) oder (b) von einem sprachlichen Teilbereich in einen anderen sprachlichen Teilbereich innerhalb derselben Sprache (intralingualer T.); (2) Übernahme von Wissensbeständen, Praktiken oder Texten von einer Kultur durch eine andere Kultur (Kultur-T.); (3) Übertragung von sprachlichem Wissen von einer Lehr-Lern-Phase in eine andere, situativ abweichende Lehr-Lern-Phase

oder Anwendungsphase (schulischer Lern-T.). T.-Konzepte können systemlinguistisch, psycholinguistisch, lernpsychologisch, kognitionswissenschaftlich und/oder kulturanthropologisch fundiert werden.

Besonders in der Fremdsprachendidaktik der 1970er und 1980er Jahre, aber auch noch heute wird T. – in Übereinstimmung mit Definition (3) – oft mit einem Übungs- und Anwendungskonzept zielsprachlichen Wissens verbunden. Zum Beispiel stellt die T.-Phase in Günther Zimmermanns »Lehrphasenmodell für den fremdsprachlichen Grammatikunterricht« (1988), einer Weiterentwicklung seines bekannten Modells von 1969, eine Verbindung zwischen einer formzentrierten Einübungsphase und der freien Anwendung grammatischer Strukturen her. Entsprechende Grammatikaufgaben sollen durch eine gezielte Variation der Übungssituationen eine »breite Verankerung« von Strukturen und Funktionen »im Kenntnis- und Leistungsrepertoire des Lernenden« ermöglichen (Zimmermann 1988, 164). Ab den 1990er Jahren haben sich allerdings auch konstruktivistische Fremdsprachendidaktiker zu Wort gemeldet (↗Konstruktivismus/Konstruktion), welche die präzise Steuerbarkeit dieser Art des T.s in Zweifel ziehen.

Von großer Bedeutung im Rahmen der Fremdsprachendidaktik ist der T.-Begriff (sowohl im Sinne der Definition (1a) als auch der Definition (2) außerdem im Bereich der Fehleranalyse (↗Fehler). Diese wurde durch Robert Lados Monographie *Linguistics Across Cultures* (1957) entscheidend beeinflusst: Die Hauptthese des Buchs, als »Kontrastivhypothese« bekannt geworden, geht von der Ermittelbarkeit schwieriger oder leichter Sprach- und Kulturelemente durch kontrastiven Vergleich aus. Nach Lado sind die interlingual oder interkulturell identischen oder ähnlichen Formen und Inhalte einfach erlernbar, weil sie positiven T. ermöglichen, die abweichenden Formen und Inhalte (↗Interferenzen) hingegen schwerer erlernbar, weil sie zu negativem (oder inadäquatem) T. führten. Diese Schlüsselstellung von Interferenz und T. für die Fehleranalyse wurde allerdings ab den 1970er Jahren durch Zweitsprachenerwerbsforscher, die auf die größere Relevanz von morphosyntaktischen Entwicklungssequenzen aufmerksam machten, erschüttert. Eine abgemilderte Kontrastivhypothese, die vor allem auch noch gedächtnisbezogene und lernerstrategische Aspekte in Betracht zieht, hat bis heute eine breitere Akzeptanz gefunden (vgl. Reinfried 1999, 101 ff.).

Ein weiteres fremdsprachendidaktisches Forschungs- und Entwicklungsfeld, in dem T. – vor allem im Sinne der Definition (1a) – eine Schlüsselrolle spielt, ist die ↗Mehrsprachigkeitsdidaktik. Bei einer nahen Verwandtschaft zwischen einer (gut bis sehr gut beherrschten) Ausgangssprache und einer (wenig beherrschten) Zielsprache können unter Umständen große Teile zielsprachlicher Textinhalte erschlossen werden. So beträgt beispielsweise der Anteil der lexikalischen T.-Basen in vielen spanischen Texten etwa 80 % auf der Grundlage von französischen Sprachkenntnissen. Viele strukturelle Übereinstimmungen innerhalb von europäischen Sprachfamilien (insbesondere den romanischen, germanischen und slawischen Sprachen) erleichtern auch das spontane Verständnis von grammatischen Bedeutungen (vgl. Meißner 2004, 43 f.). Interkomprehensionskurse (↗Interkomprehension) wie z.B. die Kurse von EuroCom bilden den T. als interlinguale Inferierungsstrategie (↗Inferenz) systematisch aus.

Lit.: S. Jarvis/A. Pavlenko: Crosslinguistic Influence in Language and Cognition. N.Y. 2008. – R. Lado: Linguistics Across Cultures. Applied Linguistics for Language Teachers. Ann Arbor 1957. – F.-J. Meißner: T. und Transferieren. Anleitungen zum Interkomprehensionsunterricht. In: H.G. Klein/D. Rutke (Hg.): Neuere Forschungen zur europäischen Interkomprehension. Aachen 2004, 39–66. – M. Reinfried: Innerromanischer Sprach-T. In: Grenzgänge 12 (1999), 96–125. – G. Zimmermann: Lehrphasenmodell für den fremdsprachlichen Grammatikunterricht. In: J. Dahl (Hg.): Grammatik im Unterricht. Expertisen und Gutachten. Mü. 1988, 160–177. MR

Transkulturelles Lernen. Der Begriff des t.L.s leitet sich vom kulturtheoretischen Konzept der Transkulturalität ab, das in den letzten Jahren sowohl in den ↗Kulturwissenschaften als auch in den Fremdsprachendidaktiken verstärkte Aufmerksamkeit erfahren hat. Im Sinne des kulturphilosophischen Ansatzes von Wolfgang Welsch (1999) fungiert das Konzept der Transkulturalität als Gegenmodell zur Vorstellung in sich geschlossener, homogener Kulturen und geht stattdessen von der ›Durchdringung der Kulturen‹ sowie von der Entwicklung multipler

transkultureller Identitäten von Individuen aus. Damit lenkt das Konzept die Aufmerksamkeit auf interne Differenzierungen, gegenseitige Durchdringungen, Hybridisierungen und Vernetzungen moderner Gesellschaften und zeitgenössischer Kulturen sowie auf die Komplexität kultureller Identitätsentwürfe (↗Identität und Identitätsbildung).

Während interkulturelle Ansätze (↗Interkulturelles Lernen) sich seit einiger Zeit im fachdidaktischen und bildungspolitischen Diskurs etabliert haben, werden die kulturwissenschaftlichen Konzepte der Transkulturalität und der kulturellen Hybridität erst seit wenigen Jahren in der Fremdsprachendidaktik diskutiert. Seitdem haben sich diverse Ansätze zum t.L. im FU herauskristallisiert, die sich zwar in ihrer terminologischen Praxis sowie in ihrer konzeptionellen Ausrichtung voneinander unterscheiden, jedoch in ihren theoretischen Grundannahmen und Argumentationen einige Parallelen aufweisen. Grundsätzlich lassen sich dabei zwei gemeinsame Argumentationsstränge erkennen, die sich zum Teil überlagern: Zum einen wird die Auffassung vertreten, dass der FU als hybrider kultureller Begegnungs- und Aushandlungsraum konzeptualisiert werden kann, in dem die Lernenden sich neue kulturelle Bedeutungen erschließen und aneignen, diese modifizieren oder umdeuten und in diesem Sinne zu interkulturellen Aktanten werden (vgl. Hallet 2002). Zum anderen wird mehrfach die Bedeutung eines transkulturellen Kulturbegriffs für die ↗Literatur- und ↗Kulturdidaktik hervorgehoben, der mit einem veränderten Blick auf den Unterrichtsgegenstand, die Zielsetzungen und didaktisch-methodischen Zugangsweisen einhergeht (vgl. Eckerth/Wendt 2003). Der hybride, transkulturelle Kulturbegriff führt dabei zur Hervorhebung von kulturellen Grenzüberschreitungen und Hybridisierungen, von kulturellen Austauschprozessen und Vielstimmigkeit.

Die Bandbreite der Ansätze zum t.L. reicht von der theoretischen Reflexion über Transkulturalität als grundlegendes Kulturmodell im FU (vgl. ebd.) und die Konzeptualisierung des FUs als hybrider, transkultureller Austauschraum und *third space* (vgl. Hallet 2002), über literatur- und kulturdidaktische Unterrichtsvorschläge bis hin zur empirischen Untersuchung transkultureller Denk- und Lernprozesse (vgl. Fäcke 2006). Insgesamt beruhen diese Ansätze zum t.L. auf einem prozesshaften, hybriden und diskursiven Begriff von ↗Kultur, der zu einer neuen Aufmerksamkeit für transkulturelle Phänomene in Literatur und Gesellschaft führt. Aus dem Konzept der Transkulturalität wird die Forderung nach einer erweiterten oder veränderten Textauswahl im Literaturunterricht abgeleitet (↗Kanon), die die Komplexität von Kultur(en) und Identität(en) z.B. anhand literarisch inszenierter Migrationserfahrungen erlebbar macht. Literarische Texte werden in jedem Fall als Anlass für dialogische Aushandlungen von kultureller Bedeutung und für ergebnisoffene, inter- und transkulturelle Denkprozesse verstanden. Bei der didaktischen Strukturierung des Unterrichts wird Wert auf ↗Intertextualität und Intermedialität sowie auf Multiperspektivität gelegt, um die repräsentierte(n) Kultur(en) als möglichst vielstimmige(s) Gebilde mit internen kulturellen Differenzen, Brüchen und Überlappungen zu modellieren.

Lit.: J. Eckerth/M. Wendt (Hg.): Interkulturelles und t.L. im FU. FfM 2003. – C. Fäcke: Transkulturalität und fremdsprachliche Literatur. Eine empirische Studie zu mentalen Prozessen von primär mono- oder bikulturell sozialisierten Jugendlichen. FfM 2006. – W. Hallet: FU als Spiel der Texte und Kulturen. Intertextualität als Paradigma einer kulturwissenschaftlichen Didaktik. Trier 2002. – W. Welsch: Transkulturalität. Zwischen Globalisierung und Partikularisierung. In: P. Drechsel (Hg.): Interkulturalität. Grundprobleme der Kulturbegegnung. Mainz 1999, 45–72.

BFH

TV-Didaktik. Die T., die sich zuerst im Gefolge der Entwicklung des Fernsehens in den angelsächsischen Ländern etabliert hat und erst seit den 1990er Jahren im deutschsprachigen Raum eine erwähnenswerte Rolle spielt, beschäftigt sich einerseits mit Inhalts- und Formanalysen von Fernsehsendungen nach dem Muster der etablierteren Filmanalyse (↗Filmdidaktik); andererseits versucht die T. angesichts der zunehmenden kulturellen Einflussnahme des Fernsehens die Problematisierung repräsentationskritischer und kulturwissenschaftlicher Fragen (etwa zum Zusammenhang zwischen medial inszenierter Wirklichkeit und repräsentierter Realität) zum Thema des FUs zu machen. Dabei versucht die T. auch, die Intentionen vorgeblich zuverlässiger, als objektive Bilder wahrgenommener, medialer Texte für SuS durchschaubar

zu machen (↗Visuelle Kompetenz). Dieser lange Zeit vernachlässigte Erwerb von textübergreifender ›Fernsehkompetenz‹ (*TV literacy*) und damit der Fähigkeit, sich kritisch mit den Formen, Funktionen und Intentionen, die hinter der heutigen ›Fernsehkultur‹ stecken, auseinanderzusetzen, werden im Sinne der T. durch eine Reihe methodischer, inhaltlicher und struktureller Kenntnisse ermöglicht.

Die didaktische Vermittlung von *TV literacy* umfasst verschiedene textzentrierte und kontextorientierte Bereiche. Textzentrierte Fernsehanalysen untersuchen zunächst die Formen der Fernsehproduktionen selbst, die entscheidend von Gattungskonventionen bestimmt sind, etwa der seriellen Erzählweise oder der Arbeit mit sog. Cliffhangern. Diese Konventionen sind in hohem Maße von ihrem Rezeptionskontext, d.h. den Funktionen, die sie zu erfüllen haben, geprägt und unterscheiden sich so von denen anderer visueller Medienprodukte etwa des Kinofilms. Fernsehzuschauer/innen konsumieren in der Regel nicht eine einzelne Sendung wie beim Kinofilm, sondern ein speziell auf ein besonderes Marktsegment und Publikum abgestimmtes Programm, das verschiedene Formate verbindet und eine möglichst unterhaltsame Mischung aus Nachrichten, Werbung, Shows und fiktionalen Stoffen bietet. Der Erfolg des Fernsehens als ›Populärmedium‹ (↗Populärkultur) hängt also davon ab, die Interessen verschiedener Gruppen, allen voran die Interessen von Konsument/innen und Produzent/innen, miteinander zu vereinen, so dass die T. bei der Untersuchung von Fernsehformaten in verstärktem Maße auch kulturelle und gesellschaftliche Fragen einzubeziehen und so die für das Fernsehen typische reziproke Abhängigkeit zwischen Produktion und Rezeption offen zu legen sucht. Solche kontextorientierten Untersuchungen von Fernsehen beschäftigen sich mit drei Schwerpunkten: mit der Produktion und den Institutionen der TV-Industrie; mit den Zuschauer/innen und der Rezeptionsseite; und mit kulturkritischen Fragen nach Repräsentation, Ideologie und Manipulation. An die Seite textzentrierter Formanalyse treten in der T. also kulturwissenschaftliche Fragestellungen (↗Kulturwissenschaft), die Untersuchung der Zusammenhänge zwischen Fernsehproduktion und -rezeption sowie die Beschäftigung mit der Fernsehindustrie.

Für den Schulunterricht lassen sich ausgehend von den skizzierten Schwerpunkten der T. zum heutigen Stand vier zentrale Dimensionen unterscheiden und anhand konkreter Unterrichtsmöglichkeiten veranschaulichen.

(1) Die erste, semiotische Dimension von Fernsehkompetenz betrifft die Entschlüsselung medialer Texte, d. h. die Interpretation von Fernsehbildern und Filmen im engeren Sinn. Dabei werden verschiedene Techniken (Kameraeinstellung, Ton, Licht usw.) sowie das Zusammenspiel dieser Techniken und deren Funktionen analysiert. Die SuS können beispielsweise mit Hilfe der Pausetaste an verschiedenen Stellen einer DVD stoppen, einzelne Einstellungen diskutieren und schließlich kurze Sequenzen untersuchen. Alternativ wird nur der Ton eines unbekannten Fernsehformats präsentiert, woraufhin die SuS das Format zu identifizieren versuchen und Vermutungen über Inhalt und Bildersprache der Sequenz anstellen, bevor schließlich mit Hilfe der kompletten Sequenz (inklusive Bild) das Verhältnis zwischen Ton und Bild problematisiert wird. Als weitere Möglichkeiten zur Vermittlung der ›Fernsehsprache‹ lassen sich etwa ein Protokoll mit detaillierten Beschreibungen von Handlung, Figuren, Kameraeinstellungen sowie Ton- und Spezialeffekten einer Sequenz erstellen oder zwei Sitcoms, Soap Operas, Nachrichtenprogramme usw. miteinander vergleichen, um Konventionen des betreffenden Formats zu erarbeiten (zu weiteren methodischen Vorschlägen vgl. Baker 2003; Alexander/Cousens 2004; Zerweck 2007, 362).

(2) Eine zweite, sprachliche Dimension der T. stellt die Auseinandersetzung mit TV-spezifischer Sprache und Ausdrucksformen dar. Diese Dimension betrifft in erster Linie das ↗ Hörverstehen, das sich durch den Einsatz von Fernsehen auf besonders vielseitige Weise schulen lässt, aber auch andere Anwendungsbereiche, etwa die Untersuchung von Fernsehzeitschriften oder die Wortschatzarbeit (↗ Wortschatz und Wortschatzvermittlung) anhand intermedialer Bezüge zu TV-Formaten in Jugendzeitschriften oder im Internet. Die sprachliche Dimension lässt sich zudem hervorragend durch Kreativaufgaben vertiefen. So können SuS Sequenzen aus TV-Programmen in andere Textsorten umformen, etwa in dramatische und lyrische Texte oder in Zeitungsartikel, oder es werden kurze Darstellungen von Soap Opera-

oder Sitcom-Episoden für fiktive Fernsehzeitschriften verfasst und als Ergänzung fremdsprachige Fernsehzeitschriften und Programminformationen aus dem Internet herangezogen und mit vergleichbarem deutschen Material kontrastiert (für weitere methodische Anregungen vgl. Zerweck 2007, 363).

(3) Die dritte, interkulturelle Dimension der T. betrifft die mediale Inszenierung zentraler Themen im Selbstverständnis einer bestimmten Kultur und zielt auf die Untersuchung von gesellschaftlichen Selbstwahrnehmungs- und Repräsentationsmustern sowie Geschichte und Mentalitäten einer Kultur ab. Lernende erhalten anhand der Fernsehanalyse Einblicke in die Art und Weise, wie Fernsehen kulturelle Selbst- und Fremdbilder inszeniert und dadurch unsere Vorstellung von ›Realität‹ beeinflusst. Bei fiktionalen Formaten können die SuS etwa zunächst die Figuren einer Serie beschreiben und im Anschluss diskutieren, wie realistisch die Figuren angelegt sind, mit welcher sozialen Gruppe sie korrespondieren und welches Gesellschaftsbild in der Serie zum Ausdruck kommt. Nichtfiktionale Formate eignen sich für die Vertiefung dieses ↗ Lernziels ebenfalls in hohem Maße. SuS können z. B. über die Darstellung aktueller Themen in fremdsprachigen Nachrichtensendungen berichten und bei einzelnen Sendungen Unterscheidungen zwischen Fakten und Meinungen treffen. Eine Überschneidung mit der semiotischen Dimension von Fernsehkompetenz ergibt sich hierbei, wenn erkundet wird, wie Filmsprache (Kamera, Licht, Ton usw.) für verschiedene Ziele genutzt wird, etwa um zu überzeugen, argumentieren, erklären usw. In denselben Sendungen können auch nationale und kulturelle ↗ Stereotype erforscht werden, wobei hierbei ein Vergleich mit deutschen Fernsehnachrichten besonders lohnenswert ist, etwa indem man verschiedene Nachrichtensendungen desselben Tages auf einem fremdsprachigen und einem deutschen Sender über ein möglichst kontroverses Thema (z. B. US-Wahlen, Afghanistankrieg, Finanzkrise usw.) kontrastiert (für weitere methodische Vorschläge vgl. Bianculli 2000 und die Beiträge in Sommer/Zerweck 2005).

(4) Die Betrachtung der medialen Inszenierung von Kulturthemen führt zur Frage, unter welchen Bedingungen sich diese mediale Inszenierung von ›Wirklichkeit‹ vollzieht. Im Rah-

men dieser vierten, produktionsorientierten Dimension werden die Entstehungsprozesse des Erzählens in Fernsehformaten aufgedeckt, wodurch Einsichten in die Fernsehindustrie, Intentionen der Beteiligten, Konfliktpotenzial unter den Akteuren und sogar potenzielle Berufsfelder gewonnen werden (vgl. Goodwyn 2004, 65 ff.). Besonders wichtig ist bei diesem Lernziel die Sensibilisierung für die Problematik der Manipulation durch Fernsehbilder sowie die Intentionen verschiedener Beteiligter, etwa beim Produktplacement in Werbesendungen, beim Erzielen möglichst hoher Einschaltquoten aus kommerziellen Gründen in Soap Operas oder bei der manipulativen Propaganda in Kriegsberichten. Zur Erarbeitung der Intentionen von Fernsehwerbungsproduzent/innen können SuS beispielsweise fremdsprachige Werbefilme, die es mittlerweile auch als Unterrichts-DVDs zu erwerben gibt, und deren Zielrichtung diskutieren. Darüber hinaus bieten sich weitere analytische Zugangsweisen bezüglich der Produktionsseite fiktionaler Formate an. So lassen sich anhand des Vor- und Abspanns eines fiktionalen Formats möglichst viele Informationen zu Produktion und Vermarktung der Sendung herausarbeiten. In einem nächsten Schritt erarbeiten die SuS, welche Personen bei der Herstellung eines TV-Formats beteiligt sind (Autor, Regisseur, Schauspieler, Produzent, Cutter usw.) und welche Konflikte zwischen diesen Beteiligten denkbar sind. In Ergänzung zu solchen analytischen Zugangsweisen eignen sich auch für die produktionsorientierte Dimension der T. Kreativaufgaben. Schülergruppen können etwa Ideen für Fernsehsendungen entwickeln, gemeinsam entscheiden, welche Sendung sie produzieren würden, um eine möglichst große Zuschauerzahl zu erreichen, und diese Idee als Projektarbeit weiterführen (↗ Projektunterricht), etwa durch die Entwicklung von Projektskizzen aus der Perspektive unterschiedlicher Akteure. In Gruppen, die aus jeweils einem Akteur besteht und damit die gesamte Produktionskette umfassen, werden dann die verschiedenen Ziele diskutiert, Kompromisse ausgehandelt und Abstracts für die Sendung erstellt (Figuren, Story, Setting usw.). Im Rahmen einer weniger zeitaufwendigen Kreativaufgabe lassen sich auch Ideen für eine TV-Sendung auf der Basis einer Lektüre, die vorher in der Lerngruppe behandelt wurde, entwickeln. Hierzu werden Schauspieler/innen und Regisseur/innen ausgewählt sowie ein sehr kurzer Abstract von 25 Wörtern und ein Brief an eine fiktive Produktionsfirma verfasst, in dem die SuS ihr Material zu ›verkaufen‹ suchen (vgl. zu weiteren methodischen Ideen British Film Institute 2000; Sommer/Zerweck 2005, 8).

Die Einbeziehung der semiotischen, sprachlichen, interkulturellen und produktionsorientierten Dimensionen der T. in den FU wird in angelsächsischen Ländern seit den 1980er Jahren vorangetrieben (vgl. z.B. Clarke 1987). Im deutschsprachigen Raum dagegen konzentriert sich der Unterricht bislang vor allem auf die semiotische und sprachliche Dimension, seit einiger Zeit auch auf die interkulturelle Dimension (wobei meistens die Film- nach wie vor der Fernsehanalyse vorgezogen wird). Insgesamt verstärkt sich also auch hier die Einsicht, dass TV in einem (inter-)kulturellen und aktuellen FU nicht fehlen darf, da sich Fernsehen längst nicht mehr auf seine ursprünglichen Funktionen – die Information und Unterhaltung – beschränkt, sondern mittlerweile in erheblichem Maße Weltsicht, Sozialverhalten und Wirklichkeitsvorstellungen innerhalb unserer Mediengesellschaft prägt. Fernsehen ist damit, wie der amerikanische Journalist David Zurawik (zit. nach Bianculli 2000, 143) hervorhebt, ↗ ›Kultur‹ im eigentlichen Sinne: »When you say ›culture‹, everybody thinks of the opera and the Museum of Modern Art – but the anthropologists' definition is ›shared information, beliefs and values‹. And, in fact, television is the primary purveyor, and vehicle or deliverer, of shared information.« In diesem Sinn versteht sich die relativ junge T. als Disziplin zur Vermittlung nicht nur von Sprache und Inhalten des Phänomens ›Fernsehen‹, sondern auch von zentralen kulturellen und kommunikativen Merkmalen und Prozessen unserer Zeit.

Lit.: L. Alexander/A. Cousens: Teaching TV Soaps. Ldn 2004. – M. Alvarado/E. Buscombe/R. Collins (Hg.): The Screen Education Reader. Cinema, Television, Culture. Ldn 1993. – J. Baker: Teaching TV Sitcom. Ldn 2003. – D. Bianculli: Teleliteracy. Taking Television Seriously. Syracuse, NY 2000. – British Film Institute (Hg.): Moving Images in the Classroom. A Secondary Teachers' Guide to Using Film & Television. Ldn 2000. – M. Clarke: Teaching Popular Television. Ldn 1987. – A. Goodwyn: English Teaching and the Moving Image. Ldn 2004. – E. Lewis: Teaching TV News. Ldn 2003. – R. Sommer/B. Zerweck (Hg.):

Themenheft »Teaching TV« von Der Fremdsprachliche Unterricht Englisch 75 (2005). – B. Zerweck: Fernsehformate und deren kultureller Einfluss. Die Vermittlung von Fernsehkompetenz im Englischunterricht. In: W. Hallet/A. Nünning (Hg.): Neue Ansätze und Konzepte der Literatur- und Kulturdidaktik. Trier 2007, 351–370. BZ

TV literacy ↗ TV-Didaktik

Übergang. Nach ersten noch wenig erfolgreichen Schulversuchen mit einem ↗ frühen FU ab der 3. Klasse in den 1960er Jahren erhielt der Gedanke, SuS schon sehr früh systematisch mit einer Fremdsprache zu konfrontieren durch die Gründung der Europäischen Union und das Zusammenwachsen Europas in den 1990er Jahren neuen Aufschwung. Neben dem Begegnungssprachenansatz begannen manche Bundesländer mit zielorientierteren Methoden, die ein systematisches Erlernen der Fremdsprache auch schon in der Grundschule anstreben. Meist werden seit damals in der wöchentlichen Stundentafel zwei Stunden für die erste Fremdsprache zur Verfügung gestellt. Trotz vieler positiver Rückmeldungen über die Lernerfolge von Kindern, zeichnete sich aber bald ab, dass es zu erheblichen Problemen zwischen den Schulformen kam, in den meisten Bundesländern zwischen Klasse 4 und 5, in Berlin und Brandenburg zwischen den Klassen 6 und 7. Die Ü.sproblematik wurde ein fachdidaktisches Thema, dessen Brisanz bis heute anhält. Seit dem Schuljahr 2004/2005 ist das Erlernen einer ersten Fremdsprache in der Primarschule in allen 16 Bundesländern ein verbindlicher Bestandteil. Obwohl dies in der Regel Englisch ist, gibt es auch etliche Schulen, in denen als erste Fremdsprache Französisch oder Italienisch gelehrt wird.

Die Erfolge eines frühen Fremdsprachenbeginns sind nicht zu übersehen. Die jungen Fremdsprachenlernenden haben einige der Zielkulturen, in denen Englisch gesprochen wird, bereits in Lehrmaterialien, durch Fernsehen und Internet kennengelernt, haben über Gemeinsamkeiten und Unterschiede zwischen sich und den fremden Kulturen nachgedacht, manchmal sogar schon einen Briefwechsel mit jungen Sprecher/innen des Englischen begonnen. Viele SuS vermögen am Ende des 4. Schuljahrs bereits einfache Texte in der Zielsprache zu lesen, einige haben Grundkenntnisse im Schreiben kommunikativ sinnvoller kurzer Texte erlangt. Das Bild, das sich den Lehrkräften bietet, ist jedoch keinesfalls einheitlich. Vielmehr treffen sie in ihren 5. Klassen gleichzeitig auch auf Lernende, deren Sprachkönnen im Englischen kaum entwickelt ist. Die gesichertere Homogenität der früheren Anfangskurse in Klasse 5 ist einer deutlichen Heterogenität gewichen, die die Arbeit für die Lehrkräfte erschwert. Mit der neuen Verbindlichkeit des FUs in der Primarschule haben deshalb nicht nur die Kinder an Lernchancen gewonnen, sondern es erwächst allen Bundesländern auch die Pflicht, die Reibungsverluste und abrupten Brüche, die aus dem Frühbeginn zwischen den Schulformen im FU entstehen, besser in den Griff zu bekommen.

Die Gründe für die Anpassungsschwierigkeiten sind vielfältig. Zum einen wird die bisherige tradierte Ordnung des Englischunterrichts maßgeblich verändert. Solange der FU nur den weiterführenden Schulen vorbehalten war, wurden Themen, Inhalte, ↗ Methodik und ↗ Lernziele innerhalb der jeweiligen Schulform für die Haupt-, Real-, Gesamtschule und das Gymnasium von den Abschlüssen her festgelegt. Die flächendeckende Einführung des FUs in der Primarschule bringt diese Ausrichtung aber ins Wanken: Für die ersten zwei bzw. sogar vier Jahre Englischunterricht werden bisher von den Grundschulen in Abstimmung mit dem jeweiligen Rahmen- oder ↗ Lehrplan eigene Lernziele erstellt und eigene Methoden bevorzugt, so dass am Ende der 4. Jahrgangsstufe ein eigener, mit der Sekundarstufe I nicht abgestimmter Lernstand erreicht wird. Ein zweiter Grund für den Bruch zwischen den Schulformen liegt in oft noch nicht ausreichend ausgebildeten oder weitergebildeten Lehrkräften der Grundschulen, die im FU eingesetzt werden, und einer noch nicht ausreichend an die neue Situation angepassten ↗ Lehrerbildung der Sekundarstufenlehrkräfte. Ein dritter Grund für die Ü.sprobleme besteht in den entwicklungspsychologischen Voraussetzungen, die den Lernzielen und Lerninhalten der beiden Schulformen zugrunde liegen. Die Einteilung der Schulformen in eine 1. bis 4. und eine 5. bis 10. bzw. 13. Klasse schien den Bruch zwischen der konkret-operationalen und der formal-operationalen Phase der geistigen Entwicklung genau zu markieren. Statt dieses recht starren Modells kindlicher Entwicklungsstufen nach Jean Piaget stehen heute auch komplexere Modelle kindlicher Entwicklung zur Verfügung, die beschreiben, dass Kinder sich je nach Thema und Leistungsgebiet in verschiedenen Entwicklungsphasen befinden können, bzw. die auch allmähliche Übergänge und eine Interdependenz zwischen den einzelnen Entwicklungsphasen für wahrscheinlicher halten. Der FU in allen Schulformen muss diese neuen, komplexeren Modelle der geistigen Entwicklung berücksichtigen.

Des Weiteren resultieren die Schwierigkeiten des Ü.s aus ungelösten Konflikten der fremdsprachendidaktischen Lerntheorie. In erster Linie handelt es sich dabei um die Frage, ob der ↗ Spracherwerb der Muttersprache und der der Fremdsprache identisch, ähnlich oder unterschiedlich verlaufen. Dabei lassen sich in der Fachdiskussion, grob gesprochen, zwei konkurrierende Meinungen verzeichnen: Anhänger der Identitäts-Hypothese behaupten, dass alle Spracherwerbsprozesse prinzipiell gleich verlaufen. Dies bedeutet, dass unabhängig vom Alter bei jedem Spracherwerb die gleichen angeborenen mentalen Prozesse aktiviert werden, die dafür sorgen, dass Fremdsprachen nach denselben Erwerbsprinzipien wie die Muttersprache gelernt werden (vgl. Riemer 2002, 61 f.). In zahlreichen Veröffentlichungen zum Frühbeginn kann man deshalb lesen, dass L1- und L2-Erwerb im Prinzip gleich seien, da die aufeinanderfolgenden Phasen der Rezeption und der Produktion beim Erstspracherwerb und beim Fremdsprachenlernen im frühen Schulalter völlig parallel zueinander verliefen. Die weitaus plausiblere Lernersprachen-Hypothese dagegen geht von erheblichen Unterschieden beim Erwerb der Muttersprache und beim Fremdsprachenlernen aus, die mit unterschiedlichem Alter, sprachlichem ↗ Vorwissen und mehr Weltwissen begründet werden. Sie vertritt die Auffassung, dass Lernende beim Erlernen einer Fremdsprache ganz spezifische Sprachsysteme entwickeln, die Merkmale der Erstsprache, der neuen Fremdsprache aber auch ganz eigenständige, von L1 und L2 unabhängige Merkmale enthalten (vgl. Riemer 2002, 63 f.). Durch Hypothesenbildung, Regeländerungen und lernerspezifische Strategien werde

die Lernersprache allmählich verändert (↗ *Interlanguage*). Vertreter der Mehrsprachigkeits-Hypothese gehen noch einen Schritt weiter: Sie glauben, dass das Erlernen von Sprachen ein integrierter Prozess ist, in dem Lerner ein System aus ↗ Kompetenzen entwickeln. In diesem Fall sind die Lernersprachen nicht nur »zweiwertige Systeme zwischen Ausgangs- und Zielsprache« (Riemer 2002, 64), sondern Beleg für die Mehrsprachigkeitskompetenzen ihrer Verwender (↗ Mehrsprachigkeit). Lernersprachen- und Mehrsprachigkeits-Hypothese gehen davon aus, dass es auch wichtige Unterschiede beim Erwerb von Muttersprache und Fremdsprachen gibt, Unterschiede, die sich bereits beim Fremdsprachenfrühbeginn bemerkbar machen. Als wichtigster Punkt ist zu nennen, dass diese Lernenden bereits mindestens eine Sprache kennen, auf die sie im Fremdsprachenlernprozess immer wieder zurückgreifen können. Sie verfügen darüber hinaus im 3. Schuljahr über weitaus reifere kognitive und emotionale Voraussetzungen als Kleinst- und Kleinkinder, mit denen sie alle Phänomene der sie umgebenden Welt differenzierter wahrnehmen können (vgl. Mindt/Schlüter 2007). Ihre Verallgemeinerungs- und Abstraktionsfähigkeiten sind besser ausgebildet; ihr Weltwissen und die bereits bestehenden Kenntnisse zu Lehnwörtern aus der Fremdsprache sowie ihre Vorerfahrungen können im FU genutzt werden.

Alle Bundesländer arbeiten inzwischen gezielt an einer besseren Anpassung des FUs der Schulsysteme, wobei vor allem Bemühungen zur Kooperation zwischen Schulen und Schulverbünden und zwischen Fremdsprachenlehrkräften in allen Schulformen im Mittelpunkt stehen. Wichtig ist daneben aber auch, dass der FU lerntheoretisch und entwicklungspsychologisch einheitlich ausgerichtet wird und es zu einer systematischen Zielorientierung in den Primarschulen kommt, die den Sekundarstufenlehrkräften verbindliche Eckpunkte für die Fertigkeitsbereiche (↗ Fertigkeiten) und die inhaltliche Ausrichtung des Unterrichts liefert. Sprachenstandards (↗ Standards), die sich auf die unterschiedlichen Kompetenzbereiche beziehen, und Sprachenportfolios (↗ Portfolio), die durch Selbsteinschätzung ein recht genaues Bild der fremdsprachlichen Schülerleistungen aus der Schülerperspektive darstellen, können bei dieser Aufgabe eine Hilfe darstellen.

Lit.: D. Mindt/N. Schlüter: Ergebnisorientierter Englischunterricht. Für die Klassen 3 und 4. Bln 2007. – C. Riemer: Wie lernt man Sprachen? In: J. Quetz/ G. von der Handt (Hg.): Neue Sprachen lehren und lernen. Bielefeld 2002, 49–82.   EBM

U

Übergeneralisierung ist die regelwidrige Bildung einer Sprachform nach dem Vorbild einer oder mehrerer anderer Sprachformen innerhalb der Zielsprache, die zustande kommt, wenn Lernende die Verwendungsmöglichkeiten eines Ausdrucks oder einer Struktur noch nicht sicher genug beherrschen. Ü. finden sich beim Erlernen der Muttersprache und der Fremdsprachen auf allen sprachlichen Ebenen. Oft bestehen verschiedene Formen gleichzeitig nebeneinander, z. B. für den Plural von ›Rad‹ *Räder* neben **Rade* und **Räders*. In der ↗Orthographie kommt es vor allem bei nicht eindeutigen Phonem-Graphem-Beziehungen zu Ü. So können Schreibweisen wie **lehsen* (lesen) und **frohr* (fror) auf die Regel zurückgeführt werden, dass lange Vokale im Deutschen oft durch Vokal plus <h> wiedergegeben werden. Falsche Analogiebildung in der Umlautmarkierung zeigt sich bei **bällt* (bellt) und **Läute* (Leute). Ü. in Bezug auf die Akzentregeln des Deutschen liegt z. B. vor, wenn in den Komposita *Jahrhundert* oder *Saarbrücken* der erste Bestandteil betont wird. Meist ist Ü. ein Beleg für vorhandene Regelkenntnisse in der jeweiligen Sprache (intralingualer ↗Transfer). Wenn die ↗Aufmerksamkeit der Lernenden stark auf das Aneignen einer unbekannten und schwierigen Struktur der Zielsprache gerichtet ist, wird sie zu oft und an falscher Stelle im Satz verwendet (Hyperkorrektur), z. B. das Pronomen *es*: **Die Stadt gefällt es mir sehr* (Böttger 2008, 193) oder der definite Artikel: **Jetzt habe ich mehr die Freizeit* (ebd., 208). Lernende, die wissen, dass sie die gerundeten Vorderzungenvokale häufig falsch aussprechen, achten übermäßig auf eine korrekte Aussprache, was Verwechsler wie **lüstig* (lustig) oder **Zukünft* (Zukunft) zur Folge haben kann. Möglicherweise handelt es sich beim

letzten Beispiel aber auch um eine Ü. aus der Wortbildung, wenn von *zukünftig* auf die Form des Substantivs geschlossen wurde. Ü. kann auch durch Übungstransfer entstehen; die exakte Ursache ist aus Lernerproduktionen allein nicht immer eindeutig bestimmbar. Wie andere ↗Fehler auch gehören Ü.en zur ↗*Interlanguage* von Lernenden, sind Ergebnisse von Erwerbsstrategien, im ↗Spracherwerb unvermeidlich und werden zum Teil von selbst wieder verschwinden. Im Unterricht sollte es vermieden werden, durch Konzentration auf eine sprachliche Erscheinung andere völlig zu vernachlässigen. Ü. kann vor allem durch bewusstmachende Verfahren (*focus on form*; ↗Bewusstheit/Bewusstmachung), explizite ↗Korrektur sowie kontrastierende und vielseitige ↗Übungen minimiert werden.

Lit.: K. Böttger: Die häufigsten Fehler russischer Deutschlerner. Ein Handbuch für Lehrende. Münster u. a. 2008.   GM

Übersetzen ↗Sprachmittlung

Übung ist ein in der pädagogischen Fachsprache und in der Umgangssprache gleichermaßen häufiger Begriff. Umgangssprachlich werden Tätigkeiten als Ü. bezeichnet, die zur Einübung in bestimmte Fertigkeiten dienen, wie etwa Fingerübungen beim Klavierspiel oder bestimmte Bewegungsabläufe im Sport. Zugleich bezeichnet der Begriff Ü. auch die gute Beherrschung einer Tätigkeit als Ergebnis des Trainings (›jemand besitzt Ü.‹) sowie die Ü.stätigkeit selbst (›jemand führt eine Ü. durch‹). Im Englischen besteht eher Verwechslungsgefahr zwischen Ü. (*practice*) und Praxis (*practice*) im Begriffspaar ›Theorie und Praxis‹; eine Ü.saufgabe heißt daher *exercise* oder *task*.

Die Ü. ist Teil des Lernens und wird daher von den Wissenschaften erforscht, die sich mit dem Lernen befassen, also der Pädagogik, der Psychologie und den Fachdidaktiken. Allerdings stellt die Ü. in diesen Disziplinen gleichermaßen ein eher vernachlässigtes Forschungsthema dar. Für die Pädagogik hat dies Otto Friedrich Bollnow (1978) und für die Fremdsprachendidaktik Robert M. DeKeyser (2007c) klar aufgezeigt. In der Fremdsprachenforschung beginnt man seit der Zeit der ↗audiolingualen Methode und des *pattern drill* erst seit kurzem wieder, sich für Fragen des Übens zu interessieren (vgl. DeKeyser 2007a). Die Vernachlässigung in der Forschung hängt – so Bollnow (1978, 14 ff.) – in erster Linie damit zusammen, dass die weithin als langweilig empfundene Ü. weniger interessant und wichtig schien als beispielsweise die Entfaltung der schöpferischen Kräfte der Lernenden oder die beeindruckende Erstbegegnung mit einem neuen Unterrichtsthema. Sportler/innen und Musiker/innen wissen, wie zentral das Üben einzelner Bewegungselemente für die Optimierung komplexer Bewegungsabläufe ist. Welchen Stellenwert man dem Üben zubilligt, hängt somit erstens mit dem jeweils vertretenen Konzept des Lernens und dessen vorrangigem Ziel zusammen. Im Hinblick auf das Erlernen einer Sprache ist zudem von Bedeutung, ob dieser Lernprozess analog zu anderen Lernprozessen gesehen wird. Denkt man vom Ziel her, so sind Wissen und Können gleichermaßen Zielpunkte fremdsprachlicher Kompetenz. In der kognitiven Psychologie unterscheidet man deklaratives ↗Wissen und prozedurales Können. Nach Bollnow (1978, 26 f.) ist Wiederholen für den Erwerb von Wissen erforderlich, Ü. für den Ausbau des Könnens. In beiden Fällen greife der Lernende bzw. der Unterricht etwas bereits Bekanntes wieder auf: »Beim Wissen handelt es sich darum, das dem Gedächtnis Entglittene neu zu befestigen [....]. Bei der Übung einer Fertigkeit handelt es sich dagegen darum, eine zunächst noch unvollkommene Leistung schrittweise zu verbessern, [....] bis sie geläufig ist« (Bollnow 1978, 28 f.). Folgt man dieser Unterscheidung, dann werden im FU vor allem die rezeptiven und produktiven sprachlichen ↗Fertigkeiten geübt, ebenso die korrekte ↗Aussprache sowie die Bewältigung interaktiver Situationen. Grammatisches Regelwissen (↗Grammatik und Grammatikvermittlung), ↗Orthographie und die Verankerung der Bedeutung von Wörtern im Gedächtnis (↗Wortschatz und Wortschatzvermittlung) können durch Wiederholung gefestigt, nicht jedoch in diesem Sinne geübt werden. Ein erheblicher Teil des Sprachenlernens ist *skill learning*, das sich dadurch auszeichnet, dass Ü. zu Leistungsverbesserung führt (vgl. Carlson 2003). Eine Fertigkeit wird durch Ü. verbessert, indem sie weniger fehlerhaft, schneller, mit weniger Energieaufwand und größerer Aussicht auf Erfolg durchgeführt wird

(vgl. DeKeyser 2007b, 2 f.). Für das Sprachenlernen bedeutet das den Erwerb von Flüssigkeit im Sprachgebrauch. Der flüssigen Verwendung einer Sprache liegt ein gewisser Grad der ↗Automatisierung zugrunde. Auch wenn Automatisierung in der Forschung nicht einheitlich definiert ist, besteht doch Einigkeit darüber, dass gezieltes Üben erforderlich ist, um diese zu erreichen. Unter gezieltem Üben versteht man in diesem Zusammenhang das explizite Einüben bestimmter Fertigkeitsbereiche oder sprachlicher Elemente. Sprachverwendung wird jedoch auch in Aufgaben oder Spielen geübt, die keinen spezifischen sprachlichen Fokus besitzen, jedoch die Verwendung von Sprache erfordern; dies kann man als implizites Üben bezeichnen.

Erfolgreiches Üben durchläuft mehrere Stadien. Am Anfang steht das bewusste Ausführen einer Aufgabe, bei der die ↗Aufmerksamkeit der Lernenden auf diese Aufgabe selbst gerichtet ist. Erneutes Üben derselben Aufgabe erlaubt es den Lernenden, unterstützt durch das Gedächtnis, diese rascher und weniger fehlerhaft durchzuführen. Wichtig ist jedoch, dass die Lernenden während der Ü. ↗Feedback über die Korrektheit bzw. Angemessenheit ihrer Äußerung oder ihres Verstehens erhalten. Dadurch wird vermieden, dass sich falsche Sprachmuster einprägen. Allerdings hängt es von den Dispositionen individueller Lernender (↗Lernertypen) ab, in welchem Umfang Einsicht in und Erklärungen zu strukturellen und sprachlichen Zusammenhängen übungsfördernd wirken. So benötigen etwa analytische Lernende eher kognitive Bewusstmachung (↗Bewusstheit/Bewusstmachung), während wiederholtes Üben diejenigen unterstützt, die stark gedächtnisgesteuert lernen (vgl. Skehan 1998, 270). Analytische Lerner profitieren somit stärker von explizitem Üben, intuitive Lerner von implizitem Üben (vgl. Stern 1992, 327 ff.). Der Schwierigkeitsgrad von Ü.en darf nicht zu hoch sein; sie sollten die Lernenden fordern, aber nicht überfordern. Ü.en, die rein mechanisch durchgeführt werden können, erscheinen für alle Lerntypen wenig sinnvoll.

Es ist keine neue Erkenntnis, dass Üben ein unabdingbarer Bestandteil des Erlernens einer Sprache ist. Sprachlehrbücher aus früheren Jahrhunderten enthalten Ü.en, und die Fremdsprachendidaktiker aller Zeiten haben deren Rolle betont, z.B. Henry Sweet in *The Practical*

Study of Languages (1899) oder Walter Hübner in seiner *Didaktik der neueren Sprachen* (1933). Im Verlauf der Zeit wurden die Ü.sformen erweitert und differenziert. Während etwa Imitation und Übersetzung (↗ Sprachmittlung) bis ins 19. Jh. zu den wichtigsten Ü.en zählten, traten im 19. und frühen 20. Jh. u.a. Einsetz-Ü.en, Umformungs-Ü.en und Frage-Antwort-Ü.en dazu (vgl. Klippel 1994, 155 ff.). Heute verfügen wir über ein breites Repertoire an Sprach-Ü.en, das zum einen die Ziele des ↗ kommunikativen FUs berücksichtigt (u.a. ↗ *information gap*, *opinion gap*, *jigsaw activities*, *problem solving tasks*, *process writing*) und zum anderen durch die Möglichkeiten der digitalen ↗ Medien weiter ausgebaut wurde.

Man kann nur etwas üben, das man schon einmal verstanden oder formuliert hat. Daher liegt der didaktische Ort der Ü. zeitlich nach der Darbietung und Einführung neuen Sprachmaterials. Das heute zu Unrecht verpönte Verlaufsmuster einer Unterrichtsstunde in Form von *presentation – practice – production* verdeutlicht den didaktischen Ort der Ü. im Unterrichtsverlauf. Der Schritt vom expliziten Üben mit Blick auf die Korrektheit der sprachlichen Produktion bestimmter Sprachmuster oder Fertigkeitsbereiche bis zum spontanen Verwenden der fremden Sprache im kommunikativen Kontext, also das Hinübergleiten von der Übung zur Praxis kann durch offene Ü.sformen herbeigeführt werden. Insofern stellen Ü.en das Scharnier zwischen Input und Output dar.

Die Einführung des Begriffs *task* als Bezeichnung für Aktivitäten, die der Lebenswelt angenähert sind und zu deren Bewältigung Sprache erforderlich ist (↗ Aufgabenorientiertes Lernen), hat zu einer Einengung des Konzepts der Ü. in der Fremdsprachendidaktik geführt. In *tasks* liegt der Schwerpunkt auf dem Aushandeln von Bedeutungen (etwa dem Austausch von Informationen, Meinungen, Argumenten) und nicht auf der Verwendung spezifischer sprachlicher Formen (vgl. Ellis 2008, 818 f.), während man Ü.en komplementär stärker als formbezogen sieht. Jedoch erleichtert das ↗ generative Prinzip, das Wolfgang Butzkamm (2004, 174 ff.) mit vielen Beispielen beeindruckend illustriert, den Übergang von formbezogenem zum mitteilungsbezogenem Üben, indem die geübten Strukturen durch die Lernenden schrittweise verändert und mit neuen, von den Sprechern selbst gewählten Inhalten gefüllt werden. Dadurch dienen vorkommunikative Ü.en letztlich als Weg zum kommunikativen Sprachgebrauch. Elemente des Wiederholens und Veränderns liegen auch vielen ↗ Sprachlernspielen zugrunde. Was anderes ist ein Ratespiel als die ständige, leicht variierte Ü. eines Fragemusters? In Spielen liegt die Aufmerksamkeit der Beteiligten vor allem auf dem Spielziel; die Spieler/innen verwenden die Fremdsprache als Mittel, um dieses Ziel zu erreichen und üben somit eher implizit. Der Motivationsgehalt von Spielen, der u.a. auf den Spielmerkmalen ›Gegenwärtigkeit‹, ›Aktivierungszirkel‹, ›Ambivalenz‹ und ›Quasi-Realität‹ beruht, führt dazu, dass gerne und lange gespielt und somit geübt wird.

Neue methodische Ansätze sowie die technische Entwicklung ermöglichen neue Ü.sformen. Eine systematische Strukturierung von Ü.sformen und -typen ist bislang nicht gelungen, wenngleich erste Versuche vorliegen (vgl. Häussermann/Piepho 1996, Klippel 1998). Als Ausgangspunkt für die Klassifizierung können etwa folgende Ü.selemente dienen: Zielsetzung, soziale Organisation, Art der Aufgabenstellung und vorrangige Ü.stätigkeit, betroffene sprachliche Fertigkeit(en), Grad der Steuerung, Kriterien für den Ü.serfolg. Die Grenzen zwischen *task*, Ü. und Spiel verlaufen dabei fließend.

Was die Bedingungen effektiven Übens betrifft, so prägt das abschreckende Bild eines monotonen und mechanischen Drills vielfach unsere Auffassung und damit unsere Einstellung zum Üben. Dabei steht fest: »Optimal L2 practice in the foreign language classroom should be interactive, meaningful, and with a built-in focus on selective aspects of the language code that are integral to the very nature of that practice« (Ortega 2007, 198). Ü.en, die dem Leistungsstand der Lernenden angepasst sind, die schrittweise zur freien Verwendung der Sprache hinführen und die abwechslungsreich gestaltet sind, erhöhen den Lernerfolg dadurch, dass sie Erfolgserlebnisse ermöglichen und dadurch die Ü.smotivation erhalten. Aus lernpsychologischer Sicht ist es wichtig festzuhalten, dass massiertes Üben weniger effektiv ist als verteiltes Üben, bei dem die Ü.sabstände sukzessive größer werden (vgl. Klippel/Doff 2007, 192). Insbesondere zu Beginn einer Ü.ssequenz ist Feedback von Seiten der Lehrkraft wichtig.

Lit.: O.F. Bollnow: Vom Geist des Übens. Freiburg i.Br. ³1991 [1978]. – W. Butzkamm: Lust zum Lehren, Lust zum Lernen. Eine neue Methodik für den FU. Tüb. ²2007 [2004]. – R.A. Carlson: Skill Learning. In: L. Nadel (Hg.): Encyclopedia of Cognitive Science. Bd. 4. Ldn 2003, 36–42. – R.M. DeKeyser (Hg.): Practice in a Second Language. Cambridge 2007a. – R.M. DeKeyser: Introduction. Situating the Concept of Practice (2007b). In: Ders. 2007a, 1–8. – R.M. DeKeyser: Conclusion. The Future of Practice (2007c). In: Ders. 2007a, 287–304. – R. Ellis: The Study of Second Language Acquisition. Oxford ²2008 [1994]. – U. Häussermann/H-E. Piepho: Aufgaben-Handbuch. Mü. 1996. – F. Klippel: Englischlernen im 18. und 19. Jh. Münster 1994. – F. Klippel: Systematisches Üben. In: J.-P. Timm (Hg.): Englisch lernen und lehren. Bln 1998, 328–341. – F. Klippel/S. Doff: Englischdidaktik. Bln 2007. – L. Ortega: Meaningful L2 Practice in Foreign Language Classrooms. A Cognitivist-Interactionist SLA Perspective. In: DeKeyser 2007a, 180–207. – P. Skehan: A Cognitive Approach to Language Learning. Oxford 1998. – H.H. Stern: Issues and Options in Language Teaching. Oxford 1992.   FK

Universalgrammatik ↗Nativistische Ansätze, ↗Spracherwerb und Spracherwerbstheorien

Unterrichtseinstieg ↗Unterrichtsplanung

Unterrichtsentwurf ↗Lernziel, ↗Unterrichtsplanung

Unterrichtsgespräch. Die Geschichte des gesprächsorientierten Unterrichtens geht ins 5. Jh. v. Chr. auf die von Sokrates praktizierte Dialogform zurück. Im frühen 20. Jh. wurde stark lehrergelenkter Frageunterricht von Reformpädagogen (↗Reformpädagogik) wie Berthold Otto und Hugo Gaudig, die eine verstärkte Selbsttätigkeit der SuS forderten, weiterentwickelt. Im ↗kommunikativen FU erfreut sich das U. großer Beliebtheit, wobei es meist als Lehrgespräch gelenkt und schematisch nach fragend-entwickelndem Muster statt spontan und frei durchgeführt wird. Dabei ist das U. eine Methode, die bei einer schülerorientierten Ausrichtung (↗Lernerorientierung) nicht nur zentrale fremdsprachige und ↗kommunikative Kompetenzen zu fördern vermag, sondern ebenso kognitive, affektive, soziale, interkulturelle und Problemlösungskompetenzen entwickeln und gar emanzipato-

rische ↗Lernziele erreichen kann (↗Schlüsselqualifikationen).

Das U. ist an keine Unterrichtsphase gebunden und kann zum Einstieg, zur Erarbeitung und zur Reflexion durchgeführt werden. Auch wenn die Methode an sich keine Ansprüche an die mit ihr zu bearbeitenden Inhalte stellt, lässt sich der Einsatz des U.s am Beispiel des Gegenstands Literatur veranschaulichen und begründen: Aufgrund der Mehrdeutigkeit literarischer Texte können diese Diskussionen in der Fremdsprache initiieren, in denen echte ↗Fragen und Erkenntnisinteressen der SuS gemeinsam ausgehandelt werden. Dadurch wird zum einen der Forderung nach authentischer (↗Authentizität), mitteilungsbezogener Sprachverwendung im FU entgegengekommen; zum anderen wird die intrinsische (Sprech- und Lese-) ↗Motivation geschürt. Auch aus rezeptionsästhetischer Sicht lässt sich das U. als geeignete Methode für den Literaturunterricht begründen. Anstatt von dem einen ›richtigen‹ Sinn des Textes auszugehen, den es im Rezeptionsprozess nachzuvollziehen gilt, tragen rezeptionsästhetische Ansätze innerhalb der ↗Literaturdidaktik der Tatsache Rechnung, dass Bedeutungsaushandlungen auch vor dem Hintergrund der Erlebnisse und Befindlichkeiten der Lesenden vollzogen werden. In diesem Sinn schöpft das U. besonders aus dem Potenzial der ↗Sozialform Klasse, denn es rekurriert auf die Lebenswelt aller Teilnehmenden, von denen jede und jeder über einen Teil der gemeinsamen Sinnstiftungsressource verfügt.

Um allen den Einstieg in das U. zu ermöglichen, ist es sinnvoll, diesen über Fragen zu gestalten, deren Beantwortung allen anhand persönlicher Erfahrungen möglich ist (↗Erfahrungsorientierung). Dadurch wird die emotionale Involviertheit der Teilnehmenden (↗Emotion) und die engagierte Verwendung der Fremdsprache begünstigt. Im U. selbst artikulieren und begründen die Lernenden ihre eigenen Deutungen, indem sie sich auch mit fremden Deutungen auseinandersetzen. Diese können ihre eigenen Rezeptionsschemata, die nicht nur mit dem Text, sondern auch intersubjektiv abgeglichen werden, erweitern. Sie müssen ihre Lesarten elaborieren und ggf. relativieren, und nehmen somit Sprechhandlungen vor, bei denen ihre Kommunikationskompetenz gefördert wird. Insofern ist das U. gleichermaßen verständnis- wie auch verständigungsorientiert.

Dabei bietet die Fremdsprache auf der einen Seite Artikulationsmöglichkeiten, setzt auf der anderen je nach Kompetenzniveau notwendigerweise Grenzen. Das U. im Literaturunterricht ist als Prozess zu sehen, der über ein Nebeneinander individueller Leseerfahrungen hinausgeht, denn die Teilnehmer/innen passen ihre eigenen Beiträge an das Gesagte an und unterziehen ihr Textverständnis der Kontrolle ihrer Gesprächsgemeinschaft.

Über dieses gemeinschaftliche Verfahren werden im FU soziale und emanzipatorische Lernziele erreicht. Emanzipatorisch ist die Methode insofern, als dass sie die SuS von der Lenkung der Lehrkraft befreit und sie zu mündigen, selbstbestimmten Lernenden werden lässt. Indem jeder an der Sinnstiftung des Textes teilhat, gewinnt der Einzelne an Selbständigkeit im Deutungsprozess. Durch das aktive Zuhören und Aufeinandereingehen kollaboriert eine Klasse in einer nur kooperativ lösbaren Aufgabe. Das U. fördert dabei die Achtung von und Auseinandersetzung mit divergenten Positionen, das Urteilsvermögen, die konstruktive Kritikfähigkeit und die Konfliktbereitschaft (vgl. Nissen 1992, 164). Somit stellt es neben verbalem auch soziales Handeln dar, bei dem die SuS Sicherheiten abbauen und Vorbehalte zurückstellen müssen (↗Sozialkompetenz).

Obwohl die Durchführung des U.s sich an den Konventionen von Alltagsgesprächen orientiert, wird es vom institutionellen Rahmen, in dem es erfolgt, geprägt. Auch wenn die Methode stets ein neues verlaufs- und ergebnisoffenes Wagnis darstellt, können Voraussetzungen geschaffen werden, die einen konstruktiven Verlauf fördern, sofern die kontextuellen Einschränkungen nicht ausgeblendet, sondern bei der Planung bewusst reflektiert werden. So steht die traditionell asymmetrische Kommunikationssituation zwischen Lehrenden und Lernenden der notwendigen Gleichberechtigung aller Sprechenden und der Annahme einer Gleichwertigkeit ihrer Beiträge entgegen. Anstatt von einem Deutungsmonopol seitens der Lehrkraft auszugehen, muss die Deutungskraft bei der gesamten Klasse liegen (vgl. Merkelbach 1998, 186). Dies wird durch eine vertrauensvolle Atmosphäre erleichtert, in der die Lehrkraft nach und nach als gleichrangige Partnerin angesehen wird. Der Verstehensprozess wird am besten unterstützt, wenn die Lehrkraft den Lernenden im U. mit ehrlichem Erkenntnisinteresse und interessierten Fragen begegnet. Heraushalten sollte sich die Lehrkraft aus dem U. nicht, denn ihr Schweigen kann verunsichernd und fehlende Bestärkung demotivierend wirken. Wenn alle Beteiligten die Textdeutung als gemeinsame Aufgabe sehen, sollte die Lehrkraft durchaus verständnisfördernde Inhalte teilen, um eine gemeinsame Wissensgrundlage zu schaffen. Sie muss also flexibel, vorausschauend und einfühlsam sein und zwischen einer Außenperspektive und der Perspektive einer Gesprächsteilnehmerin wechseln. Indem die Gesprächsmoderation an die SuS weitergegeben wird, werden sie zur Autonomie sowie zur kompetenten Gesprächsführung befähigt. Letztendlich sollten alle eine Form der Selbstleitung ausüben, die von der Lehrkraft vorgelebt wird.

Es bietet sich an, das U. in einem Sitzkreis zu führen, um Nähe und Zugewandtheit zu vermitteln und die Geselligkeit zu fördern. So können die Teilnehmenden Blickkontakt halten, und der Blick auf die Körpersprache wird freigelegt, damit auch auf nonverbale Signale reagiert werden kann (↗Nonverbale Kommunikation). Die Methode erlaubt so zwar eine ganzheitliche Erfahrung, aber die gesprochenen Worte bleiben dennoch flüchtig. Für die Lernenden ist es daher wichtig, Ergebnisse festzuhalten, auf die sie später zurückgreifen können. Da der Verstehensprozess, der im U. befördert wird, nicht linear abläuft, kann ein paralleles Anschreiben von Ergebnissen vorschnell Gedankengänge abschließen. Stattdessen sollten mehrere SuS die Rolle von Protokollant/innen übernehmen, die für alle ein Dokument mit den wichtigsten Erkenntnissen, Erklärungen und Begründungen ausarbeiten. So kann sich die Mehrheit der Gruppe ganz auf das U. einlassen. Ebenso können die Lernenden im Anschluss einen Lerntagebucheintrag verfassen, in dem sie die bedeutendsten Einsichten zusammentragen und die Methode selbst reflektieren. Eine solche Reflexion sollte auch gemeinsam im U. durchgeführt werden, um Einblicke in die Gesprächserfahrung der Lerngruppe zu gewinnen, Gelegenheit zur Bezugnahme auf das Lehrerverhalten zu bieten und Gesprächs- und ↗Lernstrategien zu diskutieren.

Schwierig bleibt die Frage der Bewertung. Da das U. in einer angstfreien, annähernd symmetrischen Sprechsituation erfolgen soll, hemmt die Benotungsfunktion der Lehrkraft den kollaborativen Lernprozess. Zudem ist das Lernziel des U.s nicht primär oder notwendigerweise die Verbesserung der fremdsprachigen Sprechkompetenz und kann daher auch durch schweigsames Mitverfolgen erreicht werden. Eine Möglichkeit ist, das U. alternativ in der Notengebung zu berücksichtigen, z.B. indem der Lerntagebucheintrag, der Einsicht in die Qualität der Auseinandersetzung mit dem Lerngegenstand und in den Lernzuwachs erlaubt, bewertet wird.

Lit.: S. Bittner: Das U. Formen und Verfahren des dialogischen Lehrens und Lernens. Bad Heilbrunn 2006. – G. Härle/M. Steinbrenner (Hg.): Kein endgültiges Wort. Die Wiederentdeckung des Gesprächs im Literaturunterricht. Baltmannsweiler 2004. – V. Merkelbach: Über literarische Texte sprechen. Mündliche Kommunikation im Literaturunterricht. In: Deutschunterricht 1 (1998), 74–82. – R. Nissen: Rezeptionsgespräche als Lerngespräche. Schema-Begriff und kommunikatives Lernen im fremdsprachlichen Literaturunterricht. In: U. Multhaup/D. Wolff (Hg.): Prozeßorientierung in der Fremdsprachendidaktik. FfM 1992, 157–172.   RS

Unterrichtsplanung bezeichnet den Prozess, in dem die konkreten Umstände des Unterrichtens (z.B. Lerngruppe, räumliche Situation, mediale Ausstattung), theoretische Hintergründe (z.B. aktueller Stand des Fachwissens, didaktische Ansätze, formale Vorgaben) und methodische Überlegungen analysiert und in einen Handlungsplan mit begründeten Zielvorstellungen überführt werden. U. stellt einen zentralen Aufgabenbereich von Lehrenden dar und lässt sich differenzieren in lang-, mittel- und kurzfristige Planung. Langfristige Planung (im Kontext der lehr-/lerntheoretischen Didaktik auch Perspektivplanung genannt) bezieht sich auf den Zeitraum von einem Schuljahr oder Halbjahr. Die mittelfristige Planung (auch Umrissplanung genannt) umfasst den Zeitraum von wenigen Wochen und bezieht sich auf einzelne Unterrichtseinheiten oder -reihen. Die kurzfristige Planung (auch Prozessplanung) nimmt die einzelne Unterrichtsstunde in den Blick. Wesentliche Bestandteile der U. sind Bedingungsfeldanalyse, Sachanalyse und didaktische Analyse.

U. kann auf der Grundlage unterschiedlicher didaktischer Modelle vorgenommen werden. Zu den bekanntesten gehören die bildungstheoretische Didaktik nach Wolfgang Klafki und ihre Weiterentwicklung zu einer kritisch-konstruktiven Didaktik, die lehr-/lerntheoretische Didaktik mit dem Berliner Modell nach Paul Heimann sowie dem Hamburger Modell nach Wolfgang Schulz und die dialektisch orientierte Didaktik nach Lothar Klingberg (vgl. Jank/Meyer 1994). Als äußerst einflussreich hat sich das bildungstheoretisch orientierte Modell von Klafki aus den 1950er Jahren erwiesen. Auch heute werden seine Begriffe in vielen Büchern zur U. fortgeführt, ohne dass notwendigerweise das gesamte Modell übernommen wird (vgl. Gonschorek/Schneider 2007, Plöger 2008). Grundlage von Klafkis Überlegungen ist ein Bildungsbegriff (↗ Bildung), der auf die Überlegungen der klassischen Bildungstheoretiker des frühen 19. Jh.s (insbesondere Humboldt) zurückgeht. Demnach zielt Bildung auf Aufklärung, Selbstbestimmung, Mündigkeit und Freiheit. In den Bildungstheorien der Zeit wurde zwischen ›materialer‹ und ›formaler‹ Bildung unterschieden. Materiale Bildung bezieht sich auf die Objektivität der Welt und fragt nach der Bedeutung oder Relevanz eines Objekts oder einer ›Sache‹ für die Lernenden. Formale Bildung fokussiert die Subjektivität des Individuums, geht von den (angenommenen) Bedürfnissen der Lernenden aus und stellt die Frage in den Mittelpunkt, welche Kompetenzen und Fähigkeiten für sie gegenwärtig wichtig sind bzw. zukünftig bedeutsam werden. Im Konzept der ›kategorialen Bildung‹ verschränkt Klafki beide Perspektiven: Durch seine Individualität hat der Mensch eine je eigene Sichtweise auf die Welt. Zugleich werden die Bewusstseinsinhalte des Menschen durch die Welt hervorgebracht. Ein Individuum kann sich also nur bilden, wenn es sich als Gegenüber der Welt begreift. Die entscheidende Frage, die es nach Klafki zu beantworten gilt, ist also, welche Bildungs*ge*halte sich in potenziellen Unterrichts*in*halten verbergen. Nicht alles, was gelehrt und gelernt werden kann, muss bildend sein. Vielmehr gilt es, drei Kategorien zu bestimmen: das Elementare, das Fundamentale sowie das Exemplarische eines Unterrichtsinhalts. »›Elementar‹ ist, was am besonderen Fall bzw. Beispiel ein dahinterliegendes allgemeines Prinzip erfahrbar macht« (Jank/Meyer 1994, 146). Bezogen auf SuS sollen elementare Unterrichtsinhalte ›fundamental‹ wirken, d.h. sie sollen grundlegende Einsichten und Grunderfahrungen auf eindrucksvolle Weise vermitteln (›Aha-Erlebnis‹). ›Exemplarische‹ Inhalte sind sowohl in qualitativer als auch in quantitativer Hinsicht bedeutsam. Mit ihnen lässt sich die Stofffülle des Unterrichts begrenzen. Wichtiger aber noch ist ihr Potenzial, das Elementare und das Fundamentale zu erschließen, d.h. an einer begrenzten Zahl von Beispielen verallgemeinerbare Einsichten, Fähigkeiten und Haltungen zu erarbeiten, d.h. »Wesentliches, Strukturelles, Prinzipielles, Typisches, Gesetzmäßigkeiten, übergreifende Zusammenhänge« (Klafki 2007, 144).

Im Kern der bildungstheoretischen Didaktik steht die didaktische Analyse, die Ausgangs- und Bezugspunkt jeder U. ist. Die didaktische Analyse bezieht sich in erster Linie auf Unterrichtsinhalte, weniger auf Unterrichtsmethoden. Die Legitimation von Unterrichtsinhalten geschieht in Klafkis Modell zunächst mithilfe von fünf Grundfragen (vgl. Jank/Meyer 1994, 133):

- Gegenwartsbedeutung: Welche Bedeutung hat der betreffende Inhalt bereits im geistigen Leben der Kinder meiner Klasse, welche Bedeutung sollte er – vom pädagogischen Gesichtspunkt aus gesehen – darin haben?
- Zukunftsbedeutung: Worin liegt die Bedeutung des Themas für die Zukunft der Kinder?
- Sachstruktur: Welches ist die Struktur des (durch die Fragen […] in die spezifisch pädagogische Sicht gerückten) Inhalts?
- Exemplarische Bedeutung: Welchen allgemeinen Sachverhalt, welches allgemeine Problem erschließt der betreffende Inhalt?
- Zugänglichkeit: Welches sind die besonderen Ereignisse, Situationen, Versuche, in oder an denen die Struktur des jeweiligen Inhalts den Kindern dieser Bildungsstufe, dieser Klasse interessant, fragwürdig, begreiflich, anschaulich, eben zugänglich werden kann?

In der Praxis findet U. häufig gedanklich bzw. mithilfe stichwortartiger Notizen statt und wird nur in ausgewählten Fällen in einem ausformulierten Unterrichtsentwurf dokumentiert. Es kann deshalb nicht darum gehen, Klafkis Fragen schematisch abzuarbeiten und jeweils einzeln ausführlich und schriftlich zu beant-

worten. Sie stellen vielmehr eine grundsätzliche Strukturierungs- und Orientierungshilfe im Prozess der U. dar. Auch in ausformulierten Unterrichtsentwürfen finden sich in der didaktischen Analyse häufig Mischformen (vgl. Plöger 2008).

Später erweitert Klafki (2007, 272; s. Abb. nächste Seite) sein Planungsschema um zwei weitere Punkte: die Frage nach der Überprüfbarkeit sowie Überlegungen zur methodischen Strukturierung. Ebenso stellt er dem Planungsprozess eine Bedingungsanalyse voran, die er explizit aus der lehrtheoretischen Didaktik übernimmt. Zur Analyse der Lernvoraussetzungen gehören z.B. klasseninterne Bedingungen (kulturelle Gegebenheiten, Atmosphäre und soziales Gefüge usw.), Lernvoraussetzungen (Heterogenität, Differenzierungsmöglichkeiten, individuelle Dispositionen) sowie innerschulische Bedingungen (Ausstattung, Raumaufteilung, Zeitplan, pädagogisches Konzept, Störquellen) (vgl. Gonschorek/Schneider 2007, 284 ff.).

Im Rahmen von U. ist häufig die Rede von einer ›didaktischen Reduktion‹. Gemeint ist damit der Prozess, in dem fachliche Inhalte der ↗ Bezugswissenschaften auf ihre Relevanz für den schulischen Unterricht geprüft und ggf. angepasst und vereinfacht werden. Dieser Begriff ist völlig unverträglich mit Klafkis Position, da er impliziert, dass der didaktische Kern von Unterricht und damit Ausgangspunkt jeglicher U. ein komplexer wissenschaftlicher Gesamtzusammenhang ist, der für die Lernenden zwar reduziert wird, in seiner fachlichen Systematik aber grundsätzlich erhalten bleibt. Nach Klafki kommt dieser Ansatz mit materiellem Bildungsdenken überein und verfehlt den Grundgedanken kategorialer Bildung. Ebenso wird in der U. die Sachanalyse häufig der didaktischen Analyse vorgelagert, obwohl der Dreischritt ›Sachanalyse – didaktische Analyse – methodische Planung‹ nicht unumstritten ist und beispielsweise von Klafki auch nicht vertreten wird. Die Sachanalyse befasst sich mit dem Inhalt bzw. dem Gegenstand des Unterrichts und berücksichtigt damit zunächst nicht die Frage nach deren Lehrbarkeit. Sie wird auch beschrieben als eine »fachliche Abhandlung nach Art eines Lexikonartikels« (Gonschorek/ Schneider 2007, 283) und ist eine wesentliche Grundlage für alle unterrichtsbezogenen didak-

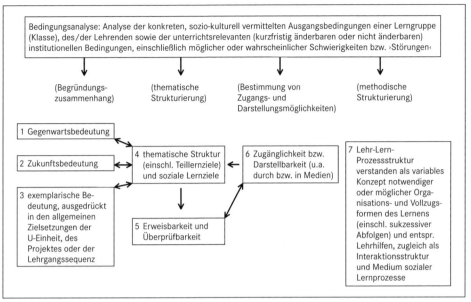

Klafkis (vorläufiges) Perspektivschema zur Unterrichtsplanung (Klafki 2007, 272)

tischen und methodischen Entscheidungen. Die Sachanalyse stellt sicher, dass sich die oder der Lehrende in der Sache auskennt und »die wichtigsten Momente und Strukturen und deren Beziehungen untereinander verstanden hat« (ebd.). Dem Anspruch der reinen Fokussierung auf den Gegenstand lässt sich allerdings entgegenhalten, dass U. ein ganzheitlicher Prozess ist und bestimmte Themen und Inhalte immer schon mit Blick auf ihre Nutzbarmachung im Unterricht ausgewählt, während andere vernachlässigt werden. Sachanalyse und Fragen der Lehrbarkeit sind also insofern miteinander verknüpft, als dass aus dem überreichen Angebot an Themen, Fakten und Informationen eine unterrichtsbezogene Auswahl getroffen wird. Der Fokus der Sachanalyse liegt aber auf der fachwissenschaftlichen Auseinandersetzung mit einem Thema. Soll im FU beispielsweise ein literarischer Text bearbeitet werden, kann die Sachanalyse Informationen zum Autor, zum Genre, zur literarischen Epoche, eine literaturwissenschaftliche Interpretation des Textes sowie dessen sprachliche Analyse umfassen. Erst in einem zweiten Schritt wird das didaktische Potenzial eines Themas/Materials begründet. Unterrichtsvorschläge in den einschlägigen un-

terrichtspraktischen Zeitschriften zeigen allerdings, dass auch hier häufig Mischformen auftreten und thematische mit didaktischer Analyse verknüpft wird.

Die Interdependenz der verschiedenen Faktoren in der U. (Intentionalität, Thematik, ↗ Methodik und Medienwahl) wird insbesondere in der lerntheoretischen Didaktik betont (s. Abb. nächste Seite), die damit eine anwendungsorientierte, kompakte und alltagsnahe Theorie der Unterrichtsanalyse und -planung darstellt. Die Hierarchie der Planungsentscheidungen der bildungstheoretischen und z.T. auch noch der kritisch-konstruktiven Didaktik wird in der lerntheoretischen Didaktik nicht vertreten. Vielmehr werden die Faktoren als gleichwertig betrachtet. Kritisch muss angemerkt werden, dass das Berliner Modell weitgehend inhaltsneutral ist. Im Prozess der konkreten U. und der Begründung von unterrichtsrelevanten Entscheidungen ergänzen sich daher Klafkis und Heimanns Position sehr gut.

Die bisher genannten Aspekte der U. beziehen sich auf Auswahl und Legitimation von Unterrichtsinhalten und sind damit weitestgehend inputorientiert. Im Zuge der gegenwärtigen Bildungsreformen (↗ Standards) findet eine

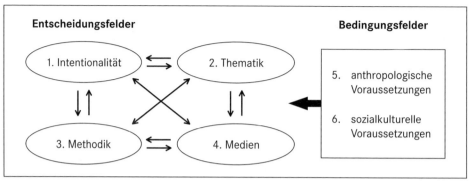

Heimanns Berliner Modell zur Unterrichtsanalyse/-planung (in: Gonschorek/Schneider 2007, 147)

Hinwendung zu stärkerer Output-Orientierung statt, welche die Lehrkräfte dazu zwingt, bereits im Vorfeld Rechenschaft abzulegen, welche der im Bildungsplan geforderten ↗ Kompetenzen der geplante Unterricht fördern will. Die Formulierung von Zielvorstellungen war auch bisher Teil jeder seriösen U. Da im kompetenzorientierten Ansatz nur als gelernt gilt, was abprüfbar ist, wird dieser Aufgabe in Zukunft eine noch größere Bedeutung zukommen. Neben der Formulierung klassischer ↗ Lernziele, deren Erreichen direkt beobachtbar oder abprüfbar ist, ist eine Zuordnung zu den Kompetenzbereichen der Bildungspläne (↗ Lehrplan) nötig. Für den FU sind dies: funktionale ↗ kommunikative Kompetenzen in Form von kommunikativen ↗ Fertigkeiten und sprachlichen Mitteln, ↗ interkulturelle kommunikative Kompetenzen und ↗ Methodenkompetenzen).

Lit.: G. Gonschorek/S. Schneider: Einführung in die Schulpädagogik und die U. Donauwörth ⁶2009 [2007]. – W. Jank/H. Meyer: Didaktische Modelle. Bln ⁹2009 [1994]. – W. Klafki: Neue Studien zur Bildungstheorie und Didaktik. Zeitgemäße Allgemeinbildung und kritisch-konstruktive Didaktik. Weinheim ⁶2007 [1985]. – W. Plöger: U. Ein Lehr- und Arbeitsbuch für Studium und Seminar. Köln 2008.   BV

Unterrichtsreihe ↗ Unterrichtsplanung

Verstehen bedeutet, dass wir Sinnhaftes erfassen. Dieses ist jedoch nicht unmittelbar gegeben, sondern immer über Sinnliches bzw. über Medien – wie Sprache, Bilder oder Musik – vermittelt. Dabei sind die jeweiligen Medien nicht ›Behälter‹ für den Sinn, sondern prägen ihn wesentlich mit. Darüber hinaus wird der Sinn eines Textes, Bildes oder Musikstückes dem Medium nicht einfach entnommen, sondern er entsteht erst unter der Mitwirkung des Rezipienten bzw. der Rezipientin: Der Vorgang des V.s beruht auf einer Interaktion zwischen Text und Rezipient/in, bei der der Rezipient bzw. die Rezipientin als tätiges, denkendes und fühlendes Subjekt angesprochen wird und bei der Interpretation der übermittelten textuellen oder medialen Signale auf sein bzw. ihr Weltwissen und seine bzw. ihre individuellen Erfahrungen zurückgreift. Dieser hermeneutische V.sbegriff ist insofern bedeutsam für das Lehren und Lernen fremder Sprachen, als er Konsequenzen sowohl für die ↗ Sprachdidaktik als auch für die ↗ Literatur-, ↗ Film- und ↗ Kulturdidaktik nach sich zieht.

So gilt z. B. für das ↗ Hör- und ↗ Lese-V. im FU, dass sie nur durch das Wechselspiel von Teil und Ganzem zustande kommen. Der hermeneutische Zirkel macht deutlich, dass wir ein einzelnes Wort nicht aus sich selbst, sondern erst im Vorgriff auf das Verständnis des ganzen Textes verstehen können. Darüber hinaus muss eine weitere Wechselwirkung ins Spiel kommen, nämlich die zwischen dem ↗Vorwissen des Hörers und Lesers auf der einen und der mündlichen oder schriftlichen Äußerung auf der anderen Seite. Der Verstehende muss sein sprachliches und lebensweltliches Vorwissen aktivieren, um Erwartungen aufbauen und Deutungshypothesen entwickeln zu können. Die kognitive Psychologie spricht in diesem Zusammenhang von *bottom-up-* und *top-down-*Prozessen. Bei ersteren geht man von den einzelnen sprachlichen Hinweisen der Äußerung aus, während bei letzteren das Vorwissen und die Erwartungen des Hörers oder Lesers im Vordergrund stehen. Im FU kommt es leicht zu Störungen zwischen diesen beiden, aufeinander angewiesenen Prozessen, weil die Lernenden den *bottom-up-*Prozessen, die in der Muttersprache weitgehend automatisiert ablaufen, besondere ↗Aufmerksamkeit entgegenbringen müssen. Das führt dazu, dass ihr sprachliches und lebensweltliches Vorwissen aus dem Blick gerät. Indem sich die Lernenden verstärkt den sprachlichen Phänomenen zuwenden, kommen sie leicht zu der falschen Auffassung, dass V. ein linearer Prozess vom Einzelnen zum Ganzen ist, so dass sich, wenn sie alle sprachlichen Einzelheiten geklärt haben, das V. von selbst ergibt. V. ist jedoch ein dialogischer Prozess, in dem das Einbringen des Vorwissens und der Vorgriff auf das Ganze eine konstitutive Rolle spielen.

Wie komplex der Vorgang des V.s ist, wird beim Hör-V. in der Fremdsprache besonders deutlich. Die Lernenden müssen die Fähigkeit erwerben, zwischen bestimmten Lauten zu unterscheiden, Worte voneinander abzugrenzen, die im Kontext veränderte Aussprache von Worten zu erkennen usw. Diese Konzentration auf die Sprache lässt ferner den Eindruck entstehen, dass es bei Äußerungen im FU nicht um das V. ihres konkreten Inhalts geht, sondern dass sie bereits als verstanden gelten, wenn Probleme der Wortbedeutung, der Syntax, der ↗Aussprache oder der ↗Orthographie geklärt sind. Der Inhalt erscheint als Material für den Spracherwerb; Zweck und Mittel haben sich vertauscht. Das ist in bestimmten Fällen legitim, aber es fördert nicht die V.sfähigkeit. Für ihre Entwicklung in der Fremdsprache ist gerade wichtig, dass die Lernenden verstärkt ihr sprachliches und lebensweltliches Vorwissen

heranziehen, um in *top-down-*Prozessen Schwächen bei den *bottom-up-*Prozessen kompensieren zu können.

Die V.sfähigkeit darf beim Fremdsprachenlernen auch deshalb nicht in den Hintergrund treten, weil es ein zentrales Ziel des fremdsprachlichen Literatur- und Filmunterrichts ist, die ↗literarische Kompetenz bzw. die ↗Filmkompetenz der Lernenden zu entwickeln, so dass sie befähigt werden, an relevanten Auseinandersetzungen in der fremden Kultur teilzunehmen. Beim V. von Texten eröffnen sich zwei grundsätzlich unterschiedliche Perspektiven: Man kann den Blick auf das jeweilige Medium als System richten oder auf die Interaktion zwischen den übermittelten Signalen und dem Rezipienten bzw. der Rezipientin. Wenn z.B. beim literarischen V. die Aufmerksamkeit auf die stilistischen und strukturellen Merkmale einer Gattung oder aber auf die Interaktion zwischen Text und Leser/in gelenkt wird, kommt es zu jeweils unterschiedlichen Auffassungen von literarischer Kompetenz. Im ersten Fall nimmt der Rezipient eine distanziert objektivierende Einstellung ein; im zweiten Fall ist er involviert. Der Text ist dann eine Partitur, die ihn zum Mitspielen anregt. Ästhetisches V. besteht nach Günter Figal (1996, 12) nicht im Betrachten des Kunstwerks, »sondern in der Aufführung des Lesens, des Spielens und Hörens, des sich mitnehmen lassenden Betrachtens«. Der Rezipient ist aber nicht nur Mitspieler, sondern antwortet auch auf das, was er beim Mitspielen entstehen lässt (vgl. Bachtin 1990, 1; zu der sich daraus ergebenden Auffassung von literarischer Kompetenz vgl. Bredella 2010, 52 f.). Auch für das literarische V. ist somit der dialogische Charakter konstitutiv.

Indem das V. den Blick auf die wechselseitige Beziehung zwischen Vorverständnis und Äußerung lenkt, tritt eine weitere Dimension des Fremdsprachenlehrens und -lernens hervor. Es kommt leicht zu Missverständnissen, wenn die Äußerung einer fremden Person ein Vorwissen voraussetzt, über das die Lernenden aufgrund ihrer Sozialisation nicht verfügen. Damit wird deutlich, dass zum Fremdsprachenlernen das ↗interkulturelle Lernen gehört, das im V. ausgebildet wird und das von Fremdsprachenlernenden eine erhöhte Sensibilität verlangt (↗Fremdverstehen). Das Fremde kann dabei in zwei unterscheidbaren Formen erscheinen: (1) Es ist das Unverständliche. V. bedeutet dann, das Unverständliche verständlich zu machen, ohne dass es dadurch zum Selbstverständlichen wird; (2) die Begegnung mit dem Fremden wird zur Herausforderung für das Eigene und verhindert, dass es sich absolut setzt. Im Prozess des V.s verschiebt sich die Grenze zwischen Eigenem und Fremden, wobei es auch möglich ist, das Fremde im Eigenen und das Eigene im Fremden zu erkennen. Für unsere Orientierung in der Welt ist es unverzichtbar, dass wir den Sinn der Äußerungen anderer wie auch unserer eigenen verstehen. Auch aus diesem Grund darf sich die Fremdsprachendidaktik nicht auf die einzelnen sprachlichen Phänomene beschränken, sondern muss das V. des Sinns von Äußerungen im Blick behalten.

Lit.: M.M. Bachtin: Art and Answerability. Baltimore 1990. – L. Bredella: Das V. des Anderen. Kulturwissenschaftliche und literaturdidaktische Studien. Tüb. 2010. – G. Figal: Der Sinn des V.s. Stgt 1996.   LB

Visual Organizer ↗ *Scaffolding*

Visualisierung. Im Kontext des FUs handelt es sich bei V.en zum einen um eine Lehr- und Lernmethode, zum anderen um Unterrichtsmedien mit visuellen Eigenschaften. Als V.sformen des FUs im Sinne von Unterrichtsmedien sind die folgenden Bildgattungen (jeweils mit ihrem zentralen Merkmal) zu nennen: die Collage (Fragmentierung), der Comic (narrative Bilderfolge, zumeist mit Sprechblasen), das Computerbild (Digitalität), das darstellende Spiel (Bewegung), der Film (Bewegung, medial vermittelt, immer gleichförmig reproduzierbar), die Fotografie (scheinbarer Abbildcharakter), das Gemälde (Flächengestaltung durch Farbe), die Grafik (Flächengestaltung durch Linie), die Karikatur (Übertreibung), die Karte (Raumstruktur), die Skulptur (Dreidimensionalität) und die Vorstellung (nicht materiell). Diese Gattungen lassen sich kategorisieren in Abbildungen, logische Bilder und visuelle Analogien. Eine Abbildung zeichnet sich dadurch aus, dass die zentralen Merkmale von Darstellung und Dargestelltem übereinstimmen (wie z. B. bei Porträtfotos). Ein logisches Bild ist die räumliche, in der Regel nicht gegenständliche V. von Zusammenhängen auf der Basis von Darstel-

lungskonventionen (z. B. Diagramme, wie sie häufig im ↗ bilingualen Unterricht zum Einsatz kommen). Die visuelle Analogie schließlich ist ein Modell, das einen neuen Sachverhalt mit Hilfe bekannter Elemente bildlich darstellt (z. B. ein Planetensystem aus großen und kleinen Bällen). V.en können sowohl grafisch-visuell, also rein bildlich sein, als auch verbal-visuell, also auch Sprachelemente enthalten. Die Fremdsprachendidaktik unterscheidet ferner zwischen authentischen V.en (nicht speziell zu Lernzwecken geschaffen) und didaktisierten V.en (deutlich erkennbar zu Lernzwecken geschaffen). Für den Literaturunterricht werden V.en zudem getrennt in mediuminterne Bilder (es existiert ein direkter inhaltlicher Bezug von Bild und Text) und mediumexterne Bilder (der Bezug von Bild und Text muss von den Betrachtenden bzw. Lesenden hergestellt werden). Die Wirkungsweise der verschiedenen V.stypen variiert in Abhängigkeit von den Eigenschaften (Sehgewohnheiten, Lernstilen) der einzelnen SuS (↗ Lernertypen). Bedingt durch diesen Umstand sowie durch die Tatsache, dass unterschiedliche Bildtypen per se verschiedene Funktionen ausüben (↗ Bilder), eignen sich die einzelnen V.stypen zu verschiedenen Zwecken im FU. Die Darbietung von V.en im Unterricht wird durch Träger- und Präsentationsmedien wie Beamer und Leinwand, Flip-Charts, Monitore, Overhead-Projektoren, ↗ Poster, ↗ Tafeln oder *Whiteboards* ermöglicht.

Die V. als Methode bezeichnet die Verwendung von Bildern für das Erreichen der ↗ Lernziele des FUs. Zu den Bildfunktionen zählen die grammatisierende Funktion, die interkulturelle Funktion, die lexikalisierende bzw. die Verbalisierung stimulierende Funktion, die mnemonische Funktion, die motivatorische Funktion, die organisierende Funktion und die semantisierende Funktion (↗ Bilder). Um diese Bildwirkungen zu nutzen, kann der Bildeinsatz bildrezeptiv (den SuS werden vorgefertigte V.en präsentiert) oder bildproduktiv (die SuS stellen selbst V.en her) erfolgen. In den Bereich der V. als Methode fallen visuelle ↗ Lernstrategien wie das Unterstreichen und Markieren von Textteilen bei der Textarbeit, das Anlegen logischer Bilder für die Wissensorganisation, das Generieren mentaler Modelle (d.h. bildlicher und struktureller Vorstellungen) für das Verständnis neuer Informationen sowie die bewusste Konsultation von Illustrationen durch die SuS – etwa die gezielte Verwendung von Diagrammen, die Textinhalte zusammenfassen, den Lernenden einen Überblick über im Text beschriebene Relationen geben und das Leseverstehen erleichtern bzw. eine Möglichkeit zur autonomen Kontrolle des Leseverständnisses ermöglichen.

Lit.: L. Brüning/T. Saum: Erfolgreich unterrichten durch Visualisieren. Grafisches Strukturieren mit Strategien des kooperativen Lernens. Essen 2007. – G. Lieber (Hg.): Lehren und Lernen mit Bildern. Ein Handbuch zur Bilddidaktik. Baltmannsweiler 2008.

CaH

Visuelle Kompetenz ist die deutsche Entsprechung des bildwissenschaftlichen englischen Konzepts *visual literacy* und der Bildkompetenz aus Kunstunterricht und Kunstpädagogik. V.K. vereinigt im Sinne der Kompetenzdefinition (↗Kompetenz) erlernte prozedurale Fähigkeiten und erworbenes deklaratives ↗Wissen. Zu den prozeduralen Fähigkeiten zählen die Beherrschung von Methoden der Bildrezeption und Bildproduktion: Bei der Bildrezeption muss ein Bildsinn konstituiert werden, der sich mit den formalen Eigenschaften des Bildes und seinen Kontextbezügen begründen lässt. Bei der Deutung sind Bildwirkungen und Bildbotschaften unter Berücksichtigung fremder Visualisierungsgewohnheiten kritisch zu hinterfragen. Die Erzeugung mentaler Bilder trägt zudem zur geistigen Organisation der Bildinformationen bei. Für die erfolgreiche Bildproduktion wiederum müssen auf der Basis bekannter Visualisierungskonventionen für die intendierte Botschaft geeignete Bildtypen und geeignete Gestaltungsweisen ausgewählt und realisiert werden (↗Visualisierung). Zum deklarativen Wissen für das Gelingen von visueller Kommunikation gehören das Bewusstsein dafür, dass selbst Bilder, die wirklichkeitsnah wirken (z.B. Fotografien), keine Abbilder sind, sondern subjektive Interpretationen, Inszenierungen oder Fiktion; das Beherrschen einer angemessenen Bildterminologie; die Kenntnis verschiedener Bildtypen und ihrer Wirkungen; das Wissen um die Notwendigkeit des kritischen Hinterfragens von Bildwirkungen und Bildbotschaften; das Bewusstsein für die Kulturspezifik von Darstellungskonventionen; die Kenntnis von eigenen und fremden Darstellungskonventionen; das Wissen

darüber, dass eine Interpretation auf Analyse und ↗Kontextualisierung beruhen muss. Dieses Wissen ermöglicht eine bewusste Bildwahrnehmung und die Bewertung eines Bildes bzw. der Leistung der Bildschaffenden.

Bei der v.K. handelt es sich um eine kommunikative Kompetenz, da Bilder Kommunikationsmittel sind und visuelle Signale Bedeutung transportieren. Diese Bedeutung ist jedoch nicht fix, sondern wird von den Empfangenden auf der Basis ihres Bildwissens und ihrer Sehgewohnheiten konstruiert. Bei dieser Sinnkonstitution laufen *bottom-up*-Prozesse und *top-down*-Prozesse ab: Ein visueller Reiz wird wahrgenommen und mit Hilfe vorhandenen Bild- und Weltwissens gedeutet; verstehendes Sehen ist somit kein passives Aufnehmen einer vorgegebenen Botschaft, sondern aktive Sinnkonstitution. Bedingt durch den Einfluss der Betrachtereigenschaften auf den Bildsinn, können mehrere Sehende den gleichen visuellen Reiz auf unterschiedliche Weise durchaus visuell kompetent deuten. Verstehendes, visuell kompetentes Sehen ist nicht gleichbedeutend mit dem (Umgebungs-)Sehen, d.h. der bloßen Wahrnehmung visueller Reize. Das Umgebungssehen ist eine genetisch veranlagte, durch Reifung entwickelte Fertigkeit. V.K. basiert auf dieser Fertigkeit, visuelle Reize sinnlich wahrzunehmen und zu identifizieren, besitzt jedoch eine kritische und kulturelle Komponente und muss erlernt werden.

Die v.K. zählt aus mehreren Gründen zu den ↗Lernzielen des FUs. Viele bildbezogene Aufgaben im FU beruhen darauf, dass die Lernenden ↗Bilder verstehen. Daher hängt der Erfolg der Sprachhandlungen der SuS vom Erfolg ihrer Bilddeutung ab. Das Sehverstehen ist zudem eine Fertigkeit, die laut Inge-Christine Schwerdtfeger (1989, 24) nicht nur für das Sprachverstehen wichtig ist, sondern die auch eine zentrale Bedeutung für die Ausbildung der individuellen Sprechfähigkeit und Sprechlust hat. Bernd Weidenmann (1989, 134) erinnert ferner daran, dass Bilder aus fremden Kulturen, wie es die Zielsprachenkulturen des FUs in der Regel sind, nach anderen Visualisierungsgewohnheiten konzipiert sind. Das bedeutet, dass die Lernenden, wenn sie Bilder nach ihren eigenen Sehmustern deuten, nicht ›richtig‹ verstehen können. Sie müssen vielmehr zunächst diese Konventionen erlernen. Da es sich bei Bildern also um Medien der Kommunikation handelt, die durch kulturspezifische Visualisierungskonventionen geprägt sind, und da verbale und visuelle Kommunikation in vielen Fällen parallel ablaufen und einander ergänzen, ist die v.K. Bestandteil einer interkulturellen kommunikativen Kompetenz. Darüber hinaus gehört sie zur Medienkompetenz, einem weiteren Lernziel des FUs, denn wer Bild-/Text-Medien wie Comics, Filme oder Websites verstehen möchte, muss auch deren Bilder deuten können. Da v.K. nicht automatisch entwickelt wird und bei den Lernenden somit nicht als vorhanden vorausgesetzt werden kann, folgt die Forderung, v.K. auch im FU auszubilden. Die ersten, die v.K. als Lernziel des FUs nennen, sind die schon genannten DaF-Didaktiker Schwerdtfeger und Weidenmann.

Lit.: I.-C. Schwerdtfeger: Sehen und Verstehen. Arbeit mit Filmen im Unterricht Deutsch als Fremdsprache. Mü. ⁵1993 [1989]. – M. Seidl (Hg.): Themenheft »Visual Literacy«. Der fremdsprachliche Unterricht Englisch 87 (2007). – B. Weidenmann: Das Bild im Sprachunterricht. Lehrhilfe oder Lerngegenstand? Anregungen am Beispiel Wirtschaftskommunikation. In: Jahrbuch Deutsch als Fremdsprache 15 (1989), 132–149. CaH

Vokabeln ↗ Wortschatz und Wortschatzvermittlung

Volkshochschulunterricht. Derzeit gibt es 957 Volkshochschulen in Deutschland. Mit insgesamt 170.503 Sprachkursen und 6.346.211 Unterrichtsstunden (vgl. www.dvv-vhs.de, Statistik von 2008) sind Volkshochschulen in ihrer Region häufig die größten Sprachkursanbieter für europäische und außereuropäische Sprachen. Entsprechend dem heutigen Verständnis der Erwachsenenbildung als Prozess des lebenslangen Lernens wird das breite Angebot an VHS-Sprachkursen von Teilnehmenden aller Altersstufen genutzt. Zu den Sprachkursen zählt auch Deutsch als Fremdsprache/Zweitsprache für Migrant/innen. Hier ist die VHS ein wichtiger Ansprechpartner für Menschen, die in Deutschland eine neue Heimat suchen. Die Teilnehmenden wählen gemäß ihrer zeitlichen Möglichkeiten und ihrem Lerntyp intensive Wochenkurse (z.B. Bildungsurlaube) oder extensive Abend- oder Wochenendkurse zum Erlernen der Fremdsprache. Neben allgemeinen Sprachkursen werden Schülerkurse, Prüfungslehrgänge, die mit international anerkannten Prüfungen (↗ Zertifikate) abschließen (vgl. www.sprachenzertifikate.de) und Sprachtrainings für Fachpersonal in Firmen angeboten. Kursinhalte und -ziele orientieren sich an der Niveaueinteilung des ↗ Gemeinsamen europäischen Referenzrahmens (GeR). In Sprachprüfungen von Sprachinstituten aus dem In- und Ausland können Teilnehmende ihr Lernniveau nachweisen.

Ausgelöst durch den wachsenden gesellschaftlichen Bedarf an Fremdsprachenkenntnissen in den 1970er Jahren und dem damit verbundenen sog. pragmatischen Wandel liegt der Schwerpunkt der Kurse auf der Vermittlung der ↗ kommunikativen Kompetenz in Berufs- und Alltagssituationen. An die Stelle der früheren ↗ Lehrerzentrierung tritt das ↗ kooperative Lernen, z.B. in Form von Partner- und Gruppenarbeit (↗ Sozialformen). Die Kursleitung versteht sich als Initiator, Moderator, Begleiter und Berater (↗ Lehrer und Lehrerrolle) individueller und selbstgesteuerter Lernprozesse (vgl. Vielau 2001, 142), die mit dem Ziel der Selbststeuerung reflektiert werden (↗ Portfolio). Interkulturelle und landeskundliche Kenntnisse zu den Zielsprachenländern werden einbezogen (Leitfaden für Sprachkursleiter 2009, 42). Als Kulturvermittler/innen agieren dabei die Kursleiter/innen. Sie sind häufig Muttersprachler/innen mit einer didaktischen Qualifikation (z.B. dem VHS-Basisqualifikationslehrgang für Sprachkursleiter/innen in Niedersachen). Der VHS-Unterricht bietet zunehmend auch ↗ blended learning-Sprachschulungen an. Zusatzangebote wie Sprachenfeste, bei denen Muttersprachler/innen die Besonderheiten ihres Landes vorstellen, sowie die Vermittlung von Tandem-Sprachpartnern (↗ Tandemlernen) fördern darüber hinaus ↗ autonomes und ↗ interkulturelles Lernen durch Kontakte mit Muttersprachler/innen außerhalb des Unterrichts.

Lit.: Kooperation der Volkshochschulen am Niederrhein: Leitfaden für Sprachkursleiter. Ismaning ²2009 [2007]. – A. Vielau: Handbuch des FUs an Volkshochschulen. Hannover 2001. GL

Vorentlastung. Mit V. werden Lehr- und ↗ Lernstrategien bezeichnet, die auf die Arbeit an konkreten fremdsprachlichen oder -kulturellen Themen hinführen bzw. auf die Rezeption und Produktion fremdsprachlicher Texte vorbereiten. Meist betrifft V. im Rahmen von Neueinführung oder Wiederholung das Umfeld von ↗ Lese-, ↗ Hör- oder Hör-Sehverstehen (↗ Filmkompetenz, ↗ Visuelle Kompetenz), das ↗ Sprechen oder ↗ Schreiben, die Erarbeitung bzw. Festigung von grammatikalischen Phänomenen (↗ Grammatik und Grammatikvermittlung) und die Übersetzungstätigkeit (↗ Sprachmittlung). Man unterscheidet situative, lexikalisch-semantische, grammatikalische, textsortenspezifische, sachbezogene, soziokulturelle/kulturelle, historische oder auch strategische V. Hauptziel ist neben dem Einstieg in das Thema oder in konkrete sprachliche Strukturen der Aufbau von ↗ Motivation, Interesse und positiver Erwartungshaltung und damit die Schaffung der Grundlagen für eine effektive Vernetzung von fremdsprachlichen Wissensstrukturen bei dem oder der Lernenden (konstruktivistischer Ansatz). Hauptformen sind alle Arten der ↗ Aktivierung von individuellem ↗ Vorwissen und Erfahrungen (auch in der Muttersprache bzw. aus anderen Wissensgebieten) sowie von inhaltlicher, formaler und strategischer Antizipation der anschließenden Aktivitäten. V. kann spielerische und innovativ-kreative Formen annehmen, sie bietet gute Möglichkeiten der ↗ Differenzierung, fördert einerseits ↗ kooperatives Lernen (Wissens- und Erfahrungsaustausch), gehört aber andererseits zum strategischen Repertoire erfahrener autonomer Lernender (↗ Autonomes Lernen). Populäre Formen sind z. B.: Assoziogramm, Mindmap, Brainstorming, thematisches Gespräch (auch in der Muttersprache), Frage- und Hypothesenbildung, Arbeit mit Kurztexten, ↗ Bildern, ↗ Musik, Schemata, Gegenständen, Titeln, Schlüsselbegriffen, Textfragmenten, Internationalismen und Wortfeldern, Wortspielen und Rätseln sowie angeleitete Internet-, Wörter- und Sachbuch- bzw. Feldrecherchen. Typisch für Phasen der V. sind spontane Sprech- und Schreibaktivitäten, das Ordnen, Kombinieren, Ergänzen und Spekulieren zu vorgegebenen oder zusammengetragenen Informationen, aber auch unterschiedliche manuelle Tätigkeiten, wie z.B. Skizzieren, Zeichnen oder Kolorieren (↗ Visualisierung).   CBK

Vorwissen, d. h. Wissen, über das wir bereits verfügen, beeinflusst bewusst oder unbewusst jeden Lernprozess und ist für diesen von großer Bedeutung. Bei Neugeborenen bewirken kognitive Verarbeitungsprozesse zielgerichtetes Handeln, Monate bevor der Erstsprachenerwerb beginnt und Sprache und Denken zur scheinbaren Einheit verschmelzen. Daraus wird abgeleitet, dass Kleinkinder vor ihrer Erstsprache bereits Weltwissen erwerben. Nach der Erkenntnistheorie des ↗ Konstruktivismus kommt es zum Wissenserwerb, wenn Lernende neue Informationen mit ihrem V. verknüpfen. Der mit dieser Verknüpfung einhergehenden Denkaktivität wird zentrale Bedeutung für Lernprozesse beigemessen. Diese Theorie wird durch die Ergebnisse der Hirnforschung gestützt. Da V. individuell verschieden ist, wird Lernen als hoch individueller Prozess verstanden.

Auf der Basis des V.s der Erstsprache erfolgt das Erlernen aller weiteren Sprachen. Der ↗ Gemeinsame europäische Referenzrahmen (GeR) gliedert unter dem Aspekt des Lehrens und Lernens von Sprachen ↗ Wissen, also auch V., in vier allgemeine Kategorien: (1) deklaratives Wissen (*savoir*), bezogen auf Weltwissen, soziokulturelles und interkulturelles V.; (2) prozedurales Wissen (*savoir-faire*), bezogen auf praktische Fertigkeiten aus dem beruflichen oder sozialen Bereich, der Freizeit und interkulturellen Kontexten; (3) persönlichkeitsbezogene Faktoren (*savoir-être*), V. bezogen auf z. B. Einstellungen und kognitive Stile; sowie (4) V. bezüglich der Lernerfahrungen (*savoir-apprendre*). Der GeR beschreibt, dass Sprachenlernende ergänzend zu diesen allgemeinen Kategorien des V.s auch bereits erworbene linguistische, soziolinguistische und pragmatische Kompetenzen als V. in den Lernprozess einbringen.

Welchen *intake* Lernende einem gebotenen Input entnehmen können, hängt weitgehend von ihrem V. und dessen Aktivierung ab. In der bilingualen Vorschulerziehung (↗ Bilingualer Unterricht) wie im modernen FU von Schule und Erwachsenenbildung gilt es daher, Lernprozesse so zu initiieren, dass das V. der Lernenden Berücksichtigung findet. Nach staatlich vorgegebenen ↗ Lehrplänen zugelassene ↗ Lehrwerke arbeiten mit einem Spiralcurriculum, in dem neu zu Erlernendes mit bereits erworbenem V. vernetzt wird. Lehrwerkautoren und Unterrichtende entwickeln Phasen, in denen V. aktiviert wird (*pre-listening, pre-viewing, pre-reading, pre-writing, pre-talking*), um die Verknüpfung des Neuen mit bereits Gelerntem anzuregen. V. kann das Erlernen weiterer Sprachen erleichtern (positiver ↗Transfer), daher nutzen ↗Mehrsprachigkeitsdidaktik und Didaktik der ↗Interkomprehension das V. bereits erlernter Sprachen gezielt zum Lehren und Lernen weiterer Sprachen. Negativer Transfer, d. h. ↗Interferenz, aufgrund des V.s führt zu ↗Fehlern und erfordert im Unterricht entsprechende Maßnahmen. Konstruktionsprozesse auf der Basis des individuellen V.s führen, neben anderen Faktoren, beim Sprachenlernen zu einer lernprozessbedingten Interimssprache (↗*Interlanguage*).

Im Unterricht kann Binnendifferenzierung (↗Differenzierung) unterschiedliches V. ausgleichen und zu einer anregenden Lernumgebung für alle führen. Lerngruppen mit einem hohen Anteil verschiedener Herkunftssprachen und Kulturen sind in ihrem V. entsprechend heterogen. Durch unterschiedliches kulturelles V. bedingte kulturelle Missverständnisse können zum Abbruch der Kommunikation führen, daher ist die Entwicklung ↗interkultureller kommunikativer Kompetenz in der modernen Fremdsprachendidaktik von hoher Relevanz.

Lit.: P. Doyé: Interkulturelles und mehrsprachiges Lehren und Lernen. Tüb. 2008. – M. Hasselhorn/ A. Gold (Hg.): Pädagogische Psychologie. Erfolgreiches Lehren und Lernen. Stgt ²2009 [2006]. WSL

Wandposter ↗Poster

Web 2.0 ↗*Computer-Assisted Language Learning (CALL)*, ↗*E-Learning*

Web-Based Training (WBT) ↗*Computer-Assisted Language Learning (CALL)*

Wechselseitiges Lernen und Lehren (WELL) ↗Lernen durch Lehren, ↗Sozialformen

Weiterbildung ↗Lehrerbildung

Whiteboard ↗Tafel, Tafelbild und Tafelanschrieb

Wissen spielt als Konzept in vielen unterschiedlichen Disziplinen eine Rolle (Philosophie, Psychologie, Kognitionswissenschaften, Fremdsprachendidaktik). Im Kontext des Fremdsprachenlernens und -lehrens steht es in engem Zusammenhang mit verwandten Begriffen wie ›subjektive Theorien‹, ›BAK‹ (Netzwerke aus *beliefs, assumptions, knowledge*) oder ›*dormant theories*‹, die sich allerdings nicht nur auf den Inhalt des W.s beziehen, sondern auch seine Struktur und Organisationsform berücksichtigen. Anhand unterschiedlicher Kriterien wird eine Vielzahl von W.sarten unterschieden. W. wird nach seiner zentralen Eigenschaft bzw. Funktion klassifiziert (deklaratives W., prozedurales W., episodisches W., heuristisches W., explizites W., implizites W. usw.); teilweise wird es stärker mit Bezug auf seinen Entstehungs- und/oder Anwendungskontext definiert (Erfahrungs-W., Alltags-W., Praxis-W.), mit Bezug auf seinen Inhalt (Fach-W., *pedagogical content knowledge*) oder mit Bezug auf den W.sträger (Experten-W.). Darüber hinaus gibt es W.sbegriffe, die sich innerhalb dieser Differenzierung nicht eindeutig zuordnen lassen und eine Integration verschiedener Kategorien darstellen (z. B. *personal practical knowledge*).

In der Fremdsprachendidaktik wird üblicherweise eine Unterscheidung zwischen deklarativem und prozeduralem W. vorgenommen. Unter deklarativem W. wird im Langzeitgedächtnis gespeichertes, auf Fakten bezogenes und zugleich faktisch vorhandenes W. verstanden, das bewusst und in der Regel verbalisierbar ist bzw. das mindestens bewusst gemacht werden kann. Deklaratives W. wird weiterhin unterschieden in semantisches W. und episodisches W. Episodisches W. ist historisch, autobiographisch, kontextgebunden und häufig mit affektiven Wertungen versehen. Es ist mit der Erinnerung an konkrete Situationen und Erfahrungen verknüpft. Fremdsprachenstudierende verfügen z. B. häufig über bestimmte sprachliche Ausdrücke oder Phrasen, weil ihnen diese während eines Auslandsaufenthaltes oder im Studium begegnet sind und sie sich genau an den Verwendungskontext erinnern. Semantisches W. ist stärker analytisch, rational, kontextreduziert und basiert auf Abstraktionen des episodischen W.s. Prozedurales W., auch als Handlungs-W. bezeichnet, wird gemeinhin als direkt handlungssteuerndes, aber weitgehend unbewusstes W. verstanden. Es befähigt Lernende, komplexe kognitive, motorische oder sprachliche Handlungen durchzuführen, ohne dabei die einzelnen Bestandteile dieser Handlungen bewusst verbalisieren oder kontrollieren zu können. Prozedurales W. kann durch praktische Erfahrung erworben werden und ist nicht notwendigerweise angewandtes und ›prozeduralisiertes‹ deklaratives W. Dies bedeutet z. B. für das Fremdsprachenlernen, dass eine Bewusstmachung von grammatischen Regeln (↗ Bewusstheit/Bewusstmachung) einem situativen Spracherwerb nicht überlegen ist.

Wenngleich der Grad der Bewusstheit und/oder Verbalisierbarkeit von W. als Unterscheidungskriterium nicht bei allen Wissenschaftler/innen gleichermaßen anerkannt ist, findet er sich in weiteren Unterscheidungen von W.stypen, so auch bei explizitem W. und implizitem W. Als explizites W. wird solches bezeichnet, »über das bei Abruf direkt Auskunft gegeben werden kann« (Grubitzsch/Weber 1998, 690). Implizites W. (auch ›stilles‹ W. oder *tacit knowledge*) hingegen ist »verborgenes Wissen, das eine Person zwar besitzt, auf das sie aber nicht bewusst zugreifen kann« (ebd., 690). Ein Beispiel für implizites W. ist das ↗ Sprachgefühl. Manche Autoren gehen davon aus, dass implizites W. aus ›abgesunkenem‹ explizitem W. entstehen kann (vgl. Timm 1998). Gelegentlich werden die Begriffe ›deklarativ‹/›explizit‹ sowie ›prozedural‹/ ›implizit‹ synonym verwandt. Auch findet sich die Verwendung von implizitem W. als *embodied knowledge* (personen- oder körpergebundenes W.) und von explizitem W. als *disembodied knowledge* (W., das außerhalb von Einzelpersonen beispielsweise in Speichermedien vorliegt).

Interessanter als die unterschiedlichen W.sbegriffe an sich sind ihre höchst komplexen Zusammenhänge zum (sprachlichen) Handeln (vgl. Mandl/Gerstenmaier 2000). Im Wesentlichen lassen sich zwei Argumentationslinien unterscheiden: ein funktionales und ein transaktionales Modell (vgl. ebd.). Im funktionalen Modell,

das sich hauptsächlich auf zielgerichtete Handlungen bezieht, wird dem W. eine Kontrollfunktion zugeschrieben. Handlungsdefizite werden vor allem mit kognitiven Prozessen erklärt, die der Handlung vorausgehen. Das transaktionale Modell betont die auf Piaget zurückgehende Erkenntnis, dass Handeln W. hervorbringt bzw. W. durch Handeln entsteht. Im Zentrum der Aufmerksamkeit stehen Handlungskontexte. Ebenso wie der W.sbegriff lässt sich der Handlungsbegriff ausdifferenzieren und von ähnlichen Begriffen wie Verhalten und Tun abgrenzen. Mit dieser Ausdifferenzierung erhöht sich die Komplexität des Zusammenhangs von W. und Handeln um ein Vielfaches. Sie lässt sich am besten in mehrstufigen, auf Kreisprozessen beruhenden Modellen abbilden.

Lit.: S. Grubitzsch/K. Weber: Wissen. In: Dies. (Hg.): Psychologische Grundbegriffe. Ein Handbuch. Reinbek bei Hbg 1998, 690. – H. Mandl/J. Gerstenmaier (Hg.): Die Kluft zwischen W. und Handeln. Empirische und theoretische Lösungsansätze. Göttingen u. a. 2000. – J.-P. Timm: Die Entwicklung praktischer Sprachkenntnisse. In: Ders. (Hg.): Englisch lehren und lernen. Didaktik des Englischunterrichts. Bln 1998, 299–318.   BV

Wochenplanarbeit ↗ Offener Unterricht

Wörterbuch. Unter einem W. versteht man ein Nachschlagewerk für die Sprachrezeption und -produktion in der Zielsprache. Es ist ein unentbehrliches Hilfsmittel für die korrekte Sprachverwendung und die Fehlerprophylaxe. Ein adäquater Umgang mit dem W. kann Sprachbewusstheit fördern (↗ Bewusstheit/Bewusstmachung) und dem Wortschatzerwerb dienen (↗ Wortschatz und Wortschatzvermittlung).

In den letzten Jahrzehnten werden Wörterbücher immer benutzerfreundlicher, was sich z. B. in Layout und Typographie, Daumenregister und einer Fülle an Zusatzmaterialien (Anhang, Extraseiten, Informationskästen, CD) niederschlägt. Während zweisprachige Wörterbücher vor allem Hilfe bei der Hin- und Herübersetzung (↗ Sprachmittlung) leisten können, gibt es einsprachige Wörterbücher sowohl für Muttersprachler/innen (z. B. Duden-Rechtschreibung) als auch für Fremdsprachenlernende mit den verschiedensten Zielsetzungen, z. B. Synonym-,

Aussprache-, Bild- oder verschiedene Fach-Wörterbücher. Einen guten Überblick über einsprachige Lerner-Wörterbücher gibt Jens Bahns (2006). Elektronische Wörterbücher (auf CD-ROM oder im Internet) bestechen durch Multimedialität, Modularität, Interaktivität sowie die Möglichkeit der auditiven Präsentation und Selbstaufnahme von Wörtern. Die Wissenschaft von Wörterbüchern ist die Lexikographie. In der praktischen Lexikographie geht es um die Konzipierung und Erarbeitung von Wörterbüchern, in der theoretischen um Aufbau und Struktur, Analyse und Kritik von Wörterbüchern, Erstellung von W.typologien und Fragen der W.benutzung (vgl. Engelberg/Lemnitzer 2008). Die umfassendste Gesamtdarstellung zur Lexikographie findet sich im Handbuch von Franz Josef Hausmann et al. (1989–1991). Hauptaufgabe der W.didaktik ist es, Vorschläge für die Vermittlung von *dictionary skills* und Methoden des W.benutzungstrainings zu entwickeln (vgl. Bahns 2006, 190).

Ein gutes W. gibt neben der Orthographie und Bedeutung eines Wortes (semantische Disambiguierung; Paradigmatik: Synonyme, Antonyme, Kohyponyme, Hyperonyme; Polysemie) die Sprachgebrauchsebene (Gebräuchlichkeit, geschriebene/gesprochene Sprache; nationale Varietäten; Registermarkierung und Haltung) an. Daneben liefern Wörterbücher Informationen auf verschiedenen sprachlichen Ebenen. Angaben zu grammatischen Eigenschaften von Wörtern betreffen z.B. Genus, Numerus, Deklinations- und Konjugationsklasse, unregelmäßige Flexion, Zuordnung zu Wortarten (z.B. *adv*), Informationen zu Valenzen und Präpositionen, Kollokationen, meist mit Verwendungsbeispielen und typischen Redewendungen (*idioms*). Deutsche, englische und französische Wörterbücher geben die Aussprache mit Hilfe der internationalen Lautschrift (IPA) an. In russischen Wörterbüchern finden sich Betonungszeichen über dem akzentuierten Vokal jedes Wortes. Zusatzmaterialien zu Wörterbüchern umfassen z.B. Bildseiten zur Illustration von Wortschatz zu bestimmten Sachthemen, Sonderseiten (*study pages*) mit Wortschatz im Kontext, vielseitige Länderinformationen, Hinweise zum idiomatischen, authentischen Sprachgebrauch, zu Sprachfunktionen (z.B. Entschuldigungen, Zustimmung, Ablehnung, Danken), Formulierungshilfen für E-Mails,

Briefe und Telefonate, Musterbriefe, die wichtigsten Maße und Gewichte, Temperaturen, Zahlwörter, Übersichten über unregelmäßige Verben und Übungen zum Gebrauch des W.s. Spezielle Informationskästen vermitteln linguolandeskundliche Informationen zu kulturspezifisch geprägtem Wortschatz (z.B. *Advent, Krankenkasse, Maibaum, Polterabend, Volkshochschule, Wiedervereinigung*), Hinweise auf sprachliche Schwierigkeiten, Übersetzungsfehler und sog. falsche Freunde (z.B. französisch: *délicatesse* – dt. *Feingefühl*; polnisch *kryminalysta* – dt. *Straftäter, Verbrecher*; russisch *kónkurs* – dt. *Wettbewerb*), Informationen zu Wortbildung (z.B. die häufigsten Präfixe und Suffixe) und Wortfamilien (z.B. engl. *know, knowingly, knowledge, knowledgeable, known, unknown, know-how*). Darüber hinaus gibt es Info-Kästen zum Wortschatz der Wissenschaftssprache (*academic writing*), Kollokationsfelder und Kataloge für Sprechintentionen (z.B. fragen, vermuten) und Alltagsthemen (z.B. Hobby, Wohnen). Deutsche Wörterbücher geben häufig Hinweise zur neuen Rechtschreibung, z.B. zur Getrennt- und Zusammenschreibung, Groß- und Kleinschreibung. Das W. folgt einem bestimmten Verweissystem, nutzt Abkürzungen und Symbole. In Wörterbüchern zu slawischen Sprachen steht beim Infinitiv des perfektiven Verbaspekts meist der Verweis auf den imperfektiven Aspektpartner (z.B. polnisch *zemścić się* perf od *mścić się*); dort finden sich dann Erklärungen und Verwendungsbeispiele für beide Aspekte.

Auch das beste W. entfaltet seine Potenz als Nachschlagewerk erst dank der Benutzungskompetenz der Lernenden. SuS sollten daher sehr früh den Gebrauch des alphabetischen Wörterverzeichnisses im Lehrbuch und später des zwei- und einsprachigen W.s üben und sich daran gewöhnen, in Zweifelsfällen nachzuschlagen. Voraussetzung für die kompetente Nutzung von Wörterbüchern ist die Beherrschung der Reihenfolge des Alphabets der Zielsprache, insbesondere der Buchstaben, die im Alphabet der eigenen Muttersprache nicht vorkommen. So stehen Wörter mit <ch> im Tschechischen nicht unter <c>, sondern nach <h>. Um Lernende zur selbständigen W.arbeit zu befähigen, eignen sich ↗Übungen, bei denen zielsprachige Wörter mit demselben Anfangsbuchstaben in die alphabetische Reihenfolge gebracht werden müssen, Übungen zur Untersuchung einzelner W.einträge (z.B. mit Fragen zu Register, Wortarten, abgeleiteten Wörtern, Genus von Substantiven, Aspektpartnern, Kollokationen), Zuordnungsübungen (z.B. Funktionsverbgefüge zu ihrer Bedeutung), Einsetzübungen (z.B. Präpositionen), Übersetzungsübungen, selbständige Fehlersuche (z.B. nach einem Diktat) sowie Übungen zum Kennenlernen der wichtigsten Symbole und Abkürzungen des W.s. In englischen und russischen Wörterbüchern kann man die Betonung neuer Vokabeln herausfinden lassen, in deutschen das passende Hilfsverb (*sein* oder *haben*) für zusammengesetzte Zeitformen. Für W.nutzer slawischer Sprachen ist es besonders wichtig, Wortformen auf ihre Grundform zurückführen zu können, um das gesuchte Wort zu finden. Zum kompetenten Umgang mit dem W. gehört auch zu entscheiden, wann man das W. wirklich braucht. Lernende sollten versuchen, Wörter erst selbst zu inferieren (↗Inferenz) – z.B. anhand ähnlicher bekannter Wörter, grammatischer Informationen über Wortart und Wortbildung – und erst danach ihre Hypothese im W. überprüfen.

Lit.: J. Bahns: Das Lerner-W., mehr als nur ein Nachschlagewerk. In: U.O.H. Jung (Hg.): Praktische Handreichung für Fremdsprachenlehrer. FfM ⁴2006 [1992], 188–195. – Themenheft »Dictionary Skills« von Der fremdsprachliche Unterricht Englisch 35/51 (2001). – S. Engelberg/L. Lemnitzer: Lexikographie und W.benutzung. Tüb. 2008. – F.J. Hausmann et al. (Hg.): Wörterbücher, Dictionaries, Dictionnaires. Ein internationales Handbuch zur Lexikographie. 3 Bde. Bln/N.Y. 1989/1990/1991. GM

Wortschatz und Wortschatzvermittlung. Wer in der fremdsprachigen Kommunikation viele Wörter adäquat benutzen kann, vermag sich präzise, differenziert und kohärent auszudrücken. Nach einer Phase der Grammatikdominanz erfährt der W. seit den 1980er Jahren wieder größere Beachtung. Heute werden die Grenzen zur Grammatik als fließend betrachtet (vgl. Lewis 2005) und die Wörter einer Sprache auf einem Kontinuum zwischen bedeutungsstarken und -schwachen Wörtern klassifiziert: An einem Pol liegen die *Autosemantika*, die aus sich selbst heraus verständlich sind (z.B. *Straße* als Konkretum oder *Freiheit* als Abstraktum), am anderen die *Synsemantika*,

grammatische Wörter mit sehr geringer eigener Bedeutung, z.B. span. *de*, *a* (Partikel), *en* (Präposition), *para* (Konjunktion) oder *ha* (Hilfsverb). Die Deiktika haben zwar eine eigene Bedeutung, die jedoch erst im Kontext verständlich wird, z.B. engl. *I*, *you* (Pronomen) oder *here*, *tomorrow* (Adverbien). Für den Sprachgebrauch sind alle Wortklassen unentbehrlich: Autosemantika wegen ihrer inhaltlichen Stärke, Deiktika wegen ihres situativen und damit kommunikativen Bezugs und Synsemantika wegen ihrer Verbindung zum grammatischen Regelwerk.

Der Terminus ›Wort‹ ist nicht einheitlich definiert. Aus kognitivistischer Perspektive dienen Wörter der Benennung von Gegenständen und Sachverhalten in der außersprachlichen Welt, aus linguistischer Sicht sind es Zeichen mit Form- und Ausdrucksseite, selbständige sprachliche und kommunikationsorientierte Grundeinheiten. Der Begriff der Einheit (*lexical unit*) trägt der häufigen Mehrgliedrigkeit von Wörtern Rechnung, z.B. engl. *to go out*. Den im Unterrichtskontext gängigen Begriff ›Vokabel‹ reduzieren SuS erfahrungsgemäß auf formale (Lern-)Kontexte und assoziieren ihn oft negativ. ›Wörtern‹ hingegen schreiben sie viel mehr und viel umfassendere Merkmale zu: semantische, kommunikative bis hin zu poetischen (vgl. Neveling 2004, 349f.). Da bekannt ist, wie sehr die Sichtweisen von Lernenden auf das Lernobjekt den Lernerfolg beeinflussen, erscheint der Begriff der Vokabel für schulisches Lernen nur bedingt geeignet.

Wie werden Wörter gut gelernt? Grundsätzlich dringen Lernende von einem relativ vagen zu einem immer komplexeren und differenzierteren Wortverständnis vor. Dabei versehen sie zunächst ihre bestehenden L1- und L3-Konzepte (also die Konzepte ihrer Muttersprache und weiterer erworbener Fremdsprachen) mit neuen Etiketten, indem sie die L2-Bedeutungen (also die Bedeutungen der Zielsprache) mit denen ihrer anderen Konzepte gleichsetzen und durch Übersetzung ›sichern‹, z.B. ›Tisch‹ – engl. *table*, frz. *table*. Bald aber stoßen sie an Grenzen, denn Wortbedeutungen sind meist kulturgebunden (z.B. engl. *tea*), und nicht selten müssen Konzepte überhaupt erst ausgebildet werden (z.B. span. *mate*), weswegen auch von interkultureller Lexik gesprochen wird. Die ersten Wörter einer Fremdsprache sind also am schwierigsten zu lernen, nach und nach wird der Erwerb leichter, denn das mentale L2-Netz wird größer und engmaschiger – eine Voraussetzung für freies, zügiges ↗Sprechen. Für eine optimale kommunikative Verfügbarkeit ist es zudem wichtig, neben dem komplexen Inhalt (Merkmale, Konnotationen usw.) auch die Formseite eines Wortes verfügbar zu haben, also die ↗Aussprache, ↗Orthographie und die morpho-syntaktischen Komponenten. Gleichwohl reicht für L2-Lernende zunächst eine partielle, Normverstöße implizierende Wortbeherrschung aus (z. B. engl. *he do*), wenn sie denn die eigenen Redeintentionen vermitteln und die ihres Gesprächspartners verstehen können. Dabei besteht je nach Lernstand und inhaltlichem Anspruch eine große Spannweite zwischen basalem ↗Verstehen und hoher inhaltlicher Präzision bei der Produktion. Dieser Unterschied wird mit dem Begriffspaar rezeptiver/produktiver W. gekennzeichnet: Ersterer steht nur für das ↗Lese- und ↗Hörverstehen bereit, denn er ist weniger ›tief verarbeitet‹ und die Konzepte sind im ↗mentalen Lexikon durch kontextuelle Hilfen im Gelesenen/Gehörten leichter auffindbar. Der Theorie der Verarbeitungstiefe (*depth of processing*; vgl. Craik/Lockhard 1972) zufolge müssen bei einer »tiefen Verarbeitung«, die für die produktive Wortbeherrschung notwendig ist, mehrere Ebenen (semantische wie formale) durchlaufen werden, damit die Wortformen ohne externe Lenkung im gesamten mentalen Lexikon auffindbar sind.

Der potenzielle W. umfasst keine im mentalen Lexikon verankerten Wörter, sondern bezeichnet das prozedurale Zusammenspiel aus ↗Vorwissen und Verstehens- und Produktionsstrategien. Auf der Basis des Weltwissens (z. B. »Bill Gates *fundó* Microsoft«), des situativen oder textuellen Kontextes und ihres bisheriges Sprachwissens können die Lernenden bei Verstehensproblemen Wortbedeutungen ↗inferieren und bei Produktionslücken Wortformen erraten. Sie nutzen dabei ihr Vorwissen aus der L2 selbst (z. B. inferieren sie das unbekannte engl. *colourful* aus dem bekannten *colour*), aber auch aus der L1 und anderen Sprachen: Aufgrund ihrer Formähnlichkeit helfen hier die sog. Kognate, z. B. dt. *interessant*, engl. *interesting*, frz. *intéressant* oder dt. *Taxi*, tschech. *taxi* (auf der ersten Silbe betont), frz. *taxi*, russ. такси/*taksi* (auf der letzten Silbe betont). Für die Produktion ist der ↗Transfer schwieriger

und fehleranfälliger, dennoch ist es stets ratsam, solcherlei transfergeleitete Hypothesen zu bilden, um die Kommunikation aufrechtzuerhalten und den Lernprozess einzuleiten. Damit nichts Falsches haften bleibt, müssen die Hypothesen jedoch auch überprüft werden, etwa durch Nachfragen (hierfür benötigen die SuS Redemittel) oder bewusstes Abwarten der Reaktion des Gesprächspartners. Der Aufbau des potenziellen W.es ist für das autonome Wörterlernen und für das Erschließen einsprachiger Worterklärungen hilfreich, insbesondere beim Tertiärsprachenerwerb (Spanisch, Italienisch, Polnisch usw.).

Der Erwerb des Einzelwortes verläuft in vier Phasen: (1) Wahrnehmung durch Dechiffrierung der Laut- und Graphemstruktur, (2) Verstehen durch Bedeutungsaufbau, (3) Speichern durch Einflechtung ins mentale Lexikon, (4) Abruf und Gebrauch durch Zugriff auf Konzepte und Wortformen. Diese Phasen haben fließende Übergänge, denn z. B. wird nicht nur durch aktives Einprägen gespeichert, sondern auch durch Wortgebrauch. Außerdem durchlaufen nicht alle Wörter alle Phasen in derselben Intensität: Wer z. B. ital. *intenzione* aus frz. *intention* inferiert, kann dieses Wort rasch verstehen und sich die spezifischen Wendungen für den Gebrauch erschließen. Eine langfristige Speicherung hängt noch von weiteren Parametern ab: dem Sprach- und Kulturbewusstsein, der Offenheit für die fremde Kultur, dem Vorwissen und den ↗Lernstrategien sowie von positiven ↗Emotionen und von ↗Motivation.

Wie werden Wörter nun erfolgreich vermittelt? W.arbeit impliziert Überlegungen zu Umfang, Auswahl und Vermittlungsmodi. Der in den ↗Lehrplänen verankerte Wörterumfang variiert zwischen den Sprachen, Bundesländern und Schulformen von 400 bis 700 Wörtern pro Jahr. Die in den Grundwortschätzen und ↗Lehrwerken getroffene Auswahl orientiert sich im Wesentlichen an der Häufigkeit, dem Gebrauchswert und der Kombinierbarkeit der Wörter. Hinweise hierüber bietet der ↗Gemeinsame europäische Referenzrahmen in seiner Auflistung von zu bewältigenden Alltagssituationen (Europarat 2001, Kap. 4). Einen hohen Gebrauchswert haben Wörter mit großer kommunikativer Reichweite wie die auf der mittleren Hierarchieebene angesiedelten *basic level terms* (vgl. Rosch 1975): So ist ›Hund‹ vielseitiger einsetzbar als ›Tier‹ (zu unspezifisch) oder ›Dackel‹ (zu spezifisch). Eine hohe Kombinierbarkeit haben vor allem die Synsemantika als Schwellwörter zur Grammatik, z.B. frz. (*finir*) *de* (*manger*). Im konkreten Unterrichtskontext müssen die zu lernenden Wörter im Hinblick auf den produktiven oder rezeptiven Gebrauch, den Stellenwert im Text und den allgemeinen Gebrauchswert ausgewählt werden.

Die Vermittlung vollzieht sich traditionellerweise in vier Schritten, in denen sich die oben beschriebenen Erwerbsphasen (Lernerperspektive) wiederfinden: (1) Semantisierung: Darbietung von Wortform und -bedeutung (Wahrnehmen, Verstehen), (2) Festigung: Wiederholung in verschiedenen Übungsformen (Speichern), (3 und 4) Sprachanwendung und Kontrolle: syntagmatische Umsetzung (Abruf, Gebrauch). Die Vermittlung orientiert sich in allen Schritten an den Strukturen des mentalen Lexikons.

(1) Semantisierung: Wörter werden entweder beiläufig oder in spezifischen Phasen eingeführt. Ersteres geschieht eher im Aufbau- oder Fortgeschrittenenunterricht, wenn die Textarbeit im Vordergrund steht und Wortbedeutungen unbewusst, ohne Aufmerksamkeitsfokus (↗Aufmerksamkeit) erschlossen werden. Im Anfangsunterricht wird der Fokus auf das Wort gesetzt, zuerst auf seine Form, dann auf den Inhalt. Das Wort wird in der Regel zuerst vorgesprochen, dann mehrfach nachgesprochen (im Chor, alleine oder gemeinsam gemurmelt), danach schriftlich fixiert und ggf. erläutert (etwa bei Laut-Schrift-Abweichungen) und schließlich von den SuS abgeschrieben. Später können Laut- und Schriftform gemeinsam präsentiert oder Wörter nur vom Graphem aus gelernt werden. Für die Bedeutungserklärung stehen ein- und zweisprachige Verfahren zur Verfügung, deren Wahl vom Wort selbst (Erschließbarkeit, Wortart), dem Schülerinteresse und -vorwissen und der bereitstehenden Zeit abhängt. Die einsprachige Semantisierung hat eine lange, erfolgreiche Tradition. In einem gelenkten ↗Unterrichtsgespräch erklärt die Lehrkraft Nomen sinnvollerweise in thematischer Einbettung (Kind, Unfall, Rollstuhl), mit Beschreibungen (Kinderfahrrad, zu klein), Teil-Ganzes-Relationen (Körper – Arme), Analogieschlüssen (Straßenbahn – Schiene: LKW – Fahrspur), Erklärungen, Definitionen, Paraphrasen, äußeren Merkmalen und Funkti-

onen, Ober- und Unterbegriffen. Adjektive können über Quasi-Synonyme, Antonyme oder Hypostasierungen (= Verdinglichungen prototypischer Vertreter, z.B. tiefer Brunnen) verdeutlicht werden. Verben werden mit typischen Handlungen verknüpft, sie treten oft mit präpositionalem Anschluss (*finir de faire qc*) oder in Kollokationen auf (frz. *passer le bac*, **faire le bac*) und werden in Beispielsätzen vermittelt. Zum Ausgleich ihrer Bedeutungsarmut werden auch Partikel, Präpositionen, Adverbien und Pronomen syntagmatisch präsentiert (z.B. *at school, in London, for him, to her*). Schließlich eignen sich affektiv beladene Wörter (*friendship, illness*), um bei den Lernenden individuelle Assoziationen auszulösen.

Die Lehrkraft bettet ihre Erklärungen in eine kleine Geschichte ein und regt durch Redundanzen und Mischung möglichst vieler der genannten Verfahren verschiedene Eingangskanäle und individuelles Vorwissen an. Sie unterstützt ihre Ausführungen durch (audio)visuelle Mittel (Realien, ↗Bilder, Photos, Graphiken, Zeichen, Symbole, Filmausschnitte), Nonverbalia (Mimik, Gestik, Pantomime; ↗Nonverbale Kommunikation) und Paraverbalia (z.B. engl. *whisper* durch Flüstern) sowie durch metasprachliche Erklärungen, z.B. grammatischer Besonderheiten (↗Metakognition). Die Wörter sollten den SuS nicht in der (zufälligen) Textreihenfolge, sondern inhaltlich geordnet präsentiert werden.

Wegen der zeitlichen Intensität der einsprachigen Semantisierung lehnen SuS diese mitunter ab. Dabei ist genau diese Zeit aber gut genutzt, weil die Lernprozesse bereits einsetzen und außerdem andere Fertigkeiten und Erschließungsstrategien (↗Inferenz) geübt werden. Bei der zweisprachigen Semantisierung, die den großen Vorteil der schnellen Bedeutungsvermittlung genießt, reichen Übersetzungen meist nicht aus, weil die in den ›Wortgleichungen‹ suggerierte Gleichheit eben nicht vorliegt und die Kulturspezifik vieler Wörter fremdkulturelle Erklärungen erfordert (die in der L1 indes sehr präzise umgesetzt werden können). Eine Übersetzung kann also immer nur der erste Schritt sein, dem eine intralinguale Einflechtung ins mentale Lexikon folgen muss, damit eine kommunikative Verfügbarkeit der Wörter erzielt wird (vgl. Bohn 1999, 78 ff.; Krechel 2007, 30 ff.). Im Rahmen konstruktivistischer und handlungsorientierter Ansätze (↗Konstruktivismus/Konstruktion, ↗Handlungsorientierung) wird die eigenständige W.erarbeitung, die sog. Autosemantisierung stark favorisiert. Sie erfordert eine Hinführung mit geeigneten metakognitiven und kognitiven Strategien (u.a. Inferenz, Wörterbucharbeit).

(2) Festigung: Auch lange bekannte Wörter können wir vergessen, wenn wir sie selten gebrauchen, weil sie durch andere Wörter überlagert werden oder ihre Gedächtnisspuren von alleine auslöschen. Viele Wörter werden aber erst gar nicht langfristig gespeichert, weil sie aufgrund von Hemmungen durch andere Wörter oder mangelnder Vernetzung im mentalen Lexikon zu wenig Halt haben. Daher muss neuer W. mehrfach und vielfältig geübt werden, wobei dieselben Verknüpfungsformen wie bei der Semantisierung sinnvoll sind. Die ↗Übungen sollen möglichst mehrkanalig, ganzheitlich, spielerisch, affektiv, kreativ und kommunikativ angelegt sein (Geschichten oder Hörspiele schreiben, eigene Übungen entwerfen). Schließlich schützen solche Wiederholungen am besten vor dem Vergessen, die zunächst in kleinen und dann in immer größer werdenden Intervallen und inhaltlich variierenden Kontexten angelegt sind, mündlich wie schriftlich, je nach Einzelwort rezeptiv oder produktiv.

Für das autonome, oft häusliche Wörterlernen benötigen die SuS Angebote für Speicherstrategien, im Einzelnen Ordnungs-, Elaborations- und Wiederholungsstrategien. Sie sollten die Wörter zunächst selbsttätig ordnen und mit ihnen bereits bekannten Wörtern verbinden, um sie dann zu elaborieren, d.h. mit erfundenen Geschichten, Emotionen und Bewegungen (dazu gehört auch das eigene Aufschreiben der Wörter) kreativ auszugestalten. Visuell und auditiv unterstützend wirken Reime, Lieder (↗Musik), Merkverse sowie Akronyme, Zeichnungen, Wortikone (bebilderte Wörter; z.B. wird das ›o‹ in span. *el sol* als Sonne gemalt), Poster, Klebezettel auf Gegenständen und die altbewährte Loci-Technik, bei der zusammenhangslose Wörter mental mit bekannten Orten in Verbindung gesetzt und hierüber memoriert werden. Die hoch wirksame Schlüsselwort-Methode für schwer zu merkende Einzelwörter vereint beide Kanäle (vgl. Stork 2003). Die komplexere Wörternetz-Strategie umfasst mehrere der genannten Einzelstrategien: eigenes

Ordnen, vernetztes Aufzeichnen, kreatives Elaborieren und sinnvolles Wiederholen. Die intensive Eigenkodierung (mit Kopf, Herz und Hand; *learning by doing*) bewirkt eine tiefe Verarbeitung und langes Behalten (vgl. Neveling 2004). Auch für das autonome Wörterlernen ist das strategische Wiederholen wichtig, das wie das lehrergesteuerte Wiederholen den Prinzipien des Intervalllernens und der Variation folgen sollte. Schließlich fördert das Dokumentieren des eigenen Lernprozesses in Lerntagebüchern Sprachbewusstheit (↗Bewusstheit/Bewusstmachung) und Lernerfolg (vgl. Haudeck 2008).

(3) Sprachanwendung: Während bei der Festigung das gesamte paradigmatische und syntagmatische Verbindungspotenzial eines Wortes primär in isolierter Form geübt wird, zielt die Sprachanwendung auf den rein syntagmatischen Abruf. Sie fördert den morphosyntaktisch, kollokatorisch richtigen und pragmatisch angemessenen Gebrauch in der Kommunikation sowie die entsprechenden Kommunikationsstrategien zur Aufrechterhaltung des Gesprächs. Aufgaben zum Training der Sprachanwendung sind umfassender als Festigungsübungen, sie sind ganzheitlich, mitteilungsorientiert und in authentische bzw. authentizitätsnahe kommunikative Situationen eingebettet (↗Authentizität). Z.B. werden in Partnerarbeit gegenseitige Informationslücken geschlossen (↗*Information Gap*), indem Wörter zu einem Bild erfragt, benannt, beschrieben, erklärt, paraphrasiert usw. werden. Hier bringen SuS dieselben Worterklärungen wie die Lehrkraft bei der Semantisierung zum Einsatz.

(4) Kontrolle: Überprüft werden müssen der Umfang, die Verarbeitungstiefe (rezeptiv/produktiv), die deklarative und prozedurale Beherrschung der formalen und inhaltlichen Wortkomponenten sowie die lexikalischen Strategien. Dies in valider Form zu erreichen, ist ein schwieriges Unterfangen. Grundsätzlich gilt, dass so getestet werden muss, wie geübt wurde, weil für Speicherung und Abruf im mentalen Lexikon dieselben Prinzipien vorherrschen: mehrfache und vielfältige Vernetzung der Wörter, wobei die thematischen und die syntagmatischen Wortverbindungen besonders hervorzuheben sind. Ein weiterer Grund für dieses spiegelbildliche Verfahren ist die Tatsache, dass ↗Tests starke Auswirkungen auf das

Lernverhalten der SuS haben (*washback-Effekt*): Wenn ein Test z.B. Wörter in Listen von Wortgleichungen fordert, so werden die SuS vermutlich auch mit Listen lernen, auch wenn im Unterricht kommunikative Übungs- und Aufgabenformate vorherrschten. Kontrollformen müssen ferner in dem Sinne nützlich sein, dass sie W. wiederholen und erweitern und die SuS einen *individuellen* Nutzen für sich verbuchen (vgl. Aguado 2004, 234).

Lit.: K. Aguado: Evaluation fremdsprachlicher W.kompetenz. Funktionen, Prinzipien, Charakteristika, Desiderate. In: Fremdsprachen lehren und lernen 33 (2004), 231–2250. – R. Bohn: Probleme der W.arbeit. Bln 1999. – F. Craik/R. Lockhard: Levels of Processing. A Framework for Memory Research. In: Journal of Verbal Learning and Verbal Behavior 11 (1972), 671–684. – H. Haudeck: Fremdsprachliche W.arbeit außerhalb des Klassenzimmers. Tüb. 2008. – H.-L. Krechel (Hg.): Französisch Methodik. Handbuch für die Sekundarstufe I und II. Bln 2007, 30–55. – M.A. Lewis: Towards a Lexical View of Language. A Challenge for Teachers. In: Babylonia 3 (2005), 7–10. – C. Neveling: Wörterlernen mit Wörternetzen. Eine Untersuchung zu Wörternetzen als Lernstrategie und als Forschungsverfahren. Tüb. 2004. – E. Rosch: Cognitive Representations of Semantic Categories. In: Journal of Experimental Psychology 104 (1975), 192–233. – A. Stork: Vokabellernen. Eine Untersuchung zur Effizienz von Vokabellernstrategien. Tüb. 2003.   ChN

Z

Zeitschriften. Die überörtliche Diskussion der am FU beteiligten Personen findet virtuell in den dafür vorhandenen Publikationsorganen statt. Dabei spielen Z.en, gedruckte oder elektronische, eine wichtige Rolle, weil sie in regelmäßigen Abständen und zeitnah forschungsrelevante, nachsorgend-fortbildende, praxisstützende und meinungsbildende Beiträge publizieren, die im Vergleich mit Büchern von einem größeren Leserkreis rezipiert werden. Für Wissenschaftler, Praktiker, Bibliothekare und Geldgeber kommt es darauf an, aus der Vielzahl der Angebote das im Rahmen ihrer Notwendigkeiten am besten Geeignete herauszusuchen. Im Zeitalter der Globalisierung wird der für Fremdsprachenlehrende immer schon erforderliche Blick über den nationalen Tellerrand hinaus zur Pflicht. Um nun aber zu ermitteln, welches die international führenden Z.en sind, bedarf es eines möglichst neutralen Beobachters, der den Markt kontinuierlich und umfassend absucht und die Produkte fachmännisch begutachtet. Vierzig Jahre lang, von 1968 bis 2007, berichtete das Referateorgan *Language Teaching*, früher *Language Teaching and Linguistics: Abstracts*, über den internationalen fachdidaktischen Diskurs. In der Hochzeit waren die Kompilatoren dieser annotierten Bibliographie auf ca. 400 fremdsprachendidaktische Z.en in den gängigen Sprachen abonniert. Als Printmedium hatte dieser Anzeiger jedoch mit einem Handicap zu kämpfen: Pro Jahr konnten von den schätzungsweise 8000 Z.en-Aufsätzen aus aller Welt im Schnitt nur 450 angezeigt werden. Es musste also eine Auswahl nach Qualitätsmaßstäben getroffen werden. Mit jedem Autor bzw. jeder Autorin aber, der bzw. die zur Anzeige gebracht wurde, wurde die Z., in der er oder sie publiziert hatte, ko-selektiert. Im Laufe von 40 Jahren hat sich durch diesen Auswahlprozess ein bibliometrisch harter Kern von Z.en herausgebildet, der kontinuierlich die vorderen Plätze belegt und konkurrierende Z.en verdrängt hat (vgl. Jung 2007). Es handelt sich um zehn englischsprachige, eine kanadische (die sowohl englisch- wie französischsprachige Artikel druckt) und eine rein französischsprachige Z. Als einzige deutschsprachige Z. erreichten *Die Neueren Sprachen* im Zeitraum von 1968 bis 1995 (in diesem Jahr wurden *Die Neueren Sprachen* wegen Unwirtschaftlichkeit eingestellt) einen Platz unter den ersten zehn. In Deutschland sind viele fachdidaktische Organe an die Berufsvertretungen der Fremdsprachenlehrenden gebunden. Deren Zahl ist seit der Gründung des Gesamtverbands Moderne Fremdsprachen (GMF) im Jahr 2007 weiter gestiegen. Hinzu gekommen ist die Vorverlegung des FUs in die Primarstufe. Auch dies hat Z.en-Neugründungen nach sich gezogen. Das Informationszentrum für Fremdsprachenforschung (http://www.uni-marburg.de/ifs/literaturrecherche/zeitlist) stellt eine relativ vollständige Liste von deutschen Publikationsorganen ins Netz. Welche Rolle die elektronischen Z.en in diesem Zusammenhang zu spielen in der Lage sind, muss die Zukunft zeigen. Die

Binnenkommunikation der deutschen Fach-Z.en ist von Heuer 2004 für den Zeitraum von 1970 bis 1980 beschrieben worden. Welcher Autor wird wie häufig zitiert? Lassen sich so ›Leitautoren‹ ermitteln? Welche Z. wird in welcher anderen Z. zitiert? Der Vergleich mit der Fachdiskussion, wie sie in *Language Teaching* abgebildet wurde, zeigt, dass sich die deutsche Fachdidaktik vom internationalen Diskurs relativ stark abgekoppelt hat: Die Namen der nationalen und der internationalen ›Leitautoren‹ sind komplementär verteilt.

Lit.: H. Heuer: Die Zitationsanalyse in der Fremdsprachendidaktik 1970–1980 und die Position Wolfgang Butzkamms. In: L. Deringer (Hg.): Innovative Fremdsprachendidaktik. FfM 2004, 189–239. – U.O.H. Jung: After 40 Years *Language Teaching* Drops Its Bibliographic Service. A Valedictory Note. In: System 35/4 (2007), 623–625.   UJ

Zentralabitur. Als Z. wird die Abiturprüfung bezeichnet, wenn die schriftlichen Prüfungsaufgaben durch eine zentrale Behörde vorbereitet, koordiniert und durchgeführt werden. In der Bundesrepublik Deutschland gibt es derzeit in allen Bundesländern außer Rheinland-Pfalz ein Z. (vgl. www.bildungsserver.de/). Unterschiedliche historische und politische Entwicklungen lassen sich in drei Etappen auf dem Weg zum Z. zusammenfassen. Zunächst wurde nach dem Zweiten Weltkrieg ein Z. in Bundesländern eingeführt, die unter französischer und amerikanischer Verwaltung standen, d. h. Saarland, Bayern, Baden-Württemberg und Rheinland-Pfalz (hier wurde es anschließend wieder abgeschafft). Nach der Wiedervereinigung führten vier der Neuen Bundesländer das Z. ein, nämlich Thüringen, Mecklenburg-Vorpommern, Sachsen und Sachsen-Anhalt. Eine dritte Etappe in der Entwicklung hin zum Z. setzte nach der Jahrtausendwende ein, als ein bundesweiter Trend in Richtung Z. in der Nachfolge der ↗PISA-Studie sichtbar wurde. Zwischen 2005 und 2008 wurde das Z. (teilweise noch nicht in allen Fächern) sukzessive eingeführt in den Ländern Brandenburg, Hamburg, Niedersachsen, Bremen, Berlin, Hessen, Nordrhein-Westfalen und Schleswig-Holstein. Während in Rheinland-Pfalz das dezentrale Abitur beibehalten wird, bei dem Aufgabenvorschläge durch die Lehrkräfte eingereicht und von Landesfachberatern überprüft werden, gibt es mittlerweile bereits auch Diskussionen um ein bundesweites Z. (vgl. Kathe). Brandenburg und Berlin führen ab 2009/10 ein gemeinsames Z. für die Fächer Englisch, Deutsch, Französisch und Mathematik ein.

Der Begriff Z. suggeriert insbesondere in bildungspolitischen Debatten eine Eindeutigkeit und auch Einheitlichkeit, die aufgrund der sehr unterschiedlichen länderspezifischen Ausgestaltung tatsächlich nicht gegeben ist. Mit Blick auf Korrekturverfahren (↗Korrektur), zugelassene Hilfsmittel, Inhalte und Prüfungsdauer gibt es teilweise gravierende Unterschiede zwischen den Bundesländern. Wird die Erstkorrektur in der Regel von der Fachlehrkraft durchgeführt, gibt es bei der Zweitkorrektur sehr unterschiedliche Modelle. In vielen Bundesländern wird die Zweitkorrektur von einer Lehrkraft der gleichen Schule durchgeführt (z. B. Bayern, Berlin, Brandenburg, Niedersachsen), während andere Länder wiederum unterschiedliche Modi externer Korrekturen durchführen. So wird in Baden-Württemberg die Zweitkorrektur von der Lehrkraft einer anderen Schule durchgeführt; Name und Note der Erstkorrektur sind dabei nicht bekannt. Die endgültige Note wird durch einen Drittkorrektor ermittelt, der bei Abweichung der beiden Erstkorrekturen um mehr als zwei Punkte eine weitere Korrektur vornimmt. In Hamburg werden die Arbeiten im Z. durch eine Chiffre-Nummer anonymisiert und anschließend zunächst von der Fachlehrkraft und dann durch die Lehrkraft einer anderen Schule korrigiert. In Sachsen gibt es drei anonyme Korrekturvorgänge. Die Inhalte im Z. werden zwar vorgegeben, doch auch hier werden verschiedene Varianten praktiziert. Bei den Abiturprüfungen in den Fremdsprachen ist teilweise ein einsprachiges ↗Wörterbuch, in einigen Bundesländern (z. B. Niedersachsen) auch ein zweisprachiges Wörterbuch zugelassen. Dies hat u. a. mit der inhaltlichen Gestaltung der fremdsprachlichen Abiturprüfung zu tun. Einige Länder haben hier explizit sprachpraktische Anteile vorgesehen, z. B. Übersetzungen oder kombinierte Aufgaben (Text und ↗Sprachmittlung/Hör-Sehverstehen), während andere lediglich eine Textaufgabe vorsehen. In Baden-Württemberg muss eine Übersetzung angefertigt werden, ebenso in Bayern, während Thüringen neben der üblichen Textaufgabe einen sprachpraktischen Teil vorschreibt.

Der Begriff Z. suggeriert aber auch in anderer Hinsicht eine Eindeutigkeit, die so keineswegs immer gegeben ist, denn es gibt zum Teil erhebliche Unterschiede bei der Auswahl der zu bearbeitenden Aufgaben. Gelegentlich werden zentral mehrere Vorschläge durch die übergeordnete Behörde vorgelegt. In manchen Bundesländern wird durch die Lehrkraft eine Vorauswahl getroffen, indem diese wenig geeignete Aufgabenstellungen aussortiert. Häufig kann zudem durch die Prüflinge eine weitere Auswahl zwischen verschiedenen Vorschlägen getroffen werden. Da dies aber nicht in allen Bundesländern der Fall ist, wird eine Vergleichbarkeit bundesländerübergreifend nur schwer möglich. Die bildungspolitische Diskussion um die mögliche Einführung eines bundeseinheitlichen Z.s muss daher die äußerst unterschiedlichen Ausprägungen zentraler Abiturprüfungen mit Blick auf Inhalte, deren Auswahl, Korrekturverfahren und Hilfsmittel berücksichtigen.

Lit.: Kathe, Sabine: Das Zentralabitur. Eine sinnvolle Einrichtung oder ein Rückschritt? In: http://bildungspolitik.suite101.de/article.cfm/das_zentralabitur. ChL

Zertifikate. Fremdsprachenzertifikaten kommt im schulischen wie außerschulischen Kontext besondere Bedeutung zu, leisten sie doch, was je nach Bundesland spezifische Schulabschlüsse nicht leisten können: Sie stellen eine individuelle, jedoch vergleichbare Bestätigung einer fremdsprachlichen Qualifikation dar und ermöglichen einen Vergleich von fremdsprachlichen ⁊ Kompetenzen über unterschiedliche Systeme und (Bundes-) Ländergrenzen hinweg. Z. bieten Transparenz in der Bedeutung und Auslegung eines erreichten Kompetenzniveaus, sie orientieren sich an Kriterien, die transparent, vergleichbar und nachvollziehbar sind. Die Mehrheit der internationalen Z. bezieht sich inzwischen auf den ⁊ Gemeinsamen europäischen Referenzrahmen (GeR), der über Europa hinaus als Rahmenmodell und Referenzsystem Anerkennung gefunden hat. Z. werden in den unterschiedlichsten Kontexten genutzt und existieren in entsprechend breiter Ausrichtung. Auf dem Markt finden sich beispielsweise Z. bezogen auf generelle fremdsprachliche Kompetenzen, berufsbezogene Fremdsprachenkenntnisse oder fachsprachliche Kompetenzen (⁊ Fachsprache); andere Z. tragen die Zulassungsbe-

rechtigungen für Studium oder Immigration. Der Arbeitsmarkt verlangt immer häufiger Z. als Einstellungsvoraussetzung.

In Europa stellt die *Association of Language Testers in Europe* (ALTE; www.alte.org) die größte Organisation von Z.-Anbietern dar; ihr gehören z.B. Cambridge ESOL (English for Speakers of Other Languages), das Centre international d'études pédagogiques (CIEP) und das Goethe-Institut an. Alle Mitglieder haben sich auf die Einhaltung bestimmter Qualitätsstandards (⁊ Qualität) geeinigt, und die Mehrheit der Anbieter hat ihre Z. mehr oder weniger fundiert an den GeR angebunden. Z. der ALTE-Mitglieder beanspruchen Vergleichbarkeit in Europa und schaffen somit Vorteile bei Bewerbungen im In- und Ausland. Das Angebot variiert von generellen Z.n bis hin zu beispielswesie von Cambridge ESOL angebotenen Z.n im Bereich *business English* und *legal English*. Häufig werden Z. auf verschiedenen Niveaus des GeR angeboten. Die Prüfungen können an zertifizierten Zentren, häufig auch an der Volkshochschule (⁊ Volkshochschulunterricht) und teilweise an Schulen abgelegt werden. Daneben spielen in der Berufswelt Z. der Industrie- und Handelskammern eine wichtige Rolle, um berufsbezogene, international anerkannte Qualifizierungen zu erhalten, wie etwa Z. der Chambre de commerce et d'industrie de Paris oder der Cámara de Comercio e Industria de Madrid. Im Bereich der fremdsprachlichen Zulassungstests zum Studium oder zur Einwanderung etwa im englischsprachigen Ausland gibt es eine Reihe von anerkannten Tests, wie etwa TOEFL (www.ets.org/toefl) oder IELTS (www.ielts.org). Gerade im internationalen Kontext, wenn von einer Prüfung Zulassungsberechtigungen zu Studium oder Immigration abhängen, wird ein gemeinsamer Referenzpunkt benötigt, der zunehmend im GeR gefunden wird. Beispielsweise verlangt die *UK Border Agency* von Z.n, die von ihr als Voraussetzung zur Immigration anerkannt werden, deren Aussage in Bezug auf die zertifizierten GeR-Niveaus.

Bei der Vielfalt von Z.n und Anbietern müssen bestimmte Gütekriterien und Anforderungen an Z. angelegt werden. Da die Vergabe von Z.n im fremdsprachlichen Kontext in der Regel von der Ablegung eines standardisierten Sprachkompetenztests abhängt, müssen die den

Z.n zugrunde gelegten ↗Tests den internationalen Standards der Testentwicklung, Durchführung und Auswertung sowie den Testgütekriterien der Objektivität, Reliabilität und Validität genügen. In diesem Bereich darf exemplarisch auf die *Guidelines of Good Practice* der *European Association of Language Testing and Assessment* (EALTA) verwiesen werden (vgl. www.ealta.eu.org/guidelines.htm). Üblicherweise finden sich bei den Z.-Anbietern Hinweise auf die Qualitätsstandards des Fremdsprachenzertifikats, wie etwa bei den Mitgliedern der ALTE, die sich zur Einhaltung bestimmter Gütestandards verpflichtet haben. Berichte über wissenschaftliche Studien zur Testqualität sollten öffentlich zugänglich sein. Inhaltlich sollten Z.-Prüfungen die für den jeweiligen Kontext relevanten Bereiche, Kenntnisse, ↗Fertigkeiten oder anwendungsbezogenen Kompetenzen abdecken, um inhaltliche Validität zu erzielen und Aussagekraft für den jeweiligen Kontext zu besitzen. Dazu müssen der Prüfungserstellung Analysen des Bedarfs und der sprachlich-kommunikativen Anforderungen vorausgehen. Hier zeigt sich, dass die Inhalte der Z.-Prüfungen jenseits der schulspezifischen ↗Lehrpläne liegen und in den Anforderungen und Bedürfnissen der Berufswelt sowie verschiedener gesellschaftlicher Felder zu finden sind. Auch die Bedarfs- und Inhaltsanalysen sollten der Öffentlichkeit zugänglich sein, um die Bedeutsamkeit und Angemessenheit des Zertifikats einschätzen zu können. Um die erwähnte internationale Vergleichbarkeit in Bezug auf inhaltliche Kriterien und Kompetenzniveaus zu erreichen, müssen Z.-Prüfungen transparent, nachvollziehbar und wissenschaftlich fundiert an das jeweils gewählte Referenzsystem, wie z.B. den GeR, angebunden werden. Diese Anbindung wird im internationalen Kontext *standard setting* genannt. Dabei werden Testaufgaben oder Prüfungsleistungen in ihren Inhalten, Anforderungen, Schwierigkeiten oder Leistungscharakteristika von Experten eingeschätzt und beurteilt. Diese Beurteilung bildet die Grundlage für die Einteilung der den Prüfungen zugrunde liegenden Kompetenzskala in ihre Kompetenzniveaus. Es versteht sich von selbst, dass auch der Prozess des *standard setting* öffentlich kommuniziert werden muss, um verlässliche und vergleichbare Zertifizierungen zu dokumentieren.

Im Gegensatz zu Z.-Prüfungen sind Schulabschlussprüfungen in Deutschland oft nicht vergleichbar, da sie je nach Schulart und Bundesland spezifisch erstellt werden. Sie sind häufig nicht kriterienorientiert und werden allzu oft nicht zentral gestellt oder zentral ausgewertet (↗Zentralabitur). Somit erfüllen sie in der Regel nicht die internationalen Test-Standards und haben nur bedingte Aussagekraft in ihrem jeweiligen Kontext. Mit der Einführung der KMK-Bildungsstandards (↗Standards) wurden erstmals im deutschen Schulsystem bundesweit einheitliche Maßstäbe angesetzt, jedoch nicht zum Zweck der Zertifizierung von erreichten Kompetenzen für individuelle Lernende, sondern zum Zweck des systembezogenen Bildungsmonitoring. Daher kann die Evaluation der Bildungsstandards, die als sog. Ländervergleich in regelmäßigen Abständen durchgeführt wird, keine Hinweise zum Leistungsstand einzelner SuS geben. Der Ländervergleich zeigt vielmehr Tendenzen im Gesamtsystem auf und soll bei bildungspolitischen Entscheidungen informieren. Eine Ausnahme in der deutschen Schullandschaft stellen allerdings die KMK-Z. in der beruflichen Bildung dar (vgl. z.B. www.sachsen-macht-schule.de/schule/5246.htm): Sie sind ein Versuch, Abschlüsse über Bundesländergrenzen hinweg vergleichbar zu gestalten und damit anerkennbar zu machen. Auch sie orientieren sich am GeR.

Das Verhältnis von Schule und außerschulischen Z.-Prüfungen ist nicht ungetrübt. In einigen Bundesländern werden Z. in den Schulen angeboten. In Berlin etwa gibt es seit 2009 ein Kooperationsprojekt zwischen Senat und Cambridge ESOL; die Vorbereitung auf die PET-Prüfung (*Preliminary English Test*) wird zugleich als Vorbereitung auf den mittleren Schulabschluss verstanden. In anderen Bundesländern, z.B. in Hessen, werden Z.-Prüfungen eher als Konkurrenz zu schulischen Prüfungen betrachtet und erhalten keinen Einzug in die Schulen. Die Grenzen schulischer Aufgaben und Pflichten müssen letztlich auf der Basis öffentlicher Diskussion und Meinungsfindung gesetzt werden. Folgende Fragen könnten in diesem Spannungsfeld diskutiert werden: Liegt die außerschulische Zertifizierung im Aufgabenfeld der Schulen? Wie viel Zeit kann in die Vorbereitung außerschulischer Z. investiert werden? Liegt die Finanzierung solcher Z. im

Verantwortungsbereich der Schulen? Wer ist für Lehreraus- und -fortbildung verantwortlich, wenn Lehrkräfte solche Prüfungen abnehmen sollen? Bedenkenswert ist in diesem Zusammenhang, dass beispielsweise Cambridge ESOL Lehrerfortbildungen im immer noch vernachlässigten Bereich des *oral assessment* anbietet und damit in einem Aufgabenbereich tätig wird, der eigentlich vom deutschen Bildungssystem getragen werden müsste.

Letztlich hängt die Aussagekraft der Z. einerseits von der transparenten Dokumentation der Erforschung und Erprobung der Instrumente ab, die auch für Nicht-Testspezialisten nachvollziehbar sein sollte; andererseits hängt sie direkt von der Güte der Durchführung und Auswertung der Prüfungen ab. In der Praxis allerdings wird die Beurteilung der Güte der Z. durch ihre Anerkennung in Bildung, Wirtschaft und Politik ersetzt; dem Laien kann die Güte an sich egal sein, wenn er mit einem bestimmten Fremdsprachenzertifikat sein Ziel erreicht. Hier gibt es für die anerkennenden Institutionen noch Handlungsbedarf, ihrerseits Gütekriterien zu entwickeln, um Z.-Anbieter zu zertifizieren.

CH

Zweisprachigkeit kann als ein gruppenbezogenes und als ein individuelles Phänomen betrachtet werden. So kann ein Land oder eine Region zweisprachig sein, oder eine Ethnie findet sich mehr oder weniger verteilt in bestimmten Siedlungsräumen (Baker 2006, 2 ff.). Auf der individuellen Ebene entspricht die gängige Vorstellung von einer ›perfekten‹ Muttersprachenkompetenz in zwei Sprachen meistens nicht den Realitäten, denn die wenigsten bilingualen Sprecher sind sog. *balanced bilinguals*. Man sollte deshalb nach dem Grad der Sprachfähigkeit und dem Funktionspotenzial der beiden Sprachen unterscheiden. In aller Regel setzen bilinguale Sprecher in bestimmten Handlungskontexten die eine oder die andere Sprache aktiv und mit kommunikativem Erfolg ein (situationsgerechtes *code-switching*); während sie sich in anderen Zusammenhängen auf ihre rezeptiven Kompetenzen zurückziehen. Eingegrenzt auf spezielle Domänen, Themen und Ausdrucksbereiche ist somit die eine Sprache die ›starke‹ und die andere die ›schwache Sprache‹ des jeweiligen Sprechers. Objektiv (etwa

über den Umfang der Redemittel) lässt sich die Bilingualität eines Menschen kaum bestimmen; nicht zuletzt auch deshalb, weil sie kein Zustand sondern ein dynamischer Prozess ist. Da sie der Erweiterung oder dem Vergessen unterliegt, können sich immer wieder Verlagerungen in der relativen Stärke der beiden Sprachen ergeben. Außerdem gehören für viele binguale Sprecher emotional-affektive Momente zur Z.: etwa das Gefühl eines größeren geistig-kulturellen Horizonts oder einer zusätzlichen Leistung.

Kinder können zwei Sprachen entweder parallel oder nacheinander lernen, wobei als Unterscheidungskriterium zwischen einem ›doppelten Erstsprachenerwerb‹ und dem ›frühen Zweitspracherwerb‹ (↗Spracherwerb und Spracherwerbstheorien) meistens das dritte Lebensjahr gewählt wird (engl. *simultaneous* vs. *consecutive/sequential bilingualism*). Da die Systeme der beiden Sprachen immer interagieren, kommt es zu partiellen Sprachtransfers innerhalb des individuellen bilingualen Gesamtsystems (↗Transfer). Die wichtigste Bedingung für das Gelingen einer zweisprachigen Erziehung ist eine bewusst praktizierte funktionale Sprachtrennung. Die beiden erfolgreichsten Strategien verwenden entweder das Personenprinzip (besonders bei gemischtsprachigen Elternpaaren: *one person/one language*) oder das Ortsprinzip. In dieser letzteren Variante wird vor allem von Einwanderern oder Arbeitsmigranten eine gemeinsame Familiensprache (engl. *home language*) von der Umgebungssprache (engl. *local language*) abgegrenzt. Um bei Kindern Z. zu verankern, sind beide Strategien auf Konsequenz und Beharrlichkeit angewiesen, denn der größte Mythos ist der, dass die Bilingualität von Kindern sich scheinbar mühelos einstellt. Für die meisten Familien und Gruppen dürfte das nicht zutreffen. Zweisprachige Elternhäuser müssen gezielt für einen vielfältigen Sprachkontakt, anspruchsvollen Input, zielkulturelle Begegnungen und für einen spracherwerbsfördernden Interaktionsstil gegenüber dem Kind sorgen – mit dezidiert eingesetzten Sprachlehrtechniken (vgl. Zydatiß 2000, 73 ff.). Insbesondere wenn in Migrantenfamilien die Herkunftssprache wenig unterstützt wird (Stichwort: bildungsferne Milieus), und wenn die sprachliche Identität der Zuwanderer im soziopolitischen Kontext der Mehrheitskultur wenig Anerkennung erfährt, unterliegen diese Kinder der Gefahr, dass ihre Erstsprache in kognitiv-konzeptueller Hinsicht nicht hinreichend entwickelt wird. Erfahren sie außerdem in den vorschulischen und schulischen Bildungseinrichtungen der Mehrheitsgesellschaft keinen frühen und qualifizierten Unterricht in der Verkehrssprache, so können letztendlich die Kompetenzen in beiden Sprachen und damit auch die Schulleistungen darunter leiden (engl. *semi-literacy* bzw. *subtractive bilingualism*; vgl. hierzu die Interdependenzhypothese von Cummins 1979). Wird dagegen (wie in immersiv-bilingualen Unterrichtskontexten; ↗ Immersion) zusätzlich zu einer altersgerecht gut entwickel-ten Erstsprache eine zweite Sprache auf hohem Niveau erworben, dann kann eine Form der additiven Z. aufgebaut werden (engl. *additive* bzw. *elective bilingualism*).

Lit.: C. Baker: Foundations of Bilingual Education and Bilingualism. Clevedon u.a. ⁴2006 [1993]. – J. Cummins: Linguistic Interdependence and the Educational Development of Bilingual Children. In: Review of Educational Research 49 (1979), 222–251. – W. Zydatiß: Bilingualer Unterricht in der Grundschule. Ismaning 2000. WZ

Zweitsprache und Zweitsprachenerwerb ↗ Sprach-erwerb und Spracherwerbstheorien

Abkürzungen

Abb.	Abbildung	lat.	lateinisch
Aufl.	Auflage(n)	Ldn	London
Bd., Bde.	Band, Bände	Lpz.	Leipzig
Bln	Berlin	Mass.	Massachussetts
bzw.	beziehungsweise	Mü.	München
ca.	circa	N.Y.	New York
DaF	Deutsch als Fremdsprache	o.J	ohne Jahr
d.h.	das heißt	o.O.	ohne Ort
Ders.	Derselbe	russ.	russische
Dies.	Dieselbe(n)	sog.	sogenannt
dt.	deutsch	span.	spanisch
ebd.	ebenda	Stgt	Stuttgart
engl.	englisch	SuS	Schülerinnen und Schüler
FfM	Frankfurt	Tüb.	Tübingen
frz.	französisch	u.a.	unter andere(m)
FU	Fremdsprachenunterricht	übers.	übersetzt
Hbg	Hamburg	usw.	und so weiter
Hg.	Herausgeber	v.a.	vor allem
ital.	italienisch	vgl.	vergleiche
Jh./Jh.s	Jahrhundert(s)	z.B.	zum Beispiel
Kap.	Kapitel	Zs.	Zeitschrift
L.A.	Los Angeles		

Verzeichnis der Artikel

Systematisches Verzeichnis der Artikel

Methoden

Alternative Lehr-/Lernformen
Audio-linguale Methode
Audio-visuelle Methode
Community Language Learning (CLL)
Content-Based Instruction (CBI)
Direkte Methode
Fragen
Grammatik-Übersetzungs-Methode
Immersion
Improvisation
Information Gap
Korrespondenz
Lernen durch Lehren
Moderationsmethode
Natural Approach
Offener Unterricht
Präsentation
Projektunterricht
Silent Way
Simulation Globale
Sozialformen
Storyline-Methode
Suggestopädie
Total Physical Response (TPR)
Übung
Unterrichtsgespräch
Visualisierung

Materialien und Medien

Arbeitsblätter
Bilder
Hörspiele
Kinder- und Jugendliteratur
Lehrwerk
Lektüren
Lernsoftware
Medien
Musik
Populärkultur
Poster
Sprachlernspiele
Tafel, Tafelbild und Tafelanschrieb
Wörterbuch
Zeitschriften

Bildungspolitische und institutionelle Rahmenbedingungen

DESI-Studie
Fernunterricht
Gemeinsamer europäischer Referenzrahmen
Lehrerbildung
Lehrplan
Minderheitensprachen
PISA-Studie
Sprachenpolitik
Standards
Übergang
Volkshochschulunterricht
Zentralabitur
Zertifikate

Grundbegriffe

Akkulturation
Aktivierung
Aufmerksamkeit
Authentizität
Automatisierung
Bewusstheit/Bewusstmachung
Bildung
Differenzierung
Einsprachigkeit
Emotion
Fachsprache
Feedback
Fehler
Fossilisierung
Generatives Prinzip
Global English
Hausaufgaben
Identität und Identitätsbildung
Imagination
Inferenz
Instruktivismus/Instruktion
Intercultural Speaker
Interferenz
Interkomprehension
Interlanguage
Intertextualität und Intermedialität
Kanon
Klassenarbeit
Kognitivierung
Kommunikation
Konstruktivismus/Konstruktion
Kontextualisierung

Die Autorinnen und Autoren

AB	Prof. Dr. Andreas Bonnet, Hamburg
AdH	Prof. Dr. Adelheid Hu, Hamburg
AF	Anette Fritsch, Dillenburg
AG	Prof. Dr. Andreas Grünewald, Hamburg
AH	Adrian Haack, Göttingen
AK	Prof. Dr. Angelika Kubanek, Braunschweig
AlK	Dr. Almut Küppers, Frankfurt/Main
AN	Prof. Dr. Ansgar Nünning, Gießen
AnH	Prof. Dr. Angela Hahn, München
AnN	Andreas Nieweler, Detmold
ASch	Prof. Dr. Adelheid Schumann, Siegen
BaSch	Dr. Barbara Schmenk, Waterloo
BFH	Britta Freitag-Hild, Gießen
BSch	Jun.Prof. Dr. Birgit Schädlich, Göttingen
BV	Jun.Prof. Dr. Britta Viebrock, Frankfurt/Main
BZ	Dr. Bruno Zerweck, Köln
CaH	Carola Hecke, Göttingen
CBK	Prof. Dr. Camilla Badstübner-Kizik, Poznań
CG	Prof. Dr. Claus Gnutzmann, Braunschweig
CH	Dr. Claudia Harsch, Coventry
ChF	Prof. Dr. Christiane Fäcke, Augsburg
ChL	Prof. Dr. Christiane Lütge, Mainz
ChN	Prof. Dr. Christiane Neveling, Leipzig
CJG	Constanze Juchem-Grundmann, M.A., Koblenz
CR	Prof. Dr. Claudia Riemer, Bielefeld
CS	Prof. Dr. Carola Surkamp, Göttingen
DR	Prof. Dr. Dietmar Rösler, Gießen
DS	Prof. Dr. Dirk Siepmann, Osnabrück
EBM	Prof. Dr. Eva Burwitz-Melzer, Gießen
ELU	Prof. Dr. Eva Leitzke-Ungerer, Halle
EM	Dr. Eva Molitor, Hanau
EOS	Prof. Dr. Emer O'Sullivan, Lüneburg
ET	Prof. Dr. Engelbert Thaler, Freiburg
FE	Franziska Elis, Göttingen
FGK	Prof. Dr. Frank G. Königs, Marburg
FH	Frank Haß, Kirchberg
FJM	Prof. Dr. Franz-Joseph Meißner, Gießen
FK	Prof. Dr. Dr. h.c. Friederike Klippel, München
GB	Prof. Dr. Gabriele Blell, Hannover
GL	Gundula Laudin, M.A., Göttingen
GM	Prof. Dr. Grit Mehlhorn, Leipzig
GSch	Prof. Dr. Gisela Schmid-Schönbein, Aachen
HDC	Prof. Dr. Helene Decke-Cornill, Hamburg
IDFH	Prof. Dr. Inez De Florio-Hansen, Kassel
JD	Prof. Dr. Jürgen Donnerstag, Köln
JJ	Jenny Jakisch, Braunschweig
JK	Prof. Dr. Jürgen Kurtz, Karlsruhe
JM	Prof. Dr. Jürgen Mertens, Ludwigsburg
JS	Dr. Jörg Siebold, Rostock
KK	Prof. Dr. Karin Kleppin, Bochum
KoSch	Prof. Dr. Konrad Schröder, Augsburg
KR	Prof. Dr. Karlheinz Rebel, Rottenburg/Neckar
KSch	Prof. Dr. Karen Schramm, Leipzig
KV	Prof. Dr. Karin Vogt, Heidelberg
LB	Prof. Dr. Lothar Bredella, Gießen
LH	Prof. Dr. Liesel Hermes, Karlsruhe
LK	Lotta König, Göttingen
LR	Lisa Rauschelbach, Bochum
LuK	Prof. Dr. Lutz Küster, Berlin
LV	Prof. Dr. Laurenz Volkmann, Jena
MA	Manfred Arendt, Hameln
MaR	Prof. Dr. Markus Ritter, Bochum
MB	Dr. Mark Bechtel, Bremen
MG	Prof. Dr. Marion Gymnich, Bonn
MHW	Monika Haack-Wollschläger, Braunschweig
ML	Prof. Dr. Michael Legutke, Gießen
MR	Prof. Dr. Marcus Reinfried, Jena
MSch	Dr. Manfred Schewe, Cork
MZ	Dr. Martin Zierold, Gießen
NG	Dr. Nancy Grimm, Jena
NSF	Nadine Salden-Foerster, Braunschweig
PE	Dr. Peter Edelenbos, Groningen
RK	Prof. Dr. Rita Kupetz, Hannover
RS	Rebecca Scorah, Göttingen
SD	Prof. Dr. Sabine Doff, Bremen
StB	Prof. Dr. Stephan Breidbach, Berlin
TSch	Dr. Torben Schmidt, Gießen
UH	Prof. Dr. Uwe Hericks, Heidelberg
UJ	Dr. Udo O.H. Jung, Bad Godesberg
UM	Prof. Dr. Uwe Multhaup, Wuppertal
VN	Prof. Dr. Vera Nünning, Heidelberg

WB	Prof. em. Dr. Wolfgang Butzkamm, Aachen	WH	Prof. Dr. Wolfgang Hallet, Gießen
WE	Prof. Dr. Willis Edmondson †	WK	Dr. Werner Kieweg, Schwabmünchen
WG	Prof. Dr. Wolfgang Gehring, Oldenburg	WSL	Wendelgard Saßnick-Lotsch, Dortmund
		WZ	Prof. Dr. Wolfgang Zydatiß, Berlin